（2017）

国网四川省电力公司年鉴

国网四川省电力公司年鉴编纂委员会　编

方志出版社

图书在版编目（CIP）数据

国网四川省电力公司年鉴.2017/国网四川省电力公司年鉴编纂委员会编.—北京：方志出版社，2017.12

ISBN 978—7—5144—2903—9

Ⅰ.①国… Ⅱ.①国… Ⅲ.①电力工业—工业企业—四川—2017—年鉴 Ⅳ.①F426.61—54

中国版本图书馆 CIP 数据核字（2017）第 321394 号

国网四川省电力公司年鉴（2017）

编　　者：国网四川省电力公司年鉴编纂委员会

责任编辑：何明忠

出 版 人：冀祥德

出 版 者：方志出版社

地址　北京市朝阳区潘家园东里 9 号（国家方志馆 4 层）

邮编　100021

网址　http：//www.fzph.org

发　　行：方志出版社图书经销中心

电话（010）67110500

经　　销：各地新华书店

印　　刷：四川科锐得文化传播有限公司

开　　本：787×1092　1/16

印　　张：26.9

字　　数：922 千字

版　　次：2017 年 12 月第 1 版　2017 年 12 月第 1 次印刷

印　　数：0001～1300 册

ISBN　978—7—5144—2903—9　定价：190.00 元

国网四川省电力公司年鉴编纂委员会

国网四川省电力公司年鉴编辑部

《国网四川省电力公司年鉴（2017）》主要特约撰稿人

刘廷鹞　国网四川省电力公司办公室
贺星棋　国网四川省电力公司发展策划部
田佩平　国网四川省电力公司发展策划部
罗　羿　国网四川省电力公司财务资产部
何　伟　国网四川省电力公司运维检修部
童庆刚　国网四川省电力公司安全监察质量部
鲁　健　国网四川省电力公司营销部
张　烨　国网四川省电力公司建设部
冯　晋　国网四川省电力公司农电工作部
陶晓丽　国网四川电力调度控制中心
朱文爽　国网四川省电力公司审计部
吴娅莎　国网四川省电力公司经济法律部
万　燕　国网四川省电力公司人事董事部
王　秋　国网四川省电力公司人力资源部
李　佳　国网四川电网电力交易中心
吴　蓉　国网四川省电力公司物资部
谢正军　国网四川省电力公司科技信通部
陆　娟　国网四川省电力公司离退休工作部
谢玉玲　国网四川省电力公司思想政治工作部
江玉梅　国网四川省电力公司思想政治工作部
李昀朋　国网四川省电力公司监察部(纪委办公室)
张如平　国网四川省电力公司对外联络部
阮　征　国网四川省电力公司工会
彭　杰　国家电网公司企业管理协会四川分会
张维平　国家电网公司成都援藏办
谭文强　四川省公安厅直属二分局
李　婷　国网四川省电力公司社保中心
张　爽　国网成都供电公司
方美凤　国网乐山供电公司
鲁丽玲　国网攀枝花供电公司
刘　桢　国网德阳供电公司
税秀花　国网眉山供电公司
杨　佳　国网绵阳供电公司
刘清宇　国网天府新区供电公司
周泽明　国网宜宾供电公司
张光平　国网内江供电公司
李世佳　国网广元供电公司
林静玉　国网达州供电公司
邹　庆　国网自贡供电公司
叶久德　国网凉山供电公司
赵亮宇　国网泸州供电公司
王含果　国网南充供电公司
舒莘珂　国网广安供电公司
左一丁　国网资阳供电公司
姜和平　国网阿坝电力有限责任公司
赵　炯　国网遂宁供电公司
黄　超　国网巴中供电公司
李元源　国网雅安电力（集团）公司
李　飞　国网甘孜电力有限责任公司
高　峰　国网四川映秀湾电厂
王　彬　国网四川省电力公司电力应急中心
吴　迪　国网四川省电力公司建设管理中心
席运生　四川电力工程建设监理有限责任公司
彭　灿　国网四川省电力公司电力科学研究院
杨　星　国网四川省电力公司电源技术中心
彭少博　四川电力送变电建设公司
余小闯　国网四川省电力公司检修公司
高　勇　国网四川省电力公司信息通信公司
丁妍文　国网四川省电力公司物资公司
邱东懿　国网四川省电力公司管理培训中心
章志刚　国网四川省电力公司技能培训中心
仲　冬　四川电力医院
胡　兵　四川科锐得实业集团有限公司

国网四川省电力公司年鉴
(2017)
编 辑 说 明

一、《国网四川省电力公司年鉴（2017）》以马克思列宁主义、毛泽东思想和邓小平理论、“三个代表”重要思想为指导，遵循科学发展观，以习近平新时代中国特色社会主义思想为指导，以辩证唯物主义和历史唯物主义的立场、观点、方法，实事求是、客观真实地进行记叙编纂。

二、《国网四川省电力公司年鉴（2017）》的编纂宗旨是：翔实、系统地记述公司一年中的发展进程和运行轨迹。全面反映公司在改革中不断进取的新成就和先进事迹、优秀人物；为各级领导决策和制订发展规划提供参考依据；满足广大电力职工、社会各届人士了解和研究电力改革、建设、发展的需求；为编史修志打下基础；为开展四川省电力行业与全国各省市（区）电力行业乃至国家之间的信息交流提供信息平台，推动四川电力工业持续发展。

三、《国网四川省电力公司年鉴(2017)》记述的是：2016 年 1 月 1 日至 12 月 31 日期间国网四川省电力公司系统的基本情况。

四、《国网四川省电力公司年鉴(2017)》采用条目式框架结构，即按类目、分目、条目方式进行编排，为方便读者查阅，在附录中收入了有关数据表格。本年鉴共计设置有 19 个类目、96 个分目、922 个条目。全书约 922 千字。

五、本年鉴所用资料、数据，主要由公司本部各业务主管部门和公司各基层单位提供。如各单位提供数据与统计部门提供数据不一致时，以统计部门数据为准。

目　　录

特 载

责任编辑：何　飞

电力论坛

全面深化改革创新　全力提升管理水平 为早日建成“一强三优”现代公司而努力奋斗

石玉东

2016 年工作回顾

2016 年以来，国网四川省电力公司积极克服困难，主动创新工作，全力提升效益，努力推动改革发展，圆满完成国家电网公司下达的各项目标任务，取得了比预期更好的成效，实现了“十三五”良好开局。完成固定资产投资 259.63 亿元，其中电网投资 254.12 亿元。110 千伏及以上项目核准 65 项、开工 56 项、续建 78 项、投产 48 项，新增变电容量 641.35 万千伏安、输电线路 1145.58 公里。售电量 1673.75 亿千瓦时，同比增长 6.04%。营业收入 916.67 亿元。利润 4.95 亿元，同比增加 0.18 亿元。资产负债率 73.80%，同比下降 0.87 个百分点。流动资产周转率 23.49 次；净资产收益率 0.42%，比计划增加 0.16 个百分点。企业负责人业绩考核列国家电网公司第 11 名。

一、安全生产平稳有序

本质安全建设扎实推进，各级安全责任压紧压实。完善安全工作奖惩规定实施意见，树立安全工作正确导向。深刻汲取西安“6·18”和丰城“11·24”事故教训，重点开展“三查三强化”和建设领域专项排查，全年共治理安全隐患 1.5 万余项。贯彻“两个规范”要求，预警管控各类电网运行和施工作业风险 1000 余项。狠抓作业现场安全管控，累计查处各类违章 1700 余起。强化输电“六防”整治，首批建成国网公司防冰害标杆线路，完成锦苏直流及接地极线路抗冰改造、500 千伏西锦三线、普洪二线滑坡整治。建立变电“五通”体系，德阳换流站连续五年获评国家电网公司红旗换流站。深化停电计划刚性执行和配网调控管理，主网停电计划执行率提高 19%，配网临停率下降 50%。完成运检智能分析管控系统 I 期示范建设，开展电缆线路智能移动巡检、变电站辅助监控系统试点应用，机器人巡检系统实现 500 千伏变电站全覆盖。加强信息安全管理，完成网络攻防演练。成功应对夏季负荷屡创新高的严峻考验，圆满完成三大特高压直流输电线路满功率运维保障及 G20 杭州峰会、西博会等保电任务。

二、电网发展稳步推进

深入分析四川电力现状，创造性提出“三个一”理念，得到各级领导、有关部门和电力行业高度重视。抓住机遇，创造条件，全力推进重点地区电网整合，取得积极进展。参与我省“十三五”电力规划编制，与各市（州）达成战略合作协议，优化外部发展环境。协调推动±800 千伏雅中特高压直流工程前期工作，500 千伏川渝第三通道纳入全省重大项目集中开工并加快建设。利用各级政府重视电力保障的有利时机，加快推进 500 千伏新都输变电、九江 220 千伏配套等工程。实施小城镇（中心村）电网改造升级和机井通电工程，开工项目 3940 个，实现“两年攻坚战”阶段目标。完成农网改造升级建设任务，消除现存“低电压”问题。落实资金 3.94 亿元，改造老旧（弃管）小区供电设施，惠及 12 万户、50 万人。逐村逐户排查贫困村电力保障情况，制定电网改造实施计划，得到各级党委政府高度肯定。公司获评四川省定点扶贫工作先进单位，精准扶贫项目荣获全国“2016 民生示范工程”。新增智能电表 468.34 万只，用电信息采集 495.12 万户。“多表合一”集采集抄 13.4 万户，居全国前列。初步形成环成都充换电服务圈、沪蓉高速四川段快充网络。“三通一标”应用持续深化，线路机械化施工成效良好，投运公司首座 110 千伏模块化建设智能变电站。川藏联网工程获得国家优质工程金质奖，填补公司在国家工程类最高奖项空白。

三、经营效益稳健提升

深入开展“效益提升年”活动，提质增效理念深入人心。扎实开展经济活动分析，两次得到国网公司表扬。强化亏损企业治理，减少亏损子公司51家，超过国网下达任务47家，减亏7.78亿元。成功消除国网系统唯一“僵尸企业”，完成启明星铝业股权划转。争取农网改造升级中央财政资金8.3亿元。统一“营改增”政策执行，节约增值税支出约2亿元。“两金”余额存量压降10.93亿元，其中库存金额同比下降50%。实施远程异地评标。招标采购节资率达7.13%。规范工程项目后期管理，清理2014年及以前项目538项。开展审计发现问题整改“回头看”，及无电地区电力建设、农网维护费管理等审计，配合国家电网公司完成任期经济责任和专项审计，促进增收节支2.15亿元。加强运营监控（测），挽回经济损失4500万元。完成股权投资清理处置42项。实施电费排查专项行动，回收陈欠电费5.02亿元，较计划多回收1.32亿元。业扩报装净增容1719.87万千伏安，同比增加26.65%。完成电能替代42.23亿千瓦时，水火替代、自备电厂停发替代113.02亿千瓦时，分别同比增长12.19%、33.22%。综合线损率同比降低0.22个百分点，降幅居国网系统第3位。

四、各项改革稳妥实施

落实电改部署，发扬“三千”精神，反复沟通汇报，争取支持理解，配合编制四川电改综合试点及专项方案，最大限度确保各方案既遵循中央精神，又符合四川实际。组建全资子公司模式电力交易机构，完成机构设置、人员组聘和机制建设。实现市场化交易电量708亿千瓦时，同比增长33.4%。积极配合做好输配电价成本监审，还原电网实际成本，取得良好效果，坚持不懈、全力争取合理输配电价水平。主动参与配售电业务放开，维护正常电力市场秩序。协议接收35千伏及以上公用供配电资产10.24亿元、“三供一业”项目37个。完成12万户高压和2700万户低压用户营配贯通任务。53家全资县公司“子改分”工作全部完成。德阳什邡等6家控股县公司产权上划获得批复。完成成都、天府新区、资阳公司供电区域、机构人员、职责界面调整与划转。实施集体企业“瘦身健体”，累计压减97户，压减比例达49%，精简用工3192人。

五、管理与创新成果丰硕

强化对标管理，对标综合排名居国网系统第13位（较上年提升8名），获评综合进步单位、管理进步单位，电网运行风险预警、备用调度体系建设入选国网典型经验。高效开展卓越绩效评价，综合诊断管理短板，提炼卓越管理案例60项。培养精益带级人才368名，实施精益转型项目200个。深化资产全寿命周期管理体系应用，在中西部地区率先达到“领先型”标准。建立供电服务“曝光台”，落实“说清楚”制度。加强班组建设，相关经验得到全国总工会、国务院国资委充分肯定。推进实验室、科技攻关团队、科技研发和技术标准“四位一体”创新体系建设，技术标准创新基地通过国网公司验收，实现国网级科技攻关团队“零”突破。新提报IEEE和IEC国际标准提案4项，公司获IEEE全球首次颁发的标准推进特别贡献奖（管理类）。获国家科技进步二等奖1项、省部级10项，首次以第一完成单位获得国家电网公司科技进步一等奖。取得专利授权331件，其中发明专利134件。获国家级管理创新成果二等奖2项，省部级管理创新奖36项，国家电网公司软科学二等奖1项，优秀QC成果7项。命名公司职工（劳模）创新工作室65个。

六、“三个建设”成效显著

深入落实党的十八届六中全会和全国国有企业党的建设工作会议精神，扎实开展“两学一做”学习教育，党课展示、微宣微讲等活动全面覆盖基层党组织和党员。成功召开公司第一届党代会，完成1689个党组织换届选举。推进服务型党组织建设，打造公司首批示范点31个。公司作为党建思想政治工作先进代表，先后在全国电力行业、全省及国网系统交流经验。开展三轮18家单位巡察，经验做法得到国网公司高度肯定并推广应用。实施“清风川电”主题教育和“讲规矩、转作风、作表率”活动，干部职工纪律规矩意识不断增强。完善《领导干部管理办法》等8项制度，从严治理干部配备“三超两乱”。制定《职员职级管理办法》，职工成长渠道有效拓展。狠抓一线职工技能培训，信通、调控、安监等竞赛调考取得可喜成绩。全面推进“三州”地区职工周转房建设。发布在川央企首份服务地方经济社会发展白皮书。中国电力作家协会四川分会正式成立。职工原创微电影荣获全国微影视大赛金奖。累计建成全国职工书屋示范点28个。新建川电留守学生之家8所。离退休“两项待遇”有效落实。未发生影响公司形象与声誉的信访、维稳、保密、舆情等事件。公司获得省部级及以上集体（个人）荣誉103个，其中荣获全国、全省“五一劳动奖状（章）”8个，国网劳模、特等劳模共5名。

在公司取得优异成绩的同时，四川电力发展也迈上了新台阶。全省发电总装机突破9000万千瓦，其中水电7246万千瓦（居全国第一）；全社会用电量2101.02亿千瓦时，成为全国第8个突破2000亿千瓦时大关的省份；外送电量再创新高，全口径外送1285.46亿千瓦时，公司净外送264.35亿千瓦时，分别同比增长4.82%、24.26%。这些成绩的取得，对全省电力工业发展具有重要标志性意义。这是公司讲政治、顾大局，始终坚持以发展为第一要务，以高度的责任感全力推动发展的结果。我们的努力，得到了省委、省政府主要领导的高度肯定，也得到了电力行业、广大用户和社会各界的充分认可。

过去一年，我们胸怀全局、勇于突破，积极构建电网发展新格局。坚决贯彻落实国网公司和省委省政府决策部署，从服务经济社会、推动全省电力持续发展的大局出发，广泛凝聚“三个一”发展共识，努力突破四川电力固有格局，实现了破冰启航。我们主动作为、敢于担当，努力开拓改革发展新局面。面对内外部改革的空前压力和艰巨任务，主动沟通、尽责担当，突破重重阻力，经受住了前所未有的巨大考验，维护了公司合法权益，为持续健康发展奠定了坚实基础。我们知难而进、上下同心，全力提升公司发展新业绩。积极应对经济下行压力持续、电网投资需求巨大、成本费用刚性增长等经营困难，突出企业追求质量效益的本质属性，扎实开展“效益提升年”活动，全员效益意识明显增强，经营业绩稳步提升。我们不忘初心、学做并举，收获“三个建设”新成效。全面落实从严治党要求，不断筑牢公司发展的“根”和“魂”，主动将深学笃行融入日常工作。大力弘扬“努力超越、追求卓越”的企业精神，全心全意依靠职工办企业，实现了企业与职工共同发展。

回顾过去，成绩的取得离不开国家电网公司和省委、省政府的坚强领导，离不开社会各界的关心支持，更离不开广大干部职工的奋力拼搏。在此，我代表公司向所有关心支持公司工作的各级领导和社会各界表示衷心的感谢！向受到表彰的先进单位、集体和个人表示热烈的祝贺！向全体职工、离退休老同志和职工家属表示诚挚的慰问！

坚持改革创新、强化管理，推动公司和电网发展迈上新台阶

党的十八大以来，以习近平同志为核心的党中央统筹“五位一体”总布局，确立“四个全面”战略，提出“五大发展”理念，作出全面依法治国、深化改革、从严管党治党、打赢脱贫攻坚战等系列重大部署，对我国经济社会协调健康可持续发展影响深远。近期，中央、省委经济工作会议明确了稳中求进的总基调和深化供给侧结构性改革的主线，尤其是对继续化解过剩产能、降低企业用能成本、深化国资国企改革等方面作了系统的部署，对公司和电网加快转型发展带来新考验。国家电网公司舒印彪董事长在三届二次职代会暨2017年工作会议上提出，以党的建设为保证，以客户为中心，以队伍建设为根本，在改革上突破，在创新上发力，实现安全、质量、效率、效益、服务新提升，把企业做强做优做大。面对新形势、新要求，我们要清醒看到，当前四川电力正处于改革发展的紧要关头，创新突破的关键时期，公司和电网发展面临严峻挑战。

从宏观经济形势来看，我国经济发展新常态特征更加明显，产能过剩和需求结构升级矛盾突出，拉动增长的投资、消费、出口动力不足，特别是房地产市场调控力度加大，将影响钢铁、水泥等行业，经济发展形势依然错综复杂。现阶段，四川经济以传统产业为主，新兴产业仍在培育，随着“去产能”工作力度加大，公司电量增长、电费回收、市场开拓等将面临重重考验。从能源电力和电网发展来看，根据国家“十三五”电力发展规划，全国发电装机仍将以年均5.5%的速度增长，同期全社会用电量年均增长仅为3.6%-4.8%，电力产能过剩问题将进一步凸显。到2020年，四川全省装机将达到1.1亿千瓦，增长27.2%，其中风、光发电装机分别增长7.2、5.9倍，清洁能源消纳压力加大，“三弃”并存问题可能日益凸显，必须提高电网优化配置资源和安全保障能力。当前四川电网“两头薄弱”问题依然突出，特高压正处在网架形成过渡期，“强直弱交”特征明显，个别地区网架结构不合理、供电能力不足。大小电网长期并存、管理割裂，导致部分电网改造不到位、基础薄弱、服务品质无法保障，推动“一张网”建设任务艰巨。从深化改革情况来看，电力体制改革、国资国企改革、公司内部改革相互重叠、并行推进，各项改革措施进入落地实施阶段，公司成本、收入、投资等都将受到严格监管，终端市场面临全新竞争，对广大干部职工的思想观念和公司运营模式、管理机制、业务流程等带来深刻影响，传统思维习惯和工作方式必须因时而变、因势而变。在推进电力改革过程中，由于认识不统一和诉求多元化，各方博弈激烈，利益平衡困难，推动改革落地任务艰巨而复杂。从完善企业治理来看，公司仍处于“大而不强”的阶段，基础底子薄、发展不平衡、用工总量大等问题突出，制度标准执行不到位、规则意识不强等管理薄弱环节依然存在。

投资需求旺盛与支撑能力不足、成本刚性增长与效益提升困难的矛盾突出，对精打细算、提质增效、强化管理提出更高要求。随着全面从严治党和全面依法治国深入推进，政府监管和社会监督标准高、要求严。通过审计、巡察发现，公司个别干部职工法纪意识不强，有的单位在工程建设、招标采购等方面还存在风险点，依法治企依然任重道远。

总的来看，公司正进入发展模式转型期、深化改革攻坚期、管理质效提升期，任务重、挑战大、要求高、监管严成为常态。广大干部职工务必保持奋发进取的精神状态，以更坚定的信心、更严实的作风、更高效的工作，找准新定位，实现新突破，推动公司发展实现新的跨越和提升。

一、坚韧不拔构建“三个一”格局，推动行业发展实现新突破

构建电力行业“三个一”格局，既是关系四川电网发展的核心问题，又是实现全省电力事业持续健康发展的根本之道，更是推动地方社会经济发展、服务民生改善的重要举措，对于优化公司发展环境至关重要。深入推进“三个一”格局构建，仍面临阻力和困难，在统一各方认识、推动方案落地、实现电网整合突破上仍有很长的路要走。

坚持电源侧“一盘棋”，促进清洁协调发展。落实供给侧结构性改革要求，优化结构，强化协调，促进平衡。大力推进节能减排和绿色发展，促请省里全面关停淘汰30万千瓦级及以下低效、高污染煤电机组，合理安排水电、新能源、天然气新增发电项目开发时序和规模，全力消纳现有过剩发电产能。注重网源协调发展，积极推进雅中、金上及川渝环网等特高压项目，研究明确川西电网目标网架，促进四川水电和新能源外送消纳。主动融入全国统一电力市场，推动建立清洁能源配额制、跨区跨省输电价格等政策，打破省间壁垒，提高受端省份消纳积极性。抓住雾霾持续加重、社会高度关注的有利时机，落实习近平总书记提出的“宜电则电”原则，争取电能替代政策，挖掘省内消纳潜力，力争“十三五”累计替代电量达到240亿千瓦时。

坚持电网侧“一张网”，促进安全智能发展。电网统一是促进经济发展的必要前提和物理基础。加快构建“一张网”格局，就是要打造清洁能源优化配置平台，着眼于在更大范围消纳清洁能源，坚持“四统一”，避免重复建设，促进电网互联互通，提高利用效率和投资效益。打造电力商品公共交易平台，着眼于服务经济发展，构建公平公正用电环境，打破大小电网用户参与电力市场交易的管理壁垒。打造供电服务均等化平台，着眼于促进民生改善，发挥大电网安全保障水平高、可持续发展能力强、管理规范、服务优质等优势，逐步实现城乡供电服务均等化。坚持试点先行，重点推进与省市国有企业股份制合作，力争在宜宾、达州等地取得突破。将本质安全贯穿电网规划、设计、建设、运行等各环节，努力实现结构好、设备好、技术好、管理好。加强智能巡检、自动控制、在线监测等技术的融合应用，补齐配电网和自动化系统建设短板。

坚持需求侧“一同价”，促进普惠共享发展。在推进“一张网”的基础上，理顺电力管理体制，结合电价改革实际，逐步统一电价标准体系，实现全省所有电力用户共享优质规范、高效便捷的供电服务。结合全省脱贫攻坚工作要求，按照实事求是、量力而行、适度超前的原则，积极做好贫困村电网改造，完善贫困地区供电基础设施，扎实推进电力助推脱贫攻坚各项任务落实，让广大百姓共享电力发展成果。

二、坚定不移深化各项改革，推进公司转型升级实现新突破

目前，国资国企改革由顶层设计进入分类推进实施阶段，电力体制改革由政策制订进入落地操作阶段，公司内部改革由取得初步成效进入持续深化攻坚阶段。我们面临的问题更加复杂、任务更加艰巨，必须主动顺应改革大势，勇于涉险滩、善于解难题，全力保障各项措施顺利实施。

促进电改有效落地。在实事求是核定输配电价水平基础上，基于不同电压等级和用户类别，合理核定分类电价标准，推动形成规则明晰、水平合理、科学透明的输配电价体系。推进交易机构相对独立运作，推动市场委员会组建和交易规则制定，扩大市场化交易规模，激发市场活力，发挥市场配置资源的重要作用。配售电业务放开是下一步推进电改落地的“主战场”。要立足电网优势，主动参与市场竞争，积极应对全新挑战，全力维护市场秩序，避免出现不正当竞争、无序竞争和新的厂网不分。重点围绕工业园区、开发区等新增效益点用电需求，先行一步、抓早抓好，积极对接规划、全面提升服务，变“增量”为“存量”；坚持“综合施策、有取有舍”的方针，争取以全资或混合所有制（控股）方式投资有发展潜力的工业园区配电项目，主动介入政府（园区）主导的配售电平台。加强实际运作中矛盾问题分析研究，把情况梳理清、把影响分析透，制定有效措施，及时解决各种难题。

深化公司内部改革。按照国网公司“两级法人、三级管理”统一部署，完成公司制改革，健全法人治理结构。稳妥推进企业办医疗疗养、教育培训机构、“三供一业”等改革，逐步规范企业办社会职能。以提高企业效率效益、安全生产和服务水平为目的，坚持集约化方向，优化提升“三集五大”体系，解决实际问题，实现高效运转。深入研究集体企业发展定位，继续推进集体企业“瘦身健体”和非电产业处置，聚焦核心业务、压减企业数量、强化集约管控，促进规范管理、健康发展。高度重视改革过程中遗留问题处置和职工利益诉求，前移关口、掌握信息、防控风险，全力确保和谐稳定。

加快运营模式转型。深入研究新形势下“两个同步提升”实现途径，结合内外部改革变化，适应公司收入从“输配电价差”到“准许成本+合理收益”的转变，及时调整经营策略。转变运营模式，统筹抓好电网规划建设、有效资产认定、运营成本管控、电力市场开拓等因素，增强公司盈利能力。合理安排投资时序、讲求投资效益，建立灵活高效的投资机制，提高投资精准度和设备利用率，力争所有投入转变为有效资产。优化内部成本管控，做好国网公司预算安排与成本监管新要求的衔接，研究明确未纳入成本核定机构管理、市场化业务发展等问题。建立注重投入产出水平的考核评价、对标管理体系，增强导向性和针对性。

三、坚决有力强化管理提升，推进企业治理实现新突破

把提升管理、强化创新作为强基固本、解决问题、做强做优的根本途径。以规范化、均衡化、精益化、信息化为着力点，通过狠抓管理来夯基础、促效益、助发展，实现管理水平全面提升。

加强规范化运营。结合工作实际，进一步完善务实管用的制度标准。加强对制度执行的监督考核，提高制度有效性和约束力，坚决防止打折扣、搞变通，用制度管人、管事、管权、管企业。加大审计工作力度，提高质量管控、成果应用和在线审计能力，强化问题整改，做到应审必审、有审必严。充分发挥协同监督作用，强化重点领域管控，对重要岗位、核心资源和关键环节严格管理，有效防范化解风险。对发现问题要逐项制订落实整改措施，既要严肃追责问责，又要剖析根源、举一反三，建立长效机制。

推进均衡化发展。坚持统筹兼顾、协调发展思路，促进不同地区、不同类别的单位找准定位，探索适合自身特色的发展之路。在强化管理上，发挥“三州”等地区公司后发优势，因地制宜、整合资源，深化地县调控、末端业务等融合，适应发展需要。在资源调配上，强化公司管理和集团化运作，加强人、财、物等资源统筹调配，做好对口帮扶，增强偏远地区单位发展能力。在差异管控上，充分考虑基础条件、发展水平、客观环境等因素，注重创新突破和解决问题，既对标先进，又鼓励进步。

突出精益化管理。以效益最大、结果最优为导向，以夯实基础、补齐短板为重点，坚持用数据说话、用数据决策，强化全流程、各环节、各层级精益管控，提高效益、防范风险。坚持抓基础、利长远，从生产经营各项业务最基本的记录、数据、标准和现场管理、日常工作等方面入手，加强基层建设、基础工作和基本功训练。开展全面“体检”，系统诊断分析，建立问题清单，找准存在的突出问题和薄弱环节，不断改进提升。量化标准和分析，在发展上精准投入、注重产出，管理上精益求精、落细落小，流程上优化调整、提高效率，推动各业务紧密衔接、高效运转。

强化信息化支撑。深刻认识信息化是时代发展的大势所趋，是赢得先机、赢得未来、赢得优势的先导力量。实现公司减员增效、提升管理，关键要发挥信息化全面渗透、深度融合、加速创新的催化作用，将“大云物移”等技术与生产经营有机结合，抓好信息共享、应用与安全，以信息化带动管理提升。抓共享，就是要优化整合各类资源，统一数据标准和质量，打破管理壁垒、消除信息孤岛，实现公司各层级、各业务的纵向信息贯通和横向集成共享。抓应用，就是要挖掘数据和信息资源价值，加强对电力供应、优质服务、设备状态等数据的管理与利用，促进数据流、业务流、电力流有机融合。抓安全，就是要高度重视信息安全，采取有力措施，确保信息建设、运行、应用、维护全过程安全。

坚持创新驱动。管理是企业的永恒主题，创新是企业发展的命脉。把创新作为提升管理的有效途径，贯穿到生产经营各个环节，通过持续创新补齐管理短板、提升效率效益、增强发展能力。加快先进科技手段和技术在重要输电通道、关键运行设备的应用，解决偏远地区运维难题。适应电力市场竞争新形势，以客户为中心，打破传统运营模式，加快推进“互联网+营销服务”，推行在线、定制服务，逐步实现信息“全采集”、用电“全费控”、管理“全智能”，以便捷、优质、高效的供电服务赢得客户和市场。围绕安全、质量、效率、效益等领域，激励广大职工立足岗位创新，破解工作中的各种难题，提升劳动效率和管理水平。

四、坚持不懈落实从严治党要求，推进保障能力提升实现新突破

以党的建设为统领，全面增强政治、队伍、文化保障能力，对于公司可持续发展至关重要，必须坚持不懈抓紧抓实抓好。

强化政治保障。把全面加强党的建设作为企业持续健康发展的根本保证，始终牢记“六个力量”的责任和使命，坚决贯彻两个“一以贯之”要求，在“融入”上下功夫，在“内嵌”上做文章，以改革发展成果作为检验党建工作成效的重要标准。围绕打造“一流党建”目标，坚持“引领、传承、创新、争先”理念，全面构建“六个高地”。落实管党治党责任。坚持从严治党、思想建党、制度治党，在常和长、严和实、深和细上持续用力，聚精会神抓研究谋划、部署推动、督促落实，做到改革发展和党建工作两手抓、两手都要硬。严肃党内政治生活，坚持原则，实事求是。认真贯彻民主集中制，严格“三重一大”决策制度和程序，做到依法决策、科学决策、民主决策。严明纪律和规矩。坚持把纪律和规矩挺在前面，严守政治纪律和政治规矩，加强党章和党内法规的学习贯彻，进一步增强纪律意识，自觉遵守执行“五个必须、五个决不允许”。持续加强党风廉政建设，发挥巡察利剑作用，紧盯重点人、重点事和重点问题，不断增强威慑力。加强各级党组织建设。推动党组织发挥作用组织化、制度化、具体化，教育引导广大党员增强党性观念，发挥先锋模范作用，做到平常时期看得出来、关键时刻站得出来、紧要关头豁得出去。

强化队伍保障。牢牢抓住人这个核心要素，着力培养和造就知行合一的高素质干部职工队伍。要履职尽责。无论担任何种职务、处在何种岗位，都要忠于职守、勤勉工作，积极为企业排忧解难、贡献智慧和力量。要注重实干。坚持问题和目标导向，咬定青山不放松，扎实工作、真抓实干，做到抓铁有痕、踏石留印。要遵纪守法。在思想上始终绷紧法纪这根弦，把自觉遵守法律和纪律作为干事创业的基本要求，始终做到按制度履职、按规矩办事。领导干部要切实增强“四个意识”，按照国有企业领导人员“20字”要求，带头执行党规党纪，始终对党忠诚，坚定政治信仰。要积极担当作为，既要挂帅又要出征，对重点难点任务列出清单、挂图作战，守土负责、守土尽责，做到困难面前不退缩，矛盾面前不回避，努力实现发展上有新举措，管理上有新提升，各项工作有新成效。广大职工要坚决贯彻公司各项决策部署，增强责任意识和法纪意识，始终做到在企爱企、奋发有为。要弘扬劳模、工匠精神，干一行、爱一行、精一行，在学习中增长才干，在实践中锻炼提高，争当本专业领域的行家里手。

强化文化保障。公司所处的社会环境、经营环境正发生深刻变化，职工队伍呈现出许多新特点，我们必须正确认识、准确把握，进一步加强文化建设和民主管理，营造和谐发展氛围。弘扬优秀企业文化。把企业文化建设作为一项经常性、基础性工作来抓，推动企业文化进基层、进班组、进站所、进头脑，增强企业文化认知认同。深入发掘、培养、宣传各个层次各个方面的先进典型，使大家学有榜样、赶有目标。提升公司品牌形象。把握新媒体下对外传播和品牌维护规律，通过培育外部专家和利用第三方宣传表达公司观点，增强话语权和舆论引导力，在服务地方经济社会发展中彰显价值、展示形象，做到关键问题有声音、重点项目作表率、攻坚克难显担当，努力赢得各级党委政府和社会各界广泛认可。凝聚改革发展合力。坚持全心全意依靠职工办企业的方针，在政治上保证、制度上落实、权益上维护，充分调动广大职工的积极性、主动性、创造性，为职工成长成才创造条件、搭建平台，实现个人价值和企业价值的和谐统一。

2017年重点工作

2017年是实施“十三五”规划的重要一年，是各项改革的深化之年。公司工作总的要求是：认真贯彻国家电网公司和省委、省政府工作部署，坚持稳中求进工作总基调，践行“三个一”发展理念，以改革创新为动力，以“管理提升年”活动为载体，以“三个建设”为保障，补短板、强基础、增效率，努力做到“两个同步提升”，以优异成绩迎接党的十九大胜利召开。

2017年主要发展和经营目标：完成发展投入183.23亿元，固定资产投资167.60亿元，其中电网投资162.13亿元。开工110千伏及以上线路1441.61公里、变电容量626.40万千伏安；投产110千伏及以上线路2795.02公里、变电容量1615.70万千伏安。售电量1738亿千瓦时，增长3.84%。全口径外送电量1300亿千瓦时，同比增长1.13%。营业收入913.76亿元。利润6.32亿元，同比增加1.37亿元。资产负债率控制在75.15%以内。全口径劳动生产率44.88万元/人·年。

一、全力确保安全局面

深化本质安全建设。认真贯彻中央《关于推进安全生产领域改革发展的意见》，全面加强本质安全建设，抓好本质安全30条落地。完善省市两级安全职责规范，制订安全生产权力和责任清单，细化岗位安全责任。试行领导干部安全述职，督促落实各级安全责任、提升安全掌控能力。建立隐患排查治理常态机制，强化专项排查整治，严格重大隐患“两单一表”执行和挂牌督办，定期分析成因和倒查责任。深入开展安全风险预警管控，严格执行风险预警审批、报告和告知、现场督导制度。

确保电网安全运行。提前研究鄂渝背靠背直流投产后电网特性变化，优化完善控制策略，建设满足协同控制新要求的系统保护。认真落实年度运行方式要求，完善四川梯格主网架、新都和九江配套工程等补强措施。加强三大直流、川藏联网运维保障。持续推进输电线路“六防”综合治理及防灾差异化设计改造，狠抓“三跨”隐患专项整治。实施中心城区地下电缆综合治理，提升电缆及通道运行安全水平。强化反措督查发现问题整改，加强执行动态管理，建立长效机制。抓好大面积停电预案修编和应急演练，强化与高危、重要用户的协同处置。严格并网协议审查与签订，明确各类电源主体安全责任。落实反恐、防外破、消防和交通安全防范措施。确保完成党的十九大等重要保电任务。

强化现场安全管控。加强《生产作业安全管控标准化工作规范》的宣贯和执行。强化基建施工和配电网工程建设安全管理。全面开展承载力量化分析，科学编制、严格执行施工作业方案，狠抓现场安全技术措施和“两票三制”落实，有效防范人身伤害事故。切实加强小型、零星、临时作业安全管控，建立完善非计划作业审批制度，采取网络化、信息化手段实现精准“日管控”。深化反违章评价指数应用，开展专业部门、车间级单位反违章效能评价，促进违章考核评价由事后追责向事中控制转变。完善省、市、县三级现场安全监督体系，建立安全巡查交流机制。

提升智能运检水平。加快运检智能分析管控系统建设，实现“两级部署、三级应用”。深入开展输变配电智能化建设，推进变电站可视化远方操作，探索智能巡检可穿戴设备应用，扩大配电自动化系统和电缆智能移动巡检覆盖范围。深化在线监测装置应用，持续推进无人机、机器人巡检实用化，推广运检业务移动作业终端。提升带电监测能力，拓展特高压带电作业项目，加快配网不停电作业示范区建设。

二、增强市场竞争能力

积极拓展售电市场。深化业扩全流程线上管控，增强新增配网业务竞争优势。继续实施直购电、富余电量消纳等措施，全力稳固售电市场。利用外送通道富余容量，增补日前及日内交易，开展富余水电跨省跨区现货交易。规范“三联供”准入和自备电厂备用容量费收取标准，稳定和拓展市场份额。争取电能替代财税、电价等补贴政策，加快推广电锅炉、电采暖、电制氢、机场桥载电源等替代技术，投产重点电能替代项目 10 个，实现替代电量 44 亿千瓦时。完成 25 座充电站、140 个充电桩接入车联网平台，建成京昆高速雅安至广元段快充网络。

不断夯实营销基础。完成智能电表和用电信息采集全覆盖，加快客户费控装置改造，推进基于全采集和全费控的营销转型。争取政策，完成城市居民合表和国有企业供电分离改造任务。推进“三州”农村用户“四到户”管理，规范偏远地区销售、抄表、服务、收费等行为。疏导可再生能源附加基金等电价矛盾，开展电价政策执行在线稽核。依法依规实施资产抵押担保和停限电催收，防止发生新欠，回收陈欠电费 1.55 亿元。积极拓展节能服务范围，确保节能项目规模同比提升 5 个百分点。

切实提高服务质量。主动对接各级政府，服务重要产业，实现 78 个重点园区供电服务网点全覆盖。拓展多样化缴费渠道，引导客户线上缴费，实现手机 APP 绑定用户数达到800 万户，“电 e 宝”等线上支付电费超过 1 亿元。加强营配贯通成果运用，提升停电信息报送准确率，开展故障精准抢修应用。管控服务过程和行为，提升服务质效。优化供电所布局设置，打造“全能型”供电所。主动做好新能源发展的技术与服务支撑，加大风、光等新能源市场化交易比例。深化行风明察暗访，加强问题线索分级管理、分类处置，力争在全省行风满意度测评中排名第一。

三、统筹各级电网发展

抓好电网规划和前期工作。落实国家能源发展“十三五”规划，深化能源供需、网源协调、清洁能源外送消纳等关键问题研究，深入论证大渡河、金沙江上游、雅砻江中游梯级电站外送方案，滚动修编“十三五”电网规划。做好电网与地方发展规划衔接，推动公司与各市州战略合作协议有效落地。参与城市综合管廊规划和相关管理办法、收费标准制订，保障公司权益。加强电网规划安全隐患排查、系统设计等专题分析，深化项目前期工作，提前做好未来三年项目储备。针对配电网供电可靠性低、能力不足等薄弱环节，因地制宜优化规划方案和项目时序。积极传播全球能源互联网理念，联合有关高校、企业、科研机构等开展研讨。

全力推进重点工程。利用各种渠道，加大特高压工程和“三个一”理念的宣传力度，进一步凝聚社会共识。继续协调推动雅中直流等重点项目，力争尽早核准开工。全力确保川渝电网第三通道工程 6 月底前建成投运。抓好巴塘、乡城扩建及盐源、会东等重点输变电工程建设。加快新一轮农网改造升级，累计完成小城镇（中心村）改造5978个、机井通电建设5113眼，坚决打赢“两年攻坚战”。积极助推脱贫攻坚，完成2467个贫困村电网改造。推进6个小康电示范县创建。

提高电网建设质量和标准。健全完善规划可研、设计建设、物资采购、运维检修等各环节标准体系，深化“三通一标”应用。强化“一口对外”机制，落实属地协调责任，优化电网建设外部环境。加强标准工艺应用与质量通病防治，稳步提升电网建设工艺质量水平。推进变电站模块化建设，实施标准化设计、工厂化加工、装配式安装，提升规模化建设质量与效率。大力应用输电线路施工新技术，提升机械化水平。集成整合通用设备，统一技术参数以及电气、二次、土建接口，实现同类设备的通用互换。全力确保500千伏九江变电站创建“中国建设工程鲁班奖”。

四、深入推进改革工作

稳步推进电力体制改革。力争在3月底前推动完成电力市场管理委员会组建，建设一流省级交易中心，实现市场化交易电量突破900亿千瓦时。促请合理核定分电压等级、分用户类别输配电价水平。加强准许收入实时分析与措施应对，避免平衡账户出现大额亏损。研究明晰参与市场化售电业务工作模式，努力提升售电市场竞争实力。抓好重点园区配电网规划，加快建设布局，上半年与供区内所有省级及以上工业园区签订战略合作协议，实现园区客户直供到户。加快客户投资公用供配电设施接收进度，接收10千伏开关站（环网柜）600个、配电线路300公里。

优化提升“三集五大”体系。升级“五位一体”信息平台，全面导入并固化业务流程、制度标准、岗位职责。开展地县调全业务融合试点。落实压缩管理层级、减少法人户数工作实施方案，处置低效无效股权投资8项，清理非“三集五大”机构和无资本纽带企业各1户。完成41家县公司“子改分”。推动遂宁明珠等4家县公司全资上划。落实业务外包规范管理指导意见。健全全口径人工成本管控机制，扩大岗位绩效工资制覆盖面。严把人员入口关，新进人员优先充实到生产经营等一线岗位，逐年降低用工总量。差异化设置业绩考核目标，强化考核结果应用。推进公司系统“三供一业”分离移交以及培训、医疗机构改革。

深化集体企业改革与规范管理。深入推进重组整合，重点清理与主业弱（无）关联业务，压减集体企业20户。加强平台企业和法人治理结构建设，保证“三会一层”有效运转。修订重大决策管理办法等规章制度，强化贯彻落实与实用性评价。加强集体企业施工项目部建设，实现35千伏及以上输变电工程施工项目部标准化建设率100%。深化集体企业资金集中统一管控。开展应收账款专项清理，实现余额同比压降40%。加强供电服务公司建设，规范农电组织模式、用工方式和管理制度。

五、全面强化经营管理

深入开展“管理提升年”活动。认真落实活动方案，在制度标准、管理流程、执行力建设等方面，持续夯实基础，努力实现“十加强、十提升”目标。重点围绕电力改革，深入开展内部挖潜，不断强化管理。各部门、各单位要结合自身实际，细化明确重点方向、目标任务和具体举措，扎实有序推进管理提升。加强组织领导和统筹协调，及时研究工作推进中的各类问题，不断消除短板、突破瓶颈。强化过程督导，定期分析，严格奖惩，促进各专业、各领域工作责任有效落实。加强工作总结和经验提炼，形成推动公司发展的长效管理机制。

持续抓好效益提升。突出经济活动分析针对性，重点关注减利因素。深化综合计划和全面预算管理，严格项目审核、执行跟踪和监督考核。优化投资规模、结构和时序，优先安排保障电网安全、提高资产效益、巩固和拓展市场的关键项目。加强成本核算与管控，严格专项成本审查，从严从紧控制一般性和非生产性支出。强化资产状态监测和评估分析，实现资产全寿命周期成本最优。深化“两金”清理，存量同比下降3.6亿元。继续实施仓储物流体系建设三年行动计划，提升物资供应保障能力。推进同期线损管理系统全覆盖，强化中低压配网线损管理，综合线损率降低0.25个百分点。深化亏损企业专项治理，亏损子公司控制在3家、亏损额2.98亿元内。争取“去产能”有利政策，推动国网系统唯一煤矿妥善处置，推进峨电公司减亏工作。完成8家房地产企业处置。优化上市公司资产结构和运营模式，提升经营效益。坚持目标导向，对标综合排名进入国网公司前12名。

坚持依法从严治企。全面建设“三全五依”法治企业，修编指标及评价体系，促进法治建设与岗位、专业深度融合。完善监察、审计、财务、法律、运监等一体化协同监督机制，做到事前防范、事中控制和违规惩处的闭环管控。深化工程建设、招标采购等重点领域的监督检查，严格防控突出风险，解决违规转包分包、应招未招等问题。配合做好国家电网公司监事会监督检查等工作。推进公司审计中心建设，开展在线审计，发挥“上审下”效能。

六、突出创新引领作用

强化关键领域攻关。认真制订落实科技进步奖、专利奖和技术标准奖重点成果培育计划，加强大电网地质灾害监测预警、抢险技术及应用等重点项目培育，力争获评省部级科技进步奖12项。建成国网实验室和省政府重点实验室各1个。开展技术标准实施评价工作，争创国家电网公司技术标准试验验证实验室。申报IEEE等国际标准3项，争取发布1项。加强智库体系建设，充分发挥电科院、经研院等支撑机构作用，积极对外引智借力，提升公司战略研究分析能力。深化管理创新，力争获得省部级奖项超过10项。组织开展第三届职工创新成果展示，评选十大优秀创新成果，累计建成劳模（职工）创新工作室100个。

提高信息化水平。加强信息运维基础管理，完善集中监控体系，开展标准化作业，做到运维有规范、检查有标准、考核有依据。强化信息项目前期及建设管理，持续开展规范性检查，严格关键环节管控和考核。推进全业务统一数据中心建设，实现生产管理、营销服务、状态监测等系统资源共享。深入开展大数据分析，挖掘数据资产价值。推广移动应用，加强无线专网建设，强化业务系统技术支撑。健全信息安全三级责任体系，从网络基础、系统接入和防控体系等方面强化信息系统安全。

七、进一步加强“三个建设”

加强党的建设。认真学习宣贯党的十九大精神，指导和推动公司工作开展。落实公司第一届党代会工作部署，严格执行党建工作情况报告、考核评价、专项述职等制度。深入开展基层服务型党组织创建，抓好新建重组单位、县公司党组织建设。深化“两学一做”学习教育，对照“四个合格”标准，加强党员教育管理。落实党风廉政责任，探索履责精细化和痕迹管理，强化日常监督和廉政风险防控。深入落实中央八项规定精神，持之以恒反对“四风”。拓展巡察工作的深度和广度，确保实现常规巡察全覆盖，适时开展“回头看”，坚决查处违纪违规行为。

加强队伍建设。完善领导班子运行机制，从严从实加强干部管理监督，严格落实“三个不上会”“凡提四必”“五个不准”要求。推进干部队伍梯队建设，改善年龄和专业结构，提高应对复杂局面、推动改革发展的能力和水平。通过上挂下派、横向交流等多种方式储备优秀年轻干部。加强运营分析、二次系统等关键紧缺人才培养。深入开展“子改分”后人力资源优化配置、科技手段减员增效等课题研究。优化内部人力资源市场，鼓励跨单位、跨地域合理流动，解决结构性超缺员矛盾。创建五星级班组150个、标杆班组20个、国家电网公司“一流班组”10个。评选“能工巧匠”30名，力争获得省部级及以上劳模、先进10名。

加强文化建设。开展“建设卓越文化·打造卓越团队”主题实践活动，选树一批领导力、执行力和战斗力强的卓越典型。举办公司“企业文化节”活动，持续繁荣职工文化，引导广大职工参与各类文艺创作，打造卓越文化品牌。加强精神文明建设，实现全国文明单位在市州供电单位全覆盖。深化主题传播，积极引导社会舆论。开展“建设能源互联网·川电青年在行动”活动，引导团员青年立足岗位建功立业。做好离退休、后勤保障、信访维稳、保密等工作。

各位代表、同志们，新的一年，我们将开启新征程，迎接新挑战，开创新局面。让我们在国家电网公司和省委省政府的坚强领导下，紧紧围绕“两个一流”共同愿景，团结一心、攻坚克难、开拓进取，全面深化改革创新，全力提升管理水平，不断深化“两个转变”，为加快建成“一强三优”现代公司作出新的更大贡献！

（作者：石玉东，国网四川省电力公司总经理、党委副书记。本文系根据石玉东2017年1月18日《在国网四川省电力公司第六届职工代表大会第一次会议暨2017年工作会议上的报告》整理，有删节，文中小标题为编者所加）

坚持党的领导　加强党的建设
为早日建成“一强三优”现代公司提供坚强保障

潘 敬 东

2016 年工作回顾

2016 年，在国家电网公司党组和四川省委的坚强领导下，国网四川省电力公司党委坚持从严治党，全面落实党建责任，扎实推进党的建设各项工作，为公司全面完成年度目标任务提供了坚强保障。

一、深入扎实开展了“两学一做”学习教育

加强领导，精心组织，以全面规范自学、党课教育促学、微宣微讲讲学、知识答题验学、专题研讨深学，推动全体党员扎实开展学习教育。组织党组织书记讲党课 4000 余场，集中展示 12 个优秀党课案例，征集 500 余件作品参加“微宣微讲”竞赛，举办“两学一做”先进事迹报告 8 场，在党员中广泛开展了“重温入党誓词”、党章党史知识答题等活动。坚持学做结合，大力开展“党员示范岗”“党员责任区”“三亮三比”主题活动，推进“四讲四有”具体化。派出督查组，对基层单位“两学一做”学习教育加强检查指导。公司“两学一做”学习教育取得明显成效，先后在中央企业“两学一做”学习教育座谈会（四川片区）、国家电网公司“两学一做”学习教育推进会上作交流发言。

二、全面从严加强了思想组织建设

胜利召开公司第一次党代会，选举产生公司新一届党委、纪委，指导 1689 个基层党组织全面完成换届选举。首次开展基层党组织书记抓党建工作专项述职评议，全面覆盖 45 个基层党委。集中开展落实党建责任制、“三会一课”等专项检查，抓好党费收缴清理规范。坚持基层党组织“三分类三升级”长效机制，全面推动 72 个三类党组织整改升级。深入开展“争创基层服务型党组织和争当为民务实清廉优秀共产党员”活动，着力打造公司首批 31 个基层服务型党组织示范点。加强党员教育培训，公司系统举办各类党员教育培训 485 期，参训党员 3.1 万人次。公司作为驻川央企唯一代表，在全省国有企业党的建设暨国资国企改革工作会上交流党建经验，受到省有关领导充分肯定；作为国家电网公司唯一代表，在全国电力行业党建思想政治工作座谈会上作交流发言，荣获“全国电力行业党建思想政治工作优秀单位”称号。

三、持续有效强化了干部人才队伍

坚持“好干部”标准选贤任能，统筹抓好班子优化调整和补充配备，持续强化干部职数配备和职员职级管理。制订《干部管理制度体系框架》，明确省公司层面适用的 44 项干部管理制度，修订完善《领导干部管理办法》等 8 项制度。落实领导干部提醒、函询和诫勉制度，抽查核实干部个人事项 97 人次。完善四级四类人才选拔及考核方式，大力培养公司急需的技术技能人才，选拔公司级优秀专家人才 321 人、“电力雏鹰”50 人，培训特高压专项人才 22 人。以全员轮训促员工队伍素质提升，32.3 万人次参加各类培训和考核，近 1.5 万人实现素质提升，全面消除“三无”人员。进一步实施人才援藏，选送援藏人员 156 人，送培藏区人员 55 人。

四、坚实有力推进了反腐倡廉工作

细化党风廉政建设“两个责任”分工，层层签订责任书，约谈 16 家基层单位党政主要负责人、26 个职能部门负责人，组织 41 名基层纪委书记当面述职，有效推动责任落实。紧盯重点领域和关键环节，强化协同监督和内部审计监督，排查和防控问题风险。突出政治巡察定位，分三轮对 18 家基层单位开展巡察。准确运用“四种形态”，规范处置问题线索 104 件。开展“清风川电”主题教育活动，加强党规党纪学习宣贯，评选勤廉兼优好干部和遵章守纪好员工，开展工程建设、供电所管理关键岗位廉规调考。全面深化依法治企，编制“十三五”法治企业建设规划，积极整改内外部审计发现的问题。常态开展作风督查，抓好“四风”问题整治“回头看”。深化行风建设，公司在全省政风行风群众满意度测评

中名列前茅。

五、卓有成效彰显了企业文化品牌

编制《“十三五”企业文化建设实施意见》，深入开展“建设卓越文化、追求卓越品质”主题实践活动，积极推动卓越文化进专业、进班组、进站所。深化精神文明建设，公司系统30家市县供电公司、直属单位通过省级（最佳）文明单位测评验收，3名职工被评为“四川好人”。加强品牌建设，公司发布驻川央企首份服务地方经济社会发展白皮书，召开深化共产党员服务队建设座谈会，在《人民日报》等中央媒体上稿2400余篇。公司2个原创歌舞分别登上央视“纪念红军长征胜利80周年”和“直通春晚”节目，原创音乐MV《我想请个假》荣获“中国梦、劳动美”第三届全国微影视大赛金奖和最佳原创音乐奖。积极践行企业社会责任，公司扶贫工作获评“2016年民生示范工程”，并在第四届中国民生发展论坛作经验交流；公益战略“红细胞”在行动等6个项目获评国家电网公司“优秀社会责任根植项目”。

六、群团协作凝聚了职工群众合力

深化企业民主管理，抓好公司及基层职代会换届改选。各级职代会审议议案292个，处理提案227件，各级领导干部走访一线职工和困难职工9.7万人次。积极开展“送文化下基层、进班组”活动，建成“全国职工书屋示范点”7个。广泛开展劳动竞赛、技术技能比武活动，11个集体和7名职工分别荣获全国、四川省和省国资委五一劳动奖状、奖章荣誉。加强班组建设，制定公司班组建设“十三五”规划，召开班组建设交流推进会。国务院国资委对公司班组建设工作给予充分肯定，先后组织30家中央企业前来观摩交流。加强团青工作，举办青年创新创意大赛、“建设能源互联网 川电青年在行动”和“青年训练营”竞技挑战等活动，激发青年职工立足岗位、创新奉献的热情。结合精准扶贫攻坚、留守学生关爱等需求，持续深化志愿服务，新建成8所川电留守学生之家。公司荣获四川省志愿服务贡献奖。认真落实离退休老同志“两项待遇”，11家单位获评四川省第二届“敬老文明号”。不断加强信访、保密等工作，确保了公司和谐稳定。

认清形势，理清思路，全面开启公司党的建设新征程

以公司第一次党代会胜利召开为标志，公司党的建设站在了一个新的起点上。新的一年，党的十九大即将召开，中央全面推进“十三五”规划实施，进一步深化各项改革，公司和电网发展都将进入一个崭新的阶段。我们要把握新形势，确立新认识，落实新要求，全面加强公司党的建设，努力向“一流党建”目标迈进。

一、准确把握公司加强党的建设新形势

新形势下，中央对加强国有企业党的建设作出全面部署，各级党委把加强党的建设作为首要的政治任务，公司党的建设迎来新使命、新机遇、新动能。

党中央总体布局，加强党的建设方向更加明确。党的十八届六中全会深入推进全面从严治党，全国国有企业党的建设工作会议对国有企业和国企党的建设赋予新的定位和要求。习近平总书记深刻指出，国有企业是中国特色社会主义的重要物质基础和政治基础，是党执政兴国的重要支柱和依靠力量。坚持党的领导、加强党的建设是国有企业的“根”和“魂”，是我国国有企业的独特优势。国有企业党组织要以落实全面从严治党为主线，以解决问题为突破口，推动党的建设得到根本加强。习近平总书记的重要讲话，从根本上解决了对国有企业党的建设的认识问题，明确了工作基本遵循，为我们加强和改进公司党的建设指明了主攻方向。

国家电网公司党组顶层设计，加强党的建设动力更加强劲。今年初，国家电网公司党组以1号文件下发《关于全面从严治党的意见》，对发挥党组织作用、加强思想组织建设、严肃党内政治生活、严明党的纪律和规矩、加强党员干部队伍建设、强化党建考核评价和工作保障等作出全面部署；国家电网公司三届二次职代会暨2017年工作会对党建各项工作作出统筹安排。此前，还专门出台了贯彻落实全国国有企业党的建设工作会议精神实施方案。这些举措，充分体现了国家电网公司党组坚持党的领导、加强党的建设的高度自觉和坚定决心，对做好下一步党建工作具有很强的指导性和针对性，必将为公司加强党的建设提供强大动力和可靠保障。

公司第一次党代会绘就蓝图，加强党的建设目标更加清晰。公司召开第一次党代会，是加强党的建设一个重要的里程碑。这次会上提出坚持“引领、传承、创新、争先”，着力打造“一流党建”，全面构建党建高地、发展高地、人才高地、廉洁高地、精神高地、和谐高地，是今后一个时期公司党委工作的目标任务，是各级党组织和广大党员的共同愿景，也是我们加强党的建设的行动纲领。今年是落实党代会目标任务的第一年，开局意义重大，起步务必扎实。各级党组织要围绕新目标、落实新举措、展现新作为，

努力在加强党的建设、推动改革发展的新征程中创造新业绩。

二、充分认识公司加强党的建设紧迫性

党的十八届六中全会决定，党的十九大将于今年下半年召开。十九大是在我国全面建成小康社会决胜阶段召开的一次十分重要的代表大会，是党和国家政治生活中的一件大事。中央要求，全党要坚定信心，奋发进取，进一步做好党和国家各项工作，以优异的成绩迎接党的十九大召开。公司各级党组织要增强责任感紧迫感，着力提升党建工作水平，加快推动公司改革发展，切实维护企业稳定局面，以各项工作的显著成效向党和人民群众交上满意的答卷。十九大召开后，要把学习贯彻会议精神作为最重要、最紧迫的政治任务，迅速抓好落实，切实以十九大精神破解难题、指导实践、推动工作。

当前，公司改革发展处于关键时期，各项工作面临着新的挑战。在外部，复杂的宏观经济形势，给公司经营发展等带来重重考验；电力产能过剩加剧，给清洁能源消纳、电网安全稳定运行等带来空前压力；电力体制改革、国资国企改革深入推进，给公司运营模式、管理机制、业务流程等带来深刻影响。在内部，公司底子薄、发展不平衡等问题比较突出，依法治企仍然任重道远，基础管理亟待提升。中央指出，搞好国有企业，关键在党，关键在人。公司各级党组织要通过加强党的建设、发挥党的作用，全面激发企业内部的生机活力，全面凝聚攻坚克难的强大合力，推动公司成功战胜困难、应对挑战，实现改革发展新突破。

一直以来，公司坚持加强党的建设，各项工作取得长足进步。但也要清醒地认识到，在全面从严治党的新形势下，公司党的建设也还存在诸多薄弱环节。党建工作责任需要进一步落实：一些基层党组织书记管党治党失之于宽、失之于软，对问题视而不见。一些党员领导干部忽视党的责任，未认真履行“一岗双责”。党组织的作用需要进一步发挥：一些基层党组织工作思路不清晰，在企业改革发展中找不准工作切入点和突破口，服务生产经营的办法不多。少数党组织的凝聚力和战斗力不强。党建工作基础需要进一步夯实：公司基层党组织设置需要进一步优化，党建工作机构需要完善，队伍素质亟待提升。一些基层党组织落实党的制度不到位，基础工作比较薄弱。党风廉政建设需要进一步加强：一些基层单位党风廉政建设主体责任落实层层衰减，对领导干部尤其是“一把手”的监督约束存在薄弱环节，重要领域和关键岗位廉洁从业风险仍然存在，违规违纪问题未能杜绝。我们要深刻认识到：这些问题，就是公司党的建设“弱化、淡化、虚化、边缘化”的具体表现；这些问题的存在，充分说明了加强党的建设的重要性和紧迫性。

三、全面落实公司加强党的建设总要求

公司加强党的建设，要全面落实中央对国有企业党的建设的总体要求，围绕打造“一流党建”目标，着眼改革发展大局，着力解决突出问题，切实做到“五个坚持”。

一是坚持全面从严治党不懈怠。全面从严治党要在公司落实落地，必须从基本组织、基本队伍、基本制度严起。基本组织从严，就是要扫除党的组织和工作的盲区，根据公司结构调整、机构设置、业务发展等方面情况同步建立党的组织、动态调整组织设置，实现党的组织和工作全覆盖；克服党的组织和工作软弱无力现象，严肃党内政治生活，确保组织生活健全规范和党组织作用充分发挥。基本队伍从严，就是要强化党员队伍管理，严把“入口”，畅通“出口”，加强党员发展审核把关，及时处置不合格党员；强化党员队伍教育，增强党性修养，保持共产党员先进性，让党员的先锋模范作用充分彰显。基本制度从严，就是要执行好“三会一课”、组织生活会、民主评议党员等基本制度，落实好党组织按期换届、党员组织关系管理、党费收缴等规定，提高党建工作制度化、规范化水平；抓好党委工作考核、党建述职评议、工作报告和责任追究等，提高制度执行力。

二是坚持加强党的领导不动摇。党对国有企业的领导是政治领导、思想领导、组织领导的有机统一。公司党组织发挥领导核心和政治核心作用，要在把方向、管大局、保落实上下功夫；同时，要处理好和其他治理主体的关系，工作既不缺位，也不越位。把方向，要自觉在思想上政治上行动上同党中央保持高度一致，全面落实党的理论和路线方针政策，坚决贯彻中央做强做优做大国有企业的部署，坚持不懈深化“两个转变”，坚定不移加快“一强三优”现代公司建设。管大局，要管好公司改革发展稳定大局，坚持在大局下行动，议大事、抓重点，加强集体领导，推进科学决策，为中心工作开展统一思想、凝聚力量、构筑良好环境，推动企业全面履行政治责任、经济责任、社会责任。保落实，要管干部聚人才、建班子带队伍、抓基层打基础，领导群团组织并发挥其作用，把党中央精神和上级部署不折不扣落到实处，把公司构建“三个一”格局、深化企业改革、强化管理提升、全面从严治党的各项部署深入有效落到实处，推动公司发展实现新的跨越和提升。

三是坚持服务生产经营不偏离。党的建设不是虚无缥缈的，要解决具体的生存和发展问题。公司党组织要强化党建工作与生产经营深度融合意识，把促进企业生产经营作为党建工作的基本出发点和落脚点，围绕生产经营来创新工作载体、搭建活动平台，把党的执行力建设、战斗力建设转化为企业生产力建设，把党建工作成效转化为企业的发展活力和竞争实力。党组织服务生产经营，要强化思想保证，通过深入教育引导，提高职工思想认识，增强主人翁意识，激发创造活力和工作热情，形成提升公司效率效益的强大合力；要强化组织保证，通过发挥基层党组织的战斗堡垒作用和党员的先锋模范作用，发挥群团组织的桥梁纽带作用，团结带领广大职工奋勇攻坚，加快推进公司和电网发展；要强化纪律保证，通过聚焦重点岗位、重点环节，完善制度体系，加强教育监督，有效防控廉政风险，为生产经营健康运行营造良好环境。

四是坚持选人用人把关不能变。加强企业党的建设，关键要抓好领导班子，培养造就高素质的干部队伍。公司党组织要严格标准、加强引导、落实监管，切实发挥好在选人用人中的领导和把关作用。要把好干部“选拔关”，坚持正确的选人用人导向，落实“对党忠诚、勇于创新、治企有方、兴企有为、清正廉洁”20字方针，注重在艰苦复杂的环境中培养锻炼干部，注重选拔使用素质过硬、能力突出、业绩优良的干部。要把好干部“教育关”，加强干部党性教育、宗旨教育、警示教育，坚定理想信念，严明政治纪律和政治规矩，引导干部不断提高思想政治素质、增强党性修养，从思想深处拧紧螺丝。要把好干部“监督关”，完善党内监督体系，加强干部日常监督管理，特别是要抓好对“一把手”的监督，及时深入了解干部情况，对干部存在的苗头性倾向性问题早发现、早提醒、早纠正。

五是坚持建强基层组织不放松。基层党组织是党在国有企业全部工作和战斗力的基础。公司加强党的建设，要坚持重心下移、力量下沉，结合公司“管理提升年”活动开展，着力抓基层打基础练好基本功。抓基层，重点要抓党支部建设，加强支部工作管理，选好支部带头人，建强支部班子，充分发挥支部主体作用，持续整顿软弱涣散党组织，一个支部一个支部提升，一个阵地一个阵地巩固，切实把支部建设成为团结群众的核心、教育党员的学校、攻坚克难的堡垒。打基础，重点要抓党建基础性工作，强化党建工作责任，完善党建工作制度，落实党建工作机构、人员、经费，充实党建工作力量，创新党建工作手段，不断增强党组织活动的吸引力感染力和针对性实效性。练好基本功，重点要抓党务工作者队伍素质提升，加强教育培训和实践锻炼，着力提升党务人员理论素养和实际工作能力，使其既精通党务工作又熟悉企业生产经营管理，下大力气培养一支政治强、业务精、作风好、肯奉献、执行力强的基层党务工作者队伍。

2017年工作回顾

2017年，公司党委工作的指导思想是：深入贯彻党的十八届六中全会、全国国有企业党的建设工作会议精神，落实国家电网公司党组和四川省委决策部署，围绕“一流党建”目标，坚持“引领、传承、创新、争先”，全面加强党的建设，为公司改革发展提供坚强保障。

一、把教育引导摆在首位，在思想作风上促进新提升

加强思想政治教育。完善干部理论学习制度，加强对习近平总书记系列重要讲话精神的学习教育，切实增强政治意识、大局意识、核心意识、看齐意识。突出抓好职工思想政治工作，推动党的理论创新成果进企业、进车间、进班组、进头脑，把解决思想问题同解决实际问题结合起来，引导职工群众听党话、跟党走。开展“百人百讲”宣传活动，做好深化电力体制改革、国资国企改革、公司管理体制创新中的思想工作，引导职工自觉维护改革发展稳定大局。

宣贯党的十九大精神。持续深入学习党的十八届六中全会、全国国有企业党的建设工作会议精神，认真总结十八大以来公司党的建设成就，积极展示公司科学发展新形象，为十九大胜利召开营造良好氛围。十九大召开后，及时、全面、准确传达会议精神，组织广大干部职工认真学习十九大提出的新思想、新观点、新论断，以十九大精神推动各项工作开展，在公司掀起学习贯彻十九大精神的热潮。

持续深入转变作风。落实中央八项规定精神，严格执行国家电网公司党组30条实施细则和公司作风建设“十项禁令”等制度，加强制度执行监督检查。持之以恒纠正“四风”，坚决防止反弹回潮。开展作风建设明察暗访，抓好问题整改。落实党员干部直接联系服务群众制度，指导基层解决实际困难和问题。加强行风建设，坚持目标不变、力度不减，在全省政风行风群众满意度测评中勇争第一。

二、把基层基础抓牢抓实，在组织建设上谋求新突破

强化党建工作责任。成立党建工作领导小组及其办公室，加强对党建工作的领导，推动管党治党责任落到实处。修订《基层党委工作考核办法》，完善党建工作考评机制，将考评结果纳入企业负责人年度业绩考核。建立健全下级党组织向上级党组织报告年度党建工作制度，进一步抓好党组织书记抓党建工作述职评议考核，层层传导压力。严格执行《中国共产党问责条例》，坚持有责必问、失责必究。

严肃党内政治生活。落实《关于新形势下党内政治生活的若干准则》，坚持集体领导制度，完善党委议事规则和决策程序。定期开展民主集中制执行情况监督检查，严肃责任追究。突出党性锻炼抓好“三会一课”，结合基层工作实际和党员思想实际开展党员党性分析，推行党员领导干部定期讲党课制度。规范党员领导干部民主生活会、基层党支部专题组织生活会，用好批评和自我批评武器，增强党内政治生活的政治性、时代性、原则性、战斗性。

建强建优基层组织。加强新建重组单位、少数民族地区单位、县级供电公司、供电服务公司党组织建设，强化基层党组织体系。加强党支部班子建设，完善支部工作制度，建立支部工作经常性督查指导机制，切实增强党支部创造力、凝聚力和战斗力。深化基层服务型党组织建设，持续开展“三亮三比”主题活动，充分发挥共产党员服务队示范带动作用。规范党务工作部门设置，充实党务工作人员，强化党建工作基础保障。推进党务工作者队伍建设，加强党务人员培养、选拔、激励，抓好党建业务培训。

三、把从严要求贯穿始终，在队伍建设上抓出新成效

严格干部选用把关。严把选人用人政治关、廉洁关，严格规范动议提名、组织考察、讨论决定等程序，在确定标准、规范程序、参与考察、推荐人选等方面把好关。按照“三个区分开来”要求，建立容错纠错机制，充分调动领导干部干事创业的积极性主动性。注重后备干部队伍建设，坚持在艰苦地区、重点工程和重大任务中锤炼年轻干部，及时选拔在实践中成长起来的良将贤才。严格干部日常管理，落实谈心谈话制度，加大综合考核评价和提醒、函询、诫勉力度，防止小毛病演化成大问题。

严格党员教育管理。坚持抓在日常、严在经常，促进“两学一做”学习教育常态化长效化，持续推动“四讲四有”具体化。运用“微宣微讲”“支部书记讲党课”等载体，广泛开展学习型党组织创建活动。落实公司2014-2018年党员教育培训工作规划，重点抓好基层党组织书记、党员骨干、新党员培训。重视在生产经营一线和青年职工中发展党员，及时把技术能手、青年专家等优秀人才吸收到党的队伍中来。加强劳务派遣员工党员、流动党员管理，做好机构变革中党员组织关系接转。

严格人才培养使用。优化四级四类人才结构，创新人才培养方式、业绩评价和考核标准。落实人才培养“专业负责制”，把各级各类专家人才评价结果与绩效薪金分配、薪级调整联动。实施新能源、智能电网、特高压等专业人才、紧缺人才专项培养计划，充分发挥人才引领作用。贯彻落实全员培训规划，完善培训资源开发方式及内容，推广网络学习和移动学习，深化“师带徒”、结对帮扶等手段，提高培训针对性和实效性。

四、把纪律规矩挺在前面，在廉政法治上构筑新防线

从严落实“两个责任”。深入贯彻新修订的《关于落实党风廉政建设主体责任和监督责任的意见》，认真落实党委主体责任，完善科学的廉政管控体系。严格执行《中国共产党纪律检查机关监督执纪工作规则（试行）》，认真落实纪委监督责任，加强监督执纪问责，严肃查处违规违纪问题，严肃追责问责，惩戒极少数、教育警示大多数。贯彻执行《党风廉政建设约谈与报告工作规定》，建立履责记实制度，督促履职尽责。

全面加强教育监督。认真组织学习党规党纪，常态化开展廉规考试，定期通报典型案例，加强警示教育和提醒，筑牢党员干部纪律规矩意识，明底线、知红线。以解决问题、防范风险为着力点，完善巡察配套制度，实现巡察工作全覆盖。突出监督重点，强化对关键岗位、重要人员特别是“一把手”的监督管理，突出工程物资招投标、集体企业、电费电价执行等方面的监督，完善“三重一大”决策监督机制，营造风清气正的发展环境。

深入推进依法治企。全面建设“三全五依”法治企业，完善依法治企考评体系，构建法律审核长效机制，细化落实“七五”普法规划。整体推进立法配合工作，力争市州涉电立法取得新突破。建设全方位维权体系，强化重大法律纠纷案件的研判与处理，深化电网建设、供电服务法律护航行动。建立完善重大法律问题抽查处置机制，整合安全、审计、法律、监察等监督力量，强化重点领域协同监督，加强关键领域专项治理。

五、把内质外形统筹兼顾，在文化品牌上打造新亮点

推进卓越文化建设。深入学习宣传国家电网公司卓越文化，通过各类培训班、宣讲会等平台，实现卓越文化“全覆盖学习”。加强卓越文化环境建设，把标准化设计与个性化展示相结合，通过公司内部网站、办公场所、施工场地等平台，实现卓越文化“全方位展示”。开展“打造卓越团队、助力管理提升”主题实践活动，以国家电网公司核心价值理念为指引，结合标杆班组和星级供电所建设，突出重大工程建设、急难险重任务等实践，加快推进卓越文化落地。

提升企业文明素质。深入推进以德育企，大力加强责任企业、诚信企业建设，积极开展职工“四德教育”，全面提升公司系统精神文明建设水平，塑造国家电网良好社会形象。加强文明单位建设，细化落实省级文明单位测评细则，大力推进全国文明单位创建，力争新建成6-8家全国文明单位，实现全国文明单位在市州供电公司全覆盖。

加强国网品牌传播。坚持把握方向保“高度”，开展一批重点策划；精心锤炼保“深度”，造就一支好队伍；勇于担当保“温度”，搭建一个大平台；多维视角保“广度”，形成一套好机制，着力高端和新媒体传播，用“普通话”讲好国网故事，彰显“创新国网、责任国网”品牌形象。出台《自办媒体管理指导意见》，细化公司网站、手机报、官方微信等媒体运维规则，规范自办媒体管理，切实加强品牌维护工作，促进品牌价值提升。

六、把服务保障落到实处，在群团工作上激发新活力

团结凝聚职工力量。认真落实中央群团工作会议精神，坚持全心全意依靠职工办企业方针，加强对工会工作的领导。抓好各级职代会决议、提案的督办工作，坚持开展职工代表巡视督查，推进厂务公开民主管理规范化建设。深化群众性劳动竞赛和职工技术创新活动，推广实用性创新成果，开展班组绩效管理提升活动。加强职工文化体育阵地建设，繁荣职工文艺创作。开展职工“身边模范”选树宣传，举办公司“企业文化节”系列活动，大力营造和谐向上、勇于争先的氛围。

助力青年成长成才。深化“建设能源互联网 川电青年在行动”主题活动，大力开展“号、手、岗、队”评比表彰，将青年思想引导贯穿安全生产、优质服务、应急抢险等任务始终，凝聚青年力量，发挥生力军作用。办好青年职业技能竞赛、青年训练营，立足公司发展，服务青年成才。以青年创新创意大赛为抓手，深化青年创新创效，建设青年创新创效示范点20个。坚持开放共享思路，打造川电留守学生之家升级版。突出电网特色，助力精准扶贫攻坚。

维护和谐稳定大局。深入开展“走基层、进班组、访一线”活动，组织重点工程走访慰问，切实把关爱职工落到实处。全面落实“两项待遇”，加强离退休人员思想引导和党组织建设，把离退休工作做深做细做实。落实信访稳定工作预案，推广“两防三治”经验，加强稳定风险评估和源头防控，提高矛盾隐患排查化解和信息预警水平。适应新形势、新要求，进一步完善公司保密管理体系。

（作者：潘敬东，国网四川省电力公司党委书记、副总经理。本文系根据潘敬东2017年1月19日《在国网四川省电力公司党委2017年工作会议上的报告》整理，有删节）

坚持改革创新机制　全力构建“三个一”发展新格局

石 玉 东

国网四川省电力公司将以“管理提升年”活动为载体，以“三个建设”为保障，坚持电源侧“一盘棋”、电网侧“一张网”、需求侧“一同价”，全面深化改革创新，全力构建“三个一”发展新格局。

公司三届二次职代会暨2017年工作会议提出，以党的建设为保证，以客户为中心，以队伍建设为根本，在改革上突破，在创新上发力，实现安全、质量、效率、效益、服务新提升，把企业做强做优做大。今年中央和四川省委经济工作会议明确了稳中求进的总基调和深化供给侧结构性改革的主线，给企业和电网加快转型发展带来新考验。

全力构建“三个一”发展新格局，既是关系四川电网发展的核心问题，又是实现全省电力事业持续健康发展的根本之道，更是推动地方社会经济发展、服务民生改善的重要举措。2016年，国网四川电力从服务经济社会、推动全省电力持续发展的大局出发，深入分析四川电力现状，突破四川电力固有格局，创造性提出“三个一”理念，得到各级领导、有关部门和电力行业高度重视。尽管面临的形势比预期复杂，我们以改革创新为动力，以“效益提升年”为抓手，取得了比预期更好的成效。

坚持电源侧“一盘棋” 促进清洁协调发展

目前，四川全省发电总装机突破 9000 万千瓦，其中水电 7246 万千瓦，居全国第一，全社会用电量突破 2100 亿千瓦时。四川电网面临的难题首先是电源侧装机过剩，大量清洁能源亟待消纳。国网四川电力必须在四川清洁能源装机供大于求的背景下，推动电力供给侧改革，引导电源科学有序、协调发展。从能源电力和电网发展来看，根据国家“十三五”电力发展规划，全国发电装机仍将以年均 5.5%的速度增长，同期全社会用电量年均增长仅为 3.6%~4.8%，电力产能过剩问题将进一步凸显。到 2020 年，四川全省装机将达到 1.1 亿千瓦，增长 27.2%，其中风、光发电装机分别增长 7.2、5.9 倍，清洁能源消纳压力加大，“三弃”并存问题可能日益凸显，必须提高电网优化配置资源和安全保障能力。

坚持电源侧“一盘棋”，促进清洁协调发展。我们将落实供给侧结构性改革要求，优化结构，强化协调，促进平衡；大力推进节能减排和绿色发展，全力消纳现有过剩发电产能；研究明确川西电网目标网架，促进四川水电和新能源在更大范围消纳；主动融入全国统一电力市场，打破省间壁垒，提高受端省份消纳积极性；认真落实“宜电则电”原则，争取电能替代政策，努力挖掘省内消纳潜力。

坚持电网侧“一张网” 促进安全智能发展

当前四川电网“两头薄弱”问题依然突出，特高压正处在网架形成过渡期，“强直弱交”特征明显，个别地区网架结构不合理、供电能力不足。大小电网长期并存、管理割裂，导致部分电网改造不到位、基础薄弱、服务品质无法保障，推动“一张网”建设任务艰巨。

四川电网面临的难题是管理政出多门，全省大小电网几百个供区。国网四川电力必须在此背景下，加快大小电网整合，避免电网重复建设、提高利用效率。

坚持电网侧“一张网”，促进安全智能发展。加快构建“一张网”格局，就是要打造清洁能源优化配置平台，我们将着眼于在更大范围消纳清洁能源，促进电网互联互通，避免重复建设，提高利用效率和投资效益。打造电力商品公共交易平台，着眼于服务经济发展，构建公平公正用电环境，打破大小电网客户参与电力市场交易的管理壁垒。打造供电服务均等化平台，着眼于促进民生改善，发挥大电网安全保障水平高、可持续发展能力强、管理规范、服务优质等优势，逐步实现城乡供电服务均等化目标。坚持试点先行，重点推进与省市国有企业股份制合作，力争取得突破。国网四川电力将本质安全贯穿电网规划、设计、建设、运行等各环节，努力实现结构好、设备好、技术好、管理好。加强智能巡检、自动控制、在线监测等技术的融合应用，补齐配电网和自动化系统建设短板。

坚持需求侧“一同价” 促进普惠共享发展

当前电力体制改革、国资国企改革、企业内部改革并行推进，各项改革措施进入落地实施阶段，终端市场面临全新竞争。随着社会的快速发展，广大人民群众在用电的诉求上更趋多元化，尤其是在需求侧“一同价”问题上。四川用电需求侧近 200 个价区，电价五花八门。理顺电力管理体制，逐步统一电价标准体系，实现全省所有电力客户共享优质公平的供电服务日益迫切。

坚持需求侧“一同价”，促进普惠共享发展。在推进“一张网”的基础上，理顺电力管理体制，结合电价改革实际，逐步统一电价标准体系，实现全省所有客户共享优质规范、高效便捷、公正公平的供电服务。结合脱贫攻坚工作要求，积极做好贫困村电网改造，完善贫困地区供电基础设施，扎实推进电力助推脱贫攻坚任务落实，让百姓共享电力发展成果。

虽然推进“三个一”仍面临不少困难，在实现电网整合突破上仍有很长的路要走。但在四川各级地方政府的有力支持下，电源侧、电网侧、需求侧正逐步统一认识，各方加强沟通协作，加快工作落地。目前四川宜宾、达州、眉山、自贡等 10 余地市已签订新的战略框架合作协议。

2017年是国网四川电力创新突破的关键时期。我们将全力构建“三个一”发展新格局，深入开展“管理提升年”活动，补短板、强基础、增效率，实现“双提升”，为加快建设“一强三优”现代公司作出新的更大贡献。

（作者：石玉东，国网四川省电力公司总经理、党委副书记，本文载于2017年2月9日《国家电网报》）

从供给侧发力构建电力发展新格局

石 玉 东

中央和省委经济工作会议明确了稳中求进的总基调和深化供给侧结构性改革的主线，对四川电网加快转型发展提出了新要求。遵循这一新要求，我们要坚持电源侧“一盘棋”、电网侧“一张网”、需求侧“一同价”，全面深化供给侧结构性改革，全力构建“三个一”电力发展新格局。

近年来，中国经济发展进入新常态。新常态需要新探索，从根本上说，就是向改革要动力，向结构调整要助力，向民生改善要潜力。要按照创新、协调、绿色、开放、共享的发展理念，加大结构性改革力度，矫正要素配置扭曲，扩大有效供给，提高供给结构的适应性和灵活性，提高全要素生产率。推进供给侧结构性改革，对“十三五”时期四川站在更高的发展水平上全面建成小康社会具有重大指导意义。

“三个一”电力发展格局，旨在优化电源结构，化解电力产能过剩问题，引导电源科学有序、协调发展；促进电网资源优化配置，打破大小网壁垒，加强清洁水电外送，促进安全绿色发展；理顺电力管理体制，逐步统一电价标准体系，促进全省用能价格降低，服务民生改善，实现开放共享发展。这既是关系四川电网科学发展的迫切需要，又是实现全省电力事业持续健康发展的根本之道，更是推动地方社会经济发展、提高服务质量水平的重要举措。

优化电源结构，化解电力产能过剩，坚持电源侧“一盘棋”，促进清洁协调有序发展。四川清洁能源资源丰富，然而，由于四川电力需求增速回落，且跨省电力外送通道推动困难，清洁能源消纳矛盾突出。坚持电源侧“一盘棋”，促进清洁协调发展，首先需要加强各类电源优化协调开发，按照供给侧结构性改革要求，优先开发调节能力强的大型水电项目，有序推进风、光发电项目建设，暂缓新建煤电和天然气发电，全力消纳现有过剩发电产能。加快电力外送通道建设，配套各大型水电站建成并网，满足四川更多清洁能源外送消纳需要。同时，推动建立清洁能源政策和市场化消纳机制，争取四川清洁能源消纳的支持政策，主动融入全国统一电力市场，打破省际间壁垒。

加快大小电网整合，打破管理壁垒，坚持电网侧“一张网”，促进安全绿色智能发展。当前四川电网“两头薄弱”问题依然突出，特高压正处在网架形成过渡期，“强直弱交”特征明显，个别地区网架结构不合理、供电能力不足。大小电网长期并存、管理割裂，导致部分电网改造不到位、基础薄弱、服务品质无法保障，推动“一张网”建设任务十分艰巨。必须在四川数百个供区造成管理不顺的背景下，加快大小电网整合，避免电网重复建设、提高利用效率。坚持电网侧“一张网”，加快构建“一张网”发展格局，就是要打造清洁能源优化配置平台，要着眼于在更大范围消纳清洁能源，促进电网互联互通，避免重复建设，提高利用效率和投资效益。要打造电力商品公共交易平台，着眼于服务经济发展，构建公平公正用电环境，打破大小电网用户参与电力市场交易的管理壁垒。要打造供电服务均等化平台，着眼于促进民生改善，发挥大电网安全保障水平高、可持续发展能力强、管理规范、服务优质等优势，逐步实现城乡供电服务均等化目标。

逐步统一电价标准，实现城乡服务均等化，坚持需求侧“一同价”，促进开放普惠共享发展。当前电力体制改革、国资国企改革及公司内部改革并行推进，各项改革措施进入落地实施阶段，终端市场面临全新竞争。理顺电力管理体制，逐步统一电价标准体系，实现全省所有电力客户共享优质公平的供电服务日益迫切。要结合电价改革实际，逐步统一电价标准体系，实现全省所有电力用户共享优质规范、高效便捷、公正公平的供电服务。结合全省脱贫攻坚工作要求，按照实事求是、量力而行、适度超前的原则，积极做好贫困村电网改造，完善贫困地区供电基础设施，扎实推进电力助推脱贫攻坚各项任务落实，让广大百姓共享电力发展成果。

当前，虽然推进“三个一”电力发展格局仍面临不少困难，在实现电网整合突破上仍有很长的路要走。但在四川各级地方政府的有力支持下，电源侧、电网侧、需求侧正逐步统一认识。2017年，是实施“十三五”规划的重要一年，也是国网四川电力创新突破的关键时期。我们将坚持不懈补短板、强基础、增效率，推进供给侧结构性改革，构建“三个一”发展新格局，为服务四川经济社会发展作出新的更大贡献。

（作者：石玉东，国网四川省电力公司总经理、党委副书记，本文载于2017年4月12日《四川日报》）

产业扶贫须因地制宜

石　玉　东

央企参与扶贫，除了要有满腔热情，还要注意发掘企业的自身优势和帮扶对象的资源禀赋。

国网四川省电力公司始终牢记自己的责任和使命，认真落实国家电网公司和四川省委、省政府精准扶贫工作部署，努力为地方经济社会发展和人民群众生活品质改善贡献自己的力量。今天，作为参与精准扶贫的央企的一员，在这里与大家分享一下我们的一点心得和体会，欢迎大家多提宝贵意见。

央企扶贫责无旁贷

习近平总书记号召要“齐心协力打赢脱贫攻坚战”，精准扶贫不是一个人、一个企业的事，需要全社会力量的广泛参与。作为央企，我们责无旁贷。

2008年起，我们积极参与到四川马边县的定点扶贫工作中，至今已经走过了8个年头。8年来，我们实现了马边全域“用上电、用好电”；8年来，我们帮助高石头村村民走向脱贫致富；8年来我们帮助高石头村走向了文明生活。

扶贫要把握特色优势

央企参与扶贫，除了要有满腔热情，还要注意发掘企业的自身优势和帮扶对象的资源禀赋。作为电力能源供应企业，我们认真落实国务院“加强贫困地区基础设施建设”要求，先后投入6.35亿元，改造升级马边电网，实现城乡居民用电同网同价。在产业扶贫中，我们曾先后探索种植业和矿产开发，后来才因地制宜地培育出竞赛式散养和合作社集中养殖的生态鸡产业，并牵线搭桥助力马边彝绣走出小山村。经过这几年的努力，高石头村人均年收入从2009年的1560元增长至2015年的4900元。

当村里考出的第一个大学生激发了孩子们走出去的热情时，当70多岁的老贫困户啥妈大爷骄傲地不再接受助困金时……我们感到高石头村的梦想和希望之花已含苞待放，过上幸福生活的信心、志气在高石头村的村民心中荡漾。

扶贫模式要可持续

马边扶贫改变了只靠扶贫企业捐款投资和志愿服务的传统扶贫方式，公司发挥自身优势，搭建爱心公益平台，整合更多社会资源和爱心力量，共同支持和参与同一个扶贫项目，实现了“输血式”扶贫到“造血式”扶贫的可持续发展。

通过马边扶贫实践经验的总结，形成央企做公益的模式，实现可复制、可推广，惠及更多需要帮助的人。我们在马边扶贫工作中的搭台合作、“三位一体”、“五步工作法”等，已经推广应用到了公司其他的定点扶贫工作中。目前，新一轮的农村电网升级改造将进一步点亮扶贫之路，我们派出的54名驻村干部也在为扶贫贡献智慧，又一个定点帮扶的大凉山喜德县阿吼村的脱贫攻坚工作也正在路上。

我们有信心让帮扶对象与所有人一道迈入全面小康社会！

（作者：石玉东，国网四川省电力公司总经理、党委副书记，本文载于2016年10月24日《民生周刊》）

严明党风党纪　构建风清气正的发展生态

潘敬东

良好的自然生态环境是万物繁衍生存的基础。风清气正的企业发展生态，是企业健康持续发展的必要条件。国网四川省电力公司认真贯彻中央全面从严治党要求和国家电网公司党组一号文件，落实全面从严治党各项新部署，始终将党风廉政建设和反腐败工作作为保障企业发展的基石，着力构建良好的企业发展生态。

必须抓紧抓实"两个责任"

抓好"两个责任"的落实，实现全面从严治党责任"包产到户"，是培育风清气正企业发展生态的关键。

国网四川电力在抓好责任落实方面，构建了从责任分解到过程监督，再到检查考核的闭环机制。年初制定任务分工表，分层分类分时划清责任边界；年中适时开展基层党委书记抓党建工作述职评议、党风廉政建设约谈，省公司党政主要负责人、纪委书记听取基层党政主要负责人、职能部门负责人汇报履责情况，当面指出问题，提出工作要求；年底检查考评基层单位责任落实情况，把结果与企业负责人业绩考核挂钩，倒逼责任落实。

国网四川电力以内部巡察和协同监督为重要抓手，双管齐下，推动责任落实：先行先试开展巡察，坚持政治巡察定位，着力纠正主体责任虚化、监督责任弱化、党的建设缺失、管党治党宽松软等问题；优化协同监督机制，由职能部门负责问题排查、分析及整改，发挥纪检监察部门牵头作用，督促落实"一岗双责"。

必须强化权力运行监督约

营造良好的生态环境，必须建立有效的管控机制。培育良好的企业发展生态，必须加强对权力行使的监督，对"四违"问题早发现、早纠正。

国网四川电力在严格贯彻落实通用制度基础上，对干部人事、财务、物资、工程建设、营销等方面的通用制度进行细化补充，在关键环节嵌入会签、会审、回避等权力约束机制，制定了497项非通用制度实施细则和补充制度。综合运用运营监控、审计检查、财务稽核、效能监察等方式方法，对基层单位贯彻执行重要决策部署和管理制度情况开展全方位、全时段监督检查，遏制权力寻租空间。规范建设基层党组织，出台《关于加强供电所党风廉政建设的指导意见》，推动全面从严治党和依法治企向基层延伸。

必须坚持不懈抓好作风建设

良好的生态环境离不开纯净的水源和清新的空气。营造良好的企业发展生态，必须正风肃纪、激浊扬清，不断净化企业的"空气"和"水源"。

国网四川电力始终把作风建设作为清风正源的有效途径，坚持常抓不懈，防止"四风"问题反弹回潮。自中央颁布实施八项规定以来，国网四川电力公务用车费用下降35.61%，会议费下降69.56%，会议数量下降79.2%，全面完成超编超标车辆处置，作风建设成效明显。同时，严肃查处公车私用、办公室超标准、超标准接待、大操大办婚丧喜庆等"四风"问题，抓铁有痕，正本清源。开展行风满意度测评，邀请党代表、人大代表、政协委员、客户对市（州）供电单位进行评价，督促反思找差、改进服务，不断提升社会各界满意度。

必须治"病树"、扶"歪树"

病树、歪树不及时救治、扶正，最终会破坏整个生态系统。营造良好的企业发展生态，必须运用好监督执纪"四种形态"，治"病树"、扶"歪树"。

国网四川电力坚持从小处抓起、从日常抓起，深化应用"四种形态"的第一种形态，常批评、常教育、常提醒，让咬耳扯袖、红脸出汗成为常态。省、市、县三级供电公司领导班子坚持每年以整风精神召开民主生活会，相互批评动真碰硬，达到增进团结、促进工作的效果，使党内政治生活"辣味"十足，真正严肃起来。对存在苗头性、倾向性问题的领导干部，企业主要负责人、纪委书记对其约谈教育，避免小错酿成大祸。坚持每季度点名通报典型案例和重大廉政风险，以身边事教育身边人，警钟长鸣、震慑常在。对于违纪违规者，坚持一查到底，依纪依规严肃处理，并在企业内部通报曝光，达到以惩促防、以案明纪的效果。

必须锤炼忠诚履责的纪检监督干部队伍

培育良好的企业发展生态，必须依靠一支善监督严执纪、对党和企业忠诚的纪检监察干部队伍。

国网四川电力深入推进“三转”，多措并举提升纪检监察干部履职能力。规范基层纪委书记分管业务范围，解决基层纪委书记分管工作过多、不利于监督的问题。分批组织基层纪委书记当面述职，重点了解“两个责任”落实情况、干部廉洁从业情况和重大廉政风险，督促纪委书记严抓严管、认真履职。推行“送出去学、请进来教、岗位上练、业务上考”教育培训机制，892 人次参加各级培训，纪检监察干部综合素质和业务水平持续提升。多个纪检监察部门获国家电网公司纪检监察先进集体表彰；1 名纪检监察干部获中纪委嘉奖，多人获省纪委、国家电网公司先进个人表彰。

培育风清气正的企业发展生态，必须拿出永远在路上的恒心和韧劲，不忘初心，一步一个脚印，积小胜为大成。国网四川电力将以更加坚定的党性、更加坚决的态度和更加务实的作风，抓好党风廉政建设和反腐败工作，推进全面从严治党向纵深发展，为早日建成“一强三优”现代公司提供坚强保证。

（作者：潘敬东，国网四川省电力公司党委书记、副总经理，本文载于 2017 年 2 月 20 日《国家电网报》）

学为实　做为根　深学笃行成常态

潘 敬 东

在全体党员中开展“两学一做”学习教育，是强化党的思想政治建设的一项重要举措，是深化党内教育的又一次重要实践。为贯彻落实国网公司党组理论学习中心组“两学一做”学习（扩大）会议和深入开展“两学一做”学习教育确保电网安全和优质服务电视电话会议精神，国网四川省电力公司以“真学”“常思”“深悟”“践行”为切入点，把“两学一做”融入日常工作，当好“政治明白人”“实践带头人”和“党建守护人”。

信仰坚定，当好“政治明白人”。作为共产党员，必须时时警醒，时时铭记，坚定共产主义追求，坚定社会主义信仰，具体而言就是把这种信仰转化成工作的热情和正能量。群众观点是我们党的基本政治观点，作为党员干部，务必要解决好立场问题，永远和群众心贴心、心连心，从思想上切实解决好为谁工作、为谁服务的问题。为此，国网四川电力各级党组织重点围绕“讲政治有信念”这一主题开展了系列活动：抓好专题集中学习讨论，在学习中强党性、明方向、改不足；同步开展好党课教育，以“基层党组织书记讲党课”活动为载体，充分调动基层党组织书记的积极性，做到党课教案四结合，即与“两学一做”学习教育 相结合、与实际工作相结合、与支部实际情况相结合、与党员的思想和工作相结合，基层党组织书记全参与、党员教育全覆盖，进一步引导广大党员切实增强“四种意识”；国网四川电力创新开展的“微宣微讲”“基层党支部书记讲党课”等活动，通过灵活多样、以小见大的多种形式，把党的历史、理论、纪律规矩和习近平总书记系列重要讲话学习领悟讲得更加透彻、更加生动具体，全面提升了党员队伍的思想政治素质，激发了党员干部干事创业激情。

党性引领，当好“实践带头人”。在“两学一做”学习教育中，党员的党性修养锻炼不能仅停在书本上、落在会议中，而是要以问题为导向，带着问题学、针对问题改，把践行作为检验党性强不强的试金石。党性修养是共产党员自律、自强和自我完善的过程，因此我们唯有真正做到知行合一，才能过好“践学”关，才能真正解决党性意识弱化、宗旨观念淡薄、组织纪律涣散等问题。为此，国网四川电力不断深化“三亮三比”活动，开展创建“基层服务型党支部”示范点、党员责任区、党员先锋岗、党员身边无违章等实践活动，发挥基层党组织战斗堡垒作用，积极选树“两学一做”学习教育中的先 进典型，把合格党员的标准亮出来，把优秀党员的标杆树起来，做到重要岗位有党员、主要骨干是党员、关键时刻见党员，促进广大党员立足岗位创先争优。

以文化人、以文育人，我们把“两学一做”学习教育与卓越企业文化建设紧密结合起来，强化“四讲四有”，不断促进党的建设和卓越文化建设的相互交融，让每一位党员争当卓越文化的传播者和实践者，大力弘扬“两越”精神和企业核心价值观，用先进的文化教育人、感染人、引导人，激励员工积极投身于全球能源互联网四川行动和降本提质增效攻坚战中。

贵在坚持，当好“党建守护人”。学习能不能接地气、思想能不能引发共鸣，就看“两学一做”学习教育能不能深入到党员干部的心坎里去。国网四川电力注重将“两学一做”学习教育从集中性教育向经常性教育延伸，虽然没有设置推进时间表和完成时间，但国网四川电力制定的学习流程图环环相扣，与日常党建工作紧密衔接，以党支部为基础细胞，以“三会一课”、民主评议党员、党员党性定期分析等党内组织生活为基本形式，以落实党员教育管理制度为基本依托，突出正常教育，有 针对性地对普通党员和党员领导干部分别提出要求。学习教育的内容安排、方法措施等都需从实际出发，注重分类指导，给基层党组织结合实际开展学习教育留出空间，发挥党支部自我净化、自我提高的主动性。国网四川电力党委始终重视抓好党委主体责任的落实，坚持对基层党建工作进行全方位考核，并与企业生产经营管理挂钩，坚持定期进行书记抓党建述职，并纳入责任考核。不断完善党校建设管理，以党校为阵地，强化党员干部政治理论培训，同时修订了领导干部理论学习相关制度和基层党委书记定期报告工作制度，坚持常态化学习、制度化管理。健全完善了党建工作考核评价制度，坚持党建工作考核评价与领导班子综合考评、经营业绩考核相衔接，与领导干部奖惩、任免挂钩。落实了各级领导干部定点联系基层党组织制度，发挥联系点辐射带动作用。

“两学一做”学习教育不是一时之功，更不会一蹴而就，它是推动党内教育从“关键少数”向广大党员拓展、从集中性教育向经常性教育延伸的重要举措。

抓在日常、严在经常，党的思想政治建设需要与时俱进、常抓不懈，“两学一做”学习教育，我们一直在路上。

（作者：潘敬东，国网四川省电力公司党委书记、副总经理，本文载于2016年7月15日《中国电力报》）

要事特辑

电力助推扶贫攻坚

在省委十届六次全会作出集中力量打赢扶贫开发攻坚战的决定后，国网四川省电力公司迅速贯彻落实，制订“电力助推扶贫攻坚”十大行动计划，提出了“三步走”工作目标。一年多来，公司紧密结合全省“四大片区”“五大扶贫工程”等扶贫攻坚行动计划，加快推进贫困地区电网基础设施建设，对口帮扶凉山彝族自治州喜德县和乐山市马边彝族自治县，并定点帮扶乐山市马边彝族自治县高石头村、柏香村、珍珠桥村以及凉山喜德县阿吼村、各则村。2016 年实现供区内 2094 个贫困村退出、87.56 万人脱贫。公司被评为省定点帮扶先进单位。

主要成效

一、贫困地区供电能力显著提升

按照公司制订的供区内“2016 年全面消除农村现存低电压问题、2019 年实现贫困地区农村电网改造全覆盖、2020 年实现贫困地区供电服务均等化”的工作目标，公司充分发挥专业优势，全年农村电网投资 85.14 亿元，新建和改造 35 千伏及以上变电站 41 座、新增变电容量 1053.5 兆伏安、新建和改造 35 千伏及以上线路 738.32 公里、新建 10 千伏线路 13479.86 公里、新增配电变压器 15665 台、新增配变容量 2272.04 兆伏安、新建低压线路 47880.17 公里，治理农村“低电压”60.2 万户，公司供区内农村用户年停电时间和平均电压不合格时间由“十一五”的 113.88 小时、332.88 小时分别降至 2016 年的 19.27 小时、39.42 小时，供电质量明显改善，取得了积极成效。

二、电力精准扶贫取得显著成效

产业扶贫促发展。2010 年起对口帮扶高石头村，该村人均纯收入从当年的 1560 元增长到 2016 年的 5400 元。累计向柏香村等 3 个村 118 户贫困户发放鸡苗 5890 只，投资建成占地 8 公顷年产 1 万只鸡禽的现代化生态鸡养殖基地，解决当地 6 名贫困群众的就业问题。助力彝兴微信商城正式上线，为贫困户 4000 余只跑山鸡搭建销售平台。安排资金 56 万元，支持阿吼村发展种植、养殖业，搭建产业脱贫平台。

2016 年 5 月 11 日，在四川泸州市泸县潮河镇唐寺村农网改造升级施工现场，电力员工在 10 余米高的电杆顶端加紧 10 千伏线路架设。电力精准扶贫项目正在这里落地“开花”　　（张跃　摄）

智力扶贫结硕果。建立“扶贫帮扶培训专家库”，27 名当地青年参加电工培训，取得专业技术资格认证，从事电工相关辅助工作。组织技术人员前往帮扶村开办生态鸡养殖技能培训 3 期，受益村民达 120 余人次。积极与团省委爱心组织对接，累计捐资超过 1000 万元，在全省范围内建成“青少年活动中心”4 所、“川电留守学生之家”204 所，促进了贫困地区青少年健康成长。

爱心扶贫暖人心。深化电力服务进社区、“包片进村”等活动，架起密切联系群众的“连心桥”，切实解决供电服务“最后一公里”

问题，累计开展志愿服务10万余人次。2016年全国第三个“扶贫日”，公司组织两支党员服务队为60户彝族村民家庭的老旧线路改造，新装节能灯300多盏，改造线路4000余米。主动开展各类扶贫捐赠活动，累计捐赠资金365万元。统筹安排电力医院送医上门，完成胸片、超声等检查701人次，发现病例34例，提出诊疗建议方案，改善“因病致贫”的现状。

主要做法

一、建立健全组织机构

制定公司扶贫纲领性文件《国网四川省电力公司关于全力实施“电力助推扶贫攻坚”十大行动计划的决定》。公司成立 “电力助推扶贫攻坚”工作领导小组，由总经理、党委书记任组长，相关分管领导任副组长，成员为总经理助理和相关部门主要负责人。领导小组统一领导公司“电力助推扶贫攻坚”工作，部署与电力扶贫工作相关的电网规划建设、农网改造、居民同网同价、供电服务均等化、对口帮扶、电力志愿服务等工作，研究解决工作中的重大问题。定期召开扶贫攻坚领导小组会议，定期印发《“电力助推扶贫攻坚”工作简报》。领导小组下设办公室，设置电力扶贫专职岗位。领导小组办公室下设5个专业工作组，形成了5个职能部门按照专业化管理原则分别负责“十大行动”相关工作，其余部门通力配合的良好局面。

二、反复核查摸清现状

为贯彻落实省委书记王东明关于推进脱贫攻坚同步全面建成小康社会，“不落下一个地区一个民族，不落下一户一人”的重要指示精神，公司主要负责同志多次带队深入南充、泸州、乐山、凉山等市（州）现场调研督导和推动脱贫攻坚工作，并进一步组织力量对供区内贫困户、贫困村供电现状、脱贫攻坚用电需求、贫困村电网改造需求情况进行再次梳理分析。经反复核查，全省11501个贫困村，其中国网四川电力供区有8536个。经逐村核实，公司供区内8536个贫困村均已达到《四川省贫困县贫困村贫困户退出实施方案》规定的户户“有生活用电”标准，其中3849个村能满足未来五至十年的生产生活用电需求，4687个贫困村电网需要进一步改造以满足未来新增用电需求，彻底做到心中有数，后续投资方向明确。

三、提早布局投资规划

结合清理的结果和脱贫攻坚用电需求，公司规划4年内投资75.94亿元彻底解决贫困地区用电问题，逐年完成720个、2467个、850个、650个贫困村电网改造任务，确保公司供区内无一户人口因供电问题影响脱贫。为进一步发挥电力行业优势，2016年10月，省政府与国家电网公司签署电网改造升级和机井通电工程合作协议，计划两年内投资94亿元，主要用于6000个小城镇（中心村）电网改造，实现5000眼农田灌溉机井通电，重点改善我省贫困地区农村电网基础设施。

四、坚持标杆引领示范

公司按照“实事求是、因地制宜、突出重点”的原则，以仪陇县及安溪潮村电网改造为电力助推脱贫攻坚工作示范点，2015年以来，累计安排3.27亿元资金对仪陇县实施电网改造升级，新建10千伏线路239.04公里、新增配电变压器672台、新增配变容量85.18兆伏安、新建低压线路2295公里。同时加大安溪潮村电网建设改造力度，户均配电容量达到2.42千伏安，达到国内先进水平。加快省级领导及省直部门对口联系贫困村电网改造进度，公司供区内66个省领导及省直部门对口联系贫困村中，已有24个村完成农网改造升级，其余42个村已安排资金并全部纳入2016年农网改造升级。供区内其余贫困村电网改造项目均结合当地实际需求，加大建设实施力度，切实满足生产生活和扶贫项目用电需求。

2016年1月6日，国网四川省电力公司召开扶贫工作领导小组会议 （曹志刚 摄）

五、加快理顺投资渠道

2008年以来，国网四川电力全面加快县级供电企业体制改革步伐，为进一步加大县域投资力度奠定了坚实基础。以马边县为例，2009年3月，国网四川省电力公司与马边县人民政府共同出资组建新的供电企业，马边县供电公司正式挂牌成立。马边电网建设投资渠道全面畅通，马边电网骨干网架建设步入快车道。短短8年，马边县境内形成了以220千伏为支撑、110千伏为骨干的坚强电网。截至2016年年底，累计投入电网建设资金6.65亿元，建成6个变电站，确保了马边县的供电需求。加大电网改造力度。投入10千伏及以下农网改造资金2.26亿元，彻底解决马边县1681户无电户用电；通过实施“一户一表”，推广智能电表安装，实现城乡居民用电同网同价。电价从0.85元/千瓦时降到0.457元/千瓦时。

六、高度重视精准扶贫

2016年以来，公司处级以上干部深入一线65人次，走访贫困户，调研贫困村（户）现状，为贫困户脱贫支招。强化示范效应，公司领导带头与贫困户结成帮扶对子11对。帮助贫困村建成现代化生态鸡养殖基地、爱心希望小学、党支部活动室等设施。充分发挥农村党员干部模范带头作用，引到贫困群众勤劳致富。选派公司优秀员工吉布解放挂职阿吼村第一书记，驻村开展帮扶工作，严格落实挂职干部有关待遇，强化动态管理。注重公共服务建设，组织公司党、团、工会等积极参与扶贫工作。制订帮扶规划和年度计划并认真落实。注重帮扶对象的资源禀赋，因地制宜，支持贫困村发展种植业、养殖业。帮助搭建产业脱贫平台，确定特色药材水果羌活、百合、雪桃种植以及山羊、土阉鸡养殖项目，在技术指导、项目资金、技能培训等方面全面扶持。成立扶贫开发农业公司，抽调干部和员工专职负责农业公司运营。协助驻村干部与当地村民种、养殖合作社对接。实现了“输血式”扶贫到“造血式”扶贫的可持续发展。

向精益管理要效益

2016年以来，国网四川省电力公司认真贯彻落实国家“稳增长”决策部署，以及国家电网公司“提质增效”、“亏损企业治理”等专项行动要求，深入开展“效益提升年”活动，公司整体效益水平得到提升，资产结构与质量得到改善，经营发展质效得到增强。公司本部各部门、基层单位紧密围绕“效益提升年”活动总体工作思路与目标，工作组织有序、保障有力，各项工作措施全面落地。通过“效益提升年”活动的深入开展，科学引导企业经营管理理念的逐步转变，增强了全员效益意识，激发了各专业领域管理体制机制的变革与创新，为未来公司电网可持续发展奠定了坚实基础。

【总体目标完成情况】2016年国网四川省电力公司实现利润总额4.95亿元，同比增加0.18亿元，增长3.77%；年末亏损子企业户数39户，同比减少51户，比下达目标86户减少47户，亏损子企业亏损额合计3.42亿元，同比减少7.78亿元，比下达目标9.33亿元减少5.91亿元；省内售电量完成1673.75亿千瓦时，同比增长6.04%，净外送电量264.35亿千瓦时，同比增长24.26%；全年回收旧欠电费5.02亿元，比年初目标3.7亿元增加1.32亿元；年度内控综合线损率7.64%，同比降低0.2个百分点，优于目标值0.06个百分点；年末资产负债率73.8%，同比降低0.87个百分点，严格控制在77%的目标范围内；全年完成13项低效无效股权投资清理处置，比年度目标超额完成3项，通过股权债权无偿划转方式，完成“僵尸企业”四川启明星铝业有限责任公司清理处置工作，并解除相关贷款担保；全年利库物资1.18亿元，是上年利库金额的1.83倍，库存周转率9.33次/年，比年度目标加快4.33次/年；截至12月底，全省注册实体库库存金额1.05亿元，较去年底下降52.4%；加大对县级供电子公司融资支持力度，争取到位基准利率贷款0.95亿元。对照公司年初“效益提升年”活动工作方案明确的主要目标，除因国家电网公司年中计划与预算调整因素影响，利润总额、外送电量两项指标全年完成值相应调整外，其余主要指标均圆满完成了年初既定目标任务。

【重点工作任务落实情况】一、积极拓展用电市场，提升电网核心业务盈利能力。强化市场基础管理，开展直购电用户用电情况实时监控，并网电厂专项检查，基本完善自备电厂、分布式电源发电监测；加快实施增供扩销政策，积极参与直购电交易规则的制定，严格控制留存电量实施范围，严格执行富余电量政策；全力推进电能替代，实现三个“扩展”，水电替代时间从丰平水期扩展至全年，替代类型扩展至燃气机组，替代范围扩展至趸售区；确保业扩新政落地，实施园区业扩“绿色通道”，完成新装增容总计1128.65万千伏安，同比增加35.41%。

二、多措并举，提高公司外送电收入。强化外送电交易内部管理，缩短市场交易周期，创新实施水电外送、直购电、富余电量合同转让周交易方式；深化交易平台建设，提升横向协同效率，规范购电结算管理；持续深化省内市场交易，着力扩大参与范围，丰富交易品种；深化发电替代交易，采取交易平台公开挂牌与发电企业自主协商相结合的方式，有效解决了枯期“水火”替代和丰期“火火”替代两大难题；积极拓展省外市场，全力确保四川水电消纳，创新开展川电借道西北外送华北市场，落实丰水期外送交易电量28.32亿千瓦时。

三、切实加强电费电价管理，防范电费风险。强化电费回收的组织和领导，实行省市县电费回收三级“例会”制度，全面推行省市县电费回收三级“督办”制度；根据风险级别实施“一户一策”措施，用好用足抵押、担保、购电制、停电、财产保全、诉讼等有效的电费催收及风险防范措施，采取差异化策略，尽最大努力避免电费损失；积极争取政府支持，在广元铝业电费回收中取得突破；切实规范预收、实收电费账务处理，规避电费风险；开展营销基础档案清理和反窃电专项整治行动，全年共计查找差错电费1144万元，追补窃电电费179.6万元，收取违约金340.4万元。

四、全面加强线损管理，扎实开展降损增效工作。强化降损计划执行情况跟踪，建立指标异常“说清楚”制度，以月度、季度线损分析例会为平台，及时发现和解决降损难题，实现降损全过程管控；坚持指标监测分析，实现精确降损；优化电网运行方式和配网无功电压管理，提升电网运行经济水平；加快营配贯通，做好台区线损管控；认真开展档案梳理，夯实降损工作基础，积极推进电厂、变电站、联络线关口完善。

五、加强经济活动研究分析和项目投资管理，为公司合理安排生产经营提供决策支撑。以“量、价、费、损、本、质、效”为主线，拓展分析深度和广度，细化分解措施任务，形成按月督办、按季总结的常态化机制。强化工作质量评价和通报机制，及时宣贯经济活动分析会议精神，促进基层分析水平持续改进和提升；坚持效益优先，强化措施落实，持续提升电网发展质效，进一步增强投入产出效益意识，严格电网投资规划源头把关，优化投资结构，强化精准投资，统筹平衡好电网发展速度和质量的关系。

六、扎实推进亏损企业专项治理工作。强化目标预控，确保年度治理目标可控、在控，对预计亏损单位严格审核收入预算，强化成本管控，确保全年预算目标满足扭亏、减亏工作要求；加大薪酬分配在治理亏损企业工作中的硬约束作用，严格控制亏损企业人工成本增长幅度，原则上增亏企业工资计划同步调减，减亏企业在确保年度利润目标的前提下效益增资适度控制；严格亏损单位预算执行情况的检查和运营监控，深化企业经营诊断分析；积极争取政策支撑，加大对困难县级供电子公司融资支持力度。

七、加快推进低效股权投资清理处置工作。在全面梳理已纳入清理处置范围但尚未处置完毕的股权投资基础上，财务、经法、人资、农电等部门及相关单位专题研究，按照规定的时间节点，全力推进落实各项工作措施。在具体工作中，坚持集约化、扁平化、专业化方向，加强政策法规研究，严格规章制度执行和关键环节监督，确保在决策审批、审计评估、进场交易、清算注销、职工安置、账务处理等各环节程序完善、依据充分、操作规范。同时建立健全定期沟通交流和实地督促检查机制，加大工作指导力度，有效解决出现的问题和困难，确保各项工作按计划推进。在四川启明星铝业有限责任公司清理处置过程中，主动作为，把握国务院国资委产权局西昌现场集中会审时机，加强沟通汇报，得到了政府相关部门的高度肯定。

八、进一步提升内部精益化管理水平。组织实施80个重点精益项目和120个自主精益项目，强化项目全过程管控，应用多种精益方法进行项目实践；坚持“目标引领、全面提升”对标管理策略，将对标诊断分析工作纳入常态管理，修订完善对标体系和考核办法，促进公司对标管理再上新台阶；有序推进卓越绩效体系应用，形成阶段工作推进例会制度，梳理了公司管理优势87项和管理短板133项，形成公司卓越绩效自评价报告和综合诊断报告，综合诊断企业管理短板与弱项指标，推进短板改进提升。

九、切实加强成本费用计划与预算管控。进一步加强计划与执行的有效衔接和闭环管理，实现综合计划指标与项目的双维度管控，严格计划执行分析和督办工作，抓牢项目执行的“四链条”（里程碑、投资控制、资金、物流链条），采取可行措施，加快推进项目建设进度；强化储备项目可行性研究和经济性审查，引导企业资源配置向增量效益领域倾斜；严格预算“硬约束”，切实加强预算执行管控力度，建立成本预算与增量效益挂钩机制，充分发挥成本资金使用效益。

十、加强物资库存资源管理，提高利用效率。全面清理长期积压物资，加大利库管控力度，提高库存资源利用效率。扎实开展长期积压物资清理和统计分析，根据积压物资实际利用价值调剂使用或履行程序进行报废处置；加强平衡利库的管控力度，实时监控各单位库存物资情况，对不达标单位进行严格考评；积极创新，开展供应商寄存、成套配送业务试点。

十一、健全科学的企业经营激励约束机制。优化薪酬分配机制，调整工资总额决定机制，重点向效益增长较大、目标完成较好的单位倾斜激励；完善企业负责人业绩考核机制，加大业绩考核与经营效益挂钩力度。在考核指标中增加亏损企业治理等考核要素，在考核标准上建立“三元比较、分层激励”的机制，在考核分类上，对产业单位加重利润及其增量等经营效益指标的考核，在考核目标上，运用“存量效益+增量效益”制订企业效益预算管理目标，增量成本预算安排必须有相应的增量效益来支撑；大力盘活内部人力资源存量，着力提升人力资本效率，全面推广劳务协作，加大劳动用工规范管理力度，严控各类用工总量。

2016 年，国网四川省电力公司“效益提升年”活动成效显著

十二、认真做好资金集约化管理工作。持续加强融资统一管理，规范融资行为，优化融资结构，防范融资风险；加大对县级供电子公司融资支持，全面梳理子公司单位债务状况，充分运用内外部金融机构融资平台，加大对县级供电子公司融资支持力度，帮助解决融资难、利息费用高等问题。

十三、抓好“效益提升年”活动宣传工作。组织开展“效益提升年”活动形势任务宣贯、“我为效益提升年活动献一策”征文活动，充分利用公司全媒体传播平台，在各媒体刊发稿件近 1000 篇。

十四、加大向政府有关方面的沟通汇报力度。圆满完成输配电定价成本监审工作，争取到监审组和国家发改委同意按合并口径开展监审，并将藏区电网纳入监审范围；深入研究改制重组税务政策，争取到省国税最终确定以原各单位应缴税金占总应缴税金比例作为固定分配系数，实现了“子改分”后省、市、县三级税收缴纳规模保持基本不变的原则，助力了“子改分”工作推进；通过争取西部大开发税收优惠政策和申报符合税收优惠的电网新建项目，节约企业所得税 2.18 亿元。

【基层单位典型经验和工作亮点】国网阿坝供电公司积极转变经营思路，全方位改善内外部经营环境，通过争取一般工商业电价归并政策，实现价格疏导实质性突破，每年增加效益 0.5 亿元以上。制订“一县一策”扭亏方案，实行领导班子分片负责制，县公司由“不算账，算小账”到“算细账，算大账”转变，全年亏损子企业户数压降 91.66%，成效显著；国网甘孜供电公司及时把握国家“委托资产批量转让”政策，完成 1.3 亿元陈欠贷款清理处置，增加效益 0.84 亿元，大幅减轻了州公司债务负担，为后续经营发展奠定了良好基础；国网雅安供电公司优化电网运行方式，推行集中检修，创新购电模式，经营状况大幅改善，亏损子企业亏损额同比降低 94.06%，融资规模同比降低 52.09%，财务费用同比降低 58.39%；国网成都供电公司多措并举，全力以赴增供扩销，全年售电量同比增长 9.93%。夯实营销基础，堵塞经营漏洞，追补电量 0.3 亿千瓦时，补收电费 0.24 亿元，收取违约使用电费 0.03 亿元；国网德阳供电公司以“统筹协调、增供增收、降本增效、提升管理、监督落实”等五个方面为切入点，分解落实 77 条具体措施，经营效益显著提升；国网绵阳供电公司超额完成亏损企业治理目标，北川、安州、盐亭三家亏损企业均实现扭亏为盈，北川、安州分公司在全川范围内率先完成子改分工作；国网眉山供电公司统筹推进营配贯通、采集运维、装表接电、线损管理、项目管理、用电检查六大业务整合工作，企业运营质效明显提升；国网攀枝花供电公司以线损管理为突破口，着力在管理手段、生产手段和营销手段上下功夫，推动线损精益管理，全年综合线损率 3.65%，同比下降 0.32 个百分点，创全川最低值；国网自贡供电公司坚持不懈，创新思路，以债务人土地等资产抵押权促成政府投资平台公司代偿欠费，提前完成对“僵尸企业”鸿化公司陈欠电费 0.53 亿元回收任务。

【下一步工作目标与重点任务】虽然公司“效益提

升年”活动取得了非常明显的成效，但从当前内外部环境分析，公司经营面临的任务依然艰巨。从外部环境看，中央深入推进供给侧结构性改革，稳增长、调结构、转方式成效逐步显现，但新旧动能尚在转换，产业结构艰难调整，经济运行仍有较大的不确定性。输配电价改革中与政府相关部门仍存在较大分歧，公司争取合理的输配电价水平压力巨大。从内部环境看，近年公司利润水平已处于亏损边缘，在电量增速低位徘徊，电价下降压力很大，投资与成本需求刚性增长。

一、加强经营全方位管控，确保完成年度经营目标。一是坚持价值引领，以保障实现年度经营目标为基础，建立经营目标核定机制。适应改革要求，对电力、产业单位实行差异化预算管理，增强针对性和灵活性，制订适应电力体制改革和外部市场环境的经营目标。继续落实成本与效益挂钩机制，优化成本预算结构，进一步完善预安排成本机制。加强年度预算、监管周期、中长期规划目标有序衔接，实现预算精益编制、资源科学投放，充分发挥预算的统筹、引领、调控职能；二是严格计划与预算管控。进一步加强计划与执行的有效衔接和闭环管理，实现综合计划指标与项目的双维度管控，严格计划执行分析和督办工作。强化投资预算管控，全面应用生产、基建、技改标准成本，坚决压降“人耗”“物耗”，从严从紧控制各类成本开支；三是强化业绩考核评价。进一步优化完善业绩考核和资产经营对标指标体系，促进业绩与薪酬密切联动，强化效益导向，传递考核压力。加强刚性考核，充分发挥激励约束作用，重点加强对分公司单位的业绩考核；四是深入推进薄弱环节专项治理。亏损子企业治理上要持续跟踪各级亏损子企业减亏扭亏情况，加强重点单位督导，确保全面完成三年扭亏减亏目标。瘦身健体上要扎实落实“压减”工作方案，确保完成年度压减任务。“两金”压降上要持续加强应收款项和存货清理，消化存量，控制增量，提高周转效率，重点抓好旧欠电费清理和防止新增欠费。

二、提高投入与产出效率效益，支撑电网可持续发展。一是坚持效益优先，强化措施落实，持续提升电网发展质效。继续做好公司资本性投入能力测算与分析，完善电网投资能力模型，科学统筹安排公司投资时序和规模，统筹平衡好电网发展速度和质量的关系，优化投资节奏。严格电网投资规划源头把关，优化投资结构，强化精准投资；二是以统一项目管理平台为支撑，依托经研院，严格可研标准，深化项目储备审查，严把项目入口关，提高投资项目质量。严格执行项目无可研评审不能进入储备库，未进入储备库不能纳入计划和预算安排的专项资金项目管理制度；三是继续推进项目后评价管理工作，应用项目后评价结果，科学评价项目投资效益；四是研究建立资产投入产出考评机制。从经营业绩、运行效率、电网安全、优质服务等多维度，科学评价投入产出水平，实现投资必有效、低效须问责。

三、深化内部精益化管理，挖掘公司经营发展潜力。密切关注经济形势和国家政策变化，加强市场分析预测，加大市场开拓力度，千方百计做好增供扩销工作；加强运行方式对公司经营效益影响的分析，积极拓展公司增利来源；强化线损管理，重点抓好高线损单位工作督导和专项治理，减少跑冒滴漏；深入开展经营活动诊断分析，加强企业运营实时监控，做好经营异动指标分析考评；强化资源集约精益管理，提升库存物资周转效率，全力保障资金供应，深化资产精益管理，提高电网资产管理精益化水平。

四、积极争取外部政策，营造良好的外部经营环境。一是争取价格主管部门合理核定分电压等级、分用户类别输配电价水平，推动建立合理的输配电价体系。严格按照国家发改委批复的准许收入和输配电价水平开展试点工作，加强对准许收入的实时分析，积极研究应对措施，避免平衡账户出现大额亏损。深入电改后续政策研究学习，积极参与国家电网公司在增量配电网配电价格、电价交叉补贴、跨区跨省输电价格以及电力普遍服务定价等重要领域课题研究，促进川内形成合理的价格体系；二是积极争取国家财税政策支持。做好现有政策的落实、落地；继续落实农网还贷返还比例调整政策，积极争取国有资本经营预算等财政资金和财税政策支持电网发展。

大事记

责任编辑：程彦韬

公司2016年十大新闻

“效益提升年”活动成效显著 2016年是“十三五”的开局之年，也是推进结构性改革的攻坚之年。面对宏观经济下行、改革任务繁重、电量增速放缓、水电消纳压力增大等挑战，公司以增强全员效益意识为先导，坚持将效益作为生存发展的根本点，将开源作为增供扩销的发力点，将节流作为降本增效的落脚点，自我加压、扎实工作，持续深化改革创新，大力实施提质增效，走出了一条内涵式发展的道路。完成固定资产投资259.63亿元；售电量1672亿千瓦时，增长5.95%，整体规模上升至国网系统第6位；全口径外送电量1270亿千瓦时，增长3.60%；线损同比下降0.22个百分点，低于国网公司下达年度目标0.02个百分点；回收陈欠电费5亿元；成功实现国网系统唯一“僵尸企业”眉山铝业股权债权划转；逐项细化股权投资清理，完成处置15项；推进集体企业规范管理和重组整合，压减97户；消除亏损企业50家，减亏7.73亿元，企业发展质效显著提升。

公司党建工作开创新局面 落实中共十八届六中全会和全国国有企业党的建设工作会议精神，切实加强基层组织建设，全面完成公司系统1689个基层党组织换届选举。隆重召开公司第一次党代会，选举产生公司新一届党委、纪委，坚持“引领、传承、创新、争先”，着力打造“一流党建”。高质量开展“两学一做”学习教育，引导广大党员立足岗位作贡献，做到在“学”上作表率，在“做”上树榜样，“学”“做”相统一。创新开展基层党委书记抓党建专项述职评议，全面覆盖45家单位。举办基层党组织书记讲党课展示，开展“三亮三比”主题活动，建立“党员示范岗”“党员责任区”，举办“微宣微讲”竞赛，组织党章、党史知识答题等活动。公司先后在中央企业“两学一做”学习教育座谈会、国网公司“两学一做”学习教育推进会、中电联党建思想政治工作座谈会上作交流发言，尤其是作为央企唯一代表，在省国有企业党的建设暨国资国企改革工作会上作党建交流发言，得到省有关领导高度肯定。精神文明建设喜获丰收，30家省级文明单位和省级最佳文明单位通过测评验收，公司获全省志愿服务贡献奖。

电力供应保障坚实可靠 5 月 20 日，四川省“电亮藏区”工程劳动竞赛总结表彰会在公司召开，四川省总工会表彰了藏区电网建设先进集体和先进个人。2011 年，国家电网公司和省委、省政府共同启动“十二五”四川藏区电网建设，累计投资 283 亿元，大力实施“电亮藏区”工程。5 年里，公司 5 万多名建设者攻坚克难，先后建成投运“新甘石”联网、川藏联网、甘孜“电力天路”、水电送出、无电地区电力建设等系列电网重点工程，创造了高原电力建设史上的新奇迹。

川藏联网工程荣获国家优质工程金质奖 由公司为项目法人负责申报的西藏昌都电网与四川电网联网输变电工程荣获 2016—2017 年度国家优质工程金质奖。《川藏特殊地质地貌区输变电工程关键技术、装备研制及工程应用》项目获国家电网公司科技进步一等奖，这是公司首次作为牵头单位获此殊荣。作为国家“十二五”支持藏区发展的重大项目，川藏电力联网工程凝聚着藏区各族群众的热切期盼和社会各界的高度关注，工程建设创造了世界电网建设的奇迹。运行三年来，累计送电突破 8700 万千瓦时。

建成国内最大水电送端电力交易平台 5 月 12 日，四川电力交易中心有限公司在成都挂牌成立，这是目前国内最大的水电送端省级电力交易平台，已有 1416 家发电企业、589 家电力用户接入。新成立的四川电力交易中心，在业务上与电网企业其他业务分开，运营上严格接受政府监管，依法依规提供规范、可靠、高效、优质的电力交易服务，有利于克服电力交易的省间壁垒，提高资源配置效率和效益，更是落实国家能源战略、促进清洁能源发展，推动电力和能源工业可持续发展的有力举措。预计全年完成省内市场交易电量 450 亿千瓦时，同比增长 77%，增速位居国网公司系统第一。全川电力装机突破 9000 万千瓦，接纳水电超过 7000 万千瓦。

努力践行“三个一”发展理念，促进公司、电网协调发展 针对四川电力工业电源失衡过剩导致弃水较多、电网管理割裂导致电改红利不能全覆盖、电价差异大影响部分农村尤其是贫困地区脱贫攻坚和民生改善等突出问题，公司创新提出电源侧“一盘棋”、电网侧“一张网”、需求侧“一同价”发展理念。着力推进各级电网协调发展，川渝电网 500 千伏第三通道开工并加快建设，助推我省打造全国清洁能源基地。积极营造公司和电网发展良好外部环境，与绵阳、德阳、资阳、眉山、泸州、凉山等市州政府及英大传媒、国网公司高级培训中心开展深度战略合作，广泛凝聚共识，为四川电力可持续发展探索出了一条新思路。

发布服务四川经济社会发展白皮书 8月19日，在习近平视察国家电网四川电力共产党员服务队5周年前夕，公司深化国网四川电力共产党员服务队建设座谈会暨社会责任白皮书发布会隆重召开，发布《亮丽四川——国网四川省电力公司服务四川“十三五”经济社会发展白皮书》，展示公司服务四川省“十三五”经济社会发展的战略、举措和承诺，以及积极履行社会责任、创造综合价值的决心和信心，这是在川央企发布的首份服务地方经济社会发展白皮书。

深入推进电力精准扶贫工作 认真贯彻省委、省政府决策部署，紧密结合全省“四大片区”“五大扶贫工程”等脱贫攻坚行动计划，深入实施电力助推脱贫攻坚十大行动，加快推进电力基础设施建设，有效改善贫困县百姓生产生活用电条件。与省政府签署推进小城镇（中心村）电网改造升级和“井井通电”工程合作协议，完成投资51.54亿元（占两年投资计划的54.82%、开工项目3917个，着力增强农村供电保障；全面消除现存“低电压”问题。实施“产业+智力+爱心”三位一体“造血”扶贫，创新“五步走”工作法，精准扶持乐山马边县、凉山喜德县等贫困地区发展。在人民日报社、国务院扶贫办等联合主办的第四届中国民生发展论坛上，公司精准扶贫工作荣获“2016民生示范工程”。

公司工作得到省委、省政府肯定 围绕水电消纳、外送通道、电力改革、脱贫攻坚等方面，多渠道主动向各级党委政府沟通汇报，呈送各类专题报告120余份，充分反映公司工作成效、经营发展困难以及行业发展建议。王东明、尹力、柯尊平、王宁、崔保华、曲木史哈、甘霖、刘捷、王铭辉等省领导批示30余次，感谢国家电网对四川经济社会发展和民生改善的大力支持，充分肯定公司在增强电力供应保障、推进供给侧改革、服务清洁能源基地建设、电力助推脱贫攻坚等方面作出的积极贡献。

“好声音”传递国网正能量 公司一直以来坚持传播国网“好声音”，传递国网正能量。6月16日，中国电力作家“重走长征路·光明行”四川采风活动暨中国电力作家协会四川分会成立，28位全国电力作家从成都出发，走进古蔺、仪陇、泸定、康定等地开展“重走长征路·光明行”四川采风活动。11月15日，公司原创歌舞剧《我愿意，谢谢你》在中央电视台“我要上春晚”节目中，以全场最高票顺利晋级“直通春晚”节目。11月19日，由公司推送的原创歌曲《我想请个假》在“中国梦、劳动美”第三届全国微影视大赛中摘得“MV类金奖”，音乐作品同时获“最佳原创音乐奖”。

国网四川省电力公司大事记
（2016年1月～12月）

1月

1月4日 国网四川省电力公司（以下简称公司）召开2016年安全工作电视电话会议。

1月5日 四川省委书记王东明对公司《关于“十二五”工作完成情况以及“十三五”工作思路的报告》作出批示，高度肯定公司的工作和下一步发展思路。

1月6日 公司调控中心承建的四川省、地、县调控系统一体化模型数据中心正式上线运行。四川省调成功构建覆盖全四川±800千伏特高压直流至10千伏配网设备的一体化模型、数据管理平台。

1月12日 在成都市第十六届人民代表大会第四次会议上，全国人大代表、成都市人大代表、国网四川省电力公司副总经理、国网成都供电公司总经理褚艳芳，成都市人大代表、国网四川省电力公司副总经理董京营，为本次市人大会认真准备了相关建议，为未来成都电网建设与发展建言献策、积极呼吁。

1月17日 国家电网公司2015年特高压跨区跨省输送电量1534亿千瓦时，同比增长12.2%。起点在四川的复奉、锦苏、宾金三大特高压直流输电线路跨省跨区输送电量达996亿千瓦时，占国家电网公司特高压跨省跨区输送电量的64.9%，充分发挥了主力军作用。其中，复奉线外送电量达315.79亿千瓦时、锦苏线外送电量达363.56亿千瓦时、宾金线外送电量达316.63亿千瓦时。

三大特高压直流输电线路总输电功率2160万千瓦，日输电量5亿千瓦时，出力约占四川水电外送任务的85%、华东外受电的三分之二。相当于减少火电原煤消耗4000多万吨，减少二氧化碳排放约9960万吨，减少二氧化硫排放300万吨。

1月21日下午 公司总经理石玉东，党委书记潘敬东在公司本部会见国电大渡河流域水电开发有限公司总经理、党委副书记涂扬举和大唐国际发电股份有限公司第一副总经理简英俊，就进一步加强合作、拓展合作领域等方面内容进行深入交流，共商发展大计。

1月23日 四川省委书记王东明、副省长刘捷在公司《关于“十二五”工作完成情况及“十三五”工作思路》的报告上作出批示，充分肯定国网四川电力过去的成绩，对今后的工作提出了希望和要求。

23日 公司第五届职工代表大会第五次会议暨2016年工作会议在公司管理培训中心召开。石玉东在会上作了题为《深化改革创新，降本提质增效，奋力开创“十三五”发展新局面》的工作报告，潘敬东主持会议。

会议宣读了公司五届五次职代会暨2016年工作会议表彰事项，并为荣获全国荣誉的单位、集体和个人，荣获国家电网公司（以下简称“国家电网公司”）荣誉的集体和个人，荣获国网四川省电力公司2015年安全生产先进的单位颁奖。

1月24日 公司第五届职工代表大会第五次会议暨2016年工作会议完成全部议程后闭幕，石玉东出席会议，潘敬东作会议总结，副总经理李华主持会议。在蓉公司领导出席会议。

24日 下午 公司党委2016年工作会议在国网四川管培中心召开。 潘敬东作了题为《全面从严治党推进改革发展 为公司“十三五”良好开局提供坚强保障》的工作报告。

1月25日 受国家档案局委托，四川档案局和西藏档案局在成都组织召开西藏昌都电网与四川电网联网输变电工程项目档案验收会，川藏电力联网工程档案通过验收。

1月26日 《国家电网报》刊载了石玉东《新起点 新跨越切实提升发展质效》的署名文章。

1月28日 石玉东、潘敬东和公司本部离退休老领导、老同志欢聚一堂，茶话座谈，共庆猴年新春。公司本部老同志表演了精心排练的舞蹈和合唱节目。李华，总会计师杨桂荣，纪委书记周群，总工程师石俊杰及公司相关部门负责人参加。

1月29日 在四川省第十二届人民代表大会第四次会议举行第三次全体会议上，石玉东高票当选四川省第十二届人民代表大会常务委员会委员。

2月

2月3日 公司获国务院国资委“2011—2015年中央企业法制宣传教育先进单位”称号。

2月4—5日 猴年春节石玉东、潘敬东分别到国网四川应急中心培训基地、国网四川客户服务中心、国网四川调控中心、四川启明星物业管理有限公司，国网成都供电公司、国网成都市高新供电公司和国网四川应急中心看望慰问一线员工，向他们表示诚挚的感谢，送去新春问候和祝福。

2月10日 中国企业联合会发布了第二十二届全国企业管理创新成果获奖名单，公司申报的《复杂人文、自然环境下的大型电力联网工程绿色施工管理》和《基层电网企业以“包片进村”为依托的农电管理提升》等两项成果获国家级管理创新成果二等奖。

公司连续5年共6项成果获国家级管理创新大奖，其中《以卓越运营为目标的电网企业标准化建设》和《大型电网企业提升响应与保障能力的应急体系建设》等两项成果分获第十八届、第十九届国家级管理创新成果一等奖，另有四项成果获二等奖，获奖等级和数量在全国电力系统保持领先。

2月19日 公司建设部组织召开雅中—江西±800千伏特高压直流输电工程（四川境内）设计监理第一次联络会，明确设计质量、设计深度和进度要求，部署工程初步设计阶段重点工作。

雅中—江西±800千伏特高压直流输电工程是四川省水电外送的第四条特高压直流工程，按照国家电网公司对工程建设管理的职责分工，公司负责建设管理雅中换流站征地拆迁、“四通一平”、大件运输道路桥梁改造配套、四川境内特高压直流线路、接地极及其线路等工程。

2月24日 石玉东、潘敬东到四川省政府向省委副书记、省长尹力主动汇报公司工作情况，积极争取省政府大力支持，协调推进±800千伏雅中—江西特高压直流输电工程加快实施，推动1000千伏川渝特高压交流电网构建，加大电能替代政策支持力度。全国两会期间，四川代表团将积极呼吁国家有关部委尽快确定川渝特高压电网交流建设方案，加快推进工程实施。

24日 石玉东在公司2016年大客户座谈会上，认真听取各大客户代表对公司供电服务的意见和建议，并表示公司将以更加积极主动的姿态、更加有力有效的行动，以节能减排为终极目标继续做好大客户服务工作。

2月25日 针对四川省日益突出的水电“弃水”现象，公司表示，“弃水”是四川在打造国家清洁能源基地发展过程中，出现的发电产能阶段性过剩问题，仅通过电价调整难以有效解决。随着省内用电负荷和川电外送能力的不断提升，“弃水”问题将逐步得到改善，但需要政府、企业、社会等各方共同努力。“十二五”以来，随着水电装机快速增加和省内外用电需求持续下行，四川省电力供大于求矛盾日益突出，从2012年开始，弃水问题逐渐凸显，2012～2015年四川电网水电弃水电量分别为76、26、97、102亿千瓦时，其中2015年弃水电量约占水电发电总量的3.96%。

3月

3月2—3日 石玉东在公司先后会见到访的英大国际信托有限责任公司总经理张传良，四川省能源投资集团有限责任公司党委书记、董事长，化工控股董事长郭勇，交流四川水电、新能源以及电动汽车的发展前景，探讨富余水电消纳、通道建设、经营管理等方面问题，并达成共识。

3月4日 公司申报的管理创新成果“高原复杂环境条件下输变电工程项目集（群）综合管控体系建设”获得第五届全国电力行业设备管理创新成果一等奖。

3月11日 公司召开新老行风监督员交接座谈会，进一步开展加强行风建设。会上为第七届行风监督员颁发聘书，为第六届行风监督员左云伟、周开烽颁发“终身监督员”荣誉证书。

3月24日 四川省委常委、省纪委书记王雁飞，省国资委党委书记、主任徐进到公司电力客户服务中心调研指导工作。

3月28日 国家电网公司一级职员、监察局一室主任张伟一行，到公司检查“四风”问题整治情况“回头看”工作。

4月

4月6日 ±800千伏锦苏特高压直流线路抗冰改造工程全面展开，重点拆除锦苏特高压直流线路及接地极线路旧塔23基，新建29基，拆除线路8.373公里，新建线路8.4公里，调整线路2.6公里。公司400多名员工集聚大凉山，全面打响锦苏特高压直流线路抗冰改造攻坚战。

4月20日 四川芦山“4·20”强烈地震三年来，国家电网公司充分发挥集团优势，推进四川雅安电网灾后重建，雅安电网规模和供电能力全面超越震前水平。国家电网公司累计在雅安投入电网建设资金40.06亿元，开工建设35千伏及以上电网项目51个,10千伏及以下项目1059个。雅安电网已形成以500千伏电网为支撑，220千伏电网为骨干，110千伏及以下电网为基础的供电网络，实现电力资源区域内就地转换的互联电网。电网发展促进了雅安水电资源开发利用，截至2015年年底，全市水电装机达1256万千瓦，较2013年增长294万千瓦，增长30.56%。

4月21—22日 电力规划设计总院在成都对川渝第三通道500千伏工程可研进行评审。四川省发改委、能源局、环保厅、住建厅、国土厅、林业厅、水保局，以及国家电网公司、国家电网公司西南分部、国网四川省电力公司、国网重庆市电力公司、国网经研院、中国电科院、西南电力设计院等单位参加评审会。

川渝第三通道工程的建设是为满足四川水电外送需求，提高川渝断面输电能力。工程包括川渝第三通道500千伏工程，即资阳—铜梁500千伏双回线路，长度约160公里，途经四川、重庆。雅安500千伏开关站及雅安—眉山—资阳500千伏双回线路，长度约180公里。

4月27日 石玉东在《四川日报》发表题为《 能源互联网“四川行动”全面提升绿色发展能力 》的署名文章。阐述了构建全球能源互联网为国网四川电力和四川电网的发展创造崭新黄金机遇期的重要意义。

4月28日 公司召开庆“五一”劳模座谈会议。

5月

5月5日 公司组织召开复奉、锦苏、宾金3条±800千伏特高压直流输电线路2016年迎峰度夏运维保障工作动员会，分析了三大直流输电线路满功率运维面临的形势和风险，提出了保障工作目标，深刻吸取不安全事件教训，进一步查漏补缺，完善并强化落实各项保障措施，确保2016年三大直流输电线路满功率运维保障工作万无一失。

5月12日 国内最大的水电送端省级电力市场交易平台——四川电力交易中心有限公司在成都挂牌成立。将推动四川省形成高效开放、竞争有序的电力市场交易机制，有力促进电力资源更大范围优化配置，对四川电力可持续发展、助力打造国家清洁能源基地具有重要的意义。

5月18日—6月3日 四川首次在电力市场交易平台上开展水火替代补偿交易，共成交电量49.16亿千瓦时。成交结果：枯替代火电电量（指标）29.54亿千瓦时，水电成交6.27亿千瓦时。丰替代火电电量（指标）28.55亿千瓦时，水电成交28.55亿千瓦时。在场外双边协商交易中，枯替代火电电量（指标）12.66亿千瓦时，水电成交2.1亿千瓦时，丰替代火电电量（指标）12.24亿千瓦时，水电成交12.24亿千瓦时。

5月23—24日 尹力一行到绵阳市北川羌族自治县开坪乡凤阳村等地，实地察看扶贫情况、走访困难群众，专项督察脱贫攻坚工作。尹力高度肯定公司加大电力基础设施建设力度，把扶贫工作做得更准确、更有针对性，推动了四川省委、省政府各项决策部署落地落实。

5月30—6月3日 两年一度的国际输变电资产运维绩效（ITMOS）2015总结大会在美国弗吉尼亚州首府里士满市召开。公司代表国家电网公司作特高压线路运检管理和地震应急响应两个专题报告，得到参会成员的一致好评。

6月

6月4日 石玉东在《国家电网报》发表题为《准确把握形势 促进安全发展》的署名文章。

6月14日 石玉东在本部会见来访的雅砻江流域水电开发有限公司董事长陈云华一行，双方就清洁能源发展和水电消纳等相关问题进行深入交流。

6月17日 “中国电力作家重走长征路·光明行”采风活动在红军长征最为波澜壮阔之地——四川拉开序幕。这是电力作家重走长征路系列活动继行走江西、贵州后的第三站。在纪念中国共产党成立95周年暨红军长征胜利80周年之际，开展“中国电力作家重走长征路·光明行”活动，旨在缅怀革命先烈，弘扬长征精神，激发电力作家创作更多反映老区电力发展的精品力作。28位电力作家及10余名四川公司系统创作人员从成都出发，走进邛崃、石棉、芦山、古蔺、仪陇、泸定、康定等地，公司对此项活动高度重视，分别派出四路记者对采风活动进行全程跟踪采访，予以全方位报道。

6月21日 国家电网公司职工代表第六巡视检查组组长，国网湖南省电力公司党组成员、工会主席谭军武率队到公司检查工作，并进行面对面座谈。石玉东介绍了四川相关情况。

21日 国家发改委稽察特派员胡振玉率国家发改委农网改造升级工程稽察组一行到公司对农网改造升级工程进行专项稽察。公司在“十二五”期间不断加快农村电网发展，供电能力持续增强，供电质量显著提高，实现了供区户户通电，深入实施电力扶贫工作，积极服务于“三农”，同时工程建设和供电服务并行，基本实现“十二五”规划目标，并取得明显成效。

6月24日 公司召开四川电网迎峰度夏新闻通气会，向新华社、人民网、《四川日报》、四川卫视等20多家媒体记者介绍四川电网迎峰度夏形势。

入夏以来，四川电网全网用电负荷增长较快，最大用电负荷和日最高用电量均超2015年同期水平，分别达到2620万千瓦和5.03亿千瓦时。考虑到可能存在的极端天气，预计2016年迎峰度夏期间四川电网最大用电负荷约为2900万千瓦，同比增长2.6%，最大日用电量5.6亿千瓦时，同比增长2.2%。2016年，四川电网发电装机增速明显高于用电负荷增长，电力供应能力大幅增强，综合考虑外送和外购电力后，预计四川电网今夏电力供应总体供大于求。但持续高温天气下局部地区如成都主城区供电紧张仍会出现。

24日 公司针对水电“弃水”连年加剧的问题，通过市场化交易促进水电外送、扩大直购电规模、落实富余电量政策与积极推进电能替代等多种举措消纳水电，效果显著。

四川电力交易中心挂牌成立后，通过国内最大的水电送端省级电力交易平台，水电大省四川的跨区跨省外送电量由计划电转变为市场电，大大激发跨区跨省水电交易的市场活力，目前已落实269．65亿千瓦外送电交易合同，超过了2015年的省调外送电力总量。同时通过交易方式四川电网2016年共签约直购电364．6亿千瓦时，较上年增加了约30％，有力支持了省内工业经济发展。

6月28日 在中国共产党成立95周年之际，四川省副省长刘捷在石玉东的陪同下，看望慰问公司老党员马其良，并送上省委、省政府的亲切问候和关怀。

6月29日8时 起于四川境内的±800千伏锦苏、复奉、宾金3条特高压直流输电线路相继进入满功率运行状态，送华东电网功率达2160万千瓦，日送电量超5亿千瓦时。2016年是锦苏、复奉、宾金三大特高压直流输电线路满功率运行的第四年。四川境内复奉、锦苏、宾金三大特高压直流线路输送功率分别为640万千瓦、720万千瓦和800万千瓦，总输电功率达2160万千瓦，占华东最大负荷的10%。每日外送电量5.19亿千瓦时，相当于每天减少原煤消耗约23万吨，减少二氧化碳排放约49万吨，充分发挥了保障西南水电大规模送出和华东负荷中心电力供应的双重效益，为减少大气污染物排放，推动中国能源生产和消费革命，促进清洁发展、可持续发展发挥了重要作用。

7月

7月5日 公司第十九期中青年干部培训班和第四期青年干部能力提升班结业典礼在国网四川管培中心举行，潘敬东出席结业典礼并对学员提出要求。

7月6日 在中国安徽省合肥市召开的IEEE P1893&P1894第五次工作组会上，公司包揽IEEE标准特别贡献奖。两项国际标准《IEEE P1893直流输电线路及接地极线路参数测试导则》和《P1894电力系统暂态过电压在线测量与记录系统技术导则》由公司牵头制定。

7月15日 潘敬东在国家电网报发表《学为实 做为根 深学笃行成常态》的署名文章

7月18日《国家电网报》发表了《特高压铺就四川水电消纳高速路》的文章，介绍了四川电力交易中心依托北京电力交易中心，配合开展四川汛期水电外送市场化集中交易。预计2016年，四川水电外送将超过1260亿千瓦时，电力市场平台交易电量超过1600亿千瓦时，同比分别增加34亿千瓦时和109亿千瓦时。

18日 公司深入开展“效益提升年”活动，突出效益导向，启动综合计划三年滚动项目储备；创新预算管理模式，建立成本效益挂钩机制；提前启动大规模水电外送，充分应用直购电、富余电量等政策开拓市场，业扩申请新增装容2026.93万千伏安，同比增长38.12%。上半年，公司累计完成售电量780.46亿千瓦时，同比增长1.08%；累计完成固定资产投资81.22亿元；全口径外送电量428.23亿千瓦时，同比增长10.56%。

7月24日 2016年第三次二十国集团（简称G20）财长和央行行长会在成都闭幕。期间，公司高度重视，对涉及G20会议的变电站、线路多次进行检查，认真落实安全责任，做好应急预案，加强值班值守，并全力做好电力设施应对外力破坏等突发事件的准备，圆满完成此次重大会议安全保电任务。保电涵盖世纪城国际会议中心、成都大熊猫繁育研究基地、香格里拉酒店等6处核心区域，供电电源涉及220千伏变电站9座、110千伏变电站6座、110千伏线路11条、10千伏线路7条和开关站4座。

7月25日 《国家电网报》发表石玉东署名文章《坚持改革创新 提升发展质效》。

8月

8月2日 王东明在公司《关于2016年上半年主要

工作情况的报告》作批示。

2日 石玉东在公司2016年新进高校毕业生集中入职培训班开班典礼上殷切寄语新员工，尽快认知企业、融入企业，实现角色的转变，树立起与企业共同成长的强烈意识。同时介绍了四川电网和公司的基本概况、发展定位、电力体制改革落实问题等内容，并重点就中国能源互联网四川行动具体内容、四川电力“十三五”发展前景以及当前改革新形势下面临的严峻挑战作了说明。

8月3日 川内最长“巨无霸”电缆——成都220千伏桃双一线电缆通过耐压试验，标志着历时2个多月的桃双一线隐患排查整治工作高质量完成，电缆具备了投运条件。

220千伏桃双一线是四川电网长度最长（13.7公里）、截面积最大（2500平方毫米）、中间接头最多（26组共计78只）的运行电缆，是名副其实的巨无霸电缆。

8月17日 四川境内的±800千伏锦苏、复奉、宾金三大特高压直流输电线路已连续49天满功率平稳运行，输送功率分别为640万千瓦、720万千瓦和800万千瓦，总输电功率达2160万千瓦，每日外送电量达5.19亿千瓦时。三大特高压直流输电线路满功率平稳运行为四川电网稳定运行奠定了坚实基础。

8月19日 《亮丽四川——国网四川省电力公司服务四川“十三五”经济社会发展白皮书》在成都发布，这是驻川央企发布的首份服务地方经济社会发展白皮书。四川省委常委、组织部长范锐平，中国工业经济联合会执行副会长路耀华，国家电网公司党组成员、工会主席刘广迎出席发布会并讲话。

8月20日 四川盆地的高温酷热天气已持续一周，四川电网用电负荷屡破新高，电力负荷缺口已突破20%。国网成都供电公司、天府新区供电公司在成都市168个抢修驻点，安排输电、配电、变电各专业工种抢修值班人员8000余人值守岗位，不分昼夜24小时组织抢修、排除故障,全力保障居民用电。

8月22—24日 连续三日四川全省用电负荷达到了3250.2万千瓦，较去年最高增长14.85%，日用电量达到6.46亿千瓦时（24日），同比增长17.58%均再创新高。其中成都（含天府供电公司）在22日创下用电1077万千瓦、电量2.17亿千瓦时的新高。

8月23日 四川省内各地天气迅速开启“烧烤模式”。受此影响，四川电网用电负荷快速攀升，省内半数以上地区电网日用电量和日最高负荷都已刷新历史新高。在高温天气中，四川电网经受住了考验。公司各下属供电公司在加强排查电网薄弱点同时，电网建设、农网升级改造等工程也在酷暑中同步推进，员工在田间、在街头、在变电站，不分昼夜战酷暑，同时积极采用“零点作业”、带电作业等多种措施，全力以赴确保全川人民群众清凉度夏。

8月24日 刘捷在《国网四川省电力公司关于近期持续高温下电力运行情况的报告》作批示。

9月

9月13日 国家电网公司表扬公司认真落实 G20杭州峰会保电任务,周密组织、精心安排，全体工作人员坚持岗位、恪尽职守，以高度的责任感和严谨的工作态度，全面落实各项措施，全力以赴做好电网运行，设备运维、信息通信保障相关保电工作，确保了电网安全稳定运行，高标准、高质量、圆满地完成供电保障任务,特向为G20峰会保电辛勤付出的公司有关单位给予通报表扬！

9月14—18日 2016年中国乒乓球公开赛在成都隆重举行，本次公开赛，包括张继科、马龙、许昕、丁宁等世界冠军，以及波尔、萨姆索诺夫、梁夏银等世界知名球员都将亮相成都参赛。国家乒乓球队队员马龙、樊振东、刘诗雯、陈梦、王曼昱、周雨在国家队带队教练秦志戬的带领下来到国网四川电力乒乓球基地指导。

9月27日 G42沪蓉高速四川境内淮口、遂宁、南充、岳池、荆坪等5对双向服务区的10座电动汽车快充站于27日上午正式投入运营，为国庆“黄金周”期间准备自驾出游的车主带来便利。

9月29日 公司组织召开川渝第三通道500千伏工程推进会。四川电网负荷虽然近3200万千瓦，但全省发电装机却接近9000万千瓦，装机容量年增长9.4%，用电量却仅增长3.38%，四川水电弃水严重，迫切需要加快外送通道建设。

10月

10月6日 国网成都供电公司针对成都火锅餐饮特点，积极宣传电磁灶清洁、安全的优势，并配合改造电网末端设备，满足火锅店用电需求。

10月10日 国家电网公司与四川省人民政府10日在成都签署合作协议，共同推动农村发展和扶贫攻坚，加快城乡电力服务均等化。两年内，国家电网将投入94亿元实施四川省小城镇电网改造升级和机井通电工程，(小城镇电网改造升级规划投资90亿元，农田灌溉机井通电改造规划投资4亿元)。将涵盖公司供区范围内的0.6万个小城镇、中心村，涉及1000万人口、0.5万眼灌溉机井、39万亩农田。

10月13日 公司召开新一轮农村电网改造升级工作领导小组办公会，通报工程建设总体情况，安排部署下一阶段重点工作，介绍了公司《新一轮农网改造升级工程建设实施方案》和《2016年农网工程建设专项督查工作方案》。

10月20日 国家电网公司党群队伍技能竞赛西南赛区复赛在四川电力职业技术学院激烈开战，公司代表队以绝对优势获得第一名，成功晋级决赛。

10月28日 石玉东带队拜访四川省副省长、省公安厅厅长邓勇，汇报电力助推脱贫攻坚、电力设施保护和反恐防暴工作开展情况。

10月31日 川渝电网500千伏第三通道工程31日正式开工建设，这是“十三五”期间四川省建设的首条电力外送通道。工程投运后将新增川电外送能力200万千瓦，预计每年帮助外送消纳水电70亿千瓦时，一定程度缓解四川“弃水窝电”压力。川渝电网第三通道起于四川资阳市雁江区，止于重庆铜梁区，总投资11亿元，全长327.5公里，预计于2017年7月底建成。

11月

11月2日 公司正式启动四川电网2016年主备调72小时切换演练，提高四川电网抵御各类事故、自然灾害和社会突发事件的能力，进一步巩固调度系统应急管理和备调建设成果，检验国网四川调控中心各专业在备调模式下协同工作能力和应对电网运行突发事件的处置能力。

11月3日 公司第四届四川省文明单位迎检集中汇报会在国网四川客户服务中心召开。四川省文明办创建处处长王伟率队对迎检单位进行测评。国网天府新区供电公司、国网四川管培中心、国网绵阳市游仙供电公司、国网四川客户服务中心、国网四川节能服务公司、四川科锐得实业集团有限公司、四川科锐得文化传播有限公司、国网达县供电公司等8家单位分别通过四川省最佳文明单位和四川省文明单位测评。

11月7日 国家电网公司2016年度±800千伏复奉、锦苏、宾金三大特高压直流输电线路满功率运行工作圆满收官。公司驻守在18个保电站的308名巡线工经过130多日的努力圆满完成任务，三大特高压直流输电线路保电期间，四川超特高压电网平稳运行。

11月15日 公司原创歌舞剧《我愿意，谢谢你》在中央电视台“我要上春晚”节目中，以全场最高票顺利晋级“直通春晚”节目。

11月16日 由国网成都供电公司承担的±800千伏“酒泉—湖南特高压直流工程”，酒泉换流站大件运输项目首运完成。此次运输起点为甘肃省酒泉市瓜州县柳沟火车站，终点为酒泉换流站，全程运输距离35公里。

“酒泉—湖南工程”是目前世界上在建的电压等级最高、送电距离最长、输送容量最大的特高压直流输电工程。该工程输电线路起于甘肃酒泉市，止于湖南市湘潭县，线路全长2383公里，工程投资262亿元，计划于2017年建成投运。

11月19日 由公司推送的电力员工原创歌曲《我想请个假》在西安举办的“中国梦、劳动美”第三届全国微影视大赛中摘得“MV类金奖”，音乐作品同时获得了“最佳原创音乐奖”。

11月24—25日 彝族新年，石玉东前往凉山彝族自治州，与州委书记林书成，州委副书记、代州长苏嘎尔布座谈，共商凉山电力发展大计，并到阿吼村实地调研电力助推扶贫攻坚工作，看望慰问贫困村民。

11月29日 眉山市政府与公司签订《共同建设眉山智能电网战略合作协议》，以进一步促进双方加强合作、合力共为，推动“十三五”期间眉山智能电网规划实施，为眉山市经济社会发展提供安全可靠电力保障。眉山市委书记李静、市长罗佳明和石玉东，副总经理董京营、陈云辉等出席签字仪式。

12月

12月5日 由四川省委宣传部、省文明办主办的“四川志愿•携手圆梦”2016年度四川省暨成都市志愿服务展示交流活动中，国网四川省电力公司荣获四川省志愿服务贡献奖，国网遂宁供电公司参与的遂宁市关爱农民工子女、留守学生“阳光关爱”志愿服务项目荣获四川省十佳志愿服务项目。

12月11日 由公司牵头申报的《川藏特殊地质地貌区输变电工程关键技术、装备研制及工程应用》项目获国家电网公司科技进步一等奖，这是公司首次作为牵头单位获得国家电网公司科技进步一等奖。

12月13日 由公司为项目法人负责申报的西藏昌都电网与四川电网联网输变电工程即川藏电力联网工程，荣获2016～2017年度国家优质工程金质奖。

12月15日 根据统调日发受电量和非统调统计数据，截至当日零时，四川省全社会用电量突破2000亿千瓦时大关，较去年增长5.42%，创历史新高，全省经济回暖趋势明显。四川省是中国第8个全社会用电量超过2000亿千瓦时的省份，稳居西部地区首位。

12月20日 王东明在公司《关于四川省全社会用电量再次突破2000亿千瓦时大关有关情况的报告》作批示。

20日 上午，中国共产党国网四川省电力公司第一次代表大会开幕。会议将学习贯彻中共十八大和习近平系列重要讲话精神，落实国家电网公司党组和四川省委工作部署，回顾和总结“十二五”以来公司党委工作成绩和基本经验，分析当前面临的形势，明确今后一个时期公司党委的工作思路和主要任务，选举产生中共国网四川省电力公司第一届委员会、纪律检查委员会，团结带领全体党员和广大干部职工，统一思想，开拓进取，为开创公司改革发展新局面提供坚强保障。

四川省国资委党委书记、主任徐进应邀出席会议并讲话。石玉东主持会议。

20日 下午，中国共产党四川省电力公司第一次代表大会选举产生了中共国网四川省电力公司第一届委员会，石玉东、潘敬东、李华、褚艳芳、董京营、杨桂荣、周群、刘勇、左宇龙、陈云辉、石俊杰当选为委员；选举产生了中共国网四川省电力公司纪律检查委员会，周群、邬小端、刘洋、侯太明、杜树兴、冯泽亮、陈永举当选为委员。

20日 在中共国网四川省电力公司第一届委员会一次全体会议上，潘敬东当选为党委书记，石玉东当选为党委副书记。在中共国网四川省电力公司纪律检查委员会一次全体会议上，周群当选为纪委书记。

20日 下午，中国共产党国网四川省电力公司第一次代表大会圆满完成各项议程，胜利闭幕。

会议选举产生中共国网四川省电力公司第一届委员会、中共国网四川省电力公司纪律检查委员会；审议通过关于中共国网四川省电力公司委员会工作报告的决议。主席团执行主席石玉东出席会议，主席团执行主席潘敬东主持会议。公司领导李华、褚艳芳、董京营、杨桂荣、周群、刘勇、左宇龙、陈云辉、石俊杰出席会议。

12月26日 中共四川省委办公厅、四川省人民政府办公厅通报表扬公司在十六届中国西部国际博览会举办期间，在接待外国政要、国内外代表、知名企业家和境内外媒体以及后勤保障工作中作出了突出贡献。是继2016年第三次二十国集团（简称 G20）财长和央行行长会议保电取得圆满成功后，公司保电工作再次得到表扬。

12月26日 晚，公司携原创音乐剧《来电了》再战央视舞台，在央视“直通春晚”节目录制现场，向全国电视观众激情演绎川电人的故事、展示四川电力员工的时代风采。经过与来自全国各地的7个优秀节目同台激烈角逐，成功突围，顺利晋级“直通春晚”颁奖晚会。

12月29日 经过社会责任专家委员会评审，公司荣获2016年中国电力行业公众透明度“最佳透明度管理奖”。公司在全国省级电网公司公众透明度整体评价名次由去年的第22名上升到今年的第5名。

12月30日 在中央电视台“直通春晚”节目颁奖盛典上，春晚总导演杨东升在来自全国28个节目中，发出6张直通春晚邀请函，公司原创音乐剧《来电了》获得最佳创新奖。全新创作和编排的音乐剧《来电了》参加演出的29名演员全部来自公司系统18个基层单位一线员工，通过舞台艺术真实地反映户户通电、精准扶贫、光芒照山河的动人场景，展示了一线电力员工在困难面前，守卫光明、默默奉献、不畏艰险、乐观向上的精神风貌。

12月31日 公司完成售电量1673.75亿，比2015年增长6.04%；完成固定资产投资259.63亿元；新增变电容量641.35万千伏安，输电线路1145.58公里；全口径外送电量1285.46亿千瓦时，比2015年增长4.82%；回收陈旧电费5.02亿元；全省发电装机容量超过9000万千瓦，其中水电装机容量7246万千瓦；全省社会用电量突破2100亿千瓦时。

（程彦韬）

公司概况

责任编辑：何　飞

公司业绩

【概况】2016年是“十三五”开局之年，在国家电网公司、省委、省政府的坚强领导下，国网四川省电力公司（以下简称公司）主动创新工作，全力提升效益，努力推动改革发展，圆满完成国家电网公司下达的各项目标任务，取得了比预期更好的成效，实现了“十三五”良好开局。

2016年，公司完成固定资产投资259.63亿元，其中电网投资254.12亿元。110千伏及以上项目核准65项、开工56项、续建78项、投产48项，新增变电容量641.35万千伏安、输电线路1145.58公里。售电量1673.75亿千瓦时，同比增长6.04%。营业收入916.67亿元。利润4.95亿元，同比增加0.18亿元。资产负债率73.80%，同比下降0.87个百分点。流动资产周转率23.49次；净资产收益率0.42%，比计划增加0.16个百分点。企业负责人业绩考核列国网公司第11名。

2016年，公司在建110千伏及以上项目174个，在建线路5689.40公里、变电容量2868.50万千伏安。其中，续建110千伏及以上项目118个，线路3844公里、变电容量2123万千伏安；新开工110千伏及以上项目56个，线路1845.40公里、变电容量745.50万千伏安。公司全年投产110千伏及以上电网项目48个，投产110千伏及以上线路1145.58公里、变电容量641.35万千伏安。

截至2016年年底，公司拥有500千伏变电站（含开关站）46座，总变电容量7490万千伏安；输电线路166条，线路长度13560.443公里；220千伏变电站221座，变电容量7176万千伏安；输电线路678条，线路长度19308公里；110千伏变电站800座，变电容量6600万千伏安；输电线路1801条，线路长度26348公里。目前，四川电网500千伏电网覆盖全省各市州，多层级电网协调发展的格局基本形成。四川电网已从局部电网跃升为联通西北、华中、华东、华北四大区域电网、特高压交直流混联运行的枢纽电网。

2016年8月23日，国网四川省电力公司总经理、党委副书记石玉东到500千伏尖山变电站，慰问在高温酷暑下坚守岗位、辛勤工作的一线员工

（王志奇　摄）

【安全生产】2016年，安监部在公司的坚强领导下，认真贯彻落实公司安全工作决策部署，全面落实公司2016年安全工作实施意见，深入贯彻“安全第一、预防为主、综合治理”方针，始终坚持以人为本，推进安全发展，贯彻执行《安全生产法》《安全工作规定》《安全职责规范》等法规制度，深入开展安全管理提升活动，全面落实各级安全责任，全面强化安全基础管理，全面推行风险分级管理、隐患排查治理双重预防性工作机制，创新安全监督方式方法，进一步提升安全质量管控能力和本质安全水平，为公司和电网持续健康发展提供了安全保障。一年来，公司未发生人身死亡事故，未发生一般及以上电网、设备事故，未发生重大火灾事故，未发生五级信息系统事件，未发生负同等责任的特大交通事故，成功处置了各类突发灾害，确保了四川电网安全稳定运行，安全生产保持平稳局面。

【职工队伍】2016年，公司人力资源工作紧密围绕公司提质增效、改革发展等重点任务，加强基层调研和诊断分析，各项工作有序推进。人力资源机制建设、“三定”管理、用工规范管理、薪酬管理、福利保障管理、绩效管理、人才援藏、人才培养及“五位一体”深化应用等工作取得新成效，人力资源管理水平大幅提升，用工总量持续下降，员工队伍结构进一步优化，为公司深化改革提供了坚实的组织保障和人才支撑。

截至2016年年末，公司全口径用工10.6万人，同比减少3.85%，其中主业用工8.66万人，减少2.16%；全口径劳动生产率42.53万元/人·年，同比增长5.57%；人才当量密度0.9894，同比增长2.86%，竞赛调考成绩大幅提升至A段（第五名）。公司人力资源同业对标取得综合评价第7名、管理对标评价第3名、华中区域标杆的历史性突破。

【电网建设】2016 年，公司全年完成电网投资 254.12 亿元，110 千伏及以上项目核准 65 项，开工 56 项、线路长度 1846 公里、变电容量 746 万千伏安，投产 48 项、线路长度 1146 公里、变电容量 641 万千伏安；35 千伏项目开工 77 项、线路长度 917 公里、变电容量 46.5 万千伏安，投产 34 项、线路长度 403 公里、变电容量 22.6 万千伏安。工程建设有力推进，安全质量管控有效加强，标准化建设有效深化，工程造价管理不断精益，工程造价管理不断精益，建设管理水平稳步提升。

2016 年 6 月 21 日，国网四川省电力公司党委书记、副总经理潘敬东到国网应急培训基地调研

（王彬　摄）

主要建成投运了四川大岗山水电站 500 千伏送出工程、枕头坝一级电站 500 千伏送出工程、四川九江 500 千伏输变电工程等 3 项 500 千伏输变电工程。主要投运了成都成黄路 220 千伏输变电工程、成都青羊 220 千伏输变电工程、成都北三环至昭觉 220 千伏线路工程、达州宣汉北 220 千伏输变电工程等 4 项 220 千伏输变电新建工程。

2016 年，公司完成 54 项 110 千伏及以上电压等级工程达标投产，其中 500 千伏变电站工程 2 项，220 千伏变电站工程 5 项，110 千伏变电站工程 16 项，500 千伏线路工程 6 项，220 千伏线路工程 7 项，110 千伏线路工程 18 项。川藏电力联网工程获国家优质工程金质奖，实现公司工程建设领域国家级奖项新突破，填补公司在国家工程类最高奖项空白。

【经营管理】2016 年以来，国家宏观经济增速持续下行，公司积极应对复杂多变的经济形势，切实履行中央企业“保增长”责任，深入开展“效益提升年”活动，继续强化财务集约化管理，大力开源节流、增收节支，财务状况总体平稳，经营业绩稳步提升。全面完成了各项年度关键业绩指标，为公司实现“两个一流”、加快“两个转变”奠定了坚实基础。

全年实现营业总收入净额 912.8 亿元，同比减少 1.9 亿元，下降 0.21%，其中主营业务收入实现 907.2 亿元，同比减少 1.76 亿元，下降 0.19%；营业总成本 913.02 亿元，同比减少 1.12 亿元，降低 0.12%，其中主营业务成本 870.51 亿元，同比减少 1.1 亿元，降低 0.13%；完成可控成本 94.52 亿元，比预算节约 4.4 亿元，节约 4.45%；资产负债率 73.79%，比预算下降 2.36 个百分点，同比降低 0.88 个百分点；净资产收益率 0.46%，比预算增加 0.2 个百分点；经济增加值-15.21 亿元，比预算增加 1.59 亿元；流动资产周转率 23.02 次，同比降低 1.58 次。

【电力营销】2016 年，售电市场竞争激烈，欠费风险继续增大，电力体制改革逐步深入。在严峻的市场环境面前，营销系统干部员工在公司的正确领导下，主动作为，各项工作取得明显成效，完成售电量 1673.75 亿千瓦时，同比增长 6.04%；当年电费全部结零，陈欠电费回收 5.02 亿元；业扩净增容量完成 1720 万千伏安，同比增加 26.65%。

2016 年，公司营销部认真贯彻落实公司“效益提升年”活动要求，加强电费回收管理，积极增供促销，努力降本增效，推动公司效益水平稳步提升，支撑了公司健康稳定发展。一是发扬“三千”精神，促进电费回收。公司通过法院起诉、股权冻结、土地及输变电设备等不动产抵押等法律手段，共计回收欠费 5.02 亿元，较计划多回收 1.32 亿元。乐山公司通过法律手段，冻结其亚铝业 20 亿元股权，回收欠费 2.48 亿，实现结零目标；广元公司驻厂催收，争取政府支持，落实发电企业让利政策，回收广元铝业 1.18 亿陈欠电费；达州、自贡、雅安公司采取资产抵押、政府土地收储、土地财产保全等方式，完成陈欠电费结零任务。各单位严格落实电费回收“一把手”负责制，利用一切可利用的资源，采取一切可采取的手段，大力推进购电制防范电费风险，实现了当年电费的结零目标。二是坚持多措并举，实现市场拓展。在低迷的市场环境中，公司售电量逆势突破，主要得益于公司灵活的电价刺激策略和电能替代推广。2016 年，公司主动引导售电市场化政策，利用直购电平台，推行新的铝硅电战略合作，即维护了公司利益，又稳定了铝硅用电市场，实施直购电 380 亿千瓦时，同比增加 76.74%；严格控制留存电量实施范围，既稳定了阿坝铝厂和眉山铝业用电市场，也降低公司购销价差损失 1.3 亿元。公司深化电能替代，拓展增量用电市场，扩展自备替代时间和范围，进一步降低自备替代企业增加购网电量成本；成都、眉山公司主动作为，拓展电能替代领域，在电锅炉和餐饮行业“以电代气”方面取得突破进展。经过努力，公司全年实现替代电量 42.23 亿千瓦时，同比增加 7.14%。2016 年，公司投运 10 座充电站，初步形成环成都充换电服务圈、沪蓉高速四川段快充网络。三是强化业务管理，堵漏节支增收。省客服中心开展大工业客户电价策略核查，全年共计查找差错电费 1144 万元。各单位对中小规模高耗能企业和私营企业等开展反窃电专项整治，追回电费 180 万元，收取违约金 350 万元。省计量中心完善技术方案，调整时钟超差电表 48.2 万只，规范掌机电费信息下载流程，避免了潜在的电费风险；集中统一管控拆回智能电表，维修利旧电能表 5.1 万只，节约金额 1020 万元。节能服务公司加大节能项目推进力度，营业收入突破一亿元，营业收益超 2500 万元。

2016 年 8 月 23 日，川藏联网工程首次“大体检”（曹志刚 摄）

【农电工作】全年累计完成 2015 年新增农网改造升级和 2016 年改造升级项目投资 83.9 亿元。井井通电、小城镇（中心村）项目共下达三批投资计划 51.53 亿元，10 千伏及以下项目累计开工 1683 个。完成低电压治理项目投资 38.6 亿元，治理农村“低电压”60.23 万户，全面完成国网公司下达的 147 万户治理任务。狠抓农网工程质量，2016 年评选命名 9561 项优质工程，优质工程率达到 95%；组织评选公司农网“五十佳工程”，其中 3 个项目被评为国网公司“百佳工程”。

【优质服务】2016 年，公司深入贯彻落实国家电网公司供电服务工作部署，坚持“你用电、我用心”，以客户为导向，主动适应售电侧改革新形势，深化“为民服务六件实事”，开展供电服务突出问题整治，进一步夯实供电服务基础，强化跨专业服务协同，大力实施服务创新，严格规范服务行为，着力提升服务品质，切实增强市场竞争力，持续提高供电优质服务水平，取得了丰硕的工作成果，获得了社会各界广泛赞誉。

2016 年，公司进一步完善服务举措，以做到切实便民惠民。一是高效搭建服务连心桥。在城市地区持续开展“电力服务进社区”服务。目前已共在全省 12513 个社区开展“电力服务进社区”（其中敏感小区 516 个），配置社区客户经理 2956 人（专职 433 人），“电力服务进社区”覆盖客户数量 965.94 万户（含在地方政府民政部门登记在册的军烈属、残疾人、五保户、孤寡老人等特殊客户 5.92 万户）。公司系统设置用电“连心岗”6.65 万个，发送用电“连心卡”249.66 万张，开展电力知识宣传活动 3.24 万次，免费发放各类用电宣传资料 301.27 万份，义务组织或参加志愿者服务活动 6959 次。累计走访居民小区 2.34 万个•次，走访客户 72.7 万户•次，受理及处理各类用电业务咨询数量 9.13 万件，累计收集各类问题 2.45 万件，用电问题一次解决率达 94.73%；征求客户意见和建议 1.17 万条，清楚答复客户意见和建议 1.13 万条，客户用电意见和建议回复率 96.58%。在农村地区推广“包片进村”活动。“包片进村”活动以县公司为责任主体推行“包片”，涉及全川 166 个县，1363 个农村供电所。将“进村”细化为：市公司“服务乡镇”、县公司进村、供电所进台区和员工进农户四个层级，主要采用“看、听、抽、问、查”等方式详细掌握乡镇供电所内部管理和客户服务情况，查找和解决农电管理难题。各市（州）供电公司共成立督察组 136 个，负责“包片进村”的组织领导；县公司成立以领导班子成员任组长的 773 个工作小组，采取片区包干等形式，到供电所蹲点住勤，掌握第一手材料；乡镇供电所逐个台区清理“低电压”情况，排查梳理设备安全隐患；供电所员工对辖区内农户进行深入的走访，“进各家各户”掌握客户实际需求。分类建立“客户服务、电网设备、供电所建设”问题“三本台账”，明确问题的责任主体，落实问题整改，变“客户找”为“找客户”，变属地解决问题为各级协同解决问题，实现收集问题 100%真实、反映问题 100%录入。各市（州）公司督察组共检查、指导供电所 4882 次，完成了对供电所工作检查的全覆盖，走访供区行政村

2.25 万个（约占供区总行政村的 90%）、走访客户157.44 余万户。二是积极治理低电压台区。全省今年共完成农村“低电压”治理 62 万户，超额完成年度目标治理任务，累计完成治理低电压 151 万户，超出计划目标 3 万余户。三是多措并举，强化优质服务。进一步方便客户交费，形成多种交费渠道，交费时间 24 小时覆盖。创新服务升级发展，推进线上 APP 应用，加快创新转型研究，升级创新服务手段。严格规范业扩报装，有效减少停电时间，全面推行综合抢修。建设 30 分钟配网故障抢修圈，实现网格化抢修，整合配网抢修资源，实现综合抢修，制定配网典型故障抢修方案和抢修人员规范用语。

【党的建设和精神文明建设】2016 年，按照公司党委工作部署，认真落实中央全面从严治党部署，深入开展“两学一做”学习教育，扎实推进党的建设各项工作，为公司全面完成各项目标任务提供了坚强保证。结合“两学一做”学习教育，举办“基层党组织书记讲党课”“微宣微讲”及先进事迹报告到基层巡讲，获得广泛好评。夯实基础抓文明创建，27 家市县公司和直属单位通过省文明委测评验收，公司命名表彰 20 个文明单位，两名员工被评为“四川好人”。主业业绩包括以下几个方面：一是深入扎实开展了“两学一做”学习教育。加强领导，精心组织，以全面规范自学、党课教育促学、微宣微讲讲学、知识答题验学、专题研讨深学，推动全体党员扎实开展学习教育。组织党组织书记讲党课 4000 余场，集中展示 12 个优秀党课案例，征集 500 余件作品参加“微宣微讲”竞赛，举办“两学一做”学习教育先进事迹报告 8 场，在党员中广泛开展了“重温入党誓词”、党章党史知识答题等活动。坚持学做结合，大力开展“党员示范岗”“党员责任区”“三亮三比”主题活动，推进“四讲四有”具体化。派出督查组，对基层单位“两学一做”学习教育加强检查指导。公司“两学一做”学习教育取得明显成效，先后在中央企业“两学一做”学习教育座谈会（四川片区）、国家电网公司“两学一做”学习教育推进会上作交流发言。二是全面从严加强了思想组织建设。胜利召开公司第一次党代会，选举产生公司新一届党委、纪委，指导 1689 个基层党组织全面完成换届选举。首次开展基层党组织书记抓党建工作专项述职评议，全面覆盖 45 个基层党委。集中开展落实党建责任制、“三会一课”等专项检查，抓好党费收缴清理规范。坚持基层党组织“三分类三升级”长效机制，全面推动 72 个三类党组织整改升级。深入开展“争创基层服务型党组织和争当为民务实清廉优秀共产党员”活动，着力打造公司首批 31 个基层服务型党组织示范点。加强党员教育培训，公司系统举办各类党员教育培训 485 期，参训党员 3.1 万人次。公司作为驻川央企唯一代表，在全省国有企业党的建设暨国资国企改革工作会上交流党建经验，受到省有关领导充分肯定；作为国家电网公司唯一代表，在全国电力行业党建思想政治工作座谈会上作交流发言，荣获“全国电力行业党建思想政治工作优秀单位”称号。三是持续有效强化了干部人才队伍。坚持“好干部”标准选贤任能，统筹抓好班子优化调整和补充配备，持续强化干部职数配备和职员职级管理。制订《干部管理制度体系框架》，明确省公司层面适用的 44 项干部管理制度，修订完善《领导干部管理办法》等 8 项制度。落实领导干部提醒、函询和诫勉制度，抽查核实干部个人事项 97 人次。完善四级四类人才选拔及考核方式，大力培养公司急需的技术技能人才，选拔公司级优秀专家人才 321 人、“电力雏鹰”50 人，培训特高压专项人才 22 人。以全员轮训促员工队伍素质提升，32.3 万人次参加各类培训和考核，近 1.5 万人实现素质提升，全面消除“三无”人员。进一步实施人才援藏，选送援藏人员 156 人，送培藏区人员 55 人。四是坚实有力推进了反腐倡廉工作。细化党风廉政建设“两个责任”分工，层层签订责任书，约谈 16 家基层单位党政主要负责人、26 个职能部门负责人，组织 41 名基层纪委书记当面述职，有效推动责任落实。紧盯重点领域和关键环节，强化协同监督和内部审计监督，排查和防控问题风险。突出政治巡察定位，分三轮对 18 家基层单位开展巡察。准确运用“四种形态”，规范处置问题线索 104 件。开展“清风川电”主题教育活动，加强党规党纪学习宣贯，评选勤廉兼优好干部和遵章守纪好员工，开展工程建设、供电所管理关键岗位廉规调考。全面深化依法治企，编制“十三五”法治企业建设规划，积极整改内外部审计发现的问题。常态开展作风督查，抓好“四风”问题整治“回头看”。深化行风建设，公司在全省政风行风群众满意度测评中名列前茅。五是卓有成效彰显了企业文化品牌。编制《“十三五”企业文化建设实施意见》，深入开展“建设卓越文化、追求卓越品质”主题实践活动，积极推动卓越文化进专业、进班组、进站所。深化精神文明建设，公司系统 30 家市县供电公司、直属单位通过省级（最佳）文明单位测评验收，3 名职工被评为“四川好人”。加强品牌建设，公司发布驻川央企首份服务地方经济社会发展白皮书，召开深化共产党员服务队建设座谈会，在《人民日报》等中央媒体上稿 2400 余篇。公司 2 个原创歌舞分别登上央视

“纪念红军长征胜利80周年”和“直通春晚”节目，原创音乐MV《我想请个假》荣获“中国梦、劳动美”第三届全国微影视大赛金奖和最佳原创音乐奖。积极践行企业社会责任，公司扶贫工作获评“2016年民生示范工程”，并在第四届中国民生发展论坛作经验交流；公益战略“红细胞”在行动等6个项目获评国家电网公司“优秀社会责任根植项目”。六是群团协作凝聚了职工群众合力。深化企业民主管理，抓好公司及基层职代会换届改选。各级职代会审议议案292个，处理提案227件，各级领导干部走访一线职工和困难职工9.7万人次。积极开展“送文化下基层、进班组”活动，建成“全国职工书屋示范点”7个。广泛开展劳动竞赛、技术技能比武活动，11个集体和7名职工分别荣获全国、四川省和省国资委五一劳动奖状、奖章荣誉。加强班组建设，制定公司班组建设“十三五”规划，召开班组建设交流推进会。国务院国资委对公司班组建设工作给予充分肯定，先后组织30家中央企业前来观摩交流。加强团青工作，举办青年创新创意大赛、“建设能源互联网 川电青年在行动”和“青年训练营”竞技挑战等活动，激发青年职工立足岗位、创新奉献的热情。结合精准扶贫攻坚、留守学生关爱等需求，持续深化志愿服务，新建成8所川电留守学生之家。公司荣获四川省志愿服务贡献奖。认真落实离退休老同志“两项待遇”，11家单位获评四川省第二届“敬老文明号”。不断加强信访、保密等工作，确保了公司和谐稳定。

【获得荣誉】2016年，各项工作继续稳步推进，且卓有成效，公司所属各单位及公司员工获得省部级以上各项荣誉、各类先进人物及先进集体奖项。具体名录如下列表所示：

2016年度公司及公司员工获省部级及以上各项荣誉、各类先进人物、先进集体名录表

表1

序号	表彰项目（荣誉称号）
1	国家电网公司电能替代工作先进个人
2	县供电企业及乡镇供电所管理提升先进个人
3	国家电网公司劳动模范、优秀班组长
4	国家电网公司企协工作先进个人
5	国家电网公司基建工作先进个人
6	国家电网公司“四交”特高压工程先进个人
7	国家电网公司发展工作先进个人
8	国家电网公司战略管理和智库建设先进个人
9	国家电网公司电力交易工作先进个人
10	国家电网公司审计工作先进个人
11	国家电网公司“十二五”农网改造升级工作先进个人
12	“六五”普法先进个人
13	国家电网集体企业管理先进个人
14	国家电网公司档案工作先进个人
15	国家电网公司纪检监察工作先进个人
16	中央企业法律事务先进工作者

公司领导及机构设置

【公司领导】2016年，公司领导班子成员有轻微变化，原公司副局级调研员潘贤芝2月4日被免去公司副局级调研员职务并退休；原公司副局级调研员胡柏初9月21日被免去公司副局级调研员职务并退休。调整后的公司领导班子成员为：

石玉东：总经理、党委副书记

潘敬东：党委书记、副总经理

李　华：副总经理、党委常委

褚艳芳：副总经理、党委常委，国网成都供电公司总经理、党委副书记

董京营：副总经理、党委常委

杨桂荣：总会计师、党委常委

周　群：党委常委、纪委书记

刘　勇：副总经理、党委常委

左宇龙：党委常委、工会主席

陈云辉：副总经理

石俊杰：总工程师

【公司总经理助理、副总师】

凌廷亮：总经理助理

韩晓言：副总工程师

林　敏：副总工程师、运营监控中心主任

刘　洋：副总经济师、办公室主任

郑卫东：副总工程师、安全监察质量部（保卫部）主任

李镇义：副总工程师，电力调度控制中心主任、党委副书记

吕道斌：正处级调研员（副总师级待遇）

赵　勤：正处级调研员（副总师级待遇）

【公司系统机构设置】截至2016年年底，公司本部职能部门26个，下属二级单位36个（其中发供电企业23个、直属单位13个）；上市公司及控（参）股公司6个；县级供电企业151个（其中全资103个，控股46个，代管2个）。调整后的所属基层企业名录如下：

2016年公司系统机构设置所属基层企业名录表

表2

类别	细类		备注
	序号	单位名称	
（一）发供电企业	1	国网四川省电力公司成都供电公司	
	2	国网四川省电力公司乐山供电公司	
	3	国网四川省电力公司德阳供电公司	
	4	国网四川省电力公司雅安供电公司	与国网四川雅安电力（集团）股份有限公司合署办公
	5	国网四川省电力公司眉山供电公司	
	6	国网四川省电力公司攀枝花供电公司	
	7	国网四川阿坝州电力有限责任公司（国网四川省电力公司阿坝供电公司）	
	8	国网四川省电力公司绵阳供电公司	
	9	国网四川省电力公司天府新区供电公司	
	10	国网四川省电力公司达州供电公司	
	11	国网四川省电力公司凉山供电公司	
	12	国网四川省电力公司泸州供电公司	
	13	国网四川省电力公司宜宾供电公司	

续表 2

类别	细类		备注
	序号	单位名称	
	14	国网四川省电力公司南充供电公司	
	15	国网四川省电力公司广元供电公司	
	16	国网四川省电力公司内江供电公司	
	17	国网四川省电力公司广安供电公司	
	18	国网四川省电力公司遂宁供电公司	
	19	国网四川省电力公司资阳供电公司	
	20	国网四川省电力公司自贡供电公司	
	21	国网四川省电力公司巴中供电公司	
	22	国网四川甘孜州电力有限责任公司（国网四川省电力公司甘孜供电公司）	
	23	国网四川省电力公司映秀湾水力发电总厂	
（二）省层面业务支撑和实施机构	1	国网四川省电力公司电力应急中心（国家电网公司应急培训基地）	
	2	国网四川省电力公司综合服务中心	
	3	国网四川省电力公司经济技术研究院	
	4	国网四川省电力公司电力科学研究院	
	5	国网四川省电力公司检修公司	
	6	四川电力送变电建设公司	
	7	国网四川省电力公司信息通信公司	
	8	国网四川省电力公司物资公司	
	9	国网四川省电力公司管理培训中心	
	10	国网四川省电力公司技能培训中心	
	11	四川电力医院（国网高原病防治中心）	
	12	国网四川电力服务有限公司（机关事务服务中心）	
	13	四川电力交易中心有限公司	
（三）上市公司	1	四川岷江水利电力股份有限公司	
	2	四川明星电力股份有限公司	
	3	乐山电力股份有限公司	
	4	四川西昌电力股份有限公司	
（四）控（参）股单位	1	四川峨眉山电力股份有限公司	
	2	四川蜀盛源资产管理有限责任公司	

公司本部建设

【概况】2016年，国网四川省电力公司本部以卓越团队建设为抓手，强化党的建设、作风建设，提升管理水平，发挥本部“四个中心”作用，为持续推进“两个转变”提供坚强保证。

【党的建设】加强本部党的建设，持续推进本部“两学一做”学习教育，完成了本部第一次党代会筹备工作，指导本部基层党支部完成了换届选举。深化本部作风建设，印发《关于进一步加强本部作风建设的通知》，每月定期开展作风检查。强化创先争优意识，开展了本部党支部工作考评，举办了本部“卓越讲坛”，评选表彰了本部卓越团队和“十佳员工”。落实本部党风廉政建设责任制，组织本部各党支部签订党风廉政建设责任书，认真做好信访核查工作。有序开展健身益智文体活动，开展了公司本部庆祝红军长征胜利80周年系列活动，举办了商务礼仪和普通话讲座，指导各兴趣小组做好文体活动推广工作，坚持每月开展健步走竞赛，举行了锦城湖健走竞赛活动，切实做好了本部职工疗养工作，关心慰问本部困难职工、住院职工，进一步关爱本部员工，增强本部活力。

【作风建设】深化本部作风建设，印发《关于进一步加强本部作风建设的通知》，每月定期开展作风检查。强化创先争优意识，开展了本部党支部工作考评，举办了本部“卓越讲坛”，评选表彰了本部卓越团队和“十佳员工”。落实本部党风廉政建设责任制，组织本部各党支部签订党风廉政建设责任书，认真做好信访核查工作。有序开展健身益智文体活动，开展了公司本部庆祝红军长征胜利80周年系列活动，举办了商务礼仪和普通话讲座，指导各兴趣小组做好文体活动推广工作，坚持每月开展健步走竞赛，举行了锦城湖健走竞赛活动，切实做好了本部职工疗养工作，关心慰问本部困难职工、住院职工，进一步关爱本部员工，增强本部活力。

【本部机构设置及主要负责人】2016年，公司本部机构设置及部门主要负责人如下：

刘　洋：办公室主任（兼）

林　敏：运营监控中心主任（兼）

周　桦：发展策划部主任

涂心畅：财务资产部主任

贺兴容：运维检修部主任

郑卫东：安全监察质量部（保卫部）主任（兼）

何　勇：营销部主任

何远刚：建设部主任

熊卫东：农电工作部主任

李镇义：电力调度控制中心主任、党委副书记（兼）

王小川：电力调度控制中心党委书记、副主任

侯太明：审计部主任

余嘉庆：经济法律部（体改办）主任

杜树兴：人事董事部主任

冯泽亮：人力资源部主任

王　林：电力交易中心主任，四川电力交易中心有限公司执行董事、总经理

向　宇：物资部（招投标管理中心）主任

田立峰：科技信通部（智能电网办公室）主任

王　虹：离退休工作部主任

王　旭：后勤工作部主任

陈永举：思想政治工作部（直属党委办公室、团委）主任，本部党委书记、纪委书记

邬小端：公司纪委副书记，监察部（纪委办公室）主任

龙志明：对外联络部（品牌建设中心）主任

卿　松：证券管理部主任（兼四川西昌电力股份有限公司董事长）

雷江海：工会常务副主席

卢昌华：国家电网公司企业管理协会四川分会秘书长

袁红专：国家电网公司成都援藏办主任

刘　进：省公安厅直属二分局局长

王　刚：成都电力生产调度基地建设筹备处副主任

文　曹：四川电力行业协会常务副秘书长

基层单位及领导

【本部机构设置及主要负责人】截至 2016 年年底，公司下设有发电、供电、电力建设、科学研究、教育医疗、集体企业等单位 44 个。截至 2016 年 12 月 31 日，公司所属单位主要领导成员如下：

国网成都供电公司

褚艳芳：总经理、党委副书记

王向臣：党委书记、副总经理

李科峰：副总经理

白学祥：副总经理，国网都江堰市供电公司总经理、党委副书记

付　强：副总经理

卓　明：党委副书记、纪委书记

骆光翠：总会计师

曾宪平：副总经理、工会主席

王　戈：副总经理，国网成都市青白江供电公司总经理、党委副书记

杨　坤：副总经理

曾嘉志：副总经理

王　华：国网都江堰市供电公司党委书记、副总经理

何　东：国网成都市青白江供电公司党委书记、副总经理

国网乐山供电公司

林双庆：总经理、党委副书记

靳东辉：党委书记、副总经理

余志军：副总经理，国网峨眉山市供电公司总经理、党委副书记

徐　卫：副总经理、总工程师

王立东：纪委书记、工会主席

黄　海：副总经理

罗　建：总会计师

谢　星：副总经理

王　锐：国网峨眉山市供电公司党委书记、副总经理

兰先平：副处级调研员

国网德阳供电公司

甘　涛：总经理、党委副书记

胡朝华：党委书记、副总经理

袁明友：副总经理

杨　斌：副总经理

王中华：纪委书记、工会主席

青　松：副总经理

陈世兵：总会计师

国网雅安电力（集团）公司（国网雅安供电公司）

张　毅：国网雅安电力（集团）公司董事长、总经理、党委副书记，国网雅安供电公司总经理、党委副书记

谢代涛：国网雅安电力（集团）公司正处级党委副书记、纪委书记、工会主席，国网雅安供电公司党委书记、副总经理、工会主席

陈　政：国网雅安电力（集团）公司副总经理（正处级）

江泰廷：国网雅安电力（集团）公司副总经理，国网雅安供电公司副总经理

夏　军：国网雅安电力（集团）公司副总经理、总工程师，国网雅安供电公司副总经理、总工程师

潘玉龙：国网雅安电力（集团）公司副总经理，国网雅安供电公司副总经理

袁剑波：国网雅安电力（集团）公司副总经理

曾　敬：国网雅安电力（集团）公司副总经理，国网雅安供电公司副总经理

白静蓉：国网雅安电力（集团）公司财务总监、董事会秘书，国网雅安供电公司总会计师

张　劲：国网雅安电力（集团）公司副总经理，国网雅安供电公司副总经理

国网眉山供电公司：

张建明：总经理、党委副书记

金富怀：党委书记、副总经理

闵向东：副总经理，国网仁寿县供电公司总经理、党委副书记

刘开金：党委副书记、工会主席

田　伟：纪委书记

杨迎春：副总经理

李　伟：副总经理

肖　磊：副总经理

曹　刚：国网仁寿县供电公司党委书记、副总经理

国网攀枝花供电公司

肖　杰：总经理、党委副书记

华　欣：党委书记、副总经理

刘永辉：副总经理、总工程师
王培云：副总经理
祝武权：副总经理
李天林：副总经理
封晓梅：纪委书记、工会主席

国网阿坝电力有限责任公司（国网阿坝供电公司）

罗　亮：国网阿坝电力有限责任公司董事长、总经理、党委副书记，国网阿坝供电公司总经理
郑文强：国网阿坝电力有限责任公司党委副书记（主持党委工作）、副总经理
张洪斌：国网阿坝电力有限责任公司副总经理，国网阿坝供电公司副总经理
汪康康：国网阿坝电力有限责任公司副总经理，国网阿坝供电公司副总经理
王朝晖：国网阿坝电力有限责任公司纪委书记
侯小松：国网阿坝电力有限责任公司副总经理、工会主席，国网阿坝供电公司副总经理
黄　培：国网阿坝电力有限责任公司财务总监，国网阿坝供电公司总会计师

国网绵阳供电公司

严光升：总经理、党委副书记
刘　冰：党委书记、副总经理
陈继辉：纪委书记、工会主席
权　锐：副总经理
王小平：副总经理、总工程师
徐　源：副总经理
房开建：总会计师

国网天府新区供电公司

张　灏：总经理、党委副书记
程文艺：党委书记、副总经理
石宇平：纪委书记、工会主席
贺　辉：副总经理，国网成都市双流供电公司总经理、党委副书记
贾有根：副总经理
林明星：副总经理
熊　茜：副总经理
蒋　平：副总经理，国网成都市龙泉驿供电公司总经理、党委副书记
蒋光祥：总会计师
王志民：国网成都市龙泉驿供电公司党委书记、副总经理

国网达州供电公司

吴　耕：总经理、党委副书记
严　平：党委书记、副总经理
李　荣：副总经理，国网达县供电公司总经理、党委副书记
徐耀伦：副总经理
陈　祥：党委副书记、纪委书记
熊　勇：副总经理、总工程师
郑尚雄：工会主席
熊　毅：副总经理
何　平：国网达县供电公司党委书记、副总经理

国网凉山供电公司

周　林：总经理、党委副书记
杨　荣：党委书记、副总经理
陈银青：副总经理
张　琼：纪委书记、工会主席
甘　洪：副总经理
李　诚：副总经理
罗　飞：副总经理
李定明：总会计师
白树全：副处级调研员

国网泸州供电公司

王　涛：总经理、党委副书记
尹友中：党委书记、副总经理
李　勇：副总经理
冯　岗：副总经理
沈　涌：党委副书记、纪委书记、工会主席
高　俊：副总经理
熊浩伟：副总经理

国网宜宾供电公司

陈　强：总经理、党委副书记
黄克林：党委书记、副总经理
张国君：总会计师
蒋　劲：副总经理
华永东：副总经理
吴汝文：纪委书记、工会主席
樊　犁：副总经理

国网南充供电公司

廖学静：总经理、党委副书记
李敬雄：党委书记、副总经理
张子明：副总经理
赵廷刚：副总经理、四川电网备调中心主任
金卓睿：副总经理、总工程师
吴　东：纪委书记、工会主席

国网广元供电公司

赵　蕌：总经理、党委副书记
苟骁毅：党委书记、副总经理
赵　巍：副总经理
冯应贵：副总经理
石　红：党委副书记、纪委书记、工会主席
王　剑：副总经理、总工程师

秦文云：总会计师

国网内江供电公司

何自力：总经理、党委副书记

姜光学：党委书记、副总经理

冉友铭：工会主席

刘　平：副总经理、总工程师

唐　勇：副总经理

杨　忠：副总经理

杨　军：纪委书记

王秀梅：总会计师

国网广安供电公司

何惧熊：总经理、党委副书记

李远德：党委书记、副总经理

李　敏：副总经理

程志炯：工会主席

柯祥君：纪委书记

杨　贵：副总经理

陈　果：副总经理

国网遂宁供电公司

何永祥：总经理、党委副书记

苏旭燕：党委书记、副总经理

曾俊杰：纪委书记、工会主席

向建兵：副总经理

李　江：副总经理、总工程师

李忠林：总会计师

姚晓峰：副总经理

国网资阳供电公司

涂　辉：总经理、党委副书记

马江怒：党委书记、副总经理

杨　华：纪委书记、工会主席

曾明贵：副总经理

周建聪：副总经理

龙　辉：副总经理

张苏川：副处级调研员

国网自贡供电公司

姚建东：总经理、党委副书记

高永翔：党委书记、副总经理

杨　彬：党委副书记、纪委书记、工会主席

罗明才：副总经理、总工程师

谢连芳：副总经理

张　涛：总会计师

代　颍：副总经理

殷　科：副总经理

国网巴中供电公司

贺　军：总经理、党委副书记

刘　璧：党委书记、副总经理

殷作洋：副总经理

谭书云：总会计师

邬才斌：副总经理

何云峰：纪委书记、工会主席

方　亮：副总经理

蒲朝明：副处级调研员

国网甘孜电力有限责任公司（国网甘孜供电公司）

明自强：国网甘孜电力有限责任公司董事长、总经理、党委副书记，国网甘孜供电公司总经理

刘友志：国网甘孜电力有限责任公司党委书记

高　峰：国网甘孜电力有限责任公司副总经理，国网甘孜供电公司副总经理

邓　毅：国网甘孜电力有限责任公司副总经理，国网甘孜供电公司副总经理

刘明志：国网甘孜电力有限责任公司纪委书记、工会主席，国网甘孜供电公司纪委书记、工会主席

陈泓达：国网甘孜电力有限责任公司副总经理，国网甘孜供电公司副总经理

唐正胜：国网甘孜电力有限责任公司财务总监，国网甘孜供电公司总会计师

刘元生：国网甘孜电力有限责任公司总工程师，国网甘孜供电公司总工程师

国网四川映秀湾电厂

文光辉：厂长、党委副书记

王金全：党委书记、副厂长

赵玉忠：副厂长

陈安全：副厂长

吴晓冬：副厂长、总工程师

胡　轶：纪委书记、工会主席

曾　刚：副厂长

李其才：副处级调研员

白瑰蓉：副处级调研员

国网四川应急中心

马　强：主任、党委副书记

蔡　辉：副主任、工会主席

何孝忠：副主任、纪委书记

国网四川综合服务中心

杨　博：主任、党委副书记，财务资产部主任

王经纬：党委书记、副主任，综合管理部主任

彭霞抒：纪委书记，综合管理部副主任

刘　缨：工会主席，财务资产部副主任

潘旭东：人力资源服务部副主任，国网四川省电力公司社保中心副主任

国网四川经研院

肖行诠：院长、党委副书记

汪荣华：党委书记、副院长

王　晞：副院长
肖　红：副院长
王慧玲：纪委书记、工会主席
曾　鉴：副院长
肖　猛：设计中心主任（副处级）
李　刚：设计中心副主任（副处级）

四川省电力公司建设管理中心

罗　辉：主任、党委副书记
邓武军：党委书记、副主任
吕　彬：副主任
杨勇祥：纪委书记、工会主席
何尔文：副主任，特高压直流建设项目部主任
陈治明：副主任
汪洪春：副主任、总工程师
唐　林：副主任，特高压交流建设项目部主任

四川电力工程建设监理有限责任公司

孟　义：总经理、党委副书记
杨　周：党委书记、副总经理
付佾修：副总经理、总工程师
罗忠华：副总经理
谭　韧：副总经理
沈太勋：纪委书记、工会主席
朱　敏：总会计师

国网四川电科院

苏少春：院长、党委副书记
杨了辛：党委书记、副院长
张星海：副院长（正处级）
陈　缨：副院长
罗　涛：党委副书记、纪委书记、工会主席
常晓青：副院长
朱清代：副院长
何　朴：正处级调研员

国网四川省电力公司客户服务中心

王更生：主任、党委副书记
林文静：党委书记、副主任
唐　军：副主任、工会主席
熊永华：副主任
徐　平：副主任、纪委书记

国网四川省电力公司计量中心

彭　军：主任、党委副书记
李洪武：党委书记、副主任
杨　敏：副主任、工会主席
苗长胜：副主任、纪委书记
覃　剑：副主任
徐　健：三级职员（副处级待遇）

国网四川节能公司

何德胜：总经理、党委副书记
马加林：党委书记、副总经理
苗　峰：副总经理
代　明：纪委书记、工会主席
肖　松：副总经理

四川省电力工业调整试验所（国网四川省电力公司电源技术中心）

徐　波：所长、党委副书记
梁　柱：党委书记、副所长
魏　强：副所长
周　松：副所长
颜正行：副所长
张文章：党委副书记、纪委书记、工会主席
李　恩：副所长
姜　波：副处级调研员
唐世民：副处级调研员

国网四川检修公司

白仕雄：总经理、党委副书记
王嘉明：党委书记、副总经理
安　宁：副总经理
张仕民：副总经理
舒　野：副总经理
黄　敏：纪委书记、工会主席
杜新萍：总会计师
宋　梁：总工程师
秦　川：成都分部主任、党委副书记（副处级）
陈　岩：成都分部党委书记、副主任（副处级）
李龙江：西昌分部主任、党委副书记（副处级）
聂鸿宇：西昌分部党委书记、副主任（副处级）
陈向阳：副处级调研员

四川电力送变电建设公司

郑大金：总经理、党委副书记
张　帆：党委书记、副总经理
李百根：副总经理
王　拥：纪委书记
游　睿：工会主席
周　林：副总经理
张剑廷：副总经理
王　毅：总工程师
刘兰捷：总会计师

国网四川信通公司

王　卓：总经理、党委副书记
欧阳可谋：党委书记、副总经理
杨嘉湜：副总经理
李红梅：纪委书记 、工会主席
李　强：正处级调研员

国网四川物资公司

方　晴：总经理、党委副书记

胡瑞林：党委书记、副总经理

张昆炳：纪委书记、工会主席

曹树屏：副总经理

陈　娟：总会计师

陈　峰：副总经理

国网四川管培中心

朱天科：主任、党委副书记

栗　璐：党委书记、副主任

钟　良：副主任

林　琳：副主任、工会主席

高德文：副主任、纪委书记

国网四川技培中心（四川电力职业技术学院）

朱　康：主任（院长）、党委副书记

文海荣：副主任（副院长）

袁从文：副主任（副院长）

唐明昌：副主任（副院长）

李　力：纪委书记、工会主席

于康雄：副主任（副院长）

王　蓉：副主任（副院长）

任崇清：二级职员

四川电力医院

刘红卫：院长、党委副书记

周晓梅：党委书记、副院长

王礼椿：纪委书记、工会主席

林建华：副院长

朱　可：副院长

刘道福：副院长

国网四川电力服务有限公司（机关事务服务中心）

冷继伟：总经理、党委副书记（机关事务服务中心主任）

李春来：党委书记、副总经理（机关事务服务中心副主任）

焦振中：副总经理（机关事务服务中心副主任）

刘柏章：纪委书记

陈和生：副总经理、工会主席（机关事务服务中心副主任）

王　刚：副总经理（机关事务服务中心副主任）

何云志：副总经理（机关事务服务中心副主任）

于　峰：副处级调研员

四川格瑞德资产管理公司（四川科锐得实业集团有限公司）

倪　力：四川格瑞德资产管理公司总经理，四川科锐得实业集团有限公司执行董事、总经理、党委书记

王旭东：四川格瑞德资产管理公司副总经理，四川科锐得实业集团有限公司党委书记、副总经理

林映雄：四川科锐得实业集团有限公司副总经理（正处级）

詹迎雪：四川格瑞德资产管理公司总会计师，四川科锐得实业集团有限公司副总经理、财务总监

杨选华：四川科锐得实业集团有限公司副总经理

桂贤明：四川格瑞德资产管理公司副总经理，四川科锐得实业集团有限公司副总经理

薛永红：四川格瑞德资产管理公司副总经理，四川科锐得实业集团有限公司副总经理

李　贵：四川科锐得实业集团有限公司纪委书记、工会主席

林　伟：四川科锐得实业集团有限公司副总经理

王　维：四川科锐得实业集团有限公司副总经理

殷智贵：四川科锐得实业集团有限公司正处级调研员

四川科锐得文化传播有限公司

向　波：执行董事、总经理、党委副书记(副处级)

左　炬：党委书记、副总经理（副处级）

黄兴勇：副总经理（副处级）

四川蜀能电力有限公司

林映雄：执行董事、党委书记（正处级）

王世彬：总经理（副处级）

杜锦宇：副总经理（副处级）

杨选华：总会计师

电网规划与建设

责任编辑：何　飞

电 网 规 划

【电网概况】截至2016年年底，国网四川省电力公司拥有500千伏变电站（含开关站）46座，总变电容量7490万千伏安；输电线路166条，线路长度13560.443公里；220千伏变电站221座，变电容量7176万千伏安；输电线路678条，线路长度19308公里；110千伏变电站800座，变电容量6600万千伏安；输电线路1801条，线路长度26348公里。目前，四川电网500千伏电网覆盖全省各市州，多层级电网协调发展的格局基本形成。四川电网已从局部电网跃升为联通西北、华中、华东、华北四大区域电网、特高压交直流混联运行的枢纽电网。

【电网规划】电网规划主要包括两个方面：一是主网规划。精心谋划“十三五”公司发展战略，以国网公司发展战略为指引，统筹组织完成公司发展规划编制，明确“十三五”公司发展指导思想、发展思路和目标，为公司健康发展奠定坚实基础。大力推动特高压电网建设，反复向政府沟通汇报，充分利用全国“两会”等平台宣传发展特高压电网对促进四川清洁能源消纳的重要意义，凝聚社会各界共识，目前雅中特高压直流工程等项目已纳入国家电力发展“十三五”规划。高效推进政企战略合作协议签订，与全省20家地方政府达成一致并顺利签订（拟订）战略合作协议，促进公司电网规划成果落地，为企业争取良好的外部发展环境。积极服务清洁能源健康有序发展，深入研究四川清洁能源尤其是新能源发展状况，做好电网配套工作，引导新能源项目有序开发，通过优化流程，实现电源接入管理水平和服务质量不断提高。全力做好业扩项目接网服务工作，着力构建“一口对外、协同高效、全程管控”的用户接入方案编审精益化管理模式，主动服务重大基础设施建设，及时高效审定成贵铁路、成兰铁路、成都新机场等重点项目系统接入方案。全力推动省内电网“一张网”建设，主动向政府主管部门汇报，争取理解支持，开展公司与地方电网“一张网”整合方案研究，针对地方电网重复建设220千伏电网的情况，专题向国家发改委汇报。

二是配网规划。高质量完成配网规划工作，科学指导公司配电网发展。积极落实国家能源局配电网建设改造行动计划和国家电网公司加快建设现代配电网工作部署，编制《四川省配电网建设改造“十三五”规划》，通过了国家能源局组织的咨询评估。开展“十三五”新一轮农村电网改造升级规划，完成了中心村电网建设改造、井井通电、贫困村村村通动力电实施方案编制工作。在公司与省政府签署《推进四川省小城镇（中心村）电网改造升级和机井通电工程合作协议》的基础上，组织地市公司与各县级人民政府签署相关协议，积极推进相关工程建设进度。认真开展相关课题研究和培训工作，提升配电网规划工作精益化水平。完成国网公司管理咨询项目《基于规划引领的智能配电网发展机制深化运用研究》，顺利通过验收。协调清华大学及相关单位编制完成天府新区能源互联网示范项目申报书，细化项目实施方案。按照国家综合管廊相关政策和要求，研究公司电力管线纳入综合管廊及下地建设的指导意见。组织开展了配电网规划培训工作，宣贯公司配电网规划工作要求。

电 网 建 设

【概况】2016年，公司完成完成电网投资 254.12亿元，在建110千伏及以上项目174个，在建线路5689.40公里、变电容量2868.50万千伏安。其中，续建110千伏及以上项目118个，线路3844公里、变电容量2123万千伏安；新开工110千伏及以上项目56个，线路1845.40公里、变电容量745.50万千伏安。公司全年投产110千伏及以上电网项目48个，投产110千伏及以上线路1145.58公里、变电容量641.35万千伏安。工程建设有力推进，安全质量管控有效加强，标准化建设有效深化，工程造价管理不断精益，工程造价管理不断精益，建设管理水平稳步提升。

【500千伏及以下项目】2016年，主要建成投运了四川大岗山水电站500千伏送出工程、枕头坝一级电站500千伏送出工程、四川九江500千伏输变电工程等3项500千伏输变电工程。

主要投运了成都成黄路220千伏输变电工程、成都青羊220千伏输变电工程、成都北三环至昭觉220千伏线路工程、达州宣汉北220千伏输变电工程等4项220千伏输变电新建工程。

建成投运了成都三圣220千伏变配套110千伏工程、兰渝铁路广元苍溪牵引站110千伏供电工程、兰渝铁路广元羊木牵引站110千伏供电工程、兰渝铁路广元太公牵引站110千伏供电工程、兰渝铁路广元姚渡牵引站110千伏供电工程、南充嘉陵南110千伏输变电新建工程、成都鹃城110千伏输变电工程、巴中南江石板垭110千伏变电站2号主变扩建工程、乐山峨边牵引站改接至黑竹沟110千伏线路工程、德阳旌阳杨嘉110千伏变电站扩建工程、眉山仁寿视高110千伏变电站扩建工程、达州宣汉方斗110千伏变电站扩建、阿坝壤塘蒲西110千伏输变电工程、四川南充西充义兴110千伏输变电工程、巴达铁路巴中兰草牵引站110千伏改接供电工程、巴中通江永安110千伏变电站2#主变扩建工程、攀枝花红格110千伏变电站扩建工程、成都马场110千伏输变电工程、成都大丰110千伏输变电工程、南充北塔110千伏输变电新建工程、宜宾翠屏象鼻110千伏输变电工程、达州宣汉北220千伏变电站110千伏配套工程、成都汉城110千伏输变电新建工程、遂宁安居乌木110千伏输变电工程、雅安宝兴110千伏穆坪变电站重建工程、成都龙桥110千伏输变电新建工程、成都三星110千伏输变电工程、巴中巴州江北110千伏输变电工程、凉山会东红房110千伏变电站扩建工程、遂宁船山遂西110千伏输变电工程、成都青羊220千伏变电站配套110千伏线路工程、成都新都工业区110千伏输变电工程、宜宾南溪220千伏变电站110千伏配套工程、成都华阳二110千伏输变电工程、成都和平路（五桂桥）110千伏输变电工程、成都天府新区创新110千伏输变电工程、成都天府新区香山110千伏输变电工程、成都黄水220千伏变电站配套110千伏接入工程、成都成黄路220千伏输变电配套110千伏送出工程、成都书房村110千伏输变电新建工程、成都双流35千伏变电站升压110千伏工程等41项110千伏输变电工程。

2016年12月2日，宜宾220千伏城南变电站主变增容施工现场 （曹志刚 摄）

【在建项目】2016年，公司在建110千伏及以上输变电工程共187项，线路长度7149.97公里、变电容量3174.30万千伏安。

在建水洛500千伏变电站扩建工程、四川绵阳天明电厂500千伏送出工程、四川蜀州至丹景第三回500千伏线路工程、新都500千伏输变电工程、沐川500千伏开关站扩建工程、沙坪二级电站500千伏送出工程、宣汉500千伏输变电工程、川渝第三通道500千伏工程、黄金坪、长河坝电站500千伏送出工程、巴塘、乡城500千伏扩建工程、猴子岩电站500千伏送出工程、凉山盐源500千伏输变电工程、凉山会东500千伏输变电工程、路平至绵阳500千伏输变电工程、四川江油500千伏输变电工程、四川桃乡500千伏变电站扩建工程、四川阿坝马尔康500千伏输变电工程等17项。

在建220千伏项目为成都后子门220千伏输变电工程、四川成都北府河220千伏输变电工程、成都220千伏大圣一二线增容改造工程、成都北三环220千伏输变电工程、成都十陵220千伏输变电工程、四川成都大源220千伏输变电工程、四川成都东郊220千伏变电站扩建工程、四川成都核桃村220千伏变电站扩建工程、成都太金220千伏双回线路改造工程、成都蓉大 220 千伏双回线路改造工程、成都红砂 220 千伏输变电工程、500 千伏新都变 220 千伏配套工程、成都市黄水 220 千伏输变电工程、成贵铁路四川乐山犍为牵引站 220 千伏外部供电工程、四川乐山犍为 220 千伏变电站扩建工程、四川乐山金仓 220 千伏输变电工程、乐山沐溪 500 千伏变电站扩建 220 千伏配套工程、乐山龚嘴、铜街子 220 千伏线路改接工程、西成客运专线四川广元剑门关牵引站 220 千伏外部供电工程、四川德阳南华π入云绣—丰谷西线 220 千伏线路工程、四川兰渝铁路广元牵引站 220 千伏外部供电工程、雅安黄岗 220 千伏变电站扩建工程、成昆复线四川攀枝花南牵引站 220 千伏外部供电工程、成昆复线四川攀枝花盐边牵引站 220 千伏外部供电工程、成昆复线四川攀枝花米易东牵引站 220 千伏外部供电工程、四川攀枝花回龙沟 220 千伏输变电工程、阿坝黑河塘 220 千伏输变电工程、阿坝汶川 220 千伏开关站扩建工程、阿坝红原 220 千伏输变电工程、绵阳江油 500 千伏变电站 220 千伏送出工程、四川绵阳江油电厂至河西 II 线 220 千伏线路改造工程、西成客运专线绵阳青林口牵引站 220 千伏供电工程、成都秦皇寺 220 千伏输变电工程、成都九江 500 千伏变电站 220 千伏配套工程、达州宣汉 500 千伏变电站 220 千伏配套工程、四川达州大竹 220 千伏输变电工程、凉山会东 500 千伏变电站 220 千伏送出工程、凉山普格至西昌南 220 千伏第二回线路工程、凉山普格至宁南 220 千伏第二回线路工程、凉山昭觉 220 千伏输变电工程、凉山冕宁 220 千伏输变电工程、凉山会东 220 千伏变电站扩建工程、凉山盐源 500 千伏变电站 220 千伏配套工程、凉山盐源大河光伏电站 220 千伏送出工程、泸州纳溪—震东 II 回 220 千伏输变电工程、泸州泰安 220 千伏输变电工程、泸州杨桥 220 千伏变电站增容改造工程、宜宾南溪和平 220 千伏输变电工程、成贵铁路宜宾长宁牵引站 220 千伏供电工程、成贵铁路宜宾东牵引站 220 千伏供电工程、宜宾珙县 220 千伏输变电工程、成贵铁路宜宾屏山牵引站 220 千伏供电工程、宜宾兴文 220 千伏输变电工程、成贵铁路宜宾兴文牵引站 220 千伏供电工程、南充搬罾 220 千伏开关站扩建工程、南充蓬安 220 千伏变电站扩建工程、四川南充南隆 220 千伏输变电工程、西成客运专线广元中子牵引站 220 千伏供电工程、内江-寿溪桥 220 千伏线路工程、四川内江资铁 220 千伏输变电工程、四川广安岳池南 220 千伏输变电工程、广安新桥（金星）220 千伏变电站主变扩建工程、遂宁小于 220 千伏输变电工程、四川资阳广惠—文峰 220 千伏线路工程、自贡琵琶 220 千伏输变电工程、巴中城西 220 千伏输变电工程等 66 项。

2016 年 4 月 6 日，±800 千伏锦苏特高压直流线路抗冰改造工程最难点 67 号铁塔组塔工作全面展开，全面打响锦苏特高压直流线路抗冰改造攻坚战（李云　摄）

在建的 110 千伏项目为营门口 110 千伏输变电工程、成都高新大源 220 千伏变电站配套 110 千伏送出工程、成都十陵 220 千伏变电站 110 千伏配套线路工程、金桥 35 千伏变电站升压 110 千伏输变电工程、成都城厢 110 千伏输变电工程、成都金牛北三环 220 千伏变电站配套 110 千伏送出工程、成都德源 II110 千伏输变电工程、成都武青路 110 千伏输变电新建工程、成都芷泉街 110 千伏输变电工程、成都永宁 110 千伏输变电新建工程、成都沙渠 110 千伏输变电工程、成都金牛天斑 110 千伏输变电工程、成都东华 110 千伏输变电工程、成蒲铁路成都蒲江朝阳湖牵引站牵引站 110 千伏外部供电工程、成蒲铁路成都青羊成都西牵引站 110 千伏外部供电工程、成蒲铁路成都大邑牵引站 110 千伏外部供电工程、成都新津 110 千伏输变电工程、成都毛家湾 220 千伏变电站 110 千伏配套送出工程、成都新津牵引站扩容 110 千伏供电线路工程、成都新园北 110 千伏输变电工程、成昆铁路扩能乐山夹江牵引站 110 千伏供电工程、乐山水口 110 千伏输变电工程、乐山金仓 220 千伏变电站 110 千伏送出工程、乐山沐川 110 千伏变电站增容扩建工程、德阳旌阳德阳 110 千伏变电站增容改造工程、德阳旌阳垃圾发电厂 110 千伏送出工程、德阳秋月 220 千伏变电站配套 110 千伏线路工程、德阳大塘 110 千伏变电站增容改造工程、川藏铁路雅安牵引站 110 千伏外部供电工程、雅安龙苍沟 110 千伏输变电工程、雅安名山永兴 110 千伏输变电工程、雅安石棉姜家沟至下坪 110 千伏线路工程、雅安汉源干溪坝 110 千伏变电站扩建工程、雅安荥经至幸福 110 千伏线路工程、眉山东坡科工园 110 千伏变电站扩建工程、成昆铁路扩能眉山东坡牵引站 110 千伏外部供电工程、眉山洪雅洪川 110 千伏变电站扩建工程、眉山东坡盘鳌垃圾发电厂 110 千伏送出工程、攀枝花回龙沟 220 千伏变电站 110 千伏配套工程、攀枝花大水井 110 千伏输变电工程、攀枝花攀钢电厂 3×100 兆瓦机组关停 110 千伏线路改接工程、阿坝小金 220 千伏变电站 110 千伏送出工程、阿坝松潘城关 110 千伏输变电工程、阿坝汶川白石 110 千伏输变电工程、阿坝九寨沟隆康 110 千伏输变电工程、阿坝中查沟 110 千伏输变电工程、阿坝观音桥 110 千伏输变电工程、绵阳 110 千伏变电站 3 号主变扩建工程、绵阳松仙一线 110 千伏线路改造工程、绵阳仙人桥 110 千伏变电站增容改造工程、绵阳青义 110 千伏输变电工程、成都龙泉驿高桐 110(66)千伏输变电工程、成都天府新区秦皇寺 220 千伏变电站 110(66)千伏送出工程、成都龙泉驿红砂 220 千伏变电站配套 110 千伏送出工程、成都天府新区麓湖 110 千伏输变电工程、达州大竹清溪 110 千伏变电站扩建工程、达州宣汉北至盖家坪 110 千伏线路工程、达州大竹 220 千伏变电站 110 千伏配套工程、达州宣汉东乡 110 千伏变电站扩建工程、达州达县雷音铺 110 千伏输变电工程、凉山石门坎 110 千伏输变电工程、凉山冕宁 220 千伏变电站 110 千伏配套送出工程、凉山越西乃托 110 千伏变电站扩建工程、凉山德昌乐跃 110 千伏输变电工程、凉山木里 110 千伏输变电工程、泸州龙山变电站 110 千伏 2 号主变扩建工程、泸州古蔺二郎 110 千伏输变电工程、泸州泸县城北 110 千伏输变电工程、泸州安富 110 千伏变电站 110 千伏增容改造工程、泸州泰安 220 千伏变电站 110 千伏配套工程、宜宾江安底蓬 110 千伏输变电工程、宜宾南溪裴石 110 千伏变电站扩建工程、宜宾南溪东风 110 千伏变电站扩建工程、宜宾南溪桂溪 110 千伏输变电工程、南充仪陇金城 110 千伏输变电工程、南充阆中河溪 110 千伏输变电工程、南充南部南隆 220 千伏变电站 110 千伏配套工程、南充搬罾 220 千伏开关站扩建 110 千伏配套工程、南充南部白云 110 千伏输变电工程、南充营山三星 110 千伏输变电工程、兰渝铁路南充牵引站 110 千伏供电工程、兰渝铁路南充龙桂牵引站 110 千伏改接供电工程、广元朝天熊家至海螺水泥 110 千伏线路工程、广元昭化卫子 110 千伏变电站扩建工程、内江东兴奥体 110 千伏输变电工程、内江资铁 220 千伏变电站 110 千伏配套工程、内江越溪 110 千伏输变电新建工程、内江碑木西 110 千伏输变电新建工程、广安永兴 110 千伏输变电工程、广安水王家 110 千伏输变电工程、广安邻水石马河 110 千伏变电站扩建工程、遂宁蓬溪任隆 110 千伏变电站扩建工程、遂宁船山城市生活垃圾环保发电项目 110 千伏送出工程、遂宁射洪桃花山 110 千伏输变电工程、资阳简阳牌坊沟 110 千伏输变电工程、资阳安岳岳阳 110 千伏变电站扩建工程、自贡富顺琵琶 220 千伏变电站 110 千伏配套工程、自贡仙市 220 千伏变电站 110 千伏配套工程、自贡向义至新华 110 千伏线路工程、自贡代家坝 110 千伏变电站智能化改造工程、巴中通江周家坝 110 千伏输变电工程、巴中杨家坝 110 千伏变电站扩建工程、甘孜泸定田坝 110 千伏输变电工程、甘孜九龙 110 千伏输变电工程等 104 项。

2016 年 10 月 19 日，±800 千伏酒湖线五次同步停电跨越 330 千伏汉洋线施工，航拍张力场　（席艺文　摄）

【工程达标和创优】2016 年，公司完成 54 项 110

千伏及以上电压等级工程达标投产，其中500千伏变电站工程2项，220千伏变电站工程5项，110千伏变电站工程16项，500千伏线路工程6项，220千伏线路工程7项，110千伏线路工程18项。川藏电力联网工程获国家优质工程金质奖，实现公司工程建设领域国家级奖项新突破，填补公司在国家工程类最高奖项空白。

通过达标投产考核的500千伏项目主要有达州—宣汉500千伏线路工程、成都九江500千伏变电站工程、甘孜溪古500千伏变电站工程、甘孜溪古变至九龙变500千伏输电线路工程、甘孜枕头坝一级电站至深溪沟水电站500千伏线路工程、雅安大岗山水电站至雅安变双回500千伏输电线路工程、成都蜀州变至尖山变Ⅰ Ⅱ回Π接入九江变双回500千伏输电线路工程、达州变至黄岩变Ⅱ回500千伏输电线路工程。

2016年10月31日，川渝电网500千伏第三通道项目开工仪式

（曹志刚　摄）

通过达标投产考核的220千伏项目主要有成黄路220千伏变电站工程、广元朝天220千伏变电站工程、自贡仙市220千伏变电站工程、成都青羊220千伏变电站工程、巴中张公220千伏变电站工程、凉山美姑河改接雷波至坪头220千伏输电线路工程、雅安竹马变至下坪变220千伏输电线路工程、内江凉水井变至内江北牵引站220千伏输电线路工程、内江变至内江北牵引站220千伏输电线路工程、资阳资铁变至陈家湾牵引站220千伏输电线路工程、巴中至复兴Ⅰ、Ⅱ回π入张公变220千伏输电线路工程、攀枝花枣子坪变至银江变220千伏线路工程。

通过达标投产考核的110千伏项目主要有凉山瑶山110千伏变电站工程、甘孜道孚110千伏变电站工程、雅安大川110千伏变电站工程、泸州邻玉110千伏变电站工程、成都羊安II110千伏变电站工程、绵阳园艺Ⅱ110千伏变电站工程、甘孜昌台110千伏变电站工程、凉山海田110千伏变电站工程、泸州关口110千伏变电站工程、眉山桂林110千伏变电站工程、成都万安110千伏变电站工程、凉山尔足变至海田变110千伏输电线路工程、甘孜炉霍变至道孚变110千伏输电线路工程、雅安金花至中里T接大川变、金花至大川110千伏输电线路工程、南充蓬安至龙桂牵引站110千伏输电线路工程、泸州玉关变至关口变110千伏输电线路工程、南充潆溪变至龙桂牵引站110千伏输电线路工程、南充春晖变至南部牵引站110千伏输电线路工程、巴中巴达铁路兰草牵引站至兴文变110千伏输电线路工程、南充果州变至李渡牵引站110千伏输电线路工程、广元岳东变至苍溪牵引站110千伏输电线路工程、成都羊安Ⅱ变至邓双变110千伏输电线路工程、成都羊安Ⅱ变至何店变110千伏输电线路工程、巴中信义变至笔山变π入张公变110千伏输电线路工程、广元苍溪变至太公牵引站110千伏输电线路工程、成都金堂三星110千伏变电站工程、南充嘉陵南110千伏变电站工程、阿坝蒲西110千伏变电站工程、雅安城厢110千伏变电站工程、广元赤化变至太公牵引站110千伏线路工程、广元朝天变至姚渡牵引站110千伏线路工程、广元三堆变至沐浴北变T接至姚渡牵引站110千伏线路工程、成都三星110千伏变电站工程。

重点工程

【达州宣汉 500 千伏输变电工程】变电站正“四通一平”，站内土建完成 55%；线路基础浇筑 193 基(共 193 基，占比 100%)，完成组塔 192 基(共 193 基，占比 99.48%）。放线已完成 55.101 公里，占比 63.20%。

【猴子岩电站 500 千伏送出工程】猴子岩-康定 500 千伏线路工程基础浇制浇筑 115 基,占总量的 98%，立塔 108 基，占总量的 92.3%，架设 6.8 公里，占总量的 11.2%；丹巴—康定 500 千伏双回线路π接进猴子岩电站线路工程已于2016年10月带电运行。

【沙坪二级电站 500 千伏送出工程】基础浇筑 129 基，总量的 100%；铁塔组立已完成 105 基，占总量的 81.4%；完成了 3 个区段（沙坪 MJ-N105、N119-N128、N176-N206)的架线施工(共 12.4 公里)。

【路平—富乐 500 千伏输变电工程】基础开挖完成 189 基（总共 201 基，占 94.3%），基础浇制完成 187 基（总共 201 基，占 93.03%），杆塔组立完成 86 基（总共 201 基，占 42.79%）。

【盐源 500 千伏输变电工程】盐源 500 千伏变电站土建总进度已完成 55% 。盐源—水洛 500 千伏线路工程,基础开挖 5%；二滩～普提 I 回线π入盐源变 500 千伏线路工程开挖 49 基占总数 32.2%，浇筑完成 44 基占总数 28.9%。

【会东 500 千伏输变电工程】会东 500 千伏变电站三通一平施工总体形象进度完成 80%；甘泉—会东 500 千伏线路工程基础开挖完成 217 基 80.67%，基础浇筑已完成 213 基占总量的 79.29%。

【龙泉（桃乡）500 千伏变电 3 号主变扩建工程】土建工程完成了 50%。

【江油 500 千伏输变电工程】变电站“三通一平”施工。南坝—富乐、广元改接入江油变；富乐—广元双回π入江油变 500 千伏线路工程基础开挖完成 7 基(总共 9 基，占 77.78%)，基础浇制完成 5 基(总共 9 基，占 55.56%)

【乡城、巴塘扩建工程】巴塘 500 千伏变电站升压扩建工程已完成 500 千伏 GIS 厂房基础、主变组装厂房基础、500 千伏构架基础、主变基础底层施工，完成土建工程量的 30%；乡城 500 千伏变电站升压扩建工程及塘乡 500 千伏线路改接工程由于工程量较小，且后续电气安装及线路改接需配合 2017 年 11 月川藏联网停电解网进行，故 2016 年暂未进场施工。计划 2017 年 3 月进场开展变电土建及线路基础施工工作。

【川渝第三通道 500 千伏工程（四川段）】基础开挖完成 247 基（总共 248 基，占 99.6%），基础浇制完成 247 基（总共 248 基，占 99.6%），组塔完成 49 基（总共 248 基，占 19.8%）。

【马尔康 500 千伏输变电工程】变电站正在开展征地工作。线路工程已完成线路复测。

电网调度与通信

责任编辑：何　飞

调度机构

【调度机构】四川电力调度控制系统包括四川电力系统内各级调度控制机构和发电厂、变电站、梯级电站集控中心等的运行值班单位。四川电力系统设置三级调度控制机构，即：省级电力调度控制机构（以下简称省调）；省辖市级电力调度控制机构（以下简称地调）；县级电力调度控制机构，以下简称县调。

【省电力调度控制中心】四川电力调度控制中心主要负责四川电网调度运行、变电设备运行集中监控、系统运行、调度计划、继电保护、自动化、水电及新能源等各专业管理职责；调度管辖省域内500千伏电网和220千伏主网，直调所辖电厂；承担省域内±660千伏及以下直流站和500千伏交流变电站变电设备运行集中监控、输变电设备状态在线监测与分析业务。内设8个处，分别为调度控制处、调度计划处、系统运行处、继电保护处、自动化处、综合技术处、水电及新能源处、设备监控管理处。截至2016年年底，中心正式员工84人。

【省调的职责和权限】1. 接受国调、区域分中心（简称西南分中心）的调度管理，接受国调、区域分中心（西南分中心）授权或委托的与电力调度相关的工作。2. 负责省电网的安全、优质、经济运行，划分省电网调度管辖范围，对所辖电网及并网电厂实施统一调度管理。3. 负责电网内调度控制运行、调度计划、运行方式、继电保护、调度自动化、水库及新能源调度等专业管理，制定电力系统电力调度、设备监控方面的标准、规程、制度和办法，负责所辖电网二次设备技术监督。4. 负责指挥调度及监控范围内设备的运行、操作及电网的事故处理，参与电网事故调查分析；负责指挥电网调频、调峰及调压工作，负责指挥网间联络线潮流的调度控制。5. 负责组织制定和执行所辖电力系统的运行方式。执行上级调度控制机构下达或批准的网间联络线运行方式。6. 负责所辖电网电力电量平衡、临时交易和检修平衡，负责制定和执行所辖电力系统调度计划。7. 参与所辖电网规划、设计、建设、工程项目审查及设备选型工作。8. 受理并批复新建或改建管辖设备投入运行申请，制定新设备启动调试调度方案并组织实施。9. 参与签订发电厂、地方电网的并网协议和购售电合同，负责签订调度管辖范围内的发电厂、地方电网、用户的并网调度协议。10. 会同有关部门编制《四川电网有序用电预案》《四川电网紧急拉闸限电序位表》，报政府批准后执行。11. 负责所辖水电厂水库发电调度工作，制定水库调度方案。参与主要水电厂发电与防洪、航运和供水等方面的协调工作。12. 负责组织制定全网继电保护及安全自动装置配置的技术方案和调度管辖范围内的整定方案，并督促实施，负责继电保护专业归口管理，负责继电保护专业技术监督，负责继电保护二次设备的大修、技改项目的审查。13. 负责所辖电力系统的安全稳定运行管理。14. 参与制定自动化系统的规划，负责电力二次系统安全防护。15. 负责公司电力调度控制技术装备的运行和管理。16. 负责对本级监控范围内电网运行设备的集中监控。17. 负责四川电力系统调度控制业务中涉及电网通信通道业务的评价。18. 配合电力通信管理部门对四川电力系统的电网调度通信业务的日常运维、事故处理、调查分析。

【省调调度管辖设备范围】1. 四川电网除国调、国调西南分中心管辖外的500千伏系统（含500千伏站内无功补偿设备）。2. 四川电力系统内220千伏主网架和地区电力系统间220千伏联络线。3. 四川电力系统内装机容量10兆瓦及以上的发电厂及其送出系统。4. 国调、国调西南分中心委托调度管辖的设备。

【省调监控设备范围】1. 四川电网500千伏变电站设备（消防、安防、视频系统除外）。2. 四川电网500千伏输电设备。

【地区电力调度控制中心】四川电网设有22个地调，分别是：成都地调、天府地调、德阳地调、绵阳地调、广元地调、资阳地调、内江地调、自贡地调、宜宾地调、泸州地调、乐山地调、眉山地调、达川地调、南充地调、巴中地调、攀枝花地调、广安地调、遂宁地调、阿坝地调、雅安地调、甘孜地调。

【地调的职责和权限】1. 接受省调的调度管理，接受省调授权或委托的与电力调度相关的工作。2. 负责所辖电网的安全、优质、经济运行，负责调度控制管辖范围内设备的运行、监控、操作及电网的事故处理。3. 负责所辖电力系统调度控制、设备监控、调度计划、继电保护、调度自动化、水电及新能源等专业管理和技术监督。4. 负责编制和执行所辖电网的运行方式，执行省调下达的运行方式。5. 负责编制并执行所辖电网调度计划。6. 会同有关部门编制本地区电网有序用电预案和本地区电网紧急拉闸限电序位表，报政府批准后执行。7. 负责组织制定和执行所辖电力系统的继电保护方案。8. 受理并批复新建或改建管辖设备投入运行申请，制定新设备启动调试调度方案并组织实施。9. 参与所辖电网发展规划、设计、有关工程项目的审查和设备选型。10. 负责所辖电力系统的安全稳定运行管理。11. 负责所辖水电厂水库发电调度工作，制定水库调度方案。参与主要水电厂发电与防洪、航运和供水等方面的协调工作。12. 负责所辖调度控制自动化设备的运行管理。13. 负责签订所辖发电厂并网调度协议。14. 负责对本级监控范围内电网运行设备的集中监控。15. 负责四川电力系统调度控制业务中涉及电网通信通道业务的评价。16. 配合电力通信管理部门对四川电力系统的电网调度通信业务的日常运维、事故处理、调查分析。

【地调调度管辖设备范围】1. 本地区除省调调度管辖外的220千伏系统。2. 本地区110千伏及以下系统。3. 本地区装机容量10兆瓦以下发电厂及其送出系统。4. 本地区与其它地区间的110千伏联络线（由相关地调协商调度）。5. 省调委托调度管辖的设备。

【地调监控设备范围】1. 本地区220千伏、110千伏变电站设备。2. 本地区220千伏、110千伏输电设备。

调 度 管 理

【电网安全经济运行】2016年，四川电网电力生产安全平稳，在省内用电增速放缓的背景下，电力供需总体呈现“丰余枯足”的特点。丰、平水期受近年水电装机快速增长、外送通道没有增加等多重影响，水电消纳矛盾大，富余电量达到前所未有的水平。枯水期省内电力供应总体充裕，其中1—4月受省内发电能力增强、用电需求低速增长等因素影响，水库水位消落困难；11—12月受省内煤矿减产、省外铁路运力紧张等因素影响，电煤供应偏紧、库存不足，按省政府专题会议要求，增加购入西北电网电量，满足用电需求。

2016 年，四川电网电力供需总体平衡，未发生拉闸限电，电力供需“丰余枯足”的特征进一步加强，电力供大于求矛盾突出，火电发电利用小时数大幅下降，水电弃水电量逐年增加。全年用电量较去年有所增长。主要原因是夏季气温炎热，高温时间长，空调负荷持续时间长，尖峰负荷持续时间增加，最大夏季降温负荷为 1113 万千瓦，同比增加 388 万千瓦，降温电量 50.86 亿千瓦时，同比增加 23.65 亿千瓦时，8 月份当月调度口径发受电电量增幅达到 18.9%。下半年大工业用电量同比由负转正，尤其是四季度大工业用电同比增幅较大，10 月、11 月和 12 月大工业用电量同比增幅分别达到 6.1%、7.7%和 12.1%。电力供应总体充足。有三个方面原因，一是电源装机持续增长，2016 年新增装机 416.6 万千瓦；二是电煤供应总体较好，2016 年四川电网电煤供应平稳，未发生缺煤停机。下半年，受省内电煤减产、铁路运力紧张、电煤价格飞涨等因素影响，电煤供应偏紧，火电厂未完成丰存枯用目标，12 月，增购西北电量弥补电煤库存不足；三是水电来水较好，2016 年全网来水比上年同期基本持平，来水较多年平均水平略偏枯。

枯水期 1—4 月，由于电力需求低迷，而电源发电能力大幅增加，电力供应十分充裕，为保证水电等清洁能源消纳，火电机组有序安排停机备用，开机容量小，历年火电发电需求最大的 1 月和 3 月燃煤机组平均开机容量仅 480 万千瓦，约占燃煤机组总容量的 40%，负荷率仅达到 64%，处于最小技术出力边缘，火电发电空间大幅压缩。1—4 月购入西北（风电）30 万千瓦电力。11—12 月电煤供应偏紧、库存不足，增加购西北电力满足用电需求，12 月份最大购入电力达到 200 万千瓦，最大日购入电量 0.33 亿千瓦时。

丰水期，水电发电能力大增，而用电负荷较低，电力供需形势十分宽松。为尽量消纳水电，外送通道按最大能力送出，火电按最小开机方式运行，但仍未能全额消纳水电电量。从 5 月初开始发生调峰弃水电量，受来水波动影响 6、8 两个月弃水较少，9—10 月份用电负荷持续低迷，调峰弃水电量大幅增加，10 月底结束大规模弃水，丰水期调峰弃水总量达 141.4 亿千瓦时，同比增加 38%。通过优化水库运行方式、平水期增加外送、科学安排火电开机、调度台日内增量水电外送最大化利用通道等措施，增加水电消纳 55 亿千瓦时。

迎峰度夏期间，8 月上旬之前，用电负荷较低，电力供应形势偏宽松。8 月中下旬，全省范围遭遇历史罕见的连续高温少雨天气，发、用电负荷节节攀升，并屡创历史新高，同比大幅增长，电力供应偏紧，水电弃水减少。25 日用电负荷达到最大值，26 日起盆地气温明显下降，用电负荷骤降，至 31 日调度口径最大发受电仅 2198 万千瓦，较 25 日最大负荷累计下降 1321 万千瓦。

2016 年，四川电网继续开展节能发电调度试点工作，并严格执行省政府年度发电计划，全力保障风电、水电及其它可再生能源发电优先上网。全年普通燃煤机组平均发电利用小时为 1892 小时，四川电网按节能发电调度政策优先调用大容量高效率机组，60 万千瓦机组平均发电利用小时为 2253 小时，30 万千瓦机组平均发电利用小时为 1755 小时，20 万千瓦及以下机组平均发电利用小时为 631 小时。火电机组平均供电标煤耗 322.87 克/千瓦时，较传统调度方式降低 3.21 克/千瓦时，相当于节约标煤 6.75 万吨，减排二氧化碳 17.5 万吨，减排二氧化硫 0.19 万吨。四川电网继续实施替代发电，丰水期（5-10 月）实施水火替代发电共计 67.6 亿千瓦时（其中公用火电 51.6 亿，自备火电 16.0 亿千瓦时），增加了水电消纳，按平均煤耗 320 克/千瓦时测算，相当于节约标煤 216.3 万吨，减排二氧化碳 562.2 万吨，二氧化硫 6.23 万吨。枯水期实施水火替代发电共计 23.3 亿千瓦时，增加了水电消纳，按平均煤耗 320 克/千瓦时测算，相当于节约标煤 74.6 万吨，减排二氧化碳 193.8 万吨，二氧化硫 2.15 万吨。2016 年，四川电网通过开展节能发电调度工作，合计节约标煤 298 万吨，减排二氧化碳 774 万吨，二氧化硫 8.5 万吨。另外，通过清洁水电外送，四川电网为受端省份减少了 1287 亿千瓦时火电电量，按平均煤耗 320 克/千瓦时测算，相当于为全社会节约标煤 4100 万吨，减排二氧化碳 10700 万吨，二氧化硫 119 万吨。

【电源情况】截至 2016 年 12 月 31 日，四川电网全社会口径装机容量 9108.2 万千瓦，其中水电 7245.5 万千瓦，火电 1642.1 万千瓦，风电 124.7 万千瓦，光伏 95.9 万千瓦。

截至 2016 年 12 月 31 日，四川电网调度口径装机容量 8553.9 万千瓦（国调 2310 万千瓦，西南分中心 330 万千瓦，省调 5246.8 万千瓦，地县调 667.1 万千瓦）。发电厂共 2811 座（国调 6 座，西南分中心 1 座，省调 337 座，地县调 2467 座），机组共 6251 台（国调 35 台，西南分中心 6 台，省调 816 台，地县调 5394 台）。其中，水电装机共 6972 万千瓦（国调 2310 万千瓦，西南分中心 330 万千瓦，省调 3699.0 万千瓦，地县调 633.0 万千瓦），占总容量的 81.5%，机组 6093 台（国调 35 台，西南分中心 6 台，省调 710 台，地县调 5342 台）；火电装机 1362.2 万千瓦（省调 1333.5 万千瓦，地县调 28.7 万千瓦），占 15.9%，机组 113 台（省调 68 台，地县调 45 台）；风电场 14 座，装机 124.7 万千瓦，占 1.5%，均为省调调度；光伏电站 31 座（省调 24 座，地调 7 座），装机 95 万千瓦（省调 89.6 万千瓦，地调 5.4 万千瓦），占 1.1%；自备电厂 5 座，装机 98.9 万千瓦，未纳入规模统计。

直接接入 220 千伏及以上电压等级的国调、西南分中心和省调发电机组 477 台，总容量 7273.2 万千瓦，其中火电装机 1262 万千瓦，水电装机 5875.4 万千瓦，风电装机 105.9 万千瓦，光伏装机 29.9 万千瓦。单机 60 万千瓦以上机组 57 台，容量 3655 万千瓦（国调 35 台、容量 2310 万千瓦，省调 22 台、容量 1345 万千瓦）。

2016 年年末四川电网调度口径装机容量合计表

表 3　　　　单位：台/座、兆瓦

	总容量		火电		水电		风电		光伏	
	台数	容量	台数	容量	台数	容量	座数	容量	座数	容量
直调	816	52468.8	68	13335.2	710	36990.1	14	1247.0	24	896.5
成都地调	918	736.8	1	6.0	917	730.8	0	0	0	0
乐山地调	18	3.2	0	0	18	3.2	0	0	0	0
德阳地调	260	670.8	9	45.0	251	625.8	0	0	0	0
雅安地调	164	84.8	0	0	164	84.8	0	0	0	0
眉山地调	1313	1814.5	0	0	1313	1814.5	0	0	0	0
攀枝花地调	151	59.6	0	0	151	59.6	0	0	0	0
阿坝地调	214	375.8	15	133.5	196	232.4	0	0	3	9.9

续表 3

	总容量		火电		水电		风电		光伏	
	台数	容量	台数	容量	台数	容量	座数	容量	座数	容量
绵阳地调	182	455.8	0	0	182	455.8	0	0	0	0
达州地调	183	201.5	4	2.0	179	199.5	0	0	0	0
凉山地调	4	40.4	0	0	4	40.4	0	0	0	0
泸州地调	935	1110.2	1	4.5	932	1065.7	0	0	2	40
宜宾地调	330	134.7	0	0	330	134.7	0	0	0	0
南充地调	4	0.6	0	0	4	0.6	0	0	0	0
广元地调	9	21.0	0	0	9	21.0	0	0	0	0
内江地调	153	126.3	1	6.0	151	118.2	0	0	1	2.1
广安地调	26	61.4	2	12.0	24	49.4	0	0	0	0
遂宁地调	100	79.9	9	60	91	19.9	0	0	0	0
资阳地调	25	105.1	1	12.0	24	93.1	0	0	0	0
自贡地调	25	28.3	0	0	25	28.3	0	0	0	0
巴中地调	7	30.8	0	0	7	30.8	0	0	0	0
甘孜地调	132	76.9	2	6.0	129	68.5	0	0	1	2.4
总计	241	453.1	0	0	241	453.1	0	0	0	0
	总容量		1000/750 千伏		500 千伏		220 千伏		110 千伏	
	台数	容量	台数	容量	台数	容量	台数	容量	台数	容量
直调	816	52468.8	0	0	64	19283.4	372	27050.8	380	6134.6
成都地调	918	736.8	0	0	0	0	0	0	918	736.8
乐山地调	18	3.2	0	0	0	0	0	0	18	3.2
德阳地调	260	670.8	0	0	0	0	0	0	260	670.8
雅安地调	164	84.8	0	0	0	0	0	0	164	84.8
眉山地调	1313	1814.5	0	0	0	0	0	0	1313	1814.5
攀枝花地调	151	59.6	0	0	0	0	0	0	151	59.6
阿坝地调	214	375.8	0	0	0	0	0	0	214	375.8
绵阳地调	182	455.8	0	0	0	0	0	0	182	455.8
达州地调	183	201.5	0	0	0	0	0	0	183	201.5
凉山地调	4	40.4	0	0	0	0	0	0	4	40.4
泸州地调	935	1110.2	0	0	0	0	0	0	935	1110.2
宜宾地调	330	134.7	0	0	0	0	0	0	330	134.7
南充地调	4	0.6	0	0	0	0	0	0	4	0.6
广元地调	9	21.0	0	0	0	0	0	0	9	21.0

续表 3

	总容量		1000/750 千伏		500 千伏		220 千伏		110 千伏	
	台数	容量	台数	容量	台数	容量	台数	容量	台数	容量
内江地调	153	126.3	0	0	0	0	0	0	153	126.3
广安地调	26	61.4	0	0	0	0	0	0	26	61.4
遂宁地调	100	79.9	0	0	0	0	0	0	100	79.9
资阳地调	25	105.1	0	0	0	0	0	0	25	105.1
自贡地调	25	28.3	0	0	0	0	0	0	25	28.3
巴中地调	7	30.8	0	0	0	0	0	0	7	30.8
甘孜地调	132	76.9	0	0	0	0	0	0	132	76.9
总计	241	453.1	0	0	0	0	0	0	241	453.1

备注：1、省调直调自备电厂 5 座，机组 18 台，共 989 兆瓦，未纳入上述统计；
2、国调、西南分调机组 41 台，共 26400 兆瓦，未纳入上述统计；

【统调统分电力】2016 年，四川电网统调口径累计上网电量 1454.6 亿千瓦时，同比增长 1.87%。其中：水电 1185.2 亿千瓦时，同比增长 6.36%；火电 239.0 亿千瓦时，同比下降 20.7%，风电 20.9 亿千瓦时，同比增长 109%；光伏 9.6 亿千瓦时，同比增长 339%。统调口径累计网供电量 1533.2 亿千瓦时，同比增加 4.0%。

1. 发电可调容量

调度口径最大发电出力 6056 万千瓦，同比增加 525 万千瓦，增幅 9.5%，发生在 8 月 24 日，日最大发电量 13.12 亿千瓦时，同比增加 1.03 亿千瓦时，增幅 8.5%，发生在 8 月 23 日；省调机组日最大发电出力 3536 万千瓦，同比增加 457 万千瓦，增幅 14.8%，日最大上网电量 7.13 亿千瓦时，同比增加 1.02 亿千瓦时，增幅 16.8%，均发生在 8 月 25 日。

2. 发电设备利用小时数

2016 年四川电网全口径机组平均发电利用小时数为 3810 小时，同比减少 125 小时，其中水电机组为 4246 小时，同比减少 12 小时；火电机组为 2133 小时，同比减少 555 小时；风电为 2247 小时，同比减少 205 小时；光伏为 1476 小时，同比减少 52 小时。

2016 年国调机组平均发电利用小时数为 5123 小时，同比增加 289 小时（全部为水电），西南网调机组平均发电利用小时数为 4718 小时，同比增加 611 小时（全部为水电），省调机组平均发电利用小时数为 2971 小时，同比减少 418 小时。其中：水电为 3408 小时，同比减少 346 小时；火电为 1947 小时，同比减少 552 小时；风电为 2247 小时，同比减少 205 小时；光伏为 1436 小时，同比减少 95 小时。

【电网负荷】2016 年四川电网用电电力、电量均创历史新高。2016 年四川电网调度口径最大发受电电力 3518.9 万千瓦，同比增加 464.1 万千瓦，增幅 15.2%，发生在 8 月 25 日，日最大发受电电量 7.29 亿千瓦时，同比增加 1.09 亿千瓦时，增幅 17.6%，发生在 8 月 24 日。统调口径日最高网供用电负荷 3283.6 万千瓦，同比增加 457.2 万千瓦，增幅 16.2%，发生在 8 月 25 日，日最大网供用电量 6.46 亿千瓦时，同比增加 0.98 亿千瓦时，增幅 17.8%，发生在 8 月 24 日；全网空调负荷启动约 1113 万千瓦。调度口径最大发电峰谷差 1560 万千瓦，同比增加 58 万千瓦，增幅 3.9%，发生在 8 月 24 日；调度口径最大用电峰谷差 1268 万千瓦，同比增加 163 万千瓦，增幅 14.8%，发生在 8 月 24 日。

【电网频率】一、频率质量情况。2016年四川电网频率质量继续保持高水平，全网无50±0.2赫兹越限情况，频率合格率为100%，全网50±0.1Hz累计频率越限时间0秒，合格率为100%，其中四川累计责任频率越限时间0秒，与2015年情况相同，合格率为100%。2016年电网最高频率50.08赫兹，发生在11月11日11:54；最低频率49.92赫兹，发生在7月11日12:12。

二、提高电网频率质量采取的措施。频率合格率的保证，主要取决于有功功率的平衡，与用电负荷水平、发电备用容量、机组一次调频、AGC 调整能力因素密切相关。为进一步提高电网频率质量，采取的主要措施如下：1. 严格执行电网运行控制措施，留足稳定裕度和功率备用，制定可能造成频率异常的区内、区外设备故障处置预案，提高四川电网对区内、区外故障抵御能力，减轻对频率的影响程度。2.加强负荷预测、电力电量平衡校核等技术支持手段的应用，提早预测负荷趋势，提前调整开机规模，增加系统运行备用容量；充分利用网间电力通道的输送能力，开展网间电力电量支援和交易，进一步提高省内电力电量平衡水平。3.加强监控和人工干预。通过监视D5000系统、大屏的频率和联络线CPS数值，并充分利用AGC、声光报警系统等技术手段，对频率、联络线功率进行实时监控；根据当前负荷变化特点，提前预判，进行人工干预，保证AGC可调备用容量。4.加强AGC管理，充分利用水库电厂受来水影响相对较小，机组调节能力变化不大的特点，集中督促好二滩、瀑布沟、紫坪铺、亭子口、宝珠寺等水库电厂的AGC运行管理，提高电网频率调节性能。5.加强直流配套安控及其通信通道的运行维护，确保直流闭锁等严重故障时，安控系统正确动作切机，维持事故后电力系统的有功功率平衡。

【无功补偿】2016年四川500千伏-220千伏主网电压监测考核点的电压合格率为100%，同业对标排名第一。

2016年四川电网500千伏最高电压为542.4千伏，4月16日发生在卡基娃电厂，因月城-木里-乡城水电通道长，线路充电无功大导致卡基娃母线运行电压偏高；500千伏最低电压为518.1千伏，7月11日发生在巴中站，受巴中站主变额定电压限制，亭子口电厂需进相运行维持该母线电压靠下限运行。

2016年四川电网220千伏最高电压为238.9千伏，1月28日发生在新棉站，因新棉站处于长线路串供末端，负荷较轻时段，运行电压偏高。220千伏最低电压为219.2千伏，8月8日发生在甘孜站，因甘孜站需长期投入较多电抗器补偿线路充电无功，导致母线运行电压较低。

【电厂信息接入】截至2015年12月，共接入厂站651个，其中500千伏变电站46座；220千伏变电站268座；500千伏电厂20座；220千伏电厂147座，110千伏电厂145座；35千伏厂25座。2016年RTU装置退役4套；监控系统新建及改造80套；PMU装置新建9套；电能量远方终端新建设备21套。

2016年，继续推进并网发电机组AGC接入试验，大幅地提升了AGC调节容量。截止2016年底，新增AGC投运机组1145兆瓦，其中水电1145兆瓦，新接入水电站7座。具体见下表：

2016年电厂AGC新接入统计表

表4

序号	水电厂	容量/兆瓦
1	飞仙关	50×2
2	古学	45×2
3	宝兴	65×3
4	小关子	40×4
5	小天都	80×3
6	金银台	40×3
7	硗碛	80×3
总计/MW	1145	

完成备调系统AGC运维工作，包括飞仙关、古学、宝兴、小关子、小天都、金银台、硗碛等电厂接入备调AGC控制，总调节容量为1145兆瓦，为四川电网2016年主、备调系统切换演练工作的顺利完成提供了坚强的技术保障。

【电网技术装备】2016年重点开展了省调智能电网调度控制系统功能完善、调度数据网络老旧设备改造、成都等5个地区智能电网调度控制系统建设、16家配电网调度控制系统建设、OMS与PMS互联互通、变电站调控数据交互规范改造、继电保护远方操作试点等工作，截至2016年12月，16家地市单位配电网调度控制系统全面上线应用，OMS与PMS互联互通工作有序推进，电网二次技术装备功能不断完善、各项指标稳步提升。

【川电外送和外购电量】2016年，四川外购电量为213.1亿千瓦时，同比增加57.6%。其中：购西北（德宝直流）17.3亿千瓦时，同比增加68%。四川全口径的外送电量1287.0亿千瓦时，同比增加4.9%。其中：公司外送264.4亿千瓦时，同比增加24.3%。

2016年外购外送电量构成表

表5 **单位：亿千瓦时**

序号	项目	2016年	2015年	同比	同比
1	购西北（德宝）	17.25	10.25	7.01	68%
2	购华中	0.00	0.00	0.00	-
3	购重庆（偏差）	0.17	0.03	0.14	557%
4	购甘肃	0.66	0.64	0.01	2.2%
5	购锦官(不含留川转送)	136.50	64.77	71.73	111%
6	购向家坝	39.93	38.46	1.47	3.8%
7	购溪洛渡	18.62	21.13	-2.51	-11.9%
一	公司净外购	213.13	135.28	77.86	57.6%
1	购锦屏（留川转送）	0.00	66.34	-66.34	-100%
二	公司外购合计	213.13	201.62	11.52	5.71%
1	川电东送	16.43	16.49	-0.06	-0.33%
2	送华东（复奉）	31.97	25.03	6.95	28%
3	送华东（锦苏）	82.42	21.39	61.02	285%
4	送华东（宾金）	59.64	58.88	0.77	1.3%
5	送华东（德宝）	1.08	0.00	0.00	-
6	送华北	28.32	0.00	28.32	-
7	送西北	15.45	76.14	-60.69	-79.7%
8	送华中（川渝）	19.05	5.38	13.68	254%
9	送重庆（计划不含偏差）	9.00	9.00	0.00	0.00%
10	送重庆（计划外含偏差）	1.04	0.44	0.00	-
三	公司净外送	264.42	212.74	51.68	24.3%
1	送华东（留川转送）	0.00	52.24	-52.24	-100%
2	送重庆（留川转送）	0.00	0.00	0.00	-
3	送华中（留川转送）	0.00	8.58	-8.58	-100%
4	送华北（留川转送）	0.00	1.17	-1.17	-100%
四	公司外送合计	264.42	274.73	-10.31	-3.75%
1	二滩送重庆	45.12	35.97	9.15	25.44%
2	锦屏外送	394.87	381.10	13.78	3.61%
3	向家坝外送	289.65	266.48	23.17	8.69%
4	溪洛渡外送	292.93	268.07	24.86	9.27%
五	全口径外送	1286.99	1226.34	60.64	4.94%

【继电保护管理】2016年，继电保护及安全自动装置作为电网安全防线对电网的安全稳定运行起到了显著作用。全网220千伏及以上系统保护装置共动作2273次，正确动作2273次，不正确动作0次，正确动作率为100%；220千伏及以上系统共发生故障312次，快速保护动作切除故障312次，快速切除率为100%。故障录波完好率为100%。没有因为继电保护原因造成电网稳定破坏或大面积停电事故，为电网安全稳

定运行和设备安全作出了贡献。2016年9月26日19时37分，同塔双回的500千伏九石一、二线发生极为罕见的AC相间跨线故障，由于采用了自适应重合闸技术，两条线路快速跳闸切除故障并重合成功，保证了重要水电送出通道网架结构的完整。

四川省调积极推动继电保护设备技改、大修等项目的落实，全网继电保护装备水平得到明显提升。截至2016年年底，全网（不含电厂及用户）220千伏及以上线路保护光纤化率达到94.86%，保护装置国产化率为99.28%，微机化率为100%，220千伏及以上线路保护、母线保护、变压器保护等双重化率均为100%。

2016年四川省调共下达定值启用通知单182张，整定并下达定值单746套，按期完成各项基建投运、继电保护技术改造等保护定值整定任务，确保未发生误整定事故。完成《四川电力系统2016年继电保护和安全自动装置整定运行方案》的编制、审核和印发工作。5-6月，开展并完成了全网继电保护定值核对工作，确保了电网迎峰度夏前的保护定值四统一。

2016年四川省调强化继电保护现场风险管控，提升现场作业安全水平。制定了《四川电网继电保护和安全自动装置现场高风险作业预警管控工作规定（试行）》，将继电保护现场高风险作业按照“月计划、周安排、日管控”的工作机制进行预警发布，防范现场作业“三误”事件发生，降低电网安全风险。制定了《四川电力系统继电保护及安全自动装置巡视检查标准化作业指导书》，建立了每年滚动修编的常态化机制，统一规范全网专业巡视、专项核查、精益化检查工作标准，进一步强化和规范了全网继电保护设备不停电巡视工作。建立了电网安控系统（装置）和安控通道的年度专项运维保障机制，以及安控通道配置图年度更新发布、重要安控现场作业指导书审查、安控年度检验计划编制审查的常态化工作机制，使安控系统（装置）的现场运维工作得以进一步加强。

2016年四川省调持续开展隐患排查治理，提升电网抗风性能力。排查治理国调中心通报的家族性缺陷3起，涉及缺陷设备共537台，在2016年内完成全部整改。上报国调中心疑似家族性缺陷1起。发现直流控保厂家缺陷2起，将整改方案报国调中心，国调予以采纳并组织网内全面排查整改。按照国调中心统一部署，组织开展了网内后备保护配合情况的专项核查，优化线路后备保护整定原则，满足后备保护间的配合要求。

2016年四川省调深入开展继电保护精益化评价工作，提升继电保护专业管理水平。已经全面完成了27座500千伏变电站和134座220千伏变电站的自评价工作，发现问题44202条，平均每站275条，所有问题均制定整改计划。11月底，迎接了国网公司专家对500千伏彭祖站、500千伏乡城站、220千伏普格站的精益化复查抽检。12月，各供电公司开展相互的继电保护精益化评价现场检查。为更好的推进继电保护精益化评价工作，省调组织编制了《四川电力系统继电保护及安全自动装置巡视检查标准化作业指导书（试行）》，对评价工作进行了规范，继电保护精益化评价各项要求逐渐融入继电保护各项日常工作之中。

2016年四川省调积极开展继电保护远方操作试点，提高继电保护操作效率。选取18座变电站开展继电保护远方操作，大大提升了重合闸投退、定值更改等工作的效率，组织编制《四川电网继电保护远方操作技术实施规范（试行）》以及《四川电网继电保护远方操作运行管理规定（试行）》。

2016年四川省调主动承担国调中心重点任务，积极参与国调中心就地化即插即用线路保护装置试点，完成了在220千伏新雅一线两侧的500kV新都桥站和220千伏雅江站现场的安装试运行工作。牵头完成了行业标准《3—110千伏继电保护整定计算规程》的修编工作。同时，完成《四川电网继电保护及安全自动装置运行管理规定（2016版）》、《四川电网智能变电站继电保护和安全自动装置运行管理规定》等规定编制修编工作，标准建设工作成效显著。

2016年四川省调还组织两期培训班，并会同运检部分7个片区对二次班组运维人员开展智能站相关技能知识培训和典型案例、规程规范宣贯，实现2016年培训全员覆盖。继电保护、系统运行、自动化专业于4月组织“2016年四川电网并网电厂、高压用户电网技术培训班”，参培人员达80余人。

【水库调度及新能源管理】一是水电装机。截至2016年12月31日，省调直调水电装机3699.01万千瓦，占省调直调装机容量的68.4%，共263座。主要情况如下：

按调节性能统计，年及多年调节水电站共13座，装机容量332.44万千瓦，占比9%；季调节水电站共15座，装机容量768.20万千瓦，占比21%；径流式（含日周调节）水电站共235座，装机容量2598.37万千瓦，占比70%。

按流域统计，大渡河流域（含青衣江）装机2050.68万千瓦，电站数97座，是目前省调直调装机比重最大的流域；金沙江流域装机188.75万千瓦，电站数20座；雅砻江流域装机427.38万千瓦，电站数37座；岷江流域装机522.7万千瓦，电站数57座；嘉陵江流域（含涪江和渠江）装机507.1万千瓦，电站数51座。

按电站规模统计，省调直调中型电站居多，共有129座，总装机1534.65万千瓦；大1型电站只有瀑布沟、大岗山、猴子岩和长河坝4座电站，目前已投产的装机容量为727.50万千瓦；大2型有18座，总装机1066.54万千瓦；小1型有107座，总装机267.17万千瓦；小2型有5座，总装机3.15万千瓦。

二是水电发电。2016年，四川省调直调水电发电量1185亿千瓦时，比2015年的1114亿千瓦时（不含二滩135亿千瓦时）增加71亿千瓦时，同比增长6.4%。其中，枯水期（1—4月、12月）371亿千瓦时，占全年发电量31%，日均发电量2.44亿千瓦时；平水期（5月、11月）195亿千瓦时，占全年发电量17%，日均发电量3.20亿千瓦时；丰水期（6—10月）619亿千瓦时，占全年发电量52%，日均发电量4.05亿千瓦时。

全年省调直调水电最大日发电量5.42亿千瓦时（8月24日），最小日发电量1.62亿千瓦时（2月11日）。省调直调水电日最大发电出力2627万千瓦（8月22日），最小发电出力415万千瓦（2月12日）。

三是水库调度工作成绩。1. 针对2016年丰水期全川来水及气温变化跳跃幅度大，水电发电能力及用电需求预测难度增大的情况，坚持滚动预测来水情况，动态分析来水变化及对发电能力的影响，适时调整水库运行策略，在满足电网用电需求及保障电网安全的基础上，动态优化水库运行方式全力增发减弃，增加四川水电消纳。2. 建立了四川水电消纳月、周、日及实时平衡分析协调机制，定期组织人员研究分析四川水电消纳具体问题和措施，通过动态优化调整锦西、溪洛渡等巨型水库控制方案及开机方式，最大限度地消纳丰期四川富裕水电，绿色发展和节能减排成效显著。3. 汛前主动调整水库运行方式，多发水电，保证各大水库在低水位运行，6月末水库总蓄能同比少蓄4.4亿千瓦时。汛中全力保持满负荷外送，加速消落水位，大幅缓解了后期弃水压力，汛末水库总蓄能值45.4亿千瓦时，比去年同期少蓄1.7亿千瓦时，同时也为11月全网不弃水预留了适当灵活调节空间，以减少平水期弃水。

四是新能源装机。2016年，四川省调直调新能源新增装机105.95万千瓦，同比增加97.78%，其中风电4座，51.35万千瓦，光伏电站15座，54.6万千瓦，截至2016年年底，四川电网统调新能源电站38座，装机214.3万千瓦，同比增加98%。其中，风电场14座，装机124.7万千瓦，光伏24座，装机89.6万千瓦，新能源总装机占全省统调总装机容量5246.8万千瓦的4%。目前，全省位于攀西地区的风电场有11座，装机115.8万千瓦，光伏电站18座，装机64.7万千瓦，合计占新能源总装机的84%。通过220kV电压等级接入的风电场10座，装机105.9万千瓦，光伏电站5座，装机30万千瓦，合计占新能源总装机65%

五是新能源发电。2016年，国网四川调控中心继续全面落实《可再生能源法》，保障风电、光伏的优先调度，无弃风弃光电量，全年共消纳新能源电量30.48亿千瓦时，同比增加143%。其中，风电20.93亿千瓦时，光伏9.55亿千瓦时。丰水期在清洁能源消纳严峻的形势下，仍保障了风电及光伏的全额消纳，丰水期（6—10月）共计消纳新能源电量达10.53亿千瓦时，占新能源全年电量的34%，风电全年利用小时数2243小时，光伏电站利用小时数1436。

六是新能源工作成绩。2016年7月重新修订编制《四川风电场并网运行服务指南》及《四川光伏电站并网服务指南》，对新能源电站并网前的流程进行了梳理、对新能源电站应向各专业提供的资料进行了明确，充分践行国家电网公司“四个服务”的承诺，方便发电企业高效办理入网手续。有力推动了新能源电站的规范化管理。

2016年，在国网四川调控中心领导的指导及各处室的大力配合下，参照华北、西北新能源考核管理实施细则，结合四川新能源电站调度管理的实际情况，完成了《四川风电场及光伏电站并网运行管理实施细则（试行）》的编制，争取在2017年开始全面部署实施。

2016年5月，中国电科院入驻国网四川调控中心开始D5000新能源调度与监测模块的安装调试，为保证系统短期及超短期预测数据接入、气象类信息及单机信息顺利接入，水新处编写相关的技术指导资料指导厂家配合数据接入，同时依托模块建设全面梳理了并网新能源电站基础数据、基础信息、基础资料，目前已并网的38座新能源电站的功率预测数据已全部接入，模块将为2017年新能源调度运行管理提供全面支撑，为新能源发电调度提供科学决策依据。

【设备监控管理】2016年，公司系统以指标为导向，全面提升设备监控管理水平。全省纳入大运行体系建设的变电站共计1500座（其中500千伏站45座、220千伏站217座、110千伏站696座、35千伏站542座），集中监控覆盖率为100%，35千伏～500千伏站监控信息接入量平均为1280条/站，水平优良；年度累积平均告警信号500千伏站为19条/站·日，220千伏站6条/站·日，110千伏站5条/站·日，35千伏站3条/站·日，均较去年继续下降，探索逼近最合理范围；省调人均监控信息量92条，地县调人均监控信息量6条，监控效率省调为28，地调为10.50，县调为0.72；500千伏变电站断路器1685台，实传试验1540台，实传率91.39%，35千伏～220千伏变电站断路器34459台，实传试验34459台，实传率100%，全省远方操作共计163991台次，大力提升操作效率、降低人力成本。

作为2016年国家电网公司“一强三优”创新发展行动计划“基于大数据平台的调控数据挖掘研究和试点应用”项目5个试点牵头单位之一，建设四川公司数据中心设备监控应用，夯实调控大数据研究基础。建立平台与省调及22个供电公司EMS（含D5000、OPEN3000、IES500三种型号）III区数据库的直联，实现设备监控告警数据的准实时自动采集；依托数据中心加工形成2015年全省89.6G、5.8亿条告警信息、156.6亿个信息点，通过比对排序、序列挖掘等方法工具研究查找监控设备运行管理的趋势征兆；通过大数据分析技术的手段，从设备监控告警信号的视角开展2016年迎峰度夏（6—8月）期间集中监控运行和设备状态的分析总结；基于数据中心集存的加工数据，通过OMS按需自动获取的方式，在成都公司试点实现了OMS“二十三张”设备监控报表的智能填充。

强化设备源端信号规范，提高信息表管理水平。依托自主开发的智能决策系统，前移监控信息标准化和规范化工作，实现监控信息在规划设计、设备选型、安装调试、接入验收、监控运行、检修维护的全过程管理，并在新建500千伏白泉站接入工作中成功落地；依托智能决策延伸OMS新建及改（扩）建信息接入流程在编制、审核环节的节点，严格监控信息表的执行、变更管理；在智能决策完成全省1500座变电站监控信息表（含1914665条原始信号）初始化工作，建立信息表版本一站一档基础台账；通过智能决策收集完善2161套一二次设备监控信息基础数据共计329803条；协同运检、安监、科信专业重点整治变电站站用交直流电源及通信电源告警信息，完成全省范围内545座变电站745项站用交直流电源告警信息及225座变电站769项通信电源告警信息的整改闭环。

完善配网监控信息管理，全面覆盖专业管理范畴。完善配网监控信息管理制度，编制发布《国网四川省电力公司配电网设备监控信息管理规定》；编制配网监控设备典型信息表，对配网设备监控信息进行梳理和规范，对配网设备、监控信息分类、信息描述、告警分级等明确相关要求。

开展OP互联一次设备监控台账的应用，以应用促进数据质量提升。基于设备监控台账实现45座500千伏变电站监控电流限值表自动生成报送；着手开展新投设备集中监控接入、验收许可管理流程与设备台账的关联，将台账的完整性、准确性、规范性作为流程审核的先决条件。

狠抓日常业务工作，夯实专业基础管理。组织开展全省年度专业培训，22个供电公司、省电科院、省检修公司参加，促进专业交流；坚持监控信息缺陷周分析、月管控，全省全年发现监控缺陷共计3344条，处置闭环3032条，处置率90.7%；定期组织召开监控运行分析月度例会，全年形成会议纪要12期分送各部门（单位），梳理排查出102类问题开展专题分析并予以整改；坚持信息接入、调试、验收、移交的会审、会签机制，全年省调共计上线流转流程申请单共计70份，审查、验收信息2441条。

【电网变化大事记】10月，500千伏猴子岩水电站及其配套丹猴双回、猴康双回线路建成投运。

11月，220千伏新孜双回线路高抗投产，提高了甘孜电网电压调节能力。

12月，500千伏长河坝水电站及其长康双回线路建成投运，标志着康甘通道规划的大容量电源进入全面投产阶段，通道装机容量快速增长。

12月，500千伏沐溪主变投产，为其配套工程实施及增强乐山网架结构创造条件。

12月，龙华寺变电站及220千伏华搬二线、保华二线投产，提高了南充北部电网供电能力及供电可靠性。

电网运行

【运行方式】2016年，华中、华北特高压交流联网运行，西南、华中电网超高压交流联网运行。四川电网通过±800千伏锦苏、复奉和宾金直流与华东电网联网运行，通过±500千伏德宝直流与西北电网联网运行；通过川渝500千伏交流通道、川藏220千伏交流通道分别和重庆、西藏昌都电网联网运行。

2016年，四川电网总体平稳运行。枯水期1—4月，火电机组有序安排停机备用，开机容量小，锦苏、复奉和宾金三大特高压直流保持低功率运行，德宝直流从西北电网受电，各外送通道保持较低功率运行，川西断面长期受电。丰水期，水电发电需求大增，为尽量消纳水电，火电按最小开机方式运行，三大特高压直流长期满功率运行，德宝直流送电西北电网，各外送通道压稳定限额送出，川内主要断面送电压力较大，稳定裕度较低。迎峰度夏期间，8 月上旬之前，用电负荷较低，电力供应形势偏宽松；8 月中下旬，全省范围遭遇历史罕见的连续高温少雨天气，发、用电负荷节节攀升，并屡创历史新高，同比大幅增长，电力供应偏紧，水电弃水减少。

2016 年，公司始终坚持“安全第一、预防为主、综合治理”原则，围绕保障电网安全稳定运行，不断加大安全风险管控力度，科学合理地制定电网运行方式，有力保证了三大特高压直流及德宝直流长期满功率外送，以及迎峰度夏、度冬、重要节假日保电等工作任务的圆满完成。

【电网稳定】2016年，公司认真贯彻国家电网公司和西南分部的决策部署，圆满完成了宾金、锦苏、复奉特高压直流长时间同时满功率外送、保障川藏电力联网工程安全运行、异常持续高温下电网安全度夏等重点工作，实现了四川电网连续35年安全稳定运行。

公司在国家电网公司的统一领导下，进一步加强主网方式管理，积极参加国调中心组织的丰、枯期电网运行联合计算、年度方式分析，深入研究、周密分析、细致梳理，明确电网运行的薄弱环节，辨识电网运行的安全风险，提出电网补强措施和优化工程建设时序的可行性建议。

针对宾金、锦苏、复奉三大特高压直流与川渝外送通道同时长时间满功率外送给电网运行带来巨大的安全压力，保障电网安全运行，国网四川省电力公司一是加强电网运行特性研究，配合上级调度制定了三大直流与川渝交流断面同时满功率运行控制措施，保障水电最大化外送；二是强化运行管理，编制了《三大特高压直流满负荷运行特殊运行方式》《四川电网迎峰度夏（冬）方案》《丰（枯）水期四川电网稳定运行规定》《G20 峰会期间四川电网运行方式》等调度保障方案，从完善预控措施、巩固安控防线等方面提升电网安全保障能力，重点强化安全控制措施落实，夯实特高压直流及交流电网同时满负荷运行的安全基础；三是加强专项隐患排查和设备消缺工作，全面清查了川电东送、交直流协调以及各水电通道等安控系统（装置）的启停、策略表以及重要断面运行控制措施的正确性。从而保障交直流通道满功率安全运行。

针对 2016 年度运行方式提出的 15 重点措施和建议，采取公司办公室督办，省调按月核查完成进度的方式，确保重点工程和技改项目全部得到落实，提高了电网安全运行水平和水电外送能力。其中 500 千伏川渝第三通道工程预计 2017 年 6 月投产，届时四川电网交流通道外送能力能得到提高。

强化电网运行风险预警预控，闭环管控电网运行风险。与安监部全力协作，构建专业协同、网源协调、供用协助、政企联动的电网运行风险预警管控工作机制，以全面贯彻“全面评估、先降后控”为原则，编制《四川电网运行风险预警管控工作实施意见》，完善风险评估内容，将电网网架结构、检修调试、设备健康水平和安全生产法规制度等全面纳入风险评估。通过协同防控，实现电网风险全过程管控，严格落实运行措施及相关预案，有效降低了事故风险。全网共发布5级以上检修风险预警487份，未发生因风险预警管控不到位引起的不安全事件，有效调动了公司各部门、各单位及政府、电厂、用户等投入到保障电网安全稳定运行的工作中来，起到了良好的联动效应和保障作用，降低了电网运行风险。

【电网存在的主要问题】一、“强直弱交”以及长周期大功率外送的形势依旧，安全运行压力大。一是特高压直流故障和川渝联络线故障，同时制约四川电网安全运行和跨区输电能力。“多回直流短时两次换相失败”、“单回直流连续换相失败后闭锁”和“单回直流再启动”三种直流故障都会导致大量直流功率阻塞并通过交流电网长距离涌动，对交流电网冲击大，可能造成电网失步、解列等连锁反应。川渝联络线故障可能导致四川电网相对主网失去同步稳定。二是交直流电网耦合特性复杂，电网运行控制困难。三大直流满功率外送时，为保障直流故障后电网安全稳定，需要交流电网提供近区火电和重要地区机组开机支撑，同时直流配套电源开机数量越多，四川整体交流故障的稳定性越高。另一方面，直流近区交流线路故障，又将影响交直流之间交互转送能力。三是四川电网安全稳定高度依赖特高压直流和直流安控系统的安全可靠运行。特高压直流输电距离长，通道环境复杂，发生故障停运的风险较大，而且还存在多个特高压直流同时停运的风险。一旦发生直流故障，四川电网的安全稳定高度依赖特高压直流和直流系统配套安控系统的正确动作，给特高压直流配套一、二次设备、近区交流电网及安控系统的运行和维护带来更高的要求和更大的安全压力。若安控拒动或不正确动作，可能引发电网重要断面解列等连锁反应，安全风险极大。

二、川渝断面制约因素关联关系错综复杂，外送能力较低。川渝断面外送能力与三大直流输送功率、四川开机方式、重庆开机方式等因素紧密相关，且实际输送能力呈逐年下降趋势。受网架结构、电源及负荷分布影响，川渝断面南北通道潮流分布依旧严重不均，洪板双回潮流压稳定限额运行，而黄万双回潮流长期轻载甚至反向输送潮流，削弱了川渝断面外送能力，导致川渝断面整体外送能力无法得到充分的发挥，加重了丰水期水电消纳的压力。为提高川渝断面送出能力，加强电网运行特性研究，在国调和分中心的统一部署下，深入持续开展四川交直流混联电网安全稳定运行特性研究，配合上级调度制定了三大直流与川渝交流断面同时满功率运行控制措施；同时，积极向政府主管部门汇报，协调多方制定重庆电网合理的火电开机方式，在丰水期最大限度减少重庆神华、横路火电厂开机，最大化避免黄万双回线路潮流反送四川电网，充分利用川渝断面输电能力，保障水电最大化外送。

三、六大水电通道长期压限额运行，电网安全裕度低。2016 年水电通道外送需求与通道输电能力不足的矛盾进一步突出。水电通道电源装机持续增长，而通道网架结构和输电能力没有变化，导致攀西、瀑布沟、雅安、康甘、茂县、木里等六大水电通道送出存在不同程度受限，整体送出受限约 870 万千瓦，尤其攀西、雅安、瀑布沟通道电源装机容量增长较快，丰水期这三个通道送出受限分别达到了 450 万、240 万、70 万千瓦。同时，六大水电通道丰水期长期压限额运行，其中攀西和雅安通道的输电功率在 6-10 月大于 80%控制限额的运行小时数分别达到 2483 和 1781 个，约占整个丰水期的一半和三分之一的时间，电网安全稳定裕度低，安全运行压力大。

四、梯格型网架长期重载运行，任一线路停运严重影响输电能力。四川电网 500 千伏梯格型主网架于 2012 年初形成雏形，至今已有 5 年没有得到明显加强巩固。随着水电通道装机容量逐年增大，外送需求与外送功率同步增长，梯格型主网架面临日益增大的功率承载与传送压力，主要体现在三方面：一是丰水期，各大水电通道压功率限额运行，在水电通道出力受限情况下，沐叙、天嘉、蜀景、南谭、资内、洪内等线路仍长期重载甚至满载运行，主网架已难以满足后续新增水电的跨省区外送需求；二是枯水期，川西断面内部的茂县、康甘和雅安水电通道出力较小，在德宝满功率受电下，川西断面仍大功率受电，此时山彭、坡彭双回长期重载运行，已成为影响枯水期成德绵地区功率受入的制约瓶颈；三是南谭、洪遂、南遂等重要线路 N-1 停运，梯格型主网架稳定水平急剧减低，严重制约康甘、雅安、瀑布沟通道和川西断面外送，导致这些重要线路计划检修安排困难。

五、迎峰度夏暴露局部地区电网供电能力严重不足，安全运行风险大。今年迎峰度夏期间，长时间极端高温天气导致用电负荷大幅攀升，全网统调发电负荷 7 次、用电负荷 9 次创出新高，最高达到 3536.3 万千瓦、3283.6 万千瓦，分别比 2015 年最高负荷增长 15.0%和 16.2%。为保障电力供应和水电消纳，输变电设备持续重载，甚至出现过载情况，全网 14 个 500 千伏主要输电断面中，超过限额 90%的重载、满载断面达 12 个。同时，受输配网供电能力限制，局部地区高峰时段出现用电“卡脖子”现象，其中以成都最为突出。高峰时段，成都电网 5 座 500 千伏变电站中蜀州、尖山和桃乡 3 座主变下网负荷超过稳定限额，50 座 220 千伏变电站中 17 座主变满载或过载，14 个主要输电断面中 8 个过载。上述任一设备故障停运，均有可能引发连锁反应，导致成都地区大面积停限电。因此运行中按照政府批复的有序用电方案，部分时段采取了工业企业错峰避峰的方式让电于民，最大程度保障电网安全、保护民生用电。

电网通信自动化

【通信概况】2016 年，国网四川信通公司持续深化“向生产学管理、向基建学建设、向营销学服务”，深入推进“管理方式转变”和“运维方式转变”，强化安全运行，规范内控管理，降本提质增效，高标准高质量完成了全年工作目标。支撑省公司获得国网公司 2016 年度信息通信先进单位，信息通信科技同业对标指标位居国网公司第 8 名。荣获省公司安全业绩突出单位，获得省公司业绩考核 A 级，获得国家电网公司 2016 年信息通信调考团体第一名；获得国家优质工程金奖一、二、三等奖各一项；信息通信调度监控中心获得省公司先进集体；信息通信运检中心支部获得省公司先进党支部；技术发展部获得省公司安全生产先进集体；1 人获得国家电网公司 2016 年信息通信调考第一名，2 人获得第三名；2 人获得省公司先进个人；3 人获得省公司安全生产先进个人；1 人获得省公司杰出岗位能手。

【信息通信系统运行稳定】公司在重点电网工程建设、三大特高压安全运行和经营管理等方面为省公司提供了坚强的支撑保障。圆满完成全国“两会”、G20 峰会重要保障任务；圆满完成数据库 SCN 重大隐患整改；圆满完成公安部“护网 2016”专项网络攻防演习。信息系统安全、运行指标达 100%；“检修合格率”“计划检修率”“检修计划一次审核通过率”达 100%；重要通信业务保障率达 100%；信息系统平均可用率 99.92%；省级通信网通信设备运行率 99.999%。

“智能电网大规模网络及终端一体化管控平台”获电力行业信息化优秀成果一等奖 （毛启均 摄）

【安全管理水平稳步提升】公司编制完成《国家电网公司电力安全工作规程(信息通信部分)》初稿，获得国网公司高度评价。编制完成《国家电网公司大面积停电事件信息通信应急处置预案（征求意见稿）》《国家电网公司信息通信应急体系建设指导意见》《信息通信应急物资和备品备件配置标准规范》及《信息通信应急物资和备品备件使用管理办法》，填补了国网公司信息通信专业应急管理方面的空白，得到总部信通部的高度肯定，充分体现了公司在应急通信保障方面的领先水平。

【安全监督体系逐步完善】公司组织开展“安全管理提升活动”“春季安全生产大检查”“安全生产月”“三查三强化”“安全征文及‘金点子’征集”等安全专项活动。扎实开展安全隐患排查治理工作，完成龙泉山微波站II级重大隐患整改和综合楼UPS电源系统重大隐患整改。强化作业现场安全巡查，深入开展反违章工作，查处违章行为 15 起，处罚责任人 14 名，绩效扣分共计 75 分；查处外包施工单位违章 6 起，扣除施工单位安全保证金及安全文明施工费共计 84240 元，安全管理水平稳步提升。

【开展“效益提升年”活动】支撑保障服务优质高效。圆满完成 2016 国家电网公司机动应急通信系统快速响应联合演习、川渝电网第三通道开工仪式、国网防汛减灾应急视频通信保障和省、备调调度切换演练等重大保障任务。承办省公司各类电视电话会议 697 场，较去年同期增长 8.3%，服务 200 余万人次，大幅降低省公司会议费用开支，提升协同工作效率。集中监控提升运行管理质效。编制完成《国网四川省电力公司信息通信调度运行工作规范》。建成地市公司通信系统风险预警统一评估体系，实现缺陷检查、评估、处置闭环管理，将 TMS 系统告警压缩率提升至 99.1%，达到运营商级别。采用大数据、物联网、智能分析、智能联动等先进技术，实现对全省通信传输网、数据通信网、信息系统、机房动力环境等实时运行数据的集中监控，有效解决地市公司信息通信专业人员不足的问题，提升信息通信运行效率，为省公司系统节约人力成本约 198 人/年。统一视频助力智慧电网生产。完成《国网四川省电力公司变电站智能辅助监控系统设计技术规范》等配套标准编制。完成动力环境监测、智能联动、生产设备远程巡视、辅助倒闸等 9 个功能模块试点建设。在 500 千伏尖山变电站和 220 千伏平春变电站成功部署了智能巡检平台试点应用，降低了现场人为事故发生率，提升了标准化作业规范度，为公司探索全新智慧变电站运行管理模式奠定了坚实的基础。项目采购降本增效显著。全面开展项目管理规范化提升专项工作，将 84.28%的非招标采购项目委托专业代理机构执行。通过增加推荐供应商，项目限价，完善供应商评价体系以及在政府采购招标网站公开采购信息等手段增加非招标采购的公正性，降低廉政风险。全年非招标采购项目管理降本增效成效显著，计划资金约7830万，合同签订金额为6908万，节约资金922万，占计划的12.72%。

【推动运维方式转变】目前，公司推动运维方式转变成效明显：一是资源池运行效率显著提升。全面开展应用系统入池迁移工作，通过科学合理的规划，将原有分散部署的业务系统迁移到云资源池，为公司数据中心节省超过30%的基础投资，并大幅降低了机房用电量消耗。开展数据资源池横向业务集成专项工作，完成了3项业务集成，减少数据接口近20个，节约接口建设费近500万元。二是数据资产服务能力稳步提升。以独创的数据资产业务模型搭建方式完成8个业务域、35个数据模型、178个子模型的数据梳理和接入，发布4期数据目录，为“打破壁垒”实现公司数据共享融合奠定了坚实的基础。作为国网试点单位，开展基于大数据的信息系统用户行为分析，完成12套二级部署信息系统的数据采集。完成国网统推大数据平台二期建设及非结构化数据迁移工作。三是业务服务驱动管理提升。完成运监中心核心资源、关键流程、计划预算三大类84个主题的验证测试工作。完善监测业务设计，开展数据资产监测业务。合作完成“供电营业厅服务资源匹配与资源高效配置”和“掌上川电目标用户群体分析”两项业务场景研发。四是敏捷服务能力显著增强。健全信息系统问题处理响应机制，提升受理业务服务质量。2016年，信息系统客服共受理业务116165件，较上年增长78%，电话及时接通率100%，弃话率0%，工单处理及时率100%。优化客户服务网站，拓展信息通信业务服务渠道，上传典型问题解决案例688篇，大幅提升客服效率。积极参与国网公司信息客服口号征集活动，获得“国网公司信息通信统一客服最佳口号”荣誉和“国网公司信息通信统一客服口号优秀组织奖”。

全省通信网集中调度监控管理模式试行（王海涛 摄）

【推进管理方式转变】目前，公司管理方式转变明显，主要体现在三个方面：一是固定资产清理成效显著。公司高度重视固定资产清理工作，按照《国网四川省电力公司电网资产账卡物一致专项治理工作实施方案》要求，组织各部门全面开展固定资产帐卡物一致性清理工作，共完成4701项固定资产的清理核对工作。二是项目管控水平逐步提高。公司全年完成232个统推项目、60个自建项目的建管。关闭68个2014年及以前的二次、技改信息化老旧项目。2个项目入选2016年度国家电网公司信息化优秀建设项目评选；6篇典型经验被国家电网公司采纳。精心制作一体化平台宣传片，在国网公司平台工作会上获各网省公司的一致好评。三是科技创新成果丰硕。公司依托重点实验室，开展大数据、云计算、移动互联等新技术应用研究，取得较好成绩。获得四川省科技进步三等奖两项，成都市科技进步一等奖一项；获得省公司科技进步二等奖两项，科技进步三等奖一项。完成12项发明专利申请和12项实用新型专利申请，超额完成省公司下达的科技创新指标。获得中电联信息化优秀成果 等奖 项，三等奖 项；获得2016年信息通信新技术研究与创新应用指南优秀成果一等奖一项；获得省公司优秀管理创新项目一等奖一项、二等奖两项；获得省企联管理现代化创新成果二等奖一项；获得省公司优秀QC小组活动成果二等奖一项，三等奖三项；获得省公司优秀精益项目二、三等奖各一项；获得省公司工人技术创新一、二、三等奖各一项。

【自动化概况】四川省级智能电网调度控制系统已实现基础平台、实时监控与预警、状态估计、AGC、AVC、水电及新能源监测、雷电监测、调度计划、安全校核、调度管理类等64个应用上线运行，2016年系统总体运行情况稳定，国网同业对标指标排名第一。

2016年四川省调着力开展智能电网调度控制系统完善消缺和后续应用推广建设工作。切实推进变电站集中监控应用实用化水平，着重进行智能告警、统计分析功能的开发，完成一体化巡检、频发信号折叠、告警抑制一览表等功能建设；完成国调、华中分中心和四川省调 DTS 互联互通工作；完成 DSA 趋势分析、输变电在线监测、保护远方操作等应用模块建设工作。

四川省调管辖范围内 22 个地区调度，除天府供电公司备调系统未建外，均已建成地调主调及备调系统，县调系统已全部退役。系统具备基础平台、权限管理、数据采集与交换、稳态监控、模型画面维护、系统监视、越限统计、数据记录、控制与操作、无功电压调节等功能。通过 SCADA 平衡计算、多数据源差值比较、地区电网状态估计统一计算等手段，从海量信息中检测异常数据，校核厂站自动化信息准确性，为电网调度控制业务提供有力的技术保障。

2016 年国网四川电力调度控制中心开展了基于主配网一体化系统和省地县一体化模型数据中心的配网高级应用功能建设，主要完成了小电流接地选线、调配抢一体化 DTS、配网合环操作在线校核的应用功能，为实现配电网中网络重构、负荷转移或设备检修时不停电倒闸操作提供了有力的技术支持，并最大限度减少客户的停电次数，为配调、配抢人员培训学习提供科学手段支撑，提升事故应急的响应能力和处理速度，为指导配网调控运行奠定了坚实的技术基础。

2016 年四川电网调度自动化建立了基于调度控制云的自动化一体化管理平台，并正式上线运行。该平台以支撑电网运行为核心，遵循公司“三集五大”管理模式，在自动化专业工程管理、运行管理、技术管理等环节充分履行专业管理职责。该平台作为自动化专业管理的基础，从自动化专业实际业务着手，推进各级调控机构主站及厂站端自动化系统、设备基础数据的标准化，是一套适合大运行体系下的调控自动化设备模型库，为自动化专业管理及运行监测类应用提供数据支撑。

2016 年四川省调积极探索主配网一体化调度控制和故障抢修调度系统关键技术，推进地调配网自动化系统及配网抢修调度指挥系统建设，积极提升配网抢修调度指挥系统实用化水平，本年度新上线配电网调度控制系统 16 套，在线运行系统达到 18 套。

市场营销

责任编辑：何　飞

增供扩销

【营销概况】2016年，售电市场竞争激烈，欠费风险继续增大，电力体制改革逐步深入。在严峻的市场环境面前，营销系统干部员工在公司的正确领导下，主动作为，各项工作取得明显成效，完成售电量1673.75亿千瓦时，同比增长6.04%；当年电费全部结零，陈欠电费回收5.02亿元；业扩净增容量完成1720万千伏安，同比增加26.65%。总结公司全年营销工作，主要体现在三个方面：

一、圆满完成效益提升年目标任务。认真贯彻落实公司“效益提升年”活动要求，加强电费回收管理，积极增供促销，努力降本增效，推动公司效益水平稳步提升，支撑了公司健康稳定发展。发扬“三千”精神，促进电费回收。公司通过法院起诉、股权冻结、土地及输变电设备等不动产抵押等法律手段，共计回收欠费5.02亿元，较计划多回收1.32亿元。乐山公司通过法律手段，冻结其亚铝业20亿元股权，回收欠费2.48亿，实现结零目标；广元公司驻厂催收，争取政府支持，落实发电企业让利政策，回收广元铝业1.18亿陈欠电费；达州、自贡、雅安公司采取资产抵押、政府土地收储、土地财产保全等方式，完成陈欠电费结零任务。各单位严格落实电费回收“一把手”负责制，利用一切可利用的资源，采取一切可采取的手段，大力推进购电制防范电费风险，实现了当年电费的结零目标。坚持多措并举，实现市场拓展。在低迷的市场环境中，公司售电量逆势突破，主要得益于公司灵活的电价刺激策略和电能替代推广。2016年，公司主动引导售电市场化政策，利用直购电平台，推行新的铝硅电战略合作，既维护了公司利益，又稳定了铝硅用电市场，实施直购电380亿千瓦时，同比增加76.74%；严格控制留存电量实施范围，既稳定了阿坝铝厂和眉山铝业用电市场，也降低公司购销价差损失1.3亿元。公司深化电能替代，拓展增量用电市场，扩展自备替代时间和范围，进一步降低自备替代企业增加购网电量成本；成都、眉山公司主动作为，拓展电能替代领域，在电锅炉和餐饮行业“以电代气”方面取得突破进展。经过努力，公司全年实现替代电量42.23亿千瓦时，同比增加7.14%。2016年，公司投运10座充电站，初步形成环成都充换电服务圈、沪蓉高速四川段快充网络。强化业务管理，堵漏节支增收。省客服中心开展大工业客户电价策略核查，全年共计查找差错电费1144万元。各单位对中小规模高耗能企业和私营企业等开展反窃电专项整治，追回电费180万元，收取违约金350万元。省计量中心完善技术方案，调整时钟超差电表48.2万只，规范掌机电费信息下载流程，避免了潜在的电费风险；集中统一管控拆回智能电表，维修利旧电能表5.1万只，节约金额1020万元。节能服务公司加大节能项目推进力度，营业收入突破一亿元，营业收益超2500万元。

二、积极参与体制改革，维护公司利益。注重沟通协调，加强政策引导。跟踪售电侧改革进程，加强政策影响分析，提出针对性策略，多渠道反馈公司建议，促请省政府在改革方案中采纳公司的关键建议。公司编制改革政策要点解读和工作指导，各单位加强政策宣贯，强化与地方政府和客户的沟通，避免出现突破改革基本框架的举措。德阳、广元等7家单位，增强市场意识，主动对接政府，与属地省级及以上工业园区签订战略合作协议，避免增量配电市场无序发展。加快工作推进，巩固配网优势。各单位积极开展客户建设公用供配电设施的产权接收，全年接收10千伏开关站580座，接收10千伏电缆和架空线路1163公里，签订移交协议居民小区数量达5267个。成都公司接收客户建设公用开关站416座，起到了较好的示范作用。各单位加强与地方政府沟通，争取出资渠道，将102家国有企业纳入供电分离改造移交，涉及改造项目414个，涉及用户40.8万户。攀枝花、眉山、雅安公司已经取得地方政府支持性文件，落实了市属国有企业供电分离改造资金来源；德阳公司严格管控改造进度，完成4.3万户的分离改造，改造进度已达77%。各单位严格落实公司工作要求，建立电网受限项目负面清单，加强内部专业协同，落实园区业扩“绿色通道”，2015年通过业扩报装增加公司售电量12亿千瓦时，争取效益2.7亿元。

三、夯实管理基础，提升工作质效。坚持过程管控，夯实管理基础。各单位加强营销、运检等部门协同，严格落实省公司拟定的里程碑计划，实现公变公线贯通率98.65%，专变专线贯通率98.05%，低压户变关系一致率99.56%，基本实现电网信息同源管理。全面清理营销业务系统内的虚拟变压器和台区，治理异常台区 1.97 万个。攀枝花公司在营配贯通工作中，强化数据质量，为营销转型奠定基础；雅安芦山供电公司通过数据治理，10 千伏及以下线损率下降了 5.05 个百分点；德阳、绵阳、广安公司切实抓好台区数据清理和采集全覆盖，所属 32 个供电所台区线损合格率超过 85%。创新服务举措，提升服务质量。针对热点投诉，公司设立供电服务“曝光台”，定期发布分析报告、检查通报和典型案例，起到了很好的警示作用。切实做好掌上电力 APP 的推广应用，通过 APP 发起购电交易 87 万笔，购电金额 8506 万元，初步形成线上线下、立体多维的交费网络。天府、德阳、绵阳等公司，认真落实省公司要求，切实开展 APP 推广运用，推广任务完成率名列前茅。公司系统强化高危重要客户安全管理，对 2226 户高危重要客户实施供电电源和自备应急电源核实工作，出具用电检查结果通知书 1187 份，提出隐患整改意见 1788 条。加快采集建设，推进“三表合一”。公司去年新增智能电表 468 万只，累计完成 2504 万只，覆盖率 88.5%；去年新增用电信息采集 495 万户，累计覆盖 2469 万户，覆盖率 87.2%。围绕“三表合一”采集建设，各单位加大与地方政府和水、气表企业的沟通，确定采集接入试点小区 226 个，实施户数 13.4 万户，居全国前列；乐山公司共计完成“三表合一”采集接入户数 8.3 万户，占省公司接入户数的 62%。加强问题整改，对标排名提升。营销对标 10 项指标中，四川公司 6 项进步，3 项持平，仅 1 项退步，总体排名较上年提升 9 名。特别是电费回收，超额完成陈欠电费回收任务，避免了被置入 E 段的不良后果；此外，台区线损和营配贯通指标，各单位落实数据治理责任，加强异常数据监控，两项指标最终排名 A 段，高于预期。

【增供扩销的基本情况】2016 年，公司完成省内全口径售电量 1673.75 亿千瓦时，同比增长 6.04%。从 2016 年整体用电情况来看，第一产业用电量 13.77 亿千瓦时，同比增长 11.05%；其中，农业排灌用电量 3.48 亿千瓦时，同比增长 1.65%。第二产业用电量 1377.36 亿千瓦时，同比增长 1.21%；其中，工业用电量 1337.67 亿千瓦时，同比增长 1.23%（轻工业用电量为 162.31 亿千瓦时、同比增长 8.69%，重工业用电量为 1175.36 亿千瓦时，同比增长 0.28%），建筑业用电量 39.69 亿千瓦时，同比增长 0.79%。第三产业用电量 317.18 亿千瓦时，同比增长 13.95%；其中，其中，批发和零售业用电量 84.42 亿千瓦时，同比增长 13.37%。居民生活用电量 392.72 亿千瓦时，同比增长 15.23%，其中城镇居民用电量 231.11 亿千瓦时，同比增长 15.37%，乡村居民生活用电 161.61 亿千瓦时，同比增长 15.04%，乡村生活用电增速略低于城镇居民生活用电。总体来看，2016 年，宏观经济呈现“总体平稳，稳中向好”的态势。售电市场主要呈现以下特点：一是前低后高的走势，下半年月均增幅达 10.81%；二是三季度居民、商业电量较上年净增 34.67 亿千瓦时，是拉动公司三季度售电增长的主要动力；三是四季度大工业售电市场年末翘尾较上年同期净增电量 18.28 亿千瓦时，有效提高公司四季度售电增速。

【增供促销的主要措施】2016 年电力体制改革逐步深入，售电市场竞争激烈。在严峻的市场环境面前。国网四川省电力公司充分利用市场化机制，开创增供扩销工作新局面。一是在工业替代领域，基本实现自备电厂能替代全替代，年替代规模稳定在 30 亿千瓦时；向省能源局争取到将“成绵乐”经济带上 6 个地市纳入 2017 年四川锅炉煤改电示范区域；争取中石油川南页岩气气井钻探全部用电，年替代电量可达 7000 万千瓦时。二是在商业办公领域，发挥电蓄冷技术与低谷电价结合优势，在大型建筑体领域积极推广，替代电量超 3000 万千瓦时；结合四川餐饮特点，形成“无火”火锅推广亮点，全省近两万家火锅店已有 5400 多家实现“以电代气”，年用电量 5 亿千瓦时以上。三是在交通运输领域，持之以恒开展机载 APU 与地勤车辆“油改电”，促成双流机场 50 座登机桥使用桥载电源，170 余辆地勤车辆中已有 100 台改为电动车，累计替代电量 3600 万千瓦时；四是在农业生产领域，结合四川农业大省特点，加快农网改造和同网同价工作，努力推进制茶、烤烟、机井“以电代煤”和“以电代油”，累计替代电量 3377 万千瓦时。

电力交易

【川电外送情况】 2016 年，四川全口径外送电量 1286.99 亿千瓦时，同比增长 4.94%。其中：二滩送重庆 45.12 亿千瓦时，同比增长 25.44%；国调直调大型电站送出 977.45 亿千瓦时，同比增长 6.75%；公司净外送电量 264.42 亿千瓦时，同比增长 24.29%。

【省内购电交易情况】 2016 年，省调直调机组上网电量 1608.8 亿千瓦时，同比增长 3.66%；其中：水电发电量 1340 亿千瓦时，同比增加 7.79%；火电 237.6 亿千瓦时，同比下降 19.87%，风电 21 亿千瓦时，同比增长 113.01%；光伏 10.2 亿千瓦时，同比增长 313.67%。

【外购电及留川电量情况】 2016 年，四川外购及留川电量 213.13 亿千瓦时，同比增长 5.71%。其中：购西北 17.25 亿千瓦时，同比增长 68.38%；大型电站留川电量 195.05 亿千瓦时，同比增长 2.28%。见下表：

2016 年 1—12 月外购电及留川电量情况一览表

表 6 　　**单位：亿千瓦时**

项目	电量	同比
四川购西北	17.25	68.38%
购锦屏官地	136.5	4.11%
购向家坝	39.93	3.82%
购溪洛渡	18.62	-11.88%
大型电站留川电量小计	195.05	2.28%
外购电及留川电量合计	213.13	5.71%

【外送电情况】 2016 年，四川全口径外送电量 1286.99 亿千瓦时，同比增长 4.94%。其中：二滩送重庆 45.12 亿千瓦时，同比增长 25.44%；国调直调大型电站送出 977.45 亿千瓦时，同比增长 6.75%；公司净外送电量 264.42 亿千瓦时，同比增长 24.29%。

2016 年 1—12 月外送电情况一览表

表 7 　　**单位：亿千瓦时**

项目	电量	同比
二滩送重庆	45.12	25.44%
锦屏外送	394.87	1.82%
向家坝外送	289.65	10.71%
溪洛渡外送	292.93	5.21%
国调直调电站送出小计	977.45	6.59%
公司净外送	264.42	24.29%
全口径外送	1286.99	4.94%

【重点工作及创新】 2016 年，国网四川省电力公司主要开展四个方面工作不断创新电力交易，取得丰硕成果。一、顺应改革要求，完成全资子公司交易中心组建。国网四川省电力公司深入分析交易中心

组建模式对水电外送和地方经济发展的影响，主要领导亲自带队向省政府领导及相关部门汇报沟通，得到了省政府的认同。2016 年 5 月 12 日，四川省副省长甘霖副亲自出席了以全资子公司模式成立的四川电力交易中心有限公司揭牌仪式，有力回应了各方关切。

二、积极拓展跨省跨区外送市场，促进我省水电消纳。在国家电网公司的大力支持下，国网四川省电力公司努力克服水电外送通道输送能力限制，特别是受端省市接纳四川水电意愿下降等不利因素影响，采取“长短结合，灵活多变”的交易策略，通过外送市场“空间和时间”两个维度、“长效和应急”两种方式的扩展，最大限度促进了四川水电的外送。2016年，国网四川省电力公司净外送电量264.42亿千瓦时，同比增长24.29%。主要包括三个方面举措：一是大力拓展省外市场。创新开展四川水电借道西北，经由德宝、宁宝直流和特高压交流外送华北，增加丰水期外送交易电量28.32亿千瓦时，使华北成为目前四川第二大外送水电消纳市场。二是有效延长外送时间。四川水电外送由丰水期扩展至平水期。在5月、11月平水期，增加送西北和华东短期交易电量36.1亿千瓦时，确保了从11月1日起四川水电基本无弃水发生。三是积极创新交易方式。受水电企业委托，中心根据通道空余能力，与湖北、河南等省经双边协商，开展低谷双边灵活协议，实现“填空式”送电。送出低谷电量，累计交易6.32亿千瓦时。

三、创新省内交易品种，支持地方经济发展大局。国网四川省电力公司积极落实省委省政府战略部署，在进一步扩大直购电规模的基础上，通过对重点优势企业进行差异化精准扶持，稳定我省工业经济发展基础，促进新兴产业加快发展，提高节能减排水平，助力四川水电的消纳。一是丰富交易品种。主动配合省政府相关部门，围绕直购电交易、留存电量和富余电量三大政策的实施，创新交易品种，完善交易规则，发展和衍生了10个市场化交易品种，丰富了省内市场化交易。二是扩大参与范围。进一步扩大了电力用户参与直购电交易的范围，参与直接交易的大工业用户由2015年的382家增加到542家，同比增长42%，使更多的企业享受到省政府的用电扶持政策。三是扶持重点产业。针对省政府关注的重点领域，推出了重点企业、新兴产业和重点园区精准扶持直购电交易，使我省三家电解铝、两家多晶硅、15家大型钢铁氯碱企业和京东方、西部信息以及攀枝花钒钛产业园区受益。四是深化替代交易。将自备电厂替代交易时间从丰平水期扩展至全年、替代范围从直供直管扩展至趸售区、替代品种从燃煤扩展至燃气，为节能减排做出突出贡献。2016年，四川省内市场化交易电量452亿千瓦时，降低企业用电成本近60亿元，每千瓦时电降价幅度约0.133元，降幅排全国第二位。其中直购电交易电量385亿千瓦时，降低企业用电成本约45亿元。

四、不断优化交易方式，保证交易的顺利开展。针对汛期来水极不稳定等问题，四川电力交易中心及时优化交易方式，调整交易方案，缩短交易周期，增加交易频次，最大限度维护了相关各方利益。针对交易计划执行偏差较大等问题，在国网系统率先建立周交易机制，打通了中长期和短期交易的链条，确保交易合同能够得到精确实施，并最大程度调动市场主体参与交易的积极性。2016年共开展周交易9次，实施合同转让871笔，电量45.06亿千瓦时，得到政府、发电企业、电力用户一致好评，为中长期合同执行偏差处理提供了新的思路。

电费回收

【电费回收基本情况】2016年，国家经济仍处于旧动力下降、新动力未及的过渡阶段，经济下行压力较大。同时，政府加大产业结构调整力度，对落后、淘汰型企业进一步实施差别电价，以钢铁、煤炭、电解铝、水泥为代表的高载能行业经营普遍困难，加上各级政府为维护社会稳定和帮助企业解困，公司电费回收困难大、阻力多，存发生新欠电费的风险。国网四川省电力公司通过加强电费风险防控，综合施策强化电费回收，完成5.02亿元旧欠电费回收目标，实现当年电费回收率100%。

【电费回收主要举措】2016 年，国网四川省电力公司采取了一系列有效措施，确保了电费回收：一、综合施策强化电费回收，完成 5.02 亿元旧欠电费回收目标。一是坚持依法催收，通过强制公证、法院起诉、股权冻结、财产保全、产品质押等多种法律途径，保障公司权益。二是积极争取政府支持，通过签订战略合作协议、政府国资平台担保、城市附加费垫付等方式，收回广元铝业、达钢等企业旧欠电费。三是充分运用市场化手段，将直购电、富余电量、留州电量等电价扶持政策与欠费缴纳情况挂钩，督促用户按计划缴纳旧欠电费。四是创新旧欠电费回收方式，借鉴国有商业银行债权处理方式，请求市政府及国土部门同意将抵押土地由“划拨”变为“出让”，通过政府国资平台土地收储，实现资产变现快速回收欠费。五是采取灵活精准的停电措施，视客户群体特点，制订不同的“分区+限时”停电方案，如将厂区生产与居民生活用电进行剥离，对高危客户采取办公和辅助生产分区停电，对舆情风险高的采取高峰时段暂停停电。二、认真落实电费回收的各项措施，实现当年电费回收率100%。一是坚持电费回收市（县）公司主体责任，坚持“一把手”负责制和“分级”负责制，坚持过程管控，加大考核力度。二是保持电费回收高压态势，执行电费回收“工作例会”和“说清楚会”等制度，严肃责任追究。三是严格落实“一户一策”方案，对高耗能和高污染行业客户，以及月均电费在10万元及以上客户，全部实行“一户一策”，根据风险级别及时调整“一户一策”措施。四是积极推行购电制，大力推行费控装置，定期跟踪督促购电制推广进度，从本质上解决欠费问题。

电 能 计 量

【计量集约化建设】2016年，省计量中心建筑面积16500平方米综合运维楼和实验楼投入运行。至此，省计量中心60亩园区全部建成投运，总建筑面积共31500平方米，建成环境与设备一流、研发能力突出的实验室群，智能表、采集终端、通信模块、低压计量箱、计量封印、电子标签等检测能力得到进一步提升。顺利获得CNAS实验室认可证书和三标认证，保障了计量工作的合法依规和持续发展。联合四川省质量技术监督局承办“5·20世界计量日”活动，邀请多名人大代表、政协委员、市民代表走进计量中心，近距离了解电力计量在智能电网、智慧城市、智能生活等环节中担当的角色，以及国网四川省电力公司建立的公开、公平、公正的省、市、县三级计量体系，体验智能计量在居民生活、经济发展、城市建设等方面发挥的重要作用，展示了电能计量服务社会、服务客户的形象，受到一致好评，展示了省计量中心良好的对外形象。

【智能电能表推广应用及用电信息采集系统建设】2016年累计完成计量器具集中检定636.8024万只、统一配送633.5164万只，全年累计完成智能电表换装472.6526万只。截至2016年年底，全省公司运行智能电能表2573.8957万只，接入采集2550.1243万只，智能电能表采集接入率99.08%，全省日均采集成功率和剩余金额召测成功率分别达到98.45%和97.28%。完成全省并网电厂采集全覆盖，实现统调电厂月度交易电量自动计算和非统调电厂上网电量日监控分析。积极推动采集功能的深化应用，在线监测应用累计处理问题工单207.2586万条，本年累计发现窃电127户次，追补电费及违约使用电费约264.5773万元，取得了良好的管理效益和经济效益；掌上川电远程充值成功深化应用，累计远程购电65.6895万笔，远程下发成功率96.11%。有序高效推进“多表合一”采集建设工作，累计采集接入13.2846万户，完成国网下达计划的157.21%。

【计量资产全寿命周期管理】完成智能电能表定样检测18批，批次合格率100.00%。供货前全性能试验19批，批次合格率100%。到货后抽样验收性能试验270批，合格270批，批次合格率100%。完成8个批次的采集终端供货前性能检测，完成10个批次的通信模块供货前性能检测，完成6个批次的通信模块到货后抽样性能检测。开展省公司协议库存计量箱供货前定样性能试验4轮，测试样品数量共计249台。完成21个供应商200余个不同型号低压电流互感器的定样检测。

【关口计量智能化】全面梳理关口运维管理职责和流程界面，统一推行关口过程标准化管理，积极探索面对新型计量管理的关口运维精益化转型，以管理规范化、技术标准化、运维智能化、服务互动化为管控目标，凝心聚力、力求创新，全面打造适应新型计量管理的可靠、规范、高效、智能的关口运维体系。以理顺“三集五大”后关口管理体系、规范业务流程为基础，全面贯彻关口技术标准体系，积极开展状态检验、在线监测、趋势预测、状态轮换、关口运维APP应用等试点，推行并网电厂线上化服务和快速响应机制，强化市州供电公司业务支撑，建立起了全过程、多维度、智能化的新型关口运维体系。

【科技创新】计量中心承担的“超大型发电站（厂）并网关口互感器检测调试技术研究及应用”项目成果荣获2016年度电力建设科学技术进步二等奖；“基于综合参量的电容式电压互感器（CVT）在线监测系统”和“一种基于采样值报文传输故障模拟技术的数字化电能表可靠性测试系统及方法”分别荣获2016年中国仪器仪表学会科学技术三等奖和科技成果奖；“Field Integral Dectecting System Of Three-Phase Electric Energy Measuring System Of Electric Distribution Network（配电网三相电能计量系统现场整体检测系统）”荣获英国专利局授权，实现了计量中心成立以来在省部级科技奖项和国际专利上的重大突破。此外还荣获2016年省公司科学技术进步奖一等奖1项，二等奖2项，三等奖2项；中电联信息化成果二等奖1项；中电联职工技术成果三等奖1项；申请国家专利23项；授权国家专利18项；申请国际专利1项；在中文核心及以上级别期刊发表论文10篇；参与了5项国家标准、5项电力行标、2项团体标准和6项国网企标的修制定工作。

电力需求侧管理

2016年，面对复杂的内外部环境和艰巨繁重的工作任务，认真贯彻落实公司“效益提升年”活动要求，团结拼搏，迎难而上，电力需求侧管理取得显著成效。2016年节能公司累计实现营业收入超1亿元，同比增长24.8%；实现营业收益超2000万元，同比增长5.34%。同时加大节能项目推进力度。持续做好绿色照明改造，共计改造光源14.2万盏；四川明星电力110千伏变电站SVC装置节能改造项目按期完工并投入试运行；成都华侨城、SM广场客户能效诊断服务项目顺利通过验收；全年储备配网节能技改项目24个，项目金额约1亿元，其中10个项目（涉及项目资金5086万元）纳入2017年综合计划。完成《“十三五”节能业务发展规划》的编制工作。按照国家电网安排，在2015年5月份启动《“十三五”节能服务发展规划》编制工作，组织人员精心编制，确定了2016年至2020年公司节能服务工作总体思路、市场目标、政策策略、技术路线、投入和效益分析，《规划》编写得到总部肯定。

业务扩充

【客户容量】2016年，国网四川省电力公司完成各类新装增容186.05万户，比上年增加72.62万户，其中新装或增容的大工业客户数为1979户，比上年增加609户。非普、农业、非居民、居民、商业、趸售电力公司等客户的业扩完成数为185.85万户，比上年增加72.55万户。完成新装增容容量为3819.45万千伏安，比上年增长801.25万千伏安，同比增幅26.55%，其中大工业客户新装或增容的容量为811.18万千伏安，比上年增加336.37万千伏安，同比增幅70.84%；非普、农业、非居民、居民、商业、趸售等客户新装或增容的变压器容量为3008.27万千伏安，比上年增长465.15万千伏安，同比增加18.29%。国网四川省电力公司2016年各类新装增容客户业扩完成户数和容量与2015年同期比较，分别详见下表。

国网四川省电力公司 2016 年各类客户业扩完成户数同期比较一览表

表 8　　单位：户

类别	大工业	非普	农业	非居民	居民	商业	趸售	合计
2015 年	1370	10603	6458	6063	1067121	42558	126	1134301
2016 年	1979	24396	19731	16793	1694538	102884	158	1860480
同比增幅	44.45%	130.09%	205.53%	176.98%	58.80%	141.75%	25.40%	64.02%

国网四川省电力公司 2016 年各类客户业扩完成容量同期比较一览表

表 9　　单位：万千伏安

类别	大工业	非普	农业	非居民	居民	商业	趸售	合计
2015 年	474.81	255.78	10.97	173.77	1368.37	545.09	189.14	3018.2
2016 年	811.18	432.69	37.58	173.79	1656.34	531.99	175.88	3819.45
同比增幅	70.84%	69.17%	242.54%	0.01%	21.04%	-2.40%	-7.01%	26.55%

【主要工作】主要包括八个方面工作：一、加强制度建设，形成业扩报装管理制度体系。先后制定《业扩报装全业务全流程管理办法》《业扩供电方案编制实施意见》《业扩报装法律指引》等 11 项规章制度，全面规范业扩报装管理。二、建立业扩报装工作提升会制度。每月由公司分管领导组织召开专题会议，对业扩报装工作存在的问题，督促整改提升。三、减少用电申请资料，简化业务流程，缩短办电时间。一是实行“一证受理”，客户只需提供营业执照或有效身份证明即可申请用电。二是大幅减少客户需提交的过程资料，电力企业已存档的有效资料无需重复提交。三是简化业务流程，加强内部协同，提高办理效率，尽量减少客户参与和配合办电的环节，缩短办电周期。四、延伸供配电设施出资界面，减少客户投资。一是对省级及以上工业园区，不论电压等级，将供电设施出资界面延伸至客户红线内。二是其他高压客户按照“就近接入”原则接入电网，分界点（含开断设备及其它附属设备）及之前的供电设施由电力企业出资。三是低压客户，电能表及之前供电设施全部由电力企业出资。五、深入推进园区业务“绿色通道”。一是在省级及以上工业园区设立供电服务网点 52 个，对园区内客户提供专属客户经理服务，力争客户不出园区办理用电业务。二是下放管理权限，减少管理层级，缩短办理时限，部分业务环节时限按常规“减半”执行，有效提高办理速度。三是建立园区客户服务台账，强化服务过程跟踪，提升客户感知。六、全面开展业扩报装后评估工作。采取现场检查、电话回访、信函回访等多种方式，重点治理“线下流转”“三指定”、乱收费等业扩突出问题，并将业扩报装纳入公司纪检专项巡察内容，2016 年共完成对 22 个地市公司的现场检查、34012 户电话回访、办理信函回访单 18374 份，完成明察暗访情况通报 10 期，形成典型案例 20 个。七、开展“线下流转”专项整治行动。一是全力推进业扩全流程信息公开与实时管控平台建设，业扩报装全流程信息在公司系统全面公开并实现线上实时管控。二是大力开展“线下流转”专项整治行动，对发现“线下流转”的，在公司系统“供电服务曝光台”进行曝光，并在企业负责人绩效、同业对标考核中严格兑现。八、多渠道、全流程信息公开。一是拓宽电子信息渠道，全面推广网上智能营业厅、“掌上电力”手机 APP、微信公众号等电子渠道，开通网上申请、办理功能。二是客户提交用电申请后第一时间提供“一次性告知书”，告知业务办理流程、办理时限、注意事项等内容。三是在业务办理过程中，客户可通过供电营业大厅、95598 热线服务电话、网上营业厅、手机 APP、微信、移动终端等多种渠道实时查询用电相关信息。四是送电后，第一时间发放业务办理信函回访单，由客户对用电服务进行评价，并通过电话回访进行满意度测评。

优质服务

【优质服务】2016年，国网四川省电力公司深入贯彻落实国家电网公司供电服务工作部署，坚持“你用电、我用心”，以客户为导向，主动适应售电侧改革新形势，深化“为民服务六件实事”，开展供电服务突出问题整治，进一步夯实供电服务基础，强化跨专业服务协同，大力实施服务创新，严格规范服务行为，着力提升服务品质，切实增强市场竞争力，持续提高供电优质服务水平，取得了丰硕的工作成果，获得了社会各界广泛赞誉。主要业绩：

2016年2月5日，金象赛瑞公司向国网四川省电力公司赠送锦旗　（曹志刚　摄）

一、高效搭建服务连心桥。一是在城市地区持续开展“电力服务进社区”服务。详细制定了“电力服务进社区”各项服务内容、业务流程及时限要求。由社区客服经理负责处理社区用电咨询、业务受理、用电纠纷协调、投诉举报、故障处理等工作，同步建立了用电需求、服务质量、用电问题等社区服务“三本台账”，定期对居民小区物管或社区办事处进行走访、交流，收集、反馈、帮助客户协调服务范围内的用电需求和用电困难。同时，在社区的公示栏、宣传栏等显著位置张贴“连心岗”公示牌，对居民用电客户、社区居委会、小区物管和业主委员会发送“连心卡”，在居民住宅集中的社区（片区），聘请当地声望较高的人员担任民意代表，及时反馈居民客户对于供电服务的需求。目前已共在全省12513个社区开展“电力服务进社区”（其中敏感小区516个），配置社区客户经理2956人（专职433人），“电力服务进社区”覆盖客户数量965.94万户（含在地方政府民政部门登记在册的军烈属、残疾人、五保户、孤寡老人等特殊客户5.92万户）。公司系统设置用电“连心岗”6.65万个，发送用电“连心卡”249.66万张，开展电力知识宣传活动3.24万次，免费发放各类用电宣传资料301.27万份，义务组织或参加志愿者服务活动6959次。累计走访居民小区2.34万个•次，走访客户72.7万户•次，受理及处理各类用电业务咨询数量9.13万件，累计收集各类问题2.45万件，用电问题一次解决率达94.73%；征求客户意见和建议1.17万条，清楚答复客户意见和建议1.13万条，客户用电意见和建议回复率96.58%。二是在农村地区推广“包片进村”活动。“包片进村”活动以县公司为责任主体推行“包片”，涉及全川166个县，1363个农村供电所。将“进村”细化为：市公司“服务乡镇”、县公司进村、供电所进台区和员工进农户四个层级，主要采用“看、听、抽、问、查”等方式详细掌握乡镇供电所内部管理和客户服务情况，查找和解决农电管理难题。各市（州）供电公司共成立督察组136个，负责“包片进村”的组织领导；县公司成立以领导班子成员任组长的773个工作小组，采取片区包干等形式，到供电所蹲点住勤，掌握第一手材料；乡镇供电所逐个台区清理“低电压”情况，排查梳理设备安全隐患；供电所员工对辖区内农户进行深入的走访，“进各家各户”掌握客户实际需求。分类建立“客户服务、电网设备、供电所建设”问题“三本台账”，明确问题的责任主体，落实问题整改，变“客户找”为“找客户”，变属地解决问题为各级协同解决问题，实现收集问题100%真实、反映问题100%录入。各市（州）公司督察组共检查、指导供电所4882次，完成了对供电所工作检查的全覆盖，走访供区行政村2.25万个（约占供区总行政村的 90%）、走访客户 157.44 余万户。

二、积极治理低电压台区。一是落实资金计划，明确治理目标任务。分解下达 2016 年农村“低电压”治理工作目标 59 万户，其中 2015 年新增农网升级改造资中共有农村低电压治理项目 31.23 亿元，解决电压台区 7345 个，解决低电压客户 50.43 万户；2015 年低电压治理技改项目二批共计 0.98 亿元，解决低电压台区 321 个，解决低电压户数 1.4 万户。剩余台区全部纳入公司 2016 年农网升级改造项目解决。二是加快治理项目现场实施，低电压治理取得明显效果。组织单位认真加强施工组织，加快已下达项目计划的低电压治理项目实施，部分地区农网实际供电能力得到一定提高，低电压问题基本消除。截至 12 月底全省今年共完成农村“低电压”治理 62 万户，超额完成年度目标治理任务，累计完成治理低电压 151 万户，超出计划目标 3 万余户。三是加强农村“低电压”治理工作考评。根据国网公司营销部和省电监办转发的涉及农村低电压投诉工单，定期分析低电压治理成效。要求各单位认真核实投诉产生的具体原因，对照低电压治理项目进行核实，凡是已纳入治理项目的，将严肃进行考核，未纳入项目储备的优先纳入各类项目储备计划，切实降低优质服务压力。

三、进一步方便客户交费。一是形成多种交费渠道。目前公司为居民客户主要提供了公司自有渠道和代收交费渠道：通过公司自有渠道交纳电费，主要交费方式有供电营业柜面交费、自助终端交费、掌上电力、电 e 宝等。通过金融机构、非金融机构等第三方代收电费，目前与我公司建立代收电费业务合作共有 36 家，其中金融机构 15 家，非金融机构 21 家，2016 年代收笔数为 6619.52 万笔，代收金额 1562697.63 万元，代收笔数同比增加 11.94%，交费金额同比增长34.99%。二是交费时间24小时覆盖。大力推行自助终端建设，方便客户 24 小时购电，据统计，2016 年自助终端交费笔数为 7287.02 万笔，电费金额为 1699796.85 万元，占比分别为 52.39%、52.10%。加强夜间或其他时间段应急售电服务渠道建设，如 24 小时供电营业厅、工行等部分金融机构的自助交费机、红旗超市 24 小时营业点等。

四、创新服务升级发展。一是推进线上 APP 应用。推出故障报修、购电交费、低压业扩受理等功能，实现供电服务线上线下业务有机融合。目前，国网四川省电力公司“掌上电力“APP 累计注册用户达 262 万户，位列国网系统第一。积极开展营业厅免费 WiFi 建设，在所辖 1403 个供电营业厅（含直供直管、全资、控股单位）建设免费 WiFi 覆盖热点，极大方便了前往营业厅办理业务的客户免费注册、体验掌上电力 APP、电力微信公众平台、95598 智能互动网站和国网商城等电子化互动服务。在天府公司试点建设“互联网+电力服务”体验营业厅，加快业务线上化转移，丰富供电服务功能，推广网上购电远程下发、停送电信息精准发布、故障辅助定位等精益化服务。实现“客户导向型和组织扁平化、服务线上化、运营数字化、业务跨界化”要求，促进供电服务转型，不断提升客户体验。二是加快创新转型研究。四川公司抽调全公司优秀骨干人才，组建专门的创新转型工作团队，全力开展营销创新转型的前瞻性研究与落地实施工作，以营销创新转型为龙头不断加快新的服务型企业构建。对内加快业务体系创新转型，适应新技术发展和客户需求升级。对外拓展服务增效渠道，应对电力体制改革和国家经济转型。三是升级创新服务手段。完成线上化服务和定制化服务的设计开发，力争今年实现全部营销业务的线上化。建设客户服务的“入口管控平台”，对客户服务的全部触点进行管理，对客户进行精准画像和服务需求分析。推动“95598 呼叫服务 2.0”升级，实现客户呼叫服务的线上化，全面支撑 APP、微信公众号、网站等线上客户的互动服务。加快客户服务快响体系建设，推广天府公司“台区客户经理制”，实现客户现场服务与企业管理的末端融合。深化数据分析能力，建立数据分析模型，开展客户用电行为、服务质量投诉、服务资源匹配度等全景分析，并将数据分析工作固化到业务运行中，建立起“数据洞察客户需求，引导营销运营”的工作模式。

五、严格规范业扩报装。一是强化组织领导，确保政策落地。成立省公司业扩报装工作提升领导小组，建立了业扩报装工作提升会制度、月度通报机制、月度协调机制和问题定期反馈机制。定期收集、整理、通报和协调解决基层单位在业扩报装工作中存在的热点、难点问题。加快推进业扩报装进度，最大限度满足客户用电需求。二是细化管理标准，加强业务指导。先后下发《关于印发进一步加强业扩报装管理要求的通知》《业扩供电方案编制实施意见》《业扩配套电网建设项目管理实施意见》等管理办法，进一步加强对基层单位的业务指导，营造干净的业扩报装环境，努力为客户提供省钱、省时、省力、省心、阳光的业扩报装服务。三是简化业扩手续，提升服务效率。对居民客户推行“现场查勘、方案制定、合同签订、装表、开卡售电”等“五位一体”工作方式，缩短接电时间。对高压客户取消保护定值校核、客户设备调度命名编号审批、停送电计划等流程，缩减办电环节。对园区客户提供更“绿色”的服务。取消省级及以上园区 110 千伏及以上客户的接入方案编制环节；将省级及以上园区 35 千伏业务下放至县公司办理；压缩办理时限，查勘派工、供电方案答复、竣工验收等业务时限，按其他客户业务时限“减半”执行。四是优化出资界面，增强市场竞争力。坚持“就近接入”原则，尽量向客户延伸电网出资界面：对一般的高压非专线客户，电网延伸到客户用地规划红线旁的第一基公用杆塔（或环网柜）；对新增省级及以上园区、已有省级及以上园区的新增客户以及县、市级优质园区，实行直供到户，将电网延伸至客户用地规划红线内。对低压客户，表计及以前供配电设施由公司出资。2016 年共计安排资金计划 14 亿元，分解下达 8.25 亿元，全力满足业扩配套工程需求。五是深化专业协同，提高协同效率。建立供电方案、业扩电网配套工程方案“一体化”审查机制。低压客户现场确定供电方案和业扩电网配套工程方案，并现场与客户签订“供电方案确认单”；10 千伏客户定期召开“业扩方案审查会”，将供电方案、业扩电网配套工程方案同步审查，并现场形成会议纪要，提高审查效率。开展业扩“线下办理”专项整治行动，全面治理线下办理问题。2016 年 4 月起，启动了为期三个月的业扩“线下办理”突出问题专项整治行动，通过电话回访、现场抽查、问题现场核查、客户投诉举报等方式，对线下办理开展全面整治。推广“互联网+业扩”服务体系，从源头杜绝线下办理。实现网上营业厅和“掌上川电”APP 全省统一受理业扩业务，推行业扩报装移动作业，实现业扩受理环节在线管控。六是强化工作评估，严肃责任追究。完成全部 22 家地市公司业扩后评估工作，建立电话回访和信函回访制度，重点对“时间一致性”“线下流转”“三指定”“乱收费”等问题进行回访，发现问题限期整改。对发现的突出问题通过“供电服务曝光台”进行曝光，并在同业对标和企业负责人年度绩效关键业绩指标严格兑现考核。

六、全面推行综合抢修。一是建设 30 分钟配网故障抢修圈，实现网格化抢修。在国家电网公司 45 分钟抢修到达时间规定的基础上，充分考虑各地市地势区域特点、人员居住结构以及交通情况，通过调整和增加抢修驻点，在市级城市配网提出年内完成打造“30 分钟抢修圈”工作目标并积极推进配网抢修“网格化”管理。按照抢修半径小于 4 公里的范围增加城市地区永久和临时抢修驻点，保证 30 分钟抢修圈的覆盖布局，缩短故障抢修半径，提升抢修反应速度。同时安排下达运检事项性成本，用于支持各单位 30 分钟抢修圈驻点建设，并针对性编制了抢修业务外委操作指导原则，确保抢修圈建设取得实效。截至 2016 年 12 月底，全省地市城市地区 30 分钟抢修圈的驻点由原有 25 个增加至 51 个，建设完成率 100%，抢修效率大幅提升。二是整合配网抢修资源，实现综合抢修。公司刘勇总带队，组织运检、营销、人资、政工等部门，赴成都、德阳、眉山等基层单位开展实地调研，充分听取一线配网抢修管理模式调整的意见和建议，积极整合运检、营销抢修队伍资源，在现有配网抢修班配备电能表抢修人员，实现表计故障抢修业务移交整合。当配网故障抢修涉及低压表计故障时，做到一支队伍快速抢修，加快换表复电，提升抢修服务水平，减少客户故障停电时间，增强客户满意度。目前全省市级城区抢修班组（除成都公司外）已全面完成营配末端抢修业务融合。同时，推进共产党员服务队（已有 28 支）与配网抢修班的资源整合，制定下发了《国网四川省电力公司配网抢修班（共产党员服务队）管理规定》和《国网四川省电力公司配网抢修班与共产党员服务队联合值班故障抢修管理规定》，分两步走推进整合工作，规范两种方式下抢修班组工作职责，加快实现“一支抢修队伍”的服务原则。三是制定配网典型故障抢修方案和抢修人员规范用语。制定下发《配网典型故障抢修方案》，包括电缆、环网柜、箱变、柱上变压器等 8 类配网主要设备，

2016 年 2 月 23 日，国网康定市供电公司共产党员服务队队员背着沉重的工器具雪地上艰难行走，查找老榆林村停电故障原因 （黄丽 摄）

规范了现场抢修人员配置、工器具配置和现场抢修流程，在确保人身安全的前提下，快速完成故障抢修。制定下发《配网故障抢修服务规范用语》，规范抢修人员与客户沟通交流方式，提升客户感知，展示良好企业形象，避免不必要的客户投诉。

七、有效减少停电时间，一是提高停电计划性。公司刘勇副总经理、石俊杰总工程师、李镇义副总工程师均高度重视停电计划管理工作，亲自指导重大停电安排，审定主网设备停电计划，确保电网风险可控、能控，尽量避免重复停电、无序停电和延迟送电，尽可能减少用户停电时间。公司进一步加强了停电检修管理，精心协调、科学安排，通过建立停电窗口期、强化停电计划多部门协同、优化停电计划安排、督促施工单位提前协调落实准备工作、强化停电工期和检修质量管理等措施，保证了停电计划的刚性执行和停电工作的有序开展，基本实现了电网计划检修、业扩接入工程、电网建设改造、客户设备接入的“四联动”，110 千伏及以上供电网络非计划停电和重复停电现象得到有效控制。二是强化配网停电计划执行。推行综合检修，编制下发《国网四川省电力公司配网方式计划管理规定》（川电调控〔2016〕29 号），规范配网停电计划管理，避免随意停电对结构薄弱的配网造成进一步的网架削弱。建立分析评价考核机制，严控非计划停电、重复停电和延时送电。统一配网调控管辖范围，实现 10 千伏设备（含配变）全范围纳入调度管理。规范配网停电计划管理，引导客户将业扩接入工作纳入月度计划，在 A 类及 A+类地区将 400 伏停电计划纳入调度备案管理。加强检修管控，在工作实施环节通过周密的现场勘查，制定科学合理的施工方案；在施工前全面落实前期准备，规范施工组织，实行标准化作业，减少停电时间，并对延时送电事件采取典型案例分析，从计划安排、检修组织、现场作业等环节采取针对性措施，详细规范了调度、运维、检修各专业所承担的工作任务，使各专业分工更明晰，促进了各专业横向协同，实现了对停电检修全过程各环节的“三定”（定人、定责、定时间）。三是加大带电作业的覆盖面。将不停电作业指标纳入绩效评价指标体系，促进不停电作业化率持续提升，并逐步实现地市公司全部四类配网不停电作业项目和六个电缆不停电作业项目应用。在中低压客户送电环节优先采用带电作业方式，公司系统严格实行“能带不停”现场作业工作要求，最大现度减少停电。同时，主动收集用户停电需求，统筹安排电网检修计划，严格审核对外停电工作方案，大力推广带电作业等手段，大幅减少了对大用户的停电时间。不完全统计，2016 年各供电公司开展 110 千伏及以下设备带电作业 22000 次以上，同比增长 11.7%。其中售电量最大，用户最多的成都供电公司 2016 年停电检修工作平均耗时同比降低约 1 小时，停送电操作平均耗时同比降低约 0.2 小时，倒闸操作效率同比提升 8%，检修工作按时完工率同比提升 18%，直接缩短对外停电时间约 1200 小时，提高售电量约 336 万千瓦时，按照售电均价计算，创造经济价值约 204 万元。

八、营销安全服务水平不断提高。一是高度重视高危及重要客户安全服务工作。2016 年制定了《高危及重要客户用电安全管理工作指导意见》，明确了工作内容、工作要求。深入排查高危及重要客户安全供用电工作中的薄弱环节，全面落实“服务、通知、报告、督导”四到位工作，建立健全客户安全专项档案，不断完善“一户一档”资料，建立完善缺陷隐患台账管理制度，对排查出的重大隐患，落实责任和人员，实行跟踪督办，主动为客户提供技术支持，持续督促客户落实整改措施，有效遏制重特大供用电安全事故发生。二是认真开展隐患排查。完成了高危及重要客户的定级与备案。2016 年，公司按照有关要求，对供电区域内的 2226 户高危和重要电力客户再次进行了梳理、甄别、定级，并上报国家能源局四川监管办公室备案。完成了供电电源配置情况的专项排查。此次专项排查发现双（多）电源供电客户 1060 户，双回路供电 126 户，双电源配置率 53.28%，单电源供电 1040 户，共计出具《用电检查结果通知书》1187 份，提出隐患整改意见 1788 条。完成了客户用电设施安全隐患的排查与督促治理，开展客户抗电压扰动用电安全核查和告知工作，共排查客户用电设施安全隐患 2352 条，针对发现的客户隐患，出具了用电检查结果通知书，督促客户进行整改。开展成电力用户频率波动适应性调查，对电网频率敏感的石油、化工、电子、军工、冶金、煤炭、制药、纺织、光纤、机械制造、精密加工等 402 户企业进行了调查，并建立了相应数据档案。三是强化营销现场作业安全。通过组织开展“春季安全生产督查”、安全生产“三查三强化”等督导检查，重点对业扩报装、智能电表推广和用电信息采集装置安装等工程施工作业现场安全按月进行管控排查，对存在的隐患制定切实可行的整改方案，限期整改，通过严格施工、验收、接电、送电等关键环节风险控制，进一步规范了作业流程和行为，强化了施工作业组织和现场安全措施落实，杜绝了营销人身伤亡事故的发生。四是完善重要保电和应急服务响应机制。为提高国网四川省电力公司快速、有序、高效开展重要保电事件客户侧应急处置工作能力，公司结合实际制定了《国网四川省电力公司重要保电事件（客户侧）处置应急预案》，为全省重要政治活动及社会经济发展提供优质用电保障。2016 年，公司圆满完成习近平主席视察西部战区、四川省 G20 财长与央行行长会议保电、第十六届西博会保电等特别重要保供电任务；同时还完成了四川省 2016 年第四季度重大项目集中开工仪式保电等 206 次重大保电任务。五是全面完成迎峰度夏有序用电安全服务工作。2016 年迎峰度夏电网压力巨大，为维护电网安全运行，全力保障广大居民正常用电，按照“保电网安全、保民生用电”的原则，营销部按照政府批复的有序用电方案，在 8 月 16 日至 25 日期间对成都部分区域实施有序用电措施，采取工业企业错峰避峰的方式让电于民：累计参与错避峰企业 23205 户次，日最大错避峰企业 5021 户次（出现在 8 月 25 日）；日最大错避峰负荷 73.76 万千瓦（出现在 8 月 25 日）；累计避峰电量 4527.58 万千瓦时，日最大避峰电量 1386.69 万千瓦时（出现在 8 月 24 日）。迎峰度夏期间，经过精心准备和周密策划，先后组织召开客户座谈会三十余次，走进社区 320 个，涉及居民小区 2500 余个，涉及客户 50 万户，发放《致市民朋友的一封信》节电宣传资料 25 万余份。通过持续落实有序用电措施，与广大电力客户共同渡过了酷暑难关。

营销业务质量管控

【概况】2016 年是国网四川省电力公司营配调贯通攻坚克难的一年，各单位加强营销、运检等部门协同，严格落实省公司拟定的里程碑计划，实现公变公线贯通率 98.65%，专变专线贯通率 98.05%，低压户变关系一致率 99.56%，基本实现电网信息同源管理。全面清理营销业务系统内的虚拟变压器和台区，治理异常台区 1.97 万个。攀枝花公司在营配贯通工作中，强化数据质量，为营销转型奠定基础；雅安芦山供电公司通过数据治理，10 千伏及以下线损率下降了 5.05 个百分点；德阳、绵阳、广安公司切实抓好台区数据清理和采集全覆盖，所属 32 个供电所台区线损合格率超过 85%。

【措施】由国网四川省电力公司营销部组织、国网四川客服服务中心具体实施，2016 年对 14 家地市公司 315 千伏安及以上的大工业客户开展了定价策略核查，下发疑是问题工单 1266 笔、确认问题数 232 笔、查处差错电费 1144 万元。对全省 39.18 万只就地费控商业用户电表的电价准确性进行核查，其中召测成功电表数 16.14 万只，对发现的 5.75 万只问题电表进行了限时整改。各单位对中小规模高耗能企业和私营企业等开展反窃电专项整治，追回电费 180 万元，收取违约金 350 万元。国网四川计量中心完善技术方案，调整时钟超差电表 48.2 万只，规范掌机电费信息下载流程，避免了潜在的电费风险；集中统一管控拆回智能电表，维修利旧电能表 5.1 万只，节约金额 1020 万元。国网四川节能服务公司加大节能项目推进力度，营业收入突破 1 亿元，营业收益超 2500 万元。

2016 年 1 月 13 日，四川省发改委副主任徐立调研运营监控中心 （曹志刚 摄）

安全生产

责任编辑：何　飞

安全概况

【概况】2016年，国网四川省电力公司按照“安全第一、预防为主、综合治理”的方针，始终坚持以人为本，推进安全发展，贯彻执行《安全生产法》《安全工作规定》《安全职责规范》等法规制度，深入开展安全管理提升活动，全面落实各级安全责任，全面强化安全基础管理，全面推行风险分级管理、隐患排查治理双重预防性工作机制，创新安全监督方式方法，进一步提升安全质量管控能力和本质安全水平，为公司和电网持续健康发展提供了安全保障。一年来，公司未发生人身死亡事故，未发生一般及以上电网、设备事故，未发生重大火灾事故，未发生五级信息系统事件，未发生负同等责任的特大交通事故，成功处置了各类突发灾害，确保了四川电网安全稳定运行，安全生产保持平稳局面。

主要举措

【全面促进安全责任制落实】坚持落实各级安全主体责任这一工作主线，着力构建超前谋划、具体实践、激励约束“三位一体”工作机制。提前谋划安全工作重点任务，牢固树立安全工作全局“一盘棋”思想，各专业围绕“安全工作实施意见”主动开展安全策划，形成上下协调联动、专业齐抓共管的良好组织格局。以深化落实安全生产月、周、日例会制度为抓手，推动各级安全责任落实。不断深化安全激励约束机制，坚持安全目标与过程管理并重，修订《安全生产奖惩实施办法》，健全安全业绩评价考核体系，搭建更为完善的科学激励和责任追究制度平台。严格落实安全工作“问责”制度，强化责任倒查追究，针对安全管理突出问题，开展安全约谈，震慑和警醒各级人员不触事故“红线”、不越安全“底线”。

2016年1月4日，国网四川省电力公司召开2016安全工作电视电话会议（曹志刚　摄）

【全面推进本质安全工作】贯彻国家电网公司《关于强化本质安全的决定》，针对公司和电网安全发展任务和实际，做好“顶层设计”，制定发布公司强化本质安全方案和17个专业子方案，细化204条工作指引和配套举措，从电网结构、设备质量、安全管理、队伍素质各方面，全面强化确保安全的治本之策，进一步增强安全治理的系统性、整体性和协同性；突出主体责任，进一步明晰安全保证体系和监督体系的关系，以安委会会议为平台，建立定期报告机制，督促专业履责，做到可操作、能落地，相关做法和成效获上级高度肯定。

【深化安全风险预警管控】落实风险管控“先降再控”，修订发布公司《电网运行风险预警管控实施意见》和《输变电工程施工风险预警管控实施意见》，全面规范各层级组织、流程、职责、措施和落实。基于专业风险预警，完善修订电网预警、生产作业、基建施工、配网工程现场管控到岗到位标准，强化现场履责，提升管控质量。全年管控电网、施工风险预警700余项，保障了各级重点工程、重要检修顺利实施和电网安全运行。提炼优秀思路和典型做法，《基于智能化软件平台的电网风险预警“六化”管理模式》成为国网系统唯一入选“安全风险预警管控”科目的典型经验。

【切实强化反违章工作】突出高风险领域巡查，狠抓电网四级及以上、作业四级及以上高风险作业巡查，强化风险管控，同时对小型、零星、分散作业以及农网工程进行抽查，对农网、基建任务繁重单位反复巡查，严格“四不两直”，形成震慑。强化各专业协同，建设、运检、农电、调控、科信等各专业部门针对本专业违章发生的规律和特点，狠抓重要环节、关键时段的反违章，每月共享违章数据，并在安全例会上进行通报，形成强大的反违章态势。加强巡查队伍协作，加强省、地市和县三级巡查大队沟通交流和紧密协作，整合巡查计划，公司巡查大队以高风险作业巡查为主，进行制度宣贯和安全文化传播，零星、小型作业由县级公司自查。建立违章举报平台，公布违章举报电话，建立违章举报平台，鼓励多种形式的违章举报，调动各级人员反违章积极性，自主发现违章、自觉纠正违章、相互监督整改违章，形成违章“群防群治”良好氛围。强化反违章教育培训，完成《电力生产典型违章300条》图像化制作并出版发行，违章现象直观、易懂。用指标引领激励，充分发挥调动各单位《安规》“学、考、用”的主观能动性，着力营造全员学安规、守安规浓厚氛围。开展安全法规制度考试，进一步规范各级管理人员现场安全履职。

【狠抓安全隐患排查治理】深化隐患“全覆盖、勤排查、快治理”工作格局，出台《安全隐患排查治理过程考核实施意见》，采取“两单一表”、重大隐患“挂牌督办”、月度信息曝光、班组隐患公示等有效措施，推动安全事故防范和处置关口前移。全年排查整治各类隐患2.19万余条，落实隐患治理资金1.29亿元。深刻吸取陕西“6.18”主变烧损事故、江西丰城电厂“11·24”特大事故教训，扎实开展“三查三强化”安全专项行动、重大施工安全隐患排查等工作，督促各单位制定行动方案，细化工作措施，紧密结合电网迎峰度夏（冬）、施工风险管控，切实抓好输电线路“三跨”隐患、站用交直流电源隐患、电缆通道隐患、防误闭锁隐患、防群伤群亡事故隐患治理，确保安全稳定局面。

2016年12月17日，国网四川检修公司西昌运维分部圆满完成了500千伏榄普一线的直流融冰工作，确保了电网的安全稳定运行，图为测量覆冰厚度（李云　摄）

【强化产业及集体企业安全管理】借鉴电网及建设施工风险管控成功经验，制定公司《发电、煤矿、化工企业安全风险预警管控实施意见》，扎实推进产业安全风险预警预控，有效防范发电、煤矿、危化品企业安全风险。规范开展集体企业安全监督检查，及时发现和治理集体企业安全薄弱环节和安全隐患。组织石龙桥煤矿开展《煤矿安全规程》对照排查完善、安全质量标准化查评工作，增强煤矿安全生产保障水平。

【全面加强安全教育培训】认真贯彻国家电网公司安全工作部署，将加强安全教育培训作为强化本质安全的关键一环，增强“人”的安全能力。落实制度保证，规范安全教育工作，增强安全法规制度学习和应用的内驱力。强化“双到位”，抓好安全生产“关键少数”。开展安全法规制度考试，进一步规范各级管理人员现场安全履职。坚持“双提升”，管住安全生产“最大多数”。强化指标引领激励，充分发挥调动各单位《安规》“学、考、用”的主观能动性，着力营造全员学安规、守安全浓厚氛围，有效促进现场安全生产工作。

存在问题

【人身安全风险防控压力大】首先“安全第一”的理念未能真正入脑入心，一些员工安全意识、“保命”意识淡薄，规则意识较差，对自身范围内的安全状况和风险心中无数，主动辨识风险、控制风险的能力不足，特别是一些分包、外包人员工作随意性大，习惯于蛮干、冒险作业，安全意识规则意识亟待强化。其次，现场作业安全管理和执行存在薄弱环节，虽然近年来安全规程制度日趋完善，但在一些作业现场，规章制度执行力层层衰减，违章行为时有发生，特别是公司花了大力气制定，对现场作业具有很强指导性、规范性的两个《规范》、三个《案例》、开关柜管理规定的宣贯执行仍不到位，一些班组未及时组织学习掌握，个别班组甚至都没有收到文件，导致安全管理规定执行不到位、落不了地，现场安全得不到有效管控。

【电网运行风险防控压力仍然较大】当前四川电网安全运行面临多集群水电接入、多直流远距离送出、交直流系统混联等全新课题，特别随着三大特高压直流输电线路、德宝直流输电线路满功率送出成为常态，电网交直流耦合性增强，“强直弱交”特性凸显，一旦发生直流单双极闭锁事件，将对送、受端电网造成严重冲击，甚至诱发大面积停电事故。另外电网本质安全水平不足，部分区域电网结构性风险始终存在。

【施工风险预警管控效能需要提升】随着电网建设、设备改造力度加大，公司系统各项生产检修、基建施工、农网改造任务十分繁重，现场作业点多面广、人员众多，各类生产作业人员面临施工作业环境复杂，气候恶劣等诸多不利因素，部分工程跨越施工作业、深基坑作业安全风险突出，高原施工、野外作业、带电、近电作业各个环节中，安全管理和协调难度大，人身安全风险始终存在。同时通过安全大检查发现，部分单位在现场工作组织、“两票三制”执行、停役设备管理、小型分散作业等方面安全管理仍存在薄弱环节和违章行为，安全风险特别是人身伤害的风险较大。

【集体企业本质安全水平不高】部分集体企业安全管理落实与主业“同部署、同检查、同考核”要求还存在偏差，集体企业安全基础有待进一步夯实，特别是从2016年集体企业安全专项检查发现，与公司主营业务紧密关联的部分施工型集体企业自身承载能力不足，施工作业现场的安全管控力仍显薄弱，集体企业分包工程安全风险不容忽视；部分电工电气制造集体企业隐患排查治理工作不深入，安全生产标准化水平不高。

应急体系建设和应急救援

【概况】2016年，国网四川省电力公司加强应急职能管理，特别是对应急体系建设中带有全局性、战略性的问题展开深入研究，深化应急体系建设规划，狠抓科技创新，丰富应急文化发展内涵，以“锤炼基础能力、履行管理职责”为目标，努力推进应急标准化管理，实现应急管理、救援、培训和研究能力新提升。

【主要举措】为夯实应急基础管理，进一步完善应急机制，国网四川省电力公司重点开展了以下十二个方面工作：一、应急预案体系建设与管理。贯彻落实《国家大面积停电事件应急预案》和《国家电网公司大面积停电事件应急预案》，印发了《国网四川省电力公司关于落实国家电网公司大面积停电事件应急预案宣贯修订工作方案的通知》，全面开展预案宣贯和学习；受四川能源监管办委托和省公司统一安排，牵头组织起草了《四川省大面积停电事件应急预案》，并积极配合省经信委开展预案评审。

二、健全防震减灾部门横向协同机制。深入分析2016年四川省地震灾害发生趋势及地质灾害风险，研究落实防范措施，制定《国网四川省电力公司2016年防震救灾工作意见》，会同安监、运检、基建等部门，针对39个重点区域防震减灾工作召开了专题会议，研究制定了《2016年四川省电力公司重点区域防震救灾工作总方案》和《防震救灾专业子方案》，进一步明确了各专业部门防灾减灾职责划分范围和应急处置流程，细化了应急处置分工，落实了应急队伍、物资、装备等应急保障，完善了横向协同的防震救灾协作处置体系。

三、牢固树立“大安全”理念，强化本质安全管理。扎实开展“春安”大检查、“三查三强化”专项行动，强化“以人为本”思想，树立全员安全理念，将安全意识建设内化于心、外化于行，切实落实公司本质安全建设各项措施。

四、强化应急值守和信息报送制度。国网四川应急中心严格执行24小时应急值班，及时受理应急有关来电、来函事宜，及时传达应急处置指令，圆满完成各节假日、“防汛”、“迎峰度夏安全生产”、“G20峰会保电”“公司违章监督举报平台”等重要时期的各项值班任务；保持与省政府和各市州公司应急指挥分中心等应急值班室实时沟通，确保预警信息和各类突发事件信息的及时收集、汇总和发布。

2016年2月4日，国网四川省电力公司总经理、党委副书记石玉东指导应急工作，亲自体验无人机侦察

五、深化标准化演练模块应用，扎实开展演练。按照2016年应急演练工作计划，围绕电网迎峰度夏、防洪度汛、防地质灾害、防大面积停电等重点工作，以标准化演练模块为基础，开展了“2016年四川电网迎峰度夏反事故演习”、“2016年防灾救灾综合应急演练”及“跨市在建扩建工程协调联动演练”等大型应急演练3场，参与人数达1050人次；各市（州）、县供电公司开展应急演练639场，参与人数达19203人次；中心移动变电站开展了应急响应启动、移动站停送电操作、移动站车载平台拉练等演练16次。

六、视频反违章工作常抓不懈。国网四川应急中心根据国网四川省电力公司检修计划和施工安排，对有工作的变电站、施工现场等常态化开展视频反违章督察工作。抽查现场工作票，复验工作票工作内容、安全措施和工作票手续履行等情况，拓展了视频反违章工作内容和深度，发现上报并纠正生产现场违章行为122起，进一步巩固了生产现场安全防线。

七、拓展应急培训纵深，提高队伍综合素质。2016年，国网四川应急中心共承办不同层次的应急培训班65期，培训3394人，培训量达到14742人.天，培训总体满意率99.95%。此外，3次选派教练到国网重庆市电力公司、国网阿坝供电公司、国网甘孜供电公司等地指导应急培训工作，受到一致好评。同时，为提升中心应急基干队伍综合素质，开展了为期一周的“内训师TTM”和“礼仪”专项培训，分两批选送队员到国家地震应急搜救中心参加“全国省级地震救援队技术骨干（中级）”培训班；派出5名应急队员参加民航飞行总局AOPO无人机协会驾驶考试取证。截至2016年年底，中心6人取得高山向导证书，4人取得PETZL工业救援绳索技术国家一级认证，进一步提升了中心救援队员专业水平。

八、积极推行应急装备运维管理标准化体系建设。国网四川应急中心认真分析和总结应急照明、应急发电、应急通信等装备在日常和应急状态的运维管理方法和经验，大力推进《国网四川省电力公司特种装备运维技术标准》编制工作，完成了《国网四川省电力公司应急装备配置标准（试行）》编制，并发各单位征求意见，为公司应急装备的运维管理规范化、标准化奠定基础；完成了35千伏移动变电站运行规程、操作手册、检修导则等规范编制，完善了移动站管理制度和工作流程，为建设全电压、全系列应急保供电体系提供有力支撑；加快新技术、新设备和新理念的融合，挖掘现有装备潜力，开发了无人机喷火除障技术，并在攀枝花供电公司成功实施，开辟了带电除障新方法。

九、突出科技创新引领作用，拓展应急科技创新技术支撑体系。国网四川应急中心编制“十三五”发展规划，分析了应急体系建设所面临的新形势，针对应急体系当前发展中的重点和难点问题，进一步明确发展方向、定位和战略重点，形成科学发展新目标；完成国网总部管理科技项目《输电通道地质灾害监测、评估、预警及现场应急处置技术研究》和省管科技项目《震灾后电网次生地质灾害监测预警及抢险救援技术研究》的调研、方案制定、数据采集等工作；按照资产全寿命周期管理“领先型”体系创建第二次工作推进会要求，完成中心资产管理体系深化应用课题，将安全效能成本综合最优、风险管理、协调管理、LCC模型应用融入在课题中，完成中心“领先型”阶段资产全寿命体系建设资料的汇编材料工作，开展现状评价、目标、过程管控、合规性评价、审核、管理评审等资产管理工作；结合大面积停电预案，开展《电网大面积停电事件情景构建及应急处置推演关键技术研究》和《电力应急响应处置技术标准体系研究及模拟推演示范应用》，形成全球能源互联网新环境下的应急管理理论、技术发展思路和实施路径。

2016年3月13日，国网四川应急中心送派4名应急救援队员到国家地震紧急救援训练基地，进行为期两周的省级救援队技术骨干（中级）培训

十、认真做好安全巡查大队接收各项工作。按照国网四川省电力公司的统一安排和部署，国网四川应急中心于2017年1月1日接收公司安全巡查大队。为做好交接工作，在公司安监部的关心和支持下，中心与巡查大队负责人进行了座谈，了解和协调交接过程中的问题和困难，制定解决办法，做好人资、财务、党群、后勤等交接工作，确保巡查大队接收工作顺利开展。

十一、扎实开展党群建设，深化应急文化内涵。国网四川应急中心全面贯彻从严治党要求，加强基层党组织建设，严格落实党的选举制度，按时完成国网四川省电力公司党委成员换届和中心党委及支部党委换届选举工作；扎实开展“两学一做”学习教育，组织全体党员学习新《党章》《条例》《准则》，严格按要求推进四个专题的学习讨论，开好专题民主生活会和专题组织生活会；认真落实“一岗双责”，强化监督考核，对2015年度党员干部党风廉政建设的情况进行了考评，严格落实谈话和廉政约谈制度；编制、发布了《国网四川省电力公司电力应急中心干部交流管理办法》等10项干部管理办法，进一步强化了中心干部管理；开展了“三亮三比”、“促和谐、爱邻里、讲文明”雷锋月和“青春光明行”为主题志愿服务活动等主题活动，参加了省公司“党规党纪印我心”知识竞赛，增强党组织的凝聚力。

十二、坚持依法治企，增强应急保障效力。国网四川应急中心狠抓内部管理，以审计和资产全寿命周期管理为契机，通过自查与交叉检查，全面梳理人财物的管理。制定了中心供应商管理规定，对各处推荐的近300家供应商进行了资质及供货能力审查，建立了中心供应商库，规范中心采购管理，提高项目实施效率；严格审计报告提出的问题和不足，制定整改措施，逐一落实，进一步加强工程项目及事项性成本运维项目管控，做到职责范围明确具体，程序规范可行；加强可控成本和月度现金流预算执行监督和管控，确保中心资金使用合理、合规、合法；推进人资专业化管理，科学分解指标，细化考核。通过中心组学习、普法讲座、安全规程考试、网络考试等形式，大力推进职工知法、懂法、用法。

生产管理

责任编辑：何　飞

生 产 设 备

【设备概况】2016 年，国网四川省电力公司坚决贯彻落实国家电网公司决策部署，不断深化提升“大检修”体系建设，紧紧围绕建设现代运检体系为目标，以夯实“五化、五统一”运检管理基础为主线，切实保障输变配电设备、特高压及跨区交直流输电系统安全稳定运行，各项工作成效明显。

2016 年，四川电网发展快速，电网规模进一步扩大。截至 2016 年年底，四川电网经营区域（含控股、代管，下同）拥有 110 千伏及以上变电站 1047 座，变电容量 21127.8 万千伏安，交流线路长度 57069.2 公里，直流换流站 1 座，直流换流容量 357.1 万千伏安，直流线路长度 2070.5 公里。其中 500 千伏变电站 45 座，开关站 1 座，容量 7494.4 万千伏安，线路长度 14003.3 公里；220 千伏变电站 224 座，开关站 2 座，容量 7227.5 万千伏安，线路长度 18887.9 公里；110 千伏变电站 778 座，容量 6406.9 万千伏安，线路长度 24178.1 公里。

【技术水平】电网规模不断扩大的同时，电网装备技术水平也大大提升。截至 2016 年年底，国网四川省电力公司系统 110 千伏及以上断路器组合化率达到 33.92%、断路器无油化率达到 99.58%、继电保护及自动装置微机化率达到 100%、变电站综合自动化率达到 100%；城市配网方面，电缆化率达 43.8%、架空绝缘化率达 100%。

【技术指标】2016 年，国网四川省电力公司主要技术指标：城市综合电压合格率 99.994，农网综合电压合格率 99.550，500（330）千伏及以上精益化变电站比例 95.00，20 千伏～10 千伏城市配网架空线路绝缘化率 90.00，4 项指标全部处于国家电网公司同业对标排名 A 段。

设备运行与维护检修

【工作概况】2016 年，国网四川省电力公司坚决贯彻落实国家电网公司决策部署，以“二十四节气表”为工作指引，以强化重要输电通道及跨区电网运维保障为重点，以推进电网运检智能分析管控系统为依托，夯实管理基础，大力提升运检专业精益化管理水平，持续推进运检智能化建设，全力确保电网安全稳定运行和公司工作部署的落实。

【工作举措】2016 年，国网四川省电力公司多措并举，不断提升设备运行维护检修管理水平，成效显著，获得一致好评。

一、保电增送多奉献。一是圆满完成四川三大特高压直流满功率运行及川电外送保障任务，外送电量同比增加 4.5%。夯实三大直流满功率运行基础，圆满完成±800 千伏锦苏直流抗冰改造和三大特高压直流接地极调爬大修项目，扎实开展特高压直流线路及近区 7 条 500 千伏线路年度检修工作，全面开展隐患排查治理工作。科学制定三大特高压直流输电线路满功率运行特殊方式，强化三大特高压直

2016 年 2 月 29 日，检查春耕灌溉用电设施
（王体培　摄）

流输电线路及其近区电网运维管理，健全三级护线

网络，常态化开展智能机器人和无人机巡检作业，强化输电线路视频装置应用，全面配置护线人员GPS终端。二是增强运维保障力，顺利完成G20峰会重大政治保电任务。组织各级人员2374人次对三大直流进行不间断拉网式巡查，对地灾、外破、山火区段落实191名群众护线员和70名专业人员实行双人24小时蹲守，协调公安机关出动警力136人次实施“见警灯、见警车、见警察”保护，保障期间，四川范围内未发生任何不安全事件。三是全力保障川藏联网设备运维，确保藏区可靠供电。深度介入工程建设各阶段，参与全过程技术监督工作，及时发现带合闸电阻断路器同期参数超标、主变套管伞裙坍陷等不合格情况，切实保证了工程的安全投运。加大线路六防措施和人力投入，沿线设置10个观冰及山火监测点，持续开展防雷评估并指导防雷设施投入，积极研究防N-2工作。

2016年4月7日，雅安电网开展220千伏下坪变电站集中检修，图为出动无人机巡查，为高空设备的检修维护打下良好基础　（汤小强　摄）

二、隐患排查强电网。大力开展隐患排查治理工作，严格杜绝因电网设备故障停运原因影响客户供电和优质服务工作。一是全面开展三大直流及近区电网隐患排查，开展±800千伏复奉线、锦苏线、宾金线等重要输电通道风险评估工作，对国网四川电力属地范围内189台断路器认真开展防开关拒动专项隐患排查治理工作。二是全面开展输电隐患排查治理、专项检查整治工作，开展输电“三跨”区段隐患排查治理，编制印发了《国网四川省电力公司关于进一步加强架空输电线路“三跨”运维管理的通知》。扎实开展输电“反措”隐患排查，发现各类缺陷和隐患共50317处，开展线路防雷和地质灾害专项整治、以及防污闪和外破专项检查。三是加大变电站隐患排查治理力度，狠抓变电站用交直流电源专项隐患排查，对2195座35千伏及以上变电站（换流站）进行了排查，经梳理汇总发现401条隐患，其中重大隐患6条，一般隐患395条。开展电网反事故措施自查，共计覆盖变电站2195座，自查工作累计安排技术人员1721人·日，历时52天，累计自查出各类反措未落实146829项。加大德阳换流站隐患排查治理力度，持续开展直流换流站反措落实自查及整改工作，做好换流站年度检修和大修技改工作，开展17项缺陷、隐患及精益化评价发现的3365项问题整改，德阳换流站连续五年荣获“国家电网公司红旗换流站”称号。开展10千伏系统电容电流专项治理，督查各单位结合计划实施的在架空线路入地改造、用户专线电缆报装、配电线路切改等工程情况，开展变压器抗短路能力核查及整治工作，制定抗短路能力停电诊断试验的计划，加强油色谱在线监测及离线检测管理，有效提高了变压器的健康水平。四是开展配电专项隐患排查治理，开展避雷器和线路绝缘子专项隐患排查治理，落实公司三年隐患排查整治推动计划，推进“看门狗”分界开关在用户接入点的全面应用。组织开展跨鱼塘段10千伏配电线路专项整治，排查出各类缺陷和隐患7988处。五是加强配网优质供电服务，不断拓展深度广度，大力开展配网不停电作业，整合输电带电作业队伍，增配40台绝缘斗臂车。深入推进配网不停电示范区建设，实现德阳市示范区范围内配网不停电作业全覆盖，推动公司配网不停电作业水平提升。发挥高海拔配网不停电作业引领作用，完成西藏配网不停电作业帮扶工作。确立了“以降低抢修投诉和提升抢修效率为目标，不断提升配网故障抢修水平”的配网工作主线。着力推进配网综合抢修，提升优质服务水平，整合抢修资源，推动综合抢修体系建设，合理增设驻点，打造网格化抢修体系。强化抢修服务全过程管控，有效降低抢修投诉率，建立故障后评价管理机制。持续开展配电线路综合治理，组织多雷区配电线路差异化防雷技术研究，推广配电站、环网柜等主要设备带电局放检测，推行老旧配变的维修再利用，提前做好配网防冰抗冰运维准备。强化电压无功和电能质量专业管理，持续提升配网供电可靠性。

三、精益管理促提质。按照“大检修”体系“五化”、“五统一”建设主线，国网四川省电力公司以总部对标指标精益化管理指数为指引，不断提升运检专业精益化管理水平，实现提升管理质效的目的。一是以变电精益化评价和“五通”试点为抓手，提升变电精益化管理水平，深入推进变电精益化常态管理，推进变电运检“五通”试点工作，编制《变电运维典型违章案例汇编》，全面提升 GIS 设备安全运行水平，加强各环节质量控制。二是以强化输电线路本质安全为重点，提升输电精益化管理水平，加快标准化线路建设，完成了 500 千伏交直流线路各 1 条的标杆线路创建工作。开展重要输电通道风险评估，完成 3 个国家电网公司、6 个省公司重要输电通道，29 条省公司重要电缆通道风险评估和相关运维保障措施图绘制。开展线路防冰抗冰工作和线路防山火工作。三是以夯实配网基础管理为核心，提升配电精益化管理水平，打造国家电网公司配电网建设改造项目需求编制辅助支持系统，开发了“农网工程项目储备软件”和“现场勘察手机 APP”，研发了“国家电网公司配电网建设改造项目需求编制辅助支持系统”。优化配电网工程项目管理，加强三级漏报管理，提升安装投运率，遵循国网标准体系，加快推进配网标准化建设，实现设备选型“一步到位”、建设工艺“一模一样”。截至目前，典设和标准化物料应用率均实现 100%。加快配网建设改造，持续提高配网供电能力，全面开展乡镇供电所图数治理星级创建，全力推进配网项目需求编报。四是以强化电网及检修作业风险管控为根本，确保设备及人身安全，制定了《高压开关柜检修安全管理要求》，对 2 次 4 级电网风险、520 次 5 级电网风险、4 次 4 级作业风险涉及的 635 处大型作业现场开展部门专人现场督查 42 次、基层单位交叉检查 118 次、电话督察 422 次，发现并督促整改各类问题 253 处，有效保障了电网和作业安全。五是以强化专业协同、标准落地为抓手，提升全过程技术监督管理水平，以竣工投产技术监督为切入点，加大各环节、各专业技术监督工作协同，持续推进公司标准差异统一工作，强化了监督装备的全过程技术监督管理工作。健全运检物资采购考评机制，大力推广应用国家电网公司总部的新技术、新装置项目，倡导基层单位大力开展运检群众创新实践活动。六是以强化状态检测和状态检修应用能力为支撑，提升设备状态评价水平，加强带电检测人才队伍建设，扩展状态检修工作的覆盖面，建立和完善带电检测工作制度，积极推进 GIS 超声波局放检测等项目开展，完成装备性能校验平台建设，油中气体、红外热相/检漏、SF6 分解物、局放类、介损电流类共 11 种带电检测设备的检验比对能力全部通过验收。七是以强化电压/谐波采集系统应用为手段，提升电能质量管理水平，开发电压合格率数据的立体展示和大数据应用分析功能，集中对 BC 类电压数据进行清理整治，系统电压数据有效采集率达到 99.5%，开展电压分析和改进措施分析，完成公司谐波在线监测系统平台的扩容和升级项目的评审和上报工作，强化无功电压设备管理工作，对公司资产墙内干式电抗进行重点跟踪、排查。八是以加强项目全过程管控能力为支撑，提升技改大修项目精益管理水平，深化储备评审管理，储备质量提高显著，完善了评审要点，建立了审查专家团队，实现项目动态储备，规模有序递增。加强项目全过程管控，强化里程碑计划管控，建立实施进度定期督查机制，确立了“规范结算管理、投资完毕即执行完毕、按时结算、均衡结算”的方针，全面整顿技改大修后期工作拖沓的局面，以重现投资效益，实现项目精益化管控闭环。

2016 年 8 月 23 日，川藏联网工程首次“大体检”
（曹志刚 摄）

四、智能运检增效益。国网四川省电力公司作为国家电网公司运检智能分析管控系统建设示范区单位之一，始终坚持国家电网公司顶层设计原则，以运检智能化建设为导向，努力推进大数据、云计算、物联网和移动互联等新技术在公司“大检修”体系的输变电智能化领域应用，转变运检管理模式和工作方式，提升电网设备状态“管控力”和运检管理“穿透力”，真正实现运检提质增效的目的。一是编制完成公司“十三五”运检专业发展规划、输变配电智能化领域行动计划，引导运检智能化建设。完成电网运检智能分析管控系统 I 期建设任务，初步实现运检工作“看得见、摸得着、管得透”。二是深入推进 PMS2.0 配网运维管控模块应用通过 PMS2.0 系统实用化验收，运检信息化水平大幅提升，重点目标明确，设备图数一致性、准确性、完整性等均达到 99.5%以上，满足系统为深化应用的条件。实现系统功能全覆盖，深化 PMS-ERP 接口应用，开发设备资产等数据监视辅助工具，国网国网四川电力设备帐卡物一致性对应率达到了 97.52%，同比提升了 12.69%，有力的确保了设备资产管理的精益化水平。三是加快推进科技和新技术实用化，提升运检工作质效，强化输电线路在线监测装置应用，集中整治线监测装置 149 套，装置在线率长期保持在 90%以上，全面实现数据类装置 APN 通道或 OPGW 安全接入。全面实现无人机飞巡常态化，组建了 19 个无人机工作班（组），配置小型无人机 53 台，实现了飞巡力量的区域覆盖。大力推进无人机飞巡业务开展，累计开展杆塔飞巡 13700 余基、通道飞巡 3400 公里。积极探索无人机替代人工巡检模式，特高压带电作业取得历史性突破，共开展超特高压输电线路等电位带电作业 75 次，其中 500 千伏等电位带电作业 72 次，±800 千伏线路等电位作业 3 次。积极研究图像自动识别系统，推进电缆线路智能移动巡检试点应用，开展线路地质灾害监测系统试点建设，加大带电检测应用力度和广度，强化机器人智能巡检系统应用，加强配电自动化应用实用化，推进变电站智能辅助监控系统建设试点，大力推进群众创新，营造积极创新氛围。

线损及节能减排管理

【指标完成情况】2016 年，国网四川省电力公司线损率完成 9.15%，同比降低 0.22 个百分点，完成国网公司年度计划，降幅排国家电网公司并列第三，减少电量损失 4.45 亿千瓦时，减排二氧化碳 13.63 万吨；10 千伏及以下线损率完成 6.35%，同比降低 0.65 个百分点；“节约电力”指标累计完成 13.16 万千瓦，“节约电量”指标累计完成 5.1644 亿千瓦时，“节约电力、电量指标”年度目标完成率分别为 155.19%和 108.95%，均超额完成国家发改委下达目标计划。

【工作开展情况】2016 年，国网四川省电力公司进一步加强管理，开展精益化管理，重点做好五个方面的工作：

一、完善机制体制，节能管理愈加规范。开展温室气体排放监测，制定并发布《国网四川省电力公司关于加强六氟化硫气体回收及统计管理的规定》，组织开展公司 2013—2015 年温室气体排放计算工作，编制《2013—2015 年温室气体排放报告》，全面掌握公司温室气体排放情况；差异化地下达年度线损率和季度线损率指标，并按季度进行考核；不断加大部门协同工作力度和专业管控，加强对各类指标的动态分析和监控，制订并发布《国网四川省电力公司降损成效后评估管理办法（试行）》，保证了降损措施的落实和降损成效。

二、坚持统筹协同，全面提升线损管理质量。紧密围绕降损增效一个中心，坚持统一领导、分级管理、分工负责、协同合作的原则，制定并发布《加强线损管理和降损增效工作方案》，细化降损增效措施，量化目标，明确责任单位、部门和时间节点。以月度、季度线损分析例会为平台，及时发现、协调、解决降损难题，全年共梳理、整改线损管理相关问题 40 项。

三、强化计划管控，加强指标监测、分析和考核，提升管理效能。完善线损率指标季度考核机制，逐月通报各单位线损计划执行情况，开展分元件异常整改情况分析，避免指标异常波动。2016 年，公司指标过程管控成效继续向好，季度线损率标准差为 1.32%，同比降低 0.22。企业负责人关键业绩“线损率”指标考核得分排国网第 12 名，较 2015 年提升 14 位。

四、开展理论线损计算结果评价，提升各单位理论线损计算分析能力。进一步完善了理论线损计算分析评估标准，规范了线损理论计算的流程及分析深度，突出了线损理论计算对降损的指导作用，对 44 家市、县公司 2016 年 8 月线损理论计算分析报告进行了评价，提升了公司理论线损计算的质量，并获国家电网公司肯定。国网四川电科院“线损分析工作质量”同业对标指标排名由 2015 年 D 段提升至 B 段。

五、稳步推进同期线损管理系统推广建设。双周通报各单位系统建设情况，并组织召开协同建设例会，强力推进数据融合及功能应用，深入推进基础档案治理，有效解决采集失败、档案关系不清等问题，全面提升数据质量，夯实降损管控新常态。其中公司分管领导亲自主持召开 4 次协同建设例会，部门领导主持召开 8 次，共梳理相关问题 34 项。

（贺星棋）

经营管理

责任编辑：何　飞

综合计划管理

【概况】2016 年，国网四川省电力公司综合计划管理流程更加顺畅，将“三上三下”等业务流程固化于“二十四”节气表，流程节点间距不断缩短；双维度管控流程持续深化，贯彻“需求导向、精准投入”理念，以“目标总控、优化结构”统筹计划指标和投资安排；流程针对性和适应性不断提高，适应改革和市场需要，完善应急增补、打包分解等流程环节；计划执行效率进一步提升，提前下达预安排、及时分解年度综合计划，保障重点项目按时实施。

全面实施项目“全流程”管控机制，抓牢执行“四链条”，以月通报、季考核、年评价强化计划执行管控；完善三年项目储备机制，拓展计划管理广度，超前完成 2017—2019 年三年滚动项目储备工作；建立计划执行跟踪督导机制，加强里程碑管控和执行情况监督，对进度缓慢的单位进行现场督导，及时协调解决项目执行中的问题；规范计划调整机制，对综合计划指标和项目调整进行分类明确，不作调整指标进一步扩展，强化项目立项源头管理；优化考核评价机制，新增企业负责人“投资计划及项目计划执行准确率”考核指标，引入 ERP 累计支付数和里程碑计划执行情况的季度考核，实现指标同口径考核覆盖。

资产与财务管理

【经营和财务状况】2016 年以来，国家宏观经济增速持续下行，国网四川省电力公司积极应对复杂多变的经济形势，切实履行中央企业“保增长”责任，深入开展“效益提升年”活动，继续强化财务集约化管理，大力开源节流、增收节支，财务状况总体平稳，经营业绩稳步提升，全面完成了各项年度关键业绩指标，为公司实现“两个一流”、加快“两个转变”奠定了坚实基础。全年实现营业总收入净额 912.8 亿元，同比减少 1.9 亿元，下降 0.21%，其中主营业务收入实现 907.2 亿元，同比减少 1.76 亿元，下降 0.19%；营业总成本 913.02 亿元，同比减少 1.12 亿元，降低 0.12%，其中主营业务成本 870.51 亿元，同比减少 1.1 亿元，降低 0.13%；完成可控成本 94.52 亿元，比预算节约 4.4 亿元，节约 4.45%；资产负债率 73.79%，比预算下降 2.36 个百分点，同比降低 0.88 个百分点；净资产收益率 0.46%，比预算增加 0.2 个百分点；经济增加值-15.21 亿元，比预算增加 1.59 亿元；流动资产周转率 23.02 次，同比降低 1.58 次。

【财力集约化管理】国网四川省电力公司坚持“深化应用、提升功能、实时管控、精益高效”十六字总要求，围绕国家电网公司总部“三个实时”（信息实时反映、过程实时控制、结果实时监督）重点任务，细化落实工作措施，修订完善指标体系，深入推进业财融合，营财一体化、业务凭据电子化、新员工报销等系统实现全覆盖，不断推进工程自动竣工决算、资金在线监控、项目预算管理、产权管理等财务管控模块深化应用，建立健全业财协同重点业务实时监督规则，成功搭建甘孜州、阿坝州等藏区单位财务共享服务中心，公司从业务到财务全价值链管控体系初步构建，进一步促进了“三集五大”体系高效运转。

【预算管理】围绕“效益提升年”主题活动，以“增收节支、降本增效”为主线，全面推进公司提质增效。强化投入产出意识，坚持量入为出原则，严格投资规模管控，优化项目结构和建设时序，全年固定资产投资同比减少 53.24 亿元，降低 17.02%。按季开展经营效益滚动预测，加强财务预算预调预控，确保全面完成年度经营目标。坚持一户一策深入亏损企业治理，强化亏损单位经营管控，亏损单位同比减少 39 家，同比减亏 7.78 亿元，圆满完成减亏扭亏年度任务。坚持“过紧日子”思想，深化细化标准成本管理，严控非生产性和一般性支出，从严从紧下达“三公费用”、会议费、外部劳务费等重点敏感性费用，全年节约可控费用4.4亿元。强化项目预算全过程管控，严格储备项目经济性与合规性评审，深化应用项目资金一体化管控平台，协同业务部门按时发布项目预算执行通报，促进各单位不断提升项目预算精益化管理水平。

【价税管理】配合价税体制改革，夯实公司可持续发展基础。按照输配电价成本监审跟踪要求，认真收集填报监审基础资料和相关报表，配合监审组完成现场成本审核，争取到监审组和国家发改委同意按合并口径开展监审，并将藏区电网纳入监审范围。促请价格主管部门将趸售工商业电量纳入降价范围，保障了改制县公司适当降低一般工商业电价的调价资金来源；争取到外送电输电价格全部按照3分/千瓦时执行，扭转了去年德宝送西北外送电价差偏低的局面，促进公司提升经营效益。积极争取中央财政资金补助，落实农网升级改造国有资本金8.3亿元；继续推动西部大开发等所得税优惠政策落地，2015年税收清算节税2.18亿元；全面推广“营改增”政策执行，2016年节约增值税支出约2亿元。

【资金管理】加强资金集中管控，确保资金安全高效。持续强化电费资金实时监控，促进各单位优化分旬电费上交比例，进一步提高资金运作效率效益，全年上中旬电费解交比例为44.86%（按季平均统计），同比提升6.52个百分点。统筹县级子公司融资管理，利用商业银行、中电财、集体企业等内外部平台，帮助经营困难单位累计争取外部融资0.74亿元，切实解决融资难、利息高等问题。积极推进藏区单位逾期贷款处置，指导甘孜州公司以农行“委托资产批量转让”政策为支撑，成功处置逾期贷款本息1.3亿元，实现处置收益0.77亿元。全面推广应用资金实时监控平台，完成第二批国网总部统推功能开发与部署，实现大额支付实时提醒、资金异动实时反馈、存量资金实时管控，确保资金安全可控、在控。

【资产与产权管理】不断规范资产产权管理，努力提升资产质量。推广应用适应输配电价改革的电网投资能力测算模型，组织开展不同层级单位、不同时间跨度投资能力测算，强化电网投资的源头把控。继续抓好工程竣工决算工作，严格决算办理时限，深入开展物资、设备和资产编码“三码”对应工作，推进工程竣工决算自动编制，提高决算编制效率。牵头开展项目后期清理工作，累计清理2014年及以前项目538个，当期完成决算项目717个，有效提升工程结算和竣工决算办理质效。加快推进资产重组整合，全年完成13项低效无效股权投资清理处置，完成“僵尸企业”四川启明星铝业有限责任公司股权债权无偿划转。继续规范公司资产租赁管理，强化重点租赁业务审核，将业务合规性纳入年度评价指标，形成租赁业务闭环管理机制。

【财务风险防范与控制】强化财务监督与稽核评价，不断增强公司依法理财能力。修订发布财务实时管控考评指标，提升指标针对性和时效性，按季开展指标考评通报，督导各单位落实财务实时管控各项要求，规范开展经济业务。持续完善实时监督体系，上报国网总部财务稽核规则405条，对236条资产、产权监督规则进行逐项验证，提出差异化分析及建议87条。配合国家电网公司总部按月开展实时监督，核查业务数据25万余条，核实并完成问题整改75项。组织开展信息化建设、“两金”清理和资产管理内控专题评价，通过现场评价与自评价相结合的方式，发现并整改问题29个，完善内控缺陷62个，持续深化财务在公司经营管理薄弱环节和“关键少数”部位的监督作用。配合国家电网公司顺利完成电费回收、资金安全专项检查，以及前任总经理离任审计等各项重大检查任务，推进相关问题整改到位。

【财会队伍建设】2016年，国网四川省电力公司不断强化财会队伍建设，努力提升财会人员专业素养。依托内部网络企业大学平台和财务部门网站，推动专业知识学习常态化、远程化，为财务人员自主学习、信息交互创造良好条件。组织开展继续教育培训和会计知识竞赛，建立完善调考选拔机制，创新开展“以考代训”、“以教促学”、“模块培训”等培训方式，持续提升培训成效。在2016年国家电网会计知识竞赛中，公司代表队获得团体三等奖、一名个人三等奖的优异成绩。财会高端人才培养硕果累累，目前，公司财会系统全国会计领军人才1人、省级会计领军人才2人、国网公司领军人才2人、国网公司专家2人、公司专家后备人才1人、省公司级专家人才11人。

农电管理

【概况】2016 年，国网四川省电力公司全面完成年度农网工程建设任务，并成立了以公司总经理、党委副书记石玉东为组长的新一轮农村电网改造升级工作领导小组，建立健全各级领导组织机构。印发《新一轮农网改造升级工程实施方案》，全面强化工程建设管理。建立双周工作例会和每周通报制度，及时解决问题，高效推进工程建设。制定农网工程专项检查工作方案，按照分级负责的原则，组织开展专项督查活动，实现督查覆盖率“三个百分之百”。全年累计完成 2015 年新增农网改造升级和 2016 年改造升级项目投资 83.9 亿元。井井通电、小城镇（中心村）项目共下达三批投资计划 51.53 亿元，10 千伏及以下项目累计开工 1683 个。完成低电压治理项目投资 38.6 亿元，治理农村“低电压”60.23 万户，全面完成国网公司下达的 147 万户治理任务。狠抓农网工程质量，2016 年评选命名 9561 项优质工程，优质工程率达到 95%；组织评选公司农网“五十佳工程”，其中 3 个项目被评为国家电网公司“百佳工程”。

【工作举措】2016 年，国网四川省电力公司进一步加强农电管理工作，多措并举，不断提升农电管理水平。

一、强化施工现场安全管控。制定农网工程反违章工作方案，采取省公司抽查与地市公司互查相结合的方式，采用“四不两直”方式开展现场安全督查，全年共巡查施工现场 79 个，发现和整改问题 194 项，覆盖所有地市公司，确保了农网工程现场施工安全可控能控在控。制定农网工程现场安全监督管控系统管理办法，严肃系统应用考核，有力促进系统应用落地。全年累计完成 10970 条施工计划、1102 支施工队、4383 名施工人员归档管理，接入现场安全管控终端 2329 台。通过系统应用，有效增强施工人员安全意识，施工作业规范性得到进一步提高。

二、提高工程项目物资精准供应水平。制定下发 2016 年农网改造升级工程项目物资配送里程碑计划和项目开竣工时序表，地市公司按周细化落实本单位物资配送方案，确保物资供应节点清晰，责任明确。建立农网工程项目物资供应“周计划、周协调”工作机制，按周统计物资实际到货进度，及时协调解决物资供应过程中的各类问题，做到工程项目物资到货精准管理。全面强化合同履约管理，联合物资部多次对供货滞后厂家开展约谈，及时终止供货能力不足厂家，确保工程项目物资及时供应。认真开展 2017 年农网项目协议库存提报，提前完成 2017 年 50%项目的物资采购，为项目按时实现开工奠定基础。

三、全力推进农网工程项目后期工作。组织开展“加快推进农网工程后期工作专项行动”，建立工作进度周报制度，实时跟踪工作进度，及时协调公司相关部门进行计划调整，确保工程结算程序合规。全年累计完成 12 个年度 177 个批次工程项目资金清算工作。2014 年农网工程顺利通过省发改委整体验收。顺利完成多项内外部审计和项目督查的迎审迎检工作，针对审计组在农网工程项目计划、招投标、建设管理、后期工作等方面提出的问题和建议，农电部多次沟通、交流，大部分问题的解释均得到审计组的认可，有效减少了纳入审计报告的问题，且无原则性问题。对纳入审计报告的问题已组织整改完毕。

四、全面优化农网设计组织方式。结合工作实际，对国网典设和标准物料进行优化和精简，建立省公司统一的标准化图纸数据库、标准化物料数据库、标准化定额预结算数据库，全面提升设计标准化水平。运用互联网思维，研究开发农网项目储备软件和现场勘察手机 APP，全面优化农网项目需求编制的工作组织方式，把前端现场勘察收资工作交于熟悉现场的供电所人员，市（州）公司专业设计人员在此基础上开展项目需求编制的优化工作，大幅提高项目需求编制效率。此项工作得到了国网运检部高度认可并在国家电网系统推广应用，国家电网公司寇总将其作为典型经验向国家能源局努尔局长汇报，得到努尔局长高度评价。

五、持续理顺农电管理体制。牵头制订 53 家全资子公司向分公司改革工作方案，编制下发各专业工作指引，成功克服不同所有制企业之间吸收合并的法律障碍，开创省内先例。与省国税局共同确定以“系数分配法”分配税款，保障各地财税收入基本不变，获取属地政府支持，打破县公司体制转变僵局。将完成体制转变的县公司一并纳入 2016 年输配电定价成本监审和测算范围，为实现县公司与省级电网同价的目标奠定基础。通过科学设计，有力组织，全面规范、高效地完成“子改分”工作。完成乐山沐川公司等6家单位上划工作。组织研究富顺公司国有化路线，为下一步全资上划打下基础。持续推动盐源县公司改制工作，力争尽早实现控股。完成罗江公司自然人股权收购，实现该公司全资化。

六、扎实开展星级乡镇供电所创建工作。按照国家电网公司星级乡镇供电所创建工作部署，积极组织专业部门和基层单位研讨宣贯国家电网公司《星级乡镇供电所建设工作的指导意见》，完成公司一至四星级供电所的首次分类评定，编制下达2016年年度的28个供电所五星级创建计划。通过统一规范标准、监控主要指标、定期通报进度、现场指导工作、开展模拟考评等多种形式全力推动各单位的创建工作。经国家电网公司组织考评验收，成都金马、机投、天府正兴、绵阳花荄4个供电所被评为国网系统首批五星级供电所。

七、做好“十三五”藏区帮扶的开篇布局。组织各专业部门、派援单位、受援单位对“十二五”帮扶情况进行总结，编制印发了公司《“十三五”藏区帮扶工作方案》。组织召开公司藏区帮扶工作会议，提出“十三五”藏区帮扶工作的思路、重点和要求，并组织各相关部门、派援单位拟订了“十三五”帮扶工作措施和进度计划，使帮扶工作进一步切合藏区发展实际，对提升藏区供电企业管理和服务水平起到了良好的促进作用。

审 计 工 作

【概况】2016年，国网四川省电力公司紧紧围绕公司中心工作以及依法治企要求，着力审计“三化建设”，全面夯实审计管理基础和人员素质基础，突出抓好审计质量过程管控，强化审计成果应用，创新审计工作方式，加强重点领域的监督，经过各单位和全体审计人员的共同努力，各项工作有序推进，年度任务全面完成。

【工作举措】2016年，国网四川省电力公司审计工作有序进行，主要包括以下几个方面：一、重点落实国家电网公司项目任务。一是审计问题整改“回头看”成效明显。按照国家电网公司统一部署，扎实推进2011—2015年审计发现问题整改情况“回头看”工作。坚持整改工作一把手负责，审计部门牵头组织，专业部门重点落实；整改工作多次重点传达布置，加强整改过程督导，建立整改台账，实行销号管理；针对未整改到位问题，定期跟踪整改进展，及时反馈业务部门，形成问题整改闭环机制。2011-2015年，国网四川省电力公司及所属单位共接受和开展审计检查1658项，需整改问题8774个，涉及金额143.49亿元。其中省公司接受审计署和国网公司审计检查10项，发现问题199个，目前已整改完成197个问题，整改成效明显。二是全面完成农网改造升级工程自查自纠工作。2016年2月通过电视电话会的方式安排部署了农网改造升级工程自查自纠工作，并根据国家电网公司对农网改造升级工程自查自纠工作方案，以下发文件的形式再次明确了全过程跟踪审计的相关要求。该项工作自4月开始至10月结束，全面完成自查自纠工作并按期向国网上报自查自纠报告。本次2011-2015年农网工程项目自查共涉及22家单位，自查金额合计151.15亿元。通过自查自纠发现问题共49个，涉及问题金额17.62亿元。截至11月，已整改完成44个问题，涉及金额15.05亿元，整改完成率92%。三是高效完成国网河北省电力公司审计任务。按照国家电网公司部署，积极组织国网河北省电力公司物资及招投标、集体企业管理专项审计和石家庄公司原总经理经济责任现场审计，公司领导重点关注，审计部领导全程参与，强化现场管控、督导，坚持召开碰头会，记录初稿三级复核，及时完成提交报告初稿、系统录入，较快完成审计报告最后提交。并积极参与国家电网公司审计报告汇总、提炼工作，顺利完成汇总任务。

二、深入开展项目审计。一是专项审计成效突出。2016年重点组织开展无电地区电力建设工程和农网维护费管理专项审计。无电地区电力建设工程共审计工程项目1333个，投资金额37.79亿元，审计发现问题共136个，涉及金额70.69亿元；农网维护费专项审计共涉及21家单位，审计发现问题共201个，涉及金额11.87亿元。本次专项审计工作重点抓好了以下四点：第一、精心组织专业骨干编写专项审计方案，开展审计方案及专业管理知识培训并同步启动自查工作；第二、全面跟踪自查自纠并重点督导，提前开通工程、财务、营销等系统权限，全面组织在线审计；第三、审计部门领导率队现场检查，适时督导，把握重点，督促审计方案全面落实；第四、强化现场复核，重要审计事项重点核实，提升项目审计质量。二是全面完成常规审计项目。认真落实“离任即审”的新要求，积极推进任中经济责任审计，已完成广安和遂宁供公司任中现场审计工作，完成达州、阿坝和文传公司原总经理任期经济责任现场审计工作。目前南充公司、电科院和阆中公司原负责人任期经济责任审计正处于现场审计阶段。开展工程项目审计 3044 项，审计投资金额 107.31 亿元，审计发现问题 3458 个，提出审计意见和建议 2999 个。其中公司本部开展工程项目审计 404 项，审计投资金额 43.79 亿元，审计发现问题 289 个，提出审计意见和建议 293 个。

三、积极配合内外部审计检查工作。一是完成国家电网公司审计组对原总经理任期经济责任审计和物资、招投标专项审计迎审工作。迎审过程中，积极组织协调相关部门（单位）提供资料；并加强过程管控，通过不定期召开迎审领导小组办公室会议以及专题研究会等，督促各部门单位加强过程沟通、积极解释和提供佐证支撑材料；及时了解并报告审计工作动态，汇总分析审计发现的问题，加强沟通和解释，争取审计组的理解和认同，迎审工作顺利完成。二是迎接审计署成特办国家重点政策措施落实和公路收费资金专项审计中对电力迁改项目的延伸审计工作，在审计期间积极协调相关单位和部门，及时提供审计组所需的资料，随时了解审计动态，全过程跟踪审计进展情况，积极引导，确保了延伸审计工作风险的全面掌控。

四、全面落实审计问题整改。一是积极梳理公司原总经理任期经济责任审计和物资、招投标专项审计发现的问题，按照风险程度进行归类和风险分析，提出了相应的建议意见；按照国家电网公司要求积极组织整改，并按规定及时上报国家电网公司整改报告。二是针对无电地区电力建设工程和农网维护费管理专项审计所发现的问题列出整改任务清单，实行立查立改和对账销号制度，不折不扣严肃整改落实，着力规范各级管理行为，促进实现工程管理提质增效目标。

五、创新审计方式，提高审计工作质效。一是创新审计手段，开展在线审前调查，实时调取业务数据，提高远程分析效率；集中优质审计资源，加强过程和质量管控；及时固化应用成果，提高审计工作成效。二是改进计划申报方式，将原预计申报方式改为各单位按照公司批次招标计划通过 ERP 系统提报审计服务需求计划，提高项目审计计划准确。三是优化中介机构管控，通过三方互评，将中介机构的评价结果纳入供应商管理并实行末位淘汰制，对被审单位的评价纳入年度评先（优）的指标体系。并经常保持与中介机构沟通交流，收集项目审计最实际的问题和建议，项目审计质效有效提高。

六、发挥协同监督，促进审计成果运用。一是发挥纪检监察、审计、财务、营销等协同监督作用，将审计发现问题信息共享和移送专业部门。在 2016 年任期和工程审计中，对被审单位存在的重大管理问题，深入研究分析问题产生的根源，移送监察部处理情况报告 1 份；向专业部门提请管理管理建议书 3 份。二是抓好审计成果的提炼。通过组织基层单位互学、互评优秀审计案例的形式，提炼具有典型性和指导性的审计成果进行推广。三是进一步推进卓越绩效工作，撰写了审计专业“卓越绩效”深化应用典型案例 11 篇。

七、进一步加强审计“三化”建设。第一，审计信息化应用水平有效提升。一是明确目标落实具体措施。国网四川省电力公司制定《审计专业评价标准》，并在年度工作计划中明确信息化深化应用工作目标，分解落实省市两级应用主体工作责任，划清工作界面，规范工作流程。二是创新搭建信息化运用团队。以系统业务模块结合审计人员专业进行分组，组建 5 个信息化推进小组，以点带面强力示范，在具体项目中提炼典型经验进行分享交流，使大家在互帮互学中提升工作质效，进一步推动信息化深化应用。三是引领示范推动信息化应用。采取“本部先行、示范引领”的措施，带动和促进公司系统深化应用工作，本部从 2015 年开始，带头组织任期非现场审计的实施，针对提高信息化应用管理措施不断优化、细化，进一步推进审计信息化建设与审计实务结合。四是通过组建审计运维小组并落实运维人员职责，确保系统稳定运行和对应用问题的快熟响应，提升了审计工作效率和执行力。第二，审计标准化建设有序推进。一是以制度建设为契机推进审计标准化建设，认真落实国网通用制度建设各项要求；二是积极配合完成卓越绩效体系推广建设任务，从“方法—展开—学习—整合”四个维度，通过资料收集和梳理，召集相关单位研讨、汇总基层意见等制定审计部评价细则，进一步推进精益化管理水平和对标管理目标持续提升。三是结合“五位一体”协同机制，深化职责、流程、制度、标准、考核“五位一体”应用，将业务流程、制度标准、岗位职责有机融入审计工作中，对相关单位开展“五位一体”应用情况检查，促进提高审计工作质量和效率。第三，审计力量进一步充实。一是进一步深化市县一体化运作。充分发挥市县两级审计人员的作用，引导直属单位审计人员参与公司审计项目，积极促进公司各专业的优秀管理人才作为兼职审计人员参与到重大审计问题研究、审计方案制定、现场审计各个环节，审计资源集约化管理得到进一步优化。二是积极推进审计中心和“在线审计室”的建设，公司组队赴山东公司调研，派员参与华中分部赴江苏、浙江公司学习交流，在充分借鉴兄弟单位成功经验的基础上，结合公司实际拟定了审计中心建设方案，积极推进省公司审计中心筹建工作，为下一步集中审计力量，充分发挥上审下，打下了良好的基础。

八、认真开展审计业务培训。一是全面开展无电地区建设项目和农网维护费专项检查、兼职审计人员业务提升等培训工作，结合人员实际情况，采取分层分类的培训，提升业务培训的效果。二是立足于实际操作和使用，针对性开展审计信息化系统深化应用培训，通过创新引入案例教学法，用具备借鉴性和可操作性的案例，在线讲解，培训成效明显。三是创新开展中介机构业务培训，使其快速掌握审计工作要求，熟悉电力行业相关管理规定，为后续审计工作的顺利进行打下基础。

九、加大考核力度，确保审计工作有效推进。一是按照《企业负责人业绩考核管理办法》，对国家电网公司组织实施的经济责任审计及物资招投标管理专项审计、省公司组织实施的经济责任审计和专项审计中发现的问题的12家单位，进行了绩效评价减项指标考核；二是按照国家电网公司考核要求和《审计专业评价标准》，加强信息化应用情况跟踪和督导，按月通报系统应用情况，督促系统各单位加强应用；三是工程项目审计采取每季度定期通报的方式促进各单位加快计划审计项目进度，并将通报结果纳入季度企业负责人审计专业评价考核中，确保审计进度有效推进。

【面临的形势与挑战】当前面临的主要形势与挑战主要包括两个方面：一方面，依法治国方略的确定，依法治企必须进一步加强，审计部门作为依法治企工作主要承担者，任务更重。电力企业改革，将全面改变企业管理和经营模式，给审计工作带来更多的难题和挑战。审计信息化建设和全面深化应用，将促进审计技术和方法的转变。另一方面，审计力量不足与审计任务重矛盾突出。省公司层面力量不足，需要从各专业部门抽调人员参加审计，但随着“三集五大”体系建设以后，业务部门本身也存在缺员情况，协调人员参审困难，难以有效发挥“上审下”作用，审计质效受到一定影响。工程项目审计推进难度大。一是计划提报不准确，不能按计划实施；二是物资清算与工程实际情况不符、工程其他费用结算不合规、工程竣工结（决）算编制不符合要求、送审资料不齐全，造成现场审计无法正常进行；三是迎审配合不力，不能按期提相关资料；四是中介机构人员水平参差不齐，很大一部分审计人员不熟悉电力行业相关管理规定，没有行业审计经验，给现场审计带来难度，审计质量很难得到保证。审计信息系统运用程度深度不足。一是由于审计工作涉及财务、工程、营销、人资等等各个专业，而审计人员业务能力有限，审计信息系统还未能在各个专业业务领域深入运用，故公司审计信息化手段未能达到在公司所有层面推广，专业覆盖也不够全面。二是信息化应用基础薄弱，部分审计作业系统尚处于推广试用阶段，数据不准、不全等导致审计人员不愿意使用，而不使用又反过来导致了信息化应用的推进进程缓慢。

物资及招投标管理

【工作概况】2016年，国网四川省电力公司物资工作突出目标导向和问题导向，抓基础、强规范、提质效，持续提升物力集约化管理水平，顺利完成各项年度任务目标，实现了物资“十三五”规划的良好开局。全年完成采购金额173.5亿元，采购节资率7.13%。组织申报、审查需求计划89个批次。组织合同集中签约15次。库存周转率9.33次/年，累计利库1.18亿元，库存金额下降50%。物资配送按期到货率达到98.9%。有力保障了川渝第三通道、新一轮农网升级改造等重点工程的物资供应，为公司电网建设、生产运营提供了坚强的物力支撑。

【主要工作】2016年，国网四川省电力公司物资及招投标管理重点包括以下几个方面：一、强化物资计划统筹管理。刚性执行集中采购目录和采购批次计划，主动对接电网建设需求，适时开通新增工程绿色通道，大幅提高采购效率。持续优化采购策略，将零星物资归并集中采购，进一步明确授权采购目录，创新推动电商采购、定点采购等模式，不断提高采购质效。定期更新计划审查要点，严格预审质量考评，切实提高两级计划审查质量。建立健全数据统计和业务分析机制，加强重点工程专项统计和监控，确保物资从计划到配送全流程可控在控。

二、确保集中采购规范实施。严把物资招标入口关，禁止出现指定品牌、专利等限制性条款，合理划分标包、设定资格条件，保证后续招标采购有效开展。细化完善集中采购“一表三册”，严格执行阅标记录制度，提高代理机构服务能力。严格公司内部评标监控要求，充分运用远程异地评标方式，异地评标金额比例达 36.31%，有效防范廉政风险。应用供应商资质能力核实结果，建立评审比对复核工作机制，采用授标软件自动授标，确保评标的公平、公正。

三、增强物资供应保障能力。优化物资供应保障体系，强化供应计划刚性执行，克服施工现场点多面广、项目繁杂等实际困难，保障了工程项目的物资供应。试点建成物流微应用系统，在移动 APP 上实现物流实时监控和分享。按照仓储体系提升三年行动计划，完成 47 座注册仓库的标准化改造，仓库管理标准化及信息化水平显著提高。开展积压和超期存放物资清理，优化平衡利库程序，利库金额同比增长 83%。在成都、天府和眉山供电公司开展市县业务集约融合试点，有效降低仓储成本。科学规划甘孜、阿坝公司仓储网络布局，为藏区电网快速发展奠定基础。

四、加强质量监督与供应商关系管理。全面梳理主设备驻厂监造工作流程，强化对监造单位的管理与考核，主设备一次出厂试验合格率达 100%。不断加大物资抽检力度，开展配变、电缆、金具等重点物资专项抽检，提高农配网等中低压物资的抽检频次，持续提升入网物资质量水平。进一步规范供应商关系管理，完成 117 个类别、1305 家供应商的绩效评价，评价结果直接应用于招标采购。严格处理供应商不良行为，督促供应商不断提高产品质量、合同履约及售后服务水平。

五、深化物资标准化与信息化建设。推进技术规范书固化 ID 编制及应用，完成 11 类 153 本技术规范书编制，固化 ID 使用率达 82.59%。专题开展高海拔、高寒区域线路金具主数据申报工作，进一步规范了高海拔物料选用标准。强化物资信息化支撑，开展 ERP 系统适应性调整，完成信息安全专项治理，不断提升系统实用性和业务规范性。大力推进物资调配信息系统二期建设，现代物流信息平台基本建成。

六、提升风险防控管理水平。组织公司物资系统开展廉洁从业教育，层层压紧落实“两个”责任，“干事·干净”理念深植人心。开展物力集约化风险防控管理年活动，制定并落实 7 个方面的重点措施，全面提升风险防控水平。持续优化评标专家库，加大四级四类优秀人才入库力度，提高专家库整体质量。加强评标专家教育培训，完成评标专家各类培训 3400 人次。落实评标专家入库及出勤激励措施，实现专家履责评价及结果应用常态化。

援藏工作管理

【工作概况】2016 年，国家电网公司成都援藏办（国家电网公司东西人才帮扶办）顺利完成了东西人才帮扶、人员培训等各项工作计划和接待服务工作。国家电网公司成都援藏办荣获国家电网公司 2014—2015 年度对藏人才帮扶先进集体称号。

【人才帮扶工作】根据国家电网公司《关于进一步加强和规范国网西藏电力劳动用工管理意见》精神，结合国网四川省电力公司小城镇和中心村农网改造升级工程建设情况，2016 年从国家电网公司系统 28 家省公司增派了 207 名优秀中青年技术管理骨干进藏开展为期一年和一年半的帮扶工作。其中：对口帮扶西藏代管县公司帮扶人员 196 人，藏中联网工程建设帮扶人员 4 人，农网工程专项帮扶人员 7 人；从国网江苏、浙江、福建、辽宁、吉林、黑龙江电力等六家单位选派 10 名帮扶人员赴蒙东电力开展电网建设专项援助工作。2016 年，国家电网公司东西帮扶人员总规模达 415 人，其中国家电网西藏电力帮扶人员 329 人（为国家电网公司历年派援最多一年），国网蒙东电力帮扶人员 25 人，国网甘肃电力帮扶人员 15 人，国网青海电力帮扶人员 20 人，国网新疆电力帮扶人员 26 人。

【帮扶调研工作】主要包括四个方面：一、开展受援单位帮扶工作调研。一是组织完成了国家电网公司人资部领导带队调研组一行来川调研对藏人才帮扶工作，召开座谈会，专题听取了国网系统和四川公司对口帮扶省内藏区县公司工作情况和问题的汇报。二是参加国网调研组到西藏相关市县公司和生产、生活场地现场，对企业现状及帮扶受援准备工作进行了座谈调研。三是在蒙东电力召开帮扶人员座谈会，赴蒙东公司受援基层单位调研，现场了解考察帮扶人员工作、生活、环境等情况，收集意见建议。二、开展工作机制和制度办法调研。为进一步健全和完善对藏人才帮扶工作机制，充分调动派援、受援单位及帮扶人员积极性，提高人才帮扶工作针对性、实效性，一是认真分析前期专题调研成果，结合帮扶工作形势和现状，向总部提出了《加强公司东西人才帮扶工作组织领导和机制建设的建议》。二是参与修订《国家电网公司人才帮扶管理规定》和《国家电网公司内部人力资源市场评价与激励管理办法》，就相关事项提出了修改补充建议和意见。三、开展帮扶需求调研。进藏参加了由国家电网公司组织召开的西藏新一轮农网改造升级工程专项帮扶对接会。结合国网西藏电力实际和国网河北、山西、山东、江苏、浙江、安徽、福建电力等七个对口帮扶的省公司的帮扶工作方案，就西藏新一轮农网改造升级工程专项帮扶工作在人员选派、后勤保障、管理服务等方面提出 8 个方面的具体要求和建议。四、开展对口帮扶县公司调研。根据国网四川省电力公司“十三五”对口帮扶工作方案和预期工作目标，针对对口帮扶壤塘县公司实际情况，开展管理提升一对一帮扶调研，对壤塘县供电公司管理现状进行了摸排调研，收集归纳急需解决具体问题 4 项，与相关专业部门进行了沟通协调，明确解决路径。

【帮扶培训工作】主要包括两个方面：一、在藏组织召开了国家电网公司2016－2017年度代管县公司对口帮扶人员进藏动员欢迎会暨培训会，对 207 名帮扶人员进行了高原病预防与应急处理知识和对藏帮扶工作有关规定、进藏注意事项等培训。二、协调配合国网公司组织 6 名培训师，进藏举办整定计算培训班，共培训国网西藏电力专业技术骨干60名。

【考评选优工作】主要包括两个方面：一、开展专项帮扶项目考核和检查督办工作。一是组织国网公司系统 30 家派援单位完成 2014—2015 年度 99 名对藏人才帮扶人员的考核鉴定工作，对国网西藏 ERP 集中部署项目专项帮扶工作进行了总结，组织国网信通产业集团公司完成 7 名帮扶人员考核鉴定工作。二是对 2015—2017 年度管理提升、藏中联网工程、蒙东电网建设、西藏代管县公司、ERP 集中部署等专项帮扶项目实施情况进行了检查督办。二、开展帮扶评选表彰工作。在国网公司系统 30 家单位组织开展了 2014—2015 年度对藏人才帮扶工作先进集体和先进个人的评选、审核、报批和奖状证书制作工作，国网北京公司等 30 个单位被评为“国网电网公司对藏人才帮扶工作先进集体”，李阳山等 25 位同志被评为“国家电网公司对藏人才帮扶工作先进个人”。

【常态服务工作】主要包括四个方面：一、加强对帮扶人员帮扶岗位落实、帮扶计划执行、工作生活条件、工作劳动纪律等情况的督查，对帮扶人员反映的节日慰问费、差旅费、防寒装备费等落实情况，对相关派援单位进行了调查了解和督办落实。二、每月定期对 416 名帮扶人员绩效考核等级和生活补助费的计算进行审核，并将《国家电网公司对藏帮扶人员绩效考核及生活补助费发放通知单》寄发公司系统 31 家派援省公司（直属单位），协调相关公司绩效工资和生活补贴费发放，并对异动情况进行及时沟通协调。三、有效开展进藏慰问工作。贯彻落实《国网人资部关于进一步明确东西人才帮扶有关事项的通知》，拟定并印发《关于帮扶人员年度节日慰问有关事项的通知》，对各派援单位开展年度节日慰问工作进行了安排部署，对国网公司系统 33 家派援单位开展春节走访慰问活动落实情况进行了督查。四、拓展对藏帮扶信息沟通、宣传平台。加强帮扶工作宣传报道，编辑并下发东西人才帮扶工作简报十一期（电子版），编辑总字数 30 多万字，对东西帮扶人员工作、生活和典型事迹进行了充分报道和展示，激励了士气和工作热情，交流了思想和工作经验，促进了帮扶工作的有效开展。组织协调受援省公司搭建帮扶工作宣传平台，西藏、青海等公司在门户网站上开设了“人才帮扶”窗口。

公安消防管理

【工作概况】2016 年，国网四川省电力公司系统未发生被考核的火灾、交通、治安事故。1—10 月，发生盗窃破坏电力设施案（事）件 93 起，同比下降 6%，造成直接经济损失 360 万元，同比减少 8%。

【电力设施保护】主要包括三项工作：一、落实反外破“工单制”，开展隐患排查治理，推进反外破工作精益化提升。一是落实省公司《电力线路设施反外破整治处理重点工作指导意见》，21 个市级供电公司制订《对严重影响电力设施安全的客户实施中断供电的程序》，初步建立起安监、运检、营销、电力警务室各负其责、齐抓共管外破隐患的内控工作机制，对外破隐患治理实施多部门联合整治的“工单制”，梳理了 22 处施工外破重点隐患报省公司挂牌跟踪指导，目前已全部完成整治。二是编制 16 类共 36 种电力设施安全隐患范例下发，于 3—10 月组织集中开展安全隐患排查整治工作。各单位对照范例认真开展风险辨识和等级评定，共排查出安全隐患 7636 处，已整治完成 7271 处。三是开展电力设施防外力破坏精益管理工作。通过分类统计 9 种外力破坏类型，量化分析 5 种防施工外破工作措施的效能，提出重点人员管控、现场跟踪管控是施工外破防范重点，并将研究成果纳入“工单制”中推广应用。四是强化宣传教育培训，完成 6 月电力设施保护宣传月宣传活动。公司系统共开展线路近区施工现场宣传 591 次，培训和安全交底 254 次，收集大型施工机械信息 2636 台、重点人员 2872 名。省公司组织对系统 120 名电力设施保护从业人员年度专业培训。五是加大外破事件通报考核。召开季度电力设施防外破电视电话会议 3 次，对 3 起外破事件执行“说清楚”制度，对 17 名责任人员予以处罚。

二、做好“三大直流”大负荷运行和 G20 保电期间的电力设施保护工作。一是指导省检修公司及相关属地公司拉网式排查、清理特高压线路通道沿线、近区 500 千伏电网通道的外破隐患，对 31 处机械施工、60 处塑料大棚、199 处跨越公路、鱼塘，399 条电力线路穿越等外破隐患建立档案，落实防控措施。二是提请省“三电”办名义下发了《关于切实做好 2016 年三大特高压直流线路大负荷运行安全保护工作的通知》和《关于重点督导消除三大直流输电线路外力破坏安全隐患的通知》，将 4 起输电通道重大隐患、40 处线路交叉穿越点隐患发文督办，明确隐患管控工作要求和地方政府职责。在政府主导下，省检修公司与成都铁路局的 4 个供电段，四川能投等 3 个地方电力公司，向家坝、锦屏等 5 个大型水电厂签订电力设施互保协议，进一步落实了安全防护方案和现场安全管理。三是以当地公安机关名义在 80 处公路穿越点位设立大型警示牌，防范超高车辆、吊装作业引发外破事件。在 G20 峰会保电任务期间，协调地方公安机关对重要供电线路部署巡护力量，对重点要害实施“见警灯、见警车、见警察”，共出动警力 136 人次巡逻，落实 191 名群众护线员和 100 余名专业人员实行双人蹲守加强安全防控。

三、加强重点要害反恐工作，推进安防智能化。一是对照《四川省电力行业反恐怖防范标准》、国网公司《变电站安全防范系统技术规范》和省能监办下达的反恐整改要求，开展安防设施“对标”检查，梳理重要目标 4400 个，排查出周界报警、巡更系统、紧急报警装置等隐患共计 160 处，已纳入 2017 年生产、非生产大修项目储备。审批电子围栏建设项目 37 个，验收合格颁证投运 32 座。二是在德阳召开公司系统电力重点要害反恐防范工作现场会，省公司、省能监办、省“三电”办、省反恐办领导出席，推进变电站智能安防系统建设工作。三是对系统 128 个保安服务单位进行核查、备案，下发《关于进一步加强公司系统保安服务监管工作的通知》，规范保安公司的资质、服务标准和要求。

四、巩固政企、警企协作，有效解决电力设施保护难题。一是充分运用“三电”工作平台，将电力重大隐患提交“三电”办协调督办。今年以来，会同省“三电”办成功处置 500 千伏康蜀三四线 117 号—118 号塔下方、500 千伏大雅线 244 号～248 号塔附近的采矿、施工、爆破等作业，500 千伏谭家湾、茂县变电站遭围堵和成都市系列盗窃电力电缆重大案件等重大、疑难问题。二是 19 个市级、40 个县级电力警务室和47个500千伏变电站警务工作站运转有效，全年警务人员会同电力职工巡查重点隐患、生产要害 1639 次，处理涉电治安事件 62 起，制止违规施工作业 110 起，破案 12 起，打击处理 28 人，其中判刑 5 人。圆满完成了川渝电网 500 千伏第三通道开工启动仪式、习总书记视察共产党员服务队纪念活动等重要安保任务。三是推动经信委等部门加强电力行政管理和执法工作。目前，全省 9 个市州开展了电力设施保护区施工许可审批工作，共办理许可审批 432 件。建有市级电力行政执法队伍 8 支，县级 34 支，电力行政执法人员共计 153 名，查办电力行政案件 80 起。巴中、乐山、攀枝花、资阳等地还与配合经信、住建、公安、交通等部门，对全市重点工程施工企业的施工管理、作业人员开展涉电安全知识培训，增强了安全管控能力。

【消防安全管理】主要包括两项工作：一、深入开展消防安全隐患的排查治理。一是制发了《消防安全隐患典型范例》，明确 21 类 78 种消防安全隐患，于 3—10 月组织开展集中排查整治，系统共清理出各类消防安全隐患 327 处，其中，重大隐患 23 处，一般缺陷隐患 304 处，完成整治 301 处，17 处拟于年底消除，9 个无法整改的已采取防范措施。二是制订了《国网四川省电力公司危险化学品安全管理办法》，按照省能监办要求组织开展了危险化学品安全专项整治行动,摸清了系统 42 家单位危化品底数,排查出涉及 18 个单位 231 处各类危化易爆品的存放、使用和管理情况，确定了系统无重大危险源。

二、认真做好消防安全管理监督。一是加强新改扩建工程消防、安防的设计审查和竣工验收，共审查、验收 4 座 500 千伏 、4 座 220 千伏新建变电站的安防、消防工程。二是加强了明查暗访和安全监督的力度，对泸州、宜宾、南充、巴中和绵阳公司办公楼未取得消防验收合格证的 5 个重大隐患进行跟踪督导，目前已全部完成整改。对发现的信通公司华西电力综合楼和技能培训中心罗家碾校区培训楼等隐患及时下达整改通知书，督促限时整改，预计在 12 月整改完毕。三是举办了 3 期共 289 名系统消防从业人员参加的业务培训，并经公安消防培训机构考试合格后取得《四川省消防安全教育培训合格证》。

【交通安全管理】主要包括三项工作：一是制发了《交通安全隐患典型范例》，明确 6 类 34 种交通安全隐患，3—10 月集中组织开展了排查整治，共清理出各类交通安全隐患 1047 处，已完成整改消缺。对明查暗访中发现的 13 起安全隐患限期整改完毕。二是落实车辆管理平台的安装、在线监控和车载监控终端的管理及运行维护工作，及时通报安装、上线、接入情况，督促基层单位发挥监控平台作用，有效防范事故。截至 2016 年 11 月 4 日，公司拥有各类车辆总数 11826 台，上线 11278 台，上线率 95.37%。三是加强准驾管理和培训。对考核合格的兼职驾驶员颁发准驾证 16841 个，对 156 名交通安全从业人员进行了业务培训，提高管理水平和业务技能。

【主要困难和问题】主要困难：一、外力破坏形势依然严峻，输电通道安全隐患整治难。一是外力破坏电力设施的事件高发、频发，严重危及电网安全。尤其是省内高速铁路、公路等大型建设工程增多，协调处置难度大。二是通道内树木违建处置难，漫天要价的现象普遍。特别是藏区线路线下建房、建寺庙，塔上悬挂经幡等因涉及复杂的民族、宗教因素，极难处理。二、变电站无法取得消防验收合格意见书，存在法律风险。由于项目《规划许可证》、《施工许可证》办理难、时间长，导致以《施工许可证》为前提的消防验收无法正常进行，致使大量变电站（含新建）未取得消防机关《验收合格意见书》或进行消防备案就投运，面临倒查法律责任风险。三、反恐防范任务艰巨复杂，各单位反恐意识有待加强，相关投入有待提高。部分变电站的电子安防产品使用年限长，相关技术防范投入不足，更新不及时，维护保养不力，导致部分安防消防设施设备运行不正常，甚至形同虚设。

主要问题：一、反外破“工单制”缺乏网络化支持，容易出现工作不落实的情况。反外破涉及内部管理、外部协调，目前“工单”均是纸质流转，存在工作内容多、涉及层面广、跟进时间长、联系易脱节的问题。需要开发反外破工作模块，实行网上建档、评估、审定、派单，实现自动流转、定期反馈、闭环管理。二、车辆安全管理模式不统一，管理系统使用情况不佳。不少单位存在交通安全管理、监督职能和界限模糊，管理体系和职责不清问题。同时，因部分单位未签订车辆管理平台维保合同和缴纳 GPS 流量资费，目前集体企业和部分主业的车辆车载系统已停止使用。

社会保障工作管理

【概况】2016年，国网四川省电力公司社保中心紧紧围绕公司中心工作，积极落实养老、工伤等各项社会保障政策，全力推进补充医保集约管理，提升服务质效。创新年金受托管理模式，强化风险管控，确保投资业绩的稳定增长。截至12月底，归口管理养老保险参保单位72家，参保职工和离退休人员共45040人；工伤保险参保单位45家，参保在职职工23718人；集约管理补充医保单位144家，参保职工（含退休）83178人，集中医保资金4亿元。受托管理年金单位132家，职工55427人，年金资产规模46.42亿元，分公司计划实现投资收益率3.79%，子公司计划实现收益率4.20%，超过国网系统年金含权计划平均收益率0.43%，投资收益居国网系统含权类计划前列，其中子公司计划收益率排名国网系统含权计划第二位，达到历史新高。年内分配新增年金资金4.92亿元，新分配资金平均收益率5%以上。

【主要工作】2016年，国网四川省电力公司社保中心重点开展工作：一、深化改革创新，集约化管理取得新成效。一是补充医保集约化实现全省覆盖。县公司全面实现补充医保集约化。由省公司统筹规划100家县公司44763人补充医保计划下达、全年门诊和统筹项目缴费工作，划转县公司补充医保资金1.3亿元；签订第三方机构委托服务协议，运用成熟经验和协调机制经验，全面开展第三方机构进驻现场报销理赔事项，对第三方机构服务质效开展现场督导和跟踪，以高效优质服务取得县公司广大员工支持和认可。二是创新年金受托管理模式，坚持大类资产配置指导。加强经济形势分析和预判，强化大类资产配置指导，提高大类资产收益及风险防范，全面配置占计划资产净值50%以上、成本法估值的稳定类资产，加强在熊市中权益类资产投资比例的控制，有效遏制了权益类投资在资本市场整体下滑的情况下的不良势态。三是大力开展“五位一体”建设和深化应用。协助制定2016年工作方案和45项任务清单，实施“1+1+1”模式，指导和跟进工作推进。组织开展全员要素比对，协助编制比对方案，建立通报制度，督导跟进比对进度，完成4.8万多名员工近5万条意见建议收集反馈。编制专项工作方案，引用国家电网公司顶层设计成果，开展标准作业程序构建。

二、围绕提质增效，强化主动管理，提升经营效益效率。一是扎实完成各项社保业务，夯实基础工作。全年按时足额收取和缴纳省本级养老保险费11亿元、工伤保险费1900万元；完成2477万元养老、工伤待遇的拨付兑现工作；组织完成公司系统17193名离退休人员和148名工伤定期待遇人员生存认证工作；完成2016年度省本级养老金待遇调整工作，退休人员人均养老金增长261元。办理1072名职工9656万元年金待遇支付业务，办理65名调出职工401万元年金账户转移业务。二是落实费率优惠政策，取得明显效益。根据省人社厅、财政厅4月下发《关于阶段性降低我省社会保险费率有关问题的通知》的文件精神，公司积极落实全省基本养老保险费单位费率下调1%的政策，并于5月起全面执行。剔除缴费封顶基数上升的因素后，公司省本级养老保险费全年节约2700万元，切实降低了公司成本。三是全力保障年金投资经营业绩。2016年资本市场经三次熔断后，处于震荡向下的熊市格局。在外部环境极端不利的情况下，理事会积极协调投资管理机构加强优质稳定类资产的配置力度，加强与系统内部金融机构的合作，配置了一批收益具有相对优势的低风险资产。利用新增资金投资优质万能险产品和中电财协议存款等，实现年平均收益率5%以上。四是持续深化内部人力资源市场建设运营。编制完善2016年内部市场建设方案等系列制度办法，推动完成内部市场年度人员配置计划编制和基层单位完善劳务协作方案，深化信息平台运用，累计发布竞聘信息1913条，完成岗位竞聘、人才帮扶等各类方式人员配置2864人次。

三、严格依法治企，增强服务能力，提高服务质效。一是加强年金风险控制，促进年金收益健康稳定。源于资本市场风险不断加剧，理事会适时调整《企业年金基金投资监督事项表》，中长期债券的最低信用级别由A提升至AA，短期融资券最低信用级别由A-提升至A+；严格兑现年金资金赎回与调整管理规定，根据《国家电网公司关于公布新一轮企业年金基金管理机构备选范围的通知》，终止与未进入国家电网公司机构备选范围的管理机构的中信分公司合作，收回组合资金5.41亿元，并调整分配给四家投管单位。二是开展补充医保服务创新的试点筹备，拓宽服务渠道。在前期调研的成果上，积极与英大人寿和健康管理公司沟通交流，对“互联网+医疗消费和健康管理”试点业务实施、消费模式等进行研究分析和风险评估，并提出修订建议，为落地实施做好筹备工作。三是高效开展教育培训计划编制和实施，提升员工业务管理水平。组织公司各部门、所属各单位编制、调整年度项目2150个、金额1.4亿元的教育培训预算和计划，及来年项目储备库编制工作。并按月督促公司本部严格执行培训计划，监控所属单位执行进度，加强教育培训三类项目执行过程的督导。

企业工作管理

【对标管理】强化目标引领，圆满完成年度对标工作目标。坚持“目标引领、全面提升”的对标管理策略，2016年公司综合排名第13名，荣获国家电网公司综合进步单位和管理进步单位，人力管理获得华中区域专业标杆，圆满完成对标综合排名进入前15名的年度目标。公司申报的两项成果入选国家电网公司对标典型经验，一项成果获得专业推荐。对标工作力度进一步加大，修订完善公司对标管理考核办法，把对标结果纳入企业负责人业绩考核。组织开展对国家电网公司2017版对标指标体系的优化研究，积极为新版对标体系修订建言献策。顺利完成ITOMS国际对标项目，公司编写的《国家电网公司输变电资产运行维护国际对标分析报告》获得国网企协高度评价。

2016年，国网四川省电力公司荣获 “全国质量管理小组活动优秀企业” （刘亚江　摄）

【卓越绩效管理】卓越绩效管理和评价工作全面启动，助力公司管理提升。加强卓越绩效模式宣贯，邀请中国质量协会专家在党委中心组学习会上开展了卓越绩效体系专题讲座；开展卓越绩效模式导入视频培训一期，卓越绩效体系评价师培训两期，培训自评师队伍300人。推进卓越绩效模式应用，分层级形成阶段工作推进例会制度，编制省、市公司两个层级的《卓越绩效自评价实施指南》，形成自评价报告和综合诊断报告；充分融合对标管理、精益六西格玛管理等理念和方法，综合诊断企业管理短板与弱项指标，推进短板改进提升。提炼卓越管理案例，上报60篇卓越管理案例，覆盖“三集五大”各专业。开展试点先行，指导电科院、检修公司和信通公司先行先试，探索建立具有本单位特色的卓越绩效评价体系。

【管理创新】把握企业管理规律，持续提升管理创新。公司申报的《供电企业基于快速响应系统的农村供（用）电故障抢修服务管理》和《供电企业基于“三本台账”的用户需求精准管理》两项成果荣获2016年第二十三届国家级管理创新成果二等奖。管理创新氛围更加浓郁，地市公司199项成果参加了省公司内部评审与发布，评出优秀示范成果一、二、三等奖分别为30、40、50项，推广成果一、二、三等奖分别为10、10、12项。积极参评各级管理创新奖，获得省部级管理创新奖36项。

【质量管理】强化培训，质量管理小组活动显现成效。公司荣获“全国2016年质量管理小组活动优秀企业”和“四川省质量管理小组活动优秀企业”荣誉，3个QC小组成果获得“全国优秀质量管理小组”称号，4个班组获得“全国质量信得过班组”称号。质量管理活动氛围更浓，完成545个QC课题注册，数量比2015年增加一倍，开展优秀成果评审，评出一等奖30项，二等奖50项，三等奖100项。加强质量管理培训，参加中质协、省质协、省公司培训180多人次，完成11家基层单位送教上门。推动质量管理与全面精益转型的互补融合，在市县层面以精益项目为载体推动精益转型，班组层面以QC活动作为“小精益”支持精益转型。

【精益转型】围绕卓越运营提质增效，深化推进精益转型工作。深入推进精益项目实施，开展80个重点项目和120个自主项目，开展优秀成果评审，共计评出一等奖30项，二等奖40项，三等奖50项，有力支撑公司“降本提质增效”目标的实现。深化精益DMAIC方法应用，以往年精益项目实践经验为基础，鼓励使用DFSS等多种精益方法论进行项目实践，为精益项目的推进实施赋予充分的自主灵活度。加强精益带级人才的培养，组织省公司和地市两层级共计16期精益带级人才培训班，认证67名精益黑带人才和301名精益绿带人才。

【标准化工作】瞄准循序改善目标，持续推动标准化建设工作。组织修订编写国家标准《电力工程基本术语》，召开送审稿审查会，顺利通过专家审查，形成报批稿。公司作为主要起草单位编制的《高原电网建设与运维医疗卫生保障》国网公司标准已进入评审阶段。牵头组织开展资产全寿命周期管理体系的内部审核工作，内部审核覆盖本部17个部门和22个地市供电公司，发现问题269项，均已完成整改。

【战略管理】强化战略引领，战略管理与课题研究有序推进。牵头编制《国家电网公司战略报告四川分报告》，明确了公司2020年和2030年战略愿景、目标和路径，归纳提出了“两个最快”（最快成长电网，最快成长公司）战略管理体系和指标体系，“两个最快”战略在国家电网公司地区战略编制中期检查会上得到研究室高度肯定。积极宣贯公司战略管理体系，编写了《大企业成长及其战略思维》培训课程，并在相关培训班上进行宣讲。课题研究工作成绩突出，多项研究成果获表彰，公司管理咨询项目《业务外包模式下的“三定”管理策略研究与实践》成果获国家电网公司2015年软科学三等奖，另有7项成果获四川省优秀管理论文。

2016年11月，国网四川省电力公司在绵阳举行“卓越绩效体系应用工作推进会” （姚勤　摄）

人资管理

责任编辑：何　飞

人才与人力资源管理

【工作概况】2016 年，国网四川省电力公司人力资源工作紧密围绕公司提质增效、改革发展等重点任务，加强基层调研和诊断分析，各项工作有序推进。人力资源机制建设、“三定”管理、用工规范管理、薪酬管理、福利保障管理、绩效管理、人才援藏、人才培养及“五位一体”深化应用等工作取得新成效，人力资源管理水平大幅提升，用工总量持续下降，员工队伍结构进一步优化，为公司深化改革提供了坚实的组织保障和人才支撑。截至 2016 年年末，公司全口径用工 10.6 万人，同比减少 3.85%，其中主业用工 8.66 万人，减少 2.16%；全口径劳动生产率 42.53 万元/人·年，同比增长 5.57%；人才当量密度 0.9894，同比增长 2.86%，竞赛调考成绩大幅提升至 A 段（第五名）。公司人力资源同业对标取得综合评价第 7 名、管理对标评价第 3 名、华中区域标杆的历史性突破。

【工作成效】主要包括九个方面：

一、“五位一体”深化应用持续推进。自主编制培训课件及考试题库，实施以视频培训、集中培训、全员在线考试为主的“五位一体”培训宣贯，全年累计培训考试 5.9 万人。基于“1+1+1”工作机制，组织完成要素比对，印发 45 项工作任务清单，在优化配网抢修流程、完善业扩报装流程、推进财务标准一体化等方面取得成效。推进“五位一体”末端融合，建立覆盖公司运检、营销、建设、信通、物资等五大专业的标准作业程序体系。

二、“三集五大”体系运转得以巩固提升。完成 53 家县公司“子改分”后名称更改、员工劳动合同变更、社会保险登记证变更、信息系统调整等工作。落实电改要求，快速完成四川电力交易中心有限公司机构组建和人员配备，顺利实施国网成都、天府新区、资阳供电公司供区划转及职责调整，划转员工 1512 人。完成国家人社部、国网公司 2 项劳动定员标准（规划专业）编制，组织新版劳动定员标准测算，分解国网公司下达定员至班组、岗位并应用落实。专项下达各单位科级干部和职员职数。印发业务外包规范管理指导意见，规范业务外包管理流程与职责界面。

三、用工规范管理不断深化。组织相关单位进一步压减劳务派遣用工规模，稳妥转换为业务委托用工，全年主业劳务派遣用工减少 469 人，集体企业减少 9 人，公司劳务派遣用工整体比例小于国家规定并继续缩减。完成公司关于集体合同履行情况的报告（2014-2016 年）。编制启明星铝业原省公司系统员工再就业安置工作方案，完成 72 人再就业安置。开展特殊工时制度情况调查，掌握公司各单位实行不定时工作制和综合计算工时工作制情况。依法规范农电用工管理，优化供电所用工配置，三新供电服务公司实体化运作经验在国家电网公司工作动态刊发。

四、人工成本集约管控不断强化。实施人工成本计划全覆盖，将全部单位、各类用工的各项人工成本纳入人工成本计划管理。坚持效率效益导向，分类设置工资总额挂钩指标和权重，同时考虑年度重点工作、艰苦边远地区人员稳定等因素分类核定工资总额。健全岗位绩效工资制度，强化考核结果与员工薪酬分配挂钩联动，薪酬分配向关键人才倾斜，完善薪级动态调整积分规则，开展供电服务公司岗位绩效工资制度试套测算，稳步推进新上划县公司、集体企业、供电服务公司工资制度建设。落实人社部降低社保费率政策，配合国家电网开展补充医疗保险政策分析研究，完成年度住房公积金缴存标准调整与备案。

五、集体企业管理进一步规范。加快供电服务公司建设，全面规范农电组织模式、用工方式和管理制度，通过国家电网公司规范农电用工管理检查验收，试行岗位绩效工资制度，强化绩效考核在薪酬分配中的应用。编制集体企业劳务派遣用工管理办法、集体企业典型岗位说明书等标准制度，下达长期职工充实供电所核心岗位计划，推进供电所核心岗位配置。印发加强集体企业人工成本管理指导意见，提升集体企业人工成本管理规范化水平，实现公司人工成本管控全覆盖。

六、内部人力资源市场效能逐步发挥。组织开展各单位超缺员情况摸底调查，形成公司人力资源超缺员情况分析报告，适时掌握基层单位超缺员情况。印发公司 2016—2017 年内部市场建设方案，下达各单位人员配置指标值计划并监督执行。协调相关职能部门统一研究确定内地与藏区、内地跨地市单位劳务协作费用标准。审核宜宾与自贡、绵阳与阿坝、遂宁与甘孜开展劳务协作方案和协议，编制劳务协作业务审核单由公司相关职能部门审核确认，全年组织新增35名援藏劳务协作人员。开展各单位内部欠发达一、二类地区甄别统计，摸清艰苦边远地区长期职工分布情况。全年充分运用六种配置方式，应用市场信息平台配置6734人次，进一步缓解了各单位结构性超缺员矛盾。

七、全员绩效管理体系不断优化。在组织考核上，全面建立涵盖过程管控、分析诊断、沟通反馈和专业辅导的持续改进提升机制。在员工考核上，借助全员绩效信息化管理，实现3.7万人签订年度绩效合约并开展周期性绩效考核，系统针对各类员工的岗位性质和业务特点优化两类考核模式，深入推进一线员工工时积分同价计酬机制，分五个片区组织开展专项督导，各单位在收集基础数据、开展模拟测算的基础上运用积分同价计酬机制兑现绩效薪金，科学衡量员工劳动价值和业绩贡献。全面理顺先进表彰管理，梳理明确各类表彰的项目名称、人员范围、受奖比例、表彰周期等，分类确定表彰授奖形式。

八、人才培养和员工队伍素质不断提升。扎实开展全员履职能力培训，完善全员轮训机制，优化生产技能人员履职能力培训体系，建立管理、技术人员履职能力培训体系，坚持开展送考进藏，全年累计举办各类集中培训班5087期，网络培训班29个，培训考核25.6万人次。开展各类人才选拔及培养，选拔276名省公司级优秀专家人才。实施22名特高压人才专项培训，开展25期智能变电站培训，持续选拔培养200名“电力雏鹰”人才。加强竞赛调考管理力度，公司竞赛调考成绩段位由C段大幅跃升至A段，名次由第12名提升至第5名。组织1.01万人参加职业技能鉴定，2807人参加专业技术资格评审，近1.5万人实现素质提升，公司人才当量密度同比增长2.86%。完成“521”人才援藏培训202人次、藏区“四基”培训149人次、运维人员培训3945人天、岗位准入培训256人。研究完善“三定生”培养机制，持续开展“送考进藏”活动，441人参加属地现场职业技能鉴定。

九、人力资源规划计划管控水平不断加强。滚动修订公司《“十三五”人力资源规划》，全面落实《人力资源计划管理实施细则》，优化下达基层单位人资计划指标29项。完成覆盖省地县三个管理层级、198家单位、全口径用工的人力资源诊断分析，由摸清家底、数据治理扩展到查找管理短板、多维度对标，全面梳理、深入剖析6个专业管理方面的问题困难，制定出挂牌帮扶计划，提出7个重点诊断事项的可行性解决措施并组织实施。完成人力资源管理18个问题的深入调研，为破解难题奠定坚实基础。推广ERP-HR一级部署实施，分7个片区开展地市县两级关键用户380余人次培训，完善组织岗位、考核结果数据，开展全员关键基础信息数据核查补录，不断提升人力资源信息系统应用水平。

干部与人才援藏（四川藏区）

根据国网四川省电力公司结对帮扶安排和藏区公司需求，完成156名援藏人员选送到岗和55名藏区人员送出培养。编印《援藏人员简明工作指南》，加强帮扶人员管理和使用。完成2016年国家电网公司60名藏区“三定”（定向招生、定向培养、定点安置）培养计划招生，当年44名“三定”毕业生全部通过国家电网公司统一招聘考试顺利安置到岗。加快藏区人才队伍建设。完成人才援藏培训202人次、藏区“四基”培训149人次，甘孜电网运维专项集中培训3945人天，完成岗位准入考核取证256人，持续开展职鉴“送考进藏”活动。

人员培训与学校管理

【概况】2016年，国网四川省电力公司全员培训率达96.02%，培训经费投入1.33亿元，累计举办各类培训班5087期，培训考核32.3万人次，近1.5万人实现素质提升，人才当量密度达到0.9894。

【主要工作】主要包括六个方面工作：

一、统筹推进企业大学建设。一是加强企业大学运营机制建设，进一步落实专业部门、培训机构责任，坚持企业大学工作例会，加强专业部门和培训中心沟通联系，建立月度工作计划机制，促进专业人才培养规范高效。二是加强培训资源建设，建设特高压实训线段和攀枝花、达州鉴定基地并投入运行。新增兼职培训师380名，对1374名各专业培训师、200 名考评员开展培训。调用内训师授课、考评714人次，涉及37个专业工种，其中输配电线路、电力营销专业调用占比比例最大。三是加强培训课程建设，制定完善技能人员履职培训大纲、培训内容、考核标准和评分细则，完成开发23门微课件（通过视频动画等多种形式展示课程内容的网络学习课件）（其中：营销专业10门，调度专业6门，检修专业4门，信通专业3门），14门集中培训课件（以教材、讲义、PPT 等形式用于集中授课的课件）（其中：安全教育8门，人资管理3门，纪检监察2门，企业基础管理1门）和1套题库（调度专业）。牵头国网公司教育管理、换流站运检专业培训规范和考试题库开发，为员工履职能力轮训奠定良好基础。四是加强培训移动应用平台建设，推广移动学习方式，规范移动学习运营管理，完成移动学习APP试运行，累计参与人数4602人。进一步拓展培训的时间和空间，满足员工多元学习需要。

二、逐步完善全员轮训机制。一是创新开展生产技能人员先参加履职能力培训后进行职业技能鉴定的“9+3”考核模式，促进“履职”“职鉴”有机融合，有力提升培训满意度和培训质量，有效缓解工学矛盾。二是持续开展新一轮全员履职能力培训考核，组织对培训考核方案的专项宣贯培训，制定技能人员履职能力集中培训计划和自助考核计划，强化计划管理和目标考核。组织140期技能人员履职集中培训，共计培训4879人次；开展18期技能人员自主考核，共计考核600人次。三是全面开展全球能源互联网、特高压、智能电网等专项培训，实施各级各类优秀人才的轮训和培养。

三、强化培训安全质量管理。一是建立实训基地安全督查常态机制，定期开展培训安全专项检查和评价，形成培训安全管理闭环。二是督导培训中心做好培训工作组织和安全管理工作，完善应急预案，定期开展应急培训演练，确保培训过程安全。三是开展本质安全工作，从加强专业管理队伍建设、开展专业技术技能培训考核等方面进行梳理，制订本质安全工作方案，细化重点工作任务措施。四是组织电力安全培训，落实省能监办工作要求，制定公司各类人员电力安全培训方案，明确各部门职责，组织开展电力安全培训39期。

四、大力开展人才选拔与培养。一是规范四级四类人才管理。创新人才选拔流程，修编公司《专家人才选拔考核管理实施细则》。开展公司2016年度优秀专家人才选拔工作，推荐282名候选人。二是加大职鉴职称评审力度。组织1.01万人参加职业技能鉴定，2807人参加专业技术资格评审，并首次开展教授级高工职称评审，首次彻底消除“三无”人员，5 人获全国电力行业技术能手。三是开展专项人才培训。实施22名特高压人才专项培训，开展25期智能变电站培训，持续选拔培养200名“电力雏鹰”人才。四是加快藏区人才队伍建设。完成“521”人才援藏培训202人次、藏区“四基”培训149人次、运维人员培训 3945 人天、岗位准入培训 256人。研究完善“三定生”培养机制，持续开展“送考进藏”活动，441人参加属地现场职业技能鉴定。

五、推进网络大学深化应用。一是开发省直分院特色功能。按照“统一数据结构、统一接口规范、统一功能框架”原则，完善网大统计和资源分级管理功能，实现各省直分院数据统计和培训资源、项目的分级分专业管理。二是开展省直分院特色项目。以公司“电力雏鹰”等项目为抓手，增加线上学习部分，累计举办网络培训班29个，推送学习项目92个，开发网络培训课程240余门，完成在线考试91场，考试考核25.6万人次。其中，安监部、监察部通过网络大学开展了5项专业培训考试项目，累计参与人数超过4万人。三是储备省直分院的特色资源。收集和开发10个网络培训视频课件、240余门专业课程，60个典型案例和6500道“发展策划”、“运维检修”和“人力资源”专业网络考试题库。四是形成网大运维机制。按照试点工作方案明确业务运维团队，发挥培训机构支撑作用，努力形成“人资牵头、专业负责、机构支撑、团队运维”的业务运营模式。

六、规范教育经费及培训项目实施。一是严格执行教育培训经费管理相关制度规定，规范教育经费的储备库建设、计划制定、项目实施等各环节管理。严抓落实，确保教育培训专项计划有效实施。二是针对工作中发现的培训项目和经费管理过程中存在的问题，加强对基层单位项目管理的帮助指导，提升教育培训管理者的专项计划编制和执行水平。

科技创新

责任编辑：何　飞

科技投入与成果

【工作成效】2016 年，国网四川省电力公司科技创新工作有序推进，取得了丰硕的成果：一、科技指标取得较好成绩。获得国家科技进步二等奖 1 项、省部级 22 项，“川藏特殊地质地貌区输变电工程关键技术、装备研制及工程应用”获得国家电网公司科技进步一等奖，首次实现以第一完成单位获得国网公司科技进步一等奖。二、组织公司 3 个团队（电网设备地震及其次生灾害评估预警及防护、超特高压直流输电系统暂态过程监测及抑制、风光水多源接入电力系统安全分析及协调外送）参加国家电网公司科技攻关团队申报，其中“电网设备地震及其次生灾害评估预警及防护”科技攻关团队通过了答辩评审，被评为国网科技攻关团队，实现了公司零的突破。三、全面完成技术标准创新基地筹建任务。公司是国网首批批准筹建的技术标准创新基地试点单位，编制发布了《四川公司技术标准创新基地管理办法》，成立了 4 个技术标准工作组，提交了多项技术标准提案。推进“厂/站低压供电系统”电力行业标委会申请；编制完成“厂站用辅助供电系统”等 2 个技术标准体系表，开展了技术标准验证平台建设。牵头或参与编制了 6 项国家标准、10 项行业标准、1 项团体标准、3 项地方标准和 9 项国家电网公司标准。四、开展技术标准实施评价工作。按照《国家电网公司关于开展技术标准实施评价工作的意见》文件要求，公司建立了“4 个层级、6 个环节、25 个评价对象、60 个关键问题”的技术标准实施评价体系。12 月份，国家电网公司组织了体系建设专项验收，验收组高度评价四川公司该项工作，一致同意通过验收。五、提报 3 项 IEEE 国际标准提案和 1 项 IEC 国际标准提案。公司发起成立的 CIGRE B3.42 工作组在法国巴黎召开第三次国际会议，并在 CIGRE C4 申请成立“变电站/换流站快速暂态电压的测量技术及特性”新工作组。IEEE PES 成都专委会组织了 3 次专题会议。公司推荐的国网四川电科院被中电联评选为 2015—2016 年度电力标准化工作先进集体。

【科研成果】2016 年，国网四川省电力公司在科技进步奖、专利申请以及科技论文论著方面成果丰硕。其中，在科技进步奖方面，公司获得 2015 年度国家科技进步二等奖 1 项；2015 年度中国电力科技进步一等奖 1 项、三等奖 2 项，2016 年度中国电力科技进步一等奖 2 项、二等奖 2 项、三等奖 2 项；2015 年度四川省科技进步二等奖 2 项、三等奖 5 项；2016 年国家电网公司科学技术奖一等奖 4 项、二等奖 3 项、三等奖 5 项，2016 年度公司技术标准创新贡献奖一等奖 1 项、二等奖 1 项。公司同业对标指标“科技成果指数”列国网公司第 7 名。在专利申请方面，公司 2016 年申请国内专利 309 件，其中发明专利 146 件；获得专利授权 331 件，其中发明专利 134 件。在科技论文论著方面，公开发表科技论文 47 篇，出版论著 8 部。推荐 5 项科技成果申报国网公司成果评估和转化，其中 3 项进入了成果对接阶段。

【新技术应用】2016 年，国网四川省电力公司主要采用六项新技术：一、昭觉、二台山、尖山、新都、九江、纳日等 32 座变电站配置 32 个智能巡检机器人。二、500 千伏谭家湾、220 千伏回龙、塘坎街、110 千伏公平、玄滩、若尔盖、民主、汇东等 19 个变电站应用保护测控集成装置。三、阿坝马尔康 500 千伏输变电工程、凉山盐源 500 千伏输变电工程、四川江油 500 输变电工程、凉山会东 500 千伏输变电工程应用输电铁塔高强钢技术；阿坝马尔康 500 千伏输变电工程和凉山会东 500 千伏输变电工程应用了输电铁塔大规模角钢技术。四、阿坝马尔康 500 千伏输变电工程重冰区采用大吨位瓷、玻璃绝缘子；凉山会东 500 千伏输变电工程 D 级污区直线塔采用复合绝缘子。五、成都 220 千伏太金一二线和 220 千伏蓉大双回线改造工程采用了碳纤维复合芯导线。六、凉山会东 500 千伏输变电工程应用了基于北斗授时的电网时间同步技术和终端接入网安全通信与认证技术。

国网四川电力科学研究院

【单位概况】国网四川省电力公司电力科学研究院成立于 1952 年，前身是西南电业管理局中心试验室，曾为全国六大电力试研院(所)之一。“三集五大”体系建设后，电科院成为国网四川省电力公司技术支撑机构，主要支撑省公司“大运行”“大检修”，服务“大规划”“大建设”“大营销”及特高压智能电网建设等，负责四川电网的技术监督、技术研发、技术服务和技术信息等，为四川特高压智能电网建设与发展提供坚强技术保障。

已通过质量、环境、职业健康安全管理体系认证、实验室认可、资质认定，拥有中电建协电力工程调试单位特级资格证书、AAA 级信用企业证书、能监办一级承装（修、试）电力设施许可证和司法鉴定许可证，为国网公司智能变电站调试资格现场调试 A 级资格认定合格单位、智能变电站调试资格系统动模试验资格认定合格单位，为电力技术服务提供了资质能力保障。获得“全国实施卓越绩效模式先进企业”“中国工程建设诚信典型企业”“全国电力建设优秀调试企业”“四川省知识产权优势培育企业”“国家电网公司科技工作先进集体”“国家电网公司溪洛渡左岸-浙江金华±800 千伏特高压直流输变电工程先进单位”“省级文明单位”“四川省民族团结进步模范集体”和“国网四川省电力公司红旗党委”等荣誉称号。

建有“电力互感器运行性能”1 个国网实验室，“输变电设备极端环境运行与检测技术”1 个国网联合实验室，“智能电网”、“人工智能”、“电力系统广域测量与控制”3 个四川省重点实验室，“四川电网防雷试验基地”“中国电科院信息安全实验室四川分中心”2 个国家电网公司重点实验室分实验室，“电网控制保护新技术”“电力环境监测治理评价”“过电压与接地技术”3 个省公司重点实验室和 22 个院实验室，覆盖电力各专业领域。创建以“甄威”等领衔专家命名的 1 个国家电网公司劳模创新工作室示范点、2 个省公司劳模创新工作室、3 个省公司大师工作室和 3 个院专家工作室；建成“电网设备地震及其次生灾害评估预警及防护技术”1 个国网科技攻关团队、“大电网分析与控制技术”、“输电线路防灾减灾关键技术”2 个省公司科技攻关团队和 20 个院科技攻关团队。

2016 年 11 月 29 日，国网四川电科院荣获“2015-2016 年度电力标准化工作先进集体”称号　（李淑琦　摄）

主要承担并圆满完成川藏联网工程、青藏直流联网工程±400 千伏拉萨换流站、锦屏-苏南±800 千伏直流输电工程裕隆换流站和溪洛渡-浙西±800 千伏直流输电工程宜宾换流站调试和技术监督任务，顺利完成国网首座 110 千伏北川智能变电站、省内首座 220 千伏绵阳东智能变电站、省内首座 500 千伏路平智能变电站调试任务；参与“复奉直流”、“新甘石”、“电力天路”等重点建设工程。现已全面掌握±800 千伏换流站调试技术，具备 1000 千伏特高压交流站的全站调试能力。

【人力资源】一、领导班子：2016 年 3 月 14 日，免去郭蓉萍国网四川电科院院长、党委副书记职务，由省公司另行安排工作；任命苏少春为国网四川电科院院长、党委副书记。截至 2016 年年底，国网四川电科院领导班子成员为：苏少春、杨子辛、张星海、陈缨、罗涛、常晓青、朱清代、何朴。二、机构设置：电科院设有六部三中心，分别为：办公室、人力资源部、党群工作部（工会、团委）、监察审计部（纪委办公室）、发展安监部、科技部（技术服务中心）、电网技术中心（信息通信技术中心）、设备状态评价中心（物资质量检测中心）和综合服务中心。此外，还建有国网四川省电力公司院士工作站、博士后工作站及研究生工作站，以及国网首家、国内授权范围最广的四川电力科学研究院电力司法鉴定中心。三、人员现状：截至2016年年底，电科院有员工总数305人，其中：国网优秀专家人才9人，国网专业领军人才1人，省公司优秀人才28人；博士研究生35人，硕士研究生123人；科研技术人员180人，40岁及以下人员占59%；中、高级技术职称204人；精益黑带3人，精益绿带人才5人，QC诊断师1人；人才当量密度1.2205。

【科研设备】2016年电科院新增科研设备有：运检特高频局部放电检测仪，运检特高频局部放电定位仪，运检超声波局部放电检测仪，运检超声波局放带电检测仪校验平台，运检特高频局放带电检测仪校验平台，输电运检移动作业终端，运检绝缘油析气性测试仪器，2M测试仪。

2016年10月9日，国网四川电科院带电检测仪器检验平台迎接国家电网公司验收　（简梦迪　摄）

【科技开发成果】荣获省政府科技进步奖4项、国网公司科技进步奖5项（牵头4项，参与1项）、省公司科技进步奖13项（其中一等奖6项）、中电建协科技进步奖4项（其中一等奖1项），中国电力科学技术奖4项，获奖数量较2015年增长16.5%，创历史最好成绩。加强与知名院校的合作，首次参与国家重点自然基金项目，获批2017年四川省科技项目立项7项（其中牵头3项）、国网科技项目立项18项（其中牵头4项），取得较好成绩。

正式发布IEEE 1893（直流输电线路及接地极线路参数测试导则）国际标准，申报3项IEEE标准和1项IEC标准，成功召开CIGRE B3.42工作组第3次国际会议，院多人获IEEE管理推进特别贡献奖和标准编制突出贡献奖。牵头及参与编制5项国家标准、5项行业标准和3项地方标准，成功发布国内首个电力司法鉴定地方标准，电科院荣获中电联2015-2016年度电力标准化工作先进集体。

完善科技创新体系，梳理命名22个院级实验室，编制3个省政府重点实验室发展规划，与计量中心共同管理电力互感器运行性能国网实验室。获批“电网设备地震及其次生灾害评估预警及防护技术国网科技攻关团队”，实现四川公司零的突破。协助省公司完成国网技术标准创新基地建设和技术标准辨识，两项工作顺利通过国网验收。

【技术监督与服务】主要包括三个方面：一、特高压支撑屡创佳绩。圆满完成“三特一超”换流站年检技术监督、技术服务、带电检测和运维保障，连续三次获评国网运行分公司特高压直流换流站年检工作先进集体；国网运行分公司先后两次向省公司发来感谢信，就电科院技术支撑工作给予表扬。在国内首次开展直流接地极并联间隙大电流熄弧能力试验，为接地极线路绝缘配置提供技术支撑。选派青年技术骨干全程参与±800千伏灵绍特高压直流工程出厂联调和系统调试，开创省级电科院跨地域支撑特高压直流工程建设先例。建设特高压直流控保实验室，初步构建的基于PSCAD的直流输电仿真平台已达工程应用精度。《特高压直流输电换流阀晶闸管级单元紧凑型综合检测系统的设计与实现》获国网运检业务群众创新实践活动三等奖。

二、大运行支撑全面深入。优质完成2018—2019年四川电网安全稳定分析，提出的27项建议被省公司纳入2017、2018年技改储备。完成川渝第三通道、渝鄂背靠背、雅中直流等重点工程分析及各类专题研究80余项。分析并解决500千伏猴子岩、长河坝等大型电站接入引发甘孜电网严重过电压的安全隐患。排查并发现220千伏及以上规划电网安全隐患32项。搭建新能源控保系统功能及性能检测平台，完成省内首次新能源电站AVC/SVG并网检测，发现并整改问题30余项。开展省内首座高速公路电动汽车充换电站和首台车载大型储能设备并网检测，编制《四川省电动汽车充电基础设施电能质量管理办法》并提交省经信委。开展新一代智能变电站示范工程（220千伏资铁站）出厂集成测试和现场调试，制定省公司调度自动化系统资产移交方案，完成资产移交和调度自动化实验室D5000主站技术改造；推进即插即用就地化保护装置实验室工厂化检测；解决变电站远动数据刷新缓慢、通信频繁中断等疑难问题，全力支撑电网安全运行。

三、大检修支撑持续深化。完成省公司电网运检智能分析管控系统（一期工程）建设，大屏版顺利上线并在7个单位试点应用；支撑国家电网公司总部电网运检智能分析管控系统建设，得到国家电网公司高度肯定。综合推进电网防灾减灾，完成在线监测装置专项治理、典型地质灾害隐患点监测装置安装和冰区、雷区等五图修订，针对性制定融冰预案并开展24小时覆冰预警。建成带电检测仪器检验平台并通过国网验收，通过带电检测发现并指导消除22项重大设备缺陷，省公司220千伏及以上GIS放电类故障发生率从0.24%下降为0.07%。强化全过程技术监督，修订国网全过程技术监督精益化管理评价细则，完成7项家族缺陷认定，分析处理27项设备故障并提出整改建议46条，在省内首次开展220千伏GIS现场冲击耐压试验，成功指导省内首次输电线路带电水冲洗，创新编制设备腐蚀防护技术规范及标准作业指导卡并开展培训，500千伏广都变电站竣工验收和防腐专项技术监督工作获国网肯定。协助省公司妥善处理雅安天全电磁环境影响投诉和大岗山水电站送出工程环保拆迁纠纷，利用盲样比对提升基层单位油化检测能力，SF6处理中心完成选址和设备采购。

【企业管理】顺利完成电科院“子改分”营业执照变更，在省公司六五普法考评中位列直属单位第一。编制并发布综合计划全过程管控手册，实现综合计划三级管控。扩容非招标采购评审专家库，建立采购跟踪管控机制，大幅降低采购流标率。创新固定资产全寿命周期信息化管理，有效提升固定资产帐、卡、物对应率。编制办公区物业管理考核办法，推进家属区“三供一业”分离移交，物业服务更加精细。突出问题导向，开展主业财务收支审计和“四个专项”审计自查，完成省公司对电科院原负责人经济责任审计。制定院对标指标评价考核实施细则，深化对标指标分析和分类重点管控，实现省公司对标典型经验零的突破。发布多管理体系整合文件（第三版），获中电建协2016年度QC成果奖一等奖1项，省企协管理创新一等奖1项，省公司管理创新一等奖3项、优秀QC成果一等奖1项和精益成果一等奖1项，省级电科院卓越绩效评价体系入选国网首届卓越管理典型案例库。入围第四届四川质量奖最终评审环节，连续三年蝉联全国实施卓越绩效模式先进企业并获得特别奖，荣获全国优秀电力调试企业、中国工程建设诚信典型企业和全国电力建设诚信典型企业，取得中电建协电力工程调试特级资质。

2016年8月25日，国网四川电科院荣获“四川省2015年度实施卓越绩效模式先进企业特别奖”并领取奖杯（常政威 摄）

【党的建设和精神文明建设】突出从严治党主线，深入开展“两学一做”专题学习和“三亮三比”主题活动。精心筹备并顺利召开院第一次党员代表大会，圆满完成院“两委”和支部换届改选。深化创先争优、社区共建，全面规范党费管理，完成“三分类三升级”自查并整改落实，全面提升基层党建工作水平。认真落实“两个责任”，开展主业及集体企业车辆管理、供应商库动态管理协同监督和非招标采购管理效能监察，进一步提升院依法治企水平。严肃执纪问责，践行四种形态，按期完成省公司党风廉政巡查问题整改。

制订院优秀人才年度考核细则，加强优秀人才选育，新增国网优秀专家人才4名，省公司精益带级人才3名和电力雏鹰3名。建立竞赛调考激励机制，获省公司全球能源互联网、法治企业建设知识竞赛团体三等奖，党群技能竞赛个人一等奖，实现历史突破。获批成立省公司院士工作站，2 名博士后分获中国博士后科学基金资助和四川省政府博士后研究基金资助，3 名博士后与高校合作的项目获国家自然科学基金项目立项，1 篇博士后论文被国际大电网会议 2016 年年会选录为优选主题报告论文，博研站高端技术人才培养和科技创新成效突出。编制和修订 9 项干部管理制度，高质量完成中层干部“三龄两历”核查，开展专家讲堂、干部读书班等多样化培训，提升干部履职能力。创新“四级”后备干部推荐机制，进一步优化后备干部队伍质量。

深化企业文化示范点建设，加大典型选树，组织开展“微宣微讲”“职工文化成果展示”“职工创新大赛”“高压专业技术比武”等活动，举办各类协会活动 180 余次，企业凝聚力进一步增强。在省公司及以上媒体发布稿件 367 篇，《电科侠》获得省公司微电影大赛二等奖。认真落实离退休“两项待遇”，创新开展专项 EAP 建设，稳妥推进并顺利完成集体企业改革改制，企业保持和谐稳定。院党委获评省公司红旗党委、团委获评国网公司五四红旗团委，曹永兴被授予 2016 年国网劳动模范称号。

【存在的主要问题】电科院目前试验场地不能满足发展需要，制约了电科院对省公司技术支撑能力的持续提升，急需加快“特高压基地”等基础设施建设。随着特高压属地化管理的推进，急需加快培养特高压技术专家人才队伍，做好技术、装备及人才储备，需要得到省公司大力支持。

国网四川省电力公司
电源技术中心

【单位概况】国网四川省电力公司电源技术中心（四川省电力工业调整试验所）创建于 20 世纪 50 年代，是长期从事各类发电机组项目、送变电工程项目及输配电网工程项目调试工作的电力科技企业；现主要从事各类火力发电和水力发电机组的调试及性能试验、各类型送变电站基建调试、各类火电厂及水电站电力技术监督和技术服务以及诸如生物质能发电、风力发电、太阳能发电和核能发电等新能源发电项目的调试等业务。

四川省电力工业调整试验所（以下简称“调试所“）作为三标体系认证企业（质量管理体系、环境管理体系和职业健康安全管理体系），现具有特级发电类工程调试资质和特级送变电类工程调试资质；电力承试一级许可资质；化学设备清洗资质；锅炉压力容器检测资质；四川电力工业发电用煤检测资质；是四川电力技术监督中心和技术服务高端平台。从 2007 年年底至 2016 年，调试所的主营业务已覆盖全川电力系统发电厂侧生产技术、基建技术部分和电网基建调试部分。调试所目前具有调试 1000 兆瓦发电机组和调试±800 千伏直流送变电工程、1000 千伏交流送变电工程的资格，凝聚了一大批作风过硬、技术能力在国内极具知名度的发电专业、电网专业优秀工程技术人员，在发电侧和电网侧都肩负关键业务。

波黑 STANARI 电厂 720 小时试运圆满成功现场

长期以来，调试所始终坚持“求实创新，优质服务，顾客满意”的宗旨，竭诚为电力行业和全社会服务。调试所坚持注意在全面提高服务水平的前提下，根据服务对象的不同需求以及服务内容、服务场所等差异，一丝不苟提供个性化服务，实行精细化施工管理，在行业内树立起良好的企业形象。

2016 年度，在国网四川省电力公司的正确领导下，调试所全体职工以安全生产、优质服务为抓手，坚定不移地把着力打造企业核心竞争力、积极构建企业多元化经营体系，切实拓宽企业生存发展空间作为企业管理的首要任务，坚持以市场为导向，以发展保稳定，不断完善企业规章制度，规范企业管理，在生产经营、党风廉政建设等方面取得全面进步，圆满完成各项生产、经营指标，企业目标管理再上新台阶。

近几年来，为了适应市场经济的需要，调试所不断改进经营机制和完善生产经营机构，加强各项管理工作。调试所现设有5部10室（办公室、党群工作部、人力资源部、财务资产部、市场经营部、安全生产技术部、锅炉室、汽机室、水机室、电气室、热工室、金属室、化学环保室、涉网安全技术监测室、新能源技术室），下辖国网四川省电力公司大坝安全监察中心、四川省电力工业锅炉压力容器检验中心、电力工业四川发电用煤质量监督检验中心，并直管经营业务与主业相辅相成的四川通能电力科技有限公司。

调试所机关本部设在成都市梨花街 50 号办公区，部分专业部室和专业化公司设在成都市青华路24号办公区。

【人力资源】在人力资源方面，调试所2016年进大学毕业生6人（均为硕士研究生），现有正式职工 173 人（高级职称71人、中级职称64人、初级职称23人），退休人员66人，所级领导7人，外聘员工近300人，拥有一大批在国内同行业中知名度较高的各类专业技术人员，技术力量雄厚。

大唐三门峡电厂168小时试运圆满成功现场

【科研设备】为了进一步拓展企业主营业务和加强科研能力，使用企业自有资金新添置各专业试验设备，陆续拓展了各专业科室新试验项目。这些仪器设备的投入使用，大大提高了调试所电网基建调试以及开展发电企业机组锅炉、汽机、发电机、热工性能考核试验及机组热力试验等业务的能力，同时还增强了调试所开展高压电气试验、机组并网前检测试验等业务的能力。

【科技开发成果】2016年度管理及科技开发成果显著。团委完成《以加强队伍建设为目标的团青工作增效管理探索》课题1项；生产管理获国家行业级奖项1项，省公司科技进步奖1项；申请国内实用新型专利1项，发表研究4项，并被SCI收录。圆满完成国网直流部下达的调相机分系统调试作业指导书、整套启动调试大纲、隐患排查手册、运行维护手册及工程分系统调试标准、整套启动调试标准、运行维护标准及设备检修标准等专业手册、技术标准的编制工作，获国网直流部、中国电科院领导及行业专家的高度肯定与积极评价，企业科技创新体系不断完善。

【安全生产】2016年度，调试所安全生产工作继续保持“零事故”的优异成绩。按照“全覆盖、零容忍、严执法、重实效”和“三个不发生”的原则，深入开展“抓基础、控风险、防事故”安全生产检查活动，重点抓细抓实国内外工程项目全过程安全管控，严格执行安全技术规程和标准，有的放矢修改完善安全管理制度，进一步落实各级安全责任，有效控制了安全风险，全年未发生电网、设备、火灾事故；未发生人身死亡、恶性操作、重特大交通事故；未发生有重大影响的不安全生产事故；未发生不稳定突发事件和泄密事件；无因违法违纪而受到追究事件发生，圆满完成了国网四川公司下达的安全责任考核目标。进一步增强全体员工的安全意识，强化各级安全责任，夯实安全工作基础，全面排查整治事故隐患，有效控制安全风险、防范各类安全事故的发生，确保调试所安全生产长治久安。特别是在2016年伊斯坦布尔恐怖袭击事件中，调试所临危应变，对波黑项目启动了应急预案及相应的紧急防范机制，及时调整人员进返场线路，切实保障了我单位驻波黑人员及设备、财产的安全。

【技术监督与服务】调试所沉在搞好国内技术服务、技术监督的同时，积极积极拓展“一带一路”沿线国家电力市场，树立中国电力调试技术标杆。“一带一路”沿线的许多发展中国家电力需求旺盛、能源设施投资需求大，却面临本土设备企业技术有限、进口依赖度高，这为中国电力行业带来了广阔的"走出去"前景。2016 年，调试所新签国际工程技术总承包、技术咨询服务合同中，"一带一路"国家占海外项目合同总量的 71%。积极与印度兰科集团、印度阿达尼集团、美国福斯特惠勒集团等国外大型集团公司建立战略合作关系，同时与东方电气、中信集团、哈尔滨工程集团公司、四川机械进出口公司、四川电力勘察设计咨询公司等国内大型总包商深度合作，发挥调试所在调试及性能考核试验上的核心技术优势、技术水平，为总包方提供了大量的专业技术支持，得到总包方的充分信任与高度评价，签署了大量海外工程项目。

目前，调试所正在实施的境外工程项目达十余个，足迹遍布欧洲、非洲、南美洲、东南亚等世界各地。其中就包括哥伦比亚 GECELCA3 号燃煤电站项目调试及性能试验，波黑斯坦纳瑞（STANARI）1×300 兆瓦 CFB 燃煤电站（1×300 兆瓦 THERMAL POWER PLANT STANARI）机组调试、性能试验及验收，老挝 HONGSA3x626MW 燃煤电站项目高压试验、印度维达尔巴（Vidarbha）2×660 兆瓦燃煤机组技术服务项目、印度巴班迪（Babandh）2×660 兆瓦燃煤机组技术服务项目、印度安鲁普尔（Anuppur）2×600 兆瓦燃煤机组技术服务项目等技术监督与服务等项目。在这些项目实施的过程中，调试所始终坚持"求实创新，优质服务，顾客满意"的宗旨，竭诚做好各项服务工作，与合作伙伴建立了更深层次的战略服务关系。

【效益提升初见成效】面对复杂的经济形势和恶劣的市场环境，调试所上下按照年初确定的工作思路，克难攻坚、拼搏奋进，各项工作取得新进展。新签合同额达 1.48 亿元（人民币），同比增长 19%。实现合同收入 1.16 亿元（人民币），同比增长 7%，企业发展态势良好。深入开展"效益提升年"活动，提质增效理念落地生根。扎实做好经济活动分析和专项监测，形成常态机制。突出效益导向，启动综合计划三年滚动项目储备。积极向省公司财务部汇报、沟通，清理回收历史账款，扎实推进效益提升工作。圆满完成省公司"两金压降"任务指标，并实现全年盈利。积极探索海外新兴市场，中标哥伦比亚 G3.2-300 兆瓦循环流化床调试及性能试验、运行维护与培训项目，美洲市场再添佳绩。扎实开展工程创优工作，调试所调试的四川白马 600 兆瓦循环流化床项目荣获国家优质工程奖。

【改革创新全力攻坚】深入研究调试所体制改革有关问题，采取密集沟通、反复汇报、多渠道宣传等方式，全力争取理解支持。全面接收国网四川省电力公司大坝安全监察中心的行政、技术职能，并组建专家组充实中心技术监察力量。配合四川省发改委、能源局完成我省主力火电发电机组节能降耗规划方案及各专项方案制定，并组建专项工作组，负责开展全川主力火电发电机组节能降耗指标专项检测工作。积极拓展新能源电厂业务范畴，配合做好川内新能源机组并网调试相关工作。平稳推进集体企业改革改制，圆满完成四川通能电力科技有限公司、四川电力建设技术开发中心压减任务。

中国驻波黑大使慰问项目现场人员

【企业管理持续规范】全面推进"三全五依"法治企业建设，风险防控能力进一步提升。强化专业管理和短板分析，通过召开专项分析会等多种形式提升工作业绩。及时修制订差旅费报销管理办法、中层干部外出请假报告管理办法等管理规定，持续优化内控管理模式。细化物资采购作业流程和防控要点，强化采购全过程管控。加强房产和车辆管理检查，整改隐患 3 处。组织内部"三公"费用自查及"四风"问题整治"回头看"，管理规范性不断提升，为生产经营提供了上升保障，调试所 2016 年度再次被评为"全国优秀调试企业"。

【"三个建设"成效显著】深入开展"两学一做"学习教育，组织优秀共产党员和先进青年评选、红色主题观影等一系列纪念建党 95 周年系列活动。举办《中国共产党廉洁自律准则》《中国共产党纪律处分条例》专题学习，积极组织参加党规党纪知识竞赛，扎实推进“清风川电”主题活动。强化干部监督，完善管理制度体系。规范职员职级序列，持续拓展员工成长空间。组织职工参加省公司开展的文化、体育活动，促进职工文化共建共享。2 个集体和 6 名员工分别荣获省公司“先进集体”“职工模范之家”“先进工作者”“优秀共青团干部”等荣誉称号。

【生产、经营及改革发展中的主要问题】主要包括四个方面：一、市场形势不容乐观，人力资源储备问题突显。受国内火电机组投产计划锐减、新能源上网计划未达预期、省外市场地方区域性保护政策制约市场准入等政策及市场波动影响，调试所想在原有市场的基础之上提升业务份额非常艰难，虽然短期内市场业务短缺的被动局面不会出现，但从长远来看，固有市场萎缩不可避免，立足企业核心技术优势，坚持以市场发展方式为导向，依托电网体系支撑寻找新的业务增长点才是调试所未来谋划发展的重要方向。广大干部职工应积极转变思想，变被动为主动，积极寻找电网侧支撑性业务，在巩固原有市场的基础之上，努力开拓新兴市场领域。2016 年，调试所调试与性能试验、技术监督与服务、承运等业务齐头并进，项目点多面广，工程技术人员调配面临巨大压力，人力资源储备问题突显，急需解决好职工队伍年龄梯队建设等人力资源结构性缺口问题。

二、扩大电网侧业务覆盖，积极转变企业发展方式。国网四川省电力公司总经理石玉东、党委书记潘敬东在 2016 年春节后先后调研调试所，对调试所在海内外取得的工作成绩给予了高度评价，并对如何做好电网支撑工作提出了宝贵建议。调试所领导班子群思群议、科学决策，根据调试所的实际情况与国网公司、省公司“十三五“发展规划，提出了“保市场、抢先机、勤汇报、齐动员”的发展理念。一方面重点跟踪国网公司调相机建设、省公司调度涉网电厂检测等重点工作开展情况，务求在“十三五”期间全面介入相关工作，为调试所电网侧业务建立新的增长点，夯实机网协调业务职能，有效提升调试所与电网业务紧密度。另一方面，密切与省发改委、能源局、环保厅等政府行政部门的联系，切实做好川内大坝安全监察、川内主力火电机组节能降耗检测等工作，并以此为契机，务实拓宽调试所行政管理职能与市场业务份额。

三、抓住改革机遇，紧跟电力体制改革时代步伐。四川省电力体制改革试点工作将于 2017 年开始正式实施，四川电力交易中心已于 2016 年组建完毕，国家发改委、国资委否决了四川省由电网公司牵头组建的实施方案，明确必须由社会混合体形式联合组建、实施，其交易实施配套文件已全部完成并报国家发改委通过备案。虽然调试所主营业务与售电并无交集，但调试所身处电力系统内部，其中利害关系非常明确。我们应理性看待这一转变，充分利用自身的技术优势，抓住改革发展的历史机遇，参与到电力体制改革建设工作中去，为调试所尽早明确企业定位，实现转变企业发展方式，开创“十三五”发展新局面而努力奋斗。

四、提升内控管理水平，为企业发展提供保障。当前，调试所在生产经营、改革发展等方面任务繁重，企业发展处于攻坚期，迫切需要建立健全内控管理机制，加快提升法律风险防范能力。省公司将 2017 年定为“管理提升年”，而调试所目前的内控管理水平距国网公司、省公司的相关要求还有较大差距。调试所各部室、公司要切实提高内控管理能力，为企业发展提供上升保障，有效规避经营活动中的潜在风险。深化依法治企，提升内控管理水平是调试所“十三五”期间的重要任务，广大干部员工一定要认清形势，迎难而上，出色完成本职工作，为调试所实现新的更大发展贡献力量。

党的建设与精神文明建设

责任编辑：何　飞

党的建设和思想政治工作

【概况】国网四川省电力公司认真落实中央全面从严治党部署，深入开展“两学一做”学习教育，扎实推进党的建设各项工作，为公司全面完成各项目标任务提供了坚强保证。结合“两学一做”学习教育，举办“基层党组织书记讲党课”、“微宣微讲”及先进事迹报告到基层巡讲，获得广泛好评。夯实基础抓文明创建，27 家市县公司和直属单位通过省文明委测评验收，公司命名表彰 20 个文明单位，两名员工被评为“四川好人”。

【主要工作】主要包括以下几个方面：一、扎实开展“两学一做”学习教育。按照中央和国家电网公司要求，组织制定了实施方案、工作安排表和流程图，明确各个环节重点工作和时间节点。采取自学和集中学习相结合的方式，组织开展了四个专题学习研讨，重点研读了《党章》《习近平总书记系列重要讲话读本》等重要书目。组织党员领导干部、党支部书记联系实际讲党课，开展了基层党组织书记讲党课展示，组织先进典型以报告形式讲党课，发挥典型示范作用。创新丰富活动载体，将学习教育与中心工作相结合，开展了“三亮三比”主题活动，推进“四讲四有”具体化，组织开展“党员示范岗”“党员责任区”活动，组织党章、党史知识答题活动，在全体党员中开展“重温入党誓词”主题党日活动，力促学习教育取得实效。加强督促指导，成立学习教育指导小组，采取走访调研、明察暗访、随机抽查等方式进行督查，统筹指导公司系统学习教育开展，公司“两学一做”学习教育取得显著成效。

二、全面落实党建工作责任。围绕从严治党主题，牵头起草国网四川省电力公司 2016 年党委工作报告，组织召开公司 2016 年党委工作会议，制订《公司党委 2016 年重点工作任务分解》，明确分管领导、责任部门、推进措施和完成时限，全面落实党建工作重点任务。分供电单位、直属单位两批，组织 45 家基层单位党委书记开展抓党建专项述职评议，明确基层党委书记在组织建设、队伍建设、党风廉政等 7 个方面的述职要求和评议标准，公司党委书记逐个点评基层党建第一责任人履职情况，相关部门、基层党员及群众代表进行满意度测评，并将述职人的述职报告、评议结果、整改方案公开，接受上下级监督。坚持基层党委书记定期报告工作，向公司党政主要领导报告基层党委履行保证监督职能、领导班子及班子成员工作和廉洁自律、班子自身建设、行政主要负责人坚持和贯彻民主集中制等情况。起草公司在四川省国企党建暨国资国企改革工作会、部分中央企业“两学一做”学习教育座谈会（四川片区）、国网公司“两学一做”学习教育推进会等重要会议上发言材料，全面展示公司党建工作经验和做法。

2016 年 11 月 10 日，国网四川省电力公司召开学习贯彻中共十八届六中全会精神暨 2016 年第四季度工作会议

（曹志刚　摄）

三、不断夯实党建工作基础。完成了国网四川省电力公司第一次党代会筹备工作，成立了筹备工作领导小组和相应工作机构，起草并修改完善“两委”工作报告 20 余稿，召开 3 次筹备工作专题会议，先后完成了代表选举“两委”委员酝酿提名、文件材料起草、会务准备等相关工作。印发了《中共国网四川省电力公司委员会关于做好基层党组织换届选举工作的通知》，制定下发基层单位党委换届工作计划，开展了基层党组织换届选举工作培训，编

写了《基层党组织换届选举工作手册》，扎实推进基层各级党组织换届选举工作，做到了届满应换必换。以“抓基层、打基础、增活力”为重点，建立基层党组织“三分类三升级”长效机制，完善公司一、二类党组织台账，排查出三类“软弱涣散”党组织72个，制定并落实了整改措施。制发了公司2016年发展党员工作指导意见，严格发展党员工作要求。坚持“五核五看”继续开展党员组织关系集中排查，建立健全党员“一册一卡一表”，规范党员日常管理。全面加强党员教育培训，制发了公司2016年党员教育培训工作计划，集中组织基层党组织书记培训4期，培训书记800余名。开展了党费收缴规范工作，组织46家基层单位召开专题会议，面对面开展业务指导，起草了公司党费使用和管理规范细则，顺利完成了公司系统党费补缴和党费收缴规范工作。开展了落实党建工作责任制、“三会一课”制度落实情况等专项检查工作，抓好基层党建重点任务落实。开展基层党建工作调研，组织召开2次专题研讨会，分析了当前党建工作存在的问题，并向国家电网公司提出了党建工作机构、岗位设置建议。收集整理基层单位党建特色工作，编写了《高扬的旗帜——国网四川省电力公司基层党建特色工作选编》，5篇党建创新典型案例被国家电网公司收录并展播。

党建工作开创新局面　　（曹志刚　摄）

四、扎实推进服务型党组织建设。深入开展“争创基层服务型党组织和争当为民务实清廉优秀共产党员”活动，明确领导班子、骨干队伍、服务场所、服务载体、服务机制、服务业绩等6个方面工作要求和年度创建目标，全面推进创建工作。制定基层服务型党组织示范点创建指导标准，着力打造公司首批31个基层服务型党组织示范点，建成了省国有企业基层服务型党组织示范点1个。确定公司领导班子成员定点联系示范点，组织14家基层单位开展示范点建设现场交流，以点带面推进服务型党组织建设。深化共产党员服务队建设，编写了《责任与担当——国家电网四川电力共产党员服务队事迹选编》，3支共产党员服务队事迹被国网公司党员服务队风采录收录。公司召开了习近平同志视察成都高新共产党员服务队5周年座谈会，邀请中央部委、省有关领导和国内外专家出席，进一步拓展党员服务队影响力。

五、员工思想建设不断加强。编发《2016年形势任务教育宣传提纲》，围绕国企改革、电力改革、“子改分”等热点开展形势任务宣传，统一认识，凝聚力量。结合“两学一做”学习教育，举办“微宣微讲”竞赛活动，成都公司等7家单位分获一二三等奖。落实省委、国家电网公司党组和公司党委中心组学习计划，开展“四讲四有”专题学习研讨，修订《领导干部理论学习考核办法》，加强和改进干部理论教育。印发《关于认真学习宣传贯彻中共十八届六中全会精神的通知》，广泛开展中共十八届六中全会精神学习宣传活动，为加强公司党建的建设奠定思想基础。

六、企业文化建设不断深化。落实《国家电网公司“十三五”企业文化建设规划》要求，编制《国网四川省电力公司“十三五”企业文化建设实施意见》，举办两期宣传文化干部培训班，宣讲国家电网公司卓越文化内涵。开展“建设卓越文化、追求卓越品质”教育实践活动，通过“学习卓越文化、讲述卓越故事、传播卓越品牌”等形式，引导干部员工建设品质工程、提供品质服务、塑造品质人生。修订企业文化示范点测评细则，深化示范点创建活动，公司命名表彰40个企业文化示范点。组织开展卓越文化进专业、进班组、进站所课题研究，推进国家电网公司卓越文化落地实践。广泛开展企业文化长廊建设活动，公司命名10个示范文化长廊。

七、精神文明建设不断落实。开展第四届四川省文明单位和公司2014—2016年度“双十佳文明单位”创建工作，27家市县公司和直属单位通过省文明委测评验收，公司命名表彰20个文明单位。广泛开展道德讲堂活动，公司命名表彰10个“示范道德讲堂”。选树先进典型，编写印发《身边的榜样》先进典型风采录，通过公司内部媒体宣传90余名基层典型的先进事迹，在“两学一做”学习教育开展先进事迹巡回报告活动。大力开展群众性精神文明建设，公司入选3个全省优秀志愿服务项目和组织，两名员工被评为“四川好人”。

党风廉政建设

【概况】2016年，公司党委、纪委坚持全面从严治党的主基调，严明党的纪律，夯实“两个责任”，加强党内监督，健全体制机制，持之以恒抓好作风建设，强化依法从严治企，为公司发展改革有序推进提供了坚强保障。公司参加全省政风行风群众满意度测评，在18个公共服务行业中排名第三，连续四年排名靠前。

【组织建设】中国共产党国网四川省电力公司第一次代表大会选举产生了中共国网四川省电力公司纪律检查委员会，周群、邬小端、刘洋、杜树兴、侯太明、冯泽亮、陈永举当选为委员。公司纪律检查委员会第一次全体会议选举周群为纪委书记、邬小端为纪委副书记。

【落实两个责任】召开年度党风廉政建设和反腐败工作会议，制定年度工作要点，细化任务分工，组织签订责任书，做到明责定责。认真抓好约谈工作，公司党政主要负责人、纪委书记约谈16家基层单位党政主要负责人、26个职能部门负责人，当面听取41名基层纪委书记述职，督促抓紧抓实责任。修订责任制考核细则，实行季考核、年考评，以严格的考核推动责任落实。全年共有13家基层单位业绩考核被扣分，32家基层单位责任制考核被扣分，其中2家被评为“良好”等级，2家被评为“不合格”等级。

2016年2月26日，国网四川省电力公司召开2016年党风廉政建设和反腐败工作会议　　（曹志刚　摄）

【党风廉政建设巡察】全面铺开党风廉政建设巡察，分三轮组织145名巡察人员，完成18家基层单位的巡察任务。巡察共发现问题707个，移交查处问题线索79件，对938人次进行了党政纪处分、组织处理和约谈提醒，形成了强大的震慑警示，得到了国家电网公司的充分肯定，巡察工作在国家电网公司年中纪检监察工作座谈会上作经验交流，8家网省公司先后到公司进行专题交流学习。

【执纪审查】严格执行《党风廉政问题线索三级排查处理规定》和《纪律审查工作管理规定》，规范处置问题线索。受理信访举报114件。初步核实97件，谈话函询7件，立案处理16件，了结104件。准确恰当运用“四种形态”，给予提醒谈话86人次、诫勉谈话31人次、组织处理50人次、轻处分30人次、重处分3人次，移送司法机关2人次（成都官仓电力责任有限公司丹景山供电所所长挪用电费、国网邛崃市供电公司天台电力服务所客户代表挪用电费）。国网广元供电公司因多经企业资产处置发生案件，4名处级干部（其中1名2011年已辞职）、2名科级干部被检察机关立案调查。国网泸县供电有限责任公司计量中心1名科级干部涉嫌受贿被检察机关立案调查。

【反腐倡廉宣传教育】扎实开展“清风川电”主题教育活动，举办专题辅导讲座2次，组织2万余名党员干部参加网络考试。成功举办“党纪党规印我心”知识竞赛。完善廉规考试题库，组织13名新提拔处级干部、600余名员工参加廉规调考。廉规培训考试获国网公司网络大学“双优评选”奖项。加强正面引导，评选表彰10名“勤廉兼优”好干部、30名“遵章守纪”好员工。开通“清风川电”专题网页，征集“我身边的廉洁人（事）”教育作品90件，制作播放光芒视频“网事面对面”节目，以及党纪党规解读动漫。

【作风建设】扎实开展“四风”问题整治“回头看”工作，立行立改问题22个，顺利通过国网公司检查。在春节、国庆等重要时间节点，重申纪律要求，开展作风督查，挂网曝光问题24个。配合新一届行风监督员到5家单位开展检查，强化外部监督。坚持问题导向，定期开展明察暗访，覆盖全部22家市

（州）供电公司，通报检查情况 12 期，形成有力震慑。优化行风内部测评工作，按季通报测评情况，督促解决群众用电问题 20 个。公司参加全省政风行风群众满意度测评，在 18 个公共服务行业中排名第三。

【纪检监察队伍建设】组织收看纪录片《永远在路上》《打铁还需自身硬》，引导纪检监察干部以身作则、严于律己。实施“送出去学、请进来教、岗位上练、业务上考”教育培训机制，举办纪检监察业务培训班 1 期，邀请省检察院、省纪委等专家授课，128 名纪检监察干部参加培训，选派 29 人参加上级培训，履责能力有效提升。公司纪检监察干部参加省国资系统征文比赛获二等奖、演讲比赛获三等奖。

品牌建设与维护

【工作概况】2016 年，国网四川省电力公司品牌建设工作主动融入公司中心工作，立足新起点、开创新局面，着力抓好新闻策划，强化舆情管控，强化社会责任根植管理，深入推进精准扶贫工作，加强专业队伍建设，做到热点事项舆情平稳，关键时刻巧妙发声，彰显“创新国网、责任国网”品牌形象，为公司发展营造良好氛围。截止 11 月，公司在国家级媒体上稿 2400 余篇（条），省级媒体上稿 6000 余篇（条），其中新华社通稿 40 篇（新华社内参 2 篇），《人民日报》9 篇，中央电视台 30 条（新闻联播 2 条）。公司在行业媒体宣传、公司网站上稿量等方面均按计划完成，“国网川电”官方微信、手机报均按期播出。行业媒体 4250 篇，其中《中国电力报》335 篇。公司媒体 2550 篇，其中《国家电网报》520 篇（头版头条 10 篇），国家电网公司网站 235 篇。

【工作成效】主要包括十个方面：一、精心策划，成功实施多个主题传播活动。把握新闻传播的时、度、效，重点提升新闻策划水平，“无策划，不新闻”。提高新闻宣传主动性，针对重点工作、新闻议题主动说、巧妙说，整合传播资源，引导舆论导向，推动公司和电网发展战略得到社会广泛认同与支持。在今年的工作中，外联部针对春季雪灾、夏季持续高温及时开展新闻应急，主动展示形象，成功输出议题与观点；通过多个媒体内参渠道反映电网“一张网”问题；川藏联网工程连续第三年登上央视新闻联播，新华社通稿持续关注四川电网“十三五“规划等工作，《人民日报》长篇通讯报道公司党员服务队；藏区农网成功改造、电力交易中心成立、川电外送、电能替代等工作先后被央视、《人民日报》、新华社等中央媒体报道；召开新闻发布会，主动回应“水电弃水、电改、高温停电”等社会关切点；做好“效益提升”、“两学一做”等重点传播，在省公司网站开设“效益提升”专栏、“两学一做”学习教育专题网站，充分展示公司系统积极落实改革部署、自我加压、自我提升、自我完善的良好社会形象；在国家电网公司“两会”召开期间，为展示四川电网新发展成果，传播四川公司新思路，贯彻落实新举措，派出记者赴京，同时，做好“西南代表团讨论分会场”四川代表团的发言记录，整理发言材料，及时传递四川代表声音；在“4·20”三周年、“5·12”汶川特大地震八周年际，做好电网重建宣传，重点展示电网新面貌、员工新气象。

二、平稳有力应对舆情，确保品牌形象美誉。2016 年 1—10 月，公司监测到各类负面舆情 3849 条次，预计全年将超过 4000 条次，其中红色舆情 4 条次，黄色舆情 195 条次，成功处置“迎峰度夏居民上街堵路”“德阳什邡变电站事故致四人受伤”“达州美好公司退伍军人不满改制发帖‘曝光’”等重大舆情事件，维护了国家电网公司品牌形象。特别是第三季度，因持续高温天气，成都、天府区域“有电送不到小区”的矛盾集中爆发，外联部共监测确认网络舆情 2379 条次，是近年来单季度数量最多的一个季度。在公司主要领导的高度重视和统一指挥下，相关单位积极应对，妥善处置化解，舆情保持在一定范围内，未发生汇聚、扩散、放大的情况，实现化“危”为“安”、转“危”为“机”，有力维护了公司良好形象。

三、成功举办“深化国家电网四川电力共产党员服务队建设座谈会暨社会责任白皮书发布会”。8 月 19 日，深化共产党员服务队建设座谈会暨国网四川电力服务“十三五”四川经济社会发展白皮书发布会顺利召开。作为驻川央企发布的首份服务地方经济社会发展白皮书，发布会因立意高、主题明，规格高、平台广，契机好、载体多，特色亮、参与广，获得了国家相关部委、省委领导及利益相关方的充分肯定。《人民日报》、新华社、中央人民广播电台、《光明日报》、人民网、中工网等中央媒体和《国家电网报》《中国电力报》《亮报》等行业和内部媒体分别播发了《白皮书》发布活动的新闻稿件，强调了公司为服务经济社会发展做出的贡献，对公司履行的社会责任、藏区电网建设、农网升级改造、精准扶贫、“十三五“电网规划等工作进行了报道。

2016 年 8 月 19 日，社会责任白皮书发布会现场

（曹志刚　摄）

四、精准扶贫工作亮点突出，优秀案例登上国家级民生论坛。10 月 19 日，第四届中国民生发展论坛在人民日报社新媒体大厦举行，本次论坛主题为“精准扶贫 共享发展”，国网四川省电力公司受邀参加并被授予“2016 民生示范工程”荣誉称号。总经理石玉东代表公司就精准扶贫工作中的心得和体会作交流发言。成功推动石总社会责任署名文章向中央领导报送，目前密切关注中，等待回音。国网四川省电力公司是国网系统内首家在《人民日报》权威媒体公共平台就如何贯彻中央决策部署，履行央企责任，关注民生发展进行成效报告与经验分享的单位。公司乐山马边高石头村精准扶贫案例成功写入《人民日报》内参。同时，将公司总经理石玉东在《民生经济周刊》的署名文章报送给中央领导审阅。马边精准扶贫案例以题为《国家电网 造血扶贫——让彝族通报乘上现代文明列车后》的文章刊登上 8 月 22 日第 212 期《民生周刊》，登上 10 月份召开的 2016 年中国民生发展论坛，获得 2016 年民生示范工程项目。

五、原创音乐 MV 获全国金奖。公司选送的《我想请个假》11 月 19 号在西安举行的“中国梦、劳动美”第三届全国微影视大赛中颁奖中，获得音乐 MV 类别金奖，并同时获最佳原创音乐奖

六、以社会责任为引领，助力综合价值提升。公司积极推进社会责任案例转化为典型经验，社会责任成果形成管理创新成果、精益化项目成果、社会责任根植项目成果、课题研究成果，探索品牌建设工作运转新模式。在国家电网公司发布的《2015 年社会责任报告》中，国网四川省电力公司亮点频现，为历年来最多的一次。四川公司的“清洁水电输送”“停电计划编制效率”“服务凉山”“无电地区电力建设”“马边扶贫”“消纳富余水电”“川藏联网”“舍己救人彭大权”和“政企协作”等文字和图片内容贯穿了《报告》，彰显了责任国网形象；公司“三位一体”智富马边以及“最火”电力微电影这两个社会责任案例被编写入 2015—2016 年度的《中国企业公众透明度报告》中；公司可持续扶贫精准帮扶乐山马边彝村、眉山“一乡一品”为地方经济发展定制供电方案以及资阳公益战略“红细胞”在行动这三个社会责任根植案例从国网公司 2014—2015 年 376 个项目中脱颖而出，作为 20 个优秀项目之列入选《中国经济周刊》。在国家电网公司首次开展的“优秀社会责任根植项目”评选中，四川公司申报的 6 个项目从国网 376 个项目中脱颖而出，全部获评“优秀项目”，成为唯一一个通过率 100%的省公司，评委组认为四川公司在根植项目社会表达方面成效突出，社会责任根植项目成果视频的“表达方式”值得各网省公司借鉴和推广。

七、以赛代练提升新闻应急水平。连续三年举办“突发事件新闻应急”竞赛。全面检验公司系统各单位新闻应急水平，来自 40 多家单位的 200 名参赛选手覆盖各专业，进一步加强舆情监控和新闻应急的联动能力，巩固品牌维护“三全”（全员、全方位、全过程）协同意识。竞赛中所产生的舆情处置案例集极具实战参考价值。竞赛被总部高度认可，已经成为国家电网公司新闻应急工作的特色亮点。

八、精心组织力推党群技能竞赛晋级。牵头负责党群队伍技能竞赛海选、集训、参赛等工作，与政工、工会、离退休专业建立联动机制，提前谋划，成立专业集训团队，推动思想、组织、责任、措施落到实处，有序推进内部选拔、集训工作，以点带面、以赛促学。公司代表队在西南赛区复赛中，以第一名绝对优势挺进国网决赛，全面激发公司系统党员、党组织开展“两学一做”学习教育的热潮。

九、明确责任，加强自办媒体管理。今年外联部加强各基层单位在英大系媒体的发稿，拟定《国网四川省电力公司品牌建设工作考核问责办法》，向基层单位下发《公司系统各单位国网媒体发稿任务指标》，加大基层单位对《国家电网报》、电网头条、国网手机报等英大系媒体的考核力度。同时，对上稿情况进行

信息通报。对各基层单位在《国家电网报》、省公司网站、手机报、“国网川电”官方微信、光芒视频等媒体发稿情况进行通报。促进了各单位宣传工作的主动性，发稿的积极性。

十、“国网川电”公众微信平台顺畅运作。外联部打造新媒体传播方式，开通“国网川电”公众微信平台。“国网川电”微信公众号目前已发送72期。“国网川电”坚持服务号定位，打造集电力资讯、生活趣味为一体的宣传平台，展示电力工作、分享生活之美。“国网川电”以“服务从指尖开始、故事从心头开花”为传播理念，以用电客户作为主要目标读者，以互动为主，传递正能量，打造电力企业与社会公众沟通交流的新平台。

2016年11月24日，国网四川省电力公司召开2017年外联品牌工作务虚会　　（徐浩洋　摄）

【当前面临的主要形势与挑战】传统媒体变革创新日趋激烈，生存危机进一步加剧。以微信、微博、微视频、客户端为代表的“三微一端”正以摧枯拉朽之势挺近舆论中心场，社会舆论生态发生根本转变，移动互联网、大数据时代已不可避免的全面到来。当前，社会利益诉求多元化、价值取向多样化和诉求表达非理性化，社会舆情呈现“碎片化”、“去中心化”和“去权威化”的特征，凝聚社会共识难度加大。受此影响，中国网络舆情事件频发，社会舆情事件和涉官、涉政、涉企舆情不断涌现。官方舆论场和民间舆论场在时而对立和时而趋同间砥砺前行。

这一年，国家电网公司大气磅礴，全面构建全球能源互联网；特高压建设一边在国内开疆辟土，一边走出国门，走向世界；“国家电网”品牌蝉联中国500最具价值品牌第二名，责任央企形象进一步提升。与此同时，公司系统也面临巨大的内外部环境压力，品牌维护工作如履薄冰。政府监督、社会监督、企业自律的要求越来越严格；受经济下行影响，经营风险增大；国资国企改革、电力体制改革深入推进，中央企业“垄断、低效、暴利”话题此起彼伏，“信任危机”消解乏力，舆情风险如影随形，品牌建设工作任重道远。这都为当前公司品牌建设工作带来巨大的挑战：一是进一步提高全员品牌意识任重道远。2016年发生几起重大舆情事件均反映了公司系统（尤其是直属单位和县级供电企业）还存在舆情意识不强、品牌意识淡薄的现象，有些单位还存在品牌维护人员不到位的情况，一旦舆情时间发生，将给公司品牌维护工作造成被动局面。二是社会舆论生态剧变，品牌维护工作面临新挑战。当前，社会舆论呈现“碎片化”、“去中心化”和“去权威化”的特征，凝聚社会共识难度加大。5亿微博用户、6亿微信用户，以及近1000万微信公众号，“民间舆论场”迅猛崛起，使舆情发酵更快、传播更为迅速。而公司系统微博、微信公众号等新媒体引导舆论的能力有限。部分单位对互联网新常态的认识不足，研究不够，难以适应新媒体发展的新趋势，急需加强对新媒体的研究，进一步学习舆论引导技巧，提升舆情应对能力。三是品牌传播大局意识、主动意识不强。在品牌传播工作中，部分单位还存在围绕“小局”不顾“大局”的情况，落实公司宣传重点不到位，新闻策划眼光局限，甚至偏离轨道。部分单位主动传播、主动展示、主动应对的意识不强。四是基层单位通讯员水平有待提高，向国网媒体投稿技巧有待提稿。基层通讯员是向《国家电网报》《中国电力报》、国家电网公司网站等行业媒体和公司媒体投稿的主要力量，但是基层通讯员普通专业素质不高，写作能力不强，新闻敏感不高，急需进一步提高。同时，对《国家电网报》的投稿，基层单位缺乏研究和有针对性地写稿，需进一步加强。五是对新媒体缺乏研究，专业人才匮乏。随着数字化、网络化、信息化的快速发展，新媒体迅速崛起，已成为公司进行传播的新平台。目前，公司在新媒体运营方面缺乏专业人才，急需通过培训、交流、学习，加强新媒体思维的提升，加强制作、推广、运营等专业技能的提升。

【下一步工作总体思路】认真贯彻落实中央、国网公司“十三五”的指导方针和决策部署，贯彻落实习近平总书记系列重要讲话精神，把思想和行动进一步统一到“十三五”的指导思想、总体思路和目标任务上来，用改革的精神，创新的思路，谋划好

“十三五”时期公司品牌建设工作的发展思路和重大举措。一、品牌维护。为做好品牌维护工作，将做好以下几点工作：一是全省范围内推广舆情管理精益化项目成果；二是扫除品牌维护工作盲区，对新增单位、未开展此项工作的单位做倾斜指导，确保品牌维护工作全覆盖；三是继续积极探索创先品牌维护新思路、新做法，适应网络舆情变化；四是规范舆情事件问责考核，加强对出现较大以上舆情事件的单位的考核指导；五是形成公司品牌维护工作理论体系，切实开展好该项工作。二、品牌传播。一是着力传播公司谋划“十三五”发展的新思路，包括四川电网如何主动融入全球能源互联网、打造西南清洁能源基地、主动适应电力体制改革的举措等方面；二是结合全球能源互联网战略，大力传播特高压，清洁能源，以电代煤，以电代油，电从远方来等国家电网的发展战略；三是继续做好藏区电网建设的传播工作，以公司参与西藏电网建设为契机，大力弘扬公司在服务民族地区民生和发展所做出的贡献；四是持续传播公司在志愿者服务、城市老旧小区电网改造、农村电网升级改造、精准扶贫等体现央企责任方面所取得的成果；五是选取公司部分先进典型，借助高端平台广为推送，力争成为国内具有典型影响力的时代楷模；六是传播媒介力争多点开花，探索应用新媒体新介质，力求传播价值最大化；七是传播形式力求艺术化；八是形成公司品牌传播工作理论体系。三、社会责任。推进公司社会责任案例进入高校课程成为教学案例工作，社会责任成果形成管理创新成果、精益化项目成果、社会责任根植项目成果、课题研究成果；推进公司社会责任案例及成果参加国网社会责任高端论坛、中国民生发展论坛等工作。全力打造四川公司有影响力的公益品牌，探索品牌标识项目实施的里程碑管理模式，研究艺术形式传播国网品牌的管理模型和管理成果的推广工作。

【下一步工作总体目标】2017年，国网四川省电力公司外联部将积极配合公司中心工作做出有锐度、有深度、有广度的新闻策划，充分利用公司自办媒体资源、社会媒体资源，争取话语权，推动公司新闻宣传工作不断创新，为省公司发展营造良好舆论环境，为服务公司软实力建设作出新的贡献。

【下一步工作重点】主要包括十一个方面工作：一、开展全面加强党的建设宣传。结合“两学一做”学习教育，中共十九大召开，习近平关于中央企业加强党建工作的讲话精神等，以公司第一次党代会为契机，围绕公司党建工作，整合媒体资源，灵活使用新媒体，创新传播形式，推进传播强度和高度并重，开展多种多样的党建报道活动，宣传公司共产党员服务队、优秀共产党员的先进事迹和精神风貌。二、继续强化舆情应对处置。组织突发事件协同处置应急演练，开展隐患排查，强化对直属单位和县供电企业舆情处置工作指导，扫除品牌维护工作盲区，确保品牌维护工作全覆盖。继续开展舆情监测和新闻应急培训，打造网络通讯员核心团队，探讨网络通讯员考核和奖励机制。探索品牌维护新思路、新做法，注重舆情信息成果应用，推动问题整改和管理提升。三、进一步规范公司自办媒体管理。出台《公司自办媒体管理指导意见》，通过细化公司网站、手机报、官方微信等媒体发稿、运维规则，进一步规范公司自办媒体管理、提升公司媒体宣传策划水平。四、做好重点宣传策划。做好电力体制改革宣传。结合水电消纳、惠农惠民等阶段性成效，做好电源侧“一盘棋”、电网侧“一张网”、需求侧“一同价”“三个一”改革成效宣传。做“能源替代”宣传。做好“以电代煤、以电代油、电从远方来、来的是清洁电”宣传，打造“电网连万家 共享电气化”立体宣传态势。“鲁鹏志愿者联盟”的深化和宣传。做好“鲁鹏志愿者联盟”的宣传。从纵、横两个方向挖掘拓展，充分发挥鲁鹏个人的示范引领作用。五、以电力交易为切入点做好电力体制改革主题传播。从电力交易中心成立以来发挥的平台优势出发，结合清洁水电消纳、直购电、留存电量等工作和政策，展示国家电网公司在主动推动和适应电力体制改革部署方面采取的举措和取得的成效。协调媒体探讨地方电网供电的弊端和问题，为推动解决四川电网“一张网”问题营造良好氛围。六、做好川电外送主题传播，呼吁特高压外送通道建设。整合媒体资源，利用公开报道和内参等渠道，抓住有利时机，巧妙输出议题和观点，做好四川水电外送报道工作，传播特高压在跨区跨省电力输送方面的优势和成绩，展示四川电网外送通道建设的紧迫性。七、按照国务院国资委和国家电网公司工作要求，推动公司建设国家级社会责任示范基地。八、继续推动凉山喜德阿吼村的精准帮扶工作，做好阿吼村精准扶贫工作品牌打造。九、完成国家电网公司委托中央企业公益项目管理手册，并在国网品牌工作会上以国网公司名义进行发布，并将手册进行正式出版。十、推动德阳三本台账等公司管理案例入选清华、北大或北师大MBA教学案例。十一、推动公司获评2017年度中国工业企业履行社会责任星级评价五星级企业，将鲁鹏志愿者联盟推动成表彰履责案例。

后勤保障

责任编辑：魏秀云

国网四川物资公司

【概况】2016年，国网四川省电力公司物资工作坚持依法依规、从严治理，不断夯实物力集约化管理基础，强化物资计划集中管控，加强采购规范性管理，提高采购效率和效益，持续提升物资供应保障能力，顺利完成了各项年度任务目标。全年累计采购金额187亿元，同比增长6.25%；库存周转率由7.7次/年提高到10.9次/年；物资配送按期到货率达到98.9%。多措并举，有力保障了低电压治理、农网升级改造、成渝客专、兰渝铁路等重点工程的物资供应，为公司电网建设、生产运营提供了坚强的物力支撑。

【物资计划管理水平不断提升】贯彻落实集中采购全覆盖要求，严格执行总部集中采购目录，细化省公司集中采购目录，不断扩大集中采购范围。根据项目计划安排和物资品类特性，优化年度批次计划安排，缩减招标采购批次，提高集中采购规模效益。强化计划管理协同，提前参与，主动服务，促进工程项目建设计划与物资采购供应计划协调匹配。完善需求计划审查机制，定期更新发布审查要点，按批次开展总结分析，及时通报典型错误，不断提高审查质效。加强集体企业采购管理指导，推进电子采购平台建设，提升集体企业规范管理水平。

川渝电网第三通道首基铁塔发运仪式现场

【采购效率和规范性得到提高】持续强化招标采购入口端管理，加大对技术规范书常见问题的抽查力度；对特殊类别物资，要求需求单位和管理部门推荐潜在供应商，确保后续招标采购的有效开展。严格履行澄清审批手续，明显减少招评标过程中的澄清数量。针对不同物资类别、采购金额和数量，分析历次招标流标和市场情况，合理制定采购策略，提升一次采购成功率和采购效率。制定了公司招投标工作领导小组议事规范和领导小组办公室工作规范，进一步规范招标采购决策审批程序，保证招标采购工作依法合规、规范有序进行。

【物资供应保障能力不断增强】采取“周计划、周协调、日调度”方式，打造四川特色物资供应机制，确保物资供应准确、及时。强化物资合同管理，在签约时就关键节点问题进行沟通，确保后期工程物资供应节点清晰、有据可依。开展仓库安全大检查和库存规范性检查，提高了仓库安全和规范管理水平。下发加强库存物资利用管理工作的实施意见，将原省级平衡利库步骤由8个简化为4个，显著缩短利库时间。下发加强废旧物资管理工作的实施意见，明确不同来源废旧物资的报废审批及处置流程，解决了废旧物资处置难问题，全年共通过网上竞价处置废旧物资0.511亿元。

【物资质量监督机制有效运转】加强质量监督计划管理，将任务计划下达和执行纳入ERP系统物资收货和结算环节管理。加强主设备监造管理，明确工作界面、工作内容、见证流程、统计考核等内容，督促落实重点管控措施；优化抽检策略，加大抽检力度，实现采购物资三个百分之百全覆盖抽检。加强检测试验室建设，加大与社会检测机构的合作力度，不断拓展质量检测范围和深度。开展配电变压器全型式试验项目检测，实施电力电缆、导地线、绝缘子等中低压农配网物资专项抽检，实施水泥电杆、铁附件等物资驻厂监造，共完成设备材料抽检3487项，发现并处理质量问题831项。

【物资标准化信息化支撑有力】健全两级技术规范书审查机制，完善项目主管部门审批流程，按批次通报审查情况；细化技术规范书质量考核方案，并写入设计招标文件中，从源头提高技术规范书质量。强化技术规范固化 ID 编制及应用，固化 ID 使用率达到 73.4%，有效提升技术规范编审效率。完善物料主数据和非标物资定期申报、集中审核机制，做好与物资计划申报工作的衔接。专题开展高海拔、高寒区域线路金具主数据申报工作，解决了高海拔金具替代物料突出问题。开展了 6 个批次的电子商务平台账号权限集中清理工作，落实账号实名制管理等要求。

【物资业务风险防控不断加强】建立物资督查员网络，开展全流程风险梳理、风险培训和以两级集中采购目录执行、授权采购实施规范性、合同履约及变更规范性为主的专项监督检查，提高业务规范性。对经济责任审计、中央巡视组巡视、国家电网公司交叉监督检查发现问题进行分析与整改，堵塞管理漏洞。开展招投标投诉异议处理，维护公司及投标人的合法权益。加强评标专家教育培训，通过集中培训、视频培训及标前培训等方式，不断提高专家廉洁自律意识及评标能力。发布评标专家评价与考核工作实施意见，将专家在评标活动中的履责情况纳入专家本人业绩考核。

国网四川电力服务有限公司

【企业概况】国网四川电力服务有限公司（以下简称公司）是国网四川省电力公司（以下简称省公司）所属具有独立法人资格的全资子公司。公司 2001 年4月在省工商局登记注册，现注册资金800万元；2006 年，取得四川省二级物业管理企业资质；成为四川省房地产协会理事单位、成都市物业管理协会会员单位；2011 年搬迁至成都市高新区蜀绣西路 366 号生产运营综合楼。

2016 年，公司领导班子成员 7 人，法人代表、总经理冷继伟，党委书记李春来。下设办公室、物资供应部、人资部、党群工作部、财务部 5 个职能部门，办公区、住宅区、规划楼、眉山、五洲、餐饮等 13 个项目部，物业服务面积近 56 万平米，员工总数 639 人，其中全民所有制员工 64 名，外聘工 575 名。大专以上学历占 65.8%，高级职称占 1.2%，中级职称占 2.19%，初级职称占 3.44%，物业管理专业人员及工程、管理、经济等相关专业技术人员 28 人，物业管理专业人才全部取得相应资格证书。

公司 2006 年获得 ISO9001-2000 质量管理体系论证，2007 年获得 ISO9001-14000 环境管理论证体系，2008 年通过了质量环境一体化管理体系，并以质量环境一体化管理体系为保证，以物业管理优秀标准规范公司物业管理工作，实行计算机网络化管理，以优质的服务为业主提供洁净优美、安全文明的工作、生活环境。

公司的管理项目包括工程维护、专业保洁、安全保卫、消防管理、公共绿化等常规管理项目和综合会议服务、礼仪接待、商务服务、餐饮服务、政务服务、车辆管理、桌面自动化系统和智能化系统维护等专项、特约服务。公司管理的物业类型有大型写字楼、高层电梯公寓、商业楼宇、多层住宅、营业楼宇、生产工业区等，是一家物业管理项目、服务功能齐全，具有相当实力，积极开拓发展，面向社会承接各种类型物业的大型专业化物业管理公司。

【主要生产经营指标完成情况】2016 年，公司按照“1234”工作思路，主动作为，迎难而上，扎实推进各项重点工作，圆满完成省公司下达的各项目标任务，实现了“十三五”良好开局。安全生产持续保持零事故，服务零投诉，服务满意度 98%。公司主营业务收入 14319.8 万元，利润总额 139.64 万元，同比增长 177%；中心主营业务成本支出 6322.39 万元，预算完成率 99.99%。服务面积 70 万平米，同比增长 17%；业绩考核在省公司直属单位中排名第 10，较去年提升 4 名。

【安全生产保持稳定】2016 年，全面贯彻落实“安全第一、预防为主”的要求，以“夯基础、控过程、强执行”为抓手，以防止人身伤害事故为重点，出台安全工作奖惩办法，扎实开展“安全年”活动，全面加强安全管理。开展春季安全大检查和反违章工作，排查安全隐患 43 项，查处违章 15 项，完成缺陷治理 36 项。着力构建覆盖配电、空调、消防、电梯、食品等业务的安全风险管控体系，紧急处理应急故障3次。参与省公司《生产调度大楼配电系统标准化管理体系》研究与实践，进一步提高调度大楼配电运维可靠性。狠抓防洪度汛安全管理，有效开展防汛应急演练；组织消防基础知识培训考核，从业人员的专业知识和实战技能不断提高。开展食品安全“半月查、月通报”，针对问题限时、定人、明责进行整改；应用物联网管理信息技术实施食材基地远程监控，实现食品安全可视、可控、在控。

【改革改制顺利完成】2016年，集体企业改革稳妥实施。根据省公司统一安排，公司对下属的四川电力经贸公司、水利电力出版社成都发行站、名雅山庄等3家集体企业开展清算关闭工作。改革改制工作时间紧、任务重、历史遗留问题多。公司上下联动，部门积极配合，集思广益，采取有力有效措施，积极与工商税务沟通协调；发扬“三千精神”，反复做关闭企业员工思想工作，妥善安置83名人员，提前完成清算关闭工作，为省公司完成年度集体企业改革改制工作做出积极贡献。

公司更名顺利完成。顺应国资国企改革大势，着眼公司发展要求，积极推动公司更名工作，经多方论证，反复沟通，2016年8月，省公司正式批复同意将公司名称变更为国网四川电力服务有限公司，为公司的长远发展奠定坚实基础。公司将在继续做好现有物业服务的基础上，秉承“大服务”理念，发挥长期做服务工作的优势，主动承接主业非核心业务和末端业务等电力服务类工作，开展商务服务、建筑智能化工程、机电设备安装工程等新业务。

【优质服务有效提升】2016年，服务规模不断壮大。按照需求导向，把握省公司本部、重点工程等保障为重点，主动作为，不断拓展业务范围，不断创新服务模式。物业服务面积总计70万平方米，同比增长17%。坚持扩大服务规模与重点保障两手抓，共提高。藏中联网工程是国网公司重点建设工程，平均海拔3750米以上、最高海拔5295米。公司派出49名员工，常驻工程一线，重点服务项目指挥部，同时协调监督45家参建单位保障工作，在共计2100多公里的芒康—波密工程沿线，扎实开展藏中联网工程后勤保障工作。全年共计开展生活用餐保障13599人次，住宿保障5641人次，会议保障2966人次。优质高效的服务让参建人员感到家一样的温馨和舒适，为工程建设顺利进行提供了坚实的后勤保障。

服务范围不断拓展。建成并投入使用四川启明星职工体育运动中心，向省公司系统职工提供健身服务，丰富职工的业余生活，受到广大职工的欢迎。在传统物业服务工作之外，公司还承担省公司本部及部分地市公司生产调度大楼配电、消防、精密空调、IT设备的安全生产运维，主营业务不断拓展。

服务理念不断创新。秉承“你用餐、我用心”的餐饮服务理念，精心选用绿色食材，专业烹饪佳肴，科学搭配营养膳食，将专属于家的美味，从每位员工的舌尖传递至心间。推进菜品研发创新，加强与各网省公司、地市公司厨艺交流，努力提供食堂增值服务，员工服务满意度高达98%。

【企业管理逐渐规范】2016年，全面推进“三全五依”法治企业建设，风险防控能力进一步提升。办公区物管费标准接受省物价局价格认证，物管收费标准做到有据可依。财务支付融合顺利运用，资金预算实现闭环管理；税务“营改增”工作按期完成，促进公司健康发展。制定完善7项干部管理制度、1个员工管理办法、1套“三定”管理标准，公司人资规范管理水平不断提高。高度重视同业对标工作，强化专业管理和短板分析，业绩考核成绩进步显著，在省公司直属单位中名列第10位，比去年提升4位。召开工程管理工作会，出台《供应商管理实施细则》和《评审专家管理实施细则》，开展供应商测评，强化物资采购全过程管控，工程管理进一步规范。

【“三个建设”成效明显】2016年，深入开展“两学一做”学习教育，积极参加微宣微讲竞赛，以丰富多彩的形式开展纪念建党95周年活动。举办《中国共产党廉洁自律准则》《中国共产党纪律处分条例》专题学习，积极参加党规党纪知识竞赛，积极响应“清风川电”主题活动。加强全员培训和业务素质提升，引进专业管理和技术人才各1人，招聘新进大学生5人，公司员工年龄结构和知识结构进一步改善。深入开展挂点联系、班组减负等工作，班组建设成效得到省公司工会的肯定，获得2016年省公司“先进班组”称号。成功举办公司员工才艺展示，员工精神面貌进一步改变。优质高效地配合接待央视“伟大的征程”活动，得到上级好评。

【管理创新成果丰硕】2016年，积极践行以人为本的发展理念，关心关爱职工，建立各类人才成长激励机制，积极为青年员工成长成才提供帮助支持，各类人才逐步涌现，形成了员工成长与企业发展相融共生的良性循环。公司23人次受到上级单位表彰，3个集体荣获省公司先进集体称号，2个课题分别荣获省公司管理创新成果和优秀论文。全力支撑省公司“生产调度大楼配电标准化竞赛”，荣获“特别贡献奖”。积极参加省公司“活力啦啦操比赛”，荣获三等奖；2 名外聘员工参加省公司原创歌舞剧《我愿意，谢谢你》，顺利晋级央视“直通春晚”节目。1 名青年职工成功入选省公司“电力雏鹰”人才培养计划，实现公司人才培养的“零突破”。

（林抒予）

国网四川省电力公司综合服务中心

【企业概况】国网四川服务中心（以下简称“中心”）成立于 2012 年 6 月，根据“三集五大”实施方案，中心是四川省电力公司（以下简称“省公司”）原会计集中核算中心、省公司本部离退休服务中心、社保中心、新闻中心等单位整合组建的二级单位。因业务需要，中心各处室分别在省公司生产运营综合楼、规划设计综合楼和启明公寓办公。2016 年根据工作需要，原中心媒体业务主任调离中心，中心不再负责公司媒体业务相关工作。目前中心编制 85 人，中心实际到岗 72 人。

中心是四川省电力公司分公司性质的业务支撑机构，内设财务资产部、综合管理部、人力资源服务部 3 个职能部门、12 个业务处室。分别承担 21 家在蓉直属单位及子公司、省公司 500 千伏及以上直管工程、省公司集中采购物资的会计集中核算和财务监管、财务稽核和内控评价等工作，省公司本部 517 名离退休职工的日常管理与服务工作和本部党委 337 名离退休党员党建工作，省公司系统近 10 万员工社保年金管理及人力资源支撑相关业务等 3 个业务板块的支撑服务工作。

【财务集中核算支撑服务】2016 年，效益提升活动取得显著成效。国网四川服务中心按照省公司“效益提升年”活动的总体要求，围绕“开源节流、提质增效”主线，全力推动会计集中核算、离退休服务、社保年金管理及人力资源服务工作品质提升，取得了显著成效。

降低成本方面，国网四川服务中心及集中核算单位未发生可控成本超年度预算的情况，总体节余 6575.97 万元、占年度预算的 6.54%。提质方面，会计集中核算任务、离退休服务、人力资源支撑任务完成率和满意率均达到 100%，国网四川服务中心财务实时管控考核名列 31 家直属及产业单位第 1 名。增效方面，年金平均年化收益率达到 3.91%，实现超过央行三年定存基准利率 1.2%以上目标。

会计基础和业务监督持续规范。国网四川服务中心结合财务管理新规定及在实际工作中发现的问题，对会计集中核算业务指南进行了再次修订，并通过内网门户网站发布。在发布 77 类经济业务报销要求的同时，整理发布政策依据和相关制度，提供 19 类常用文档下载，明确基本业务办理流程。新版业务指南信息更加丰富、使用更加便利，实现了服务对象全覆盖。截至 2016 年，国网四川服务中心连续 4 年发布会计集中核算业务指南，对指导核算单位业务办理、规范会计基础、强化财务监督起到了重要作用。

所得税和营改增工作顺利过渡。2016 年税制改革涉及两项工作：一是直属单位企业所得税由省公司集中汇算、申报、缴纳改由各单位单独申报和缴纳；二是全面推行营改增政策，给费用报销、发票领购、认证、抵扣以及申报、缴纳等一系列工作带来巨大变化。为确保税制改革顺利过渡，国网四川服务中心及时收集最新政策法规、公告及相关解读、国网公司税务工作要求，及时发布“营改增财税业务注意事项”“营改增”涉及业务部门 7 个方面、33 个办理要点，用以指导各单位规范涉税业务办理，确保税务工作顺利过渡。

财务专业服务支撑能力显著提升。2016年，国网四川服务中心克服缺员压力，积极派出22人次（527人·天）参加省公司2015年决算报表审核、省公司审计部、监察部、财务部组织实施的对外审计、党风廉政巡察、资金安全专项检查、实时稽核规则建设，以及输配电价格成本监审等专项工作。除此之外，国网四川服务中心还主动配合各核算单位认真开展账卡物清理、资金安全自查和多项内外部审计、检查、巡察，扩大专管员派驻范围，协助核算单位开展日常财务管理、提供咨询服务。国网四川服务中心对省公司和集中核算单位财经工作的服务支撑作用凸显。

历史遗留问题处理取得新进展。2016 年，国网四川服务中心加大集中核算单位遗留问题的处理力度，全年处理龙泉应急基地技改及小型基建项目 6 项，涉及金额 3643.35 万元。处理二滩物资遗留问题 116 项，涉及金额 2899.37 万元。处理设计咨询公司原建管项目遗留问题 20 项，涉及金额 1782.83 万元。

【本部离退休服务】“两项待遇”依法依规落实。一是在政治待遇上严格执行党和国家有关离退休政策，有效落实老干部政治学习、组织生活、阅读文件、通报情况、参观考察和参加重大活动等制度，让老同志共享公司改革发展成果。二是在经济待遇上严格按政策落实老干部经济待遇，保障老同志既得利益不受影响。坚持开展节日走访、生日慰问、特困人员和孤寡老人慰问等工作。及时按月发放生活补贴，报销离休干部医药费。落实 11 位退休军转干部困难补助政策，落实离休干部提高生活待遇和提高待遇级别政策。完成老同志年度健康体检，有效提高大病和特殊慢性疾病退休人员医疗保障水平。

老年文化活动特色突出。中心高度重视并积极倡导推进“文化养老”。结合红军长征胜利 80 周年的历史节点，组织摄影协会举办“我们相册里的红色记忆”照片展活动，先后在离退休活动中心、管培中心和公司本部大楼展出，获得广大离退休老同志和本部员工好评。强化离退休服务宣传工作成效，拓展信息宣传平台。活动宣传稿件和老同志书法作品在《国家电网报》刊登，实现了老同志书画作品在《国家电网报》上发稿零的突破。

活动安全组织保障有力。随着离退休人员队伍不断壮大，组织老同志外出活动的责任与风险压力越来越大。中心通过加强对汽车租赁公司资质的严格审查，完善活动方案和应急预案，实行对 80 岁及以上老同志和家属进行安全风险告知并签订安全责任承诺书等措施，保障了“三八”节、春游、秋游及老领导省外疗休养、参加四川省中老年合唱比赛、承办省直机关门球比赛等重要活动的顺利开展。

【人力资源服务】年金投资经营业绩保持平稳。2016 年，在外部投资环境极端不利的情况下，加强对投资管理机构的监督管理，积极协调投资管理机构加强优质稳定类资产的配置力度，新增资金投资优质万能险产品、中电财协议存款等收益率具有市场竞争力的投资品种，配置了一批收益优势明显的低风险资产。使年金平均年化收益率达到 3.91%，收益率排名位居国网系统含权计划前列。

社保提质增效工作取得显著成绩。一是落实费率优惠政策，取得明显效益。积极落实全省基本养老保险单位费率下调 1%的政策，并于 2016 年 5 月起全面执行，剔除缴费封顶基数上升的因素，省公司本级养老保险费全年节约 2700 万元，切实降低省公司成本。二是补充医保集约化实现全覆盖。平稳有序实施县公司补充医保集约化工作，及时下达 100 家县公司 44763 人补充医保集约化批复，归集划转县公司补充医保资金 1.3 亿元。全面开展第三方机构进驻现场报销理赔工作，督导和跟踪服务质效，以高效优质服务取得县公司广大员工支持和认可。

“五位一体”建设持续深化。协助省公司制定年度工作方案和 45 项任务清单，实施“1+1+1”模式，全方位指导和跟进工作推进。组织开展全员要素比对，协助编制比对方案，建立通报制度，督导比对进度，完成 4.8 万多名员工近 5 万条意见建议收集反馈。编制专项工作方案，引用国网公司顶层设计成果，开展标准作业程序构建。

内部人力资源市场建设运营稳步推进。积极完善内部市场机制建设，编制完成省公司内部市场建设方案、实施细则、操作手册等，进一步规范市场建设运行。协助省公司完成内部市场年度人员配置计划编制，参与人才帮扶、劳务协作等重点工作的调研、实施、推进。开展信息平台运行维护，加强计划报送、流程配置、完成情况的全面监督与管控。全年完成配置单数 2292 条，实现人员流动 3461 人次。

国网四川应急中心

【单位概况】 2016年，在国网四川省电力公司的正确领导和应急中心(以下简称“中心”)全体干部员工的共同努力下，在“十三五”开局之年，中心切实落实应急职能管理，重点加强对应急体系建设中带有全局性、战略性的问题进行研究，深化应急体系建设规划，狠抓科技创新，丰富应急文化发展内涵，以“锤炼基础能力、履行管理职责”为目标，努力推进应急标准化管理，实现应急管理、救援、培训和研究能力新提升。

【夯实应急基础管理和完善应急机制】加强应急预案体系建设与管理。贯彻落实《国家大面积停电事件应急预案》和《国家电网公司大面积停电事件应急预案》，印发了《国网四川省电力公司关于落实国家电网公司大面积停电事件应急预案宣贯修订工作方案的通知》，全面开展预案宣贯和学习；受四川能源监管办委托和省公司统一安排，牵头组织起草了《四川省大面积停电事件应急预案》，并积极配合省经信委开展预案评审。

健全防震减灾部门横向协同机制。深入分析2016年四川省地震灾害发生趋势及地质灾害风险，研究落实防范措施，制订《国网四川省电力公司2016年防震救灾工作意见》，会同安监、运检、基建等部门，针对39个重点区域防震减灾工作召开了专题会议，研究制订了《2016年四川省电力公司重点区域防震救灾工作总方案》和《防震救灾专业子方案》，进一步明确了各专业部门防灾减灾职责划分范围和应急处置流程，细化了应急处置分工，落实了应急队伍、物资、装备等应急保障，完善了横向协同的防震救灾协作处置体系。

牢固树立“大安全”理念，强化本质安全管理。扎实开展“春安”大检查、“三查三强化”专项行动，强化“以人为本”思想，树立全员安全理念，将安全意识建设内化于心、外化于行，切实落实公司本质安全建设各项措施。

强化应急值守和信息报送制度。中心严格执行24小时应急值班，及时受理应急有关来电、来函事宜，及时传达应急处置指令，圆满完成各节假日、“防汛”“迎峰度夏安全生产”“G20峰会保电”“公司违章监督举报平台”等重要时期的各项值班任务；保持与省政府和各市州公司应急指挥分中心等应急值班室实时沟通，确保预警信息和各类突发事件信息的及时收集、汇总和发布。深化标准化演练模块应用，扎实开展演练。按照省公司2016年应急演练工作计划，围绕电网迎峰度夏、防洪度汛、防地质灾害、防大面积停电等重点工作，以标准化演练模块为基础，开展了“2016年四川电网迎峰度夏反事故演习”“2016年防灾救灾综合应急演练”及“跨市在建扩建工程协调联动演练”等大型应急演练3场，参与人数达1050人次；各市(州)、县供电公司开展应急演练639场，参与人数达19203人次；中心移动变电站开展了应急响应启动、移动站停送电操作、移动站车载平台拉练等演练16次。

2016年2月2日，国网四川应急中心召开2016年度工作会（王彬　摄）

视频反违章工作常抓不懈。中心根据省公司的检修计划和施工安排，对有工作的变电站、施工现场等常态化开展视频反违章督察工作。抽查现场工作票，复验工作票工作内容、安全措施和工作票手续履行等情况，拓展了视频反违章工作内容和深度，发现上报并纠正生产现场违章行为122起，进一步巩固了生产现场安全防线。

拓展应急培训纵深，提高队伍综合素质。2016年,中心共承办不同层次的应急培训班65期，培训3394人，培训量达到14742人.天，培训总体满意率99.95%。此外，3次选派教练到重庆公司、阿坝公司、甘孜公司等地指导应急培训工作，受到一致好评。同时，为提升中心应急基干队伍综合素质，开展了为期一周的“内训师TTM”和“礼仪”专项培训，分两批选送队员到国家地震应急搜救中心参加“全国省级地震救援队技术骨干（中级）”培训班；派出5名应急队员参加民航飞行总局AOPO无人机协会驾驶考试取证。截至2016年底，中心6人取得高山向导证书，4人取得PETZL工业救援绳索技术国家一级认证，进一步提升了中心救援队员专业水平。

积极推行应急装备运维管理标准化体系建设。中心认真分析和总结应急照明、应急发电、应急通信等装备在日常和应急状态的运维管理方法和经验，大力推进《国网四川省电力公司特种装备运维技术标准》编制工作，完成了《国网四川省电力公司应急装备配置标准（试行）》编制，并印发各单位征求意见，为省公司应急装备的运维管理规范化、标准化奠定了基础；完成了35千伏移动变电站运行规程、操作手册、检修导则等规范编制，完善了移动站管理制度和工作流程，为建设全电压、全系列应急保供电体系提供了有力支撑；加快新技术、新设备和新理念的融合，挖掘现有装备潜力，开发了无人机喷火除障技术，并在攀枝花供电公司成功实施，开辟了带电除障新方法。

突出科技创新引领作用，拓展应急科技创新技术支撑体系。2016年，编制了中心“十三五”发展规划，分析了应急体系建设所面临的新形势，针对应急体系当前发展中的重点和难点问题，进一步明确发展方向、定位和战略重点，形成科学发展新目标；完成国网总部管理科技项目《输电通道地质灾害监测、评估、预警及现场应急处置技术研究》和省管科技项目《震灾后电网次生地质灾害监测预警及抢险救援技术研究》的调研、方案制定、数据采集等工作；按照资产全寿命周期管理“领先型”体系创建第二次工作推进会要求，完成中心资产管理体系深化应用课题，将安全效能成本综合最优、风险管理、协调管理、LCC模型应用融入在课题中，完成中心“领先型”阶段资产全寿命体系建设资料的汇编材料工作，开展现状评价、目标、过程管控、合规性评价、审核、管理评审等资产管理工作；结合大面积停电预案，开展《电网大面积停电事件情景构建及应急处置推演关键技术研究》和《电力应急响应处置技术标准体系研究及模拟推演示范应用》，形成全球能源互联网新环境下的应急管理理论、技术发展思路和实施路径。

2016年7月1日，国网四川应急中心全体党员重温入党誓词，面对鲜红的党旗，共同宣誓，表决心、表志愿　（王彬　摄）

认真做好安全巡查大队接收各项工作。按照省公司的统一安排和部署，中心2017年1月1日接收省公司安全巡查大队。为做好交接工作，在省公司安监部的关心和支持下，中心与巡查大队负责人进行了座谈，了解和协调交接过程中的问题和困难，制定解决办法，做好人资、财务、党群、后勤等交接工作，确保巡查大队接收工作的顺利开展。

【扎实开展党群建设】2016年，中心全面贯彻从严治党要求，加强基层党组织建设，严格落实党的选举制度，按时完成省公司党委成员换届和中心党委及支部党委换届选举工作；扎实开展“两学一做”专题学习教育，组织全体党员学习新《党章》《条例》《准则》，严格按要求推进四个专题的学习讨论，开好专题民主生活会和专题组织生活会；认真落实“一岗双责”，强化监督考核，对2016年度党员干部党风廉政建设的情况进行了考评，严格落实谈话和廉政约谈制度；编制、发布了《国网四川省电力公司电力应急中心干部交流管理办法》等10项干部管理办法，进一步强化了中心干部管理；开展了“三亮三比”“促和谐、爱邻里、讲文明”雷锋月和“青春光明行”为主题志愿服务活动等主题活动，参加了省公司“党规党纪印我心”知识竞赛，增强党组织的凝聚力。

【坚持依法治企，增强应急保障效力】2016年，中心狠抓内部管理，以审计和资产全寿命周期管理为契机，通过自查与交叉检查，全面梳理人财物的管理。制定了中心供应商管理规定，对各处推荐的近300家供应商进行了资质及供货能力审查，建立了中心供应商库，规范中心采购管理，提高项目实施效率；严格审计报告提出的问题和不足，制定整改措施，逐一落实，进一步加强工程项目及事项性成本运维项目管控，做到职责范围明确具体，程序规范可行；加强可控成本和月度现金流预算执行监督和管控，确保中心资金使用合理、合规、合法；推进人资专业化管理，科学分解指标，细化考核。通过中心组学习、普法讲座、安全规程考试、网络考试等形式，大力推进职工知法、懂法、用法。

国网四川信通公司

【公司概况】2016年，在省公司的坚强领导下，国网四川信通公司全体员工凝心聚力、开拓进取，持续深化“向生产学管理、向基建学建设、向营销学服务”，深入推进“管理方式转变”和“运维方式转变”，强化安全运行，规范内控管理，降本提质增效，高标准高质量完成了全年工作目标。支撑省公司获得国网公司2016年度信息通信先进单位，信息通信科技同业对标指标位居国网公司第8名。荣获省公司安全业绩突出单位，获得省公司业绩考核A级，获得国家电网公司2016年信息通信调考团体第一名；获得国家优质工程金奖一、二、三等奖各一项；信息通信调度监控中心获得省公司先进集体；信息通信运检中心支部获得省公司先进党支部；技术发展部获得省公司安全生产先进集体；1人获得国家电网公司2016年信息通信调考第一名，2人获得第三名；2人获得省公司先进个人；3人获得省公司安全生产先进个人；1人获得省公司杰出岗位能手。

“护网2016”网络专项攻防演习视频会议 （李静 摄）

【安全生产平稳有序】信息通信系统运行稳定。公司在重点电网工程建设、三大特高压安全运行和经营管理等方面为省公司提供了坚强的支撑保障。圆满完成全国“两会”、G20峰会重要保障任务；圆满完成数据库SCN重大隐患整改；圆满完成公安部“护网2016”专项网络攻防演习。信息系统安全、运行指标达100%；“检修合格率”、“计划检修率”、“检修计划一次审核通过率”达100%；重要通信业务保障率达100%；信息系统平均可用率99.92%；省级通信网通信设备运行率99.999%。

安全管理水平稳步提升。编制完成《国家电网公司电力安全工作规程(信息通信部分)》初稿，获得国网公司高度评价。编制完成《国家电网公司大面积停电事件信息通信应急处置预案（征求意见稿）》《国家电网公司信息通信应急体系建设指导意见》《信息通信应急物资和备品备件配置标准规范》及《信息通信应急物资和备品备件使用管理办法》，填补了国网公司信息通信专业应急管理方面的空白，得到总部信通部的高度肯定，充分体现了公司在应急通信保障方面的领先水平。

安全监督体系逐步完善。组织开展“安全管理提升活动”“春季安全生产大检查”“安全生产月”“三查三强化”“安全征文及‘金点子’征集”等安全专项活动。扎实开展安全隐患排查治理工作，完成龙泉山微波站 II 级重大隐患整改和综合楼 UPS 电源系统重大隐患整改。强化作业现场安全巡查，深入开展反违章工作，查处违章行为 15 起，处罚责任人 14 名，绩效扣分共计 75 分；查处外包施工单位违章 6 起，扣除施工单位安全保证金及安全文明施工费共计 84240 元，安全管理水平稳步提升。

【扎实开展“效益提升年”】活动支撑保障服务优质高效。圆满完成 2016 国家电网公司机动应急通信系统快速响应联合演习、川渝第三通道开工仪式、国网防汛减灾应急视频通信保障和省、备调调度切换演练等重大保障任务。承办省公司各类电视电话会议 697 场，较去年同期增长 8.3%，服务 200 余万人次，大幅降低省公司会议费用开支，提升协同工作效率。

集中监控提升运行管理质效。编制完成《国网四川省电力公司信息通信调度运行工作规范》。建成地市公司通信系统风险预警统一评估体系，实现缺陷检查、评估、处置闭环管理，将 TMS 系统告警压缩率提升至 99.1%，达到运营商级别。采用大数据、物联网、智能分析、智能联动等先进技术，实现对全省通信传输网、数据通信网、信息系统、机房动力环境等实时运行数据的集中监控，有效解决地市公司信息通信专业人员不足的问题，提升信息通信运行效率，为省公司系统节约人力成本约 198 人/年。

统一视频助力智慧电网生产。完成《国网四川省电力公司变电站智能辅助监控系统设计技术规范》等配套标准编制。完成动力环境监测、智能联动、生产设备远程巡视、辅助倒闸等 9 个功能模块试点建设。在 500 千伏尖山变电站和 220 千伏平春变电站成功部署了智能巡检平台试点应用，降低了现场人为事故发生率，提升了标准化作业规范度，为公司探索全新智慧变电站运行管理模式奠定了坚实的基础。

项目采购降本增效显著。全面开展项目管理规范化提升专项工作，将 84.28%的非招标采购项目委托专业代理机构执行。通过增加推荐供应商，项目限价，完善供应商评价体系以及在政府采购招标网站公开采购信息等手段增加非招标采购的公正性，降低廉政风险。全年非招标采购项目管理降本增效成效显著，计划资金约 7830 万，合同签订金额为 6908 万元，节约资金 922 万元，占计划的 12.72%。

2016 年 10 月 12 日，国网四川信通公司上报客服口号获“国网最佳口号”（杨洁　摄）

【深入推进运维方式的转变】资源池运行效率显著提升。全面开展应用系统入池迁移工作，通过科学合理的规划，将原有分散部署的业务系统迁移到云资源池，为公司数据中心节省超过 30%的基础投资，并大幅降低了机房用电量消耗。开展数据资源池横向业务集成专项工作，完成了 3 项业务集成，减少数据接口近 20 个，节约接口建设费近 500 万元。

数据资产服务能力稳步提升。以独创的数据资产业务模型搭建方式完成 8 个业务域、35 个数据模型、178 个子模型的数据梳理和接入，发布 4 期数据目录，为“打破壁垒”实现公司数据共享融合奠定了坚实的基础。作为国网试点单位，开展基于大数据的信息系统用户行为分析，完成 12 套二级部署信息系统的数据采集。完成国网统推大数据平台二期建设及非结构化数据迁移工作。

业务服务驱动管理提升。完成运监中心核心资源、关键流程、计划预算三大类 84 个主题的验证测试工作。完善监测业务设计，开展数据资产监测业务。合作完成“供电营业厅服务资源匹配与资源高效配置”和“掌上川电目标用户群体分析”两项业务场景研发。

敏捷服务能力显著增强。健全信息系统问题处理响应机制，提升受理业务服务质量。2016 年，信息系统客服共受理业务 116165 件，较上年增长 78%，电话及时接通率 100%，弃话率 0%，工单处理及时率 100%。优化客户服务网站，拓展信息通信业务服务渠道，上传典型问题解决案例 688 篇，大幅提升客服效率。积极参与国网公司信息客服口号征集活动，获得“国网公司信息通信统一客服最佳口号”荣誉和“国网公司信息通信统一客服口号优秀组织奖”。

【深入推进管理方式的转变】固定资产清理成效显著。公司高度重视固定资产清理工作，按照《国网四川省电力公司电网资产账卡物一致专项治理工作实施方案》要求，组织各部门全面开展固定资产帐卡物一致性清理工作，共完成4701项固定资产的清理核对工作。

全省通信网集中调度监控管理模式试行（王海涛　摄）

项目管控水平逐步提高。公司全年完成 232 个统推项目、60 个自建项目的建管。关闭68个2014年及以前的二次、技改信息化老旧项目。2 个项目入选 2016 年度国网公司信息化优秀建设项目评选；6篇典型经验被国网公司采纳。精心制作一体化平台宣传片，在国网公司平台工作会上获各网省公司的一致好评。

科技创新成果丰硕。公司依托重点实验室，开展大数据、云计算、移动互联等新技术应用研究，取得较好成绩。获得四川省科技进步三等奖两项，成都市科技进步一等奖一项；获得省公司科技进步二等奖两项，科技进步三等奖一项。完成12项发明专利申请和12项实用新型专利申请，超额完成省公司下达的科技创新指标。获得中电联信息化优秀成果一等奖一项，三等奖一项；获得 2016 年信息通信新技术研究与创新应用指南优秀成果一等奖一项；获得省公司优秀管理创新项目一等奖一项、二等奖两项；获得省企联管理现代化创新成果二等奖一项；获得省公司优秀 QC 小组活动成果二等奖一项，三等奖三项；获得省公司优秀精益项目二、三等奖各一项；获得省公司工人技术创新一、二、三等奖各一项。

稳步推进离退休管理工作。加强退休党支部建设和思想政治建设。创新支部活动形式和内容，发挥老同志传递正能量的积极作用。公司党委指派专人协助指导退休党支部高质量完成了支部换届选举。积极落实“两项待遇”，邀请退休代表参加公司重要会议。加强沟通和主动服务，及时解决退休人员实际困难。组织健康体检，在企业补充医疗保险门诊报销标准上向老同志倾斜。

扎实推进干部人事管理。完成岗位绩效工资制度改革。积极开展“五位一体”工作的全面应用。完成部分全民支援集体企业人员回流安置工作。制订并实施《国网四川信通公司同业对标管理工作方案》，将同业对标工作纳入公司绩效管理体系。完成 7 名中层干部的岗位交流，实现管理部门、专业部门和集体企业的横向跨部门、跨专业干部交流。中层干部多岗位交流锻炼既达到了关键岗位的风险防控，又提升了干部队伍的综合能力。加强后备干部队伍建设，选派优秀人员赴国网公司、省公司培养锻炼。全面开展了干部人事档案专项审核工作，确保干部人事档案真实、完整。

【全面加强党的建设】切实提高基层党组织建设。认真抓好“两学一做”专题教育，开展“重温入党誓词”“公开庄严承诺”“微宣微讲”支部书记讲党课、建党 95 周年老党员慰问等活动。完成基层党组织分类定级，开展党员“一卡一表”完善工作，高质量完成公司党委、纪委选举和支部换届选举工作。

严格落实党风廉政建设制。落实从严治党要求，扎实开展“清风川电”主题教育活动，落实年度党风廉政建设暨惩防体系任务分工，严肃认真开展查信办案，深入开展非招标采购管理效能监察、协同监督、廉洁风险防控等工作，完成迎接省公司第三巡察组巡视督察等重点任务，按照巡察意见严肃整改。抓紧抓实“两个责任”。

推进企业文化和精神文明建设。积极在《国家电网报》《中国电力报》等国家级媒体上稿51篇，展示了公司良好形象。智能电网信息技术试验组获省公司首批命名“企业文化建设示范点”，通过四川省文明办检查，保持“四川省最佳文明单位”称号。

着力发挥群团组织作用。积极开展“青春光明行”系列活动，紧扣公司“两个方式转变”，激发团员青年创新创意热情，2个项目在国网青年创新创意大赛中分获省公司一、二等奖；1个集体获评省公司“青年文明号”称号；1人获省公司“杰出青年岗位能手”称号，1人获评四川省“向上向善好青年”称号。保障职工权益架好“连心桥”，公司成功创建省公司“和谐劳动关系企业”荣誉称号。

（高　勇）

供电企业

责任编辑：程彦韬

国家电网公司四川省电力公司(以下简称“国网四川电力”)是国家电网公司的全资子公司，主要负责四川境内国家电网的规划建设、运营管理和电力供应，在全省 21 个市、州设有 22 个供电公司，22 个市、州供电公司有县级供电公司 150 个，其中：全资 102 个，控股 46 个，代管 2 个。国网四川电力市、州级供电公司的规范全称和简称分别是：国网四川电力成都供电公司（简称“国网成都供电公司”）、国网四川电力乐山供电公司(简称“国网乐山供电公司”)、国网四川电力德阳供电公司(简称“国网德阳供电公司”)、国网四川电力雅安电力（集团）公司（简称“国网雅安电力（集团）公司”）和国网四川电力雅安供电公司（简称“国网雅安供电公司”）、国网四川电力眉山供电公司（简称“国网眉山供电公司”）、国网四川电力攀枝花供电公司（简称“国网攀枝花供电公司”）、国网四川电力阿坝电力有限责任公司（简称“国网阿坝电力有限责任公司”）和国网四川电力阿坝供电公司（简称“国网阿坝供电公司”）、国网四川电力绵阳供电公司（简称“国网绵阳供电公司”）、国网四川电力天府新区供电公司（简称“国网天府新区供电公司”）、国网四川电力达州供电公司（简称“国网达州供电公司”）、国网四川电力凉山供电公司（简称“国网凉山供电公司”）、国网四川电力泸州供电公司（简称“国网泸州供电公司”）、国网四川电力宜宾供电公司（简称“国网宜宾供电公司”）、国网四川电力南充供电公司（简称“国网南充供电公司”）、国网四川电力广元供电公司（简称“国网广元供电公司”）、国网四川电力内江供电公司（简称“国网内江供电公司”）、国网四川电力广安供电公司（简称“国网广安供电公司”）、国网四川电力遂宁供电公司（简称“国网遂宁供电公司”）、国网四川电力资阳供电公司（简称“国网资阳供电公司”）、国网四川电力自贡供电公司（简称“国网自贡供电公司”）、国网四川电力巴中供电公司（简称“国网巴中供电公司”）、国网四川电力甘孜电力有限责任公司（简称“国网甘孜电力有限责任公司”）和国网四川电力甘孜供电公司（简称“国网甘孜供电公司”）。

国网成都供电公司

【企业概况】国网成都供电公司成立于 1953 年，是国家电网公司 31 家大型重点供电企业之一，担负着成都市 20 个区（市、县）的供电任务，供电区域面积 13016 平方公里，供电客户共计 623.64 万户，拥有固定资产 315.15 亿元。下辖 11 个部门、8 个业务支撑及实施机构、16 个区县供电公司和 12 个产业单位，全口径劳动用工 14607 人，管理离退休职工 3644 人。成都电网共有 35 千伏及以上变电站 341 座，总容量 5534.07 万千伏安，其中 500 千伏变电站 6 座，变电容量 1340 万千伏安；220 千伏变电站 50 座，变电容量 1989 万千伏安；220 千伏输电线路 144 条，共计 2629 公里。配电网方面，共有 10 千伏配电线路 1964 条、21886 公里，地下电缆 5286.4 公里；110 千伏及以上电缆 276 条、944 公里，电缆隧道 242 公里、在国家电网公司系统排名第 2（仅次于北京）。该公司先后荣获“全国五一劳动奖状”“全国用户满意服务企业”“全国金牌供电企业”“全国模范职工之家”“中央

国网成都供电公司隆重召开纪念习近平总书记视察公司共产党员服务队五周年活动。五年来，共产党员服务队队伍不断壮大，服务内涵和品质显著提升。公司荣获国家电网公司“金牌党员服务队”光荣称号，成为国家电网公司为民服务的一面旗帜。图为共产党员服务队正在为山村留守儿童的教室安装电灯（陈翔　摄）

企业先进基层党组织”“中央企业抗震救灾先进集体”、“国家电网公司先进集体”等殊荣；连续四届被中央文明办评为“全国文明单位”。公司团委被授予“全国五四红旗团委”称号。公司党委作为国家电网公司仅有的四个党组织之一，荣获“中央企业先进基层党组织”称号。公司共产党员服务队受到了习近平总书记的亲临视察和高度评价，荣获国家电网公司“金牌共产党员服务队”光荣称号，成为国家电网公司优秀品牌传播和为民服务创先争优的一面旗帜。

【人力资源】截至 2016 年年底，该公司劳动用工 14607 人，其中全民职工 6303 人，农电员工 4440 人，其他员工 3864 人，管理离退休员工 3644 人。

【电网建设与发展】该公司积极开展城市能源互联网“成都实践”，电网规划纳入城市总体规划“一张图”。全力推动成都市委市政府与国网四川省电力公司签订“城市能源互联网战略合作协议”。启动“十三五”电网规划滚动修编，保障重点产业及工业园区发展。全年投资 55 亿元，均衡投产 110 千伏及以上输变电项目 26 项，超里程碑计划 16 项，新增变电容量 354 万千伏安，新增线路长度 254.55 公里。完成电力迁改 177 个、电网前期 24 项、大修技改 257 项、配电网 250 项。完成成都首座地下变电站“220 千伏后子门变电站”深基坑招标和开工准备。自主研发的智能变电站管控系统和 110 千伏户外 GIS 安装典型工艺在国家电网公司系统全面推广。三星变电站荣获国家电网公司“创优示范工程”，实现在国家电网公司 110 千伏示范项目“零”的突破。金堂低电压治理工程荣获国家电网公司配网“百佳工程”称号。

【经营管理】国网成都供电公司认真开展“效益提升年”和“降本提质增效”工作，制定实施 13 项子方案、53 条保障措施。迎难而上、全力开拓市场，新装增容 39.8 万户，容量 659.2 万千伏安。2016 年，完成售电量 412.09 亿千瓦时，逆势增长 37.22 亿千瓦时，同比增长 9.93%，增速同比提高 8.23 个百分点，对国网四川省电力公司售电量增长贡献率达 39.63%。充分发挥电价杠杆作用，引导扩大生产，增加售电量 5 亿千瓦时。实施电能替代项目 30 个，替代电量 10 亿千瓦时。开展业扩办理质量、电费账务管理等 7 个专项和专案稽查，发现并整改问题 15294 条。查处窃电违约用电 377 起，完成 14.9 万户零度户清理，挽回电量损失 801.94 万千瓦时，追补电费 1339.19 万元。完成综合线损率 6.01%，同比降低 0.33 个百分点，少损电量 1.45 亿千瓦时，增加利润近 8000 万。千方百计推行客户购电制和专变远程费控，购电余额同比增加 27.8%，2016 年 283.95 亿元电费提前 4 天“颗粒归仓”，实现电费回收 100%。盘活 550 余万元电动汽车电池闲置资产，实现国有资产保值增值。全面开展计量资产清理，利旧电能表 16232 只。主动作为，接收彭州联邦制药、高新输电电缆通道等优质电网资产 30 亿元，同比增长 6 倍，规模为国网大型供电企业第一。流动资产周转率 450.51 次，同比增长 27.8%。启动综合计划三年滚动项目储备，促进电网规划项目全额纳入有效资产。实现模拟子公司利润 37.93 亿元，国网四川省电力公司综合业绩考核排名第一。

【安全生产】该公司心无旁骛抓本质安全，高质高效完成检修计划 3551 项，带电作业 3543 次，检修计划执行准确率 86%，创历史最佳。调控操作 13 余万次，正确率 100%。三级安全督察网督察现场 11000 余处，查处违章 2950 项，考核单位 20 个、700 余人次。梳理涵盖 5 个层级、20 类岗位的安全职责清单 134 条，制定提升措施 65 项。以考促学、以学促用，11883 名员工“随时考、随地考”参加安规联网考试。一体化检修变电站 24 座，作业风险降低 90%，停电时间减少 50%，检修效率提高 1.8 倍，变电、输电、配电设备故障率分别同比下降 11.1%、42.5%、29.7%。

2016 年，国网成都供电公司承担的酒泉—湖南 ±800 千伏特高压直流工程酒泉换流站大件运输项目首运完成。图为（冰雪路上）运输酒泉换流站主变　（曾凌峰　摄）

政企携手开展电力安全隐患排查治理，清理非公司产权光缆2万余公里，消除隐患424处。投资6191万元，安装灭火弹281组、防火槽489只、防火墙824扇，实现输电电缆防火防爆全覆盖。迎峰度夏期间，成都电网供电负荷13次创新高，8月22日全网供电负荷达1103万千瓦、日供电量达2.2亿千瓦时，同比分别增长67%、77%，超出成都电网供电能力160万千瓦。该公司上下18000余名干部员工顽强奋战40余天，全力以赴保设备、保电网、保供电，打赢了这场攻坚战、持久战，创造了迎峰度夏保供电的“成都奇迹”，充分展示了电力铁军精神。2016年没有发生任何被考核的不安全事件，荣获四川省电力行业及国网四川省电力公司“安全生产先进单位”，典型经验受到四川能监办推广并入选四川省政府《安全生产年鉴》。截至2016年12月31日，成都电网实现连续安全生产4436天。

【农电工作】该公司全力开展精准扶贫，投入资金600余万元，出动6792人次、1643车次开展春耕旱涝和秋收等专项用电服务。投入2.8亿元，实施4个批次241个项目加快农网升级改造，推动村民脱贫致富。治理低压台区1162个，惠及近6万户农村居民。开通绿色通道，提供“异地受理、一证办理”服务，做好农村创业用电、“双11”农村电商集中经营等区域供电。全面落实低保、五保户用电政策，为“两保户”家庭减免电费546.46万元。

【科技与信息化工作】该公司创新创效氛围浓厚、硕果累累，形成技术创新、管理创新、精益化项目成果104项，比去年增加9项。“配用电信息融合关键技术、产品开发及规模化应用”荣获2016年度中国电力科学技术进步一等奖，“深化地下电缆安全管控体系”和“债权债务业财协同管理”分别荣获国家电网公司管理创新优秀成果一等奖和三等奖。荣获国网四川省电力公司管理创新成果29项、国网四川省电力公司工人技术创新奖10项。申请发明专利和实用新型专利15项。7个职工创新工作室获上级命名，24个QC团队获“全国质量信得过班组”“全国优秀质量管理小组”等称号。全流程智能电能表现场维护终端、户表接线检测仪分别获得国家电网公司“青创赛”银奖和“工器具革新奖”。总经理工作报告获评“国家电网公司优秀工作报告”。积极探索研究对标体系，4项建议被国家电网公司优化方案采用。

【市场服务（优质服务）】国网成都供电公司倾力服务地铁、天府新机场等重大民生和产业项目建设，73个项目提前送电。千方百计拓展服务渠道，城乡各类交费点达6200余个，成功上线21个车联网试点营业厅。自我加压、全面突破，“掌上川电”APP注册119.7万用户，四川全省排名第一。大力宣传并实现远程购电24.4万笔、3258万元，居民用电更加智能便捷。多措并举、真诚相助，为298家世界500强企业提供高品质供电服务，英特尔公司称赞成都供电质量“全球最佳”。积极争取政府和国网四川省电力公司资金1.96亿元，完成806个老旧院落电力改造，5.4万户居民受益。大力开展计量错接线清理314万户，4月份以来未发生错接线属实投诉。精心部署，出动10730人次、车辆2840台次、发电车237台次，高质量完成国家领导人在蓉视察、G20财长和央行行长会议、西博会等213项重大保电任务，受到四川省政府和成都市政府多次专门表扬和四川能监办的高度肯定，荣获在蓉央企目标绩效考核第一。

2016年，国网成都供电公司迎难而上全力开拓市场、提质增效，实施电能替代10亿千瓦时，优惠政策增加电量5亿千瓦时，全年完成售电量412.09亿千瓦时，逆势增长37.22亿千瓦时，同比增长9.93%，增速同比提高8.23个百分点。

【党的建设和精神文明建设】国网成都供电公司深入开展“两学一做”学习教育，成功召开该公司第一届党代会，完成32个直属党组织、153个党支部的换届选举。该公司党委荣获四川省国资委“先进基层党组织”。隆重召开纪念习近平总书记视察该公司共产党员服务队五周年系列活动，共产党员服务队由上年的16支、187名队员，壮大到31支、457名队员，建立“连心桥”共产党员服务队总队和六大企业文化教育基地，服务内涵和品质显著提升，荣获国家电网公司“金牌党员服务队”光荣称号。

建成国家电网公司一流班组（全国工人先锋号）1个，五星级供电所2个，国网四川省电力公司标杆班组10个、先进班组18个，在国网四川省电力公司占比近50%，名列国网大型供电企业第一。成功承办国资委班组建设交流会、成都市总工会百万职工技能大赛、国网四川省电力公司班组建设推进会等多项大型活动，4项技能比武竞赛被纳入成都市重点大赛项目，8个团体和个人夺得桂冠。33名员工在各类竞赛比武中获奖，270余名员工被评为高级职称、国网四川省电力公司优秀人才。"三创"争先体系建设入选国家电网公司党建创新实践经典案例集。先进典型引发社会各界强烈反响，吸引系统内外217批次学习交流考察。以文井江供电所优秀事迹改编的歌舞剧《我愿意，谢谢你》登上中央电视台，面向全国展示成都电力人的风采。真诚为老同志办好事、办实事，"文化养老"取得丰硕成果，离退休人员"两项待遇"有效落实。交通、保卫、消防、信访、保密等工作都圆满完成目标任务。全年累计在《人民日报》、新华社等中央媒体报道8篇次，省级主流媒体1400余篇、系统高端媒体132篇。

【存在的主要问题】按照中央部署，电力改革、国资国企改革等多项改革任务并行推进、繁重艰巨。特别是以市场化为导向的电力体制改革，成本、收入、投资等都将受到严格监管，终端市场面临完全开放和激烈竞争，对该公司的发展方式、管理方式、经营模式等带来全方位的深刻影响，对广大干部员工的思想观念、思维习惯、工作方式、市场意识等更是重大挑战。尤其是四川省省情和网情都非常复杂，电力体制改革过程中认识不统一和诉求多元化，各方博弈激烈，增量市场争夺稍松即逝。必须强化参与改革的主动性，用创新的思路和办法破解改革难题。另一方面，世界经济缓慢复苏，中国经济"三期叠加"新常态特征更加明显，产能过剩和需求结构升级矛盾突出，拉动增长的投资、消费、出口动力不足，特别是房地产市场调控力度加大，将影响钢铁、水泥等传统产业。新兴产业仍在培育中，随着"去产能"力度持续加大，电量增长、市场开拓将面临新的考验。

【所属县级供电企业】该公司有县级供电公司16个，分别是：国网成都市高新供电公司、国网成都市新都供电公司、国网成都市温江供电公司、国网成都市青白江供电公司、国网金堂县供电公司、国网都江堰市供电公司、国网成都市郫都供电公司、国网崇州市供电公司、国网彭州市供电公司、国网邛崃市供电公司、国网大邑县供电公司、国网新津县供电公司、国网蒲江县供电公司、国网成都市官仓供电公司、国网简阳市供电公司、国网成都市简州供电公司。

【国网成都市高新供电公司】国网成都市高新供电公司1996年12月25日挂牌成立。作为"三集五大"改革后成都市主城区唯一保留的供电公司，该公司地处成都市城南核心经济区，供电区域面积269.89平方公里，肩负服务成都高新区、武侯区、青羊区经济发展重任。截至2016年年底，该公司用电客户总数105.59万户。其中：居民用电户数102.58万户，低压非居民用电客户数23371户，高压用电客户6772户。有高危及重要客户数236户，世界500强202家。2016年，完成全口径售电量105.38亿千瓦时，该公司有总经理、党委书记、三位副总经理和工会主席领导6人，设置7个职能部门和1个业务支撑机构并代管蜀电集团锦隆鑫高新分公司、三新高新分公司。国网成都市高新供电公司始终坚持高素质、高标准、高要求；新理念，新思路，新举措"三高三新"的企业发展理念，企业创先争优逐步深化，工作作风深入扎实，成绩明显。先后荣获"全国五一劳动奖状"，"全国文明单位""国家电网公司文明单位"，四川省"省级最佳文明单位"，国网四川省电力公司"先进基层党组织""先进县级供电企业""十佳县级供电企业文明单位""电网先锋党支部"。党员服务队荣获"全国五一劳动

2016年11月23日，国为成都供电公司争取四川省政府和国网四川电力筹措资金1.96亿元，完成806个老旧院落电力改造，5.4万户居民受益。图为电力员工正在进行线路改造（陈翔　摄）

奖章”“国家电网公司电网先锋党支部标兵”“四川省工人先锋号”“全国质量信得过班组”、芳草营业厅荣获“全国能源化学工会女职工建工立业标兵奖”“国家电网公司百佳班组”等多项荣誉。

该公司供区内拥有220千伏变电站共11座，其中：高新区6座、青羊区3座、武侯区2座，变电容量462万千伏安；110千伏变电站43座，其中：高新区21座、青羊区12座、武侯区10座，变电容量537万千伏安。公司配网运维10千伏公用线路合计117条，总长度614.95公里，其中：架空线路338.11公里，电缆276.84公里。

国网成都市高新供电公司员工总数652人，其中：全民118人，业务外包100人，农电工253人、集体企业181人，退休员工173人，主业员工平均年龄39岁，农电员工平均年龄41岁。员工学历在本科及以上的占比为65.24%，拥有高级职称14人。设办公室、发展建设部、人力资源部、财务资产部、安全监察质量部（保卫部）、党群工作部（工会、纪委办公室、团委）、乡镇供电所管理部7个职能部门。设营销部（客户服务中心）1个业务支撑实施机构，内设综合室、业务管理、客户服务室专业室及市场班、营业班、抄表班、计量班、用电检查与反窃电班和两个共产党员服务队7个班组。设综合服务班1个，仓储配送班1个。8个农村电力服务所（机投、簇桥、南区、西区、金花、苏坡、文家、中和）。代管锦隆鑫高新分公司1个集体企业。通过不断深化机构改革，平稳顺利完成多个供区划转及集体企业机构合并，规范了用工管理，同时大力开展“师带徒”活动，人才队伍建设工作初见成效。

该公司以大力提升发展质效为指导，不断深化政企互动交流机制，建立常态化对接机制，全面做好电网建设工作。全年投产马场、培风和翠微3座110千伏变电站，增加变电容量37.8万千伏安。确保“蓉西阳光”“万家福地”等市级保障性住房项目及周边项目用电需求，基本解决了青羊片区基建项目所面临的电网建设问题。该公司将110千伏容载比提升至1.86的合理区间，为区域发展提供了有力的电源支撑。完成配电台区改造16台，提高通江、文家片区的供电可靠性。

由于供区内大中型项目的建设任务十分繁重，通过大量的衔接和沟通，使高新大源220千伏输变电工程，新园北、高新新、华阳二等110千伏输变电工程，青羊后子门220千伏输变电工程，220千伏清波110千伏配套送出工程，马场、光华和武青路110千伏输变电工程，110千伏鱼凫—永宁过境输变电工程和城市配网、配电自动化等一系列工程项目在控规落址、开工进场、勘查设计、开口、修路、用水、国土手续和建设协调等方面产生的大量问题基本得到解决，总体项目工期按照工程进度要求得以推进。

国网成都市高新供电公司紧紧围绕公司发展大局，积极应对错综复杂的经营形势，强基固本，提质增效，狠抓经营管理，强化业财协作配合，精益管控，努力完成各项经营指标。2016年累计完成全口径售电量105.38亿千瓦时，电费回收率100%，线损率3.98%。积极开展电能替代工作，率先并超额完成2016年全年电能替代电量指标，完成电能替代电量约3000万余千瓦时。认真开展用电检查与反窃电工作，共完成追补电量235.21万千瓦时，追补电费133.86万元，违约使用电费1.5万元，进一步夯实营销基础管理，经营堵漏增效。

该公司认真贯彻落实“安全第一、预防为主、综合治理”方针，深化安全生产专项整治，提高安全生产整体水平。进一步提高对隐患排查治理工作重要性和必要性的认识，坚持安全作业，消除隐患、杜绝事故，集中精力积极开展各项安全工作，期间未发生人身死亡事故、六级及以上电网、设备事件、本企业负主要及同等责任的重大交通事故和未发生安全事件迟报、漏报、瞒报情况。与政府联动开展宣传活动、应急演练各1次，其他安全宣传活动420余人次，累计发放未级漏保资料、安全用电、电力设施保护等资料7000余份。组织开展“三种人”培训考试，参考人员562人（含产业单位人员）合格率100%；65人参加国网成都供电公司抽调考，合格率100%；开展交通安全考试1次，合格率为100%，全面提高公司驾驶员的文明驾车行为。通过春、秋季安全大检查及隐患排查整治，共查出缺陷132项，其中重大缺陷0项，已完成整治102项，20项报配电运检工区消缺，2项客户产权已发违章整改通知书，剩余8项已列计划处理中。认真开展“三查三强化”工作，对施工作业现场“习惯性违章”进行全面整治，生产检修施工现场和交叉督查共计204次，开出安全提示卡25张，发现问题57个，口头提出意见65个。完成农网交叉督查56处，供电所进行安全管理检查63次。安全生产督察工作到位，习惯性违章现象明显得到遏制。

国网成都市高新供电公司2016年10月全面接手天府中和供电所供区，该供电所担负成都武侯区、高新区、青羊区三环路外线路设备运维、抄表收费及优质服务工作。以乡镇供电所管理部为主体、八个供电所为依托，积极开展“包片进村”精准服务活动，切实解决低电压、频繁停电、“最后一公里”

供电服务等热点问题，客户的用电需求及时得到解决，架起了紧密联系群众的“连心桥”。机投供电所获国网四川省电力公司标杆班组及国家电网公司首批五星级供电所荣誉称号。并顺利迎接国资委、国网四川省电力公司工会、国网辽宁省供电公司等上级单位组织的参观交流学习二十余次。南区供电所被成都市总工会、成都市人力资源和社会保障局授予“工人先锋号”模范称号。

该公司继续加大对各专业应用系统的培训，顺利完成即时通上线及应用，加强信息化建设及信息安全管理力度，按照上级统一部署，认真组织开展各项网络安全工作，圆满完成国家电网公司 2016 年攻防演练活动。加强风险预警，认真开展隐患排查治理，对薄弱环节和潜在威胁采取有力措施进行整改，杜绝违规外联、弱口令等问题。科技工作进展良好。

国网成都市高新供电公司扎实开展优质服务提升工程，通过大讨论，深入分析投诉举报和 95598 不满意及重复工单处理情况，梳理问题，提出措施 100 余条，同时修订完善《高新公司营销奖惩考核办法》，建立服务业绩档案体系，规范统一服务业绩考评标准，全力开展投诉管控，工单处理完成率 100%。全面深化落实业扩新政，优化流程，查找盲点，着力提升客户体验，快速响应客户用电需求，实行“一证受理”“同城异地受理”、低压用电申请免填单服务，大幅度提高工作效率和服务质量。扎实开展客户服务安全管理工作，全年开展专项用电检查 1036 次，涉及客户 504 户，严格按要求现场检查高危及重要客户并向政府备案，对存在重大安全隐患的高危及重要客户完成整改 13 户，安全隐患由原来的 52 条下降至 39 条，同比下降 25%。定期上门走访京东方、Intel 公司、德州仪器等客户，深入了解高危及重要客户的用电状况和用电需求，确保京东方第六代 LTPS/AMOLED 生产线二期项目，Intel 二期骏马项目顺利通电。在 国网成都供电公司范围内率先完成 2015 年、2016 年老旧院落改造，惠及 125 个老旧院落、9531 户居民；高质量完成“习近平视察西部战区”“李克强视察成都”“第十六届西部博览会等特重大保电工作 311 起。面对 2016 年罕见高温天气，全力以赴迎峰度夏，切实落实有序用电方案，开展设备设施安全巡视，故障抢修，确保迎峰度夏期间的供电服务，落实 24 小时故障抢修服务，全年共处理故障抢修 44075 起，多次获得街道办、社区、客户送来锦旗和表扬信。

该公司党委深入贯彻中共十八大及十八届六中全会、全国国有企业党建工作会议精神，全面推进“两学一做”学习教育。一是完善组织建设，圆满完成该公司“两委”、6 个党支部的换届选举，建成 1 个农电党员活动室。二是扎实开展纪念习近平视察党员服务队五周年活动，参与凉山州喜德县贫困村电力助坚扶贫工作、“三无院落改造”工程，党建工作考评在国网成都供电公司位居首位。三是大力开展创先争优活动，党委荣获国网四川省电力公司“优秀基层党组织”、国网成都供电公司“示范党委”“五好基层党组织”，当选一季度并入围三季度国网成都供电公司创先争优季度红旗，获 2016 成都市百万职工技能竞赛获团体第二名，员工宋远洪夺得营销组冠军。机投供电所成功创建首批国家电网公司五星级乡镇供电所、国网四川省电力公司标杆班组，吴聪获第十届全国电力行业职业技能竞赛“电力行业优秀技能选手”称号。该公司创新实施“精准帮扶——电工培训”惠民工程，首批 14 名困难群众通过培训获得电工技能实现再就业，高新党员服务队获“全国质量信得过班组”，刘源获国家电网公司特等劳模，入选“中国好人榜”并当选“四川好人”；王从亮当选成都市第四届道德模范、国网成都供电公司“党员先锋 身边榜样”。坚持开展党风廉政建设专题分析，开展“清风川电”主题教育，深化廉洁教育，常态化开展明察暗访，与温江供电公司开展交叉检查，有针对性开展“电费资金管理”“零度户典型案例”“2016 年招标采购领域廉政风险排查”专项治理等专项监督工作。持续打造“一厅一馆一队”，因地制宜打造企业文化长廊，机投供电所长廊受到国务院国资委、国家电网公司的高度肯定。企业文化创新成果《打造卓越团队，提升党员服务队党建品牌影响力》入选国网四川省电力公司企业文化建设优秀成果，《进一步提升党员服务队影响力的实践与探索》入围市公司 2016 年度党建工作创新实践课题优秀成果。

【国网成都市新都供电公司】国网成都市新都供电公司成立于 1985 年 8 月，坐落于成都市北大门——被誉为“香城宝地”的新都区，属于国网成都供电公司直供直管供电分公司。 该公司全口径统计员工 656 人，全民及地方全民 137 人，农电工 370 人，集体聘用 149 人。全民及地方全民 136 人中，硕士研究生 31 人，大学本科 74 人，大学专科 22 人，中专 7 人，高中及以下文凭 3 人。高级职称 3 人，中级职称 24 人，初级职称 42 人。高级技师 6 人，技师 32 人，高级工 34 人，中级工 26 人，初级工 1 人，人才当量密度达 1.0441，高技能人才比例 73.8636%，全员培训率 100%。

新都电网属典型受端网络，担负着新都地区以及周边青白江、郫县和金牛部分地区的供电任务。全网拥有变电站20座，变电容量共计273.6万千伏安，其中：220千伏变电站3座，主变容量120万千伏安；110千伏变电站13座，主变容量145.6万千伏安；35千伏变电站4座，主变容量8万千伏安。该公司结合新都区农村电网建设思路，完成“十三五”农网改造升级规划报告、2016—2020年110千伏及以下电网项目清册和“十三五”农网中心村项目编制工作；完成2017年老旧小区改造项目储备和可研审查工作；顺利开展110千伏新军站选址、普河站二电源可研方案准备等项目前期工作和新投变电站等效利用率及间隔使用情况分析及评估工作。

2016 年，国网成都市新都供电公司累计完成售电量 31.30 亿千瓦时，同比增长 9.35%，历史性突破 30 亿千瓦时大关。年度电费回收财务和营销口径实现“双结零”。综合线损率 5.97%，较年度计划指标 6.4%低 0.43 个百分点。供电可靠率城镇 RS3 99.951%，农村 RS3 99.932%；城镇电压合格率 99.999%，农村电压合格率 99.957%。完成智能电表换装 45485 只，公司智能电表总数达到 451122 只。该公司持续深入推进精益化管理，将同业对标工作与绩效考评、精益化管理、创先争优有机结合，坚持开展弱项指标分析，深入查找管理短板，细化改进措施，配套完善奖惩考核激励机制，形成“找差消差、改进提升”的闭环管理，同业对标综合排名进入成都县级供电公司前三名。认真开展电网资产帐卡物一致专项清理。完成 17733 张资产卡片与实物资产的核对盘点，涉及原值共 9.69 亿元，有效提升了资产管理水平。顺利完成新都有限公司“子改分”清产核资、资产评估和工商注销工作。废旧物资及库存计量资产清理取得实效。两个集体企业通过持续健全管理制度和加强内控体系建设，均实现了依法规范经营，经营质效得到持续提升。

国网成都市新都供电公司全面落实各级安全责任，层层分解年度安全工作目标，逐级签订安全责任状，持续保持安全生产高压态势。全面推广应用安全工作日记，确保了“月计划、周安排、日管控”要求的有效落实。认真实施《新都供电公司安全业绩考核细则》，开展全员安全等级鉴定，着力提升了本质安全管控水平。充分发挥安全督察效能，坚持使用“执法记录仪”“微信小视频”实时动态督察施工现场，特别是小型、零星、分散作业和故障抢修现场的过程监督，全年共督察现场 1120 次，查处违章 123 个，违章率同比下降 21.2%。持续实施《外委施工单位安全生产违章积分制实施细则（试行）》，每月坚持开展典型违章案例剖析、“反违章”专题约谈、月度安全分析等有效举措，施工班组和外包施工单位“习惯性违章”大幅降低。通过开展 3D 仿真线路巡视竞赛、《大面积停电事件应急预案》讲解学习会、安全生产警示宣传片集中观影讨论等活动，充分调动“学安全、讲安全”积极性。认真组织开展安规培训和调考，李中洲、罗恒、柳林志分别获得国网四川省电力公司安规调考专业第一、二、四名，公司员工李忠洲更在国家电网公司安规调考中取得满分。“新都区电力警务室”于 2016 年正式挂牌成立，实现了电力设施保护机制警企联动的常态运转，进一步提升电力设施防外破能力，全年未发生一起电力设施盗窃案件，安全生产工作成效明显，获国网成都供电公司和成都市新都区“安全生产先进单位”称号。截至 2016 年 12 月 31 日实现连续安全生产 4425 天。

该公司充分利用桌面管控系统对计算机进行有效管理，注册率达到 100%，杀毒软件安装率达到 100%。协同办公系统深入应用，各部门适应了新的办公流程，提升了办公效率。SG186 系统深入应用，光纤全面到站到所，供电所全面实现利用 SG186 系统处理业务和收费，全年信息安全事件实现零目标。

国网成都市新都供电公司认真开展优质服务提升工作，大力推广远程购电制和“掌上川电”APP，完成 5.16 万户“掌上川电”注册推广。坚持按月召开优质服务工作会和进行优质服务工作质量排序，重点整治人为责任原因投诉，严格追责，切实提升了员工服务意识和服务水平。持续开展“心桥”工程、“服务进社区”和“包片进村”专项活动，服务环境进一步优化，服务品质进一步提升。切实开展供电服务效能监察，全面梳理排查供电服务全过程的隐患、问题并制定针对性措施。通过每月定期进行窗口培训检查、明查暗访、视频抽查等工作，对窗口服务意识、服务语言、服务行为和服务形象进行持续规范，同业对标优质服务评价指数得到大幅提升。

国网成都市新都供电公司党委通过集中学习、“五个讲”等举措，组织 4 个党支部、112 名党员干部扎实完成了四个专题的学习任务，党员参与覆盖面达 100%。在“两学一做”学习教育民主生活会和组织生活会征求意见环节，共征集相关工作意见和建议 7 条，针对问题统筹制定工作措施，学习教育取得实效。不断完善党建基础，拓展党员培训教育手段，在坚持党委中心组集中学习、“三会一课”等基本制度的同时，充分利用道德讲堂、宣传橱窗、微信群、党建知识“充电快吧”等多种形式常态化开展党员思想教育，取得较好成效。该公司党委 2016

年党建创新课题《党建“四步曲” 夯基提质效》获国网成都供电公司党建创新优秀课题奖。组织党员干部、关键岗位人员公开廉洁承诺，全面通过网上廉规考试。持续深入开展廉洁主题教育，通过组织员工参观廉洁文化基地和监狱，组织“每月一课”反腐倡廉教育，检企合作举办预防职务犯罪培训，开展纪委书记“讲廉课”、“红线制度”巡讲、召开“家庭助廉”会，“廉洁板报班组轮流办”等活动，营造了风清气正氛围。深化创先争优长效机制，持续开展党员“三亮三比”和争创月度明星、标杆班组、季度红旗的“三创”活动，2016 年，公司员工 4 次入围国网成都供电公司“月度明星”，何家良成功当选国网成都供电公司 2016 年 11 月“月度明星”；张永锐获得国网成都供电公司 2016 年“青年先锋”及“身边榜样”双重称号，充分发挥了先进典型示范引领作用。

【国网金堂县供电公司】国网金堂县供电公司系国网成都供电公司直属县公司，成立于 1985 年，担负金堂县 13 个乡镇的供电任务，供电面积约 732 平方公里，供电客户 27.45 万户。辖变电站 15 座，变电容量 156.68 万千伏安，其中 220 千伏变电站 2 座，主变 4 台，变电容量 84 万千伏安；110 千伏变电站 6 座，主变 12 台，变电容量 64.1 万千伏安；35 千伏变电站 7 座，主变 10 台，变电容量 8.58 万千伏安。110 千伏线路 14 条/174 公里，35 千伏线路 9 条/85 公里，10 千伏及以下配网线路 81 条/1200 余公里（公用 52 条/1100 余公里，专线 29 条/150 公里），低压线路约 6340 公里。公用配电变压器 1244 台，变电总容量 21.21 万千伏安（其中农村 1126 台，容量 16.86 万千伏安）。有并网小水电站 3 座，总装机容量 5595 千瓦（其中玉虹 320 千瓦，绣水 570 千瓦，清江电厂 4705 千瓦）。资产总额 4.64 亿元。该公司设置部门 10 个，有主业班组 15 个，供电所 7 个，员工总数 547 人。

国网金堂县供电公司完成“十三五”配电网规划滚动修编，开展2017—2020年配电网项目储备，涉及城网项目18个，农升级（中心村）项目65个。促成政府牵头完成金堂县“十三五”电力规划并纳入地方总规、控规中。新建110千伏沱源站配套10千伏三贤一、二路和淮口站配套10千伏淮起一、二路出线工程。

2016 年，累计完成售电量 9.06 亿千瓦时，同比增长 7.18%；电费回收率 100%；综合线损率 6.78%。顺利实现了安全生产事故、影响和损害企业形象的重大服务事件、影响稳定和廉政建设重大事件“0”目标。

国网金堂县供电公司坚持“安全是天，一失万无”理念引领，全面落实各级安全责任，着力提升本质安全管控水平。加大安全知识技能培训和贯规意识培养，组织全员及分包施工队伍开展安全教育培训活动 20 余次。扎实开展“三查三强化”等专项活动，排查处理各类缺陷隐患 390 项，大力提升电网抵御事故风险能力。保持严抓严管态势，拓展安全督察广度深度，实时动态加强全方位全过程安全督察，累计督查现场 569 处，查纠违章行为 117 起，现场违章查处率 20.56%。建立全员安全绩效档案，完善安全业绩考核细则，累计考核违章行为 10 项。强化应急力量储备和快速反应协调能力，及时梳理完善各类应急预案和响应机制，协同政府开展全省防汛实战演练。创新安全管理途径，建立安全监督微信平台，刚性执行班组隐患缺陷公示，做好“电力安全工作日日记”，安全工作质效切实提升，获评国网成都供电公司 2016 年度“安全先进单位”。截至 2016 年 12 月 31 日，金堂电网实现连续安全生产 5904 天。

该公司成立农网工程业主项目部，获评国网成都供电公司“标杆项目部”，被国网四川电力作为典型推广。积极开展农网优质工程创建，成都金堂10千伏平水村新增配变台区低电压治理工程、成都金堂10千伏红旗村虎形村水口山台区低电压治理工程等2项工程获国网四川电力2016年“农网五十佳工程”，其中成都金堂10千伏平水村新增配变台区低电压治理工程同时获国家电网公司2016年“配电网百佳工程”。多措并举广泛开展安全用电宣传，杜绝社会触电事件。加强农网线路设备巡视检查及台区运行管理，确保线路、设备安全运行。强化施工现场安全管控，通过开展安全隐患“百日大排查”累计排查处理隐患缺陷324项。全力做好低电压信息收集并整改落实，新增低压配变15台，解决54个台区、3684户低电压问题。

该公司开展配网图形修正管理，通过核实各供电所现场勘察的配网图形，在配网图形管理系统中对路设备进行完善，累计修改与现场实际不符的配网线路16条。开展公司本部大楼及所辖变电站、供电所的 IP 及白名单清理，对未使用的地址和白名单进行逐一排查，共清理67个未使用 IP 及12个未使用白名单。通过在全公司内网系统和自建系统的弱口令排查工作，共清理弱口令账号56个，多账号用户重复账号8个，实现了“全公司全系统零弱口令”。完成金堂所辖8条35千伏线路的线路（包括 T 接线）参数实测工作，积极配合地调自动化 PAS 计算建模工作，建模率100%，为线损计算工作及继电保护装置的正确动作提供了有力的保障。在D5000早期建设期间，积极配合自动化进行监控系统缺陷排查工作，发现遥测遥信与OPEN3000不匹配线路11条，遥控操作故障线路6条，通过运检部、地调自动化、调控中心积极配合，在D5000系统投运前完成所有缺陷处理工作。

国网金堂县供电公司建立服务业绩档案体系，将服务档案考评纳入年终创先争优评选依据，有效提高员工服务意识。落实惠民举措，完成“两保”户电量电费“即征即返”5227户。累计签订老旧院落改造、居民小区供配电设施移交协议61份、107份。完成10.53万户“掌上川电”注册推广，“三表合一”采集建设试点取得重要突破。新增开具增值税发票供电所5个，农行银讯通收费点64个。建立周二“大用户日”，集中专业力量解决县域内经济民生涉及供电业务的重大事项。倾力服务巴莫科技、县第一人民医院迁建等政府重大产业项目及重大民生项目。完成重要保电任务13次。

国网金堂县供电公司全面落实从严治党工作要求，扎实开展“两学一做”专题教育及“三亮三比”活动，党员干部职工政治素质得到巩固提升，获国网成都供电公司“微宣微讲”竞赛二等奖。职工创新成果户表接线检测仪在国家电网公司青年创新创意大赛中斩获“营销工器具革新奖”，市场班荣获国家电网公司“先进班组”。开展党员服务队提升工程，落实为民服务“九件实事”，党员服务队及青年志愿者进社区、进福利院、进学校志愿帮扶活动14次，“精准扶贫”困难群众24户。举办各类文体娱乐活动12次，丰富了职工业余生活。实施人才提升工程，公司员工先后在农网、配网、计量、财务、纪检等专业竞赛中获得佳绩，累计获国网成都供电公司及以上各类荣誉56项，获国网四川电力“双十佳”文明单位。

【国网成都市温江供电公司】温江电网拥有220千伏变电站2座、110千伏变电站8座、35千伏变电站2座，变电容量166.6万千伏安。运行维护10千伏及以上输、配电线路(含专线)162条，全长1830公里。其中：110千伏输电线路18条/188公里，35千伏输电线路3条/42公里，10千伏配电线路162条/1600公里。辖区内城市直供客户7.5万户、农村直供客户20万户。

该公司设8个职能部门，2个业务支撑实施机构和2家集体企业。共有11个主业班组和5个供电所。在职员工516人(国有全民93人，地方全民111人，大集体1人，劳务外聘61人、集体企业自聘24人)。退休员工125人。

该公司搭建新形势下政企互动沟通协作平台，电网建设、通道治理、企业改革改制等各项工作得到温江区领导的高度重视及区相关单位、部门的大力支持，取得明显工作成效。完成温江区“十三五”电网规划修编，项目总投资约2.15亿元。储备配农网项目21项，涉及金额3795.8万元。川内首座智能变电站—110千伏任家桥变电站11月顺利建成投运。110千伏万春输变电新建工程12月正式开工。220千伏郭家堰变电站110千伏曹柳线开π工程1月投运。影响110千伏凫郭线投运的一处房屋经协调将于近期拆除。通道隐患治理被纳入政府业绩目标考核，华电公司改革改制工作成效获上级领导充分肯定。

国网成都市温江供电公司以安全稳定为基础，以质量效益为核心，依法从严治企，强化精益管理，较好的完成了年初确定的各项目标任务，推动公司经营发展迈上了新台阶。2016年，完成售电量18.54亿千瓦时，同比增长4.59%；线损率5.47%；电费回收率100%。未发生影响及损害安全生产、优质服务、队伍稳定和廉政建设重大事件，实现“0”目标。深入推进综合计划和全面预算精益管理，建立实时跟踪、定期通报、常态化分析考核的管理机制，全力“降本提质增效”。高效平稳完成36名“低职高聘”人员待遇调整和1名“休未退”农电人员退休手续办理工作。全面完成全民职工人事档案清理。尽力争取政府支持，强化风险管控，稳步推进有限责任公司“子改分”工作，顺利完成子公司税务、工商注销和业务系统的割接。倾力搭建政企协作平台，将依法治企与中心工作、廉洁教育同研究、同部署、同落实、同总结，与温江区纪委、司法局、法院建立定期联系机制，针对性地开展普法教育活动，法治企业建设工作开展有声有色。成功创建区司法局“法律大讲堂”，获区法制办、司法局合推企业普法唯一标杆单位，接受区级领导巡视。公司员工自编自导的小品《砍树那些事儿》被推选加入温江区“12·4”普法宣传文艺汇演。

国网成都市温江供电公司认真履行安全生产主体责任，建立健全三级安全管控体系。全年督察各类现场400个，查纠不规范行为107起，开展各类安全培训考试30余次。深刻汲取西安“6·18”和丰城“11·24”事故教训，扎实开展“三查三强化”等安全隐患排查治理专项行动，全力以赴防风险、控事故、保安全，累计排查隐患缺陷1357条并分类整改，电网保持安全稳定运行。着力构建上下联动、政企联手、齐抓共管的安全隐患排查治理长效机制，消除220千伏输电线路通道隐患36处，110千伏输电线路通道A类隐患80处，专项治理重要客户用电安全隐患128条。完成各类保电任务205次。成功经受迎峰度夏极端高温天气考验，用电负荷、用电量屡创历史新高，日最大负荷达46.74万千瓦，同比增长18.5%；日最大电量达886.2万千瓦时，同比增长27.8%。

国网成都市温江供电公司有天府、寿安、万春、永宁、金马5个供电所，有农电员工227人。2016年成立了共产党员服务队，创建了国网五星级、省标杆—金马供电所。进一步强化了生产作业安全管理，成立了温江农网工程业主项目部,进一步提升了农电运维生产管理水平。进一步加强农网工程建设管理，完成了2012年农网改造升级工程、2013年农维资本金工程、2013年农电技改工程资产拆分工作。2016年中心村项目和2017年中心村项目预计划在PMS中的建档工作，2016年农网改造升级工程的电杆组立工作。

该公司2016年完成了智能电网支撑智慧城市项目的建设，并顺利通过了国网四川省电力公司的验收。完成公司调度大楼通信机房的改造，对八楼电缆竖井内的综合布线系统进行了整改迁移，同时对公司调度大楼会议室会议系统进行了全面的升级改造。完成对寿安供电所、金马供电所的综合数据网升级改造。

国网成都市温江供电公司狠抓量价费损关键指标过程管控。全面推行“业扩新政”，深化重大项目“挂牌督办”和高压业扩报装“日班车”制，主动对接地铁4号线、成都医学城等重大产业项目，积极开拓售电市场。施行欠费风险客户“一户一策”，远程费控装置启用率提高20个百分点。大力推行同期线损管理。深入开展营销基础管理评价、反违约用电及窃电、“零度户”清理等专项行动，挽回电量损失31.42万千瓦时。实施个人服务业绩考评，严格服务投诉常态化管控。大力推进水电气“三表合一”试点等民生工程，完成26个小区、2074户居民的老旧院落改造，促进跨行业信息共享和服务提升。加快推进“互联网+”营销服务应用，全年智能电表采集覆盖率99.76%，日均采集成功率97.15%。实现专公变采集全覆盖，日均全采集成功率分别达99.53%、99.12%。低压剩余金额采集成功率96.36%。“掌上川电”注册用户19859户，远程购电1393笔。率先完成2家国企“三供一业”改造协议签订。

该公司认真落实全面从严治党要求，深入开展“两学一做”学习教育。全面完成党组织换届选举。积极投入党团活动室建设，成功承办国网成都供电公司基层党委书记抓党建工作述职评议会议，党的思想引领、组织建设成效获各级领导和兄弟单位一致好评。公司勇夺国网成都供电公司二季度“季度红旗”。党建带班建、队伍建设成效突出，金马供电所成功创建国家电网公司五星级供电所、国网四川省电力公司标杆班组，并被评为国家电网公司2016年先进班组。涌现出李显峰、陈香、任栋、吴云刚等一批先进典型。围绕中心，牢塑品牌，党团活动室、金马供电所被纳入国网成都供电公司新闻宣传亮点特色点位，并成功承办国网成都供电公司2016年首期新闻写作培训竞赛。服务三农、职工创新等工作引央视、《工人日报》《经济日报》等国家级媒体关注报道。党服队服务三农事迹获央视七套“聚焦三农”栏目采编播出。主动参与国网四川省电力公司《实践“四种形态”，推动监督执纪落地生根》课题研究并获国网成都供电公司一等奖。工会成功创建成都市总工会厂务公开民主管理标准化建设“A级”单位。团青、交通、保卫、消防、保密、维稳、档案、离退休等工作，都圆满完成了目标任务。

【国网成都市青白江供电公司】国网成都市青白江供电公司担负着青白江城区2个街道办（红阳、大弯）和9个建制乡镇（大同、祥福、弥牟、龙王、城厢、姚渡、福洪、清泉、人和）区域内工农业生产、人民生活用电的重要任务。2016年全面接收原金堂供电公司管辖的属于青白江行政区域的200平方公里供区后，现供区面积达到378.94平方公里，供电人数41.5万人。

该公司管辖变电站12座，变电总容量148.73万千伏安。其中220千伏变电站2座，变电容量82万千伏安；110千伏变电站6座，变电容量58.6万千伏安；35千伏变电站4座，变电容量8.13万千伏安。2016年，完成全口径售电量23.45亿千瓦时，增长5.84%(不含攀成钢、川化)；全年电费实现“双结零”；综合线损率2.12%；城市综合电压合格率为99.995%，农村综合电压合格率为99.952%；城网供电可靠率99.968%，农网供电可靠率99.939%。截至2016年12月31日，该公司实现安全运行6776天，实现安全生产事故、影响和损害企业形象的重大服务事件、企业稳定和廉政建设重大事件“0”目标。

2016年，国网成都市青白江供电公司获国网四川省电力公司“先进集体”、“先进基层党组织”、“安全生产先进集体”三项荣誉；获国家能源局四川监管办公室“电力安全生产先进集体”荣誉；获国网成都供电公司县级单位年度同业对标综合排名第一，年度绩效评比第一，月度绩效评比连续六个月第一的佳绩，7篇典型范例入选国网成都供电公司同业对标典型经验，更在10项同业对标分专业中，获得9项专业标杆。

国网成都市青白江供电公司在县公司中首推基于成长导向的员工帮助计划（EAP）体系建设，为全体员工进行中长期职业规划指导，不漏不放，全员受益，培育国家电网公司优技人才2人，国网四川省电力公司优技人才4人、双千人才4人、电力雏鹰1人，国网四川省电力公司精益黑带人才1名、精益绿带人才2名；持续深化基层班组建设，建成国网四川省电力公司标杆班组1个，先进班组1个，五星班组3个；培养1个国网四川省电力公司优秀班组长，3个国网成都供电公司优秀班组长；在国网成都供电公司金牌师傅评选中，实现2015年度十中占三、2016年度五中占一的佳绩。开创性进行“首席员工”评比，评选出3名首席员工，以定期授课、一对一指导等方式，发挥队伍建设传帮带作用。青白江区团委授旗在该公司建立“青白江区青年创新创效平台”，与攀成钢、川化、玉龙、巨石等20余家区内大型企业青年建立定期交流机制，提出并实施“大客户网络化服务平台”“区域负荷预测新算法”“低电压解决方案”等7项创新创效工作，创办《智擎》杂志，已出版4期，在政府和区内各企业间广泛传阅，大大提升公司号召力和影响力。

国网成都市青白江供电公司主动作为，穿针引线，利用前期与区政府搭建的电力规划、电网建设、产业服务三个平台以及《2015-2020战略合作意向书》，建立公司班子与青白江区委、区政府领导对接制，全程参与区内产业项目规划，协调地方政府，掌握电网建设主动权，全力推进多项电网项目。重点完成了110千伏高楼变电站投运，为青白江区工业南区提供电源保障；全力争取规划红线，跨区引入电源点，完成10千伏石龙路建设并投运，解决500千伏龙王站周边片区长时间用电紧张、“灯下黑”的困境；完成220千伏龙青西线等6条线路和220千伏龙同一线等9条线路的迁改工作，为区域建设腾出宝贵土地；启动并完成成青路东侧、纬四路等工业南区重点10千伏电缆送出通道的建设，解决电网建设“最后一公里”难题；配合进行500千伏新都—龙王改造段施工；加速推进110千伏城厢站和35千伏龙王站的审查和启动建设。大规模、高密度的电网建设为青白江北部新城、工业南区、清泉片区等经济增长“热点”提供了有力的电源支撑，为“国际自贸区”、“国际铁路港”的建设提供了保障，契合了青白江地区经济高速发展态势。

该公司台区同期线损合格率达到70.29%，比年初大幅提升38.57%；营配调贯通率处于99.19%高位；综合采集覆盖率达到98.85%，采集成功率达到97.91%，各项指标均位于国网成都供电公司前列。细排严控，查处窃电17户，追补电量29.72万千瓦时，补收电费及违约使用电费34.63万元；查处违约用电10户，补收电费及违约使用电费29.00万元；多方奔走，不等不靠，年内完成存在回收风险的8000万元电费回收工作，严保国有资产颗粒归仓。高效推进电能替代，2016年完成率超过年度目标67.50%；主动联系水、气管理单位，成为国网成都供电公司唯一一家完成“三表合一”整体合作协议签订的县级公司。

该公司加强输、变、配电精益化整治工作，提高运检管理水平。开展两座220千伏变电站精益化整改工作，完成各类问题整改97项。开展设备计划检修174次，完成3座变电站一体化检修。新建35千伏、10千伏出线21回，配网负荷改接12回，清理超高树木1200余棵。坚持“能带不停”原则，开展带电作业34次，累计减少停电户数6000余户。全年完成大修技改及配网项目22项，项目完成率在国网成都供电公司位居前列。储备2017年大修技改及配网项目29项，完成1258台公变及968个台区低压线路建模及营配贯通工作。开展辖区内11座变电站、27条输电线路及50条配电线路图数一致性整改工作，3个供电所已达国家电网公司图数治理五星级标准。完成成都市运动会、残运会、保税区启动、蓉欧快铁新年首发等11项重要活动保电，开展各类保电特殊巡视30余次，累计投入巡视、抢修人员306人，车辆50辆。完成国网成都供电公司唯一一家配网标准化建设试点工作，为成都全市配网建设起到了引领作用。

国网成都市青白江供电公司围绕精准扶贫工作，顺利完成“低电压”整治工程，解决5955户低电压用户、3万多村民的用电难题。投入资金3100余万元，新立电杆1102基，新建、改造10千伏线路35.22公里，低压线路122.55公里，新增配变73台，新增配变容量约1.6万千伏安，姚渡、龙王等8个乡镇机井配套供电全面改善，改善了约7万户村民的用电质量，提前11天完成包括30个项目的农网升级改造工程。人和乡三元村井井通电工程项目修编入《国网四川省电力公司10千伏及以下农网工程典型设计典型工艺》，成为国网标准化示范工程，农网工程通过标准化配置，规范化作业，模板化建设，每月均有作业现场被国网成都供电公司评为农网建设标准化现场。开展农网“百日大排查”专项活动，共清理836个台区总保、19个分支漏保，其中总保安装525台，安装率63%。清理末级漏电保护60026户，发放告知书1750份，为农村居民安全用电打下坚实基础。

该公司创造性提出“配网人工智能化巡视法”、“小时工作节点法”等多个工作优化手段，累计减少停电时间1280小时，挽回近2千万千瓦时电量损失，为青白江工业区发展保驾护航。两个管理创新项目获得国网四川省电力公司管理创新奖项，其中“精益型县级供电企业建设评价体系构建与实践应用”获得国网四川省电力公司管理创新成果一等奖，6个管理创新项目获得国网成都供电公司管理创新奖项。“用于去除线缆上异物的割刀滑车”等两项发明获国网四川电力工人技术创新奖项；“武绍模职工创新工作室”完成“绝缘挡板小车”等5项新型实用专利申请。

国网成都市青白江供电公司提前谋划、全面走访，推广大客户增值服务管理，深度响应企业客户需求，通过主动参与指导多家工业客户设备检修等，为巨石集团每月节约电费80万余元，使天马轴承、丽雅纤维等企业用电量增长达到25%以上，发挥大客户管理“四两拨千斤”的效果。率先增设“工业园区用电业务服务点”，开创园区服务“绿色通道”，为园区40余家企业提供了业扩报装、线路迁改、电价政策执行等专业服务，2016年走访客户65次，重要大客户做到了多轮次、全覆盖。高度重视电价优惠政策的落实和执行，组织客户集中宣贯“富余电量”和“直购电”等优惠政策，为14家工业客户节约了1.1亿元电费，这些做法在大客户座谈会上得到青白江区政府和客户的肯定，称赞公司服务工作“史无前例”。围绕“四个服务”宗旨，大力开展优质服务建设，属实投诉季度环比平均下降23.07%。大力推广“掌上电力”，共注册用户56398户，2016年完成购电金额68.38万元，年底购电金额相较年初提高近4倍，呈现井喷式上涨，适应“互联网+”时代对公司发展的要求。迎峰度夏期间，面对罕见的极端高温天气，该公司第一时间编制《2016年迎峰度夏避峰预案表》，发出《致青白江区大客户的一封信》，合理引导客户生产，青白江区成为成都所有区县内唯一未进行拉闸限电的地区。

国网成都市青白江供电公司深入开展“两学一做”学习教育，组织具有特色的廉洁视频制作、书画展示、演讲比赛等主题活动以及“重温入党志愿”“研读系列讲话”等专题学习，进一步发挥共产党员先锋模范作用。针对“五个一”建设要求，结合公司实际开展“我在春秋检现场”“电网建设排头兵”“迎峰度夏服务先锋”“经营管理先锋岗”“拒腐防变每月一课”五大主题活动，其中3项入选国网成都供电公司“五个一”实践活动优秀案例，名列国网成都供电公司县公司第一。紧抓党风廉政建设，已开展“拒腐防变每月一课”50期，针对窗口人员自主开展2期廉洁案例警示教育培训，法企共融、检企共建，邀请青白江区法院和区检察院开展主题讲座和面对面说法，带来清廉之风。配合开展“一团一品”建设，塑造敢于争先、思维活跃的青年队伍，1人获得国网成都供电公司优秀团干部、2人获得国网成都供电公司“优秀共青团员”称号。切实强化共产党员服务队工作，全年组织396人、57次走进区、镇敬老院、留守儿童集中学校以及贫困户家中开展慰问，设立16个党员服务队联络点，主动对23个留守儿童家庭及贫困户进行结对帮扶，得到群众一致好评。

【国网都江堰市供电公司】国网都江堰市供电公司担负着都江堰市全境以及彭州市、崇州市部分乡镇的供电任务，供电面积约1700平方公里，供电人口70万。拥有220千伏变电站2座、110千伏变电站7座、35千伏变电站11座，主变总容量154.34万千伏安。辖灌口等18个供电所，其中都江堰市12个供电所，彭州市6个供电所。辖千家湾等5个径流式发电站，总装机容量1.486万千瓦，年设计发电量9000万千瓦时。

该公司设8个职能部门，3个业务支撑机构。全口径在册人数1784人，其中：全民在岗757人，农电478人，劳务派遣19人，大集体1人，退养142人，退休387人，全民员工平均年龄45.3岁，劳务派遣员工平均年龄30.9岁，农电员工平均年龄44.6岁。

国网都江堰市供电公司修编“十三五”电网规划，并纳入都江堰市“十三五”规划一张图。持续推进110千伏都江堰新区输变电工程项目前期准备工作。完成10千伏业扩项目和都江堰市经济开发区城市配网项目储备。完成国网四川省电力公司下达大修项目9项、技改项目7项及配网项目6项，资金1504万元。完成110千伏沿江等4座变电站的一体化检修工作。完成售电量27.12亿千瓦时，发电量9046万千瓦时，累计综合线损率6.08%，截至2016年12月31日实现安全生产4571天，电费“双结零”，未发生安全生产事故，未发生影响和损害企业形象的重大服务事件，稳定和廉政实现“零”目标。获四川省“五一劳动奖状”，国网四川省电力公司“先进基层党组织”、“安全先进集体”，国网成都供电公司“先进单位”。

深入贯彻国网四川省电力公司安全生产典型违章300条，巡查生产作业现场908个，发现违章55起，安全约谈7次。坚持安全生产工作周例会和安全网例会，定期梳理安全生产工作，确保“月计划、周安排、日管控”落到实处。编写了《2016年度安全违章案例汇编》。全面开展漏保专项排查，对4.8万户问题漏保逐步实施整改。清理了困扰多年的110千伏聚蒲线通道，确保了电网安全。配合属地派出所清理检查废旧物品收购点34处，有力打击了偷盗破坏电力设施犯罪行为。

该公司启动“农网百日攻坚行动”，实施农网升级改造、中心村改造、老旧院落改造等工程，共改造149个配变台区，130公里低压线路，将电站自供区宁静村线路改接入公司主网，切实消除了该片区用电安全隐患，农网供电能力显著提升。利用工业GPS智能终端，通过GPS通讯通道，实时图形化查勘，提升配电线路巡视管理水平。积极开展星级乡镇供电所创建，定期开展农业生产、农业排灌等客户安全用电检查，积极推进漏电保护器专项排查工作。

国网都江堰市供电公司引进超声波快速巡检仪，节省日常巡视时效约3个小时，工作效率得以显著提高。拓展客户交费手段，科学实施城乡交费布点，加快实现手机、网络充值交费，完成智能电表安装42.25万只，建立24小时充值服务机制，成功打造“10分钟购电圈”，电费交费充值网点达86个。积极推广专变IC卡预付费工作，电费回收年年实现营销财务双结零。完善电能量信息采集系统，实现远程抄表、自动核算。

建立重大项目、重要客户沟通机制，对万达、拉法基等重要客户实施差异化服务，确保供电服务满意，隐患治理及时。开展高危重要客户隐患排查，积极配合政府有关部门督促存在严重用电隐患的28家高危重要客户落实整改。完成“掌上川电”APP注册15.33万户，开通网上远程购电。开展智能电表维护抢修服务2346次，解答客户咨询1425次。建成文庙、勤俭等5个“供电服务示范社区”，开展服务进社区活动72次。完成国际清明放水节、西部音乐节、双遗马拉松等重要保电131次。

该公司扎实开展“两学一做”学习教育，全年组织中心组学习6次，专题学习讨论44次，领导干部讲授专题党课7次，领导班子测评排名国网成都供电公司第一。大力推进“廉洁从业一朵莲”主题实践和“清风川电”主题教育，编发廉洁学习资料12期。推进“五个一”主题实践，建成18个“心连心服务村”。开展党员服务队提升工程，选拔优秀人才充实队伍。以“涅磐重生•微爱进万家”为品牌传播主题，深入开展“微爱行动”，做好“为民服务九件实事”。组织开展都江堰供电公司党员服务队与陕西照金党员服务队结对共建，深化连心服务。通过与都江堰市扶贫办对接，定制扶贫套餐，精准助力扶贫户邱勇军减贫增收。发表新闻稿件545篇，展现了良好的企业形象。

【国网成都市郫都供电公司】国网成都市郫都供电公司，始建于1982年，1992年以前隶属地方电力公司，1992年移交成都电业局代管，2008年由四川省电力公司控股，2013年完成股权划转后成为国网四川省电力公司的全资子公司,2016年9月改制为国网四川省电力公司郫县供电分公司。本部设8个职能部门、2个业务支撑实施机构、2个专业室、15个班组，另设三新郫县分公司和锦隆鑫郫县分公司2家集体企业。

该公司担负着郫县行政区域437.5平方公里、户籍人口57.52万、常住人口84.02万的居民生活及工农业生产供电任务，用电客户50万户。拥有220千伏变电站1座、110千伏变电站6座、35千伏变电站6座，变电总容量119.32万千伏安；110千伏输电线路8条，总长度33.29公里；35千伏输电线路11条，总长度108.31公里；10千伏线路167条，总长度1440公里；公用配变2384台，总容量117.51万千伏安。

该公司全口径员工608人，其中：全民员工227人，农电员工293人，集体员工88人。全面完成人力资源ERP系统一、二级布署对接并轨，五位一体和福利系统上线等工作。组织开展各类培训66期，参培人数428余人次，人才当量密度提升0.01。4人取得中级工资格，3人取得技师证书，8人取得中级职称，4人取得副高级专业技术资格。完成35名职工生产履职以及55名特种作业、登高作业人员复审培训及取证工作。

国网成都市郫都供电公司公司加强沟通对接，储备“十三五”7个重点项目纳入地方规划“一张图”，实现了电网规划与地方产业规划有机融合。成都西500千伏输变电、沙西220千伏输变电、郫筒110千伏扩建工程按上级要求时间节点完成了相关前期工作。110千伏同善桥站、35千伏唐昌站如期竣工投运。110千伏德源二站和同善桥站35千伏线路工程两个在建项目均按计划有序推进。高度重视配网项目实施，新建和改造10千伏线路86.5公里、低压线路120公里，新增及增容配变28台，整治低电压台区33个，有效提升了电能质量。密切关注重点发展区域及产业集中区发展，实现配电网对工业集中区已形成路网的“全覆盖”，确保了菁蓉镇及各产业园区的顺利发展，为民生改善和地方经济社会又好又快发展提供了坚强的电力保障。强化日常巡视维护管理，配网故障同比下降24.1%。

该公司努力增供扩销，严控停电计划，积极开展电能替代和带电作业，实现售电量逆势增长。达到 21.11 亿千瓦时，同比增长 9.98%；综合线损 6.75%，较年度指标降低 0.05 个百分点；全面完成电费回收双结零；城镇供电可靠率 99.961%、电压合格率 100%，农村供电可靠率 99.758%、电压合格率 99.999%；设立工业集中区客户经理制，实施路网与配电网的“全覆盖”，积极促成郫都区政府与电力部门签订《园区战略合作协议》，进一步防范市场流失风险。持续深化用电信息采集、线损实用化、远程购电及“掌上川电”应用工作，追补电费 33.29 万元。克服各种困难，提前完成“子改分”资产清查、税务注销、分公司账户开立等工作。完成 ERP 一级部署并轨、五位一体及福利系统上线，实现营销、财务业务融通，财务集约化、信息化水平进入国网四川电力公司前列。资产帐卡物一致性清理对应率完成 100%。完成集体企业产值、利润指标任务；实现安全生产、优质服务、企业稳定和党风廉政重大事件“0”目标。

国网成都市郫都供电公司创新安全管理，每周学习“典型案例”，引入“现场安全巡检系统”，强化分包管理，促进现场作业安全有序。强化风险预警，有效防控电网六级风险 4 次共 19 天，确保负荷在连创新高的 47.25 万千瓦状态下电网安全运行。强化巡视维护，电缆规模郊县第一的情况下未发生任何电缆网不安全事件。积极协调政府警力开展联合执法，消除输电线路 A 类隐患 3 处，有效解决了线路通道顽疾。圆满完成李克强总理、张德江委员长视察等 55 项保电任务。截至 2016 年 12 月 31 日，实现电网连续安全运行 4805 天。

国网成都市郫都供电公司加强安全生产、农网工程建设及供电所规范化管理，尤其通过扎实开展隐患排查治理和施工现场管控，确保电网安全稳定运行。完成农网升级改造、技改工程建设，投资 1355 万元，架设高压线路 86.5 公里，改造低压线路 253.2 公里，新投配变 23 台，解决了 33 个低压台区电压质量偏低问题。修编完成郫县农村配网 2017-2020 年项目储备工作，计划资金 9522 万元，储备项目 101 个。省级标准化供电所、电气化镇和电气化村率分别达到 95.5%、100%和 100%。积极助推扶贫攻坚，及时掌握并解决客户需求，有效提升了“三农”服务水平。另外，克服各种困难和阻力，完成三新“子改分”工作。通过以五星级供电所创建为载体，建立低压三相在线监控体系，并充分发挥典型引领作用，有效提高了农电工作水平。

该公司开展 QC、“五小”等群众性创新活动，营销、财务业务融通、财务集约化、信息化水平迈入国网四川电力前列。加强信息通信设备巡视维护检修，及时消除处理网络信息系统故障和隐患，确保了现代化办公系统运行畅通，全年未发生任何信息安全事件。该公司电力通信光缆 26 条，总长 198.5 公里，光纤通信设备 26 套，微机设备 420 台，网络节点 450 余个。视频监控系统覆盖全部 11 个变电站、11 个电力服务所和收费点。

国网成都市郫都供电公司落实业扩新政，简化用电业务办理流程和手续，高、低压客户平均接电时间分别缩短 12 个工作日和 2 个工作日。结合“3.15 消费者权益日”“迎峰度夏安全用电”等主题，连同社区、家电厂家开展形式多样的“电网连万家、共享电气化”的社区宣传活动，受到群众好评。构建“互联网+”供电服务平台，实施“三农”精准扶贫，设立便民服务联系牌 120 个、连心岗 346 个、示范社区 4 个，改造老旧小区 418 户。强化行风建设，投诉量同比下降 50%。持续实施窗口服务、故障报修明察暗访，开展客户产权设备的义务抢修 100 余起，树立了供电服务的良好形象。

国网成都市郫都供电公司扎实开展“两学一做”学习教育、廉政教育和“五个一”主题实践活动，党组织战斗堡垒作用和党员先锋模范作用更加凸显。认真落实“一岗双责”“两个责任”清单，确保了“干事干净”。加强队伍建设，1 个班组通过国网成都供电公司“标杆班组”验收、2 个班组建成国网四川省电力公司“五星级班组”。加强宣传策划，综合上稿 342 篇，地方电视台宣传播报 38 期，2 个团队和 11 名员工在上级组织的各类竞赛中取得荣誉。

【国网崇州市供电公司】国网崇州市供电公司成立于 1980 年，担负着崇州市 24 个乡镇的供电任务，供电区域 1089 平方公里，供电客户数 29.6 万户。拥有 35 千伏及以上变电站 17 座，总容量 186.1 万千伏安。其中：220 千伏变电站 2 座，主变容量 78 万千伏安；110 千伏变电站 9 座，主变容量 94.7 万千伏安；35 千伏变电站 7 座，主变容量 14.4 万千伏安。运维 35 千伏及以上线路 29 条 316.3 公里，其中：110 千伏线路 16 条，192.4 公里；35 千伏线路 13 条，123.8 公里；10 千伏配网线路 141 条，1941.2 公里。区域内有上网发电厂 70 家，以水电为主，总装机容量 7.55 万千瓦，年发电量 4.24 亿千瓦时。该公司全口径劳动用工 828 人，其中：国有全民员工 10 人，地方全民员工 372 人，三新员工 351 人，其他员工 95 人。全民员工平均年龄 44 岁，三新员工平均年龄 46 岁，其他员工平均年龄 37 岁。

2016 年，该公司持续推进电网建设，建成投运 35 千伏文井江变电站，新增变电容量 1 万千伏安。

完成电网规划滚动修编，电网“十三五”规划纳入城市发展规划“一张图”。开展新一轮农网改造，储备井井通、中心村、西部农网项目 69 个。高效推进，完成崇州经开区 220 千伏输变电工程前期工作，进入核准阶段；积极争取，大划 110 千伏输变电工程成功纳入 2017 年前期计划。

国网崇州市供电公司千方百计开拓售电市场，主动服务重大产业项目全年新装增容高压客户 173 户、新增容量 16.8 万千伏安，实现售电量增长 1.99 亿千瓦时。严格电费回收考核制度，深化电费预警管控，实行负控购电 826 户，电费回收实现“双结零”。有序推进营配贯通工作，高压一致率 97.32%，低压贯通进度 99.05%。扎实开展用电检查，追补电量 8.09 万千瓦时，追补电费 36.4 万元。开展行政机构电价执行等专项稽查 3 项，应用量价费损轻量级工具处理断流、失压、零度户等异常 758 条。建设同期线损系统，输电线路合格率 100%。2016 年，完成售电量 21.53 亿千瓦时，同比增长 9.4%；综合线损率 6.79%。

国网崇州市供电公司强力提升本质安全水平，认真贯彻《安全生产法》等法规制度，坚持“安全第一、预防为主、综合治理”方针，从落实各级安全职责清单入手，常态化进行安全教育，认真开展安规学习考试，持续优化电网结构，着力提高设备质量。深入开展各类电力设施隐患排查治理，消除隐患55处。持续发挥三级督查网作用，督查现场1811次，纠正现场违章432个。推行大型施工工地审批制度，全年未发生外力原因引起的输电线路故障。调控全年安全操作4838项，发布电网特殊运行预案及风险预警通知书21份。主动作为，促成输电线路树竹隐患清理纳入政府目标督查，处理A类树障隐患35处，严重树障隐患56处，清除树竹2900余株。组织开展430面高压开关柜、15个环网柜、92个电缆分支箱、4条农网10千伏试点线路的暂态地电波和超声波测试工作，消除隐患11处。2016年，公司变电、输电、配农网设备故障率分别同比下降55%、61.5%、16.67%。修编各类应急预案，开展应急演练，提升应急处置能力。公司安全生产突破3000天。

该公司全面强化农电基础管理，扎实开展“供电所基础管理提升”，供电所安全生产、日常运维、营销管理、优质服务和作风建设水平切实提升。快速推进农村缴费点建设，全面实现农村缴费“村村有点”。投入资金4000余万元，实施项目50个，有效提升农网供电能力和供电质量。成立7支农电党员服务小分队，深入乡镇、村社，零距离服务春灌、抗旱、秋收和新农村建设。

该公司 2016 年共 56 人取得初级及以上职称，其中 4 人取得高级职称，公司人才当量密度和高技能人才比例达 93.57%。坚持以创新促企业发展，“掌上安规”手机智能 APP 获国网成都供电公司 QC 成果发布三等奖，变电检修班 QC 小组、营销部博智 QC 小组获四川省优秀质量管理小组。

国网崇州市供电公司全面强化员工市场意识和服务意识，严抓服务行为，服务投诉同比减少 24%，“百万客户属实投诉率”10 次/百万户，居成都区市县较好水平。全面落实业扩新政，深化业扩环境整治，严格执行“一证受理”和“同城异地受理”政策。落实资金 2000 万元，开展 59 个老旧院落电力设施改造。大力推广“掌上川电”APP，注册用户 14 万户，供电服务进入“互联网+”时代。圆满完成李家岩水库开工仪式、西博会、余旭烈士公祭等重点保电任务 62 次，获得政府及社会各界一致好评。

国网崇州市供电公司扎实开展“两学一做”学习教育，完成公司党委、纪委和党支部换届选举工作。深化党员服务队建设，队员人数壮大至 130 余人。常态化开展班组月检查季评比，班组建设水平稳步提升，3 个班组被命名为国网四川省电力公司五星级班组，2 个班组顺利通过国网成都供电公司五星级评定。以文井江供电所优秀事迹改编的歌舞剧《我愿意，谢谢你》登上中央电视台，面向全国展示国网电力人的风采。关爱员工，坚持夏送清凉、冬送温暖、重大节假日送关怀。丰富职工生活，组织文体活动 9 项，组织 67 名职工疗养。深化健康食堂建设，定期开展合理化意见收集，食堂满意度显著提升。落实离退休职工“两项待遇”，“文化养老”工程逐步深入。公司荣获国网成都供电公司“先进单位”“安全生产先进单位”“运检工作先进单位”“六五普法先进单位”“营销工作先进单位”等荣誉。公司共有 17 个集体、21 人分别获得了国网四川电力和国网成都供电公司先进荣誉，15 个集体和员工在各类竞赛比武中获奖。

【国网彭州市供电公司】国网彭州市供电公司 2016 年 7 月 4 日完成分公司工商注册登记，成立国网四川省电力公司彭州市供电分公司。承担着彭州市天彭镇、九尺镇、濛阳镇、丽春镇、致和镇、军乐镇、敖平镇、升平镇 8 个乡镇的供电任务，供电面积约 450 平方公里，供电户 25.52 万户，其中大工业 227 户，重要客户 10 户，一级重要客户 5 户（含高危客户 3 户），二级重要客户 5 户。设 8 个职能部室、2 个业务实施机构、14 个生产班组、1 个辅助生产班组、6 个供电所。现有员工 245 人。

该公司负责运维变电站 17 座，主变总容量

204.2万千伏安。其中220千伏变电站3座，主变容量114万千伏安；110千伏变电站9座，35千伏变电站5座。变电站综合自动化率、光纤通讯覆盖率、无人值班比例、断路器无油化率均为100%。运行维护输电线路36条，总长度421公里，其中：110千伏线路21条，长度278公里；35千伏线路15条，143公里；10千伏配电线路128条/总长度1153公里。10千伏配变台数3188台/容量125.86万千伏安，其中公变1871台/容量56.95万千伏安。辖区内有并网小水电站30座，装机7.5万千瓦。

2016年，该公司获"全国安康杯竞赛先进单位"、"成都市工人先锋号""成都市百万职工技能大赛团体一等奖，"国网成都供电公司先进单位""国网成都供电公司电网建设先进单位""五个一实践活动"经营管理先进单位等多项荣誉。职工郑国磊获成都市百万职工技能大赛农网配电营业工（配网）第一名和国网成都供电公司月度明星，蔡波获国网四川省电力公司配电安规调考第一名，1名职工担纲国网四川省电力公司原创歌舞剧《我愿意 谢谢你》的主要成员登上中央电视台。

该公司2016年1人高级技师考试评审通过，8人通过技师考试评审，6人获得初级职称，2人取得中级职称，8人完成中级职称资料申报工作。年龄未达到43周岁的本科以下人员12人已有11人报名读书，学历提升相关工作获得国网成都供电公司认可并获绩效加分。到期关键岗位以上人员完成交流轮岗工作。

国网彭州市供电公司编制完成了《新一轮农村改造升级电网规划》《"十三五"城市配网项目规划》。牵头完成500千伏丹景至新都、新都至龙王线路建设，"京东方项目"500千伏属地协调和前期资料的办理工作。完成110千伏牡丹变电站的接收、改建、投运工程。组建带电作业班，配置带电作业车1台。认真落实对17座变电站的18项反措及3个220千伏变电站精益化评比工作，14座变电站D5000接入调试，安全执行变电操作15431项。完成4座变电站一体化检修，帮扶新都公司完成1座110千伏变电站一体化检修。完成与官仓公司配网抢修指挥的合署办公，并协助官仓公司查找10千伏开关故障和调控值班员的培训。输电专业完成PMS2.0系统的图数治理工作，排查36条输电线路"三跨"，完成110千伏输电线路标准化建设80%，对12条输电线路74基保护帽进行加高整治，消除严重及以上缺陷6起。农网实施209项升级改造工程，消除缺陷333项。配网专业完成配电精益化专项检查，低压数据录入低压贯通率达99.2%，安全操作21688次。开展97个老旧弃管小区的电力设施改造，优质高效完成汉彭路、蔬香路、成彭高速入城段等多项重大市政项目的线路迁改工程。

国网彭州市供电公司完成售电量37亿千瓦时，逆势增长15.38%；完成电能替代5941万千瓦时，超额完成指标数的198.03%；实现综合线损2.95%，低于全年指标数4.13个百分点；提前实现全年电费回收100%。投运采集设备31825台，专变覆盖率、公变采集成功率、变电站覆盖率、变电站采集成功率、低压剩余金额采集成功率等指标位居国网成都供电公司第一名。稳步推进营配调贯通工作，完成低压贯通进度98%的目标。

该公司认真开展"三查三强化""通信设备环境治理""防误闭锁检查"汲取江西"11·24"特大事故教训等各类专项活动，全面推行大型作业现场安全组织措施书制度，建立安全现场监控"微信"平台，保证各类施工作业安全有序开展。加大教育和处罚力度，共审查标准化作业书391份，督查现场600余处。加强防灾救灾演练，完善事故应急预案。2016年夏，彭州地区遭遇持续高温天气，最高负荷达到30.27万千瓦。全日供电量最高615.32万千瓦时，较上年同期的537.45万千瓦时增长14.49%，网供电量最高569.52万千瓦时，较去年同期504.72万千瓦时增长12.84%。该公司采取有力措施全力确保了彭州电网迎峰度夏的安全运行，实现电网连续安全运行8506天。完成四川石化基地、中国·蔬菜博览会、成都时装周等重大保电任务12项。建立电力公安警务室，有力推进电力设施安全隐患治理，消除重大及较大隐患37处。

该公司倾力打造九尺供电所创建国网五星级乡镇供电所，辐射带动其他两个供电所创建四星级乡镇供电所。针对特困户、贫困户开展春耕、秋收特色亲情帮扶和精准扶贫，累计走访3127户困难用户。

国网彭州市供电公司有力推进营财一体化，实现了营财一体化上线和支付融合系统上线。积极开展标杆创建和创新工作室的打造。变电检修班QC小组的《新型10千伏转移小车的研制》和运维检修部QC小组的《10千伏电缆网综合监控系统的研制》2个课题入选国网四川省电力公司2016年质量管理小组课题。

国网彭州市供电公司大力开展"客户用电满意工程"，切实做好"为民服务六大实事"，推进"电力服务进社区""包片进村""精准扶贫""三联系""义工日"活动，构建与客户的"连心桥"。实施彭州老旧小区改造项目97个、农网中心村改造项目15个、城市配网新建改造项目3个、低压业扩项目560个，确保这几项工程优质完成惠及广大民众。

加强服务管理考核力度，制订了《客户投诉管理考核办法》。开展“客户用电满意工程”，及“展巾帼风采 创服务佳绩”窗口服务竞赛。创新开展“社区经理”制，建立营业窗口优质服务到岗到位制度，推广掌上川电 98446 户。加强对高危、重要客户的安全用电监管，建立“一患一档”制度，并协调彭州市工信局和安监局及时督促完成整改。

开展“两学一做”学习教育，严肃党内政治生活，完善议事规则、决策程序，完成两委换届选举。坚持“三会一课”、民主评议党员、“党员三项承诺”、党员定期党性分析等制度，提升专兼职党务人员的党务水平和履职能力。组建蒲公英志愿服务队，扎实开展“五个一实践活动”，“一支部一亮点”工作。扎实开展党风廉政专项巡察整改工作，完成“三公”费用及标准成本管理方面“四风”问题整治“回头看”，招标采购领域廉政风险专项治理及农委费审计问题的整改。开展每周一次微廉课教育，聘请了新一届行风监督员。

以文化为引领，践行国网核心价值，职工鼓乐队两次登上国网四川省电力公司和国网成都供电公司职工文化成果展示的舞台。勇夺成都市百万职工技能大赛团体第一名，郑国磊获农网配电营业工（配网）第一名和国网成都供电公司月度明星，杨登科获国网成都供电公司劳模，蔡波获国网四川省电力公司配电安规调考第一名，其他 8 人分别在各类竞赛中获奖。该公司的足球队获国网成都供电公司足球比赛道德风尚奖。真诚为老同志办好事、办实事，退休人员两项待遇有效落实，1 人获“老有所为、老有所乐”标兵。全年累计在国网成都供电公司网站、国网四川省电力公司网站、《四川工人日报》《国家电网报》等媒体登载稿件 450 篇，有效传播企业品牌形象。交通、保卫、消防、信访、保密等工作都完成目标任务。

【国网邛崃市供电公司】国网邛崃市供电公司于 1995 年划归原成都电业局管理，2006 年实行股份制改革，2013 年完成地方国有资产无偿划转，由国网四川电力全资控股。担负着邛崃市 18 个镇、6 个乡、202 个行政村、62 个社区的供电任务，供电面积 1377 平方公里，人口 65.68 万。运行管理变电站 14 座，主变容量 95.95 万千伏安，其中 220 千伏变电站 1 座，30 万千伏安；110 千伏变电站 5 座，57.2 万千伏安；35 千伏变电站 8 座，8.75 万千伏安。过境 220 千伏输电线路 6 条，61.3 公里；运行管理 110 千伏输电线路 11 条，160.22 公里；35 千伏输电线路 15 条，176.66 公里；10 千伏线路 108 条，1702.7 公里；低压配电线路 5820 公里；在邛崃电网并网运行的水电站 61 座，装机容量 6.6 万千瓦。

该公司获国网四川省电力公司和成都市总工会“优秀创新工作室”“国网成都供电公司 2016 年度安全生产先进单位”“邛崃市‘4·20’芦山强烈地震灾后恢复重建先进集体”“第七届四川省青年优秀志愿组织”“四川省 2016 年度争创‘岗位学雷锋’先进集体”“中央企业五四红旗团支部”等荣誉。

设 10 个部门，2 个集体企业，领导班子由 8 人组成。在册员工 789 人，其中：全民员工 441 人、农电员工 339 人、成都锦隆鑫电力有限公司邛崃分公司 9 人。全民员工平均年龄 46 岁，农电员工平均年龄 44.5 岁，人才当量密度 0.8818，全面实施全员绩效管理和公司薪酬制度改革。

结合电网现状、技术导则要求和发展规划，完成“十三五”电网规划报告及 2016—2020 年配电网规划库滚动修编，编制了 2016、2018 及 2020 年规划图册。完成 110 千伏西郊站工程立项核准，开展 35 千伏及以下配网新建项目储备总投资约 2.5 亿元。将电网规划融入邛崃市总体规划和重点区域控规，促进规划“一张图”。开展 110 千伏赵塔站和平乐站新建工程、35 千伏天台站新建工程、420 灾后重建工程、农网升级改造工程、春节保电工程、电网大修技改等 7 大电网建设项目，投入建设资金 2.9 亿元，对改善电网结构、新增电源点方面取得明显成效。

2016 年，完成售电量 11.36 亿千瓦时。运行智能电表 26.12 万只，智能电表覆盖率 98.31%、采集覆盖率 99.73%、采成功率 96.7%、剩余金额抄回成功率 96.37%。严格业务系统线上流转管控，实现了所有营销业务系统内流转。开通 APP 掌上川电和网上支付功能，委托第三方进行电费代收，进一步拓宽客户缴费渠道。完成各级关口计量装置及配套采集装置建设，采集系统实用化有了大幅度的提升，开通远程购电功能专变数 126 家，进一步丰富了专变客户缴费渠道。

该公司全面贯彻执行国家电网公司、国网四川省电力公司和国网成都供电公司安全工作意见，牢固树立“安全是天，一失万无”的理念，坚持安全生产“严抓、严管、严控”，认真组织开展春、秋季安全大检查活动和各类专项安全活动，共排查发现设备隐患缺陷及问题 600 余项，全部按轻重缓急逐项开展整改消缺，确保了安全生产有序，为电网安全运行和全年安全工作顺利完成奠定了坚实基础。全面落实国网成都供电公司安全生产两个“十条”和“现场作业开工前各环节安规范”管理规定，强化安全生产风险管控，严格执行各级人员安全业绩考核办法和安全生产反违章工作实施细则，结合反违章工作管理办法，加大对各类施工现场的安全督察力度，监督指导安全措施、技术措施的落实情况，严厉查处各类违章行为，保证了各检修施工现场的人身、设备安全。截至2016年12月31日实现连续安全生产6847天。

完成3个农网升级改造第二批次中心村改造工程施工建设，完成9个中心村项目勘查设计，全面启动第三批次2个中心村改造建设。加强农村配网线路的通道清理工作，完成低电压项目8个，整治低电压台区35个。

该公司open3000调控一体化系统顺利升级为D5000,所属变电站全部接入系统。完成所有信息设备的维护保养，实现全年信息安全“0”目标。结合邛崃市地域文化特点，将仁孝文化融入供电优质服务，积极对敬老院、留守儿童、孤寡老人开展电力帮扶。推动业扩新政，简化业扩办理流程，落实便民服务，全年累计办理新装业务2059件、受理客户故障报修5913户、处理95598投诉工单65件、咨询工单15件、服务申请工单602件、意见工单167件，无超时限业务发生。积极开展客户走访和新装故障报修回访，全年累计走访用户800余户，用户新装及报修回访5000余次。国网邛崃市供电公司深化三级客户经理制，主动对接地方政府，全过程服务成甘工业园区、AAAAA景区创建等重点工程建设。开展“供电服务示范社区建设”，聘请联络员6人，建立心桥信箱6个，周期性开展客户需求分析，进行短板问题跟踪和内部管理提升效果评估。加快推进老旧院落居民供配电设施改造。开展高危重要客户安全用电服务44户，发放隐患通知书22份，检查并网小水电站23户，开展安全用电服务进社区、进工厂、进校园21次。积极推广“掌上川电”“掌上电力”APP应用，共注册绑定用户65500户。

该公司党委坚持以中共十八届六中全会和习近平系列重要讲话精神为指导，紧紧围绕中心工作，不断强化“三个建设”，落实从严治党要求，推进“两学一做”学习教育，完成14个支部和公司“两委”换届改选。结合电网建设、营销服务等重点工作，积极开展“一支部一亮点”“三亮三比”和“五个一”实践活动，做到了党建工作对中心工作的有力促进。工作中坚持以主题促载体，以载体促发展，开展了纪念建党95周年、精准帮扶送温暖、等丰富多彩的主题活动，进一步扩大了党建工作的影响力和凝聚力。坚持将企业文化“五微”行动，有效融入文明单位创建中，积极开展道德讲堂、“党员先锋 身边榜样”“青年榜样”评选等活动，有效促进了企业文化落地实践，取得显著成效，党建工作和精神文明建设迈上新台阶，顺利通过第四届四川省最佳文明单位验收检查，“积善志愿服务队”(国网成都供电公司“蒲公英”分队)荣获四川省第一批“岗位学雷锋先进集体”和“第七届优秀青年志愿者组织奖”。冯斌、张涛、姚婧娟分别荣获成都市五一劳动奖章、“成都好工人”提名奖和国网成都供电公司“青年榜样”荣誉称号。

【国网大邑县供电公司】大邑电网是以国家电网覆盖全地区供电的统一电网，是一个集供、配电为一体的电力企业。前身为大邑县电力公司，1993年8月18日交成都电业局代管，2001年1月实行改制，2008年1月国网四川省电力公司控股，2010年更名为“四川大邑供电有限责任公司”，2012年12月更名为“国网四川大邑县供电有限责任公司”。2016年7月6日更名为“国网四川省大邑县供电分公司”。下辖8部1室1中心，以及大邑县三新电力服务有限公司和集体企业成都锦隆鑫电力有限公司大邑分公司。担负着大邑县20个乡（镇），152个行政村，26万余户居民的供电任务。拥有变电站16座，主变压器32台，变电容量106.36万千伏安；其中：220千伏变电站1座，变电容量36万千伏安；110千伏变电站6座，变电容量55.3万千伏安。拥有110千伏线路16条，长度195公里；35千伏线路23条，长度187公里。2016年度安全生产事故、影响和损害企业形象的重大服务事件、稳定和廉政重大事件实现了“0”目标。

该公司有员工1055人，其中：在岗全民员工243人（系统全民3人）、外聘员工36人、农电员工267人、退养员工159人、退休员工350人。在岗全民，男171人，女72人，平均年龄43岁。其中：管理人员，男28人，女 5人，平均年龄44岁。外聘：男16人，女20人，平均年龄 32岁。退养：男103人，女56人，平均年龄49岁。

国网大邑县供电公司配合大邑县域总体规划布局，系统评估大邑电网发展现状，诊断电网薄弱环节，完成了“十三五”新一轮农网改造升级规划及2017年城市配网项目规划。大邑地区陆续开工的大树110千伏变电站3号主变扩建工程、沙渠110千伏输变电工程等重点建设项目，将满足大邑地区不断增长的用电需求，保障地方经济持续稳定发展。沙渠输变电工程项目已完成了全部87基铁塔建设和放线工作，正在进行站内土建，预计2017年4月投运。大树变电站扩建项目土建工程已完工，电气设备正在安装调试。成蒲铁路大邑牵引站110千伏外部供电工程大邑段全部铁塔已完成了架设，架空线路放紧线工作、进站电缆施工正在进行。完成晋原

110 千伏输变电工程、高山 35 千伏输变电工程可研设计，推进电网项目尽早启动建设流程。

2016 年，新增低压客户 1363 户，新增高压客户 129 户，该公司共有用电客户数 26 万户，其中专变客户 1287 户，总专变容量 80.62 万千伏安。完成售电量 23.82 亿千瓦时，比去年同期增长 19.83%，完成年计划 20.3 亿千瓦时的 117%；完成网供电量 15.53 亿千瓦时，比去年同期增长 26.5%；系统综合线损率 6.82%，比 2015 年同期下降 0.2 个百分点；电费回收率 100%。

抓实营配调贯通、台区线损治理、电费管理三项重点工作，相应指标均得到较大提升，确保了营财一体化上线、子改分切割工作的顺利完成。积极回收旧欠电费，2016 年共回收旧欠电费 337 万元。积极拓展电能替代，全年实现电能替代 3026 万千瓦时。主动联系政府办理线路产权移交，成功协调工业区大邑县工业区管委会将两条非供电企业资产线路进行了移交。

国网大邑县供电公司二级安全督察网共督察现场 91 个，实现现场督察率 100%，现场自查发现、纠正违章 63 处，“安全约谈”6 次，处罚 24 人次，共罚款 8500 元，全年未发生各类安全事故。扎实开展“春秋季安全大检查”活动，召开现场安全管控会 50 余次，消除了重大隐患 8 项，完成了一般隐患整改 47 项，成功解决了多年未消除的 110 千伏栗子线“干爹树”隐患。开展“秸秆隐患综合整治”专项活动，建立了微信联动平台（秸秆整治 UBer），促成了 10 万份到户责任书逐户签订，发放了宣传卡片 13 万份，工作成效获中央电视台、四川电视台“走进电力”栏目广泛播出。开展了交通、消防等后勤安全检查 17 次，核对了消防设施设备（器材）445 个，整改了一般安全隐患 8 处。组织了应急演练、安全知识竞赛、触电急救培训 8 次，参培人员 1200 余人次。大力开展安全用电宣传活动，组织了集中宣传 1 次，发放了宣传资料 200 余份。

截至 2016 年 12 月 31 日，公司实现电网连续安全运行 8516 天。按照“电网坚强，供电可靠，安全经济，供用和谐”的原则，共投资约 2810 万元用于 18 个农网改造升级和中心村项目工程建设。完成新建改造 10 千伏线路 46.55 公里、新建低压线路 15 公里，正在建设的还有 87 公里。计划新建改造配电台区 23 个、容量 0.48 万千伏安，已投运配变台区 4 个，正在建设的 19 个台区将于 2017 年 3 月初投入运行。发现农网隐患 597 处，下发隐患告知书 11 份，处理一般隐患 549 处。查出各类缺陷 543 处，消除 410 处。处理设备故障 119 次，客户报修 2677 次，故障处理率 100%。开展“农电安全隐患百日大排查”，排查总支路农网配变台区 1405 台公变，总路安装 1335 台，投运 1287 台，支路安装 764 台，投运 668 台。建立挂点联系制度，对各供电所辖区内贫困家庭及人员积极开展走访，共走访了 128 个村、255 户居民，解决了用电问题 91 个。申报五星级供电所 1 个，四星级供电所 4 个，创建工作正在加紧整改完善中。开展供电所检查、评比、通报，深入供电所帮扶 40 余次，梳理了规章制度 70 余项，整改了专业管理问题 40 余个。

该公司完成内网服务器安全加固、调度自动化 D5000 上线的前期工作。建立了厂站接线图、潮流表、地理接线图、开关间隔图等和主站遥信、遥测的数据核对，站端的遥控调试。完成二次设备的帐卡物一致性清理阶段性工作：调度数据网、测控装置、ups、远动采集装置等 pms 与 erp 的一一对应。oms 中调度数据网设备和测控装置的录入工作。完成自动化系统主站的消缺、信息设备运维和自动化项目工作。完成了终端、服务器弱口令消除、is6000 信息设备台账的修改完善工作。桌面终端安全信息考核指标，信息化同业对标指标均达到 100%，保障了信息网络安全稳定运行。

为大客户用电业务开通绿色通道，在全县范围内开通了便民服务点 168 个，确保公司售电量持续高速增长。与社区签订共建协议，在社区内设置宣传展板，设立连心岗和心桥信箱，并对小区物管、业委会等发送“连心卡”。坚持定期走访、交流，帮助客户协调用电需求，对辖区部分老旧小区进行改造，有效运用社区平台发布信息，在 2016 年 10 月开展的苏庄一、二线迁改工程中，面对大邑县 8 个乡镇停电 2 天，停电面积达到供区的三分之一，涉及停电人口达 20 万人的复杂情况，该公司及时有效借助供电服务进社区平台进行宣传解释，停电期间未引发一起投诉。深入落实“客户用电满意工程”，通过“掌上川电”APP 的推广，使客户充分享受到信息智能化供电服务带来的便捷，进一步提升了供电优质服务水平。

该公司党委持续推进示范党组织建设，创新党建工作载体，丰富党建活动形式，开展了“两学一做”学习教育及讨论 59 次，发展党员 2 名，党建综合考核成绩不断提升。开展了“微党课”等各类学习 30 余次。打造“微环境”，搭建了党员活动室、职工书屋，广泛开展了各类竞赛、文体活动 11 次。持续实施关爱“微行动”，走访慰问了职工 808 人、班组 26 个，帮扶精准扶贫等固定帮扶对象 17 人。组织开展正能量“微传递”，与县教育局、各乡镇等部门携手实施了“小手牵大手秸秆隐患综合整治”等活动。树立“微典型”，开展了最美金牌供电所所长钱仕荣事迹等各类各级宣传230余篇，计量班接受国网成都供电公司标杆班组检查获得高度评价。开展年度“四好”班子考核、中层干部年度民主测评等。科学制定青工培养计划，扎实开展入职培训、履职能力培训和各类职鉴评定、认定及考核工作，做到了培训到位，奖惩到位，培训完成率100%，职称职鉴参评率和通过率达到100%。

【国网新津县供电公司】国网新津县供电公司于2016年7月4日在国网四川省电力公司全资子公司“国网四川新津县供电有限责任公司”的基础上，按照国家电网公司和国网四川省电力公司“子改分”改革要求成立，系国网四川电力全资分公司。经营范围：电力生产、电力销售、电力输送、电力建设项目的论证、勘测设计、施工、设备安装、调试、招标、验收接电管理，电网的统一规划、建设、调度和运行管理，技术推广服务，装卸搬运，仓储业（不含危险化学品），专业技术服务业，节能服务。销售：电工器材、电子产品、家用电器。物业管理，汽车租赁等。设九个职能部门、一个中心（即：办公室、人力资源部、财务资产部、发展建设部、安全监察质量部、党群工作部、乡镇供电所管理部、营销部、运维检修部、电力调度控制分中心），基层班组站所共21个。

新津电网辖220千伏变电站2座（邓双、徐家渡），变电容量66万千伏安，110千伏变电站5座（新津、花桥、文武、何店、清凉），变电容量43.15万千伏安；过境输电线路通道维护220千伏输电线路8条，总长74.8公里，110千伏输电线路4条，总长28.4公里；自行维护的110千伏输电线路9条，总长79.525公里；35千伏输电线路8条，总长36.43公里；10千伏配电线路52条，总长694.705公里；10千伏专线14条，总长61.864公里；历史最高负荷18.92万千瓦，系统容载比2.28。

该公司有在岗员工252人，具有大中专及以上学历249人，其中专业技术人员达到总人数的70.63%，技能人员占总人数的68.65%。职称、职鉴及优秀人才指数98.75，学历提升申报率及履职培训送培率100%，劳动组织、劳动用工、信息系统数据维护及薪酬福利计划完成率106%，全员绩效管理规范指数10.00。

该公司完成新津县“十三五”新一轮农村电网规划项目清册和规划报告大纲并通过评审，开展了2016年新津工业园区10千伏配网专项规划和2016年园区业扩配套项目计划，完成了2017年至2019年城网规划项目储备及2017年10千伏农网项目可研编制和评审。加强与地方政府的沟通协调，积极配合全县公共基础设施建设，对2016年配网规划进行滚动修编，确保纳入地方总规。顺利完成500千伏新津变电站、新津500千伏变电站配套220千伏线路工程规划红线的获取。尖山—黄水220千伏线路工程已竣工投运，成蒲铁路邓双—朝阳湖牵引站新建线路工程已顺利完成前期项目摸底排查，新津110千伏输变电工程顺利交地进场，新建站址电力设施迁改已完成95%，相关工作有序进行。

围绕国网成都供电公司“改革创新、提质增效”指导思想，真抓实干、攻坚克难，全面完成了各项目标任务。全年完成售电量9.6亿千瓦时，同比增长13.65%；综合线损率7.03%，完成了年初下达计划；电费回收“双结零”。截至2016年12月31日，实现电网连续安全生产6846天。全体党员干部、员工遵纪守法，未发生影响和损害企业形象的重大事件，未发生员工越级上访、集体上访及其他影响企业稳定事件。

面对经济下行压力和电力体制改革新形势，主动对接服务新津县重大项目建设，为成都银鹭食品有限公司和新津县有轨电车示范线R1线等重点项目开辟服务“绿色通道”。大力挖潜增效、增供促销，全年共受理新装增容1473户，报装容量89.42万千伏安，业扩报装服务时限达标率100%。开展采集系统建设及消缺，完成高、低压系统调试共计6394台，上线率100%，其中低压采集成功率95.4%。全面落实直购电和城市附加电价制度，严把电费审核关，全年共审核电费967笔，发现错误56笔，退补电费533169.41元。扎实开展“效益提升年”活动，制定完善实施细则，增强全员效益意识，努力拓展售电市场，切实加强成本管控。开展帐、卡、物一致性清理工作，有效提升公司资产管理水平。完善营财一体化上线工作，实现营销、财务业务融合贯通，防范电费回收和资金管理风险。

按照上级安排，切实做好公司“子改分”各项工作衔接，制定了工作方案，并按照方案分步完成了法律尽职调查、资产清理、税务清算等工，积极协调工商、税务、银行、国土等相关部门，严格按进度完成了新公司设立、子公司注销等工作，于2016年7月4日取得了分公司营业执照。

制订公司2016年安全工作重点及严防死守措施，层层签订安全目标责任书，全面落实安全责任制。强化安全基础培训，组织开展有针对性的安规、工作票、事故案例讲解等专题培训10余次，大力推广《安全日记》，定期对《安全日记》填写、使用情况进行检查考核。在新津县委、县政府统一指导下开展农村安全大检查，重点排查线路设备缺陷隐患、线路通道隐患，全年消除缺陷隐患 760 处，新津县政府备案 18 处。认真组织开展“三查三强化”专项活动，排查线路 40 余条，发现隐患 115 处，巡视台区 755 台，发现设备缺陷 1587 处、树竹隐患 2149 处。加强作业现场安全管控，全程参与和跟踪公司各类大型操作，严防死守确保作业现场安全有序，其中花桥变电站大型操作组织有序，获国网成都供电公司 2016 年 4 月绩效加分。全面落实城区电网改造“抓管理、查两头、搞专项、全覆盖”督察重点，共督察现场作业 297 个，发现违章 68 项，处理违章人员 76 人次。充分发挥电力警务室工作职能，全力协助“2.19”涉电盗窃案件侦破工作，配合新津县公安局指认现场 35 处，协助抓捕涉案收赃人员 1 名。

重点推进科技服务，大力提升电网智能化程度。变电站、专、公变用电信息采集覆盖率均实现 100%。完成 10 千伏线路线损管理实用化建设。建立抄表质量跟踪检查制度，大力开展高损台区治理、三相负荷平衡、线路无功治理等工作。继续实施智能电表推广项目，大力提升电网智能化程度，智能电表采集成功率达 95.76%。

该公司深化网格化服务，大力推进“电力服务进社区”“包片进村”活动，实现服务“到点、到端”。继续加强“十分钟购电圈”建设，共建立 24 小时自助充值点 8 个，24 小时人工充值点 1 个，与红旗超市、利安电超市、邮政银行等代收机构合作建立智能电表充值点 45 个。拓展交费渠道，开通微信、支付宝等交费方式，完善“掌上川电”APP 远程充值功能。全面落实业扩新政，坚决杜绝“吃、拿、卡、要”，开通业务受理绿色通道，简化业扩报装工作流程，客户满意率达 100%。扎实开展“新农网梦起、电力助推扶贫”活动，与 3 个乡镇 13 户“五保户”、特困户建立帮扶对接，全年共为困难户、贫困户及群众检测家用电器、线路 271 项，治愈“有病”电器及线路 110 件，安装漏电保护器 65 台，发放安全用电宣传单 3500 份，受到群众好评。及时解决了 27 个低电压台区的用电问题及 6 个低压台区的线路迂回、供电线径较细等问题，为农村的可靠用电提供全面的保障。

该公司完善依法治企具体工作，加强风险管理体系与实际结合，对内不断促进管理体系与各专业部门、班组、岗位深度融合，对外在新津县公安局的配合下充分依靠电力警务室有效打击涉电盗窃和外力破坏，维护供用电秩序。定期组织开展通用制度与合同管理专题培训，严格落实“三重一大”决策制度，尤其对工程项目实施和废旧物资回收等重要环节进行全过程把控。加大重点领域、关键环节监管力度，有效防范廉政风险。大力推行员工报销系统与 ERP 支付融合系统上线，进一步加强财务管理，防范资金风险。开展 2009 年至 2015 年内外部审计检查问题整改情况“回头看”，对发现的 89 项问题整改情况进行再梳理、核实，确保问题整改彻底到位；积极配合完成南充公司农维费专项审计，针对发现的问题及时整改，切实降低公司经营管理风险。持续抓好各项重点工作督察督办，加强保密和信访维稳工作，确保公司和谐稳定。

国网新津县供电公司深入开展“两学一做”学习教育，结合实际制定实施方案，定期组织开展学习和专题讨论，领导深入支部、基层联系点讲授“两学一做”专题党课。创新教育形式，充分利用健康食堂、大厅展板、党员微信群等载体，确保学习教育取得实效。狠抓作风建设，组织签订党风廉政建设目标责任书、廉洁承诺书并缴纳了廉洁从业保证金。开展建党 95 周年系列活动、“清风川电”“红线制度”巡讲和“党纪党规印我心”知识竞赛，进一步增强党章、党规、党纪学习，提升党员廉洁意识。开展共产党员服务队提升工程，新吸纳青年党员、入党积极分子等 13 人。大力实施为民服务“九件实事”，在迎峰度夏、重大活动保电、服务三农等工作中发挥模范带头作用，开展社会责任周、党员义工日等志愿服务活动，深入学校、社区开展用电检查、宣传，得到地方政府和社会各界的充分肯定和高度评价。开展“三亮三比”主题活动，通过创先争优季度红旗、季度明星争夺，营造“比作风、比技能、比业绩”，争做合格党员的良好氛围。选树先进典型，广泛宣传“成都好工人”郭银全、“新津好工人”祝新梅等先进人物事迹，进一步激发员工创先争优、团结协作、爱岗敬业工作热情。

2016 年，获得国网成都供电公司工会工作先进单位、后勤先进单位、“六五”普法先进单位、用电检查技能竞赛团体三等奖，获新津县委、县政府表扬天府新区西区产业园两横一纵一园及银隆项目工作表现突出单位，变电检修班、计量班荣获国网四川省电力公司五星级班组，办公室荣获国网成都供电公司办公室工作先进单位及新津县巾帼文明岗称号，配电抢修班、城区供电所、抄表班荣获国网成都供电公司迎峰度夏“电网先锋”称号，财务资产部荣获国网成都供电公司财务知识技能竞赛团体三等奖，配电运检班荣获国网成都供电公司安全业绩突出班组，营业班荣获成都市“安康杯”竞赛优胜班组。共有 39 人分别获得了国网四川省电力公司、成都市及国网成都供电公司、新津县的先进称号。

【国网蒲江县供电公司】国网蒲江县供电分公司前身为蒲江县电力公司，1994年10月委托乐山电业局代管，成立乐山电业局蒲江供电局。1998年2月蒲江电网转由成都供电，蒲江供电局也划归成都电业局管理。2006年4月改制后成立四川蒲江供电有限责任公司。2013年1月，公司地方国有股权资产划转给四川省电力公司，成为国网四川电力全资子公司。2013年8月，公司更名为国网四川蒲江县供电有限责任公司。2016年12月，全面完成了“子改分”工作，成为国网四川省电力公司分公司，更名为国网四川省电力公司蒲江县供电分公司。设职能部门8个，分别为办公室、发展建设部、人力资源部、财务资产部、安全监察质量部（保卫部）、党群工作部（工会、纪委（纪检）办公室、团委）、乡镇供电所管理部和电力调度控制分中心。设运维检修部（检修（建设）工区）、营销部（客户服务中心）两个业务支撑实施机构。班组13个：分别是变电运维班、变电检修班、输电运检班、配电运检班、配电抢修班、配电抢修指挥班、仓储配送及机具维护班、市场班、营业班、抄表班、计量班、用电检查与反窃电班、综合服务班。

蒲江电网拥有变电站8座，其中110千伏变电站2座，35千伏变电站6座，总变电容量为23.13万千伏安，有并网小水电站23座，总装机容量为1.28万千瓦。

该公司全口径员工392人，其中地方全民员工201人，农电员工146人，产业单位员工45人，地方全民退休员工61人，2016年新进大学生7名。在职领导班子成员5名，分别为总经理、党委书记、副总经理2名，纪委书记兼工会主席。有1名员工在甘孜参加援藏工作。主业201人中，具有中级及以上技术职称19人，初级职称138人；具有技师资格12人，高级工55人，中级工40人，初级工7人。农电146人中，无中级以上技术职称，具有初级职称11人；具有技师资格3人，高级工44人，中级工65人，初级工21人。集体企业45人中，具有助理工程师职称9人，二级建造师4人，高级工1人，中级工4人。人才当量密度0.9187。

该公司加强规划引领，明确电网投资重点，合理安排项目计划，完成了公司2016—2017年配电网储备项目梳理、“十三五”新一轮农网改造升级规划报告编制、2017年配电网项目的提报及审查等工作。配合完成了35千伏霖成线新建工程初设工作和35千伏西南输变电新建工程可研编制工作。完成老旧小区改造项目7个，惠及用户234户。积极开展配电网优质工程创建，10千伏姜冲村10社台区低电压治理工程获国网四川省电力公司2016年农网五十佳工程。

落实“效益提升年”活动要求，制订了活动方案，树立“过紧日子”的意识，坚持勤俭节约的作风。加强全面预算管理，完善内控体系建设，不断提升财务管理水平。认真开展经济活动分析，在市公司通报中受到表扬。大力开拓电力市场，努力增供促销。2016年完成售电量3.78亿千瓦时，提前一个月完成了上级下达的目标任务，同比增长12.48%，增速为2010年来之最，同比提高7.74个百分点。深化同期线损管理系统建设，全年综合线损为7.14%，同比下降0.43%。查处窃电违约用电32起，追回电量3.93万千瓦时，完成4056户零度户清理工作，挽回电量损失832万千瓦时，追补电费515万元。千方百计推进客户购电制和专变远程费控，购电制余额比增加25.15%，全年电费回收100%。大力开展电能替代宣传推广工作，全年共完成替代电量151万千瓦时，超额完成上级下达的100万替代指标。现场校验235只表计、校时换表520只，保证了计量准确和正确。

产业单位对内不断规范管理，完善制度建设和流程设计，推行员工绩效管理和会计凭证电子化；强化分包队伍管理，进一步提升安全管控能力；对外不断强化市场意识，提高优质服务水平，提前掌握新项目情况，争取各方支持；加大旧欠工程款回收力度，成立专门领导小组，明确责任，严格考核。认真落实国网四川省电力公司和国网成都供电公司工作部署和要求，结合电力体制改革总体战略，时刻关注当前改革动态，主动保持与县委政府及相关部门的沟通联系，积极应对电改形势下的市场风险。按照上级的统一安排，有序推进“子改分”工作，克服重重困难，在国网成都供电公司系统范围内率先完成税务注销和工商注销工作，受到国网成都供电公司表扬和奖励。成都市三新电力服务公司三新蒲江分公司顺利完成“子改分”工作，是国网成都供电公司系统内，第一个取得分公司营业执照，得到成都市三新电力服务公司表扬和奖励。

该公司扎实推进本质安全建设，狠抓安全责任的落实，强化监督和考核。认真开展“春、秋”安全检查、安全隐患“三查三强化”“光缆互挂”迎峰度夏专项隐患排查等活动，共梳理各类缺陷及隐患376项，均根据轻重缓急进行了处理，做到闭环管理。促成蒲江县政府相关部门联合下文并全面开展农村电网安全隐患“百日大排查”专项行动，对排查出的隐患分类通报了属地乡镇，并上报蒲江县能源主管部门经科信局和安监局，形成政企齐抓共管、隐患消除与督办同步的良好局面。加强安全监督，全年共计出动督察人员542人次，处罚各类违章行为59起，处罚31600元。以考促学、以学促用，组织全员开展了《安规》培训及考试，100%合格，公司员工卢兴翠、唐园林代表国网成都供电公司参加了国网四川省电力公司调考，卢兴翠代表国网四川省电力公司参加了国家电网公司调考，均取得满分的优异成绩，其中卢兴翠荣获国家电网公司2016年《安规》调考优秀个人、国网四川省电力公司2016年度安全生产特殊贡献个人。扎实开展安全用电及保护电力设施工作，以全国安全宣传月活动为契机，通过宣传车、影像资料、宣传图册、设点宣传、深入建筑工地和学校等方式广泛开展宣传。加强消防安全，完成公司办公大楼的消防改造，组织开展了“11·9”消防安全知识培训及演练。坚持月度安全之星评选，全年共评选出14名“安全之星”，营造了良好的安全氛围。实现了信访稳定、交通等安全目标。截至2016年12月31日，蒲江电网安全运行8110天，连续6年被评为成都市安全生产先进单位。

利用五星级供电所创建的契机，加大对供电所安全、生产等基础管理资料的检查，不断提高农电管理水平。加强供电所标准化管理，进一步完善供电所各项管理制度和基础资料档案。朝阳供电所在2016年度分别获得国网成都供电公司2016年度安全先进集体和2016年PMS图数治理五星级供电所。

该公司全面开展农网安全隐患“百日大排查”专项行动，定期或不定期的组织各个供电所安全员、技术员组成安全生产督察队，对供电所的安全、生产基础管理以及现场线路设备的运行情况进行检查，按照考核标准，要求供电所及时进行整改。对排查出的隐患，与地方政府部门就相关问题的解决进行了沟通协调，形成共识，形成齐抓共管，隐患消除与督办同步的局面。广泛开展安全用电以及保护电力设施宣传，通过影像资料、宣传图册、设点宣传、深入建筑工地、学校等方式，共开展宣传900余次，发放宣传资料3000份。加大施工现场安全督查力度，认真开展“岗位风险辨识”“三查、六防”，严肃查处违章行为。强化农电员工教育培训，不断提高广大农电员工的安全、技能水平。

在2016年“迎峰度夏”期间，国网蒲江供电公司组织开展了一次“防汛”应急演练，通过成都三新公司协调，组织国网邛崃供电公司、国网新津供电公司与该公司联合开展演练，有效提高了大应急抢险的反应能力及各个单位的协调、配合能力。

2016年8月，成都出现了罕见的持续高温酷热天气，西来供电所在迎峰度夏工作中表现突出，获国网成都供电公司2016年迎峰度夏“电网先锋”。寿安供电所所长宁昆、大塘供电所所长苏树高获国网成都供电公司2016年迎峰度夏“光明卫士”。蒲江三新运检工程部连续四年被成都市三新电力服务公司评为安全生产先进。西来供电所“帮助孤寡老人告别煤油灯”及“照亮维和英雄回家路”先进事迹分别入围2016年第2季度、第3季度“文明新风”先进名单。在蒲江县政府组织2016年电工技能大赛中农电员工张向彬获得三等奖殊荣。

国网蒲江县供电公司开展输电线路精益化管理，完成杆塔照片采集上传工作。完成PMS2.0系统图数治理工作，清理8座变电站、11条输电线路、42条公用配电线路的图数治理工作及不合格数据的治理。进行8座变电站、11条输电线路的OP互联（OMS数据与PMS数据对应）清理工作。完成42条公用配网线路单线图清理工作。开展输电线路信息收集，完成35千伏寿塘（西支）线、赵城（塘、佳支）线参数测试，完成金马站、城北站、西来站、天华站、寿安站、成佳站、大塘站D5000系统接入自动化联调，针对D5000系统接入自动化联调发现西来站、大塘站监控机遥测信号不对应问题进行了处理。GIS系统内已完成8条专线（主线）的建模，总体建模率100%，有效建模率100%。已完成4条专线（分支线）的有效建模，有效建模率100%。已完成75200个表箱的建模，有效建模数72200个。表箱总体建模率98.89%，有效建模率96.01%。

该公司结合供电服务进社区、掌上川电宣传等活动，拓展了客户交费服务、业务办理及业务咨询等方面的服务渠道，实现了客户在家即可办理购电等业务，给客户日常生活带来了极大便捷。全年共计收到95598投诉工单12笔，其中不属实5笔，其余7笔为非供电企业责任。所有投诉工单均按要求进行调查办结，客户对处理过程及结果表示满意，电话回访满意率达100%。采取多种方式，大力推广“掌上川电”“掌上川电”注册户数在国网成都供电公司排名第三位。针对春节、国庆等节日和“送维和烈士李磊回家”“CCTV-7走进蒲江猕猴桃节”等重大活动开展保电工作共28次。坚持评选“月度服务之星”，全年评选出16名服务之星，营造了良好的服务氛围。原蒲江县委书记刘兵去年曾两次批示，对该公司为蒲江工业强县和全城幸福、美丽乡村做出的积极贡献予以表扬。去年夏天，公司全体员工在持续高温酷热天气期间表现突出，得到现任蒲江县委书记刘刚的肯定和表扬。

国网蒲江县供电公司按照国网成都供电公司党委统一部署，开展了“两学一做”学习教育，召开了领导班子专题民主生活会，领导班子及其党员同志的“四个意识”明显增加。广泛开展纪念建党 95 周年系列活动。完成公司 6 个党支部换届选举工作。班组建设取得实效，用电检查与反窃电班、调控运行班获国网四川省电力公司“五星级班组”，朝阳供电所获国网四川省电力公司“四星级乡镇供电所”。企业文化建设和精神文明建设进一步提升，开展了员工摄影比赛，用获奖作品装点企业走廊。举办迎春趣味运动会，该公司男子篮球队获得 2016 年蒲江县篮球比赛职工组冠军，羽毛球队获得蒲江县羽毛球比赛团体第一名，余岚获女子单打第一名，男子足球获蒲江县全民健身运动会足球赛季军，杨蓓、刘蜀宁参加国网成都供电公司乒乓球比赛，分获男女三等奖。罗颖、杨蓓荣获国网成都供电公司 2016 年度“优秀党务工作者，陈茜被授予成都市五一劳动奖章和蒲江县 2016 年度“道德模范”，付锦良获国网成都供电公司 2016 年度劳动模范。

【国网成都市官仓供电公司】国网成都市官仓供电公司设立于 2016 年 7 月，系国网四川省电力公司分公司，注册资本 1256.5 万元。担负着彭州市龙门山脉一带共 12 个乡镇、87 个行政村、667 个社的供电任务，供电人口 11.02 万，供电面积约 505 平方公里，供区以山区为主。拥有 110 千伏变电站 1 座，2 台主变，变电容量 8 万千伏安；35 千伏变电站 6 座，主变 8 台，变电容量 6.62 万千伏安。110 千伏线路 1 条 9.03 公里；35 千伏线路 13 条 131.94 公里；用户专线 2 条 4 公）；10 千伏线路 41 条 450.63 公里；0.4 千伏低压线路 648.18 公里。配电台区 698 个，变电容量 22.04 万千伏安，其中公变配电台区 482 个变电容量 8.94 万千伏安，专变配电台区 216 个变电容量 13.10 万千伏安，在什邡市民主 110 千伏变电站并网。拥有小水电站 11 座，发电机组 21 台，总装机容量 4495 千瓦。供区内上网小水电站 34 座，装机 50881 千瓦。

该公司班子成员 5 名，分别是总经理、党委副书记侯君健，党委书记、副总经理张谦，副总经理赖军，工会主席兼纪委书记曾祥儒，总工程师叶道军。设办公室、党群工作部、财务资产部、人力资源部、安全质量监察(保卫)部、发建部、营销部、运检部、调度控制分中心、乡镇供电所管理部、水电运检中心等 11 部门及 1 个产业结构（四川锦隆鑫实业有限公司官仓分公司)、1 个业务支撑机构（成都市三新电力服务公司官仓分公司)，乡镇供电所管理部下设 4 个供电所。

该公司全口径用工 315 人(未包含张谦和赖军)，其中：主业职工 243 人，农电职工 72 人。主业 243 人中，借工到四川锦隆鑫实业有限公司官仓分公司 23 人，长期病休 3 人，内退职工 3 人。主业在岗职工 214 人。有离休人员 2 人；退休人员 138 人，其中：主业退休 128 人，农电退休工 10 人。

在国网四川省电力公司和国网成都供电公司的大力支持下，公司大修技改工作顺利完成，本年度共实施大修技改项目 13 个，完成资金投入 662 万元。积极储备大修技改项目共计 19 个，资金 1012.42 万元。营销项目共计下达三批次 2023.43 万元，第一批次 8360 只智能电表换装推广已于 9 月底全面完工，第二批次变电站采集、专变预付费、公变采集与第三批次 37753 只智能电表、178 台专变采集建设正按照上级公司有关要求稳步推进，计划 2017 年 3 月底全面完工。规划了官仓 110 千伏第二电源，预计投资 5137 万元，该项目已列入国网成都供电公司 2017 年度计划，前期工作已得到彭州市政府、工信局等的同意与支持，计划在 2018 年投运。

该公司面对地方经济持续下行和艰巨的改革改制任务，在国网四川省电力公司和国网成都供电公司和彭州市委、市政府的正确领导下，公司班子成员同心协力，全体员工凝心聚力，克服重重困难，全力推进电力体制改革，全面落实年初国网四川省电力公司和国网成都供电公司“三会”各项部署，强基固本，提质增效，锐意改革，各项工作均取得成效。全年完成售电量 1.59 亿千瓦时，综合线损率 6.63%。

该公司牢固树立“安全是天、一失万无”安全理念，按照着力提升本质安全和“月计划、周安排、日管控”的要求，充分发挥安全保障体系和安全监督体系的作用，一手抓安全教育培训、一手抓安全管控能力提升。全年现场安全督察 159 次，查处各类违规 160 项，处罚 45 人次，处罚违约金 15400 元。各项安全专项活动扎实开展，打赢了迎峰度夏全力保设备、保电网、保供电的攻坚战，涌现出了一些先进典型，彰显了电力铁军风采。修编完善了突发事件总体应急预案等 28 项，消防、交通安全的管理得到进一步强化，举办交通安全培训 3 场，全年共查处交通违规 109 起，处罚违约金 12550 元。全年没有发生任何被考核的不安全事件。安全生产形势持续健康稳定发展，电网安全实现“三个一百天”，连续安全生产 365 天。

按照国网成都供电公司安排，积极开展各项大检查以及配网综合整治等专项活动，确保安全隐患得到有效整治。加大对专变、高危客户隐患排查力度，重点对三级漏电保护器的使用情况、电源接入点控制设备、跌落开关装设等情况进行排查登记，及时向用户下发整改通知书。同时，对线路与线路、道路、房屋等跨越情况进行排查，先后20余次对低电压进行排查整治，彻底消除了低电压台区，电网、线路设备的安全隐患得到有效改善。全年共排查线路设备隐患 、缺陷544处，已消除468处，余下76处缺陷已分别制定了整改措施及消缺安排计划，另排除树障1870株。农网升级改造工程项目相继开工，2016年第一批4个农网升级项目基本结束，小渔洞杨坪村的农网升级改造的完成，得到了全体村民的普遍点赞，同时彭州市电视台也跟进作了专题新闻报道，6个井井通电工程项目，正按计划稳步推进。

2016年1月4日，SG186营销业务应用系统50余天便成功上线，有效接轨上级公司营销管理系统，被上级公司誉为“官仓速度”。在电网设备技术资料缺乏的情况下，为保证PMS2.0生产管理系统的正常上线，公司克服困难，合理利用停电检修时机，深入现场逐一采集设备参数资料，于2016年12月1日开展了PMS2.0图数录入工作，力争2个月内完成公司输变配设备数据录入，进一步提升公司科技与信息化水平。

该公司将“你用电，我用心”的服务理念贯穿于整个营销工作，定期对大客户、高危客户进行走访，为其提供政策咨询和优质服务，受到供区企业及群众广泛好评。电费回收提前7天实现颗粒归仓。通过业扩新政的广泛宣贯，新电价政策的全面执行到位，迎峰度夏、安全用电宣传走进社区（学校）、敬老院，收费点的增加、POS机的开通使用、“掌上川电”APP推广、助推了优质服务水平上台阶。全年共收到95598工单136起（投诉、报修、服务咨询、意见、服务等），其中仅有一起属实投诉。

2016年，该公司党委以“两学一做”学习教育为契机，紧紧围绕中心任务，努力提升党委政治核心和组织保障作用。按照从严治党的要求，党委带头践行政治纪律和规矩，建立完善了中心组学习制度，党委议事规则、总经理办公会和职代组长联席会和三重一大等民主决策制度，凡事必须履行程序。如期召开了分公司党委第一次党员大会，选举产生了分公司新一届委员会和纪律检查委员会，对原有的5个党支部调整为6个，并完成了支部换届选举，选齐配备了支部班子，及时调整了支部党员。党委成员联系支部、带头讲党课（廉课）、参与支部活动，“三会一课”规范开展，按照国网成都供电公司“五个一”实践活动部署，支部积极开展了“三亮三比三无”主题活动，“三联系”制度持续改进。落实“第一责任人”主体责任和协同监督责任，认真履行“一岗双责”，层层压紧压实，班子成员率先签订《党风廉政建设目标责任书》和《廉洁从业承诺书》，严格落实党风廉政建设签字背书、责任约谈制度。扎实开展正风肃纪和惩治“习惯性违章”、党员干部警示教育、专题讨论等系列活动。以“清风川电”和“廉洁从业一朵莲”活动为载体，强化廉洁教育，促进“干事干净”从业理念入脑入心。通过专栏、党员学习QQ群、微信家园发送廉政短信等方式，不断筑牢党员干部拒腐防变的思想防线。坚持“以党建带工建”的工作机制，开展精神文明建设工作，积极组织员工参加国网四川省电力公司和国网成都供电公司各类知识竞赛，夏送清凉、冬送温暖，重要节日对困难党员、离休干部等进行慰问，对特困员工爱心捐助，组织活力不断提升。

国网成都市官仓供电公司自2016年6月实施“子改分”工作以来，严格按照国网四川省电力公司和国网成都供电公司“子改分”工作总体部署，及时成立领导小组和实施工作小组，明确牵头部门，量化任务分解，每月督办实施，通过积极主动地向当地政府及有关部门汇报、沟通，争取到了最大程度的外部支持，率先于国网成都供电公司的其它8家县级供电公司在7月1日完成了分公司设立，9月1日又顺利实现从“子公司”到分公司管理模式的切换，12月15日完成了子公司工商注销，子改分工作提前16天顺利完成。同时，2015年12月31日完成锦隆鑫官仓分公司设立，融入成都蜀电集团的全面管理。2016年5月18日完成了三新官仓分公司的设立，顺利完成了对67名农电员工的合同改签工作。11月22日完成“三集五大”体系建设，员工竞（组）聘上岗按照“公开、公平、公正”的原则，实现了12月2日全部到岗到位。12月底完成员工工资套改方案的上报与批复，新的薪酬管理体系同步实施，全员工资绩效考核正式启动。

【国网简阳市供电公司】国网简阳市供电公司承担着483平方公里，28.82万人的供电任务，供电用户9.91万户。2016年完成售电量5.03亿千瓦时，同比增长14.33%；电费回收率100%；110千伏及以下综合线损率累计完成2.54%；城市、农村供电电压合格率分别为99.991%、99.960%。

2016年，该公司围绕国网成都供电公司2016年发展经营目标，动员全体干部员工统一思想，提高认识，以坚定的理想信念、有为的精神状态、务实的工作作风圆满完成了年初制定的“23610”目标。安全生产、经营管理、运行维护、行风建设、维稳保电、党群工作继续保持了平稳态势。全年没有发生被上级考核的安全、服务、廉政及稳定事件。截至2016年12月31日电网连续运行5677天。

该公司有职能部门四个：综合管理部、发展建设部、财务资产部、安监察质量部（保卫部），2个业务实施机构：县客户服务中心、（检修（建设）工区）运维检修部，班组12个，其中包括3个生产班组，3个营销班组，6个供电所。劳动用工总量335人：全民职工95人（其中全民支援集体14人），劳务人员24人（主业岗位22人，简州分公司2人），农电工162人，社会通用工种人员14人，四川宏业电力集团有限公司简阳分公司集体职工6人，四川宏业电力集团有限公司简阳分公司直签人员32人，控股公司交流干部2人。

国网简阳市供电公司管辖变电站15座，开关站1座，其中：220千伏变电站3座、110千伏变电站9座、35千伏变电站3座、开关站1座，主变总容量150.3万千伏安；输、配电线路64条，总计1050.07公里，其中：输电线路29条。包括220千伏线路9条，220.69公里；110千伏线路15条，183.12公里；35千伏线路5条，38.61公里。配电线路35条，共计607.65公里，配电变压器1418台，配电容量59.50万千伏安，其中：公变915台，容量20.55万千伏安。专变503台，容量为38.95万千伏安。配电柱上开关188台。该公司辖区电网以单环网结构为主，主要是10千伏简磷II线—南供线—南广线，10千伏南科线—简园线，10千伏十红线—简天线—十天I线，10千伏新东II线—十东I线等20条单环网结构，环网率58.82%。架空线路419.57公里，架空绝缘化率12.94%，电缆线路36.28公里。

国网简阳市供电公司积极开展“效益提升年”活动，围绕“降本提质增效”目标，制定措施12条。新装增容4881笔共9.17万千伏安。加大采集系统的负荷监测，追补电量24498千瓦时。加强910个台区线损监测力度，线损监测合格率为68.68%，排名国网成都供电公司第一。严格执行高危重要用户用电风险防范制度，开展计划性用电检查14000余户次，保障了高危重要用户正常用电。建立营配调数据贯通联合工作机制，实现营销系统、GIS平台、PMS系统数据一致对应，2016年提前8天完成95%的既定目标，排名暂居国网成都供电公司第一。接收25个小区用户资产移交。以降本为抓手，严控“三公”经费支出，运用新技术加装GPS单车定位系统、过路收费ETC系统，车辆使用费同比下降53.6%。严格执行会务、业务接待、差旅费标准，三项费用同比下降62.6%。

该公司由于本质安全不断夯实，安全基础更加牢靠，通过强化执行力，全员安全意识大幅提升。组建安全巡查大队，切实发挥三级督查网作用，督查施工现场400余次，顶格处罚违章人员74人，罚款31320元，违章计分87分。严格执行“月计划、周安排、日管控”，杜绝计划外作业，有效管控作业安全风险。提高应急管理水平，开展消防、电网事故、防讯演练7次。常态开展“每月十公里”活动，检查整改隐患38项。严格两票制度，完成普安变电站主变扩建、220千伏海鸣站全站设备初检等大型倒闸操作，切实保证电网设备安全运行。完成“迎峰度夏”、“迎峰度冬”期间抢修工作，完成重大节日及政府保电29次。获简阳市2016年度“安全工作先进单位”。

该公司开展简阳三新分公司的组建工作，完成了简阳三新分公司的工商注册、人员组聘等工作，明确了工作职责和界面，各项业务工作全面开展。组织完成供区移交，分别完成城郊、贾家、石盘及坛罐供电所由国网资阳供电公司划转至国网成都供电公司，五指、武庙供电所由国网成都市天府新区供电公司划转至国网成都供电公司。组织开展农网安全隐患排查治理“百日大排查”专项行动。排查23条10千伏线路，完成率100%，配电台区及低压线路排查694台，完成率95.7%。共排查出各类缺陷及隐患2709处，已整治2169处，整治率80.07%。涉电鱼塘隐患225处，处理189处，整治率84%。同时排查用户50692户，发放隐患告知书60份。扎实推进农网工程管理，顺利完成建设目标。完成2015年农网改造升级的施工和决算工作，完成投资845万元。实施2016年农网改造升级工程和中心村三批项目，共计投资797.3万元。

国网简阳市供电公司实施“业扩报装环境整治百日行动”，业务办理时间平均缩短1个工作日。缴费渠道拓展至5种，缴费网点增至113个。强化“你用电我用心”的服务理念，积极推行“社区客户经理”做法，灌输全员市场观念，全年各类投诉控制在31笔以下，与同期持平。进一步简化业扩报装手续优化流程，“班车制”等全面执行，总用户数增加至97307户。拓展服务渠道，“掌上川电APP”注册用户2.28万户。开展春灌、秋收供电服务专项行动，排查配电台区694个，排查出各类缺陷及隐患2709处。拓宽行风建设监督的点和面，上门走访“两代表一委员”，持续提升行风建设水平。连续第六年在简阳市评风活动中排名前三。2016年在简阳市公共服务业满意度测评活动中排名第一，获“消费者满意示范单位”称号。

国网简阳市供电公司党的建设不断夯实，扎实开展“两学一做”四个专辑的主题教育，实现党员干部全覆盖。大力推进“电网先锋党支部”建设，积极创建“党员示范岗”8个，确定“党员示范责任区”6个，积极开展党员“三亮三比三无”活动，持续推行“党建微课堂”，认真开展“党员双报到”活动，在抢险救灾、应急保电、迎峰度夏等急难险重任务中，党组织和党员“两个作用”充分发挥。以班组建设“三年提升工程”为总体目标，扎实开展“标杆班组”创建活动，3个五星级班组、3个国网四川省电力公司标准化供电所获得验收通过。用电检查、反窃电班获四川省总工会“安康杯”优胜班组称号，并已申报成都市总工会2016年度“工人先锋号”。大力倡导技术革新，积极开展班组精益化试点和QC活动，实施管理精益化项目1个，2项QC成果项目分别获上级公司二等奖和优秀奖。积极推进职工文化活动开展，与国网成都市简州供电公司共同排练的舞蹈登上国网四川省电力公司、国网成都供电公司职工才艺展示的舞台。加大员工岗位资格培训力度，全员培训率100%，人才当量密度达到1.0253，高技能人才比例达到75.56%，技师、高级技师占比31.11%。及时成立“共产党员”服务队，对3名贫困学生持续开展“大手拉小手”志愿帮扶活动，定期开展“精准扶贫”工作，将“共产党员服务队”精神传播到城市乡村。真诚办好老同志的事，退休人员“两项待遇“得到有效落实。

【国网成都市简州供电公司】国网成都市简州供电公司成立于1965年，现为国网四川省电力公司分公司，担负着简阳市45个乡镇、4个街道办、1756平方公里、39.64万户用户的供电任务。拥有220千伏变电站3座，变电容量90.0万千伏安；110千伏变电站8座，变电容量52.3万千伏安；35千伏变电站9座，变电容量12.52万千伏安。500千伏线路2条，56.9公里；220千伏线路9条，198.32公里；110千伏线路23条，284.98公里；35千伏线路18条，150.1公里；10千伏线路133条，3694.47公里。

该公司有各类用工834人，其中：大网用工2人、全民员工396人、农电工336人、集体企业直签合同用工33人、第三方劳务派遣用工67人。领导班子6人，设置10个部门，25个生产、营销、服务类班组。

国网成都市简州供电公司2016年完成各类电网投资3.98亿元。主网方面：一是做好110千伏牌坊沟变电站新建工程等国网资阳供电公司在建项目的属地化协调工作，牌坊沟变电站预计今年3月建成投运，主要服务于千亿电商物流园区。二是突破完成35千伏江五线新建工程保护性施工，确保35千伏五星变电站今年3月顺利投运使用，提升简阳东部（靠近成都金堂县、资阳乐至县）供电能力。三是强化属地协调和安全监管，35千伏三星变电站扩建工程、35千伏兴隆变电站扩建工程进展顺利，预计今年迎峰度夏前竣工投运，缓解重、过载问题。农网方面：一是完成投资2.9亿元的2015年跨年农配网工程，架设10千伏线路427.42公里、低压线路1381.58公里，安装变压器1465台/变电容量15.06万千伏安。二是实施投资1.95亿元的2016年跨年农网改造工程，完工后户均容量将从2016年年初的0.85千伏安/户提升至1.46千伏安/户，增长71.76%。三是逐村逐户排查供区内85个省定贫困村用电情况，按照轻重缓急制定了电网改造实施计划，再争取资金9959.36万元解决所有贫困村供电薄弱问题。城网方面：完成共投资875.55万元的10千伏玉成开闭所及8条城网线路新建工程，缓解用电高峰期城网卡脖子问题。

该公司累计完成售电量7.37亿千瓦时，同比增长10.40%；110千伏及以下综合线损率8.41%；最大负荷21.799万千瓦，同比增长25.43%(简阳电网最大负荷30.258万千瓦，同比增长21.05%)；完成电网投资3.98亿元，全面完成年度安全生产工作目标，业绩考核居国网成都供电公司系统2016年完成“子改分”改制的10个县级供电公司第6位。成功创建“省级最佳文明单位”“省级科普示范企业”，被评为国网成都供电公司“2016年度先进基层党组织”和简阳市“2016年度安全生产工作先进单位”“2015—2016年度先进志愿服务组织”“2016年度十大纳税企业”。

该公司以春秋安大检查、“三查三强化”安全专项行动、农村用电安全百日排查等专项活动为抓手，排查治理各类安全隐患680处。开展PMS2.0变配电图数治理，实现变电地理图和配电单线图治理通过率100%。分三梯队组建了覆盖到各供电所的19支应急抢险队，提升突发事件应急处置能力。落实各级人员到岗到位，尤其是严格执行农网改造现场供电所员工同进同出。完善主业、农电、产业三个安全巡查队，实行公司领导带队检查、分片包干、挂钩考核工作制，巡查作业现场897处，查处违章318起，处罚278人次。每周曝光违章行为、责任班组和个人，实行员工安全绩效档案及施工队、供应商“黑名单”管理，使现场管控更加有力。迎峰度夏期间累计投入人员4219人次，开展消缺428处，成功应对简阳电网负荷六创新高及5座变电站主变、33条10千伏线路重、过载的高温“烤”验。提前做好迎峰度冬准备，对可能重、过载的设备和线路逐一制定了应对措施及工期倒排表，并抢在春节前增投配变129台，确保市民过上亮堂、幸福的春节，电力供应更加安全可靠。不断改善涉电公共安全，通过政企联动，完成

1752处涉电鱼塘安全隐患排查整治，按期完成城南市场安全隐患百日攻坚排查整治行动任务。

国网成都市简州供电公司完成投资2.9亿元的2015年跨年农配网工程，启动2016年新一轮农网改造升级工程，计划投资1.95亿元，完工后户均容量将从今年年初的0.85千伏安/户提升至1.46千伏安/户，增长71.76%。结合农村用电安全“百日大排查”专项行动和秋安大检查，强化所有贫困村的隐患排查整治和中级、末级漏保安装投运率，确保安全用电不出纰漏。以13个供电所为依托，为贫困户提供有针对性、倾斜性的电力服务和供电保障，通过“一对一”帮扶、选派驻村人员等精准脱贫措施做好挂联的草池镇三渔村、金马镇全胜村结对帮扶工作。完成2016年易地扶贫搬迁985户安置户的供电任务。

该公司设置 285 名兼职客户经理，全面推行网格化服务。成立重点项目领导小组，实行日管控、周通报，做好天府国际机场、航天高新技术产业园、地铁 18 号线等重点项目涉电工作。提前介入、主动服务，为唯品会、E 家天下、亿联商贸城、安博物流中心等用电大客户、招商引资项目提供政策指导、技术咨询、业务代办等，及时满足用电需求。由宏业分公司全额垫资 700 余万元，完成 2016 年易地扶贫搬迁供电任务。完成天府国际机场开工仪式、成都市 100 万亩高标准良田建设启动仪式、四川省、成都市主要领导多次到简阳调研、重要节日等重大保电任务 24 次。

国网成都市简州供电公司全面落实党要管党、从严治党要求，压紧压实“两个责任”，扎实开展“两学一做”，全面完成年度党风廉政建设责任目标，党的建设不断夯实。成功召开公司第一届党代会，完成“两委”换届选举。继续做好“送培到班组”和轮训工作，鼓励、帮扶员工特别是低职高配员工考取职称职鉴。严格执行“师带徒”培养方式，为青年员工搭建成长成才平台，队伍建设取得实效。完成共产党员服务队、“蒲公英”青年志愿服务队建设，实现专业领域和服务范围全覆盖。拍摄制作纪录片《铁军攻坚 100 天》，鼓舞员工士气，展现责任央企形象，获得国网成都供电公司、四川省文明办好评。充分利用“道德讲堂”、“两学一做”微信群等载体，开展企业文化、“四德”、党章党纪教育。

【国网成都供电公司城北客户服务分中心】国网成都供电公司城北客户服务分中心（以下简称“城北分中心”）成立于 2014 年 1 月 16 日，是由原金牛供电局、青羊供电局和锦江供电局合并而成，2015 年 5 月，又将青羊供电局供区划转至高新供电公司。供电区域包成都括金牛区、锦江区、成华区全部，44 个街道办事处（其中金牛区 15 个、锦江区 15 个、成华区 14 个）、 291 个社区（其中金牛区 100 个、锦江区 91 个、成华区 100 个）。供电面积约 279 平方公里，共有各类用电客户 115 万余户，其中：城区低压客户 110 万余户，10 千伏及以上客户 4960 户；农村用电客户 95666 户。供区内目前有 10 千伏线路 623 条，变电站 47 座。2016 年售电量 74.5 亿千瓦时。

城北分中心定员 395 人，实际 220 人（缺员 175 人），其中班子成员 6 人，全民 102 人，主业劳务员工 118 人。本科及以上学历占 62.73，高中及以下学历占 2.27%；助理工程师及以上职称员工占 77.27%，无职称员工占 22.73%；中级工及以上技能等级员工占 74.09%，无技能等级员工占 25.45%。职工平均年龄 37.17 岁，全民员工平均年龄是 40.46 岁，劳务员工平均年龄是 34.32 岁。该分中心共有农电员工 270 人，员工平均年龄 42.55 岁，本科及以上学历占 16.67%，高中及以下学历占 22.22%，助理工程师及以上职称员工占 24.07%，无职称员工占 67.41%，高级工及以上技能等级员工占 20%，无技能等级员工占 14.44%。

该分中心深化和完善协调机制，进一步强化政企合作平台建设，依靠和发挥政府能源部门在政府内的横向协调作用，收集 3 个行政区 17 个产业功能区发展规划，收集政府“十三五”期间关注重点用电项目 287 个。积极协调配合，高效完成电网项目前期手续办理，全力保障电网工程建设项目实施顺利。有 6 个电网规划项目取得核准手续。2016 年，共有 10 个大型基建项目继续施工和计划开工。220 千伏雷剑（北三环）变电站业已投运，110 千伏五桂桥、芷泉街、天斑等项目已全部开工。

该分中心 2016 年完成售电量 74.66 亿千瓦时，同比增加 8.57%；电费回收实现“双结零”；累计线损率 4.52%，低于指标 0.08 个百分点。完成 2014 年 1 月至 2015 年 6 月新上的 63 个小区共 74202 只电能表后续服务，防止错接线存在。智能表采集覆盖率达到 99.75%，专变采集覆盖率达到 99.74%，公变采集覆盖率 81.02%。智能表采集成功率为 91.85%，专变采集成功率为 99.39%，公变采集成功率为 94.81%，电能信息采集系统建设进一步取得成效。全力提速同期线损管理系统建设。完成 14 条 35 千伏以上大客户专线高压客户表底补录，线损合格率 100%，完成 900 条 10 千伏线路合格率和 2880 个低压台区合格率的调整。完成了 570 个公变台区垃圾档案核实工作，已清理 247 个台区，清理计划完成率 10.61%，营配数据贯通率快速提升，由年初的

15.6%提升到92.4%。

城北分中心进一步健全和完善了安全生产管理规定及3个应急预案，对外加强用电需求侧管理，健全事故处理的快速反应机制，对内联动配电运检工区等兄弟单位，对各类突发性事件进行快速响应和积极处理。推行安全工作业绩月考评制，除直接将安全业绩与绩效薪金挂钩，进行经济奖罚外，相关部门和员工的加（扣）分情况还将作为年度评先的其他奖励的重要依据。大力开展各类安全排查活动，共计排查各类隐患、缺陷130余处并加强现场安全把控。开展计划施工309项，召开风险把控会41次，开展安全督察710处，查处各类违章行为150起，查处违章率21.12%。

城北分中心全面推进标准化建设。实施供电所规范化“六统一”管理，大力开展“供电所管理提升工程”和“供电所规范管理专项整治”活动。把供电所综合业绩排名的先后与绩效挂钩。开展“国家电网公司五星级供电所”创建工作，从安全生产、经营管理、优质服务、党的建设、企业文化等方面入手，全力打造洞子口供电所，并充分发挥其示范引领作用，进一步提升了中心农电管理水平。

该分中心高度重视科技创新工作。以“张健技师工作室”为平台，畅通职工创新激励渠道，注重跨岗位协作提升职工创新水平，充分利用好劳模及技术能手创新示范引领作用，激励广大职工立足岗位开展更多的小发明、小创造、小革新、小设计和小建议。

在信息技术方面，一是对洞子口供电的机房进行了综合布线的改造，得到了前来检查的国网成都供电公司调度和信通公司的高度肯定。二是对中心无线AP网络进行了维修和改造，覆盖范围到达了办公区域100%无死角。三是在2016年的信息安全攻防演练中，未发生任何事故。

城北分中心大力实施“优质服务提升工程”，深入开展“优质服务一片情”活动。加强员工管理教育，完善窗口服务软硬件设施，规范服务人员言行。严格推行服务业绩月考评制，细化优质服务问责考核机制，做到有责必问、问责必严，赏罚分明，全年对59人次进行了绩效考核，实现了举报投诉工单总量和属实工单量双双下降50%的目标。大力推行业扩新政，进一步深化“阳光业扩”，有效落实客户经理负责制，实现业扩“一站式”服务，提高办电效率。切实做好迎峰度冬（夏）工作，加强客户用电安全检查。共开展高危及重要客户服务440次，处理各类用户事故报修40141笔，开展专变客户协同抢修服务208次，处理95598咨询工单20733笔。完成四川“两会”、李克强来蓉、G20成都会议、高中考等重大保电场所的保电工作260次。力推“掌上川电”用电新模式，层层分解指标，先后在9个示范社区和210多个大型居民小区中进行宣传。同时还开展了抽奖活动，提高用户绑定APP的积极性，完成APP户号绑定4.5余户。

该分中心积极配合政府“四改六治”工程，克服各种困难进行老旧小区配电设施改造。作为国网成都供电公司范围内改造户数最多，改造资金最大的单位，2016年老旧小区电力改造项目174个，总投资4865.38万元，涉及居民17692户。在1个多月的老旧小区改造攻坚战中，该中心全力以赴，克服各种困难，不等不靠，创造性地开展工作，最终率先完成了改造任务。宏明电子总公司老旧小区改造还接受了中央电视台新闻频道的采访报道，改造效果得到了各类媒体、地方党委政府和广大居民群众的赞誉。

深化网格化管理，党员服务队开展各类用电宣传89次，看望弱势群体、特殊困难户101次。去年10月，金牛党员服务队到凉山州喜德县彝族自治区阿吼村，开展精准帮扶工作，并在该村建立了“爱心帮扶站”，受到了当地政府、百姓的大力赞扬。

该中心开展“两学一做”学习教育，增强党性、提高修养、立足岗位、做好表率。持续开展创先争优，全年共评选出“月度明星”54个，流动红旗班组4个。全面落实从严治党要求，层层签订了廉政承诺书、廉政责任书和家庭助廉承诺书。坚持常态开展“每月一课”教育活动，深入学习廉政教材和专题电教片。加强监管力度，大力开展了业扩报装及物资管理效能监察并取得明显成效。2016年，城北中心在省级及以上高端媒体上稿31篇，其中在《中国电力报》和《国家电网报》上稿16篇。入围国网成都供电公司三季度“红旗单位”，被评为国网成都供电公司“安全生产先进单位”和“先进基层党组织”，3名员工先后入围国网成都供电公司“月度明星”，其中周军被评为国网成都供电公司“月度明星”，张健被国网四川省电力公司评为“先进工作者”并获得国网成都供电公司“青年先锋”和“成电工匠”荣誉称号。

国网乐山供电公司

【企业概况】国网乐山供电公司始建于1969年，是国网四川省电力公司下属国家特大一型供电企业，主要担负乐山城区、峨眉山、五通桥、沙湾、夹江、井研6个直供县和国网马边彝族自治县供电有限责任公司、国网沐川县供电有限责任公司、乐山电力股份有限公司、四川金峨供电有限公司、乐山市金洋电力开发有限公司、四川峨边大渡河电力股份有限公司6个趸售公司的供电任务及龚嘴、铜街子、圣达等水电站汇集送出的重要任务。供电区域1.27万平方公里，供电常住人口323万。该公司先后获全国五一劳动奖状、全国文明单位、全国电力行业优秀企业、全国“安康杯”竞赛优胜单位、四川省十年扶贫先进单位、国家电网公司先进集体等荣誉称号。

2016年9月21日，国网乐山供电公司召开第一次党员代表大会，选举新的一届党委和纪委，图为会场　（文憬涛　摄）

2016年是“十三五”的开局之年，国网乐山供电公司面对极其复杂的内外部形势，精诚团结、攻坚克难、积极应对，围绕“效益提升年”活动主题，不断加快改革发展步伐，持续强化生产经营管理，各项工作扎实推进。全年完成电网投资7.66亿元，新增固定资产11.64亿元；完成售电量106.65亿千瓦时，同比下降11.10%；综合线损率5.63%，低于国网四川省电力公司计划0.07个百分点；未发生造成社会重大影响的优质服务事件，员工队伍保持稳定。截至2016年12月31日实现连续安全生产4540天。

该公司拥有220千伏变电站14座，变电容量435万千伏安；110千伏变电站37座（含控股公司2座），变电容量273.3万千伏安（含控股公司81千伏安）；35千伏变电站45座（含控股公司7座），变电容量47.56万千伏安（含控股公司56.9千伏安）。220千伏线路51条，长度1547.88公里；110千伏线路90条，长度1039.62公里；35千伏线路100条，长度963.78公里。截至2016年年底，公司固定资产原值74.7亿元，

【人力资源】该公司本部设置管理部门11个，辖二级业务支撑和实施机构7个、县级供电分公司5个、全资子公司1个、控股公司1个。用工总量4524人，其中全民职工1429人，控股公司员工586人，劳务派遣用工85人，农电员工1187人，管理离退休人员1359人。人才当量密度1.0362。

【电网建设与发展】国网乐山供电公司编制完成《“十三五”新一轮农网规划》报告，与各区县政府签订《小城镇（中心村）电网改造升级工程合作协议》。协助国网四川省电力公司完成500千伏雅安送出加强工程等前期工作，取得乐山金口河、冯湾等7个项目核准。协调推进成昆复线、青江新区、通江片区电力迁改工作，完成成贵铁路220千伏州肖线等12条线路迁改。黑竹沟至峨边牵引站110千伏线路工程建成投运。乐山龚嘴、铜街子220千伏线路改接工程等6个项目开工建设。完成220千伏范坝—佛光线路工程建设任务。成功运用“属地化”及“一口对外”协调机制，500千伏沙坪二级电站—南天线路工程等属地协调工作取得实质性突破。完成2011—2015年农网工程项目，有序推进2016年农网工程项目。

【经营管理】该公司启动“效益提升年”活动，制定并落实16类81条措施。落实直购电、富裕电量消纳等工业用电激励政策，为客户节约电力成本约6亿元，稳定存量市场。落实川投峨铁水火置换电能替代项目，启动电能替代项目储备及核定工作。强化电费治理，运用法律手段，回收其亚铝业、峨边

大电等旧欠电费 2.61 亿元，全年无新欠电费。加大购电制推广，完成 206 户已投产高风险客户购电功能改造。加快推进客户资产移交工作，完成迁改工程及用户资产移交 2.25 亿元。修订完善里程碑、对标管理考核办法，开展卓越绩效评价，提升公司运营质效。完成车辆账、卡、物一致性清理工作。推进“营改增”政策落地，沐川供电公司完成全资子公司改革。周转库标准化建设通过国网四川电力初评验收，2 个精益项目获国网四川省电力公司一等奖。

【安全生产】国网乐山供电公司扎实开展“三查三强化”“四个专项”行动，发现问题583项，完成整改549项。完成县级供电公司安全性评价工作。修订完成安全生产奖惩办法，健全安全约谈机制，开展问责谈话7次。强化电网风险管控，发布七级以上风险预警125次。安全风险管控机制获国家电网公司、国网四川省电力公司高度肯定，入选国家电网公司典型经验。加强设备运维管理，扎实开展隐患排查治理，全年消除一般隐患694项，运检专业对标排序名列国网四川省电力公司第一名。推进资产全寿命“领先型”创建工作，建立市、县两级应用骨干网络。大力推行新技术应用，在国网系统内率先完成“主配网一体化配网合环操作在线校核”模块试点部署及测试工作。运用单兵作战系统，有效管控分散、零星作业安全。配合国网四川省电力公司承接岗位安全风险预控与可视化研究项目，顺利通过国家电网公司验收。圆满完成旅博会、茶博会等重要保电任务。

【农电工作】国网乐山供电公司2016年，农网改造升级工程、井井通电工程和中心村工程共198个项目，投资2.26亿元。该公司供区内剩余的30个贫困村全部纳入2016—2017年农网改造项目。扎实开展援藏帮扶工作，长期驻藏帮扶人员9人，2016年派出部门进藏进行针对性专业帮扶21人次，接纳受援单位送培人员3人，完成24项部门专业对口帮扶工作，并规范了受援单位各项管理规章制度，顺利完成国网炉霍县供电公司35千伏仁达变电站技改工作，提升了受援单位运维水平，保障藏区安全供电。乐山市三新供电服务有限公司党委获国网四川省电力公司先进基层党组织称号、该公司安全质量监察部获国网四川省电力公司安全生产先进班组称号。

【科技与信息化工作】2016 年，该公司一个项目获国网四川省电力公司科学技术进步三等奖；一个项目获国网四川省电力公司工人技术创新二等奖，两个项目获国网四川省电力公司工人技术创新三等奖；完成管理创新五项，其中两个获国网四川电力2016 年度企业管理创新成果二等奖、两个获三等奖；完成课题研究三项，其中一个获国网四川省电力公司 2016 年度优秀课题研究成果三等奖；一个 QC 成果获国网四川省电力公司一等奖。全面实施创新驱动发展战略，成立网创科技分公司和科技咨询评估委员会，出台《网创科技分公司绩效管理办法》等七个管理办法，组建七个创新团队，立项孵化 23 项，形成《安全风险管控平台》等成熟产品四项。变电巡检移动作业平台受到国家电网公司多个部门高度认可，多个产品通过国网电科院的信息安全测试，与国网甘肃、宁夏等省、自治区电力公司达成购买协议。

【市场服务】该公司各类交费网点达到 1284 个。“掌上电力”APP 注册用户 12 万户。完成 8.3 万户水电气表“多表合一”采集建设。开通智能电表远程购电下发业务，实现网上交费购电 18817 笔。推出的大客户服务组合产品，制定《大客户服务精益化管理手册》《大客户服务手册》等 9 套标准，为大客户提供业扩报装、用电分析、监控预警等服务，此模式获得四川省企业管理创新二等奖。

2016 年 6 月 24 日，国网乐山供电公司开展“两学一做”学习教育活动，图为党员在“我是党员，向我看齐”横幅上签名
（刘若明　摄）

【党的建设和精神文明建设】国网乐山供电公司成功召开第一次党代会，选举产生新一届党委、纪委。指导基层党组织全面完成换届选举工作。深入开展“争创基层服务型党组织”活动，一个基层党组织成为国网四川省电力公司首批基层服务型党组织示

范点。开通党建微信公众号，建设“智慧党建”APP平台，依托“互联网+”新模式，努力实现党建宣传、党员教育、党员管理、党员活动、党员服务五个“智慧化”。以庆祝建党95周年为契机，开展“党员+”系列主题活动，以党员公开课、党员有话说、党员宣誓词等多种形式进一步加强党性锤炼。深入开展“两学一做”学习教育。以党委中心组学习、领导上党课、流动党课、支部联建特殊党课等创新载体，打好“学”的基础。组织党组织书记讲党课100余场。设置“党员承诺墙”、开展“每月一星”评选，举办“两学一做”学习教育知识竞赛，以“三亮三比”活动，强化“做”的实践。积极选树先进典型，一人获“四川省优秀共产党员”，一人获“四川省学雷锋爱岗敬业标兵”、一人获“四川省国资委优秀共产党员”称号。升级企业文化基地软硬件设施，开展新进大学生培训45人次、员工思想教育360余人次。编制《海棠飘香》系列画册、《品鉴》职工读书心得，多层次展现员工精神风貌。投资建成职工文体活动中心，建成公司首个“妈咪宝贝屋”，创建国网四川省电力公司示范职工书屋两个，一个家庭获评四川省“最美职工家庭”。深化精神文明建设，一个基层单位成功创建省级文明单位。实施马边“三位一体”精准扶贫，创新“五步工作法”，对口帮扶高石头村于2016年底实现全面脱贫。《可持续扶贫精准帮扶马边彝村》被评为国网2014-2015社会责任根植优秀项目。扶贫成效得到中纪委秘书长杨晓超、省纪委书记王雁飞等的充分肯定，人民日报《内部参阅》《民生周刊》等进行了专题报道，并荣获全国“2016民生示范工程”称号，总经理石玉东代表国网四川省电力公司在第四届中国民生发展论坛上作了交流发言。不断提高离退休工作服务和管理水平，公司荣获四川省“敬老文明号”称号。

2016年5月30日，国网峨眉山市供电公司党员服务队和青年志愿者到沙溪小学开展留守儿童关爱活动　　（李立 摄）

【存在的主要问题】一是安全管控能力不强。部分干部员工尤其是领导干部对安全生产长期性、复杂性、艰巨性、反复性认识不到位，存在麻痹懈怠思想。作业计划刚性执行不到位，现场安全管控能力层层衰减，“三违”现象时有发生。集体企业分包安全管理存在较大风险，以包代管的现象未彻底杜绝。“树线矛盾”依然突出，线路跳闸风险居高不下。配电网转供能力较差，“卡脖子”现象仍十分突出。二是经营形势不容乐观。受产业结构调整影响，电力市场呈现总量下行的趋势，近三年售电量年均降幅达6.88%。售电均价水平较低，随着优惠电价政策执行范围进一步扩大，售电均价将持续下滑。购电制执行不力，电费流失风险较大，存在坏账风险。10千伏线损管理较为薄弱。固定资产增加导致资产折旧费、运行维护费等刚性成本持续攀升。三是依法治企任重道远。经营管理仍然存在“风险点”“发热点”和“出血点”。一些干部员工法治意识、规矩意识淡薄，眼中没有法规、心中没有敬畏、行为没有底线，“乱作为”的现象时有发生。个别干部对“一岗双责”认识模糊，对管理范围内的风险隐患辨识不清，管理不严、不细、不实，处理问题失之于宽、失之于软。监督机制有待健全，常态化检查没有全面覆盖，在集体企业管理、营销管理、供电所管理等方面暴露的廉政风险隐患较多。四是集体企业改革发展任务艰巨。集体企业用工总量过大，结构不合理，管理人员、辅助类人员占用工总量64.21%，技术技能人员仅占用工总量35.79%；绩效管理机制不健全，未建立平台公司对分子公司的监管、内控业绩考核机制，执行力偏差问题仍十分突出。创新产业产品序列有待丰富，新能源市场及配售电市场尚未介入，业扩及代维市场需大力拓展。

【国网峨眉山市供电公司】国网峨眉山市供电公司成立于1969年12月，供电范围覆盖峨眉山市18个镇（乡），供区面积881.3平方公里，占市域面积的75%；供电人口30余万，占峨眉山全市总人口的71%。设8个部门，11个班组、3个供电所。有各类在职员工342名，其中全民在岗171名，农电118名，集体人员29

人，退休职工199名。全民在岗人员平均年龄45岁，其中男性员工119、女性57人；大专及以上学历150人，中级及以上职称35人，高级工及以上91人，人才当量密度0.9761，高技能人才比例84.81%。该公司党委下属七个支部，有党员120名。截至2016年12月，拥有变电站13座，其中220千伏站3座，110千伏站5座，35千伏站5座，10千伏开关站2座，变电容量138.36万千伏安。有35千伏线路16条，总长130公里；10千伏线路53条，总长1065公里，固定资产6.86亿元。2016年，完成售电量22.18亿千瓦时；综合城市电压合格率99.9981%；综合线损4.23%。截至2016年12月31日，连续安全生产4541天。秉承“夯实基础，提升管理，创新驱动”的工作理念，夯实安全基础，创新管理模式，狠抓标准落实，积极推进班组建设。2016年先后获国网四川省电力公司安全生产先进集体、国网四川省电力公司“先进基层党组织”“四川省模范职工小家”，变电运检班获得国网四川省电力公司“先进班组”称号，QC 课题“减少日电量统计耗时”获国网四川省电力公司2016年优秀 QC 成果一等奖。

【国网乐山市五通桥供电公司】国网乐山市五通桥供电公司成立于1971年9月，担负着五通桥区12个乡镇的直供任务，直供面积465.51平方公里，供电用户达13.26万户。下设8个科室、9个班组和4个供电所，在职员工300人（其中国有员工89人，农电用工183人，劳务派遣用工28人），退休员工169人。大学本科及以上学历82人，中级及以上职称11人，高级工及以上技能等级人才82人。辖区内有35千伏变电站7座，变电容量9.1万千伏安。35千伏输电线路113公里，10千伏线路898公里，低压线路7520公里。2016年，完成电网投资3153万元，新增固定资产3736万元；完成售电量31.92亿千瓦时，同比增长6.46%，完成年度计划的103.1%；综合线损率4.03%，110千伏及以下降损电量3156万千瓦时；日最大负荷62万千瓦，日最大供电量1414万千瓦时，均创历史新高。截至2016年12月31日，实现连续安全生产4540天。获省级文明单位、市级最佳文明单位，乐山公司安全生产业绩排序先进单位等称号和五通桥区精神文明办授予社会主义核心价值观十佳示范点荣誉称号。

【国网乐山市沙湾供电公司】国网乐山市沙湾供电公司成立于 1991 年，主要担负着沙湾区工农业生产和人民生活的供电任务，供区范围覆盖沙湾区 13 个乡镇，供区面积约 618 平方公里，供电用户 7.5 万户。设有 6 部、2 中心、4 个班组和 6 个供电所。有全民职工 75 人，业务外包 28 人，集体 5 人，农电员工 183 名，退休员工 87 人。营业区内主网有 220 千伏变电站 3 座，110 千伏变电站 7 座，35 千伏变电站 7 座，总变电容量 69.92 万千伏安。输电线路通道总长度达 1343 公里，其中 220 千伏输电线路 234.1 公里，110 千伏输电线路 157.8 公里，35 千伏输电线路 110 公里，10 千伏城网主干线路 47.74 公里，10 千伏农网线路 793.45 公里，固定资产原值 4.92 亿元，固定资产净值 1.36 亿元。2016 年，完成售电量 14.50 亿千瓦时，截至 2016 年 12 月 31 日，连续安全生产达 4551 天。全年完成农村配网项目 6 个，农网改造升级工程项目 9 个，完成计划投资约 532.2 万元，基本实现全区农村电网无低电压目标。打造沫若创新工作室，推动青年创新创效，实现项目储备 5 项。积极推进“购电制”，主动对接沙湾区重点项目建设，高效推进老旧在线监测装置更换、智能电表推广、高低压营配贯通、业扩报装清查治理、降损提质增效等重点工作。

【国网夹江县供电公司】国网夹江县供电公司成立于 1998 年，供区面积约 241 平方公里，占全县总面积的 32%；供区人口约 15 万，占全县总人口的 43%。设部门 7 个，班组 5 个，供电所 2 个，有全民员工 61 人，嘉能佳夹江分公司员工 17 人，电网运维 30 人，农电员工 76 人，共计 184 人。其中：初级职称 33 人，中级及以上职称 9 人，高级工及以下技能等级 131 人，技师及以上技能等级 19 人。拥有 220 千伏变电站 1 座/30 万千伏安，110 千伏变电站 3 座/18.3 万千伏安，35 千伏变电站 4 座/2.69 万千伏安，10 千伏开闭所 1 座。220 千伏线路 9 条/174.37 公里，110 千伏线路 10 条/86.29 公里，35 千伏线路 10 条/86.17 公里，10 千伏线路 34 条/335.11 公里，10 千伏公用变压器 598 台/10.08 万千伏安。固定资产原值 3.67 亿元。2016 年，完成售电量 10.42 亿千瓦时。完成农网改造升级工程投资 695 万元，项目 6 个。农网供电可靠率为 99.74%。截至 2016 年 12 月 31 日，实现连续安全生产 2896 天。打造聚能创新工作室，推动公司创新创效，其中一个项目荣获国网四川省电力公司运检专业群创项目优秀成果奖。大力开展供用电综合整治，夯实电网安全基础，提高供电可靠性，提升客户满意度。深入开展“两学一做”学习教育，“三亮三比”专题活动，创建“两学一做”学习教育专题文化长廊和党风廉政文化长廊。荣获国网乐山供电公司“先进基层党组织”称号。

【国网井研县供电公司】国网井研县供电公司成立于 1991 年，担负着井研全县及乐山市中区、五通桥区和荣县、犍为等县市部分区域42万人的供电任务。有 110 千伏变电站 3 座，变电容量 24.3 万千伏安；35 千伏变电站 7 座，变电容量 7.52 万千伏安。110

千伏线路83.5公里，35千伏线路131.6公里，10千伏线路1014.2公里；配电变压器1844台，配变总容量32.94万千伏安，低压线路8206.5公里。有员工351人，其中全民员工71人，劳务派遣用工18人，农电用工262人。2016年，完成销售电量3.85亿千瓦时，同比增长10.3%。全年共完成城网大修、技改项目8个，基建项目3个，以及2014—2016年度全部农网工程建设。开展低压营配贯通工作，完成低压营配贯通用户163483户，贯通率99.93%。积极实施城南配套送出线路新建工程，缓解城网的负荷压力，实现井研城网“手拉手”供电。并做好了220千伏金仓变电站输变电工程的属地协调工作，保证工程的顺利开展，为建设坚强智能的井研电网打下了坚实基础。

【国网马边彝族自治县供电有限责任公司】国网马边彝族自治县供电有限责任公司地处小凉山彝族山区，前身为马边县电厂，成立于1971年9月，注册资本金1026.58万元，股东共两个，其中国网四川电力持股93.31%，马边雨华投资有限责任公司持股6.69%。主要经营电力供应,水力电力生产及销售,兼营110千伏及以下送变电工程和小型水电站建设、销售输变电站电工器材、仪表销售等。担负着马边全县20个乡（镇）、123个行政村（社区）的供电任务，供区面积2308平方公里，供区总人口22万人。本部设六部一中心，职工总数324人，其中退休75人，退养51人，在岗198人，中共党员61名。下设1个营业中心、3个农村供电所。运维管理35千伏变电站6座总变电容量46.25千伏安，110千伏变电站4座总变电容量170千伏安，220千伏变电站1座变电容量300千伏安；35千伏线路232公里，10千伏线路1084公里，低压线路约1300公里。网内有并网水电站38座，总装机29.52万千瓦，全为径流式电站，其中自有水电站4座总装机容量6830千瓦。2016年，完成全口径售电量11.02亿千瓦时，资产原值1.35亿元，资产总额0.49亿元，资产负债率187.85%；截至2016年12月31日，连续安全运行2921天。

该公司编制完成“十三五”电网规划、三年配网储备滚动规划和2017年马边8个中心村电网改造项目储备，协助完成35千伏民主变电站可研编制，完成2015年、2016年农网项目和35千伏铁觉输变电工程施工建设，全力保障马边2016年21个脱贫村电力供应，确保了全县精准扶贫、彝家新寨建设和异地移民搬迁安置工作的顺利推进。围绕“效益提升年”工作，不断强化经营指标管理，做好电价调整、狠抓线损管理，顺利完成营财一体化，有力控制电费回收风险，实现全年电费回收100%。启动《丰水期富余电量发、供、用电价格联动实施细则》，全年高载能企业用电较去年同期增加17%。完成网上远程购电上线和电能表用户纳入采集，开通分布式电源光伏发电业务3户，总发电功率13千瓦。扎实开展“两学一做”学习教育活动，加强党组织建设，顺利完成党委和支部换届选举。获国网四川省电力公司“双十佳”文明单位，入选国网四川省电力公司先进集体，获市级最佳精神文明单位和马边县级先进企业荣誉称号，团总支获国网四川省电力公司和乐山市“五四红旗团支部”荣誉，公司总经理、党委副书记金晓峰获国网四川省电力公司第一届青年五四奖章。以“五步工作法”持续推进“产业扶贫+智力扶贫+爱心扶贫”三位一体扶贫模式，省、市公司对口帮扶的高石头村和五马村成功脱贫摘帽。

【国网沐川县供电有限责任公司】国网沐川县供电公司于2010年6月由国网四川省电力公司正式控股，注册资本为人民币3796.10万元,国网四川电力和沐川县财政分别控股97.3%和2.7%，2016年转制成国网四川省电力公司全资子公司。该公司是一个集发电、配电、供电为一体的综合性电力企业，主要承担沐川城区，19个乡镇195个行政村和犍为、宜宾等部分村组的供电任务，供区面积约1500平方公里，供电人口约26万，供电户数8.4万户，其中抄表到户7.7万户。网内有并网电站40座，总装机容量7.35万千瓦，属该公司资产电站4座，分别为三宝石电站、涧溪沟电站、胡溪口电站和龙沱电站，总装机容量0.715万千瓦；拥有220千伏变电站1座（代管）、110千伏变电站2座、35千伏变电站8座、10千伏开关站4座，变电总容量28.26万千伏安（含静云15万千伏安）；110千伏输电线路4条，总长74.63公里；35千伏输电线路12条，总长148.6公里；10千伏配电线路58条，总长1314.98公里（其中用户产权23.49公里）；10千伏配电台区1898台（其中专变493台，公变1405台），总容量27.24万千伏安；低压线路4438公里（其中用户产权1782公里）。2008年至2016年沐川县电网实际完成投资3.03亿元，其中10千伏及以下农村电网改造实际完成投资2.21亿元，涉及156个行政村（全县195个行政村，其中整村升级改造68个；另有88个村进行了部分组改造），农网改造率为52%。2016年，实现售电量2.46亿千瓦时，同比下降0.79%；自发电量3480万千瓦时，与上年基本持平。没有发生安全考核事故，企业和干部员工没有出现违法、违纪问题，员工队伍稳定。

（方美凤）

国网德阳供电公司

【德阳概况】德阳市位川西平原经济区，距四川省会成都58公里，是中央确定的成德绵（成都、德阳、绵阳）全面创新改革试验区的重要组成，“十三五”发展前景十分广阔。德阳历史悠久，是巴蜀文化发祥地之一，境内拥有“沉睡数千年、一醒惊天下”的三星堆古蜀文明遗址。行政区辖德阳旌阳区、广汉市、什邡市、绵竹市、中江县和罗江县6个县（市）区，幅员面积5911平方公里，人口394万人，各县市之间基本实现了半小时经济圈。德阳被喻为中国重装之都，是中国重大技术装备制造业基地，拥有第二重型机械厂、东方汽轮机厂、东方电机厂等国有大型机械工业企业，发电设备产量全球第一，石油钻机出口全国第一，是中国唯一的“联合国清洁技术与再生能源装备制造业国际示范城市”。全市工业增加值排名四川省第二，工业电量占国网德阳供电公司售电量的70%。2016年全市实现地区生产总值1752.5亿元，同比增长8.4%，经济总量继续保持四川省第三。德阳县域经济发展较好，城乡一体化水平较高，区域综合竞争力、城镇人均可支配收入、高新技术产业工业增加值均居四川省第二位。

2016年10月12日，国网四川省电力公司与德阳市政府签署战略合作协议，图为签约仪式现场　（国网德阳供电公司 提供）

【企业概况】国网德阳供电公司成立于1984年6月，是国网四川省电力公司直属特大一型供电企业，城市用电营业户数56.3万户，农村用电营业户数107.7万户。德阳电网是一个典型的受端网络，95%以上的电力由外部送入，境内的德宝直流±500千伏德阳换流站是四川电网“丰枯调节、水火互济”的重要枢纽。德阳电网拥有变电站136座，其中±500千伏换流站1座，500千伏变电站2座，220千伏变电站14座，110千伏变电站75座，35千伏变电站44座。拥有35千伏～220千伏输电线路249条，总长2596公里，固定资产53.5亿元，

2016年国网德阳供电公司完成建管电网投资7.17亿元；完成并表口径售电量97.79亿千瓦时；电费回收率100%；综合线损率5.77%；在国网四川省电力公司系统同业对标综合排序第三、业绩对标第三、管理对标第二。先后获“全国五一劳动奖状”“全国文明单位”“全国精神文明建设工作先进单位”“全国安全文化建设示范企业”“全国模范职工之家”国务院国资委“中央企业抗震救灾先进集体”“全国‘安康杯’竞赛优胜企业”“国家电网公司纠风和行风建设先进单位”“国家电网公司抗震救灾先进集体”“国家电网公司先进集体”“全国厂务公开民主管理先进单位”“国家电网公司工会工作先进单位”“省级最佳文明单位”。

【人力资源】该公司本部设11个职能部室和7个业务机构，下设广汉、什邡、绵竹、罗江4个直管供电公司，中江、绵竹、孝泉3个供电分公司和什邡、罗江2个控股供电公司。用工总量4647人，其中直供全民1150人、子改分县公司和控股县公司全民701人、农电1770人、集体企业自聘929人、劳务派遣97人（主业82人，集体15人），人才当量密度达到1.0362。

国网德阳供电公司紧密围绕公司改革发展战略，以提质、降本、增效为主线，落实“五位一体”协同机制建设，持续开展岗位写实和员工动态管理，深化新业务模式下组织结构变革；推进全员激励约束机制改革，强化薪酬福利集约管控；加快紧缺关键人才培养和储备，为实现公司战略目标提供人力资源支撑和保障。巩固提升“三集五大”体系运转，推进“五位一体”落地与深化应用，有序规范农电组织结构，组织新版劳动定员标

准下的定员测算，完成 3 家县公司“子改分”后名称更改、员工劳动合同变更、社会保险登记证变更、信息系统调整等工作。发挥内部人力资源市场平台效能，深入推广应用劳务协作，逐步规范业务外包流程，稳步推行员工动态管理，参与国网四川省电力公司内部人力资源市场相关政策研究。制订工资分配计划和薪酬预控方案，推进福利项目全过程管控，实现国网四川省电力公司统筹补充医疗保险政策全覆盖，深化全口径人工成本管控。开展薪酬管理规范检查，优化全员绩效考核模式，同步开展县公司关键业绩指标分解落实，推进绩效管理信息化，实现全员岗位绩效协议书线上签订。稳妥推进“积分同价计酬”机制，进一步完善绩效考核与国网四川省电力公司业绩考核的无缝对接。加强履职、职鉴有机结合，拓展员工培训的时间和空间，缓解工学矛盾。持续提升竞赛调考成绩，全年先后取得国家电网公司全球能源互联网知识竞赛个人二等奖、国网四川省电力公司各类竞赛取得团体奖项 5 个、个人奖项 8 个、国网四川省电力公司各专业调考取得团体名次 2 项，个人名次前十的有 6 人。创新人才梯队培养。实施优秀人才“五个一”管理，组织优秀技能人才编写电力行业 19 个工种、240 余套高级工模拟测试题库，细化专家人才评选流程和评价体系。制定、修订公司干部人事制度 9 项，加快中干队伍职称水平提升，将职称要求纳入中干任职资格的刚性条件，强化干部实践锻炼和干部梯队建设。

该公司 247 人取得硕士研究生学历学位，495 人取得中、高级专业技术资格，550 人取得技师、高级技师职业技能鉴定任职资格，人才当量密度持续保持全川领先。现有管理期内各类优秀人才共 129 人，其中：中国电力行业技术能手 3 人、国家电网公司级优秀人才 6 人、国家电网公司级技术能手 3 人、四川省青年岗位能手 1 人、国网四川省电力公司级优秀人才 71 人、地市公司级优秀人才 45 人、国网四川省电力公司“双千人才”含导师制培养 40 人、国网四川电力“电力雏鹰人才” 16 人。

积极援藏，全面支持藏区电力事业发展。累计选派 36 名援藏人员帮扶阿坝、红原、炉霍等藏区，推荐 2 名优秀科级干部到藏区挂职锻炼，开展营销、规划、工程等专业的定向帮扶。

【电网建设与发展】德阳电网是四川电网的重要组成部分，与成都、绵阳、南充、阿坝 4 个电网相连，担负着德阳市旌阳区、广汉市、什邡市、绵竹市、中江县、罗江县及成都部份地区的供电，并通过±500 千伏德宝直流与西北电网相连。该公司完成了《德阳电网“十三五”发展规划》《德阳供电公司“十三五”配电网规划》的滚动修编及《2016 年德阳电网发展诊断分析报告》的编制。2016 年德阳供电公司全口径投资计划共 7.17 亿元，占国网四川省电力公司投资的 2.6%，投资量在地市供电公司排名第 14。农网、城网和大中型基建（含广元项目）投资占比较高，分别为 36%、28%和 18%。35 千伏及以上电网基建项目共 7 项，其中续建 3 项、新开工 3 项、西成客运专线 2017 年 2 月开工，建设主变容量共 19.6 万千伏安，线路长度 193.86 公里。

电网建设　　（国网德阳供电公司 提供）

2016 年国网德阳供电公司电网建设与改造共下达投资计划 6.41 亿元，完成投资 5.96 亿元。其中 35 千伏及以上电网基建投资计划为 1.32 亿元，完成投资 0.87 亿元。详见下表

表 10　　单位：万元

序号	投资类别	2016 年投资计划	2016 年实际完成	计划完成率
	固定资产投资	64138.30	59618.30	92.95%
一	基本建设	59170.29	54650.29	92.36%
1	小型基建	550.00	550.00	100.00%
2	电网基建	58620.29	54100.29	92.29%

续表 10

序号	投资类别	2016 年投资计划	2016 年实际完成	计划完成率
（1）	常规电网	32896.52	28376.52	86.26%
①	大中型电网	12629.00	8109.00	64.21%
②	生技城市配网	19862.27	19862.27	100.00%
③	独立二次	405.25	405.25	100.00%
（2）	农村配网	25723.77	25723.77	100.00%
①	农网升级改造	18692.50	18692.5	100.00%
②	井井通电	2343.87	2343.87	100.00%
③	中心村	4687.40	4687.4	100.00%
二	技术改造	3840.31	3840.31	100.00%
三	零购	829.71	829.71	100.00%
四	营销（资本性）	48.99	48.99	100.00%
五	信息化（资本性）	249.00	249.00	100.00%

2016 年国网德阳供电公司 35 千伏及以上电网基建项目建设规模为：建设主变容量 19.6 万千伏安，线路长度 193.86 公里（西成客运专线剑门关牵引站 220 千伏供电工程 2017 年 2 月开工）。大中型电网基建项目 3 项（德阳杨嘉 110 千伏变电站主变扩建工程、德阳中江永安 35 千伏输变电工程、德阳中江永兴 35 千伏输变电扩建工程）按照里程碑计划投产，新增线路长度 29.14 公里，新投变电容量 7 万千伏安。新开工大中型电网基建项目 2 项，分别为德阳广汉大塘 110 千伏变电站增容改造输变电工程、德阳柏隆至略坪 35 千伏输变电工程。新开工线路长度为 16.92 公里，新开工变电容量为 12.6 万千伏安。详见下表：

表 11

序号	项目名称	长度（公里）	变电容量（万千伏安）	计划总投资（万元）	2015 年底累计下达（万元）	2016 年投资计划（万元）	新建	投产	工程性质
	国网德阳供电公司合计	235.96	19.60	50512	32500	13209	3	3	
1	兰渝铁路广元牵引站 220 千伏供电工程	147.80		35569	30000.00	5569			常规(电铁)
2	德阳杨嘉 110 千伏变电站主变扩建工程		5.00	917.00	500.00	417.00		1	城市配网
3	德阳中江永安 35 千伏输变电工程	11.65	1.00	1368.00	1000.00	368.00		1	常规项目
4	德阳中江永兴 35 千伏输变电扩建工程	17.49	1.00	1505.00	1000.00	505.00		1	常规项目
5	德阳广汉大塘 110 千伏变电站增容改造输变电工程	5.00	12.60	1868.00		1250.00	1		常规项目
6	德阳柏隆至略坪 35 千伏输变电工程	11.92		791.00		580.00	1		中心村
7	西成客运专线剑门关牵引站 220 千伏供电工程	42.10		8494.00		4520.00	1		电铁供电

【经营管理】该公司在国网四川省电力公司系统 2016 对标指标综合评价得分 919.02813 分，综合排

名第三。荣获了2016年度“综合标杆”“业绩标杆”“管理标杆”称号，同时获得了人力管理、财力管理、物力管理、规划管理、建设管理、运行管理、营销管理、配套保障专业标杆称号。

强化计划编制和执行过程管控，提升计划工作质效。规范项目储备管理，严控储备进度，6-11月按月组织开展项目储备分析、检查。对综合计划执行情况进行月度分析并定期通报，确保综合计划按时完成。组织开展2016年综合计划调整和2017年预安排项目建议报告、2017年综合计划建议报告的编制工作。开展公司各季度经济活动分析及春、秋季电力市场分析预测、2016年生产经营计划编制工作。每季组织召开公司经济活动分析会，先后围绕线损管控、综合计划执行等开展专题分析，剖析公司生产经营暴露出的问题并提出有效的解决措施。

大力支持集体企业走“立足本地做强，发展域外做精”的发展道路。2016年，集团公司共签订合同649项，金额4.34亿元。成功中标成都天府新城10千伏万州路线路新建工程、广元赤化至剑门关牵引站220千伏线路工程、南允搬罾220千伏开关站扩建工程等项目，并成功获取贡嘎110千伏变电站改扩建工程等3个项目，实现省外市场“零突破”。大力加强集体企业规范化管理，指导集团公司圆满完成改革改制，减压集体企业6户，清理无效低效参股企业4户。集体企业同业对标体系正式运行，平台企业建设基本完成，一个产权结构清晰、治理结构规范的企业管理体系正逐步形成。会计核算中心同城集约化正式启动，物资集约化水平持续提高，在全省规范化、标准化评比中位列前三甲。2016年，明源集团大力推行标准化项目部建设，220千伏朝广线工程、220千伏昭广线工程、南充搬罾110千伏线路工程、中江永安35千伏变电站新建工程施工项目部在国家电网公司、国网四川省电力公司各项检查中均获得了高度评价。

国网德阳供电公司财务工作紧密围绕发展战略和年度目标任务，以降本提质增效为导向，以实时管控为手段，以夯实基础为依托，狠抓规范管理和业务支撑，保持了财务管理工作的优质高效。将“效益提升”作为国网德阳供电公司四个“一把手”工程之首，大力开展“效益提升年”活动，以“统筹协调、增供增收、降本增效、提升管理、监督落实”等五个方面为切入点，分解落实77条具体措施，经营效益大幅提升，目标利润超活动计划40.86%。全面清理长期未办理结算的已竣工项目，积极推进工程后期过程管理，完成148个项目工程竣工决算及转资增固工作，超额完成国网四川省电力公司10个清理项目的考核目标。配合国网四川省电力公司做好成本监审工作，积极对接地方政府，全力协调取得政府支持认可，统筹推动德阳市各县市区同步推进输配电价改革。2016年5月营财一体化上线，全面实现营财账务同步以及核算业务市级集约，电费精益化管理水平不断提升。深入开展全资公司子改分工作，8月底顺利完成子改分财务账务切换，全面完成子改分单位税收清算及注销，按期完成银行账户注销及工商登记注销。以财务实时管控为重点，常态化抓好同业对标管理，财务管理指标2016年度并列全川第一。精心挑选财务人员组织备考战队，集中学习，提高应试能力，两人入围国网四川省电力公司财务竞赛前二十名。持续开展管理创新工作，《以规范化为导向的财务业财融合管理体系建设与实践》获得2016年度企业管理创新推广应用成果三等奖，《过程竣工决算“一全三化”管理策略创新》课题获得2016年度企业管理创新成果三等奖。

认真贯彻落实国家电网公司“十三五”法治建设规划和公司年度普法依法治企要点，以深入推进“三全五依”法治企业建设，促进法治工作与企业中心工作紧密融合为目标，充分发挥法治的引领、规范、保障和监督功能，依法治企能力和水平不断提升。获国家电网公司2016年度经济法律工作先进集体和法治企业建设知识竞赛四川省电力公司代表队优秀单位及优秀教练员，代表国网四川省电力公司参加国家电网公司竞赛获个人　等奖。参加国网四川电力法治企业建设知识竞赛获团体二等奖、优秀组织奖，参赛员工分获个人一、二、三等奖。主动维权案例入选国家电网公司经济法律工作最佳案例。编制国网德阳供电公司法治资讯，以手机报的形式每月一期，面向全体员工全方位开展普法宣传，针对业务部门法律需求，结合员工关心的热点问题，举办多期法律知识讲座。开展国网通用制度“落地协同机制建设”试点，“通用制度进班组”活动。开展电力营销管理法律风险防范试点，电网建设相邻关系法律风险防范研究，电力体制改革相关风险专题研究。分析研究协助执行行政机关停电决定存在的法律风险并编制《协助行政执法操作指引手册》。建立集体企业与主业法律合署办公工作机制，指导集体企业运用法律手段开展账款催收工作，对14个欠款项目进行追偿起诉。全年共审核各类经济合同1084份，参与招标和非招标法律保障72次，协调处理各类纠纷案件18起，提出法律意见书3份，发出风险提示书2份。

该公司组织专责，分专业、岗位多次讨论、反复修改，并广泛听取各项目主管部门、基层单位的意见建议，完善文件内容，制订了《国网德阳供电公司物资管理考核实施意见（试行）》和《国网德阳供电公司评标专家管理办法实施细则（试行）》，并经办公会讨论一致通过，正式下发公司各单位，规范公司物资管理工作，提升公司物资管理水平。全年完成物资及非物资共计24个批次需求计划上报工作，每月完成协议库存物资审批、分配工作，每月完成非物资非招标及框架、定点采购批次需求计划审批工作。全年共接收书面计划148项，大修43个项目、农网20个项目、技改47个项目、配网8个项目、其他45个项目。共计创建采购订单2234条，涉及采购申请16759条，订单金额合计2.77亿元。

按照年度审计计划，2016年共开展专项项目审计工作5项，签证审计1266项，提出审计建议和意见174条，审计意见采纳率100%，审计决定完成率100%。组织工程竣工决算审计11批次，累计工程审计涉及项目计划资金达8.19亿元，核减工程成本近600万元。狠抓整改强落实，做好审计闭环管理，圆满完成各项审计任务。随着“大监督”体系小组的效力显著，公司与集体企业合署办公初见成效，审计协同监督领域得到了稳步拓展。不断创新审计方式，2016年共出具在线审计报告4份，项目在线审计率达80%，审计信息化应用得到了有力推进。该公司获国网四川省电力公司审计2014—2015年度审计工作先进单位称号。

国网德阳供电公司检修公司组织二次班安全学习

（国网德阳供电公司　提供）

国网德阳供电公司2016年共开展19个精益化提升项目。其中，由运维检修部承担的“1+1”（国网四川省电力公司部门+基层单位）精益项目《农网运检业务管控精益提升》、孝泉公司《10千伏配网作业标准工时精益管理》获得一等奖，营销部《融入ERP、ECP等现代化工程管理方式下的营销项目管理精益提升》获得二等奖。29名员工通过笔试和面试两轮考核获国网四川省电力公司精益带级人才资格认证，其中24名获得绿带资格，5名员工获得黑带资格。公司《基于卓越绩效评价应用的精益型市级供电企业建设》获得国网四川省电力公司企业管理创新成果一等奖以及四川省企业管理现代化创新成果一等奖，《基于全面精益转型的市级供电企业卓越绩效模式应用研究》获得国网四川省电力公司优秀课题研究成果一等奖。卓越绩效体系应用指数排名国网四川省电力公司首位。

【安全生产】2016年，该公司认真贯彻国家电网公司和国网四川省电力公司决策部署，坚持“提能力、强管控、除隐患、固基础”的安全工作思路，深入开展安全管理提升活动，有效运转全过程安全风险管控体系，创新安全监督方式方法，进一步强化安全管控能力，持续提升本质安全水平，促进公司安全基础更加牢固、管控更加到位，为公司安全发展提供有力保障。强化公司安全生产过程管控，有效运转安全生产内控机制，坚持安全生产“月计划、周安排、日管控”，实行分管生产副职签发第一种工作票，明确临时性生产任务安全管控要求；强化安全教育培训，坚持安全管控人员管控能力和员工“三不伤害”能力提升培训，扎实开展“三种人”《安规》培训调考，实行生产作业人员作业前针对性学《安规》对应条款，提高作业人员安全能力；强化各级安全履责能力和安全工作作风建设，坚持开展“两谈一说”活动，扎实开展“三查三强化”专项行动，深入推进隐患排查治理，规范管理人员到岗到位行为要求，每月开展基层单位安全风险评估；开展安全征文活动，举办班组安全论坛，持续提升安全文化影响力；开展人身伤亡事故、防灾减灾无脚本综合应急演练，加强应急物资管理，不断提升应急保障能力。截至2016年12月31日连续安全生产4295天，安全生产局面持续稳定。

【生产管理】国网德阳供电公司220千伏标准化线路比例96%，220千伏精益化变电站比例88%，20千伏～10千伏城市配网架空线路绝缘化率100%，城市综合供电电压合格率99.999%，农网综合电压合格率99.58%，生产技改大修项目完成率96.42%，输电精益化管理指数92.7分，变电精益化管理指数98.05分，配电精益化管理指数94.12分，配网不停电作业指数 98 分，PMS2.0 应用评价指数 79.98 分。

加强全过程技术监督管控，推行技术监督预告警制度、定期报告制度及技术监督竣工验收制度，实现技术监督工作的全过程、全覆盖。稳步推进变电运维一体，编制运维一体化培训手册、标准化工艺工序卡。开展技术培训，参加技能竞赛，获得团体二等奖的佳绩。建立 5 个运维一体化标准工器具室，购置一辆变电运维一体化车辆，以设备运维工况为导向，以精益化管理为抓手，编制了大修技改项目储备重点，综合基建、迁改、业扩等业务，统筹项目计划储备，实现了大修技改项目计划管控"四提升"，2016 年"生产大修技改计划精益管理项目"获国网四川省电力公司一等奖；强化电压质量管理，核查发布电压监测数据，开展电压质量过程监控，布置 385 台农网电压质量检测仪，完成配网低电压综合整治，城农网综合电压合格率持续保持国网四川省电力公司 A 段。

深入开展设备隐患排查治理，将变电设备从规划、设计、采购、建设、验收、运检、退役等各个阶段的工作与变电精益化评价相结合，对设备进行全过程监控。重点针对避雷针倒塌、断路器拒动、防雷整治、开关柜发热等开展专项隐患排查治理，共计发现各类设备缺陷和隐患 188 项，已处理 126 项，其余未处理的缺陷或隐患均制定了措施加以控制。以深化输电线路"六防"工作为重点，降低线路故障停运机率。建立巡检人员、无人机、视频监控立体化巡检平台，对 89 处关键山火隐患点及 50 处外破隐患点开展了全方位监视。开展输电线路综合防雷整治，安装 220 千伏线路避雷器 9 组及杆塔二次接地，220 千伏线路实现无雷击跳闸目标。完善 63 基杆塔防鸟害措施整治，应用科技手段监测污秽情况并完成 5 处污闪隐患整治，开展风偏校核并完成了 8 处风偏隐患整治，35 千伏及以上输电线路故障跳闸率同比下降了 5.7%。完成了电防雷、防汛隐患排查整治，排查电缆通道 278.5 公里，发现并处理隐患 79 处，配网跳闸率同比下降 13%；制订《国网德阳供电公司设备带电检测三年规划方案》，通过外委及自测方式重点开展 GIS 超声波、开关柜地电波局放带电检测，同步推广了 SF6 气体成像带电检测、紫外带电检测等。共计完成带电检测 6543 台次，发现并处理设备隐患 126 项次。成立了技术攻关实验室，开展了"手车柜动静触头接触行程测试研究""手车开关柜触头对中测试研究""电容器专项治理研究"三个专项攻关课题，其中研制的手车柜接触行程测试仪和对中测试仪填补了国内手车柜接触行程、对中及压力测试的空白。对辖区范围的 35 千伏电缆（14 段 3 公里）、110 千伏电缆（13 段 10 公里）进行电缆路径查询及影像资料收集，开展辖区范围的电缆故障查找工作 12 次，参与主网电缆工程及用户电缆工程验收 22 次。启动"30 分钟抢修圈"，新增城北片区抢修服务站点，完成抢修力量整合，全面推广"五个一"抢修模式，获 2015 年度国网四川省电力公司管理创新三等奖。高效完成国家电网公司高海拔地区配网带电作业试点工作，通过各级人员充分准备，精细管控，安全优质的完成了既定任务，赢得了国家电网公司的高度肯定。

【农电工作】2016 年，农电工作紧紧围绕总体目标，统筹协调农网改造升级、大修技改资金、农网运维费使用，及时解决农网低电压问题。投入资金 1.74 亿元，完成治理低电压台区 477 个、解决低电压客户 17125 户。加强农电基础管理，推进农村供电所业务委托工作，加大对供电所人力、物力、财力投入，实施"供电所管理提升"工程，进一步提升农村供电所规范化、标准化管理。强化"三本台账"管理，进一步深化"包片进村"和农村"五个一"服务，准确了解用户所关心和反映的各类用电问题，持续提升供电所优质服务水平。德阳什邡 10 千伏回和一路新建工程被评为国家电网公司 2016 年配电网百佳工程。

【科技与信息化工作】国网德阳供电公司承担科技项目 5 项，其中国网四川电力管理项目 3 项（牵头 1 项、配合 2 项），群创 2 项。该公司强化科技创新项目计划管控和过程督导，季度开展跟踪督促并对检查情况进行通报，协调解决项目执行过程中存在的问题，确保项目保质保量按期完成。20 项专利取得专利证书（发明专利 6 项）、29 项专利取得授理通知书（发明专利 7 项），72 篇论文在省级及以上刊物发表，其中核心期刊 5 篇，完成 17 项职工技术创新项目成果发布。

【市场服务】该公司 2016 年完成并表口径售电量 97.79 亿千瓦时，同比增加 4.45 亿千瓦时，增幅 4.76%，电费回收实现 11 年双结零，安全、服务零事故，营销业绩与管理指标双第一，营销同业对标综合全省连续五年第一。加强营销服务、市场开拓工作的综合组织和协调，全力增供扩销。一是全力抓好"新增大客户和产业园区落地服务"一把手工程，加强与各级政府部门沟通汇报，掌握相关工作动态，进一步简化业扩报装手续、优化业务流程，不断提高市场竞争能力。二是加强企业联动，全力做好招商引资供电服务。三是坚持重点项目跟踪督办制度，实行重点项目周跟踪、月通报，确保用电客户及时用电。四是巩固领导挂点联系制度，架好大客户用电需求直通车，及时了解客户后期的生产计划、用电意向、企业面临的困境等，尽最大努力服务客户，配合客户多用电。五是加强售电量过程管控和电力市场动态跟踪分析。六是加强业扩过程管理，强化业扩时限管控，切实缩短客户用电等待时间。七是积极争取和充分利用政策，随时跟踪政策动态，第一时间传达到用户，协助用户测算，鼓励用户多生产。八是积极推进电能替代工程、开拓新兴市场。九是保质保量完成农村居民智能电表推广实施，优化施工方案，减少停电。十是积极推动电能替代工程、开拓新兴市场。加强对终端能源市场的调研分析，开展安全、环保、绿色能源宣传，联合经信委、安监局开展有针对性的商业及民用燃气替代电力宣传，开展燃煤、燃气加热设备电力替代宣传，2016 年完成电能替代项目 8 个，替代电量 2.49 亿千瓦时。

该公司实施计量全业务全过程精益化管理，量化 8 大重点环节的过程管理指标，全面完成计量设备资产信息清理工作，计量资产全寿命周期管理规范率达到 99%。建立撤旧设备质量问题分析制度，开展计量资产寿命预测，提升计量资产效率。开展计量投诉、故障抢修、采集建设应用中发现的计量设备质量问题的统计与分析，强化计量问题整改闭环管理。转变计量传统的关口运维管理模式，深化了关口计量装置运行状态监控管控，加强了关口计量装置技术监督和隐患排查治理，建立关口运行状态评价机制。建立了关口与采集协同工作机制，提升现场技术服务和业务管控质效，加快推进关口计量装置在线检测与状态评价建设，提升关口智能化运维水平。加快智能电表和采集系统安装调试，实现城区智能电表全覆盖，有序完成 15.1 万只。加强采集新功能建设，深化采集实用化应用，客户远程购电取得突破，实现专变全采集 6270 户，全采集率 99.15%；低压采集 147.6 万户，采集率 98.39%；公变采集 15496 台，采集成功率 99.11%，计量同业对标指标管控有力，取得了国网四川省电力公司系统排名 A 段的成绩。

按照电网负荷缺额，编写《德阳电网 2016 年度有序用电预案》，积极向客户宣传供用电形势，温馨提示相关停电信息，做好大客户生产指导和服务工作，使其合理调整生产计划避峰、错峰生产。积极开展有序用电工作，进一步加强电力需求侧管理。清理全公司所有专变用户用电情况，制定科学合理的有序用电预案。迎峰度夏（冬）期间，保证了电网安全和居民及其他重要客户用电，迎峰度夏、度冬期间没有发生拉限居民及其他重要客户用电事件，没有发生因执行有序用电而出现的优质服务事件。在国家节能减排政策下，积极引导协同用户建设余热自备电厂，充分利用余热，减少能量损耗。该公司重点做好“新增大客户和工业园区落地服务”一把手工程，以建立“业扩三本台账”为主线，搭建与客户用电需求、营销业务办理、电网规划及配套建设三座“连心桥”，以优质超前的服务争取更多新客户。进一步简化业务受理手续， 全业务全流程实行一个业务章、一个合同章，取消客户投运手续办理，严格执行 “一证受理”“首问负责制”和“一次性告知” 等相关要求，实行全业务“免填单”服务， 推行“一次临柜”，对补（换）卡业务实行“零证办理”，对暂停、恢复等业务实行“预约服务”。严格执行 “集中会商制”和“现场办结制”，落实国网四川电力业扩出资建设界面新规，理顺业扩各配套工程环节，优化细节流程，出台配套操作手册和提升措施。优化简化产权移交流程，加快移交进度，排查大小不同的“一户一表”居民小区 1994 个，形成三个排查清册，签订正式移交协议 413 个，新上小区全部签订移交意向协议。快速推进国有企业三供一业移交工作开展，清理出的 26 家企业全部签订框架协议，二重、东电等大型国有企业 70%以上居民户数已完成正式移交。严控业务线下流转和业扩时限，2016 年是业扩报装政策及业务流程大变革的一年，在变更期间，业务平稳推进，未出现超时业务，业务各环节时限合格率 100%。全面落实全流程管控平台，开展全流程管控平台试点工作，配合国网四川电力迎接国家电网公司全流程管控平台检查。组织完成新装、增容用户 52704 户，总计容量 105.54 万千伏安，其中：高压用户 596 户，容量 46.81 万千伏安；低压用户 52108 户，容量 58.73 万千伏安。

国网德阳供电公司主动适应经济新常态和电力体制改革新形势，以“1+1+1”管理模式，即优服办牵头、专业协同负责及基层单位主体责任，落实客户满意提升工程。坚持以市场为导向，以客户为中心，主动服务优质大客户。规范做好普遍服务，切实提升服务响应速度，做实做细“网格化”服务体系，按照国网四川电力的统一部署，探索建立市县供电服务指挥中心。大力推广“互联网＋供电”服务，大力开展网上购电远程下发、业扩报装网上申请、业务办理进度跟踪查询、停送电信息精准推送等服务，尝试通过大数据分析实现远程购电抢修分级管理。加大服务管控力度，实行供电服务专业负责、限时办结制。建立供电服务“曝光台”，实行典型案例及时曝光，重复投诉挂牌整改。实行供电服务隐患排查“零报告”制度，各单位每月对供电服务隐患进行自查并上报公司优服办，做到对服务风险心中有数，实现供电服务风险提前整治与闭环管理。大力实施营业厅转型升级。开展社区电力自助营业厅建设。拓展营业厅功能，试点建设1～2个营业厅智能家居展示区。

深入开展业务质量监控工作。一是加强信息化系统应用，加大对各类异常数据的分析整改力度，特别是涉及量价费的异常数据。工单派发率、工单回复率、问题整改率达到100%。二是围绕经济效益与重点工作开展专项稽查，完成了用户线损计收、零度户清理和营配调贯通等专项工作，并对发现的问题进行了落实整改。三是深化营销综合评价，加强营销日常业务管控，修订营销综合评价指标并按照指标体系完成基层单位2016年营销综合评价，评价结果作为营销评先评优主要参考。四是加强营销同业对标过程管控，查找弱项指标落后原因，制定提升措施，确保同业对标工作“可控、能控、在控”，实现2016年营销业绩与管理指标双第一，营销同业对标综合国网四川省电力公司系统连续五年第一。

【党的建设和精神文明建设】国网德阳供电公司扎实开展“两学一做”学习教育。开展党委中心组学习15次，深入学习习近平总书记系列重要讲话，班子成员研讨发言、讲授专题党课14次。结合中共十八届六中全会、国有企业党建工作会精神，开展专家辅导讲座，形成理论调研文章、管理创新成果29项，积极推动理论成果转化，“学”的基础进一步打牢。深入开展“三亮三比”和“走基层、解难题、办实事、惠民生”主题活动，引导党员在工作中比业绩、作贡献。对照“四讲四有”要求，制定合格党员标准210条，设立党员示范岗176个。广大党员在“四个一把手”工程、提质增效等重点工作中亮职责、做表率，以实际行动践行合格党员标准，知行合一“做”出成效。

顺利召开公司第一次党代会，选举产生第一届党委委员和纪委委员，基层党组织按期完成换届选举，完成基层书记党建工作专项述职。规范党内政治生活，“三会一课”有效落实，召开组织生活会、党课550余次。构筑坚强堡垒，深化“结对共建”活动，持续做好“支部晋级”，支部活力全面提升。4个集体获评国网四川省电力公司“先进基层党组织”。完成党员数据清查，建立“一卡一表”档案。规范党员发展程序，新发展党员19名，预备党员转正21名。创新开展“党员三问”、党课展示等教育活动，党员党性修养和宗旨意识全面增强。举办“两学一做”学习教育微宣微讲竞赛，获国网四川省电力公司二等奖。深化“党员评星”，落实党员作用发挥“五个一”措施，1672名在职党员践行公开承诺，获评省国资委优秀党员1名，国网四川省电力公司优秀党员5名。强化责任落实，细化党委工作目标分解，制定57项措施，做到党建工作年初有部署、季度有督促、年终有检查，确保党建工作有序推进。与基层党组织签订目标责任书，推动党建工作责任制有效落实。健全完善党团活动室26个，阵地建设持续加强。开展政工队伍专项调研，举办党务工作培训6次，队伍素质能力持续提升，全面从严治党持续深化。。

2016年8月5日，国网德阳供电公司组织用电服务宣传进社区活动，图为电力员工在德阳市旌东街道办龙井社区开展用电服务宣传　　（国网德阳供电公司　提供）

实施卓越文化传播，全面推进文化长廊建设，企业文化润物有声。创作“诚信、责任、创新、奉献”主题绵竹年画，实现核心价值观有形传播。以群众化、实践化、深层化、典型化、活力化为着力点，构建“五化”文化落地新模式，获评国网四川电力管理创新成果三等奖。以德育企，深入开展特色道德讲堂活动，评选表彰10名“企业好人”，2名员工获评国网四川省电力公司“文明新风奖”，3个基层单位建成国网四川省电力公司双十佳、省级最佳和省级文明单位，实现县公司省级文明单位全覆盖。建立鲁鹏志愿者联盟，开展“学雷锋纪念日”“国际志愿者日”等主题活动32次，受到市委主要领导高度肯定，精神文明建设取得突破。

创新开展素质拓展、交流分享、青年联谊等主题活动，丰富青工工作生活。组织青工积极参加“青年训练营”竞赛，5 人获奖，1 名青工获评国网四川省电力公司“杰出青年岗位能手”。深入开展“青春光明行”活动 15 次，鲁鹏志愿服务队获评“四川省青年优秀志愿者组织”。有效畅通与地方党委政府的沟通渠道，突发群体事件应急处置能力大幅提升，群众来信来电高效办理，有效确保企业和谐稳定。全面提升离退休工作质效，举办弘扬长征精神系列纪念活动，离退休人员精神生活进一步丰富，成功创建省级“敬老文明号”。为离退休人员组织各类文体活动、修建德阳东湖电力社区老年活动中心活动室、与德阳市老年大学合办国网德阳供电公司老年大学办学点，全方位做好离退休人员管理工作。

【国网广汉市供电公司】国网广汉市供电公司是国网德阳供电公司的直属公司，其前身是成立于 1962 年的成都供电局广汉供电所，1984 年隶属国网德阳供电公司，供电服务范围包括广汉市 18 个乡镇及中江县古店乡，供电面积 584.8 平方公里，供电人口 61.07 万，用电客户 27.3 万户。本部设 6 个职能部门：综合管理部、发展建设部、财务资产部、安全监察质量部（保卫部）、乡镇供电所管理部、电力调度控制分中心。2 个职能管理和实施主体双重职责部门：运维检修部（检修（建设）工区）、营销部（客户服务中心）；下设 6 个一线班组，管理 10 个乡镇供电所，有主业员工 87 人。2016 年完成售电量 22.35 亿千瓦时，同比增加 8.95%； 电费回收率 100%；综合线损率 4.67%；人才当量密度 1.0219。

拥有 220 千伏变电站 2 座，110 千伏变电站 11 座，35 千伏变电站 1 座，主变总装容量 157.15 万千伏安。有 10 千伏线路 145 条，总长度 1424.39 公里，其中公用线路 104 条，长度 1345.04 公里，专线 41 条，长度 79.35 公里。辖区内公用配电变压器 2049 台，总容量 43.27 万千伏安，其中城网公用配 电变压器 205 台，总容量 7.58 万千伏安，农网公用配电变压器 1844 台，总容量 35.69 万千伏安。2016 年，公司城网综合供电可靠率 99.957%，农网用户供电可靠率 99.816%，城市综合电压合格率 99.999%，农网综合电压合格率 99.993%。

该公司秉承国家电网公司“努力超越、追求卓越”的企业精神，积极宣贯落实各项电力法规，确保依法治企，实现企业长治久安。先后获国家电网公司一流县级供电企业、国家电网公司农电安全标杆单位、国家电网公司户户通电工程建设先进单位、国家电网公司新农村电气化建设先进集体以及四川省五一劳动奖状、四川省级文明单位、四川省工人先锋号、四川省敬老文明号、国网四川省级卫生先进单位、国网四川省电力公司先进集体等荣誉称号。2016 年，获广汉市地方政府 2016 年度综合考核一等奖及“四美广汉”建设先进单位。

【国网什邡市供电公司】什邡市供电公司成立于 1985 年 2 月，是德阳供电公司直属二级供电机构。担负着什邡市城区及马井、马祖、双盛、禾丰、元石、皂角、回澜、彭州三界 8 个乡镇、102 个行政村的供电任务。设有七部一中心六个班组：综合管理部、财务资产部、安全监察质量部、发展建设部、运维检修部、营销部、乡镇供电所管理部和电力调度控制分中心及配电运检班、市场班、营业班、抄表班、计量班、调控运行班。两个属地化管理的集体企业三新分公司（六个电力服务所）和电建分公司（四个施工队）。上岗人员 76 人（其中全民 65 人，劳务 11 人），上岗人员本科及以上学历 53 人、大专 16、中专及以下 7。高级职称 2 人、中级职称 18 人、初级职称 44 人，技师 37 人。

2016 年完成售电量 14.38 亿千瓦时；电费回收率 100%；综合线损率为线损率 2.89%；什邡电网有 35 千伏及以上变电站 11 座，其中：500 千伏变电站 1 座，220 千伏变电站 2 座，110 千伏变电站 7 座，35 千伏变电站 1 座，变电总容量为 323.51 万千伏安。有 10 千伏线路 66 条，共计 575.609 公里。截至 2016 年 12 月 31 日，已实现连续安全生产 4284 天。

为使电网更加坚强，运行更加安全可靠，该公司明确安全职责，强化现场管控，重点对管控人员的到岗到位情况进行督察，深化落实“月计划、周安排、日管控”，安全顺利完成各类现场作业 1767 次，确保了全年施工安全。深化专项活动，巩固安全基础，落实各项安全专项学习扎实开展安全专项检查活动，落实交通、消防安全隐患排查专项整治活动，强化隐患排查治理工作，并已消除完毕。大力开展低电压治理，2016 年累计整治农网 24 个低电压台区，解决了农村用户低电压的问题。全面推进抢修服务“五个一”，建立公司实训基地提高配网抢修“五个一”及共产党员服务队日常工作技能水平，顺应新形势下抢修服务的高标准、高要求。

为进一步提升优质服务，切实解决客户用电问题，业扩报装继续实行“一证受理”，现场查勘实行联合勘查、一次办结制，为民办电服务水平和服务品质不断提高。持续深化城市“三本台账”工作，全面开展居民客户“五个一”服务，全年走访工业大客户和居民客户共 68697 余次，开展帮扶 50 余次。先后为什邡市党代会、政协会、人代会，2016 年高考、中考、自考等活动进行保电，彰显社会责任。

实施大客户及工业园区专属客户经理制，开展“三供一业”等小区现状排查工作，共排查已建成小区390个，完成41个小区配电设施移交。

该公司突出重点，注重实效，不断提高依法管理、依法决策和依法治理的能力。严格执行“三重一大”集体决策制度，领导干部认真履行“一岗双责”，未发生管理范围内廉政、法律风险问题。深入宣贯国家电网公司核心价值观和企业文化“四统一”要求，大力宣传“诚信、责任、创新、奉献”的核心价值观。积极参与什邡市委发起的“送爱民春风，塑清明春风”活动，解决供电质量问题7项，获得政府及用户一致好评。

国网什邡市供电公司先后获国家电网公司“县级一流供电企业”文明单位，国网四川省电力公司先进党支部、县级供电企业十佳文明单位、模范职工小家、安全先进集体。获四川省文明单位、四川省“工人先锋号”和德阳市最佳文明单位、什邡市“十佳服务窗”口等称号，在什邡市行风评议中名列前茅。

【国网绵竹市供电公司】国网绵竹市供电公司是国网德阳供电公司管辖的二级供电企业。有主业员工88人，设综合管理部、财务资产部、发展建设部、安全监察质量部、运维检修部、营销部、乡镇供电所管理部和电力调度控制中心七部一中心。供电范围包括绵竹市城区及17个乡镇。企业固定资产4.84亿元。2016年全口径完成售电量17.14亿千瓦时，同比增涨11.43%；实现电费回收率100%；城网综合供电电压合格率100%；农网D类供电电压合格99.994%；综合供电可靠性99.7618%；综合线损率为4.61%。截至2016年12月31日累计连续安全生产5780天。

绵竹电网以2座220千伏变电站为电源和电压支撑，通过7座110千伏变电站及4座35千伏变电站，向绵竹市城区及17个乡镇，共计5.54万户城市用电客户和15.41万户农村用电客户供电。供区内共有220千伏输电线路9条，110千伏线路30条，35千伏线路15条，10千伏线路78条。10千伏公用配电变压器2361台，其中10千伏城网配电变压器315台，10千伏农网配电变压器2046台。辖区内10千伏公用线路总长1214.9公里，其中城网161.04公里，农网1053.86公里。10千伏城网线路绝缘化率100%，21条线路全部实现手拉手供电，手拉手供电比例达100%；农网57条线路中45条线路实现手拉手供电，手拉手供电比例为78.9%；全公司城农网线路手拉手供电比例达到84.6%。

国网绵竹市供电公司始终把安全生产放在各项工作的首位，坚持“安全立企”方针，编制完成2016年度安全生产目标、工作思路和重点措施。严格执行安全生产内控机制，加强安全生产过程管控，狠抓“四不两直”安全检查，加大现场作业“反违章”考核力度，切实推进春、秋安以及安全大检查活动和隐患排查治理工作。认真落实强化本质安全工作要求，扎实开展“三查三强化”安全专项行动，深入推进“查隐患、强管控、保平安”百日安全活动，确保安全生产稳定局面。稳步推进电网建设，积极开展“十三五”配网规划工作，深入开展配电网专题规划及建设，成功创建国家电网公司配电网标准化建设改造达标单位。积极拓展增供促销，落实售电量“月计划、周管控”措施，严控业扩报装时限，加强优惠电价政策宣贯，认真落实“四个一把手工程”，建立大客户及工业园区专属客户经理设置方案，建立电费回收客户经理制，积极开展“掌上川电”推广活动，扎实开展客户用电情况检查，营销服务工作成效显著。切实落实党风廉政建设“一岗双责”责任制，扎实推进“两学一做”学习教育活动，开展“三亮三比”主题活动，着力强化队伍建设与班组建设，大力推进企业文化与品牌建设，组织开展国网企业文化示范点创建，积极关心在职及退休职工生活和身心健康，切实提升员工归属感和幸福感。

该公司持续深化“两个转变”，加强“三个建设”，团结务实，拼搏创新，完成全年工作任务，获国网四川省电力公司“先进基层党组织”、2014—2016年度“十佳文明单位”，国网德阳供电公司“安全生产先进单位”、“党建基础工作先进单位”、2016年度“企业文化建设先进单位”等荣誉称号。

【国网罗江县供电公司】国网罗江县供电公司于1993年7月组建，担负着罗江县城及10个乡镇，以及绵阳安县永河镇的供电任务，供电面积480平方公里、供电人口26万余人，有各类用电客户98791户，其中大宗用电客户90户，供区所属四川省金路树脂有限公司为国网德阳供电公司第一大客户。设有9个部室班组，7个供电所，1个农村电费稽核中心。属地管理集体企业三新罗江分公司与明源罗江分公司，三个公司共有员工243人，其中：主业58人、三新罗江分公司163人、明源罗江分公司22人。2016完成售电量9.31亿千瓦时；综合线损率为3.41%；并实现连续20年电费回收率、解交率100%。截至2016年12月31日实现安全生产8558天。

供区内共有变电站12座，其中500千伏2座、220千伏1座、110千伏4座、35千伏5座，220千伏及以下变电总容量69万千伏安。有35千伏及以上输电线路163.5公里。罗江配网共有10千伏线路795条809公里，其中主线44条（实现手拉手供电27条）；低压线路2650余公里。配电变压器1485台，总容量28.03万千伏安。

国网罗江县供电公司成立以来，在历届班子的带领下，各项工作取得了长足进步，得到了上级认可，先后获得了国资委“中央企业学习型红旗班组”；共青团中央“青年文明号”；四川省“文明单位”；四川省“农网建设与改造先进集体”；国家电网公司“安全生产先进集体”、文明单位；国网四川省电力公司首届县级供电企业“十佳”文明单位；德阳市“工人先锋号”、“抗震救灾先进集体”等荣誉。

【国网中江县供电有限责任公司】国网中江县供电公司前身是德阳电业局中江供电公司，2005年由国网四川省电力公司80%控股，2014年开展股权上划工作成为国网四川省电力公司全资子公司，2016年开展“子改分”工作成为国网四川省电力公司县级分公司。设综合管理部、发展建设部、财务资产部、安全监察质量部（保卫部）、乡镇供电所管理部、电力调度控制分中心、运维检修部（检修（建设）工区）、营销部（客户服务中心）8个职能部门，11个班组及22个供电所，有主业员工174人，属地化管理三新中江分公司员工480名。

2016年完成售电量8.08亿千瓦时，同比增长14.53%，达历史新高；电费回收率100%；综合线损率9.23%，同比降低0.9%，比年度指标降低0.82%，实现历史性突破；截至2016年12月31日实现连续安全生产3803天。辖区内有35千伏及以上变电站17座，其中：220千伏变电站1座，110千伏变电站6座，35千伏变电站10座。35千伏及以上输电线路465.59公里，其中：220千伏线路51.37公里，110千伏线路248.79公里，35千伏线路165.43公里，10千伏线路3385.54公里。

该公司始终将安全工作摆在各项工作之首，狠抓安全管理提升，顺利通过了国网四川省电力公司安全性评价。扎实开展“三查三强化”安全专项行动，深入推进“查隐患、强管控、保平安”百日安全活动，全力确保安全生产稳定局面。大力开展反违章工作，充分发挥农电巡查大队作用，运用农网安全管控平台，加大作业现场安全监督力度，强化“同进同出”和临时性生产任务的管控，确保施工现场“可控、在控、能控”。稳步推进电网项目建设，完成110千伏广福变电站Ⅰ号主变改造，做好小型基建典型设计试点建设项目，通过了国网四川省电力公司的检查并获肯定。扎实开展营销服务，制订了《优质服务管理“五严五制”措施》和《季度服务之星评选工作实施细则》，形成明察暗访和回访常态化管理工作机制，建立业扩三本台账，快速响应大客户和工业园区客户用电需求，积极开展“三表合一”采集建设试点工作，是国网德阳供电公司首家实现实时数据集成采集的县级供电公司。积极开展“效益提升年”活动，大力开源节流，严格成本预算管理，实现降损2500余万元。积极推进公司“子改分”工作，是德阳首家依法合规完成“子改分”全部13项关键节点工作的单位并实现分公司运营。配合完成“三本台账”社会责任根植视频拍摄工作，促进“台账”与社会民生的有效融合。做好石垭子村、拱桥村结对共建和电力精准扶贫，实现企业与社会和谐发展。通过四川省文明单位的复查，蝉联省级文明单位称号，获评国网四川省电力公司2016年度安全生产先进集体。

【国网什邡市供电有限责任公司】国网什邡市供电有限责任公司前身为民营控股的什邡明珠电力有限责任公司，2009年1月改制为由国网四川省电力公司控股的国有控股公司并由国网德阳供电公司管理，2015年9月，公司完成全国资改革。领导班子设有7人，设六个职能部门、三个支撑机构、7个供电所，总人数402人，其中：主业在岗201人、离岗退养13人，集体企业在岗人员32人，农电工156人（由什邡市章洛分公司聘用）。主业人员平均年龄42.5岁，取得高级职称1人、技师及以上技能等级71人、中级职称17人、初级职称175人，有中专及以上学历人员231人，大学本科及以上学历158人，有退休人员156人。供电区域面积622平方公里，约为全市行政区域的72%，主要分布在山区和沿山区，共有用电客户79107户，其中专变用户400户，装接容量32.78万千伏安，供电量约占全市用电量的50%。下辖15个变电站，其中：110千伏变电站3个，35千伏变电站12个，变电总容量51.8万千伏安。有110千伏线路7条73公里，35千伏线路23条147公里，10千伏线路54条701公里。

2016年，实现售电量7.6亿千瓦时；电费回收率为100%；综合线损率为4.02%；电费回收率100%，电费解交率100%。该公司成功创建为省级最佳文明单位，荣获国网四川省电力公司首批企业文化示范点，档案规范化管理达省一级标准，获国网四川省电力公司先进分工会，德阳市“巾帼建功”先进集体称号。

【国网德阳市孝泉供电有限责任公司】国网德阳市孝泉供电公司原为乡镇企业，2001年德阳明源集团控股，2009年国网四川省电力公司控股（注册资本500万元，由两大股东组成：国网四川省电力公司持股83.49%，绵竹孝德水电公司持股16.51%)。2012年3月绵竹孝德水电公司将持有股份转让给四川省电力公司，孝泉供电公司成为国网四川省电力公司的全资子公司。2016年7—12月期间，通过四川省、德阳市公司“子改分”，孝泉供电公司完成从国网四川省电力公司全资控股工资到国网德阳市孝泉供电分公司的历史性转变。公司有长期员工67人，三新员工28人，退休职工14人。设综合管理部、安全监察质量部、财务资产部、运维检修部（下设配电运检班)、电力调度控制分中心、营销部、孝泉供电所、孝德供电所。供电营业区域110平方公里，担负着德阳市旌阳区孝泉镇、绵竹市孝德镇的供电任务，用电户数3.2万户，供电人口约10万人。公司的主供电源点是110千伏孝泉变电站，备用电源点是绵竹供电有限公司的110千伏麻柳站35千伏柳东线。有35千伏变电站共3座，总容量为3.86万千伏安。有35千伏线路25.34公里，10千伏配电线路244公里，0.38/0.22千伏配电线路610公里，配变总容量9.53万千伏安/508台。供区内有13座水力发电站在公司并网，总装机2758千瓦。

2016年，主要经营指标平衡协调，“提质增效”目标顺利实现，“子改分”工作圆满完成，体制改革迈出了重要步伐。文化引领初现成效，精益化管理进一步加强，人才队伍建设斩获佳绩。在安全生产、电网建设、优质服务、规范管理、队伍建设、体制改革等各方面都取得了不同的进步，企业发展质量和效益明显提高。完成“三个突破”、“三个一流”的年度工作目标，工作业绩得到了国网四川电力和国网德阳供电公司的充分肯定，为下阶段工作的顺利开展奠定了坚实基础。

全年未发生单位、干部和员工违反党风廉政建设规定的行为，未发生影响企业稳定的事件，未发生人身、电网、设备事故，未发生交通、火灾事故。截至2016年12月31日实现连续安全生产5661天。完成售电量0.91亿千瓦时，完成年计划0.95亿千瓦时的96.30%，同比减少6.85%；供电综合线损率6.10%，比计划数6.20%下降0.10个百分点，同比下降0.04个百分点；电费回收率和解交率100%。2016年农网改造升级项目13个，计划资金1264万元，项目已全部开工，已完工项目3个。井井通电项目11个，计划资金100万元，已全部开工。技改项目1个，项目计划资金90万元，已完成项目财务决算，决算总额77.54万元。低压业扩项目已完成结算62.47万元。10千伏业扩配套项目计划资金30万元。

该公司自主项目《10千伏配网作业标准工时精益管理》，获2016年国网四川省电力公司精益化项目一等奖；获国网德阳供电公司企业文化工作知识先进集体、“第七届班组安全论坛”二等奖、“法治企业建设竞赛”二等奖和“党纪党规印我心知识竞赛”优秀奖等荣誉。1名员工荣获国家电网公司“法治企业建设知识竞赛”个人一等奖，1名员工获评国网四川省电力公司精益化黑带，1名员工获评国网四川省电力公司优秀技能人才，1名员工入选国网四川省电力公司“电力雏鹰”计划，1名员工代表国网四川省电力公司走上央视“我要上春晚”“春晚直通车”舞台。

【国网罗江县供电有限责任公司】国网罗江县供电公司，其前身为罗江县水电厂，始建于1958年，1999年改制为罗江县星光电力公司，2003年1月与德阳明源电力（集团）有限公司资产重组，成立德阳罗江明源电力有限责任公司。2009年1月，正式被四川省电力公司控股，由原“德阳罗江明源电力有限责任公司”更名为“四川罗江供电有限责任公司”。2013年9月按照国网四川省电力公司要求更名为“国网四川罗江县供电有限责任公司”。承担着3个乡镇、9个行政村，1.49万余户，4万余人的供电任务，供区面积57平方公里。设综合管理部、运维检修部、营销部3个职能部门和配电运检班、营业班两个业务支撑机构。公司总人数51人，平均年龄40岁，均为长期职工，无农电及其他用工。其中：领导班子成员设有6人（罗江县供电分公司领导班子成员兼任5人、德阳供电公司下派领导1人)。在岗人员（不含兼任领导及下派领导）取得中级职称4人、初级职称39人，技师9人、高级工16人。为有效实现人力资源互补、实现控股公司管理水平并轨提升，整合配网抢修服务工作。立足罗江县域两家供电单位、一套领导班子的实际情况，完成罗江县供电分公司和罗江供电公司配电运检班的整合工作，实现配网抢修“五个一”。

该公司主要经营范围为供电营业区域内的电力购售。所属电网的管理和电力设计、建设、承装、承修、承试电力设施。(以上经营范围国家限制或禁止经营的除外，需经有关部门批准的，必须取得相关批准后，按照批准的事项开展生产经营活动)。按照国网四川电力、德阳供电公司指导管理要求，经过公司多次与自然人沟通协调，平稳有序地推动了股本退出各个环节步骤的实施，2016年11月28日完成民营股本退出，为实现全资子公司迈出了坚实的第一步。公司注册资本423万元，国网四川省电力公司占股100%。

拥有10千伏开关站1座，10千伏配电线路78.31公里，0.4/0.22千伏线路66.15公里。10千伏配电变压器203台/8.91万千伏安。供电可靠率99.94%，电压合格率99.997%。2016年完成售电量0.69亿千瓦时，线损率为5.64%，电费回收率100%。截至2016年12月31日，累计安全生产5110天。

【国网德阳市绵东供电公司】国网德阳市绵东供电公司位于四川省绵竹市东北镇联合村三组。于2016年7月成立，吸收合并原国网绵竹市供电有限责任公司，企业类型为全名所有制分支机构（非法人）。主营业务为：电力生产、销售、电力输送。有职工190人(含农电13人)，其中具有本科学历及以上学历职工95人，专科学历52人，中等职业教育3人，高中学历3人，初中及以下16人。大专及以上学历的比例为85.2%。具有专业技术资格的人员118人，占职工总人数的69.82%，其中：中级职称13人，初级职称105人；按技能等级分组：具有技能等级的员工133人，占职工总人数的78.7%，其中：技师41人，高级工59人，中级工33人。下设综合管理部、财务资产部、安全监察质量部、发展建设部、调度控制分中心5个职能部门和营销部、运维检修部、水电运检中心3个业务支撑机构，设置供电所1个。主要供电区域为绵竹市清平乡、天池乡全部区域和绵竹市拱星镇、汉旺镇、兴隆镇以及东北镇部分行政区域，营业面积约360平方公里。网内现有2×2500千瓦水力发电站1座；110千伏变电站2座，变电容量12.15万千伏安；35千伏变电站6座，变电容量5.82万千伏安；110千伏线路13.33公里，35千伏线路57.34公里。

该公司以“提能力、强管控、除隐患、固基础”为安全工作思路，全年未发生一起人身、电网、设备及信息安全责任考核事故，截至2016年12月31日实现安全生产4749天。2016年公司完成销售电量3.4亿千瓦时，比去年同期增长了12.56%；综合网损1.9%；农网综合电压合格率99.987%；供电可靠率99.884%；两票合格率、标准化作业执行率、检修计划及抢修工作完成合格率、缺陷处理率均达到100%；大修、技改项目完成率100%，工程竣工决算办结率100%。

【德阳明源电力（集团）有限公司】德阳明源电力（集团）有限公司（下称“明源集团”）成立于2000年8月，注册资本7000万元人民币。下辖德润电建分公司、广汉电建分公司、绵竹电建分公司、什邡电建分公司、罗江电建分公司等12个分公司和德为电力有限责任公司、明瑞物业管理有限公司2个子公司，共计14个分、子公司，为国网四川省电力公司主办并授权国网德阳供电公司代为履行监管职责的集体企业。有员工1243人，其中大专及以上学历789人，中级以上职称等级104人。2016年，组织开展各类培训603项，6169人次参加培训，累计超过4万课时，人才当量密度0.7909，同比提高27.7%。

2016年，明源集团平台企业建设基本完成，集体企业改革改制圆满收官，减压集体企业6户，清理无效低效参股企业4户，集体企业“同业对标”体系正式运行，一个产权结构清晰、治理结构规范的企业管理体系正逐步形成。

该公司建立并完善管理制度118个，机制建设再上台阶。组建主业与集体企业审计、法律一体化运作平台，法律风险防范体系建设持续深化。严格薪酬管控，推行季度考核，内控水平不断加强。会计核算中心正式投运，同城集约启动，财务管理升级提档。物资集约化水平持续提高，2016年全年集中采购率达80%以上，整体统管率达90%以上，仓库标准化、规范性评比位列国网四川省电力公司范围内集体企业前三甲。

2016年，明源集团大力推行标准化项目部建设工作，220千伏朝广线工程、220千伏昭广线工程、南充搬罾110千伏线路工程、中江永安35千伏变电站新建工程施工项目部在国家电网公司、国网四川省电力公司各项检查中均获得了高度评价。深入贯彻“安全第一、预防为主、综合治理”的工作方针，坚持“提能力、强管控、除隐患、固基础”的安全工作思路，深入开展安全管理提升活动，创新安全监督方式方法，进一步完善施工全过程风险管控体系，本质安全水平显著提升。截至2016年12月31日实现连续安全生产5989天。

2016年，该集团公司在持续做强本地市场的基础上，积极拓展域外业务。共签订合同649项，金额4.34亿元。立足本地，承接农网改造工程、中心村改造工程、“井井通”工程、用电信息采集系统工程、智能电表改造升级工程等项目。践行“走出去”战略，深化天府新区、广元、资阳地区市场，开辟南充市场，成功中标成都天府新城10千伏万州路线路新建工程、广元赤化至剑门关牵引站220千伏线路工程、南充搬罾220千伏开关站扩建工程等项目。2016年，全年在建异地工程项目19个。成功获取贡嘎110千伏变电站改扩建工程等3个项目，实现省外市场“零突破”。

【德阳市三新电力服务有限公司】德阳市三新供电服务有限公司于2012年8月20日正式挂牌成立，下辖7个分公司，共有员工1770人。2016年，公司在国网德阳供电公司的坚强领导下，认真贯彻落实国网德阳供电公司各项决策部署，着力强化关键指标管控，完成了年度目标任务，公司发展呈现稳中求进、稳中向好的良好态势，各方面工作平稳有序推进。完成了农村供电所业务委托工作，全年没有发生人身伤害事故、设备事故、重大火灾事故、负同等及以上责任重大交通事故、负同等及以上责任的农村触电伤亡事故；售电均价、线损率、电费回收率、电压合格率、供电可靠率全部完成上级规定指标，截至 2016 年 12 月 31 日实现连续安全生产 1588 天。2016 年，公司不断完善安全管理规章制度，明确安全责任，强化过程控制，落实防人身事故措施，强化责任制度落实，安全生产态势良好。有序推进运维专项项目实施，加强农网运维质效管理、设备缺陷闭环管理和隐患排查治理，生产运维管理措施得力，电网运行稳定。经营管理不断加强，服务水平持续提升，配电工程建设有序推进，电网结构不断改善。完成中江和什邡章洛子改分公司的相关财务工作，强化财务管理、提升财务管控能力。修订了绩效工资、劳保等相关制度，深入推进全员绩效管理工作，严格按照程序开展组织机构改革，加强人力资源管理，调动员工工作积极性。强化内控机制，不断健全协同监督机制，完善“三重一大”决策机制，建立有效的风险控制体系，依法治企不断深入，法治意识持续增强。扎实推进“两学一做”学习教育，推进服务型党组织建设，深化党员责任区建设。加强全员教育培训，进一步深化劳动竞赛、岗位练兵和技术比武工作。通过开展运动会、职工疗养等活动关心关爱员工。

（刘　桢）

国网雅安供电公司
国网雅安电力（集团）公司

【企业概况】 国网雅安电力（集团）股份有限公司（简称“雅电集团”）前身为西康康裕公司雅安水力发电厂，成立于 1942 年，2008 年年底由国网四川省电力公司控股管理，为国网四川省电力公司特一型企业。该公司集发、供电于一体，电网规模居四川全省第五位，承担着雅安市六县两区的供电任务，供电面积 1.53 万平方公里，拥有供电客户 63.5 万户。本部设 11 个职能部门、8 个业务支撑机构，下辖 8 个县级供电公司，其中：国网雅安电力（集团）公司雨城供电公司为雅电集团分公司，国网荥经县供电有限责任公司、国网雅安市名山供电有限责任公司、国网天全县供电有限责任公司、国网汉源县供电有限责任公司、国网芦山县供电有限责任公司、国网宝兴县供电有限责任公司为雅电集团全资子公司，四川富源电力股份有限公司为雅电集团控股子公司。拥有雅电发电公司、蜀能公司、雨都饭店 3 个专业化公司和集体企业科元公司。

2016 年 10 月 28 日，四川省文明办对国网雅安电力（集团）公司“省级最佳文明单位”创建工作进行测评验收（熊德兵　摄）

国网雅安供电公司（简称雅安公司）成立于 2005 年 12 月 23 日，系国网四川电力的分公司，主要负责国网四川电力在雅资产的建设、运行、维护和管理，负责对雅电集团进行电量趸售和结算。从 2009 年 3 月起，该公司领导班子和员工以整体对口援建的方式，到雅电集团任职、工作，参与雅电集团的经营管理，所属电网设备的运行、维护委托雅电集团实施。雅安公司下设 8 个职能部门、2 个业务支撑和实施机构，无直管供电公司等二级单位。

截至 2016 年年底，雅安电网拥有 500 千伏变电站 2 座，变电容量 375 万千伏安，500 千伏线路 18 条 2265 公里。该公司（雅电集团和雅安公司）辖 35 千伏及以上变电站 101 座，主变容量 616 万千伏安，其中：220 千伏变电站 9 座，主变容量 264 万千伏安；110 千伏变电站 40 座，主变容量 312 万千伏安；35 千伏变电站 52 座，主变容量 40 万千伏安。管辖 35 千伏及以上输电线路共计 2988 公里，其中：220 千伏线路 459 公里；110 千伏线路 1192 公里；35 千伏线路 1337 公里。10 千伏配变台区 7563 个，10 千伏线路 5728 公里。雅安电网位于“九石雅”水电送出通道，网内小水电分布广泛，是一个典型的有源网络。网内并网电站 643 座、装机容量 185 万千瓦，其中雅电集团自有电站 32 座、装机容量 14.06 万千瓦，分布于四县一区（荥经县、汉源县、宝兴县、芦山县、雨城区），装机容量在 4000 千瓦以上的电站有 11 座。

2016 年，雅电集团完成全口径售电量 86.36 亿千瓦时，同比增长 4.13%；完成固定资产投资 5.76 亿元；综合线损率 5.69%，同比下降 0.04 个百分点；资产负债率 74.63%，同比下降 1.56 个百分点；流动资产周转率 4.07 次。业绩考核和同业对标分列国网四川省电力公司系统第 12 位和第 16 位。全年未发生受国网四川省电力公司考核的安全、服务、稳定、廉政事件。

【人力资源】该公司全口径用工总量 4044 人（含石棉县政府派遣 1 人），有离退休退职人员 1065 人。按用工形式划分，长期职工 3467 人，劳务派遣 577 人。员工平均年龄为 43.1 岁，人才当量密度 0.9092，同比提升 0.024，“三无人员”全面消除。

2016 年，雅电集团充分发挥教育培训“一中心两基地”作用，全年举办培训班 462 期，参培人员达 9500 余人次，342 人实现学历、职称或技能等级提升，队伍综合素质得到有效提升。竞赛调考实现新突破，获得团体奖项 4 个，4 名员工受到表彰，其中 1 人取得国家电网公司调考第四名的优异成绩。

【电网建设与发展】紧密结合雅安经济社会发展需求，编制完成《雅安市“十三五”新一轮农村电网改造升级规划》。加强重点项目属地协调，500 千伏雅安送出加强工程项目前期进展顺利。提前开展前期工作，110 千伏雨城严桥输变电工程等 8 个项目取得核准批复。电网灾后恢复三年累计建成项目 106 个、完成投资 11.6 亿元，顺利实现“三年基本完成”目标。严控电网建设进度和质量，名山 110 千伏永兴输变电工程等 7 个项目开工建设，黄岗 220 千伏变电站扩建工程等 10 个项目竣工投运，川藏铁路雅安牵引站 110 千伏供电工程进展顺利。完成发输变电设备大修项目 45 个、技改项目 57 个、配网建设改造项目 4 个。天全公司生产调度综合楼等 8 个小型基建项目竣工投运。

【经营管理】该公司积极应对经济下行和工业结构转型升级压力，扎实推进“效益提升年”活动，多措并举提升经营效益。努力增供扩销，完成业扩报装容量 88.8 万千伏安，同比增长 24.6%。大力实施电能替代，完成电能替代电量 1500 余万千瓦时，超过年度目标 2.1 倍。加强自有电站运维管理，自发电量达 6.32 亿千瓦时，同比增长 15.15%。强化经济调度，约 1.84 亿千瓦时电量由上网转为网内消化。加强电费风险防控，电费回收实现“双结零”。强化线损精益化管理，线损电量同比减少 2260 万千瓦时。着力开展“量价费损”异动监测和营销稽查，挽回经济损失 189.51 万元。加强亏损企业治理，国网汉源县供电公司实现政策性扭亏为盈，发电公司减亏 89.16%。加快低效发电资产处置，关停电站 2 座、挂牌 1 座。加快推进汉源瀑电迁复建电力资产移交，完成主网资产入账 1.31 亿元。强化资金集约化管理，置换高息贷款 1.26 亿元，外部银行贷款规模同比减少 1.37 亿元，财务费用同比减少 1016 万元。加大物资盘活利库管控，库存余额压降 224.36 万元，同比压降 31.5%。集体企业加强市场开拓与债权回收，实现营业收入 4.8 亿元，同比增长

2016 年 11 月 15 日，国网雅安电力（集团）公司员工正在对新棉 220 千伏变电站实施综合自动化改造，图为 HGIS 设备安装现场 （汤小强 摄）

12.15%；应收账款周转率 4.4 次，同比增长 3.53%。

【安全生产】扎实推进本质安全工作，认真落实各级安全责任，确保了安全生产平稳态势，实现安全生产 2191 天。制定“三种人”、外协施工队伍等安全管理制度，落实“两措”计划 96 项，安全生产保障体系进一步健全。深入开展“三查三强化”专项行动，整治安全隐患和缺陷 1700 余项；全面完成 220 千伏新棉变电站技改及 17 座变电站集中检修，设备停电天数减少 90%，本质安全水平稳步提升。落实属地安全监管责任，加大作业现场安全督查和违章曝光力度，严肃查处各类违章 2000 余项，安全监督管理进一步加强。严格执行施工作业“月计划、周安排、日管控”，强化作业过程关键环节控制，现场安全管控水平有效提升。开展军企联动防灾减灾、备调切换、通讯应急等实战演练，成功应对雪灾、石棉山体滑坡等 5 次电网灾情，应急处置能力不断增强。安全警示教育室建成投运。圆满完成李克强总理视察雅安等重大保电任务 17 次，得到雅安市委、市政府领导充分肯定。全年未发生受国网四川省电力公司考核的人身、电网、设备、水电、交通、消防、信息安全责任事故。

【农电工作】该公司全力攻坚农网、中心村、井井通电改造工程，完成农网改造升级工程共 2 批次 784 个项目建设。扎实开展 2016—2017 年小城镇（中心村）、机井通电改造工程前期工作，做好 2017 年农网改造升级工程项目的储备。开展农配网施工现场检查 26 次，加大问题的曝光、处罚力度，增强施工人员安全意识，有效预防安全事故的发生。全力配合地方政府做好贫困村供电保障，2016 年底，雅安全市 261 个贫困村中，在公司供区内的 250 个贫困村生活用电已全部达到政府脱贫要求，其中 155 个贫困村能满足未来 5 到 10 年的生活用电增长需求。着力提升供电所管理水平，荥经新添供电所获得国家电网公司四星级乡镇供电所称号。

【科技与信息化工作】引入新技术、新设备，首次对 80 座变电站运行设备进行带电检测，首次开展变电站无人机巡检。坚持科技驱动创新，山区农网典设创新成果获国家电网公司经研体系科技进步二等奖。全年获得国网四川省电力公司科学技术进步奖 1 项、企业管理创新奖 4 项、优秀课题研究奖 3 项、精益项目奖 1 项。完成信息网络边界改造，至国网四川省电力公司的带宽平台提升至 10G，网络设备整体性能和可靠性明显提升。完成 IMS/TMS 基础资源自查清理，IMS/TMS 系统和 ERP 系统账卡物对应率达到 100%，系统数据更加规范、完整。

【优质服务】全力服务雅安重点工程建设，完成电力迁改、永临用电等项目 905 个，得到雅安市领导的高度肯定。优化业扩报装流程，开通园区报装“绿色通道”，园区用户接电时限“减半”。积极落实富余电量等优惠政策，3.19 万户工、商业用户得到实惠。大力推进智能电表及用电采集系统建设，新增智能电表 17.48 万只，专公变用电信息采集接入 1.16 万户。积极拓展“互联网+营销服务”应用，开通网上报装业务，完成网上购电金额 58 万元。治理农村“低电压”3.82 万户，全市低电压问题得到有效解决。有序推进供配电资产接收和居民小区移交，与 7 家中央企业签订“三供一业”分离移交协议，地方国有企业移交工作正式启动。积极推进“多表合一”建设，完成清江国际小区试点 433 户用户的采集接入。加强明察暗访，曝光并查处供电服务问题 57 起。

【党的建设和精神文明建设】扎实开展“两学一做”学习教育，组织微宣微讲、党课展示和“三亮三比”等系列活动 27 次，党的建设不断加强。严格落实党建工作责任，首次组织基层党组织书记抓党建工作专项述职、纪委书记集中述职。完成 7 个二级党委（党总支部）、29 个党支部换届。扎实开展党员组织关系“五核五看”工作，高质量发展党员 13 名，严肃处置不合格党员 3 名。对 13 个部门和 4 家单位主要负责人进行党风廉政建设约谈，全面掌握“两个责任”落实中的突出问题，及时化解经营管理中的廉政风险。总结提炼精神文明建设成果，顺利通过“省级最佳文明单位”验收。加强形势任务教育，举办发电系统专题宣讲等活动 32 次。加强企业文化

电进悬崖村，照亮脱贫路，2016 年 11 月 16 日，国网汉源县供电公司员工前往古路村彝家村寨开展供电服务（汤小强　摄）

传播，微电影《万家灯火为谁红》荣获四川省第二届职工微电影大赛优秀奖，“4·20”灾后重建三周年等主题宣传成效明显。大力开展留守学生关爱活动，500余名留守学生受益，定点扶贫的名山秦场村“川电留守学生之家”顺利建成。组织开展节日慰问等活动，关心关爱一线职工2300余人次，慰问帮扶困难职工、劳模83人。离退休“两项待遇”有效落实。未发生影响公司形象与声誉的信访稳定事件。保密工作获雅安市“优秀”评价。

【存在的主要问题】一是电网建设步伐仍需加快。目前，雅安500千伏网架尚未形成环网，220千伏电网分三片运行，110千伏电网串供情况普遍，部分城市配网未实现“手拉手”供电，多座35千伏变电站设备老旧落后，供电可靠性不高。二是深化改革任务繁重。电力体制改革、国资国企改革深入推进，公司面临的投资、成本、效率、公平监管将更加严格，这将对公司运营模式以及广大干部职工的思想观念带来深刻影响。同时县级供电公司“子改分”等内部改革并行推进，更需要尽快在“破”与“立”之间寻找平衡点和突破口。三是管理基础薄弱。通用制度宣贯不及时、落实不到位，业务流程不清晰，造成规章制度在基层执行中偏差走样，“出血点”和“发热点”频现。基层管理机制不完善，基层单位“权力过大”且缺乏监管，“自转”现象较为严重。执行力层层衰减，上级工作要求没有一贯到底。专业基础资料、台账记录不规范，数据系统性、准确性不高，深度应用不足。考核激励机制不健全，班组建设、基础管理提升缺乏动力。四是经营压力剧增。在当前电量增速低位徘徊、电价下降压力增大、投资与成本需求刚性增长的情况下，要保证利润增长目标，存在较大困难。资本金投入能力严重不足，投入产出效率效益还有较大差距，各单位发展不平衡问题依然存在。五是历史遗留问题繁多。公司发展至今累积了诸多历史遗留问题，由于涉及面广、关系复杂、时间跨度长，且政策规定发生了较大变化，短时间内彻底解决的难度增大，不稳定因素增多。特别是瀑电移民用电管理问题，给公司生产经营、供电秩序和社会稳定带来严重影响。

【国网雅安市雨城供电公司（以下简称“雨城公司”）】成立于2010年1月，是国网雅安电力（集团）公司下属分公司性质的二级单位，下设7个职能科室、2个业务支撑机构、19个专业班组。有正式职工274人，人才当量密度0.9185。主要负责雨城区城区及19个乡镇共17.4万户电力客户供电服务工作。

雨城公司运维管理220千伏变电站2座、110千伏变电站6座、35千伏变电站3座，总变电容量113.78万千伏安。运维管理220千伏线路14条225.6公里、110千伏线路17条224公里、35千伏线路12条93.75公里、10千伏线路80条821.59公里、低压线路4063公里。2016年，雨城公司完成网内售电量6.14亿千瓦时，同比增长3.6%；线损率7.47%，同比降低0.25个百分点；电费回收率100%。

该公司持续开展供电优质服务突出问题整治，着力开展用电异常、计量故障和日常检查，抽查零电量用户1500余户，查处计量故障用电等情况34起，追回电量50.23万千瓦时。开展变电运维工区一线员工工时积分同价计酬试点工作，在班组上试点积分制量化考核办法。大力推进大修技改工程，完成35千伏孔坪变电站设备改造，新投35千伏桥恒一线等线路，有效增强城区配网供电能力。顺利完成2015年第一、二期农网改造工程，新安装变压器197台，新增容量4.39万千伏安，新建10千伏线路156.37公里。接收南方公司用户7100户，有效解决九龙水库施工用电质量和可靠性问题。完成绕城路南外环线、城乡棚改房建设项目、卫计中心永久配电工程等一批重点项目建设。大力实施电力助推扶贫攻坚行动，建立贫困村驻村帮扶定点联系责任制，精准实施孔坪漆树村、八步李家村定点扶贫，着力解决贫困村生产生活用电问题。

【四川富源电力股份有限公司（以下简称“富源公司”）】成立于1982年，前身为石棉县电厂，2012年并入国网雅安电力（集团）公司，系国网雅安电力（集团）公司控股公司，下设7个职能科室、17个班组，有员工319人，平均年龄41.42岁。供电区域覆盖全县16个乡镇98个村共4.116万户，其中大宗工业用户69户，供区面积2679平方公里，供电人口12.3万。

富源公司运维管理220千伏变电站3座、110千伏变电站11座、35千伏变电站8座，总变电容量159.74万千伏安。运维管理220千伏线路234公里、110千伏线路258公里、35千伏线路244公里、10千伏线路1170公里，供电台区507个。全网调度管理165座并网小水电站，总装机容量48万千瓦。总资产3.63亿元。2016年富源公司完成售电量22.49亿千瓦时；综合线损率2.75%；电费回收率100%。

该公司严格执行四种购电模式政策，采取承兑汇票预购电方式，为8家重点企业缓解资金压力，有效防范欠费风险。加强电网经济运行管理，最大限度地实现网内电量的就地消化，竹马园区约3万千瓦的负荷转由下坪网络供电，丰水期减少约1100万元的购电支出。完善党支部和基层党小组的建设，充分发挥党组织的保障作用和党员的先锋模范作用。积极开展青年志愿者活动和职工业余文体活动，丰富员工业余文化生活。主动开展联系村的精准扶贫工作，着力解决村民用电难的问题。

【国网荥经县供电有限责任公司（以下简称“荥经公司”）】成立于1984年，前身为荥经县电力公司，2010年并入国网雅安电力（集团）公司，为国网雅安电力（集团）公司全资子公司，下设8个职能科室、30个班组。有员工656人，平均年龄43.2岁，人才当量密度0.8696。供电区域覆盖全县21个乡镇中的17个乡镇，93个村共6.14万户用户，其中大宗工业用户109户，供区面积1132.61平方公里，供电人口13.5万。

荥经公司运维管理220千伏变电站1座、110千伏变电站4座、35千伏变电站12座，总变电容量76.22万千伏安。运维管理110千伏线路161.2公里，35千伏线路349.85公里，10千伏线路557.39公里，供电台区662个。全网调度管理162座并网小水电站，总装机容量24.9万千瓦，其中自有资产水电站8座，总装机容量4.326万千瓦。总资产2.64亿元。2016年，完成售电量13.80亿千瓦时；综合线损率4.93%；电费回收率100%。

该公司切实加强安全管理，修编《安全约谈制度》等制度8项，完成188条安全隐患的整改验收，安全督察199次，下发《安全督察周报》20期、《安全整改通知书》103份，违章曝光16期。加快推进电网项目建设，龙苍沟110千伏输变电工程进入后续施工阶段，严道110千伏输变电工程进入初设阶段。2015年第二批农网升级改造工程64个子项目全面完成，2016年第一批农网升级改造工程10个项目完成现场施工。荥经公司生产调度楼重建工程全面完成，并具备入驻办公条件。新建35千伏红岩桥变至新办公大楼ADSS光缆，光传输灾后重建项目顺利完工，变电站通信设备全部更新。完成智能电表换装2.84万只、安装上线台区总表663只、改造接入287户专变用户。受理业扩报装申请4034户，接入容量11.08万千伏安。

【国网天全县供电有限责任公司（以下简称“天全公司”）】成立于1996年，前身为天全县电力有限责任公司，2010年并入国网雅安电力（集团）公司，系国网雅安电力（集团）公司全资子公司，下设7个职能科室、15个班组，有员工272人，平均年龄42.2岁。供电区域覆盖全县15个乡镇136个村共5.8万户用户，其中大宗工业用户169户，供区面积2400平方公里，供电人口近16万人。

天全公司运维管理220千伏变电站1座，110千伏变电站3座，35千伏变电站3座，总变电容量64.33万千伏安。运维管理110千伏线路49.35公里，35千伏线路115.86公里，10千伏线路611.64公里，供电台区726个。全网调度管理78座并网小水电站，总装机容量44.91万千瓦，总资产1.93亿元。2016年，完成售电量9.91亿千瓦时，同比增长32.49；综合线损率3.25%。

该公司加快电网建设步伐，完成220千伏天全变电站、110千伏沙坪、始阳变电站3个灾后重建项目建设，农网升级改造10千伏线路163公里，低压线路324.7公里，变压器141台、容量2.27万千伏安，大大提高输电设备运行的安全性和可靠性。以“开源节流、提质增效”为中心，构建以“可支配收入”为核心的经营管理体系。努力开拓市场、增供促销，以“保存量，促增量”为工作主线，切实解决用户亟待解决的用电和服务问题。加强线损、成本管控力度，充分发挥资金使用效益，严格措施落地和绩效考核，“效益提升年”活动取得实效。通过控制重复停电检修、大力推进第三方代收点建设、规范营业窗口等多项措施，不断提升优质服务水平。以“两学一做”学习教育活动为契机，扎实开展学习型党组织建设和“创先争优”活动，不断增强党建工作的活力和实效。

【国网汉源县供电有限责任公司（以下简称“汉源公司”）】成立于1964年，前身为汉源水电厂，2003年并入国网雅安电力（集团）公司，系国网雅安电力（集团）公司全资子公司，下设8个职能科室、28个班组，有员工591人，平均年龄43.7岁。供电区域覆盖全县30个乡镇210个村共11.6652万户用户，其中大宗工业用户174户，供区面积2382平方公里，供电人口32.9万人。

汉源公司运维管理220千伏变电站1座，110千伏变电站4座，35千伏变电站9座，总变电容量66.17万千伏安。运维管理110千伏线路152.72公里，35千伏线路223公里，10千伏线路2025公里，供电台区2082个。全网调度管理81座并网小水电站，总装机容量8.42万千瓦，其中自有资产水电站8座，总装机容量2.15万千瓦，公司总资产2.57亿元。2016年完成售电量7.32亿千瓦时，同比增长14.39%；电网投资14337万元；综合线损率15.44%。

该公司切实加强安全生产管理，全年查处各类违章共计211项，下发《违章整改通知书》78份，《违章处罚通知书》22份。通过农配网改造工程建设，消除低电压台区186个，25618户用户受益。完成汉源县瀑电库区电力迁复建资产电网部分1.31亿元（评估净值）的接收入账工作。结合公司农网改造工程，对全县63个贫困村进行电力扶持，完成35个贫困村改造，剩下28个贫困村已列入2017年改造计划。全面推进“三集五大”体系建设前期准备工作，完成公司“五位一体”归集比对工作。从学历教育、职称申报、技能鉴定等方面入手，加快公司人才当量密度提升步伐。启动全县 9 万多只智能电表换装工作。完成业扩报装 705 户，同比增加 452 户，申请容量 2.65 万千伏安，同比增加 2.42 万千伏安。全面加强党建和纪检监察工作，完成公司 4 个党支部换届选举工作，发展党员 3 名。

【国网雅安市名山供电有限责任公司（以下简称“名山公司”）】成立于1958年，前身为名山电厂，2001年成为国网雅安电力（集团）公司控股公司，2011年成为国网雅安电力（集团）公司全资子公司。下设7个职能科室、12个班组，有在岗人员285人。供电区域覆盖全区9镇11乡共11万户用户，其中大宗工业用户97户，供区面积614.27平方公里，供电人口28万人。

名山供区内有变电站 12 座，其中 220 千伏变电站 1 座，110 千伏变电站 5 座，35 千伏变电站 6 座，主变总容量 94.3 万千伏安。运维管理 110 千伏线路 68.08 公里、35 千伏线路 105.81 公里、10 千伏线路 960.67 公里，10 千伏配变 2123 台。全网调度管理并网电站 20 座，总装机容量 1.78 万千瓦，总资产 1.89 亿元。2016 年，完成售电量 9.34 亿千瓦时；综合线损率 5.30%；电费回收率除移民欠费外实现 100%。获国网四川省电力公司“先进基层党组织”、雅安市“共产党员示范单位”等荣誉称号。

该公司安全高效开展 256 次计划检修工作，消除缺陷 118 项、隐患整改 248 项，输、变、配运检生产管理水平逐步提高。营财一体化上线运行，落实 10 千伏及以下分区线损考核，完成高中压同期线损系统建设。实现辖区内 17 座并网电站、11 座变电站共 216 个计量点全覆盖和全采集。现场核对四千余户“零电量”用户，追补电量 9.33 万千瓦时、电费 5.9 万元。完成 2015 年新增农网改造升级项目和城网技改项目、农网升级及中心村改造项目。高效率完成百丈、万古供电所供电营业厅标准化环境整治工作。圆满完成“茶文化节”“高中考”等保电任务 40 余次，获得各界好评。做好秦场村精准扶贫工作，资助特困户脱贫致富，“川电留守学生之家”建成并投入使用。

【国网宝兴县供电有限责任公司（以下简称“宝兴公司”）】成立于1998年，其前身为宝兴县电力公司，2004年并入国网雅安电力（集团）公司，为国网雅安电力（集团）公司控股公司。下设8个职能科室、13个班组，现有员工266人，平均年龄44.1岁。供电区域覆盖全县3镇6乡55个村，共2.6万户用户，其中大宗工业用户82户，供区面积3114平方公里，供电人口5.87万人。

宝兴公司运维管理220千伏变电站1座，110千伏变电站6座，35千伏变电站6座，总变电容量69.34万千伏安。运维管理110千伏线路142.53公里，35千伏线路114.53公里，10千伏线路464.21公里，供电台区892个。全网调度管理36座并网小水电站，总装机容量15.68万千瓦，其中自有资产水电站3座，总装机容量1.79万千瓦，总资产1.1亿元。2016年，完成售电量4.03亿千瓦时，同比增长11.95%；综合线损率8.2%；电费回收率100%，完成双结零任务。

该公司对 525 处施工作业现场进行安全监督检查，及时发现和制止各类违章行为共计 876 项，出具违章整改通知书 57 份、违章处罚通知书 44 份，安全管理水平得到提升。加快推进电网项目建设，220 千伏黄岗变电站扩容、110 千伏城南、穆坪变电站重建等 4 个主网灾建项目顺利完工；2016 年农网升级工程全部完成，中心村项目开工率 100%；宝兴公司生产调度用房、灵关供电所等 4 个小项基建项目投入使用。积极配合政府开展全县用电秩序和用电安全专项集中整治，累计排查低压用户 3860 余户，为公司挽回经济损失 18 万元。

【国网芦山县供电有限责任公司（以下简称“芦山公司”）】成立于1967年，前身为芦山县国营电厂，2001年12月由国网雅安电力（集团）公司控股管理。下设8个职能科室、11个班组，有员工196人，平均年龄43.9岁。供电区域覆盖全县9个乡镇46个村共5.18万户用户，其中大宗工业用户229户，供区面积1166平方公里，供电人口12.5万人。

芦山公司运维管理110千伏变电站3座、35千伏变电站5座，总变电容量27.96万千伏安。运维管理110千伏线路151.8公里、35千伏线路150.73公里、10千伏线路436.37公里，供电台区1076个。全网调度管理38座并网小水电站，总装机容量64.52万千瓦，其中自有资产水电站5座，总装机容量0.79万千瓦，总资产7136万元。2016年，完成售电量5.49亿千瓦时；发电量1323.51万千瓦时，同比增加953.39万千瓦时；综合线损率6.75%；电费回收率100%。

该公司顺利完成大川 110 千伏输变电工程、110 千伏黄花线重建工程等 5 个工程项目，电网供电水平大幅提升。投入安全生产专项资金约 78.2 万元，用于提升安全管理措施、员工劳动防护措施和安全生产教育培训等方面，确保全年电网安全稳定运行。推进基础台账科学管理和 GIS 地理信息全覆盖，10 千伏中压电网设备的数据收集、GIS 建模、PMS 台帐录入及营配数据（GIS、PMS、SG186）贯通率 99.85%，低压户表贯通率 100%。利用微信等平台加强“掌上川电”“电 e 宝”手机 APP 宣传力度，为客户提供更加便捷的用电体验和服务。实现了城市“十分钟购电圈”，农村“村村有交费点”的目标。

（李元源）

国网眉山供电公司

【企业概况】国网眉山供电公司于 2001 年 12 月 26 日随眉山建市而成立，是国网四川省电力公司下属特大型一类供电企业，经营区域覆盖眉山全市一区五县及成都部分地区，供电范围 7390 余平方公里，服务人口 360 余万。该公司成立以来，把自身的发展与眉山地方经济发展相结合，围绕建设电网坚强、资产优良、服务优质、业绩优秀的“一强三优”现代公司的战略目标，不断提升企业综合实力，在为地方经济社会持续快速发展提供可靠能源电力保障的同时，自身也得到了快速发展。先后荣获全国五一劳动奖状、全国电力行业优秀企业、全国职工职业道德建设标兵单位、国家电网公司先进集体、国网四川省电力公司“四好班子”“红旗党委”等荣誉称号，并涌现出全国五一巾帼标兵岗、四川省劳模、五一劳动奖章获得者、国家电网公司劳模等一大批模范人物和先进典型。

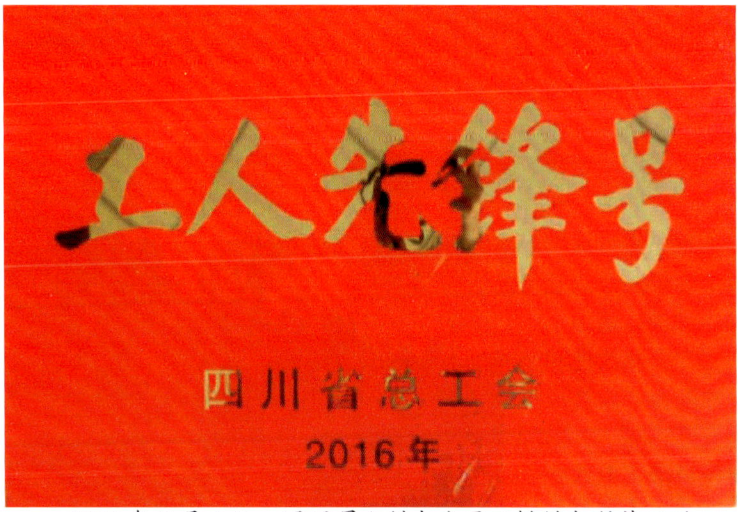

2016 年 8 月 3 日，国网眉山供电公司双桥供电所获四川省总工会“工人先锋号”荣誉称号　　（李珊　摄）

2016 年是“十三五”开局之年，是该公司改革发展极不平凡的一年。面对复杂严峻的形势和艰巨繁重的改革发展任务，上下团结一心，坚决贯彻国网四川省电力公司和眉山市委市政府各项决策部署，狠抓效益提升，各方面工作取得显著成绩，实现了“十三五”良好开局。2016 年，该公司完成固定资产投资 6.97 亿元，同比减少 45.82%，其中电网投资 6.36 亿元；完成售电量 73.98 亿千瓦时，同比降低 5.06%；完成线损率 6.31%。截至 2016 年 12 月 31 日眉山电网实现连续安全运行 2852 天。同业对标综合排名位列国网四川省电力公司第 4 名，业绩考核被评为 A 级。继续保持“全国文明单位”称号，获国网四川省电力公司 2016 年度“先进单位”、“先进基层党组织”和 2014—2016 年度“双十佳文明单位”等荣誉称号。

【人力资源】国网眉山供电公司有长期职工 1745 人。其中：博士生 2 人，硕士研究生 196 人，大学本科 1287 人，大专学历 178 人，中专学历 41 人。具有高级职称的 101 人，有中级职称 282 人、有初级职称的 808 人。

【电网建设与发展】该公司固化“十三五”电网规划成果，779 个项目纳入国网规划库，促成国网四川省电力公司与眉山市政府签订战略合作协议。积极配合川渝第三通道、东坡 500 千伏变电站第三台主变扩建等前期工作，取得项目核准及可研批复 6 项。大力推进小城镇（中心村）、“井井通电工程”建设，完成 268 个中心村、774 眼机井电网改造任务。全面竣工新增农网建设项目，“低电压”问题全部消除，农村户均容量提升到 1.64 千伏安。盘鳌垃圾发电厂 110 千伏送出工程等 5 个 35 千伏及以上项目建成投产，新增线路 32.6 公里、变电容量 6.63 万千伏安。桂林 110 千伏新建和视高 110 千伏扩建工程均被评为国家电网公司和国网四川省电力公司优质工程。

【安全生产】该公司本质安全建设扎实推进，各级安全责任压紧压实。深化安全管理提升，建立差异化安全管控机制，制定实施“两谈一说”等 4 项管理办法。深刻吸取西安“6・18”、丰城“11・24”事故教训，深化“三查三强化”安全专项行动和反措落实专项整治，治理隐患 5179 项。狠抓现场安全管控，“四不两直”查处违章 927 项。预警管控七级及以上电网风险 88 次。成功应对雨雪冰冻、防雷度汛和夏季负荷屡创新高的严峻考验，完成第九届中国竹文化节、第八届东坡泡菜博览会等重大活动的保电任务。获国网四川省电力公司 2016 年度安全先进单位称号。

【经营管理】国网眉山供电公司落实提质增效“三十条”举措，全年新增接电容量 86.67 万千伏安，完成替代电量 1.5 亿千瓦时，促成四川省内首家化工企业实现煤改电。构建“四位一体”电费风险防控体系，做实“一户一策”预控方案，回收陈欠电费 151.69 万元，当年电费回收实现“双结零”。积极争取一般工商业调价政策，累计减损 900 余万元。深化营销稽查及量价费损在线监测，发现异动 489 项，堵漏增收 46.1 万元。日常非生产成本下降 15%。全年审减各类投资 424 万元。突出抓好降损增效，台区线损合格率同比上升 10.44%，创新技术手段提升效益 516 万元。计量采集成功率 98.5%，营配贯通目标顺利实现。

【优质服务】该公司开辟供电服务“绿色通道”，甘眉园区供电服务部正式运营服务。大力开展体外循环专项治理，整改问题 290 项次，业扩服务质量明显提升。新增“兼职客户经理”23 名。换装居民智能电表 8.08 万只，智能电表覆盖率达到 96%。积极推广手机 APP 远程购电业务，“掌上川电”注册用户突破 20 万户。全市自收和代收网点达到 2071 个，即时交费模式初步形成。常态开展供电服务明察暗访，43 个服务窗口实现“零投诉”，共产党员服务队连续十三年实现满意率 100%。主动服务民生改善，老旧小区资产接收、“三供一业”分离改造和“多表合一”集采集抄取得阶段性成果。

【改革创新】该公司积极落实电改要求，密切多方沟通协调，全力维护正常电力市场秩序。高效完成 4 家县公司“子改分”工作。大力推进集体企业改革改制，注销、合并集体企业 3 户，股权转让 1 户。建立“六位一体”创新管理体系，成立雄鹰创新攻关团队，完成 21 项创新课题研究。健全联合攻关机制，深化与四川大学、华为公司等单位战略合作，建成首张基于两兆的智能光传输网。获国网四川电力公司、省企联管理创新成果表彰 14 项，其中一等奖 5 项。“避雷器带电测试引流钳研制”QC 成果获国家电网公司二等奖；《“一乡一品”为地方经济发展定制供电方案》入选国家电网公司社会责任根植项目案例选编。

【党的建设和精神文明建设】国网眉山供电公司扎实开展“两学一做”学习教育，高效完成党组织换届选举。实施党建工作专项述职评议，基层党建全面加强。“微宣微讲”、支部书记讲党课分获国网四川省电力公司竞赛二等奖。创新开展“结对共建连心桥”工作，55 个党支部实现全面共建提升，得到眉山市委书记李静的充分肯定。积极推进党风廉政“一岗双责”季度检查，配合完成国网四川省电力公司党风廉政巡察，暴露问题全部有效整改。扎实开展四个专项监督，整改问题 28 条。新建共产党员志愿者“心连心”服务站 18 个。仁寿供电公司党员服务队正式揭牌。建立干部考核末位警示和集中学习提升机制，提拔交流中层干部 50 名。强化全员培训提升，创新实施班组长“士官计划”，新增国家电网公司优秀人才 1 人，国网四川省电力公司优秀人才 2 人。开展“强作风 提质效 创三优”专项活动，本部作风明显改善。以“四心”“八进”“卓越文化进部室”为载体，深入推进“五统一”企业文化落地。创建国网四川省电力公司五星班组 8 个；信通运检班、输变电公司实验化验班分别被评为“全国质量信得过班组”“全国优秀 QC 小组”；共产党员服务队被评为国网四川省电力公司标杆班组，实现国网四川省电力公司标杆班组“零”的突破；获国网四川省电力公司“班组建设先进单位”。举办“眉电好声音”“部室大讲堂”“班组大讲堂”等活动，开

2016 年 2 月 26 日，国网眉山供电公司为村社村民春灌用电架设专线
（祁克军　摄）

展“建功新农网 服务新农村”等劳动竞赛，发展“正能量”加速汇集，成功承办国网四川省电力法治企业知识竞赛，获团体二等奖。评为眉山市2011—2015年度“法制宣传教育先进单位”。收集落实提案建议94条次。落实退休“两项待遇”，严格保密、信访和维稳责任，保证了企业和谐稳定。

【存在的主要问题】一是随着经济下行、减污治霾形成常态，高耗能企业关停限产。眉山长期以铝硅、钢铁、水泥等传统高耗能产业为支撑，2016年占比高达77%，高耗能企业数位居全省第6位，随着“去产能”工作力度的持续加大，加之政府和社会对环保问题的关注度越来越高，容忍度越来越低，一批高污染、高耗能企业将继续限产关停，传统增长引擎马力下降。二是新一轮电改进入实施阶段，相关社会主体参与积极性高，迫切希望通过改革进行权利重新分配、降低用电成本，甘眉园区藏区飞地政策、洪雅大唐城东先行试验区、仁寿文林园区和东坡经开区天然气“三联供”等项目实施，对公司原有的经营环境带来了极大地不确定性，使得推动电力体制改革更加复杂。

【国网仁寿县供电分公司】国网仁寿供电公司主要担负着仁寿县境内60个乡镇、588个行政村、167万人口的工农业生产和人民生活的供电任务，用电客户52.3万户，其中仁寿城区客户4.7万余户，农村客户47.6万余户。负责依法经营、管理、规划供区电网。下设七部一室二中心，辖12个班组及18个农村电力服务所。有在册职工147人、退休职工121人。该公司拥有35千伏及以上变电站25座/157.06万千伏安（其中220千伏变电站2座，110千伏变电站9座，35千伏变电站14座）；35千伏及以上输电线路52条/599.2公里（不包括220千伏线路和用户线路）；10千伏配变5674台（其中公变4436台，专变1238台），农村低压线路18839公里（不含借田）；固定资产总额18.18亿元。2016年，该公司售电量历史性突破14亿大关，达到14.08亿千瓦时，同比增长13.01%，增速位居国网眉山供电公司第一；电费回收率100%；完成综合线损9.36%，较考核指标低0.04%；售电量和销售收入均创历史新高。安全生产稳步推进，截至2016年12月31日仁寿电网实现连续安全运行5479天。获国网四川省电力公司2016年度安全生产先进集体，调控运行班、党员服务队、营销部等多个部门、班组获得国网四川省电力公司先进班组，国网眉山供电公司先进集体、红旗班组等荣誉称号。

【国网眉山市彭山供电公司】国网眉山市彭山供电公司是国网四川省电力公司下属分公司，担负着彭山区凤鸣镇、彭溪镇等13个乡镇的供用电管理任务，供电面积463平方公里。供区内用电客户15万余户，乡、村、农户通电率100%。下设9个部门1个分中心，管辖13个班组、6个农村供电所，有员工450人。管辖变电站及开闭所16座，其中220千伏变电站2座；110千伏变电站6座；35千伏变电站4座，10千伏开闭所4座，变电总容量108.12万千伏安。供区内电源结构合理，较好地满足了彭山区工农业经济发展和城乡人民的用电需求。2016年完成售电量6.3亿千瓦时，同比减少4.67%；综合线损率5.9%，同比增加0.52%。全年完成电网投资9599.97万元。新增业扩报装容量3.73万千伏安。截至2016年12月31日彭山电网实现连续安全运行5478天。

【国网洪雅县供电公司】国网洪雅县供电公司位于四川省眉山市洪雅县县城，是一个集发、供、输、配、用电于一体的企业，担负着洪雅县15个乡（镇）中的12个乡（镇）供电任务，供电范围809余平方公里，用电户数87411户，供区人口25万人。设8个职能部门，在册职工507人。拥有35千伏及以上变电站6座，变电容量60.5万千伏安；35千伏及以上线路9条，总长121.3公里；有水电站4座，发电装机总容量2.72万千瓦，其中：王关电站2×6300千瓦，柳新电站4×1250千瓦，石河电站2×2800千瓦，高凤山电站2×2000千瓦。2016年，该公司完成售电量4.64亿千瓦时，同比增长5.92%；发电量1.45亿千瓦时，同比下降0.73%；线损率9.87%，同比下降0.33个百分点；电费回收实现100%；截至2016年12月31日，该公司电网实现连续安全运行3837天。

【国网丹棱县供电公司】国网丹棱县供电公司于2016年7月5日成立，是国网四川省电力公司所属分公司，经营区域覆盖全县五镇两乡，供电范围448.9余平方公里，服务人口16.36余万，用户6.39万户，其中：居民用户5.66万户，大工业用户80户。有职工190人，三新员工99人，劳务派遣员工22人，退休职工58人。内设8个职能部门和2个业务实施机构，1个集体企业，下辖丹棱镇、杨场、双桥、张场和中隆5个供电营业所。该公司拥有110千伏变电站3座（丹棱站、何场站、木林站），主变5台容量21.3万千伏安；35千伏变电站2座（杨场站、中隆站），主变3台容量2.43万千伏安。110千伏输电线路16.31公里；35千伏输电线路77.93公里；10千伏及以下配电线路5082.17公里，专公变1111台19.40万千伏安。丹棱电网形成了以三座110千伏变电站为支撑，以35千伏及以上输电线路为骨干网的双电源供电格局。2016年完成售电量4.84亿千瓦时，综合线损率为4.72%。

【国网青神县供电公司】国网青神县供电公司座落在眉山市南部青神县城东振兴路，担负着青神境内10个乡（镇）、153个村、979个经济社及周边地区乐山市区、眉山、井研、夹江、仁寿等县部分村社的供电任务。该公司有员工287人，设1室6部1中心、2个业务支撑机构和2个集体企业。有110千伏变电站2座（兰店站、青竹站），总容量14.3万千伏安；35千伏变电站2座（罗坝站、穆家埂站），总容量1.6万千伏安；公用配电变压器794台，总容量15.55万千伏安。有110千伏线路4条，线路长度70.69公里；35千伏线路4条，线路长度30.69公里；10千伏配电线路24条，线路长度794公里。2016年，该公司完成电网建设投资1.25亿元，供电量3.58亿千瓦时，售电量3.12亿千瓦时，全网综合线损率为5.25%，实现电费回收率和解交率100%。未发生生产性人身、电网、设备、火灾、交通事故，截至2016年12月31日实现连续安全生产5377天。

（税秀花）

国网攀枝花供电公司

【企业概况】国网攀枝花供电公司成立于1965年，与攀枝花市同生共长，是国网四川省电力公司下属的特一型供电企业，担负着攀枝花市5个区（县）及周边部分地区近万平方公里的供电任务，供电客户39万户。下设职能部门11个，县级供电企业4个，分别为国网攀枝花市仁和供电公司、国网攀枝花市西区供电公司、国网米易县供电公司、国网盐边县供电公司，有农村供电所21个，业务支撑和实施机构7个，集体企业平台公司1个。

随着电网建设的发展，攀枝花电网形成以500千伏双环网为支撑，220千伏双环网为骨干，各级电网协调发展的输配电网络。拥有变电站、开关站85座，变电总容量816.66万千伏安，其中220千伏变电站11座；110千伏变电站30座；35千伏变电站36座；10千伏开关站8座。拥有35千伏及以上电压线路2512.49公里，10千伏配网线路5523.24公里。电网下载负荷能力超过350万千瓦。

2016年6月22日，国网四川省电力公司总经理、党委副书记石玉东到国网攀枝花供电公司调研，图为运营监控中心现场

（方昱　摄）

2016年，完成售电量87.15亿千瓦时，同比增长9.7%；全年应收电费结零；完成固定资产投资4.47亿元，同比增长5.42%，其中电网投资4.19亿元；综合线损率3.65%（全省最低，同比降低0.32%）；对标综合排名位列国网四川省电力公司第5位，获综合管理标杆单位。安全管理、人力管理、财力管理、物力管理、规划管理获国网四川省电力公司专业管理标杆。业绩考核被国网四川省电力公司评定为A级；获2016年度先进单位称号。

【人力资源】国网攀枝花供电公司用工总人数2879人，其中：全民员工1164人，全资子公司全民员工639人，集体身份员工248人，集体企业自聘员工567人（含三新公司员工395人），劳务派遣及其他用工261人。该公司认真贯彻落实国家电网公司、国网四川省电力公司干部管理相关要求，明确职责分工、规范决策方式、强化过程监督、注重结果考核，将选人用人作为公司经营发展过程中的重要抓手。切实做到干部管理过程不闯红线、不越底线。坚持“能力、业绩、品行并重”原则，将“重实干、肯奉献、口碑好、业绩优”的人员进行重点培养，持续关注、多加历练，形成相应制度化、规范化的管理模式，严把选人用人关，打造优良干部队伍，为变革创新、科学发展提供有力的组织保证和人才支撑。着重在人才引进、人才培养上下功夫，完善人才后续跟踪机制，着力打造一流人才成长软环境，优秀人才数量和质量全面提升。累计培养国家电网公司级优秀专家 5 人，国网四川省电力公司级优秀人才 151 人，26 名双千人才，7 名国网四川省电力公司大师工作室成员，多名员工在国网四川电力通信技术、带电作业、装表接电、新闻应急等专业竞赛中获得奖项，人才培养工作成效突出，居国网四川电力前列。推进“管理优、业绩优、团队优”的“三优”班组管理，获国网四川电力“班组建设先进单位”称号，6 名员工被评为优秀班组长。

【电网建设与发展】该公司科学谋划电网发展，明确电网建设“高压输电网络补强”和“大力建设智能配售电体系”的总体思路。认真查找电网薄弱点、仔细梳理项目，确保电网投资质效。快速推进电网建设，回龙沟 220 千伏变电站配套项目等重点工程有序推进；红格 110 千伏变电站扩建工程等 6 个基建项目提前投产，新增变电容量 15 万千伏安，输电线路 86 公里；妥善组织，按计划推进农网改造，全面消除现存“低电压”问题；2016 年，完成电网投资 5.11 亿元。协调攀枝花市各相关部门完成《攀枝花市人民政府与国网四川省电力公司关于共同建设攀枝花智能电网战略合作框架协议》的编制，促进政企合作水平迈向新的台阶。提升技经基础管理，《输电线路工程建场费及青苗赔偿费探讨》获国网四川电力技经论文竞赛一等奖。加强监理资料标准化建设，攀枝花监理项目部、攀枝花监理站分别荣获省监理公司“资料创优争先进，规范管理促提升”劳动竞赛三等奖。

【经营管理】国网攀枝花供电公司深入开展“效益提升年”活动，制定 15 项任务、73 项具体措施，狠抓过程管控，促进公司提质增效。围绕公司开源节流、降本增效目标，深入推进全面预算管理，杜绝财务预算执行重大偏差。稳妥推进“两金”压降，提升资产运营效率；扎实推进营财一体化建设，全年电费、业务费核算质量显著提升。全面清理长期未办理结算工程项目，有效提升投资效益和资产管理水平。通过提升物资管理效率，公司库存物资金额同比降低 13.15%。常态开展量价费损、营销稽查等专题监测，2016 年累计追补电量 82.82 万千瓦时，追补电费及违约金 124.77 万元。加快智能电表及采集建设，持续推进营配调贯通工作，智能电表覆盖率达 99.72%，日均采集成功率 98.43%，营配数据贯通率 98.35%，均居全川第一位。积极拓宽电能替代领域，2016 年完成替代电量 21.78 亿千瓦时。深化与政府“强耦合”协同沟通机制，建立“生产要素保障”基金，全年电费顺利结零。快速推进“三供一业”供配电设施改造移交和用户资产接收工作，已完成 6 家企业 12.56 万户及 100 个居民小区改造工作并签订移交框架协议。对亏损企业治理，盐边公司顺利实现扭亏。

【安全生产】国网攀枝花供电公司坚持“五个严防”，咬定“六不发生、三杜绝”安全目标，扎实推进本质安全建设。以“安全日管控”和“班组反违章”为抓手，不断夯实安全管理基础。安全日管控全面覆盖12大专业，全年进行生产作业管控7947项。突出班组在安全生产中的基础、保障作用，开展班组违章自查7532次，发现违章160条次。扎实开展“三查三强化”活动，深化隐患排查治理，全年完成1261项隐患整治。对47座变电站开展状态评估分析，完成3986台设备检修，电网设备运维水平进一步提升。严肃检修计划刚性执行，提高检修计划安排合理性，全年未发生重复停电现象，非计划停运较去年降低 10.3%。加强无功分析和设备管理，AVC动作次数较

2016 年 5 月 12 日，国网攀枝花供电公司开展新一轮农网升级改造建设，已完成 17 个行政村农网改造，累计投资 2.73 亿元，满足农民脱贫用电需求　　（李莉　摄）

去年降低19.7%，管理成效位居国网四川省电力公司前列。开展“三跨”隐患排查和专项治理，排查并治理110千伏及以上隐患19处。大力推进无人机飞巡，完成602.5公里线路通道飞巡任务。积极打造区域电力应急战略“高地”，开展各类应急演练82次。加强与政府联动，精准发布地质灾害、山火等风险预警68次。圆满完成“9·19”洪灾等抢险工作，得到了国网四川电力、攀枝花市委市政府主要领导的充分肯定，被央视朝闻天下、新闻直播间等栏目报道，有效弘扬公司品牌形象。

【农电工作】该公司深化应用“农网工程现场安全监督管控系统”，深入开展农网工程安全隐患排查治理和农网工程现场反违章工作。加快电力建设助推精准扶贫，统筹解决贫困地区电网改造问题。已完成17个行政村农网改造，累计投资2.73亿元，满足脱贫攻坚用电需求。采取“走进去、请出来”藏区人员培训方式，加大关键岗位人才、紧缺人才、骨干人才的培养。2016年公司再次选派11名援建人员赴甘孜本部、乡城和得荣公司，在阿坝州、甘孜州人事援建工作的人员达到22名（含援建干部3名）。帮助藏区进一步梳理相关制度和流程，建立完善监督制度、提升制度执行力，形成按制度办事，按制度管人的长效发展模式。

【科技与信息化工作】该公司建立统一数据库平台，实现多应用软件、多客户端同时调用数据，增强大数据分析能力。创新开展“供应商寄存与成套配送”业务，在不增加库存资金的同时，有效增加库存物资类型和数量。推进卓越绩效自评价工作落地实施，协助国网四川省电力公司制定专业评价标准，为公司基础管理平台再添抓手。强化总结提炼，人力管理、物力管理2篇典型经验入选国网四川省电力公司经验库。创新“1+X”体检模式，在保证常规项目、特种作业项目的基础上，满足了个性化体检需求，员工满意度大幅提升。完成《基于同心圆模式的班组建设管理》等管理创新项目，获国网四川省电力公司管理创新一等奖1项，二等奖1项，三等奖3项；精益人才数量与项目质量同步提升，获国网四川省电力公司优秀精益成果一等奖1项、二等奖1项、三等奖3项；成功申报发明专利4项，实用新型专利7项。推行公司、车间、班组三级创新工作室模式，激发全员创新热情，获国网四川省电力公司优秀QC成果一等奖1项，二等奖3项，三等奖4项；还获国网四川省电力公司工人技术创新二等奖2项，三等奖2项。变电运维三班《多角度一体式（伸缩式）接地棒的研制》被评为国家电网公司2016年优秀QC成果三等奖。

【市场服务（优质服务）】该公司积极转变发展模式，构建市场需求快速传导、整体高效协同响应机制，实现由“传统电力供应商”向“综合能源服务商”转变。创新供电服务手段，确立了“客户导向型”服务工作定位，不断提升优质服务水平。提供14种缴费方式、414个缴费网点，实现城市“十分钟缴费圈”，农村“村村有缴费点”。在主城区成立了5个24小时应急抢修点，在全川率先打造“20分钟抢修圈”，着力消除供电服务“最后一公里”问题。积极打造“信息化、自动化、互动化”的智能配售电网络，更好适应城市转型发展要求。大力推进“新农村、新电力、新服务”农电发展战略，改善农户供电不稳定、低电压等问题。大力推进农村“户户通电”工程建设，全面实现了“户户通电”目标。主动走访攀枝花黄磷、高钛渣、工业硅、钢铁等政府重点支持的“红名单”工业企业，指导客户用好各项电价优惠政策。

【党的建设和精神文明建设】国网攀枝花供电公司深入学习贯彻中共十八届六中全会精神，坚持党政“同频共振”工作机制，促进“两学一做”学习教育与“提质增效”有效融合。启动党员示范工作机制，鼓励党员立足岗位、创先争优。实施“大政工量化考评”管理机制，提升基层党组织工作能动性。创立“规范、创新、普惠、有序、协同”的工建

2016年11月10日，国网攀枝花供电公司工会组织参加四川职工志愿者服务“走进攀枝花”展示活动　　（方昱　摄）

体系，公司工会获国家电网公司工会工作先进单位称号。开展全员读书活动，传播先进文化，启迪职工智慧，国网攀枝花市仁和供电公司获全国工会职工书屋示范点荣誉。打造“三线阳光”品牌建设机制，拓宽传播渠道，有效提升传播影响力。狠抓精神文明建设，凝聚发展合力，公司被国网四川省电力公司授予“双十佳文明单位”称号。

【存在的主要问题】一是随着电改深入，攀枝花电力市场面临较大压力。攀枝花地处川滇交界，属于资源密集型城市，工业企业具有集中布局特点。国网攀枝花供电公司电价与毗邻的南方电网公司相比不具备价格优势，导致部分负荷转移至云南地区。同时，攀枝花又是各类电源的富集区，在历史上也是电力改革的敏感区，第一轮电改的引发点。随着电力体制改革的深入，攀枝花境内各发电企业、工业园区参与电改的意愿强烈，都希望通过改革受益，维护攀枝花电力市场受到来自各方面的巨大压力。二是部分地区农村电网薄弱的问题。米易县、盐边县因历史原因，电网网架薄弱、起点低、地域面积广、农户居住分散、大部分低压供电半径超过 1 公里。随着农网改造升级工程实施，农村电网逐步得以改善，但目前米易县城、盐边县北部地区电网仍然存在供给能力不足、安全隐患突出的问题，随着农村经济不断发展，电网改造的紧迫性更加突出。

【国网攀枝花市仁和供电公司】国网攀枝花市仁和供电公司成立于 2003 年，担负着仁和区 1727 平方公里， 26.9 万人口的供电任务，用电户 10.3 万户。2016 年，完成售电量 23.55 亿千瓦时；综合线损率 2.78%；电费回收率 100%。全年完成新装低压客户 4809 户，容量 3.7 万千瓦，新装、增容高压客户户数 78 户，容量 74525 千伏安。截至 2016 年 12 月 31 日实现连续安全生产 4214 天。

【国网攀枝花市西区供电公司】国网攀枝花市西区供电公司成立于 2008 年，担负着攀枝花市西区及周边部分地区 1376 平方公里，总人口约 29 万的供电任务。2016 年完成售电量 5.70 亿千瓦时，同比增加 3.22%，完成年度计划的 103.66%；综合线损率 4.94%；电费回收率 100%。营业客户 57138 户，同比增加 2340 户，增长 4.09%。截至 2016 年 12 月 31 日实现连续安全生产 3123 天。

【国网米易县供电有限责任公司】国网米易县供电公司成立于 1982 年，1997 年改制为米易县电力有限责任公司。2006 年电力体制改革，经攀枝花电业局与米易县人民政府多次磋商，四川省电监会核准于同年 8 月 30 日成立四川米易供电有限责任公司。2013 年年底，经国资委批复，成为国网四川省电力公司全资子公司，更名为国网米易县供电有限责任公司。2016 年 9 月完成“子改分”，正式更名为国网四川省电力公司米易县供电分公司。该公司担负着米易县所辖区域的供电任务，是集发、输、配、供为一体的国家电力企业，承担着全县 21.7 万人（其中农村人口 15.2 万人）的供电任务，供电面积 1863 平方公里，营业户数 5.45 万户。员工总数 456 人，其中主业员工 265 人，农电工 191 人。截至 2016 年 12 月 31 日实现安全运行 2863 天，

【国网盐边县供电有限责任公司】国网盐边县供电公司改制前身为盐边县电力公司，成立于 1983 年 1 月。2008 年 12 月 5 日，盐边县政府委托四川省电力公司对盐边县电力公司进行代管。2011 年 12 月 28 日，盐边县电力公司改制为四川盐边供电有限责任公司，四川省电力公司控股 51%，盐边县人民政府持股 49%；2013 年 1 月 1 日，盐边县人民政府将 49% 股份无偿划转给国网四川省电力公司，国网盐边县供电有限责任公司成为国网四川省电力公司全资子公司；2016 年 7 月 26 日，国网盐边县供电有限责任公司改制为国网四川省电力公司盐边县供电分公司，成为国网四川省电力公司的分公司。该公司拥有 110 千伏变电站 5 座，主变容量 41.5 万千伏安；35 千伏变电站 9 座，主变容量 13.36 万千伏安；110 千伏线路 8 条 185 公里；35 千伏线路 25 条 257 公里，固定资产 4.18 亿元。2016 年实现售电量 5.37 亿千瓦时。截至 2016 年 12 月 31 日实现安全运行天数 2863 天。

国网阿坝供电公司
国网阿坝电力有限责任公司

【企业概况】 国网阿坝供电公司（以下简称“分公司”是国网四川省电力公司直属的特一型供电企业。国网四川阿坝州电力有限责任公司（以下简称“州公司”是国网四川省电力公司控股的市州级供电企业，与分公司按两块牌子一套人员运作，州公司下辖全资县级子公司11个，供电面积7.1万平方公里，承担阿坝全州70余万人生产生活供电任务。2016年，公司企业负责人业绩考核列国网四川省电力公司第14位，进入B段，创历史最好成绩。

该公司拥有220千伏变电站11座（包括1座开关站），变电容量270万千伏安；110千伏变电站22座，变电容量84.93万千伏安；35千伏变电站78座，变电容量44.36万千伏安。220千伏线路31条，长度858.64公里；110千伏线路28条，长度1013.97公里；35千伏线路108条，长度2137.11公里。完成并表口径售电量89.09亿千瓦时，同比增长10.02%，营业总收入21.64亿元，实现盈利3065.06万元，线损率4.55%，同比下降0.37个百分点。截至2016年12月31日，实现连续安全生产4112天。

2016年7月12日，阿坝州召开全州电网建设推进工作座谈会，政企联合加快阿坝州电网建设　（黄世涛　摄）

【人力资源】 截至2016年年底，分公司全民在册员工88人。州公司系统共有各类用工1638人，其中：本部全民在册人员250人，分公司支援到州公司工作的86人，兄弟单位援藏人员66人，劳务派遣人员41人。11家县级子公司全民在册员工1168人，劳务派遣人员27人。该公司进一步转变县级供电公司发展方式，汶川等3家公司进行了“三集五大”体系建设和薪酬改革试点。加强全员培训和人才培养，全面消除了“三无”人员，241人提升职业技能等级和专业技术资格，人才当量密度提高4.61%；取得国网四川省电力公司配网不停电作业技能竞赛、全球能源互联网知识竞赛团体三等奖，两名员工代表国网四川省电力公司参加国网公司竞赛调考并获优异成绩。大力推进各级优秀人才选拔推荐，拥有国网四川省电力公司优秀人才6名，新入选雏鹰计划2人。圆满完成106名高校毕业生的引进工作，24名三定生学成归来，人才储备成效明显。

【电网建设与发展】 该公司促成州政府与国网四川电力签订战略合作协议，争取国网四川省电力公司“十三五”在阿坝州电网投资规划规模超百亿元。提请州政府召开全州电网建设推进会，与3个县政府签订战略合作协议。成兰铁路5个220千伏牵引站供电工程通过可研审查，九寨沟隆康110千伏输变电工程等2个项目取得核准，500千伏马尔康、220千伏红原输变电工程前期工作克服困难有序推进。开工35千伏及以上输变电工程6项，投运7项。加快汶马高速电力建设，迁改2条110千伏线路。完成鲁能中查沟风景区临时供电及古尔沟温泉小镇项目供电。

【经营管理】 该公司扎实开展“效益提升年”活动，强化经营诊断分析，深入研究购售电结构，优化购销策略，加强营销基础管理和财务资金集中管控，努力挖潜增效。专项治理亏损企业，10家县级供电公司实现账面扭亏。完成州内一般工商业电价归并调整。推进居民电价归并，工作思路和方案取得州发改委认可。积极争取财税政策支持，置换逾期贷款，县级供电公司减免利息及罚息 878 万元。执行自发电业务 3%优惠税率，降低税赋 1023 万元。强化往来账和资金管理，“两金”压降 51.62 万元。积极争取富余电、直购电等政策，增加售电 2.83 亿千瓦时，助力全州工业复苏。积极开拓市场，业扩新装、增容 29.6 万千伏安。严格落实电费回收责任，降低大工业客户欠费风险，回收陈欠电费 1640.49 万元。开展线损治理专项行动，县级供电公司综合线损率同比下降 3.52 个百分点。开展大客户用电专项检查，查处多起违规用电问题。营配调数据贯通整体进度 98.05%，居国网四川省电力公司第 1 位。

【安全生产】该公司扎实开展“安全管理提升”活动和“三查三强化”专项行动，全面落实安全责任。坚持安全例会制度，强化重点工作风险分析和预控。积极落实反违章工作，排查“三本台账”问题 3268 项，整改 2123 项。加强业务外包和工程分包管理，严格施工计划和作业组织管控。有效防控安全风险，治理隐患 808 项。组织安全培训 2500 余人次，本质安全水平得到提升。严格执行“月计划、周安排、日管控”制度，强化电网、检修和建设风险预警管控，全年发布各类风险预警 38 个。开展变电专业精益化评价，推行线路标准化作业。加强输配电设备运维，35 千伏及以上设备故障跳闸率下降 18.14%。推进老旧输变电设备改造，29 座 110 千伏及以上变电站实现无人值守。

2016 年 3 月 2 日，国网阿坝供电公司抢修马寨线，确保春节期间阿坝州的可靠供电　（黄世涛　摄）

【农电工作】该公司完成“中心村”电网改造升级和机井通电工程专项规划并组织实施。大力彰显央企社会责任，积极争取资金，继续加大州内农网升级改造建设投资，2016 年投资计划 2.89 亿元。完成 2016 年第一批及新一轮农网改造升级工程，治理低电压台区 575 个，有效改善 1.7 万户、6 万余人用电质量，助力精准扶贫。自州公司成立以来，州公司供区内 1072 个行政村中已有 905 个行政村电网得到改造，改造率达到 84.42%

【科技与信息化工作】该公司申请专利 4 项，其中“一种故障报警 IT 运营平台”“一种网络监控预警系统”“一种无线网管系统”实用新型专利已获授权。完成“研究岩石地质条件下降低接地电阻的方法”“110 千伏及以下电压电磁环网对阿坝地区县域电网可靠性提高研究”“智能变电站继电保护自动测试技术研究”3 个科技项目验收，全面开展“新一代智能变电站全数字可视化仿真培训系统研究”科技项目工作。破解二台山、水磨片区电力通信孤网运行难题，信息通信支撑能力切实增强。

【市场服务（优质服务）】该公司不断加强营业窗口的规范化建设，优化服务流程，完善服务标准，将优质服务的要求贯穿到营销工作的每一个环节，确保对客户的承诺一一兑现，确保优质服务的内涵不断得以发展和丰富。加强窗口明察暗访和监督检查，及时发现纠正违规服务行为，确保“首问责任制”、“一口对外”、“限时办结”等服务要求落到实处。建立健全优质服务协同配合工作机制，成功实现阿坝地区 95598 工单的派发、处理、回复全过程管理。

【党的建设和精神文明建设】该公司以全面从严治党为指导，深入开展“两学一做”专题教育，全面从严治党向基层党组织延伸。持续推进党的建设、企业文化建设和队伍建设，确保了安全生产、经营管理、党风廉政建设等目标任务的圆满完成。加强党员教育，支部书记带头讲党课。强化组织建设，22 个基层党组织完成换届选举。开展“三亮三比”主题活动，命名 55 个党员示范岗、18 个党员示范区。开展“协力执行做表率”本部作风建设活动，打造风清气正员工队伍。选树劳动模范 8 名，“援建之星”“最美员工”等先进典型 25 个，示范引领作用充分彰显。深化民主管理，切实关爱职工。班组建设成效显著，创建 8 个四星级班组。精心策划“电力长征”点亮牧民新生活等主题传播，积极彰显责任央企形象。扎实推进精神文明建设，成功创建“四川省省级最佳文明单位”。

【存在的主要问题】一是安全可靠供电压力大。州内电网结构薄弱，单线单变、串联供电、T 接线路等问题突出，县域电网缺乏备用电源，存在大面积停电风险。发输变配老旧设备多，缺陷隐患得不到及时消除，故障跳闸率高。通信自动化设施建设严重滞后，对生产运行、营销现代化和企业管理造成严重制约，难以支撑企业快速发展。二是持续改善经营质效难度较大。公司纳入输配电价改革后，政策约束和行业监管不断强化，原有的各类电价优惠政策和经营手段受到限制，各种矛盾和风险正在聚集，州县级供电公司存在整体返亏的风险，经营压力持续加大。三是员工队伍支撑能力不足。公司组建时间短、发展速度快、缺员比例高，随着改革发展任务和工作要求的不断提升，干部员工队伍在数量、素质、能力支撑等方面的短板日益凸显。

【国网马尔康县供电有限责任公司】国网马尔康县供电公司成立于 2011 年 7 月，在册员工 164 人，担负着全市 14 个乡（镇）、105 个村，1.5 万余户，5.6 万余人的生产生活供电任务。拥有 110 千伏变电站 5 座，主变 6 台，变电容量为 15.4 万千伏安；110 千伏线路 5 条，线路长度 135.38 公里；35 千伏变电站 5 座，主变 6 台，变电容量 45.2 万千伏安；35 千伏线路 7 条，线路长度 223 公里；10 千伏线路 31 条，线路长度 413 公里；完成售电量 2.66 亿千瓦时。有松岗、热足电站两座发电站，总装机 2.39 万千瓦，完成自发电量 1.7 亿千瓦时。2016 年，该公司狠抓提质增效，各项经营指标取得了新突破。完成主辅分离，挂牌成立四川嘉盛电力建设有限责任公司马尔康分公司。

2016 年 8 月 7 日，国网阿坝供电公司执行红原雅克音乐节保电任务，图为保电现场　（黄世涛　摄）

【国网理县供电有限责任公司】国网理县供电公司成立于2011年7月，在册员工113人，担负着全县13个乡（镇）、81个行政村，7800余户，4.5万余人的生产生活供电任务。网内有板子沟、三道桥、维关、打色尔一级、打色尔二级、卡子电站、漆树坪、农家乐、甲司口、9座上网小水电站，总装机4.39万千瓦。代为运维110千伏变电站2座，主变3台，变电容量8.51万伏安。拥有35千伏变电站5座，主变6台，变电容量3.4万千伏安，35千伏线路19条，线路长度183.1公里；10千伏线路25条，线路长度489.09公里。2016年，完成购电量2.24亿千瓦时，售电量1.97亿千瓦时。

【国网汶川县供电有限责任公司】国网汶川县供电公司成立于 2011 年 7 月，在册员工 129 人，担负着全县 7 个乡（镇）、74 个村，1.9722 万余户万余户，8.9 万余人的生产生活供电任务。拥有 35 千伏变电站 6 座，主变 11 台，变电容量 8.14 万千伏安；110 千伏线路 2 条，线路长度 14.13 公里；35 千伏线路 19 条，线路长度 175 公里；10 千伏线路 40 条，线路长度 462 公里。2016 年完成售电量 4.21 万千瓦时。

【国网壤塘县供电有限责任公司】国网壤塘县供电公司成立于 2011 年 7 月，在册员工 30 人，担负着全县 9 个乡（镇）、47 个村，10000 余户，4 万余人的生产生活供电任务。拥有章光发电站一座，总装机 0.114 万千瓦。拥有 110 千伏变电站 2 座，主变 2 台，变电容量 6.30 万千伏安，110 千伏线路 2 条，线路长度 148 公里；35 千伏变电站 4 座，主变 4 台，变电容量 1.11 万千伏安，35 千伏线路 5 条，线路长度 111 公里；10 千伏线路 14 条，线路长度 407 公里。2016 年，完成自发电量 0.056 亿千瓦时，完成售电量 0.40 亿千瓦时。

【国网松潘县供电有限责任公司】国网松潘县供电公司于2011年7月成立，在册员工126人，担负着松潘县20个乡（镇）、142个村，2万余户，8.5万余人的生产生活供电任务（小河片区委托平武县供电公司供电，毛尔盖片区由国网黑水县供电公司供电）。有云屯、鸳鸯桥、虹桥关、金苍坪4座发电站，总装机0.67万千瓦。拥有35千伏变电站10座，主变压器14台，变电容量7.595万千伏安；拥有35千伏及以上输电线路14条，线路长度235公里；10千伏线路25条，线路长度910公里。2016年，完成售电量1.37亿千瓦时，完成发电量0.317亿千瓦时，电费回收率100%，首次实现电费清零。2016年成功创建州级文明单位，公司团支部被国网四川电力评为“五四红旗团支部”。

【国网金川县供电有限责任公司】国网金川县供电公司成立于 2011 年 7 月，在册员工 106 人，担负着全县 22 个乡（镇）、109 个村，1.8 万余户，7.4 万余人的生产生活供电任务。拥有万林、独松二级、阿科里、卡撒 4 座发电站，装机容量 0.46 万千瓦；110 千伏变电站 1 座，变电容量 4 万千伏安；35 千伏变电站 3 座，变电容量 2.21 万千伏安；拥有 35 千伏线路 5 条，线路长度 136.9 公里；10 千伏线路 29 条，线路长度 1012.8 公里；配电变压器台区 747 个，变电容量 5.27 万千伏安。2016 年完成自发电量 2589.37 万千瓦时，完成售电量 1.03 万千瓦时。

【国网黑水县供电有限责任公司】国网黑水县供电公司成立于2011年7月，在册员工88人，担负着全县17个乡（镇）、124个村，20,895余户，6万余人的生产生活供电任务。拥有德石窝、仁头沟、谷汝、红岩、麻窝等五座发电站，总装机0.54万千瓦；110千伏变电站2座，主变2台，变电容量6万千伏安，110千伏线路2条，线路长度16.8公里；35千伏变电站5座，主变8台，变电容量1.95万千伏安，35千伏线路8条，线路长度131公里；10千伏线路19条，线路长度398公里。2016年，完成自发电量0.30亿千瓦时，完成售电量0.51亿千瓦时。

【国网小金县供电有限责任公司】国网小金县供电公司成立于2011年8月，在册员工147人，担负着全县14个乡，3个镇，126个行政村，8万余人的生产生活供电任务。拥有110千伏变电站2座，变电容量14万千伏安，110千伏线路6条，线路长度80.49公里；35千伏变电站8座，变电容量4.49万千伏安；35千伏线路15条，线路长度176.82公里；配变721台，变电容量7.06万千伏安；10千伏线路33条，线路长度871.45公里。管理水电站2座，总装机0.53万千瓦；完成自发电量0.25亿千瓦时，售电量完成4.12亿千瓦时。2016年，该公司有效推进“三集五大”体系全面建设，建立新型组织岗位体系，顺利完成新体系的组织机构建设和人员上岗工作。

【国网阿坝县供电有限责任公司】国网阿坝县供电公司成立于2011年7月，在册员工79人(包括5位领导)，担负着阿坝县行政区域内2个镇、17个乡、2个牧场，87个行政村，2.62万户，约6.79万人的生产生活供电任务。拥有110千伏变电站2座，主变压器3台，变电容量9.45万千伏安；35千伏变电站6座，变压器6台，变电容量1.78万千伏安。拥有110千伏线路2条、线路长度73公里；35千伏线路7条、线路长度282公里；10千伏线路19条、线路长度722.54公里；10千伏变电台区544台、变电容量6.53万千伏安；0.4千伏线路总长714.72公里。2016年完成售电量0.49亿千瓦时。

【国网红原县供电有限责任公司】国网红原县供电公司成立于2011年7月，在册员工59人，担负着全县11个乡（镇）、36个村，1.44万余户，4.6万余人的生产生活供电任务。有发电站1座（刷经寺电站），装机容量200千瓦；110千伏变电站3座，主变4台，变电容量7.33万千伏安；35千伏变电站6座，主变6台，变电容量1.86万千伏安，35千伏线路186.29公里；10千伏线620.29公里。2016年完成自发电量31.2万千瓦时，完成售电量0.35亿千瓦时。

【国网若尔盖县供电有限责任公司】国网若尔盖县供电公司成立于 2015 年 7 月，在册员工 95 人，供电区域面积 10437 平方公里，承担着全县 2 个镇、15 个乡、2 个牧场，7.8 万余人的生产生活供电任务。拥有发电站两座(巴西电站、热尔电站)，总装机 0.38 万千瓦；110 千伏变电站 3 座，主变 4 台，变电容量 11.1 万千伏安，110 千伏线路 3 条，线路长度 247.5 公里；35 千伏变电站 4 座，主变 4 台，变电容量 1.15 万千伏安，35 千伏线路 8 条，线路长度 282.3 公里；10 千伏线路 21 条，线路长度 749 公里。2016 年完成自发电量 0.17 亿千瓦时，完成售电量 0.71 亿千瓦时。截至 2016 年 12 月 31 日，公司实现连续安全生产 520 天。

（姜和平）

国网绵阳供电公司

【企业概况】国网绵阳供电公司成立于 1975 年，是国网四川省电力公司直属的特大一型企业，是绵阳境内最主要的电网规划、建设、运营和电力供应企业。设职能部门 11 个，业务支撑和实施机构 7 个，下辖江油、游仙、梓潼、安州、北川、盐亭 6 个县级供电公司，主办集体企业——绵阳启明星集团有限公司。截至 2016 年底，公司用工总量 4985 人，资产总额 63.09 亿元。承担着绵阳市涪城区、游仙区、安州区、江油市、梓潼县、北川县、盐亭县的供电任务。与三台县、平武县有趸售关系，拥有电力客户 168.28 万余户。2016 年，完成售电量 77.14 亿千瓦时，同比增长 7.45%；线损率 7.59%，较上年下降 0.06 个百分点；同业对标综合排名国网四川省电力公司系统第一，企业负责人业绩考核为 A 级。

绵阳配电网规模位居四川第二，是四川电网在川西北地区的重要组成部分，通过 500 千伏变电站和多回 500 千伏线路构成的主网架接入四川主网，已形成较完善的 220 千伏环网。该公司拥有 35 千伏及以上变电站 120 座，变电容量 865.96 万千伏安，输电线路 264 条，线路长度 4042.44 公里；全网最高负荷 182.5 万千瓦（2016 年 8 月 22 日）、最大日电量 3458 万千瓦时（2016 年 8 月 22 日），截至 2016 年 12 月 31 日实现连续安全生产 4370 天。

2016 年，国网绵阳供电公司严格落实国网四川省电力公司各项工作部署，紧紧围绕市委、市政府加快建设国家科技城和幸福美丽绵阳的决策部署，担当尽责、实干创新，扎实开展“两学一做”学习教育，大力推动“631 规划”落地，全面加强电网建设，奋力提升服务能力，持续深化改革创新，全力攻坚提质增效，各项工作取得新突破，为尽早实现“一流电网、一流企业”的发展目标奠定了坚实的基础，实现了“十三五”发展良好开局。

2016 年 10 月 4 日，四川省尹力省长（前排中）在考察国网绵阳供电公司时，肯定了该公司的扶贫工作

（国网绵阳供电公司　提供）

近年来，该公司立足于服务党和政府工作大局、服务发电企业、服务电力客户、服务社会发展，各项工作成绩显著，为绵阳经济社会发展和人民幸福生活作出了积极贡献。先后获得第四届全国精神文明建设工作先进单位，全国模范职工之家，国务院国资委及国家电网公司抗震救灾先进集体，国家电网公司先进集体、文明单位，四川省安全文化建设示范企业、四川省模范劳动关系和谐企业、四川省工人先锋号，国网四川省电力公司先进单位、先进基层党组织、红旗党委、四好班子、安全先进单位和双十佳文明单位，绵阳市“文明行业”等多项荣誉。

【人力资源】国网绵阳供电公司用工总量 4985 人，其中：长期职工 2059 人（直供直管 1570 人，控股公司 489 人），劳务工 37（直供直管），农电工 1537 人（直供直管 1444 人，控股公司 93 人），集体职工 300 人，集体企业直签合同用工 1052 人，用工总量比 2015 年末减少 1246 人。长期职工平均年龄 43.71 岁，研究生及以上学历 133 人，大学本科学历 858 人，大学专科学历 692 人，中专及以下学历 376 人；高级职称 150 人，中级职称 336 人，初级职称 881 人；高级技师 89 人，技师 928 人，高级工 133 人，中级工及以下 132 人。

【电网建设与发展】国网绵阳供电公司积极对接绵阳市发展规划及产业布局，优化完善《绵阳电网“十三五”规划》和《绵阳智慧电网建设方案》，电网发展成效受到绵阳市政府主要领导充分肯定。落实国网四川电力与绵阳市政府签订战略合作协议，与长虹、九洲、绵投集团等多家企业建立合作关系，外部发展环境持续优化。完成电网投资 11.58 亿元，同比增加 3.58%，投产 35 千伏及以上输变电项目 9 个，变电容量 4.15 万千伏安、输电线路 96.58 公里。完成高新区配套、马角坝牵引站线路、盐亭富驿 35 千伏变电站等改造工程，投产变电容量 4.15 万千伏安、输电线路 96.58 公里。安州供电公司通过国家电网公司 100 个配电网标准化建设改造示范县验收。累计安装智能电表 156.38 万只，覆盖率达到 92.41%。新建投运 12 个充电桩。“电亮幸福美丽乡村”农网改造升级工程劳动竞赛获四川省、绵阳市总工会高度评价。

【经营管理】该公司扎实开展“效益提升年”活动，效益意识明显增强。安州、北川、盐亭三家县级供电公司首次实现扭亏为盈，减亏 3400 万元。落实税收优惠政策，积极应对“营改增”，节约税金 2793 万元。完成电能替代 1.2 亿千瓦时，超额完成年度计划。严格落实高风险客户“一户一策”，电费回收率实现 100%。深化在线运营监控，挽回经济损失 408

万元。强力推进废旧物资处置，库存积压物资同比降低 26%。办公费同比下降 15%，车辆使用费同比下降 13%。编制完成《国网绵阳供电公司“十三五”发展规划》，明确发展战略、目标和实施路径。开展业务数据治理“双百行动”，管理基础有效夯实。持续优化绩效管理体系，推广实施一线员工工时积分同价计酬机制。开展审计发现问题整改情况“回头看”，完成问题整改 427 个。发布《查处窃电行为法律指引》，举办反窃电违约用电专项培训，在国网四川省电力公司系统首家编制《员工行为规范》。实施资产全寿命管理领先型体系建设，受到国家电网公司检查组充分肯定。

【安全生产】国网绵阳供电公司牢固树立“五安三制”理念，压实安全责任，安全风险管控机制不断完善。扎实开展“安全管理提升”“三查三强化”“双月亮剑”等安全专项活动，全面推广安全管控系统和移动 APP，消除各类隐患 2037 项。常态化开展安全巡查，发现违章 466 例，反违章工作质效综合评价位列国网四川省电力公司第一位。安规竞赛调考综合排名国网四川省电力公司第一名。优化电网运行方式，推进低电压、“卡脖子”问题治理，成功应对负荷 7 次、日电量 10 次创历史新高的供电考验。狠抓输电线路“六防”治理、“配网管理提升”专项工作，35 千伏及以上线路跳闸率下降 22%，配网线路跳闸率下降 41%。严控“非计划停电”和“临时停电”，线路重复停电得到有效整治。外力破坏事件同比降低 60%。举行 12 项大型应急演练，完成安州地震、北川山体滑坡、广元白龙湖沉船等突发事件现场处置应急支援，应急保障和管理水平得到提升。完成第四届科博会等重大保电任务 177 次。

【农电工作】该公司开展县域电网深度规划，农网规划覆盖供区所有乡镇。与各县市区（三台、平武县除外）签署农网改造升级合作协议，大力推进小城镇（中心村）电网改造升级、村村通动力电和“机井通电”工程，“十二五”农网升级改造工程受到国家发改委专项稽察组充分肯定。全力实施“电力助推扶贫攻坚”十大行动，184 个贫困村电网实现改造升级，北川县开坪乡凤阳村农网改造升级成效获尹力省长高度肯定。加强标准化供电所建设，实施班组“四定”管理，花荄供电所获评班组建设最高荣誉“国家电网公司一流班组”“国家电网公司五星级乡镇供电所”。积极开展对口帮扶阿坝松潘、若尔盖供电公司，选派高素质技术、管理人员进藏 464 人次，接纳藏区人员 38 人，援助各类物资 1080.32 万元，精准对接藏区电力和管理需求，完成年度帮扶目标任务。

【科技与信息化工作】该公司发表论文 4 篇，专利申请 10 项，完成年度目标任务。鼓励引导群创氛围，职工文化、技术创新成果丰硕，两项创新项目分别获评国网四川电力 2016 年工人技术创新一、二等奖；积极搭建创新平台，参加国网四川省电力公司 Q C 成果发布，荣获一等奖 2 项、二等奖 4 项。2016 年管理创新成效显著，年度 6 个重点项目全部获奖，其中一等奖 1 项，二等奖 3 项，三等奖 2 项。接受技术标准实施评价体系建设验收，获国家电网公司、国网四川省电力公司高度评价。制订《三年精益战略发展规划》，提升精益化、标准化管理，全年共实施精益项目 11 个，精益项目总获奖数量在国网四川省电力公司系统内排名第一。

【市场服务（优质服务）】该公司创新推行“卓越电管家”供电服务新模式，配置“电管家”543 名，行风满意度测评排名国网四川省电力公司系统第二。主动对接园区政府，全力做好京东方、绵阳全市交通攻坚大会战等重点项目供电服务工作。落实业扩报装新政，建立业扩报装“4S”服务平台。实行客户投诉无差别考核，责任性投诉同比下降 26.88%。全面推广网上购电远程下发，充值用户 52656 户，交易金额 486.37 万元。推进水电气“三表合一”，累计接入用户 10300 户并实现信息采集传递，受到国家发改委需求侧检查组高度肯定。开展用户供配电资产移交工作，532 个小区签订移交协议，预计接收客户资产 3.07 亿元。加大向政府汇报力度，争取

2016 年 5 月 24 日，为保证电力供应，国网绵阳供电公司组织无人机巡线，确保线路安全　　（国网绵阳供电公司　提供）

政府资金 960 万元，改造老旧小区 8 个。

【党的建设和精神文明建设】国网绵阳供电公司认真宣贯落实中共十八届六中全会和全国国有企业党的建设工作会议精神，扎实推进“两学一做”学习教育，组织开展 4 个专题学习研讨，两级班子、支部书记讲授专题党课 217 次，“基层党组织书记讲党课”“微宣微讲”分别获国网四川省电力公司一等奖、三等奖。成功召开第一次党代会，加强基层党支部建设，接收农电党员 515 人，“一所一支部”覆盖率达 88.7%。扎实推进“清风绵电”主题活动，“党纪党规印我心”知识竞赛获国网四川省电力公司一等奖。完成国网四川省电力公司党风廉政建设巡察迎检，全面整改反馈问题。信访举报案件同比下降 47%。大力实施素质提升工程，939 人学历、职称和技能等级实现提升，新增国网四川省电力公司级及以上优秀人才 4 人、“电力雏鹰”3 人。建成本部道德讲堂和企业文化长廊，北川公司、客服中心等企业文化示范点建设深入推进，游仙供电公司通过省级最佳文明单位验收测评。实施“精彩绵阳”主题策划，5 次登上中央电视台、人民日报社等国家级媒体，“卓越电管家”“电力小绵羊”品牌形象深入人心。大力推动青年创新创效，一个项目获国家电网公司青创赛铜奖。建设职工文化体育活动中心，女子乒乓球队蝉联国网四川省电力公司“五连冠”，并勇夺绵阳市第六届运动会团体冠军。加强信访和舆情管控，全年未发生影响公司形象的重大事件。离退休、后勤保障工作全面加强。2016 年，该公司 113 个单位（集体）、118 名个人受到市级及以上表彰。

2016 年 8 月 17 日，国网绵阳供电公司共产党员服务队走进北川残疾人儿童医院，为医院提供服务

（国网绵阳供电公司　提供）

【存在的主要问题】一是自身发展存在不适应。在自身发展过程中长期存在的“五个不适应”：投资需求旺盛与支撑能力不足之间的不适应；成本刚性增长与效益提升困难之间的不适应；基础管理与一流企业要求之间的不适应；个别职工服务意识、竞争意识与市场化竞争要求之间的不适应；职工主流思想向好与极个别职工法治意识、诚信意识不足之间的不适应。二是经营压力比较突出。四川省委、绵阳市委经济工作会议明确了稳中求进的总基调和深化供给侧结构性改革的主线，尤其是对继续化解过剩产能、降低企业用能成本等方面作了系统的部署，对公司和电网加快转型发展带来新考验。聚焦绵阳，工业下行压力依然较大，电量增长、电费回收、市场开拓等面临重重考验。三是外部形势趋于严峻。电力改革、公司内部改革相互重叠，并行推进，各项改革措施进入落地实施阶段，将对广大干部职工的思想观念和公司运营模式、管理机制、业务流程带来深刻影响。特别是新一轮电力体制改革加快推进，绵阳境内已成立 4 家售电公司，社会资本竞相进入配售电领域，市场份额和营业收入将受到双重挤压。

【国网江油市供电公司】国网江油市供电公司始建于 1962 年 10 月，担负着江油市 40 个乡镇以及平武、北川等部分地区供电任务，供电面积约 3100 平方公里，供区人口约 110 万人。有营业户数 36.89 万户，其中专变客户 3108 户（含大工业客户 189 户），低压客户 36.59 万户；供电营业网点 18 个（其中城区 2 个，农村 16 个）。设有 8 个管理部门，2 个业务支撑实施机构，8 个生产、营销班组，16 个乡镇供电所，托管 1 个集体制企业——绵阳启明星嘉晨实业有限公司江油分公司。辖区内有 35 千伏及以上变电站 27 座，总容量 203.48 万千伏安。城区配变 170 台，容量 5.91 万千伏安；农村配变 3415 台，容量 34.13 万千伏安。35 千伏线路 16 条，总长度 231.17 公里；10 千伏线路 114 条，其中城网线路 41 条，总长度 333.95 公里；农网线路 73 条，总长度 2468.25 公里，低压线路 11984.53 公里。

2016 年完成售电量 19.56 亿千瓦时，同比上升 6.19%，完成年计划的 102.43%；线损率 5.80%，低于下达指标 0.12 个百分点；城网供电可靠率 99.97%，农村供电可靠率 99.91%；电费回收率 100%；完成各类项目资金 9743.17 万元。全网最高负荷 40 万千瓦，最大日电量 701.9 万千瓦时。

该公司有员工 586 人。全民员工 141 人，平均年龄 44 岁，30 岁以下人员 14 人。本科及以上学历 65 人（其中研究生 10 人），占职工总数的 46.1；大专学历 56 人，占职工总数的 39.72%；中专技校学历 18 人，占职工总数的 12.77%；高初中以下学历 2 人。高级职称 3 人，中级职称 23 人，初级及以下职称 115 人。高级技师 10 人，技师 75 人，高级工 8 人，中级工 4 人。农电员工 423 人，平均年龄 44.8 岁，30 岁以下人员 9 人。大学本科学历 38 人，占农电员工总数的 8.98%；大专学历 97 人，占农电员工总数的 22.94%；中专学历 288 人，占农电员工总数的 68.08%。国网四川省电力公司优秀人才 1 人，国网绵阳供电公司优秀人才 1 人，人才当量密度 1.0279。

该公司主动对接江油市经济社会发展规划，优化完善《“十三五”配电网发展规划》。开展县域电网深度规划，电网规划覆盖供区所有乡镇。推进绵阳供电公司与江油市政府农网升级改造合作协议，大力推进小城镇（中心村）电网改造升级、村村通动力电和“机井通电”工程。代表绵阳供电公司，接受四川省发改委 2014 年农网改造升级工程验收，得到验收组充分肯定。积极开展属地协调，有效保障江油 500 千伏输变电工程等项目前期工作顺利推进。110 千伏万寿站 35 千伏配套工程按时竣工、35 千伏紫山变电站顺利投入运行，厚坝、香水片区的供电能力得到有效提升。治理低电压台区 234 个，惠及客户 6685 户。累计换装智能电表 35.2 万只。

扎实开展“效益提升年”活动，加大“过紧日子”宣传力度，效益意识深入人心。开展经济调度运行，严格控制重复停电，减少电量损失 28 万千瓦时。完成电能替代 8760 万千瓦时，完成年度计划 730%。严格落实高风险客户“一户一策”，电费回收率 100%。开展反窃电、违约用电专项整治，查处案件 72 件，追回电费及违约金 29.55 万元。严格财务制度，强化预算管理，差旅费同比下降 10%，办公费同比下降 17%，车辆使用费同比下降 17%。完成标准化库房建设，提高物资周转率，库存积压物资同比降低 14.26%。

牢固树立“五安三制”理念，扎实推进本质安全建设，严格落实各级安全责任。认真开展“安全管理提升”“三查三强化”“季节性安全大检查”等活动，排查治理安全隐患 165 项。全面落实“月计划、周安排、日管控”要求，积极推广安全管控系统和移动 APP。加大现场安全巡查力度，全年安全巡查 1420 次，发现违章 118 起。狠抓配网专项整治，拆除城网盲肠线路 6 处，配网线路跳闸 79 次，跳闸率同比下降 55%。严控“非计划停电”和“临时停电”，减少重复停电 36 条次。完成 20 处“手拉手”线路联络点核相工作，保障线路安全合环。开展安全监督“提前介入”，施工前公司管理人员与施工作业班组到现场勘察 41 次，与之共同制定施工方案 41 个，并根据现场提出防范措施和安全施工要求 260 条。全年未发生员工轻伤及以上事故、负同等责任的一般及以上交通事故、有责任的农村人身触电伤亡事故。治理低电压台区 234 个，惠及客户 6685 户。深入开展“包片进村”、“精准扶贫攻坚”活动，走访贫困村 1278 个、贫困户 3783 户，解决贫困村、户生产生活用电问题 125 个。完成三合国网五星供电所、武都国网四星供电所创建工作，完成 7 个供电所二星创建并通过绵阳供电公司验收命名。

认真组织开展员工技术创新活动，创新成果喜人。“可拆卸式快速拼装方杆基础”可提高工作效率近 7 倍；三合供电所群创设计的“田间用电临售点”荣获国网绵阳供电公司二等奖和国网四川省电力公司优秀成果，入围国家电网公司青创赛苏州片区赛；重华供电所的机械式收放线绞盘获得国家专利。积极开展精益化管理工作，向国网绵阳供电公司上报精益化项目 2 项。

积极推行“卓越电管家”服务新模式，深入开展“七进”服务，在工业园区设立供电服务部，走访“两代表一委员”，客户满意度持续提升。落实业扩报装新制度，开展业扩报装环境整治百日行动，业扩办理时限进一步缩短。实行客户投诉无差别考核，责任性投诉同比下降 50%。大力推广“掌上川电”APP 网上交费功能应用，开通网上充值用户 33.90 万户，累计交费 94.22 万元。落实直购电政策，完成直购电量 5.06 亿千瓦时。大力推进居民小区配电设施资产移交，完成移交 134 个。

以“微党课”“微宣微讲”等形式，扎实开展“两学一做”学习教育。加强供电所党支部建设，接收农电党员 124 名，实现“一所一支部”建设全覆盖。接受国网四川省电力公司党风廉政建设巡察，全面整改反馈问题。推动“让优秀走向卓越”理念内化于心、外化于行，积极打造三合供电所、共产党员服务队等企业文化示范点。强化品牌传播，《助力脱贫迎新年》《烈日“辛”程，我们电亮万家》等文章、照片在《国家电网报》等高端媒体发布。积极参与电力志愿者服务行动，在铜星乡小学新建“留守学生之家”。

【国网绵阳市游仙供电公司】国网绵阳市游仙供电公司始建于 1994 年 12 月 26 日，是国网四川省电力公司委托绵阳供电公司代管的二级机构，国网四川省电力公司县级一流供电企业，国网四川省电力公司首批“县级供电公司企业文化建设示范点”，四川省省级最佳文明单位。承担辖区内35千伏及以下输变电设备的运行维护检修工作，担负着中国工程物理研究院（九院）、游仙区、仙海风景区、绵阳市经开区以及三台县6个村、梓潼县3个村社的供电任务，供电面积1163平方公里，供电营业户数26.8万户，用电人口约52万人，辖区内拥有中国工程物理研究院（九院）、624航空城、川北监狱以及富乐山国际酒店等高危及重要客户20户。

该公司下设1室8部1中心、7个生产班组，11个乡镇供电所，代管2个集体企业，有全口径员工445人，其中全民员工86人，本科及以上学历59人（其中研究生10人），占职工总数的68.6%；大专学历20人，占员工总数的23.26%；中专技校学历7人，占职工总数的8.14%。员工中有高级职称6人，中级职称21人，初级及以下职称41人和高级技师5人，技师27人，高级工6人，中级工8人。农电员工286人，大学本科学历28人，占农电员工总数的9.79%；大专学历85人，占农电员工总数的29.72%；中专（技校）学历169人，占农电员工总数的59.09%。国网四川省电力公司优秀人才4人，国网绵阳供电公司优秀人才3人，人才当量密度1.0505。

电网建设项目7个批次 共计25个子项目的建设，项目总投资3438万元，完成6个批次，20个子项目，完成投资2520万元，资金完成率73.3%。农网项目3个批次，共计71个子项目，项目总投资6027.15万元，累计完工24个子项目，完成投资2949万元，资金完成率49%。

该公司开展“节能、降损、增效”专项行动，从预算成本管控、增供促销、物耗控制、业务效能提升四大类着手，制定“降损、节能、增效”52项具体实施计划，助推全年降本增效工作有效开展。积极实施增供促销，主动引导美丰化工、利尔化工等大工业用户在煤改方向上选择电能替代，完成电能替代电量1348万千瓦时，完成目标任务的112%。开展线损异常台区的分析与整治，台区线损合格率59.4%，同比提升13.3个百分点。大力开展保险索赔，成功申报保险案件53次。奋力促进员工综合业务素质和工作效能提升，制订《国网绵阳市游仙供电公司绩效管理实施细则》和《国网游仙供电公司青年人才培养实施方案》，大力开展业务技能培训，鼓励员工创新创效，有效提高了工作质效。

国网绵阳市游仙供电公司持续完善内部安全管理制度和管控考核机制，堵塞安全管理漏洞。大力开展安全专题学习活动，全年集中开展各类安全培训23次，全员安全知识和“三种人”资格认定考试参考率均为100%。严格落实“月计划、周安排、日管控”要求，着力提升“到岗到位”效果，全年开展到岗到位督察1700余次，发现问题234次。坚持反违章高压态势，处罚现场违章84次，处罚人员139人次，罚款金额共计55470元，及时查处了各类违章行为，安全风险得到了有效防控。完善《安全生产隐患排查治理实施细则》，建立三级隐患台账，严格落实“三查三强化”、“双月亮剑”等隐患排查治理工作要求，确保隐患的“早发现、早整治”。强化应急管理，切实制定并完善各类应急预案，为日常抢修抢险、迎峰度夏、防洪防汛、迎峰度冬等工作提供了制度保障。

该公司对11个供电所的基础管理进行了全面规范，为创建标杆供电所打下坚实基础。制订《游仙供电公司电力助推扶贫攻坚实施方案》，围绕电网规划、农网改造、同网同价、服务均等、对口帮扶、志愿服务等重点推进工作，对供区内108个村实施精准扶贫，确保了农村地区“低电压”问题得到有效整改。

该公司鼓励和引导职工创新，并取得良好成果，QC项目《提升魏城供电所线损合格率》获得国网四川省电力公司优秀创新项目二等奖。

该公司创新推出卓越“电管家”服务品牌，实现对客户“一对一”专属服务，受到客户和政府的好评。扎实开展营销“双百行动”，对营配贯通、采集档案等数据进行全面清理，实现了营销基础管理水平的全面提升。全力推进客户产权移交，与72个居民小区签订资产移交协议，完成有产权移交意向129个居民小区的走访工作。大力推广“掌上川电”APP网上购电功能，辖区注册的45640户“掌上川电”用户中，13247户开通电费下发功能，下发成功率100%。主动指导用户需求侧管理，上门走访大型企业用电客户，积极宣传直购电和富余电量消纳等政策优惠，指导企业科学合理用电。实现全川首笔信用证支付电费，既缓解了企业资金压力，又防范了电费回收风险。

国网绵阳市游仙供电公司扎实开展“两学一做”学习教育活动，组织全体党员开展党规党纪专题学习，并组织集中考试，通过率100%。积极推进基层党组织建设，成功接转公司农电身份党员124名，成立农电系统二级党支部12个，“一所一支部”建设目标全面实现。企业文化创建成功，获国网四川省电力公司“首批企业文化建设示范点”命名。顺利通过四川省“省级最佳文明单位”验收测评，文明单位建设实现新跨越。积极推进职工书屋建设，被全国总工会评为“全国示范职工书屋”。持续深化“道德讲堂”，走进国网四川省电力公司政工干部培训班，受国网四川省电力公司思政部领导与参培学员的充分肯定和高度评价，“道德讲堂”被推荐为国网四川省电力公司“示范道德讲堂”。原创音乐小品《心火灿烂》成功入围国网四川省电力公司三会优秀文化成果展示。

【国网绵阳市安州供电公司】国网绵阳市安州供电公司始建于1985年，隶属于国网绵阳供电公司，2016年，全面完成县级供电公司“子改分”改制工作，原国网安县供电有限责任公司予以注销，国网绵阳市安州供电分公司于6月29日正式成立，对外统称“国网绵阳市安州供电公司”，是安州区境内最主要的电网规划、建设、运营和电力供应企业。设管理部室8个、业务支撑和实施机构2个、班组10个、供电业务部8个。供电区域包括安县18个乡镇及相邻的北川、江油部分地区。供电面积1150平方公里。拥有变电站18座，10千伏开关站1座，主变总容量109.64万千伏安，输电线路18条，长度197公里。全网最高负荷14.26万千瓦，最大日电量281万千瓦时。该公司先后获得中华全国总工会抗震救灾工人先锋号、国家电网公司一流县供电企业、国家电网公司最佳文明单位、省级最佳文明单位、国网四川省电力公司安全生产先进集体、国网四川省电力公司精神文明单位等多项荣誉。

该公司有全民员工189人，平均年龄42.61岁，30岁以下人员29人。本科及以上学历112人（其中研究生8人），占职工总数的59.26%；大专学历49人，占职工总数的25.93%；中专技校学历28人，占职工总数的14.81%。高级职称6人，中级职称35人，初级及以下职称92人。高级技师5人，技师57人，高级工45人，中级工8人。农电员工224人，平均年龄43.37岁，30岁以下人员24人。大学本科学历23人，占农电员工总数的10.26%；大专学历52人，占农电员工总数的23.21%；中专技校学历121人，占农电员工总数的54.02%高中及以下11人，占农电员工总数的4.91%。国家电网公司优秀专家人才后备1人，国网四川省电力公司优秀人才3人，国网绵阳供电公司优秀人才3人，人才当量密度0.9719。

围绕企业和电网发展目标，引入专业规划公司，精心编制了“十三五”配电网规划，被正式纳入安州区地方国民经济“十三五”发展规划。高标准开展电网基础设施建设，“绵阳安县水田坝35千伏第二电源输变电工程”顺利竣工投运。顺利通过国家电网公司100个配电网标准化建设改造示范县验收。积极协调安州区政府与国网绵阳供电公司签订了合作协议，大力推进小城镇（中心村）电网改造升级和机井通电工程建设。

该公司严控非生产性支出，可控成本同比减少343.32万元，其中差旅费减少15.24万元，降幅18.40%。多措并举实现电费回收结零，收回拖欠电费3.6万元，追补计量差错电费34.68万元。通过无偿接收用户专线、网络改接，有效解决了丰水期晓坝片区、茶坪河富裕小水电消纳问题，降低了购电成本。认真落实“五个一”的标准化抢修要求，全年完成带电作业次数138次，多供电量68.4万千瓦时，通过快速高效地抢修，累计多供电量13.8万千瓦时。切实做好公司保险理赔相关工作，全年共计收到保险赔款36.73万元。积极争取政府补助资金，累计获取各类奖励、补贴53.79万元。对各部门、班组的业务界面进行梳理，清理班组冗余人员，盘活存量人力资源，总体用工效率进一步提升。被绵阳供电公司评为2016年度先进单位，在县级供电企业年度考核中排名第一，位居A类。

国网绵阳市安州供电公司坚持“五安三制”理念，深入开展“安全管理提升”活动，安全基础进一步夯实。扎实开展“三查三强化”、“双月亮剑”等专项活动，加大高危（重要）客户安全检查力度，排查治理隐患151项。全面推广运用安全管控系统，狠抓基建施工、大修技改、农网工程现场安全监督检查，发现问题21例，有效遏制了违章行为。通过安州区电力执法监察大队和电力警务室进行联合执法，全力维护供用电秩序，依法查处窃电、违约用电15起、外力破坏10起，追补电费14.13万元。全年未发生人身、电网、设备、信息、消防事件，未发生负同等责任及以上的一般交通事故。截至2016年12月31日，实现连续安全生产5460天，再度获国网四川省电力公司安全生产先进集体称号。

该公司完成2015年新增农网改造升级工程项目61个，2016年大修、技改工程3个，2016年农网改造升级第一批项目15个，完成14个中心村和17个“井井通”项目的可研编制和施工的前期准备工作。代表国网绵阳供电公司接受国家发改委检查，“十二五”农网改造升级工程获得高度评价。积极响应绵阳供电公司“电力助推扶贫攻坚十大行动”，两年累计完成12个贫困村电网改造升级，解决496户贫困户生产、生活用电难题。落实城乡“低保户”、农村“五保户”免费用电基数政策，全年共计对7536户客户即征即返电量30万千瓦时，返还电费15.55万元。

该公司大力推动青年创新创效，两项技术研发分获国网四川省电力公司工人技术创新一、二等奖，一项QC成果获国网四川省电力公司一等奖。通过新建、改造项目逐步改善电网网架结构，实现城网线路“N-1”通过率100%，城区供电可靠性显著提升。大力推广小电流接地系统单相接地故障选线装置使用，缩短了故障查找时间，提高了工作效率。发现并解决了某型号10千伏开关家族性缺陷一项，为该型号断路器的消缺工作提供了技术参考，得到上级部门的高度评价。为安全工器具订制二维码“身份证”，实现了安全工器具管理新模式，并作为典型经验在国家电网公司主页展示。

国网绵阳市安州供电公司大力推行“电管家”服务新模式，建立工业客户“一户一策”、居民台区“一区一档”，实行客户投诉无差别考核。积极主动上门服务，公司领导班子成员分别带队登门拜访，重点走访了“两代表一委员”以及安州辖区内的工业客户。合理运用电价政策为银河集团节约用电成本258万余元，为中联水泥节约用电成本182万余元。开通“掌上川电”APP、微信、支付宝等网上购电新渠道，实行“掌上电力”免纸质业务申请办理，客户用电体验持续提升。完成供区内42个小区供配电设施产权移交，完成率100%，已完成资产入账822.08万元，移交工作进度位居国网绵阳供电公司前列。积极推进水电气“三表合一”，累计接入用户1070户并实现信息采集传递。

该公司扎实开展“两学一做”学习教育，认真落实“两个责任”，加大执纪问责力度，持续推进惩防体系建设，注重监督与企业管理深度融合，有力推动了企业各项工作。强化基层党支部建设，接收农电党员109人，“一所一支部”覆盖率达100%。成功通过了“省级最佳文明单位”复查，花荄供电所被国家电网公司授予“五星级班组”、“一流班组”，被国网四川省电力公司授予“首批企业文化建设示范点”、“标杆班组”、“先进班组”称号。三名员工分获国家电网公司“一流班组长”，国网四川省电力公司“先进班组长”，“绵阳市十大创新明星”，国网绵阳供电公司十大杰出青年”称号。

【国网梓潼县供电公司】国网梓潼县供电公司成立于1967年，公司担负着梓潼县32个乡镇、1个经济开发区以及游仙区、江油市、盐亭县等部分地区供电任务，供电总面积1442.32平方公里，供区人口38.58万人。辖区内有110千伏变电站4座，35千伏变电站5座，10千伏开关站1座。35千伏电压等级容载比为1.65，城市地区户均容量为2.31千伏安，农村地区户均容量为1.13千伏安。公变2057台（城网191台，农网1866台），总变电容量17.71万千伏安。35千伏线路8条，总长143.35公里。10千伏线路40条，总长1924.12公里。低压线路8918.15公里。

本部设置职能部门5个，业务支撑和实施机构2个，下设7个主业班组和8个供电所，代管启明星嘉晨梓潼分公司，现有各类职工343人。其中全民员工83人，平均年龄40.45岁，30岁以下人员24人。本科及以上学历47人（其中研究生11人），占职工总数的56.63%；大专学历18人，占职工总数的21.69%；中专技校学历18人，占职工总数的21.69%。高级职称2人，中级职称8人，初级及以下职称38人。高级技师5人，技师38人，高级工2人，中级工19人。农电员工198人，平均年龄46.3岁，30岁以下人员5人。大学本科学历16人，占农电员工总数的8.08%；大专学历35人，占农电员工总数的17.68%；中专学历147人，占农电员工总数的74.24%。国网四川省电力公司“雏鹰计划”2人，人才当量密度1.0036。

通过梳理电网薄弱环节，认真做好电网规划、项目提报工作，重点解决供电半径长、低电压情况。主动对接地方党委、政府，建立沟通协调机制，在项目推进、林木砍伐、通道占地协调等方面得到大力支持。2016年电网建设投资9010.71万元，各项目均按进度要求推进。完成中广核梓潼马鸣风电集、送电线路及开关站施工，完成武引二期灌渠、四川文化艺术学院电力线路迁改等重要外委工程。

国网梓潼县供电公司认真落实“效益提升年”活动相关要求，制定降本提质增效措施29条。统筹安排停电计划，精准发布停电信息。加强线损管理，台区线损合格率居国网绵阳供电公司前列，电所台区线损合格率名列全省1214个供电所第一名。扎实开展营配贯通，加强用电检查和反窃电工作，查处窃电11户，追回电费共计4.8万元。开展计量装置封印封签专项清理。实现所有变电站（开关站）无人值守，供电所视频会议系统正式运行。推进小区资产移交工作，已接收28个小区资产。

树立“五安三制”理念，压实安全责任，努力提升安全管控能力。开展各类安全培训18次，参加人员920人次。扎实开展高压开关柜、防误闭锁等专项整治，深入开展“安全生产月”和安全生产大检查等专项活动，排查治理各类隐患143项。整合安全监督力量，严格落实到岗到位要求，现场督查2197人次，覆盖率达100%。开展防灾减灾综合应急演练、迎峰度夏联合反事故演习。连续两年未发生农村人身触电伤亡事件。圆满完成“第二届海峡两岸文昌文化交流活动”“第三届乡村旅游节”等各类重要保电任务17次。

国网梓潼县供电公司结合梓潼电网实际，完善农网规划，积极储备项目。2016年下达农网大修、低电压技改、农网升级改造、新增农网升级改造五个批次项目，完成率 81.84%。深入开展隐患排查治理，排查并消除各类缺陷隐患 217 处。完成农网 702 台公变考核总表接线改接工作。详摸细排，逐户整治，台区线损成效显著，双板供电所台区合格率名列全省 1214 个供电所第一名。政企联合持续深入开展农村安全用电宣传、检查工作，全年无一起农村触电伤亡事件。

该公司积极推进班组创新活动，组织参加员工“创新创效”活动。积极开展精益化管理工作，2 名员工取得精益绿带资格认证，1 名员工取得精益黑带资格认证，累计向国网绵阳供电公司报精益化项目 3 项。大力推广“四川绵阳供电”服务号和“掌上电力”APP，方便客户掌握用电信息，获得用电服务。分片区建立“电管家”工作微信群，精准快速解决客户用电难题。

国网梓潼县供电公司大力推行“卓越电管家”服务模式，积极开展“掌上电力”手机 APP 推广。城市、农村地区缴费网点共 201 个，客户缴费更加便利。精简业扩报装手续，营造规范、干净的业扩报装办理流程；学习研究业扩报装新政策，提升员工服务技能。执行富余电量消纳和直购电政策优惠电费 314.41 万元。为政府精准扶贫项目开辟绿色通道，完成 15 处生猪养殖场配套用电工程。公司员工与 18 户贫困户结对帮扶。为失学儿童举行“爱心公益”捐款活动。返还“两保户”电费 196.4 万元。

国网梓潼县供电公司深入开展“两学一做”专题学习教育，强化“三型”党支部建设，开展“三亮三比”主题活动，积极推进“一所一支部”建设，打造党员活动室。完成公司党委纪委换届选举。组织广大党员认真学习《条例》《准则》和《员工从业行为三十项禁令》，完成网络大学考试，合格率 100%。积极参加优秀党课案例展示、观看党史教育片等“七一”系列纪念活动。举办 6 期“法治·道德·职业”大讲堂。走访“两代表一委员”，召开行风监督员及客户代表座谈会，主动上门服务大客户、重要客户。

【国网北川供电公司】国网北川县供电公司位于北川羌族自治县，成立于 2008 年。承担着北川行政区域全部 23 个乡镇的供用电业务，供电营业区面积 3084 平方公里，供电人口 24 万人。该公司拥有变电站 11 座，其中 110 千伏变电站 2 座（110 千伏北川变电站为全国首座智能变电站），变电容量 18 万千伏安；35 千伏变电站 9 座，变电容量 7.47 万千伏安。35 千伏及以上送电线路 229.74 公里；10 千伏线路 51 条，共计 1185.24 公里。10 千伏配电变压器 1864 台，总容量 32.64 万千伏安；低压线路约 4352 公里。北川新县城全部实行电缆化供电，电缆线路 9 条，全长 43.35 公里。

该公司下设8个职能部门，2个业务支撑机构，4个生产班组，3个营销班组，11个供电所。有员工323人，其中全民员工243人，平均年龄42.7岁，30岁以下人员20人。本科及以上学历90人，占职工总数的37.04%；大专学历99人，占职工总数的40.74%；中专技校学历41人，占职工总数的16.87%。中级职称32人，初级及以下职称137人。技师68人，高级工29人，中级工53人。农电员工80人，平均年龄46.1岁，30岁以下人员2人。大学本科学历4人，占农电员工总数的5%；大专学历23人，占农电员工总数的28.75%；中专学历26人，占农电员工总数的32.50%。绵阳供电公司优秀人才3人，人才当量密度0.91。

完该公司成北川县“十三五”配电网滚动规划，“十三五”期间，北川县拟规划建设 110 千伏输变电工程 1 个，35 千伏新（扩、改）建电网工程 4 个，2016—2017 年 10 千伏城农网工程 68 个。启动通口 35 千伏输变电扩建工程建设，预计 2017 年 6 月底建成投运。全年建成投运农网工程 44 个。

国网北川县供电公司以“双百”行动为契机，认真夯实公司基础管理和基础建设，深化改革，在国网四川省电力公司系统率先完成“子改分”工作。扎实开展营配调贯通，各项指标排列国网绵阳供电公司前茅。开展转型升级和“三全”试点工作，实行全面预算管理，严格执行“三重一大”决策制度，狠抓安全生产、优质服务、“三个建设”。2016 年，完成售电量 3.79 亿千瓦时；线损率 4.53%；电费回收率 100%，全面完成年度经营目标任务。

按照年初制定的“六个不发生、两个下降”安全目标，深入贯彻“安全第一、预防为主、综合治理”方针，坚持“五安三制”理念，开展“三查三强化”“双月亮剑”等行动。制定、完善并发出了《安全管控系统应用考核办法》《新接收供区农网工程施工作业现场安全管控重点要求》等 11 个切实可行的安全管理办法和措施，有效提升本质安全水平。坚持“领导驻点、巡查人员驻片、属地供电所到岗到位”的现场安全管控机制，开展现场安全督查 1578 次，查处违章行为 39 起，全年未发生人身、电网、设备事故。截至 2016 年 12 月 31 日，实现连续安全生产 3271 天，获国网四川省电力公司安全生产先进集体称号。

该公司加强供电所队伍建设，扎实推进供电所管理提升，全面启动“电力助推扶贫攻坚十大行动计划 ”，以“精准扶贫、精准发力、精确落实、精心服务”为理念，全面完成省市定点扶贫村坝底通坪村、禹里三坪村以及桂溪黄莺、擂鼓南华等县级重点扶贫村电网改造，让老百姓用上了放心电。开坪乡凤阳村电力助推扶贫工作得到尹力省长高度肯定。加强供电所建设，在新接收5个半乡供区组建两个供电所，做好接收后的安全生产、优质服务、供电管理工作。开展星级乡镇供电所自评工作，擂鼓所创建国网四星级乡镇供电所、桂溪等9个供电所完成国网1～3星级供电所创建工作并通过绵阳供电公司验收。开展“包片进村”和供电所管理提升工作，切实解决农村客户用电方面的难题，提升客户的感知度和满意度。实现供电所、变电站光纤系统全覆盖，配合开展信息安全攻防演练，无信息安全事件。

该公司推行“卓越电管家”供电服务新模式，配备“电管家”76名，覆盖公司所有客户。全面落实业扩新政，大力推广“掌上川电”购电远程下发。全年实现无责任投诉。积极开展客户供配电资产移交工作，完成26个居民小区的客户资产移交。加强行风监督工作，聘请第二届行风监督员。成功完成旅发大会、科博会、桥牌锦标赛、重要接待、重大节日等重大事项的保电工作。得到了社会各界和广大电力客户的肯定。

深入开展公司班子成员走访县四大班子及职能部门、供电所所长走访辖区乡镇党委政府的“双走访”活动，主动汇报沟通，协调解决存在的问题和困难，各项工作得到“两代表一委员”及县四大班子、职能部门及乡镇党委政府认可，创造了良好的外部环境。

国网北川县供电公司深入学习贯彻中共十八届六中全会精神、全国国企党建会精神，以及国家电网公司“两会”精神，创新党委中心组学习方式，巩固“两学一做”学习教育成果。扎实开展 “季度红旗”“月度明星”选塑活动，大力引导“卓越绩效、唯旗是夺”的企业文化落地。落实全面从严治党责任，推动党建工作与企业改革发展、生产经营的深度融合，加强二级支部组织建设、指导、监督工作，新建供电所支部6个，实现供电所“一所一支部”。深入推动党风廉政建设工作，与北川县检察院开展检企共建，营造良好的政治生态。强化“两个责任”落实，加大党内监督力度，强化监督执纪问责。强化宣传思想文化工作，促进企业和谐稳定。扎实开展形势任务宣传教育，提升新闻宣传影响力，加强企业文化和精神文明建设，加强党对群团组织的领导。

【国网盐亭县供电公司】国网盐亭县供电公司的前身是四川省盐亭县电力有限责任公司，2007年1月12日改制为国网四川省电力公司控股并委托国网绵阳供电公司管理的县级控股公司。设有8部3中心21个班组。拥有110千伏变电站2座，主变4台，变电容量19万千伏安；110千伏线路4条，线路总长135.42公里，均与主网220千伏佳桥变电站相连。35千伏变电站11座，主变17台，变电容量7.82万千伏安；35千伏线路12条，线路总长151.35公里。配电变压器3366台，变电容量35.98万千伏安；10千伏公用线路70条，线路总长2367.58公里。农村低压网络1万余公里。2016年，完成售电量2.7亿千瓦时，同比增长15.77%，完成下达目标任务的110.27%；综合线损率11.30%，同比下降0.98个百分点。

该公司有员工582人，其中全民员工489人，平均年龄44.3岁，30岁以下人员13人。本科及以上学历73人，占职工总数的14.93%；大专学历266人，占职工总数的54.40%；中专技校学历150人，占职工总数的30.67%。高级职称1人，中级职称10人，初级及以下职称272人。技师64人，高级工209人，中级工37人。人才当量密度0.83。

国网盐亭县供电公司开展2017—2019年配电网滚动规划暨需求项目库编制，开展了2016—2017年中心村、贫困村电网改造项目218个项目的可研编制申报并得到批复。全年国网四川省电力公司共计下达农网改造升级项目资金3.35亿元。110千伏望江变电站顺利投运；投运110千伏线路59.526公里；改造、新建35千伏变电站两座，新增变电容量2.52万千伏安；35千伏线路投运34公里；改造、新建10千伏线路509.4公里；改造、新建低压线路2572.7公里，智能户表更换8.7万只；累计完成投资4.73亿元。完成了富驿、高灯、五龙三个供区10千伏“两线一地制”线路改接，彻底消除运行近60年的“两线一地制”简易供电方式。

该公司加强调控运行管理，及时投运新建改造设备。严格停电检修，及时落实电网风险预警。加强配网故障研判、抢修指挥及生产类停电信息上报、对外发布，协调推进优质服务。全年发现处理电网设备各类缺陷509处，缺陷消除率100%。全年35千伏线路跳闸率同比降低20%，配网跳闸率同比下降35%。PMS2.0系统应用覆盖、营配数据一致率、资产设备“帐、卡、物”一致性、电压综合合格率达到上级要求，运维检修能力进一步提高。制定提质增效措施9项，并逐一分解落实。强化全面预算管控，完成了亏损治理的目标，提前一年实现了企业扭亏为盈的目标。

国网盐亭县供电公司强化“五安三制”理念，

落实安全责任，着力安全风险管控，严格安全责任考核，全面提升本质安全水平，安全生产有序开展。编制了《2016年安全工作要点》，层层签订了安全生产目标责任书，采取多种形式，加大用电宣传力度。加强作业现场安全监督，严格安全责任考核，扎实开展“安全管理提升”“三查三强化”“双月亮剑”等安全专项活动，及时修编和完善了各类应急预案，有针对性地开展各类应急演练活动，构建电力设施保护政企、警企协作常态机制，成立了电力警务室。截至2016年12月31日实现连续安全生产3641天。

该公司利用车载广播、LED显示屏、电视广播等多种形式，积极开展农村安全用电宣传。共计开展大型（主要场镇和学校）安全宣传活动29次，车载宣传449余次，进小区、校园讲解、宣传安全知识32次，通过镇、乡、村广播讲解安全知108次，张贴安全用电知识宣传单到农村客户共计21470份，共计发放安全宣传资料5万余份，开展打击违章用电专项整治活动40余次。新增或更换标示牌（杆号牌）1836块，及时纠正违章建房行为12处。

国网盐亭县供电公司以客户经理进社区、进村社、进家庭为载体，稳步推进“卓越电管家”及“掌上川电APP”应用服务工作，确保了客户满意度得到有效提升。采取发放“电力便民服务卡”和建立客户微信群等多种方式，最大限度的确保了客户用电需求及各类诉求就近得到解决。强化投诉工单回复的及时性和准确性管理，建立投诉发生原因分析、通报、考核机制，投诉者满意度大幅提升。落实四川省城乡“低保户”和农村“五保户”家庭免费用电基数政策。大力开展用户资产移交工作，已完成县城38个居民小区产权无偿移交协议的签订工作。大力实施“电力助推脱贫攻坚”十大行动，派遣专人任高灯镇星星村村第一书记，公司领导和党员干部一对一帮扶，精准对接，分户制定和落实了帮扶计划，解决了84个贫困村的低电压问题。

该公司认真落实“两个责任”，组织关键岗位人员开展了党风廉政专题课，严格责任制考核，与各部室签订了党风廉政建设责任书。扎实开展“两学一做”学习教育。开展了支部集中学习、专题讨论、公司领导讲党课、支部书记讲党课、举办辅导报告等活动，公司党委被绵阳供电公司评为2016年“先进基层党组织”。

该公司工会多次开展“夏送清凉”“冬送温暖”活动，组织开展职工体检，关爱生病住院职工，关爱困难职工及其子女等活动。建立了员工活动室，女工委大力开展了女职工素质提升、征文等活动，青工委组织青年参加涪江流域青工技术比武并获得“团体优秀奖”和财务、变电运行个人第三的好成绩。

（杨　佳）

国网天府新区供电公司

【企业概况】2014年10月，四川天府新区获批为国家级新区，为进一步对接国家级新区建设，做好优质服务工作，国家电网公司同意设立国网天府新区供电公司。国网天府新区供电公司于2014年12月29日成立，国网四川省电力公司按地市供电企业管理，该公司下辖双流、龙泉驿2家县级供电公司，供电范围主要包括成都市龙泉驿区、双流区和天府新区成都直管区的37个街道和乡镇，供电面积1588平方公里，服务人口196.98万。

天府新区主业电网拥有35千伏及以上变电站37座，总容量304.99万千伏安，其中110千伏变电站26座，容量288.35万千伏安；35千伏变电站11座，容量16.64万千伏安。35千伏及以上架空输电线路62条，总长544.91公里，其中110千伏架空输电线路43条，总长381.28公里；35千伏架空输电线路19条，总长163.63公里。35千伏及以上电缆线路46条，总长152.95公里，其中110千伏电缆线路33条，总长111.78公里；35千伏电缆线路13条，总长41.17公里。在建及2017年新开工35千伏及以上电网项目共计20个（含用户出资项目），包括220千伏项目6个，110千伏项目13个，35千伏项目1个，总变电容量232.2万千伏安。其中由国网天府新区供电公司建管的项目共计12项，包括220千伏项目3项，110千伏项目8项，35千伏项目1项。2016年，国网天府新区供电公司完成售电量87.38亿千瓦时，同口径同比增长14.72%，规模和增长率均居国网四川省电力公司系统第5名。

【人力资源】国网天府新区供电公司拥有员工1887人，（全民员工627人；自聘员工372人，其中主业岗位229人，集体企业岗位143人，农电员工888

人）。研究生及以上学历 196 人，大学本科学历 480 人，大学专科学历 567 人，中专及以下学历 644 人；高级职称 64 人，中级职称 172 人，初级职称 679 人；高级技师 38 人，技师 266 人，高级工 323 人，中级工及以下 519 人。该公司有各级各类优秀人才 50 人，其中全国电力行业技术能手 1 人，四川省青年岗位能手 1 人，国家电网公司优秀专家后备人才 3 人，国网四川省电力公司优秀专家人才 12 人，入选国网四川省电力公司“双千人才”24 人，入选“电力雏鹰”9 人。

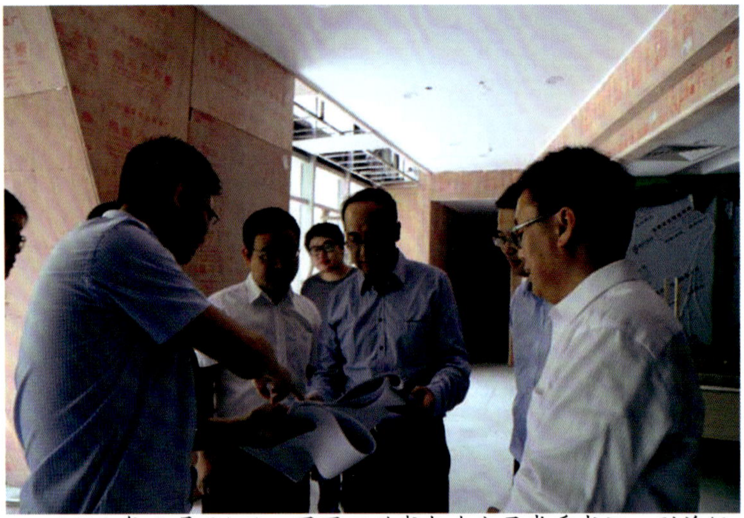

2016 年 5 月 24 日，国网四川省电力公司党委书记、副总经理潘敬东（中）到国网天府新区供电公司新办公楼装修现场调研
（国网天府新区供电公司　提供）

【电网建设与发展】该公司高效推动规划项目落地，提前完成 110 千伏兴隆等输变电工程项目核准，进一步加大天府新区主网项目储备。积极推进大林 500 千伏变电站前期工作，取得直管区管委会支持，仅用 8 个月的时间，全面完成大林 500 千伏变电站选址、选线，配合国网四川省电力公司建设管理中心完成可研编制和国网审查。快速响应市场变化，完成供区内增量配电市场调查及项目计划报告的编制，梳理出潜在增量区域 14 个，总投资规模约 7.39 亿元。与属地政府签订协议，取得对“中心村”“井井通电”农网改造升级工程建设的支持。稳步推进重点工程建设，九江配套 220 千伏送出工程取得重大进展，220 千伏隆兴变电站改造工程按期完工并恢复送电，兴侯南北线π入九江变 220 千伏线路工程顺利建成投产。首次独立建管的华阳二输变电工程安全优质高效建成投产。国网成都供电公司移交的 4 项超长工期项目均取得重大突破，其中双流升压顺利建成投产，红砂、东华、金桥升压等 3 项工程实现“破冰”开工。

【安全生产】国网天府新区供电公司以“安全基础夯实年”为中心，深入开展“三查三强化”“秋季安全大检查”“安全生产大检查”等安全专项行动，坚持依法依规抓安全，落实各级安全责任。大力开展隐患排查治理工作，排查电力设施隐患 202 项、防误闭锁隐患 29 项，并落实闭环管控措施。开展“安全作业典型示范现场”活动，督察各类作业现场 815 个，发出督察卡、提示卡 125 张，纠正违章 159 项。完成 1500 余人次安规普考及 115 人次安规调考，全面覆盖“三种人”等关键岗位。积极应对简阳泥石流滑坡灾害，及时抢修恢复供电，科学制定有效措施，顺利完成迎峰度夏期间保供电工作。落实专项资金，开展公司总体预案和专项应急预案修编及在政府主管部门备案工作，组织送培应急救援队伍人员 51 名，开展 7 场次、共计 527 人次参加的各类应急演练活动，并组织开展电网“迎峰度冬”无脚本反事故应急演练。

【经营管理】国网天府新区供电公司围绕“增收节支、降本增效、监督保障”三个维度，确定“效益提升年”19 个方面 92 项具体措施，全力增供促销、降本增效。有机结合“量价费损”和“营销稽查”，监测疑似异动 14465 项，发出工单 244 份，追补电量262.57万千瓦时，追补电费214.38万元，及时挽回公司经济损失。对直管区电能替代潜力客户进行走访宣传，完成电能替代电量 1.95 亿千瓦时。建立标准成本项目储备管理机制，审查项目 218 项，审减金额 3000 万元，有效杜绝了无效投入。加强废旧物资管理，及时报废处置原值 7447.56 万元的积压物资。积极推进老旧院落户表改造，累计完成 4 个院落 752 户改造。将“五位一体”协同管理思路与业扩报装业务实践深度融合，促进业务管理再提升。建立同业对标管理体系，制定同业对标考核实施意见，加强指标过程监控，围绕营销转型探索开展供电所同业对标指标体系建设工作。2016 年，公司全口径劳动生产率居国网四川省电力公司系统第二，全口径人工成本投入产出效率指数 29.41%居第一。

【科技与信息化】2016 年，该公司共有群创项目 4 项，完成专利申请 5 项，科技项目开展 1 项，2017 年将开展科技项目 2 项。运行管理方面，公司首次采用 D5000 系统成功接入配网终端，是国家电网公司首批建设完成的地市公司，同时也是第一批具备主配调控一体化功能的智能电网调控系统。2016 年，圆满完成了全公司近 2000 台桌面终端及附属设备、20 余台服务器及 100 余台网络安全设备的日常维护工作，保障了公司信息中心机房配电系统、空调、UPS、防火等动环设备的安全稳定运行，保证所有信息设备信息安全“零事故”。

【市场服务】作为国网四川省电力公司营销转型试验田，天府新区供电公司全面开展“7+2”深化工程，完成业扩方案辅助生成、停送电信息精准送达等七项实用化提升工作，打造正兴创新转型示范窗口，获得国家电网公司和国网四川省电力公司领导一致好评。全力推行末端营配业务融合的网格化管理模式，受到客户广泛好评。正兴供电所代表国网四川省电力公司接受国家电网公司五星级供电所创建检查，受到考评组高度评价。夯实营销配网基础，做好创新转型支撑，持续开展营配调贯通及采集建设，全口径智能电表覆盖率 98.90%，居国网四川省电力公司系统第 3 位，全口径采集接入率 99.12%，并在四川全省率先采用“电信光纤”建设采集远程通信网络，完成“多表合一”1492 户集中采集试点。便民服务，积极推广“掌上川电”APP 应用，全年完成注册用户数 17.53 万户，37.52 万客户已具备网上购电缴费功能。圆满完成 G20 财长会议、习近平视察西部战区等 121 项重大保电任务，实现“零故障、零差错、零闪动、零投诉”目标，为新区发展提供了安全稳定的电力保障。

【党的建设和精神文明建设】国网天府新区供电公司开展“两学一做”学习教育，举办“四讲四有”党委中心组专题研讨和支部专题学习，开展“三亮三比 争做迎峰度夏排头兵”活动。召开公司第一次党员代表大会，选举第一届“两委”委员。完善公司集体企业党组织设置，确保基层党组织全覆盖。举办庆祝建党 95 周年歌咏比赛、红色观影等系列纪念活动。推进企业文化传播落地，大力培育企业核心价值观，评选表彰“最美员工”10 人。开展“百姓电工”主题传播，通过官方微信公众号策划传播公司品牌形象。落实精神文明建设规划，成功创建为“省级最佳文明单位”。坚持开展本部作风建设活动，全力打造卓越本部。

【存在的主要问题】2016 年，国网天府新区供电公司还存在如下问题：一是企业管理水平有待提升。2016 年公司获得“业绩对标标杆单位”称号，但管理对标排名较差，“规划管理、建设管理、运行管理、检修管理”等基础管理方面还存在较大不足。二是员工思想不适应公司的发展要求。部分管理人员业务经历单一，在工作中的思考能力、学习能力、策划能力、领导能力不强。一线生产技术骨干缺乏，班组长人才断档，部分员工执行力不强，对大局、担当、感恩、忠诚的信条准则还心存困惑，或心存排斥，业务精通又敢拼敢干的“拼命三郎”不多。三是人才队伍建设急需加强。随着天府新区电网建设步伐加快和装备技术水平持续提升，公司对人才队伍的数量和质量提出了更高要求，特别是由于“营销转型、大数据、互联网+”等高端人才与“生产运行、检修、营销服务”等一线高技能人才需求量的迅猛增加，公司人才队伍“两头缺”现象更加凸显。同时，由于公司组织机构尚需完善，受传统体制机制制约，员工退出渠道不畅，人员结构调整措施不力、用工机制改革滞后等原因影响，公司现有人员“又多又少”的结构性缺员问题突出。四是供电服务问题依然突出。供电服务投诉一直居高不下，一方面是一线服务人员服务意识淡薄，工作责任心有待加强，业务素质不高，优质服务水平尚需进一步提升，另一方面公司配网基础仍相对薄弱，频繁停电、抢修超时等投诉仍屡屡发生。

2016 年 3 月 11 日，国网天府新区供电公司志愿者爱心服务进学校，为孩子们送学习用品

（国网天府新区供电公司　提供）

【国网成都市双流供电公司】国网成都市双流供电公司成立于 1991 年，原名成都电业局双流供电局，2013 年更名为国网双流县供电公司。2014 年天府新区成立后，国网双流县供电公司先后于 2014 年及 2015 年初经历了两次供区、人员及业务划转，并于 2015 年 6 月，国网双流县供电公司升格为大型县级

供电企业。供区面积 497.25 平方公里，供电客户数 37.28 万户。辖 208 条 10 千伏配电线路，长度 1596 公里，变压器 5056 台。2016 年，累计完成售电量 33.53 亿千瓦时，较去年同期提高 9.7 个百分点；全年综合线损率 5.01%；电费回收率 100%。该公司先后获得了国家电监会“居民服务提升专项行动先进单位”，国家电网公司“一流县供电企业”“农网综合管理标杆单位”“农网科技进步试点先进单位”“新农村建设先进单位”“电网先锋党支部”，四川省“最佳文明单位”，四川电监办“安全生产先进集体”，国网四川省电力公司“安全先进集体”、“安全生产先进集体”等荣誉称号。

【国网成都市龙泉驿供电公司】国网成都市龙泉驿供电公司前身为龙泉驿供电局，成立于1988年，担负着龙泉驿区12个乡镇街办以及成都（国家）经济技术开发区的供电服务工作，供区面积556平方公里，供电客户35万户，有营业网点9个，服务人口约68万。本部设置5个职能部门，7个班组，8个供电所，代管2个集体企业，有员工510人。2016年完成售电量32.66亿千瓦时，同比增长14.19%；110千伏及以下片区线损率4.42%，同比降低1.29个百分点；电费回收率100%。龙泉电网最大负荷68.77万千瓦，最大日电量达1380.83万千瓦时。2016年成功应对了“8·7”丹景暴雨泥石流和迎峰度夏连续高温高负荷的严峻考验。配合完成了110千伏怡居站建设投运。配合完成了二汽110千伏神龙专站建设投运，神龙公司专程送来感谢信感谢供电企业的大力支持，同时也得到了龙泉驿区委、区政府主要领导的高度肯定。2016年获国网四川省电力公司“安全先进集体”，大面供电所获国网四川省电力公司“安全先进班组”，配电带电作业班获国网四川省电力公司“五星级班组”等荣誉。

（刘清宇）

国网达州供电公司

【企业概况】国网达州供电公司始建于 1966 年 8 月，是国网四川省电力公司下属特（Ⅰ）型供电企业。公司生产调控综合楼及本部办公地址位于达州市通川区金龙大道 296 号。主要负责达州境内国家电网的规划建设、运营管理和电力供应，承担了通川区、达川区、宣汉县、开江县、大竹县、渠县和万源市的供电任务。至 2016 年年底，国网达州供电公司本部设置 13 个部门，其中本部职能部门 11 个，运维检修部与检修分公司合署，营销部（农电工作部）与客户服务中心合署，具有职能管理和实施主体双重职责。下设 7 个业务支撑和实施机构，管理 1 家集体企业。辖国网达县供电公司（大型县级供电公司）和万源、宣汉、大竹、渠县、新桥、蒲城 6 个直属供电公司。

该公司运维管理变电站85座，主变149台，变电容量628.76万千伏安，均为无人值班站。其中：220千伏变电站11座，主变22台，变电容量333万千伏安；110千伏变电站33座，主变62台，变电容量248.8万千伏安；35千伏变电站41座，主变65台，变电容量46.96万千伏安。拥有35千伏以上输电线路205条，共计3433.59公里，其中220千伏线路28条，长度893.56公里；110线路98条，长度1627.65公里；35千伏线路78条，长度929.14公里。形成以500千伏变电站、华蓥山电厂、燃机电厂和东岳电厂为电源点，以220千伏环网为骨干，各级电网协调发

2016 年 9 月 20 日，成功召开中国共产党国网达州供电公司第一次代表大会，图为大会会场　（何健 摄）

展，供电可靠性较高的供电网络。国家电网供区各县（市、区）至少都有一个220千伏变电站，110千伏基本实现了分层分区供电的基本目标，电网网架明显加强，供电能力、供电质量、供电可靠性、自动化水平和抵御自然灾害的能力大幅提升，为达州经济发展提供更加完善和有效能源保障。企业具有较强的电网建设运行和小水（火）电、电力通讯等勘测、设计、施工、安装、检测、调试能力。

截至 2016 年 12 月 31 日，实现连续安全生产4355天，没有发生责任考核事故。2016年公司党风廉政保持“零”责任目标，同业对标综合评价排名国网四川省电力公司系统第 12 位，业绩对标第 8 位，管理对标第 14 位,全面完成各项考核指标，公司和电网发展态势良好。

【人力资源】该公司人才当量密度0.9838，全口径人事费用率 10.54%，人力资源计划执行率 100%。拥有国家电网公司级优秀技能人才 1 名；国家电网公司级的优秀专家人才后备1名；国网四川省电力公司级优秀专家人才25 名、“双千”人才 36 名；地市级优秀技能人才 17 名。2016 年，交流调整干部 85 人（含机构名称变化)、提拔干部 14 人（其中新提拔 9 人)，选拔中层正职后备干部 12 人、副职后备干部 39 人，选派 2 人到藏区挂职锻炼、4 人到国网西南分部及国网四川省电力公司挂职，对有潜力的年轻骨干上挂国网达州供电公司 14 人、下派县公司 5 人。52 名中层管理干部参加国网四川省电力公司中干履职能力培训。

该公司规范媒体中心、离退休中心等机构设置，完成大竹、渠县供电公司人员随业务同步协调划转，开展主业、全资县公司间变电运维、配抢专业劳务协作。全年优化人员配置 182 人次。作为国网四川省电力公司“五位一体”45 项任务的重点支撑单位，较好完成先进典型申报工作。进一步规范产业布局，优化资源配置，原集体企业清算关闭 3 家，存续经营 4 家，公司化改制 1 家，歇业 1 家，涉及人员 668 人。规范农电用工管理，完成三新公司机构岗位设置及组聘上岗，编制岗位价值归集方案，新岗位绩效工资体系 2016 年 3 月正式运转。顺利完成蓝普公司改革改制相关工作，全面完成 2 家县级供电公司“子改分”工作。

充分发挥培训分部的作用，全年举办培训 119 班次、4501 人参训。开展技能人员职业技能鉴定理论考试 11 场、665 人参考，进网作业培训 14 期、465 人参训。职鉴基地顺利通过国网四川省电力公司验收。

按退休员工实际居住区域设立辖区、县离退休管理分中心和成都、重庆离退休管理分中心，完成住房公积金联名卡、社会保险卡发放，社保管理日趋透明。完成养老、失业、工伤缴费费率下调，企业缴费因之较去年同期下降 247.35 万元。完成 836 人的养老金领取资格认证，杜绝社保福利费虚领。兑现退休 822 人养老金调待、离休 2 人调待。完成新增退休人员档案初审，退休审批和信息维护录入工作，全年新增退休 70 人，减员 24 人。2016 年 8 月国网达州供电公司被四川省老龄委评定为四川省第二届“敬老文明号”单位。

【电网建设与发展】国网达州供电公司主动对接达州“工业强市”战略和城乡发展规划，建立地方党委、政府良好协作机制，加强与政府的规划衔接工作，外部发展环境日益改善。科学评估达州电网发展现状，编制《2016 年达州地区电网发展诊断分析报告》和《2016 年达州电网规划专项安全隐患排查及裕度分析报告》，优化“十三五”配电网建设项目。按照国务院新一轮农网改造升级工作部署，高质量完成各县区《“十三五”新一轮农网升级改造规划》。开展县域城区和园区电网建设专题研究，加快智能电网建设，编制《县域城区和园区“十三五”电网规划报告》和《达州供电公司配电自动化建设实施需求方案》。主动探索电网建设新思路，开展《以提升综合效益为目标的交叉供区配电自动化规划》创新实践。

2016 年 5 月 19 日，国网达州供电公司在渠县经济开发区组织进行一年一度的应急演练 （何健 摄）

2016 年完成固定资产投资 9.38 亿元，同比下降 26.60%；电网基建完成 8.44 亿元，同比下降 16.66%；

农网改造升级完成 3.94 亿元，同比增长 9.41%。同时完善协同机制，强化各专业项目储备库管理，不断强化项目计划全过程管控，以项目执行“四链条”为抓手，严格过程管控，强化项目里程碑管理，按月定期通报项目执行进度，促进项目按计划投产并发挥效益，持续提升综合计划管理水平。大力开展环保宣传活动，取得 2 个电网项目环评批复，取得 8 个电网项目环保验收批复，开展了废旧物质处置和变电站废油处置调查工作。

2016 年投产 35 千伏及以上变电容量 49 万千伏安、线路 108 公里。宣汉北 220 千伏输变电工程、宣汉北 220 千伏变电站 110 千伏配套工程、方斗 110 千伏变电站扩建工程、东乡 110 千伏变电站扩建工程、土主 35 千伏变电站增容改造工程、堡子 35 千伏变电站扩建工程和土主 35 千伏变电站 1 号主变增容改造工程竣工投产，宣汉 500 千伏变电站 220 千伏配套工程、大竹 220 千伏输变电工程、雷音铺 110 千伏输变电工程、大竹 220 千伏变电站 110 千伏配套工程、双龙 35 千伏输变电工程、陈家 35 千伏输变电工程、葫芦 35 千伏输变电工程、三墩 35 千伏输变电工程、桥湾 35 千伏输变电扩建工程、大竹观音 35 千伏输变电扩建工程和长石 35 千伏输变电扩建工程稳步推进。加大地方协调力度，继续将 110 千伏及以上电网工程项目建设纳入市政府重点建设项目，将 35 千伏电网工程项目建设纳入县政府重点建设项目。针对电网建设工程外部环境复杂、阻工现象时有发生、协调难度大等情况，2016 年，加大了“四层级协调工作法”在公司系统的应用，很好的促进了电网建设，圆满完成了电网建设任务。

2016 年 8 月 23 日，国网达州供电公司共产党员服务队冒着酷暑，在金山社区抢修事故电缆　（何健　摄）

不断创新安全质量和创新“三本台账”管理。三个项目部建设取得实效，通川北 220 千伏变电站扩建工程、魏兴 110 千伏变电站扩建工程获国家电网公司优质工程，达州—余家Ⅱ回 220 千伏线路工程获国网四川省电力公司项目管理流动红旗。“宣汉-达州 500 千伏线路工程”获得“国家电网公司示范业主项目部、常规线路工程（500 千伏～750 千伏）安全质量管理流动红旗”。

【经营管理】该公司 2016 年完成售电量 62.80 亿千瓦时，同比降低 1.94%，累计线损率 4.20%，与计划持平。通过抓基础，强内控，财务管理水平持续提升，全额回收达钢集团 2015 年陈欠电费 8117.71 万元，降低流动资产余额，两金压降成效明显。扎实开展亏损企业治理，两户全资子公司全部实现扭亏为盈。加快推进低效股权资产清理，完成四川蓝普电力工程设计咨询有限公司股权处置吸收合并工作，处置低效无效资产及库存物资 63.62 万元。强化营改增政策沟通宣贯，切实降低企业税负 2000 万元。2016 年运监中心逐步实现对公司主营业务、核心资源、关键流程的在线监测，定期发布运营监测结果。课题研究项目《探索运监业务在县级供电企业的延伸》获国网四川省电力公司二等奖。

深化电能替代，拓展增量用电市场，全年实现替代电量 2.36 亿千瓦时，完成率 528%。智能表安装覆盖率 95.95%，用电信息采集接入率 99.23%。查处窃电、违约用电 50 起，追补电费、违约金 39.42 万元。严格落实拟定的里程碑计划，公变公线贯通率达 98.83%，专变贯通率达 99.81%，专线贯通率达 100%，低压户变关系一致率 99.94%，基本实现电网信息同源管理。全面完成“子改分”工作，整体进度在国网四川省电力公司名列前茅。

深化全面预算管理，通过成本项目储备的模式有效提高预算管控力度，推进营财一体化上线运行，实现营销与财务系统互融互通、数据资源高效利用。开展理论线损计算、分析，在国网四川省电力公司综合评价名列第一，同期线损系统建设进度位列国网四川省电力公司前列。高效开展卓越绩效评价，提炼上报典型经验 16 篇，其中 3 项入选国网四川省电力公司典型案例库。深入推进精益项目实施，5 个精益项目分获国网四川省电力公司一、二、三等奖，取得公司历史最好成绩。

充分发挥审计监督职能，全年共完成审计项目52项，提出审计建议和意见176条，签证审计2328项，审计覆盖率100%。大力开展任期审计、工程项目审计、财务专项检查、农网维护费等重点和关键环节的审计监督。深化审计成果应用，编纂形成《国网达州供电公司审计问题整改实施细则》，全面落实问题整改销号制度，确保整改问题“件件有回声”，健全了审计问题整改问责机制。坚持创新驱动，推动内审理论创新管理工作。承担国网四川省电力公司“1+1”精益化管理项目《审计问题整改精益化管理》，获国网四川省电力公司二等奖；与运监中心完成了《运审协同管理体系构建与实践》管理创新项目，获国网四川省电力公司三等奖；做好自主课题研究项目，完成《电网企业购买社会中介审计服务风险的预防研究》课题研究项目工作。

紧紧围绕国网四川省电力公司藏区帮扶工作重点，积极“人才援藏、项目援藏、技术援藏、管理援藏”，重抓落实。2016年选派12名专业技术人员（新桥公司4人，蒲城公司8人）定点对口帮扶阿坝壤塘、甘孜色达公司，覆盖受援单位企业管理、生产运维、营销管理、无电地区电网建设等专业。公司本部运检、规划、建设、营销农电、财务、通信等专业部门和单位选派专业人员12人次赴藏区实地调研、帮扶，帮助受援单位提升生产经营管理水平。

【安全生产】国网达州供电公司以班组和现场安全管控为重心，强化安全风险防控，严肃到岗到位的执行，以法治安，以规强安，牢牢坚守安全生产底线，持续提升安全质量管理水平，确保电网安全稳定运行和电力可靠供应。建立健全安全生产业绩考核激励机制。制定“兼职驾驶员管理考核实施指导意见”，确保电力生产建设和运输保障任务顺利完成。制定“对严重影响电力设施安全的客户实施中断供电内部工作程序指导意见”，规范配网工程安全管理。开展2016年质量监督专项活动，全面提升公司电网建设监督管理工作。开展“安全生产月”和“安全生产万里行”活动，提升全员安全素质。开展“三查三强化”专项活动，采取有力有效防范措施，遏制事故苗头，确保安全生产局面的稳定。狠抓“月计划、周安排、日管控”制度的刚性执行，坚持安全生产周评制度，对公司作业现场进行全覆盖检查，对违章现象进行通报、曝光和考核。全年发布安全巡查通报35期，有效保证作业安全。组织开展安全知识考试，2885名员工参考，提高员工安全生产意识。2016年，城市供电可靠率RS3为99.9644％，农网供电可靠率RS3为99.9464%；资产全寿命周期管理综合绩效为0.23。

深化“互联网+安全管控”技术应用，实现作业现场实时智能管控。完善反违章工作激励约束机制，动态评价部门、基层单位反违章工作绩效，提升反违章工作水平。提炼大型线路施工现场安全风险管控成功因素和管理实践，形成以现场风险预控为核心理念，安全组织、安全保证和异地监督为手段的大型线路施工现场安全管理办法，推动集中检修等大型线路作业模式化、标准化，提升大型线路施工现场安全管理水平和保障能力。推进防汛及地质灾害隐患排查工作，限时督促整改治理。全年开展31项应急演练，应急指挥中心高效应对“5·6”雷暴雨灾害、“6·4”风灾、“6·23”雷暴雨灾害、“8·7”风灾的各项应急预警和响应及处置工作。

强化技术监督全过程管控，发布技术监督预（告）警单10份，上报疑似家族性缺陷2份，确保技术监督各项标准的有效落地。严格按技术监督、反措规程验收,确保设备“零”缺陷投入系统运行，把好设备出厂关，有效提高入网设备质量。制定达州供电公司带电检测推进项目作业实施方案，把44个变电站划分六个片区，分片区开展工作。通过送检、现场检测等手段，开展220千伏芭蕉变电站输变电工程金属监督工作。

提升设备运维精益化管理水平，落实架空线路“六措施”，规范“六防”治理，开展线路标准化建设，将变电站精益化转变为常态化，做到“逢停电必精益”，稳步推进变电站设备隐患排查治理。强化配网运维管控模块应用，完成配网单线图322张，配网系统详图8张，公司PMS2.0配抢配调单轨验收顺利通过国家电网公司验收。

【农电工作】国网达州供电公司2016年农网改造升级完成投资3.97亿元，同比增长110.20%。建设的农网改造工程两个批次计划总投资39671万元，项目298个，累计完成投资39671万元，投资完成率100%，现场已完工项目298个，完工率100%。

探索管理创新，强化精益管理，在国网四川电力农电部专业牵头指导下，“基于互联网思维的农网工程全过程管理精益提升”具体实施重点精益化项目在国网四川省电力公司评比中获得一等奖。该项目将“互联网思维”引入农网工程管理，通过精益课题，整合应用3个智能化软件系统，组织开发2个系统功能模块，并配套了相应的使用指导手册及培训课件合计20余份，形成一套完善的管理成果。

推进专利转型，提升管理质效，将获得专利成果的“基于移动作业平台的网络数据电力资产清理系统”项目转化为工作实践，并代表国网四川省电力公司成功在国家电网公司科技成果评估会中发布，被国家电网公司科技部推荐参加国资委举办的“2016 中央企业熠星创新创意大赛项目”。在 2017 年 1 月顺利通过国资委初赛并进入复赛，是国网四川四川公司电力唯一进入复赛的专利成果转化项目。

【科技与信息化工作】该公司信息、通信网络为公司所有生产、办公有关的信息、通信业务提供通道支撑。2016 年，公司信息通信系统总体运行情况良好，内、外网系统、纳入考评的业务系统、通信光缆、SDH 传输系统、PCM 系统及行政、调度交换系统等安全、稳定、可靠运行。获一项国家实用新型专利(实用新型名称为:一种散热机柜)。积极参加 2016 年信息通信专业竞赛及调考，获国家电网公司个人第三名的成绩。

国网达州供电公司共有信息通信站点 194 个，在运光缆共计 303 条(不含电厂和跨市光缆)3075.19 公里。220 千伏变电站光纤覆盖率 100%，双光纤覆盖率 100%；110 千伏变电站光纤覆盖率 100%，双光纤覆盖率 91%；35 千伏变电站光纤覆盖率 100%；营业厅（所）光纤覆盖率 100%。信息系统内、外网采用全光纤、1G 带宽组成综合数据网，在运桌面终端及网络设备近 4000 套。2016 年通过带宽提升项目实施，新建光缆 175 公里，新增网络设备 80 套。

在国家电网公司、国网四川省电力公司 2016 年“信息安全攻防演练”中,该公司高度重视，主动运维、预防运维，严格要求、落实责任、加强监控，多措并举、快速响应、防护到位，顺利通过信息攻防演练，切实保障了公司网络信息安全。结合通信光缆施工实际，完成一项 QC 小组创新成果（课题名称:《缩短飞车出线架设 ADSS 光缆的时间》）通过改进施工工艺,飞车出线施工光缆的时间平均缩短 23%以上，获国网四川省电力公司 QC 创新成果一等奖，国网四川省电力公司已推荐参加国家电网公司 QC 创新成果评选，同时组织员工编写科技论文在国家电网公司主流期刊发表。

【优质服务（市场服务）】该公司全力做好直购电及富余电量等市场交易政策的全流程服务，完成优惠电费 18 户,优惠电量 10.79 亿千瓦时,优惠电费 0.96 亿元。全年电费及自备电厂收费月均水平指标值 100%，在国网四川省电力公司系统同业对标排名第 1。针对供区高危和重要电力客户，开展用电安全专项检查活动，检查客户 126 户.次，排查一般安全隐患 118 条，重大安全隐患 38 条。完成 5 次节假日常规供电服务保障工作，4 次省级考试、2 次临时演出及 5 次军工重大科研保电任务。按期完成中低压营配贯通工作，贯通合格率达 99.9%。

完成在各县（市、区）园区供电服务网点的设立，更好满足园区客户服务需求，提高市场响应速度，主动拓展占据市场。开展窗口人员技能提升培训、组织服务劳动技能竞赛，全员服务意识不断加强。推进窗口标准化建设，规范营业厅功能设置和环境建设，营业厅实现 Wi-Fi 全覆盖。强化高危重要客户安全管理，对 124 户高危重要客户实施供电电源和自备应急电源进行核实，出具用电检查结果通知书 86 份，提出隐患整改意见 113 条。

推广网上业务受理，实现掌上川电、掌上电力等多渠道办理业务。切实做好掌上电力APP的推广应用，通过APP发起购电交易12602笔，购电金额142万元，初步形成线上线下、立体多维的交费网络。推广“掌上川电”手机APP运用，注册客户数21万户，办理购电业务27779笔，客户购电金额356万元。大力开展第三方电费代收，代收网点突破1000个。值守达州市“阳光政务”热线，解决群众用电难题。加强 95598 业务管理，编制《营销农电工作简报》，强化服务指标分析，客户投诉举报信息按时办结回复率100%。开展行风明察暗访，严肃责任追究，行风建设和服务水平不断提升。

全面开展业扩全流程平台建设应用，积极应对市场，大力治理线下流转，开展业扩结存压降专项行动，积极推进资产移交工作。完成成都铁路局达州供电段、西安铁路局安康供电段等7家单位的“三供一业”移交框架协议签订。公司抄表到户小区总共404个，签订移交意向协议的小区329个，开展资产评估209个，完成资产入账居民小区37个。积极推进业扩配套，全年批复26个10千伏业扩配套项目，合计金额1202.91万元。

【党的建设和精神文明建设】国网达州供电公司“两学一做”学习教育扎实有效。以“学”为基础，开展专题学习教育301次、“四讲四有”专题讨论197次，领导干部带头讲党课187次，举办公司“微宣微讲”竞赛，组织劳动模范先进事迹巡回报告6场，开展重温入党誓词、公开服务承诺、主题党日、慰问老党员等建党95周年系列活动，党员干部思想作风受到深刻洗礼。以“做”为关键，实施“两学一做”四核查，清理整顿软弱涣散党组织，制定“四讲四有”党员标准，促进党员干部严格对标达标。以“优”为目标，立足岗位开展“三亮三比”“党员示范岗”“党员责任区”等活动，举办党员技术技能练兵比武。一名共产党员先进事迹在国网四川电力“两学一做”学习教育巡回宣讲中获得好评。

该公司胜利召开第一次党代会，明确公司党委今后四年的工作思路和目标任务，选举产生新一届公司党委和纪委。全面完成 106 个基层党组织换届选举，首次对10个基层党组织书记抓党建工作进行专项述职评议，从严建设基层党组织。强化党建工作责任，建立党建管理“五项”制度，实现党建工作的“计划、考核、交流、选树、推广”闭环。强化党委中心组理论学习，公司党委全年集中学习13次，举办中层干部读书班，课题《国有企业党组织在依法治企中的作用》获国网四川省电力公司优秀研究成果三等奖。集中开展基层党组织综合考评，抓好党费清理和收缴规范。加强党员教育，全年共发展党员10人。深化创先争优，各级党组织和广大党员在实现提质增效工作目标、抗击“6.4”特大风灾等急难险重任务中充分发挥战斗堡垒和先锋模范作用，3个基层党组织、3名党员受到国网四川省电力公司表彰。完成共产党员服务队与配网抢修业务的全面整合，公司7支共产党员服务队全年参与重大保电工作80余次，抢修抢险排除故障5400余次，志愿帮贫扶困630余人次，受到省市领导高度赞扬和人民群众广泛赞誉。

2016年1月27日，国网达州供电公司职工文化建设亮点纷呈，图为该公司举办的职工文化成果展　（何健　摄）

该公司举办成立50周年企业文化成果展，召开“一起走过的日子”主题座谈会。开展“建设卓越文化·追求卓越品质”教育实践活动，公司“铸模路·国网魂”文化长廊获国网四川省电力公司示范文化长廊，达县供电公司和宣汉供电公司营业班获国网四川省电力公司企业文化建设示范点。深化创先争优，实施“铸模工程”，涌现了“四川敬业奉献好人”陈茂军、“四川省岗位学雷锋敬业标兵”涂向阳等先进典型。举办“三亮三比我奉献”等主题道德讲堂，打造公司示范道德讲堂，国网达县供电公司通过省级文明单位考评验收，国网大竹县供电公司获国网四川省电力公司“十佳”文明单位。

大力推进6个贫困村、897户贫困户精准扶贫工作，蒲城供电公司对口帮扶的宣汉县樊哙镇高台村通过四川省委、省政府组织的第三方评估组验收，成为达州市首批“脱贫摘帽村”。

广泛开展群众性技术练兵和技术创新活动，5项职工QC创新成果受到国网四川省电力公司表彰。举办“青工技术讲课”竞赛，组建青年安全生产巡查队，深化关爱留守儿童、金秋助学等志愿服务，公司“红杜鹃”零距离关爱留守儿童志愿服务项目分获第三届中国青年志愿服务大赛铜奖、四川赛区金奖及达州市十佳志愿服务项目，李进峰获“达州市十大杰出青年”。

严格落实党风廉政建设责任制，加强落实情况监督检查及年度考评，督促落实“两个责任”。强化党风廉政建设问题整改，制定针对性整改措施145条，整改完成率100%。深化廉洁教育，开展“清风川电”主题教育活动，组织关键岗位人员“廉规”考试，常态开展“六种廉课”，组织2次“旁听庭审”警示教育，不断提高干部员工拒腐防变意识。扎实开展廉政约谈，揭示问题风险，明确工作要求，按季召开廉政风险分析会及协调监督联席会，督促各有关单位问题整改。立项实施“农网升级改造工程建设管理”效能监察，提出监察建议32条，避免经济损失7.25万元。督促建章立制4项，加强非招标采购现场监督，不断规范非招标管理。抓好“四风”问题整治复查，防止问题反弹。组织召开年度行风监督座谈会，组织开展行风明察暗访，挂网通报情况5期，整改完成率100%。严肃执纪问责，全年查处上级转办投诉举报3件。加强对外沟通协作，承办达州市重点行业单位预防职务犯罪工作第二次联席会，党风廉政建设及预防职务犯罪工作得到社会各界一致肯定。

深化品牌塑造，实施提质增效、精准扶贫，公司成立50周年、“红杜鹃”志愿服务、“铸模工程”等专题传播，在行业内外媒体发布新闻稿件1040篇。创作完成歌曲《无悔的选择》、MV《我是巴山红杜鹃》、微电影《回家》等艺术作品，微电影《回家》获第四届亚洲微电影艺术节三等奖，并在《国网故事汇》展播。公司获国网四川省电力公司新闻宣传先进单位。完善新闻应急管理制度，健全24小时舆情监控机制，正确处置和有效应对包括集体企业改革改制重大舆情在内的多起新闻危机事件和负面舆情，最大程度维护了企业形象和声誉。

【国网达县供电公司】国网达县供电公司成立于1994年3月28日，2013年7月1日由四川省电力公司达州达县供电局更名为国网四川省电力公司达县供电分公司，简称国网达县供电公司。2015年6月25日，经国家电网公司批复升格管理，成为国网达州供电公司下辖的大型县级供电企业。承担着达川区30个乡镇302个村、达川区部分城区和化工园区的供电任务。设6部1中心，18个班（站）所，全口径职工362人，有高级职称7人、中级职称10人，高级技师4人，技师80人，专科及以上文化程度226人。

该公司开展现场作业“周预警”、安全知识“周周考”等各类安全专项行动，成功应对“2·14”雪灾、“5·7”洪灾“6·4”“8·7”风灾。首次开展35千伏管村站大规模集中检修，保证了10个作业点，150人的作业安全和检修质量。率先建立农村台区总漏保监控系统、农网故障在线监测系统，运用10千伏分界断路器，有效解决了农村供电安全问题。创新运用“互联网+”，研发“营配数据采集系统”、建立安全管理“日管控”APP平台，实现营配采集效率成倍增长，低压贯通率达到100%，作业现场管控水平明显提升。

该公司拥有变电站13座，其中：220千伏变电站3座、110千伏变电站5座、35千伏变电站5座，变电容量140.52万千伏安。线路69条，1448.37公里，其中：220千伏线路4条133.13公里，110千伏线路14条204.4公里，35千伏线路6条99.38公里，10千伏线路45条1011.46公里。该公司配合召开达川区电网建设推进会，政企合力推进区电网建设和电力设施保护工作，对经开区、翠屏山进行电网建设规划，审查通过《达州市经开区配电网规划报告》《达川区翠屏山配电网规划报告》。储备了10千伏杨城二回交通路联络线小线径改造，长田二、三回新建工程。完成了35千伏陈家变电站选址，土地调规、报征等工作。

2016年完成售电量12.28亿千瓦时，同比减少1.19亿千瓦时（因新桥公司9月起改制，本年度9-12月未记入电量），下降8.84%，完成调整后售电量指标12.22亿千瓦时的100.57%；“掌上川电”APP绑定智能电表4.1万余户；综合电费回收率100%。

积极主动走访大客户，走访“两代表一委员”，发出公开信，征求意见建议，解决用电难题，化解电费风险和服务风险。积极服务好达州经开区发展，主动与经开区政府联系，在其政务大厅设立电力客户经理专席，实现客户用电“一站式”服务办理。全面提升“1+7”园区供电服务水平，彰显了“国家电网”品牌形象。

全面落实党风廉政建设“两个责任”，扎实开展“两学一做”学习教育。强化廉政风险防控，健全完善协同监督机制。建立党员学习园地微信群，将支部建在网上，党员连在线上，进一步地强化对《党章》《准则》《条例》的学深悟透。积极开展“三亮三比”活动，建立“党员示范岗”95个。建成了道德讲堂活动阵地、安全训诫室、党员活动室、青年创新工作室、工会活动室、图书室、班组图书角等。“红杜鹃”志愿服务、“金秋助学”关爱留守学生等活动常态开展。聚焦扶贫工作，当好电力先行官。对挂包的木头乡新安村理产业发展思路，协助基础设施建设，增设变压器，修公路，建水塘，扶贫成效明显。

2016年该公司获国网四川省电力公司“先进基层党组织”“企业文化建设示范点”“工会职工书屋示范点”，达州市“五四红旗团支部”，国网达州供电公司“先进单位”等荣誉称号。2016年通过省级文明单位验收。

【国网大竹县供电公司】国网大竹县供电公司始建于1966年9月，2013年7月1日由大竹供电局更名为国网四川省电力公司大竹县供电分公司，简称国网大竹县供电公司，主要担负大竹地区的供电任务。下设六部一中心，5个班组、2个供电所，三新、巴星（惠特）分公司各1个。有全民在岗职工62人，退休职工77人，集体在岗职工18人，农电工38人，外聘人员5人，共计200人。

大竹电网是达州电网的南大门，该公司负责国网区域内大竹10千伏及35千伏线路运行维护，大竹、渠县全部以及广安市、达川区部分110千伏及以上线路巡视，大竹、渠县电网调度和大竹、渠县35千伏及以下12座变电站检修维护工作。35千伏及以上在运线路共计30644.34公里，其中：220千伏线路7条247.54公里，110千伏线路21条377.77公里，35千伏线路2条19.03公里。

截至2016年12月31日，累计完成并表口径售电量8.51亿千瓦时，优质服务、党风廉政、队伍稳定保持“零”责任目标，完成达州供电公司下达的各项考核指标，实现连续安全生产6412天。

该公司完成大竹县2017—2019城市配电网规划方案的编制以及110千伏周家站10千伏1号站用变改造，持续提升电网承载能力。新建改造10千伏线路9.24公里，新增配变28台/0.34万千伏安，新建改造低压线路36.22公里，持续提升供电服务保障能力。针对原农网存在的较多的缺陷，更换锈蚀老化刀闸 15 组、锈蚀老化跌落保险 50 组、锈蚀老旧低压配电箱 9 台，线路增设真空开关 4 台，新增或更换台区总漏保 100 只，处理各类安全隐患 40 余处，清理线路通道砍伐树竹 500 余棵，确保了农网及人身安全持续稳定发展的局面。着力为园区客户降本增效，合计减少企业电力成本支出 130.95 万元。开展“供电服务进社区”活动，大力推广“微宣传”模式，增强扩大群众依法护电、安全用电意识。结合国网四川省电力公司“和弦工程”企业文化建设示范点验收契机，建成支部阵地建设三个，优化共产党员服务队内涵，打造为民服务标杆。

2016 年获国家电网公司先进班组（变电检修班），国网四川省电力公司先进单位、“双十佳”文明单位，成功创建国网四川省电力公司企业文化示范点建设单位称号，获国网达州供电公司综合先进集体、安全先进单位、先进党委、电网先锋党支部称号。

【国网宣汉县供电公司】国网宣汉县供电公司设综合管理部、发展建设部、财务资产部、安全监察质量部（保卫部）和电力调度控制分中心 5 个管理部门，2 个业务支撑机构置：安全运检部（运维检修部（检修（建设）工区），营销部（乡镇供电所管理部、客户服务中心），设综合服务班、变电检修班、配电运检班、营业班、调控运行班 5 个生产经营班组，管理东南、双河、大成、土主、毛坝、隘口、庆云 7 个农村供电所，有五星级班组 3 个，四星级班组（供电所）5 个，标杆供电所 1 个，标准化供电所 6 个，有员工 246 人，其中党员 79 名。该公司有国网四川省电力公司优秀管理人才 1 人、双千人才 1 人。李进峰获全国劳动模范、国家电网公司劳动模范、国网四川省电力公司优秀共产党员。

2016 年累计完成并表口径售电量 12.52 亿千瓦时；综合线损率 2.4%；电费回收率完成 100%。截至 2016 年 12 月 31 日实现连续安全生产 7152 天。辖 35 千伏及以上变电站 14 座，主变 22 台、变电容量 85.83 万千伏安。35 千伏以上输电线路 28 条、总长 479.34 公里；10 千伏线路 32 条、总长 643.44 公里。配变 839 台、变电容量 17.96 万千伏安。

该公司投入安全专项资金 180 余万元，加强安全基础保障。扎实开展春秋两季安全大检查和各类专项隐患整治，共发现问题 196 个，整改率 100%。精准反违章处罚 208 人。组织开展防汛应急综合演练 1 次，联合信通公司完成国网四川省电力公司标准化模块实战演习 1 次，完成传统节假日及“全国武术太极拳公开赛”“全国牛业发展大会”等重大活动保电工作 15 次，圆满完成“6·4”风灾抢险复电工作。完成“十三五”电网规划收集及电网规划，做好 2017 年城市配网项目储备。着手解决场镇周边村（社区）供电薄弱环节，规划“村村通动力电”专项农网工程项目 5 个。实施 35 千伏宣汉变电站 1 号主变等生产大修项目 5 个、总投资 177 万元。完成 35 千伏土主变电站 1 号、2 号主变增容改造，新增变电容量 2.19 万千伏安。完成 2015 年农网改造升级工程，新增 10 千伏农网线路 3.30 公里，配变 9 台/1550 千伏安，低压线路 97.36 公里。完成 2016 年配网（农网）大修项目共计 18 个，项目总投资 709.2 万元。

开展优质服务专题培训 12 期、144 人次窗口人员参学，全员服务意识不断加强。推广运用“掌上川电”“电 e 宝”，注册用户 2.19 万户。深入开展“两学一做”学习教育，建立宣电党建“163”工作模式，发挥党组织战斗堡垒和党员模范带头作用。共产党员服务队获评达州市“十佳志愿服务项目”。改建“李进峰劳模创新工作室”，申报 3 个 QC 成果，6 项创新发明正在进行。获达州市 2016 年度安全生产特殊贡献单位，先进基层党组织。

【国网万源市供电公司】国网万源市供电公司始建于 1970 年，2013 年 7 月 1 日由万源供电局更名为国网四川省电力公司万源市供电分公司（简称“国网万源市供电公司”），担负着万源市 22 个乡镇 154 个行政村、26 万人口的工农业、军工、电铁及城乡生活供电任务。设 6 个部室，1 个分中心，2 个集体企业，5 个生产班组，1 个共产党员服务队，7 个供电业务部。在岗职工 231 名。陈茂军被四川省评为 2016 年度“四川好人”、被达州市评选为 2016 年度“敬业奉献好人”，公司党委被国网四川省电力公司授予 2016 年度先进基层党组织。

该公司负责管理维护 35 千伏变电站 6 座，主变 9 台，总变电容量 5.92 万千伏安。35 千伏及以上送电线路 30 条/557.86 公里，其中：220 千伏线路 2 条/106.1 公里，110 千伏线路 14 条/308.19 公里，35 千伏线路 14 条/143.56 公里。10 千伏线路 45 条/1048.21 公里，变压器台数 1162 台，总变电容量 26.6 万千伏安。低压线路 2595 公里。2016 年，累计完成售电量 4.47 亿千瓦时；电费回收率、解交率 100%，应收电费余额继续结零；综合线损率 4.60%，完成年度 5.00%目标任务。截至 2016 年 12 月 31 日实现连续安全生产 9322 天。

该公司修订“月计划、周安排、日管控”实施细则，严抓严管各类施工现场的安全。深入推进电网风险预警预控管理，在全公司范围内建立 7102 厂重要军工用户保电管理流程，形成风险管控常态化、流程化、格式化。加强“三防十要”和“反六不”反事故措施落实，严格落实“一清四防”，认真开展典型配网分析，加大电力警务协调室的执法检查力度，安全高效应对“6·4”风灾，圆满完成节假日、重要活动的保电任务

精心谋划“十三五”城、农网规划。35千伏八台变电站输变电扩建工程竣工投产，10千伏高压业扩的太城四线延伸至火车站片区线路改造业扩工程已完成前期勘察、设计、可研与项目批复，110千伏万源变电站综合改造和油房坝开关柜改造工程已完成，整改“蜘蛛网”低压线路3.6公里，农网改造升级工程投资完成率59.84%。对高危、重要电力客户开展了32户·次的专项用电检查，着力推广智能表远程充值业务，“掌上川电”绑定客户21466户，申请开通网上购电业务1402笔，开通1316户。签订居民住宅小区配电资产公用部分移交协议3个，签订意向性协议68个，签订移交协议49个，“三供一业”的西安铁路局安康供电段万源火车站职工住宅小区移交框架协议已签订。配合青岛鼎信公司开展通过中压载波通讯计术对偏远、无信号台区进行远采集抄工作，解决了无信号台区远采集抄问题。

国网万源市供电公司建立健全党员“一卡一表”管理台账，深化“四好”领导班子创建，强化“三重一大”决策机制。开展廉政风险分析谈话和警示教育活动，积极建设文化阵地。制定精准扶贫方案，建立贫困户档案，精准扶贫沙滩镇鸳鸯池村。开展助学、助残、扶贫、植树等“红杜鹃”志愿服务活动15次。深化“川电留守学生之家”系列志愿活动，关爱社会弱势群体，帮助贫困学生王世琴和王金杰重返校园。

【国网渠县供电公司】国网渠县供电分公司成立于2013年12月25日，简称国网渠县供电公司。承担着渠县临巴镇、天星镇、三汇镇、卷硐乡等14个乡镇、521个社和三座电铁牵引站、大型水泥、工业园区等工业用电以及渠县东区新城、临巴、天星、卷硐片区的居民及非居民的供电任务，供电客户34197户，其中10千伏及以上专变客户151户，低压居民及非居民客户34046户，专变客户运行受电设备容量50.26万千伏安，低压客户装接容量28.37万千瓦。辖有临巴、天星、卷硐3个供电所，有全民在岗职工29人，集体（劳务）在岗职工5人，农电员工50人，外聘人员9人，共计93人。

拥有变电站8座，其中：220千伏变电站2座、110千伏变电站4座、35千伏变电站2座，主变容量96.95万千伏安。220千伏线路4条156.21公里，110千伏线路20条383.72公里，35千伏线路23条214.11公里，10千伏线路19条305.96公里。2016年，完成售电量7.04亿千瓦时，累计线损率为2.45%。

渠县供电公司坚持以人为本，贯彻执行“安全第一、预防为主、综合治理”方针，以“三查三强化”的工作要求为指导，全面落实安全生产各项工作，顺利完成年度安全生产目标。全年安全生产投入27.81万元，其中劳动保护用品0.7万元，安全工器具6.58万元，更换消防器材1.13万元，新购安全生产书籍0.82万元、安全宣传用品1.30万元、急救药品1.35万元，应急装备及演练15.86万元。2016年3月，该公司积极整理相关资料、提前开展巡视，配合处理相关缺陷，掌握线路、设备健康状况，制定并落实相关处理方案和措施，顺利接收大竹供电公司移交的35千伏变电站、输电线路运检业务。

加强业扩新政宣贯、落实，强化工程管理，完成了城网2个、农网2个技改、大修项目并办结、龙潭35千伏输变电工程投运、2015年农网改造升级工程（渠县片区）现场施工及财务决算、2016年农网改造升级工程第一批现场施工和2014年农网升级工程、2014年综合计划及补充下达（农村配网项目）工程审计工作。新建的渠县供电公司生产综合楼2016年12月5日主体结构圆满封顶。

国网渠县供电公司扎实开展“两学一做”学习教育，公司党委全年共召开13次中心组集中学习，9次学习讨论，进一步加强领导干部思想政治建设。组织开展廉政风险专题分析2次，党政主要负责人与各部门、班组、供电所签订了党风廉政建设责任书13份，与20名关键岗位人员签订了廉洁从业承诺书。组织召开了2次青工座谈会，开展了5次青年志愿者和团员为贫困用户和学校上门服务活动。

【国网达州市新桥供电公司】国网达州市新桥供电公司始建于1994年3月，2012年12月成为国网四川省电力公司全资子公司，由国网达州供电公司代为管理，2013年7月1日由四川新桥供电有限责任公司更名为国网四川达州市新桥供电有限责任公司，2016年7月，由国网四川省电力公司全资子公司改为分公司，更名为国网四川省电力公司达州市新桥供电公司。位于达州市达川区翠屏街道汉兴街728号。担负着达县南城南北干道以东城区及达川区麻柳、亭子、石梯、石桥、堡子等33个乡镇343个行政村60万人口、堰坝化工园区和杨柳配套工业园区20余家大宗工业客户的供电任务，有用电客户20.06万余户，供电面积1075.4千米，辖区内乡、村户通率达到100%。设8个部室、3个业务支撑机构，1个调度分中心、10个供电所，1个集体企业，

在册员工 540 人，人才当量密度 0.95。2016 年，完成售电量 3.66 亿千瓦时；线损率为 8.5 %；电费回收率 100%。截至 2016 年 12 月 31 日实现连续安全生产 2341 天。获“达州市安全生产标准化三级企业”“中共达州市达川区 2016 年度脱贫攻坚工作十佳帮扶企业”称号。

该公司拥有 110 千伏变电站 3 座，主变 5 台，变电容量 20 万千伏安，最大负荷 9.2 万千瓦；35 千伏变电站 10 座，主变 18 台，变电容量 13.33 万千伏安。辖区内有 110 千伏线路 4 条/81.21 公里；35 千伏线路 9 条/144.52 公里；10 千伏线路 57 条/1192.95 公里；城市配网 11 条/94.00 公里，农村配网 46 条/1168.51 公里，380 伏/220 伏低压线路 6975.6 公里，配电变压器 1642 台，总容量 3.66 万千伏安。直管小水电站 5 座，装机容量 6630 千瓦。联营小水电站 5 座，装机容量 2720 千瓦，年均发电量约 2200 万千瓦时。

国网达州市新桥供电公司把本质安全30条贯彻落实到具体工作中，坚持“月计划、周安排、日管控”，大力开展“三查三强化”专项治理行动，累计整治各类安全隐患185起，向高危及重要客户下达限期整改通知书15份。全面推进依法治企，每季度向达川区、经开区党委、政府汇报公司发展动向及存在的问题和困难，企业经营管理质效有效提升。严格执行 “首问负责制”、一次性告知制，推广客户经理服务制度，客户满意率100%。大力推广“掌上川电”APP 应用，注册用户远程充值成功率97%以上，供电服务水平进一步提升。圆满完成公司“子改分”工作，保持员工队伍稳定。建成亭子供电所标准化支部阵地活动室，建立沿河、永进、檬双、麻柳4个供电所员工文化活动室，解决了基层党员活动阵地和员工业余生活的场所。小基项目五四供电所生产营业用房已顺利投入使用。援藏帮扶、精准扶贫持续推进。截至2016年底，完成智能电表换装与采集66038只，积极响应国家惠民政策，“两保”退费56511户，金额达47.13万余元。

该公司持续推进电网项目、小型基建项目建设，增强供电可靠性。一是科学合理、统筹安排自由成本投资 1336.9 万元，完成 10 千伏及以上线路修项目 46 个，低压维修项目 216 个。二是完成农网改造升级项目 129 个，新增农网项目 54 个，低电压技改项目 9 个，累计投资 10221.5 万元。三是积极与达川区政府沟通汇报，完成 500 千伏宣达线、220 千伏亭子—柳池Ⅱ回的房屋拆迁工作。四是储备 2017 年电网建设项目 222 个，计划投资 3.7 亿元，新（改）建 10 千伏线路 263.6 公里，0.4 千伏及以下线路 1908.05 公里，配变 697 台，容量 13.28 万千伏安，其中：农网升级改造项目 137 个，投资 24637.34 万元；“中心村”及“机井通电”项目 73 个，投资 10226.7 万元；城市配电网储备项目 12 个，投资 2178 万元。五是五四供电所小基项目已顺利投入运行，雷音铺检修工区用房施设接受达川区政府审查。

【国网达州市蒲城供电公司】国网蒲城供电公司地处达州市东部州河流域上游宣汉县境内，本部位于宣汉县东乡镇王家坝滨河路 80 号，前身是 1981 年 5 月由宣汉县政府成立的宣汉县小水电联营公司，1984 年 6 月更名为宣汉县电力公司，1992 年 5 月更名为宣汉县电力总公司，1998 年 8 月由达州电力实业公司注资后，改制更名为宣汉弘盛电力有限公司，并由达州电业局代管，2009 年 1 月国网四川省电力公司通过农网工程投入注资，实施改制重组，更名为四川宣汉供电有限责任公司，由国网四川省电力公司控股、达州电业局代为管理。2012 年，国网四川省电力公司通过收购少数股东权益，完成了民营资本退出，成为了国网四川省电力公司的全资子公司，更名为国网四川宣汉县供电有限责任公司。2016 年，为贯彻落实国务院关于国企改革“瘦身健体提质增效”政策精神，通过吸收合并，成为国网四川省电力公司的分公司，2016 年 9 月更名为国网达州市蒲城供电分公司。主要担负着宣汉县 46 个乡镇、408 个村，共计 101 万人的供电任务，供电客户 33.27 万余户，供电面积 3630 平方公里，供电面积范围覆盖全县 83%。该公司设 8 个职能部门和 3 个业务支撑机构，16 个供电所。有在岗员工 626 人，未在岗员工 271 人，学历构成：大学本科 248 人、大专 315 人、中专 44 人、高中 11 人。具有中级技术职称 221 人、高级工 298 人、技师 125 人，人才当量密度 0.895。

供电区域内共有 110 千伏变电站 2 座，变电容量 12 万千伏安；35 千伏变电站 11 座，变电容量 11.07 万千伏安。110 千伏线路 3 条共 96.3 公里；35 千伏线路 19 条共 268 公里；10 千伏配电线路 87 条 3593.9 公里；10 千伏以下配电线路 18932 公里。配电变压器 3076 台变电容量 36.78 万千伏安。辖区内有小水电站 7 座。2016 年完成售电量 8.41 亿千瓦时；综合线损 5.05%（计划 5.1%）。

该公司狠抓本质安全和风险管控，以强基固本、素质提升为抓手扎实开展安全工作。领导挂包、部门分片、基层分组，全面加强各类作业现场管控力度。开展隐患、缺陷排查治理和“三查三强化”专项行动，健全安全生产规章制度，促进作业现场安全可控。建立群众护线长效机制，发放群众护线卡 15 万张，实现全域覆盖，兑现全部奖励，有效杜绝不安全事件发生。获国网四川省电力公司“安全生产先进集体”，国网达州供电公司“先进基层党组织”，运维检修部、调控运行班、清溪供电所获达州供电公司综合类先进集体，3 人获国网达州供电公司先进工作者称号，3 个基层党支部、3 名党员受到国网达州供电公司表彰，芭蕉、峰城供电所分获国网达州供电公司安全生产班组和安全生产供电所，8 人国网获达州供电公司安全生产个人类先进，涂向阳同志获四川省委宣传部等部门“岗位学雷锋敬业标兵”。

（王智民　林静玉等）

国网凉山供电公司

【公司概况】国网凉山供电公司始建于 1974 年，是国网四川省电力公司直属的特一型供电企业。设职能部门 13 个、直供直管公司 2 个（国网凉山州安宁供电公司、国网木里县供电公司）、业务支撑和实施机构 7 个。2005 年 2 月至 2016 年，先后控股了喜德、会理、德昌、越西、雷波、宁南、甘洛、会东、木里、布拖和盐源等 11 个县级供电公司。运维线路分布全州 16 县（市）。供区面积 49300 余平方公里，占全州面积 60114 平方公里的 82%，供电人口约 400 万人，约占全州人口 511 万人的 78.28%，年售电量 64.45 亿千瓦时，占凉山全州社会售电量 97.2 亿千瓦时的 87.7%（含四川西昌电力股份有限公司 2016 年售电量 20.8 亿千瓦时）。

2016 年 6 月 29 日，国网四川省电力公司总经理、党委副书记石玉东（前排右一）与时任凉山彝族自治州州长罗凉清（前排左一）在成都签署战略合作协议　　（曹志刚　摄）

该公司拥有 220 千伏变电站 14 座，变电容量 375 万千伏安，线路长度 2748.96 公里；110 千伏变电站 32 座，变电容量 209.05 万千伏安，线路长度 2962 公里；35 千伏变电站 103 座，变电容量 86.12 万千伏安，线路长度 3032.5794 公里；10 千伏线路长度约 12000 公里。固定资产原值 78.69 亿元，是 2010 年 20.08 亿元的 3.92 倍。

【人力资源】该公司有直供直管全民职工 596 人，其中：具有研究生学历 48 人，占 8.05%；本科学历 390 人，占 65.44%；专科学历 112 人，占 18.79%；中等职业教育学历 33 人，占 5.54%；高中学历 8 人，占 1.34%；初中及以下学历 5 人，占 0.84%。具有高级职称 83 人，中级职称 163 人，初级职称 204 人；具有高级技师 35 人，技师 117 人，高级工 50 人，中级工 104 人，初级工 3 人。生产技能岗位双师型人才 7 人。国网四川省电力公司专家人才 12 人，人才当量密度完成 0.9245，比 2015 年的 0.9047 提高 2.19%，其中直供直管单位人才当量密度完成 1.0626，同比 2015 年 1.0453 提高 1.65%。

【电网建设与发展】国网凉山供电公司开展110～220千伏前期工作项目22项（其中储备计划 15 项），取得110～220千伏电网项目可研批复4项，取得核准批复3项；开展35千伏项目前期工作16项，完成可研上报10项，取得可研批复7项；完成雅中—江西±800千伏直流输电工程及其500千伏配套工程、盐源500千伏输变电工程、会东500千伏输变电工程等项目属地协调工作，确保国网四川省电力公司重点建设项目顺利推进。完成凉山州《中心村及农村机井通电2016—2017实施方案大纲》和《2016年凉山州电网发展诊断分析报告及图表》编制。促成凉山州政府与国网四川省电力公司签订了战略合作协议，首次明确凉山220千伏及以上“一张网”建设由国网四川省电力公司主导推进，凉山“一张网”建设目标已写入凉山州第八次党代会工作报告和2017年凉山州政府工作报告。积极落实国网四川省电力公司“一张网”发展战略，规划了昭觉、金阳220千伏变电站及其配套新建项目并纳入电网规划。

2016年，该公司完成基本建设投资8.69亿元，35千伏及以上新开工项目12项、投产项目8项，10千伏及以下农网项目新开工189项，小型基建新建项目21项、续建项目17项，新建、续建项目竣工10项。美姑河改接雷波至坪头220千伏线路工程、瑶山110千伏变电站工程、尔足至海田110千伏线路工程、海田110千伏变电站工程等5个单项工程获得国家电网公司优质工程。西昌至瑶山110千伏线路工程获得国网四川省电力公司“优质工程”称号。编制的《四川凉山地区35千伏输变电工程造价分析报告》获国网四川省电力公司优秀造价成果一等奖、中价协优秀造价成果二等奖。

【经营管理】该公司全面贯彻落实“效益提升年”活动工作精神，回归企业本质属性，以安全、质量、效益、效率为中心，既积极开源造血，千方百计开拓市场，争取有利政策，又深挖内部潜力，从严管控成本，提升投入产出水平，实现发展质量和经济效益双提升。2016年，该公司完成售电量64.44亿千瓦时，完成下达计划63亿千瓦时的102.3%，同比增长5.04%；线损率7.88%，较国网四川省电力公司下达计划8.26%低0.38个百分点；综合电费回收率100%，应收电费余额保持为零。

【农电工作】该公司累计完成2015年农网新增工程投资7744万元，完成国网四川省电力公司下达2016年农网改造升级工程13071万元投资目标，建成10千伏线路164公里，配电容量4.51万千伏安。制定星级供电所创建方案，落实星级供电所创建工作，打造马道供电所争创国网四川省电力公司四星级供电所。深入开展“电力助推脱贫攻坚”工作，2016年该公司电力扶贫专项资金投入1.5亿元，保障了供区内559个2016年省、州脱贫村、30420户贫困户、116208人贫困人口生活用电。完成国网木里县供电公司“子改分”工作及国网德昌、喜德等县供电公司的全资上划工作。

【安全生产】国网凉山供电公司创新电网安全管控策略，首次促成了凉山州政府组织召开全州厂网联席会议、电网安全工作会议，明晰政府、电厂、用户各方主体责任，达成电网安全事关全域发展的战略共识，形成政府、电网、电源、用户四方安全管理协同机制。促成凉山州人大组织开展电力执法调研，梳理电网运行风险及电源侧、用户侧隐患，督导国家涉电法律和地方电力法规执行。州经信委出台《凉山州电力企业信息披露规定（试行）》《凉山电力系统并网发电厂运行管理考核实施细则（试行）》，凉山州政府电力安全管理履责力度空前加大，电网安全环境有效改善。完善专业联动机制，突出协同配合，扎实开展“三查三强化”和安全隐患排查暨建设施工专项行动。制定安全业绩排序管理办法，拓展和延伸监督体系建设。建立分包队伍评价机制，加强施工现场安全监督，基建、农电管理水平不断提升。强化安全巡查和反违章，全年巡查139次，查处违章125项。应用无人机、在线监测装置等科技手段，通过强化接地、差异化防雷改造，220千伏线路跳闸率下降39.83%。完成输电线路智能巡检平台规划，弥补人工和无人机巡线盲区。加强通道清理，实现山火零跳闸。购置应急救援船，推进木里水上应急通道建设。圆满完成G20峰会保电，累计完成103次卫星发射保电。2016年获国网四川省电力公司“安全先进单位”称号。

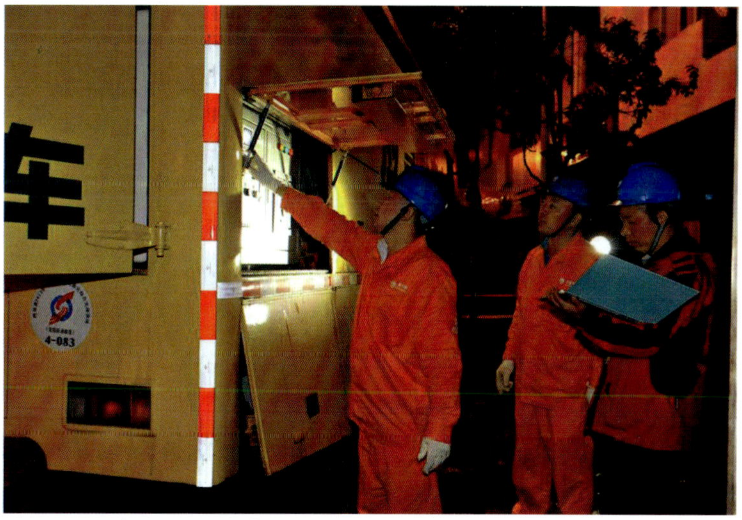

2016年8月6日零时40分，国网凉山供电公司圆满完成“第100次”卫星保电工作任务，图为保电现场　　（蒋志明　摄）

【科技与信息化工作】该公司承担科技项目1项，累计完成资金8.8万元。完成发明专利申请2项，实用新型专利申请5项，圆满完成国网四川省电力公司下达的指标。

该公司完成电能量采集装置、油样在线监测接入技术支持；完成备用华三网管服务器上线、光放实验、变电站KVM接入、STS设备上线安装及调试、桌面即时通平台推广及部署、数据保护安全系统客户端SG-UDP安装部署；完成全网核心层、汇聚层路由器（H3C SR6608）软件版本升级、I6000系统上线及台账调整、各基层单位（县公司）网络及桌面运维的技术支持、咨询。配合保密办开展保密检查软件安装使用；完成省级骨干传输网光传输设备巡检工作，支援国网四川检修公司完成500千伏月城变智能巡检机器人信息安全检查；配合国网四川信通公司、国网雅安供电公司、国网攀枝花供电公司完成跨区域光缆段测试及业务倒换工作；完成±800千伏复奉、锦苏、宾金三大直流迎峰度夏通信运维保障工作。

【市场服务】国网凉山供电公司积极响应国家电改政策，努力拓展售电市场，简化业务流程，延伸出资界面，开展以客户需求为导向的转型工作，完成业扩报装新增用电容量217.66万千伏安，同比增长254.40%。全面落实四川省直购电、留存电量和富余电量等优惠政策，因地制宜开展县级区域小水电富余电量消纳，最大程度保障了现有存量市场，积极拉动了新增市场，达到了用电企业、电网企业、发电企业和政府四方共赢的目的，全年实施优惠电量37.92亿千瓦时。强化内部管理，严格落实电费回收责任，深入开展营销大普查和反窃电行动，挽回经济损失2.17万元。完成7次西昌卫星发射、国家和省级领导精准扶贫现场调研和2017年春晚西昌分会场等重大活动的保电任务。狠抓营配调贯通工作、优质服务明察暗访等工作，服务手段、渠道不断完善，服务水平不断提高。全力推进智能电表推广，完成19.30万户智能电表换装工作，有效促进了智能用电生活进万家。

【党的建设和精神文明建设】国网凉山供电公司加强党的建设。推进学习型党组织建设，以党委中心组学习为引领，扎实开展“两学一做”学习教育，认真学习《党章》《条例》《准则》和系列讲话，以“三亮三比”树立合格党员标尺，干部、党员党性修养和宗旨意识不断增强。落实党内基层组织选举制度，完成了两级党组织的换届选举工作，同时优化了基层13个党委、2个党总支部、50个党支部机构设置，完善同级纪委组织机构，选强配齐了纪委书记，实现了党的基层组织全覆盖。加强精神文明建设，坚持为民服务宗旨，加强党员服务队建设，组织公司党员服务队，联合国网成都、德阳等供电公司党员服务队为喜德县阿吼村128户农户免费进行了表后老旧线路改造，获得阿吼村群众一致好评。推进文化品牌传播，拍摄了纪录片《危险职业之高山巡电》、专题新闻《老殷：巡线三十年，徒步六十万公里》，由该公司主要参与支持的文化成果集《五彩凉山》出版。全力助推精准扶贫工作，创新“发展模式”“精准扶贫”实现有力开局。先后4次与凉山州扶贫局，喜德县委、县政府召开脱贫攻坚座谈会，确定了将阿吼村打造成四川省“美丽乡村”的共同目标。全力实施“支部共建、产业共进、文明共创”扶贫举措，形成了“公司领导定户、基层党组织包片、党员干部包人”的三级结对帮扶模式和“公司+合作社+农户+电商”的产业发展模式，成立了丽火现代农业公司，指导阿吼村等成立了农民养殖合作社。该公司脱贫攻坚工作得到了凉山州委、州政府和国网四川省电力公司的肯定。

【存在的主要问题】一是电网投入不足。2016年，该公司220千伏电网N-1通过率83.64%；110千伏、35千伏电网N-1通过率38.83%，处于国网四川省电力公司低段水平。10千伏及以上跳闸率22.78（220千伏跳闸率0.939，110千伏跳闸率2.87，35千伏跳闸率3.87，10千伏跳闸率15.1），是四川全省平均水平的2倍。正常运行方式下，六级及以上电网风险24项。农村电网陈旧，尚有371个村末进行过农网改造。10千伏电网平均供电半径22公里，且没有分段开关，电能质量难以满足用户需求，供电可靠性不高。二是运维投入不足。该公司每万元电网资产运维成本2013年为317.9元、2014年为346.39元、2015年为353.95元，均低于盆地内国网成都、德阳、绵阳、乐山、广安、泸州、内江、自贡、宜宾、南充等供电公司，2013年、2014年和2015年

2016年11月21日，国网四川省电力公司“走基层 送温暖”活动在凉山州喜德县光明镇阿吼村拉开序幕，国网凉山供电公司党委书记杨荣为贫困户发放棉衣棉被

（蒋志明　摄）

平均成本340.34元、435.68元和408.06元（未包含人工成本）。该公司2016年固定资产达78.69亿元，按可控成本费用2.6亿元初步测算，该公司每万元资产运维成本占资产的3.3%，远远低于国网四川省电力公司系统内其它单位7%的平均水平。三是科技投入不足。随着近年来国网四川省电力公司加大对凉山电网的投入力度，该公司电网规模急剧增长，电网基本覆盖全州17县市。同时以西昌市为中心，距离木里、会东、雷波、甘洛等县均超过250公里，在电网运行维护环境差，交通条件差，人工成本高，定员不足的情况下，依靠传统的电网运行维护方式无法满足工作需要。大部分县公司由于受自身经营和投资能力限制，科技投入少，导致信息通信设备尚未实现全覆盖，还有32座35千伏变电站未进行综自改造，无法实现无人值班。

【国网凉山州安宁供电公司】国网凉山州安宁供电公司建于2003年10月，下设马道供电所等6个供电所，供电面积3339平方公里，承担着43个乡（镇）、201个行政村的电力供应与维护管理。该公司拥有10千伏线路42条，全长1458公里。有在职员工213人。2016年，该公司完成售电量40.81亿千瓦时，同比下降5.74%；线损率11.675%，同比下降0.725百分点；电费回收100%，应收电费余额为零。截至2016年12月31日，该公司连续安全生产1466天。

【国网喜德县供电公司】国网喜德县供电公司建于2005年2月，下设光明、红莫、两河口等3个供电所，承担全县2206平方公里，24个乡（镇）、170个行政村的电力供应与维护管理。2016年年末，该公司有在职员工199人。拥有35千伏变电站9座，变电容量7.62万千伏安，线路9条，全长140.429公里；10千伏线路42条，全长859.291公里。固定资产原值0.56亿元，净值0.19亿元）。2016年，该公司售电量完成1.99亿千瓦时，同比下降3.72%；线损率10.79%，同比增长6.62百分点；电费回收100%，应收电费余额为零。截至2016年12月31日该公司连续安全生产2823天。

【国网越西县供电公司】国网越西县供电公司始建于2007年12月，下设普雄、中所、新民、乃托、申果等5个供电所，承担全县2256.47平方公里，40个乡（镇）、289个行政村的电力供应与维护管理。有在职员工224人。拥有110千伏变电站2座，110千伏线路3条，全长31.63公里，变电容量10万千伏安；35千伏变电站9座，变电容量6.46万千伏安，线路15条，全长164.29公里；10千伏线路43条，全长897.47公里。固定资产原值1.30亿元，净值0.55亿元。2016年，完成售电量4.81亿千瓦时，同比增长7.21%；线损率5.15%，同比增长2.79个百分点；电费回收100%，应收电费余额为零。截至2016年12月31日该公司连续安全生产3292天。

【国网德昌县供电公司】国网德昌县供电公司始建于2007年8月。下设德州供电所等7个供电所，7个供电营业网点，承担全县21个乡镇137个行政村的电力供应与维护管理。有供电客户77000余户。该公司有在职员工319人。

2016年3月5日，国网凉山供电公司员工吴贵琼荣获2015感动凉山十大人物，图为颁奖仪式现场　（蒋志明 摄）

供电线路北至凉山州西昌市，南至攀枝花市米易县，年供电量3亿多千瓦时。有110千伏中屯变电站1座（容量为6.00万千伏安）、35千伏变电站8座（容量为8.29万千伏安）；110千伏输电线路10条131.87公里、35千伏输电线路11条133.45公里、10千伏配电线路25条727.62公里、0.4千伏及以下低压配电线路5625.38公里。辖区内共有814个台区变压器（容量11.19万千伏安），有并网电站55座（机组122台，总装机容量9.964万千瓦）。拥有乐跃二级电站和狮子山电站两座径流式自备发电站（总装机容量8500千瓦），固定资产原值1.83亿元。2016年，该公司自发电量3528.90万千瓦时，同比下降16.51%。供电量3.82亿千瓦时，同比上升2.59%。售电量完成3.5亿千瓦时，同比上升2.8%。损率8.17%，同比下降2.04个百分点。截至2016年12月31日该公司连续安全生产3418天。

【国网会理县供电公司】国网会理县供电公司始建于2007年4月。设红旗供电所、鹿厂供电所等6

个供电所，承担着会理4527平方公里，55个乡(镇)、303个行政村的电力供应与维护管理。有在职员工511人。拥有110千伏变电站4座，变电容量35.15万千伏安，线路11条，全长298.795公里；35千伏变电站11座，变电容量17.85万千伏安，线路24条，全长341.69公里；10千伏线路66条，全长2155.63公里，固定资产原值2.45亿元。2016年，该公司完成售电量7.07亿千瓦时，同比增长6.48%；线损率18.11%，同比增长4.13百分点；电费回收100%，应收电费余额为零。截至2016年12月31日该公司连续安全生产3081天。

【国网雷波县供电公司】国网雷波县供电公司始建于2012年4月。设职能部门8个，其中本部职能部门6个，分别为综合管理部、发展建设部、财务资产部、安全监察质量部（保卫部）、人力资源部、电力调度控制分中心。设业务机构2个，分别为运维检修部、营销部。有集体企业2个，即西昌电力工程公司雷波分公司、凉山州三新供电服务有限公司雷波分公司。乡（镇）供电所7个，分别为锦城供电所、黄琅供电所、永盛供电所、马颈子供电所、上田坝供电所、卡哈洛供电所、西宁供电所。承担着雷波县2932平方公里，48个乡（镇）、281个行政村的电力供应与维护管理。有在职员工247人。拥有110千伏变电站2座，变电容量11.6万千伏安，线路3条，全长63.41公里；35千伏变电站10座，变电容量7.79万千伏安，线路13条，全长212.85公里；10千伏线路46条，全长1054.954公里，固定资产原值1.41亿元，净值0.80亿元。2016年，该公司完成售电量9.33亿千瓦时，同比增长26.26%；电费回收100%，应收电费余额为零。截至2016年12月31日该公司连续安全生产366天。

2016年，该公司“帮扶建房团队”获中国电力传媒集团“十佳公益团队”称号；获“国网凉山供电公司安全业绩突出单位”称号；公司董事长、总经理吴贵琼先后获“四川省岗位学雷锋敬业标兵”“感动凉山十大杰出人物”“凉山州妇联三八红旗手”等荣誉称号；公司员工肖长春获“国网四川省电力公司先进生产工作者”称号；另有17人获上级公司各类荣誉称号。

【国网宁南县供电公司】国网宁南县供电公司始建于2012年8月8日。设景星、松新、华弹、竹寿、白鹤滩5个供电所，承担着全县1667平方公里，25个乡（镇)、125个行政村的电力供应与维护管理。有在职员工188人。拥有110千伏变电站2座，变电容量8万千伏安，线路2条，全长47.81公里；35千伏变电站6座，变电容量17.81万千伏安，线路13条，全长105.01公里；10千伏线路44条，全长1127公里。固定资产原值2.04亿元（净值1.32亿元)。2016年，该公司完成售电量4.1亿千瓦时，同比增长10.11%；线损率4.7%，同比下降1.29个百分点；电费回收100%，应收电费余额为零。截至2016年12月31日该公司连续安全生产1606天。

【国网甘洛县供电公司】国网甘洛县供电公司始建于2014年2月。设新市坝、田坝、吉米、普昌、阿兹觉、玉田、海棠等7个供电所，承担着全县2155.94平方公里，28个乡（镇）、227个行政村的电力供应与维护管理。该公司现有在职员工222人。拥有110千伏变电站2座，变电容量19万千伏安，线路2条，全长83.77公里；35千伏变电站6座，变电容量5.79万千伏安，线路6条，全长86.01公里；10千伏线路30条，全长1165.8公里。固定资产原值2.24亿元(净值0.87亿元)。2016年，该公司售电量完成5.73亿千瓦时，同比增长26.61%；线损率12.12%，同比下降2.41百分点；电费回收100%，应收电费余额为零。截至2016年12月31日该公司连续安全生产2528天。

【国网会东县供电公司】国网会东供电公司始建2013年10月。设参鱼等9个供电所，承担着全县3227平方公里，20个乡（镇)、318个行政村的电力供应与维护管理。2016年末，该公司有在职员工337人。拥有110千伏变电站2座，变电容量12.15万千伏安，线路3条，全长36.82公里；35千伏变电站10座，变电容量8.32万千伏安，线路16条，全长233.26公里；10千伏线路49条，全长1760公里。固定资产原值2.77亿元（净值1.39亿元)。2016年，该公司售电量完成4.24亿千瓦时，同比增长0.87%；线损率10.34%，同比下降0.63%；电费回收100%，应收电费余额为零。截至2016年12月31日该公司连续安全生产1141天。

【国网木里县供电公司】国网木里县供电公司始建于2014年12月，并于2016年9月1日正式以分公司模式运行，更名为国网四川省电力公司木里县供电分公司。设瓦厂等3个供电所，承担着全县9042平方公里，23个乡（镇）、88个行政村的电力供应与维护管理。

2016年年末，有在职员工145人。拥有110千伏变电站1座，变电容量1.25万千伏安，线路1条，全长79.02公里；35千伏变电站9座，变电容量3.4万千伏安，线路9条，全长232.15公里；10千伏线路29条，全长1261.92公里。固定资产原值4428.08万元(净值2045.59万元)。2016年，该公司完成售电量0.94亿千瓦时，同比增长28.37%；线损率

13.33%，同比增长1.91百分点；电费回收100%，应收电费余额为零。

【国网布拖县供电公司】国网布拖县供电公司于2014年12月成立。下设特木里、交际河等5个供电所，担负着全县1685平方公里，30个乡（镇）、190个行政村的电力供应与维护管理。2016年末，该公司有在职员工151人。拥有110千伏变电站1座，变电容量4万千伏安，线路1条，全长79.5公里；35千伏变电站7座，变电容量2.85万千伏安，线路12条，全长205公里；10千伏线路30条，全长635公里。该公司产权内固定资产原值1383万元（净值657万元）。2016年，该公司售电量完成1.01亿千瓦时，同比增长14.27%；线损率10%；电费回收100%，应收电费余额为零。截至2016年12月31日该公司连续安全生产733天。

（叶久德）

国网泸州供电公司

【企业概况】国网泸州供电公司成立于1981年10月，是隶属于国网四川省电力公司的特二型供电企业，担负着泸州市三县三区供电任务，供电面积9821平方公里，供电人口422万，另承担着合江县川天华公司季节性趸售贵州省赤水市的供电任务。设11个职能部门，7个业务支撑和实施机构，1个直供直管县级供电公司（国网泸县供电公司），3个县级供电分公司（国网泸州市纳溪供电分公司、国网叙永县供电分公司、国网古蔺县供电分公司），1个全资县供电公司（国网泸县供电有限责任公司）。公司用工总量4655人，其中：全民员工2822人，农电用工1101人，集体企业用工732人；另有离退休人员1520人。

2016年11月10日，国网泸州供电公司加强电网建设，图为电力员工在220千伏杨桥变电站吊装1号主变套管 （古春 摄）

国网泸州供电公司固定资产42.08亿元，拥有35千伏及以上变电站87座，主变145台，总变电容量561.47万千伏安；35千伏及以上线路167条，共2568公里。±800千伏复奉线、锦苏线、宾金线三大直流线路过境泸州，线路长296.89公里，占四川境内线路总长的35%；杆塔共计586基，占四川境内杆塔总数的33%，该公司负责运维保障辖区内杆塔354基、线路178公里。

2016年，完成固定资产投资12.5亿元，其中电网投资12.2亿元，新增35千伏及以上线路64.4公里、容量84万千伏安；售电量58.8亿千瓦时，同比增长13.9%；最大日负荷和日电量8次刷新历史记录，分别达到139万千瓦、2836万千瓦时，同比增长19%和27%；电费回收100%；并表口径线损率8.58%；在国网四川省电力公司系统供电企业业绩考核排名全省第7名，同业对标排名第11名；该公司实现十年安全长周期，影响和损害企业形象、队伍稳定的重大事件实现“零”目标，全面完成国网四川省电力公司下达的各项考核目标。截至2016年12月31日，电网连续安全生产3825天。

2016年，面对复杂的内外部形势，该公司坚决贯彻国网四川省电力公司决策部署，坚持量质并举、突出精益管理、奋力攻坚克难，各项工作取得了显著成效。先后获国网四川省电力公司“安全生产特殊贡献单位”、“物力集约化管理先进单位”等荣誉称号，56个集体、87名员工受到上级表彰，其中1名员工荣获“全国电力行业技术能手”称号。11项管理创新、3项QC成果获国网四川省电力公司奖项，并新创4个五星级班组、18个四星级班组。

【电网建设与发展】该公司促成泸州市政府与国网四川省电力公司签订“十三五”战略合作协议，推动市政府常务会通过《加快推进泸州市“十三五”电力工作实施方案》，并争取到政府电力建设资金补贴1432万元。主动承接编制泸州国家高新区、沱江新城新型城镇化配电网专项规划，与泸州长江经济开发区签订电力保障合作协议。500千伏泸州东站通过国网公司可研审查，3项工程获得核准。创纪录完成12.2亿元电网投资，35千伏及以上项目续建2项、开工7项、投产5项；完成1.2亿元城市配网改造；竣工2015年327个农网项目，开工2016年项目159个，完成投资超过80%。110千伏邻玉站等4个工程被命名为国家电网公司和国网四川省电力公司优质工程，220千伏泰安站等2项工程获国网四川省电力公司质量流动红旗，110千伏二郎站列为国家电网公司智能变电站模块化建设示范工程。

【经营管理】国网泸州供电公司扎实开展“效益提升年”活动，深化经济活动分析，单位电网投资增售电量提升至9370千瓦时/万元。主动服务煤气化、金象科技等36项政府重点项目，新增接电容量132.9万千伏安，完成替代电量1.4亿千瓦时，售电量增幅居国网四川省电力公司供电系统前列。开展“量价费损”、营销稽查专项监测，挽回经济损失251万元，收缴陈欠电费81万元，首次在当年内做到电费“双结零”。实现35千伏及以上分压、分元件同期线损管理，古叙小水电供区线损专项治理下降14.6个百分点。强化工程财务全过程管控，完成52个项目后期清理，32个项目决算转固。非生产性支出降低9.1%，“两金”压降完成年度目标。物资平衡利库273万元，废旧物资处置回收资金375万元。4家县公司全部完成扭亏目标，减亏3643万元。

【安全生产】该公司压实压紧各级安全责任，实施2016年安全工作意见15条，分解安全责任清单105项。制定安全专项业绩考核方案，树立安全工作正确导向。完善公司巡查大队、15个基层单位巡查分队两级督查体系，查纠违章1015项，1.4万余个作业现场得到有效管控。扎实开展“三查三强化”专项行动，治理设备隐患1269项，预警管控各类风险156次。严抓工程项目质量监理，督促问题整改619项。政企警企协作创建平安电力，全年外破下降31.6%。组织2190人次安规调考，持续提升全员安全意识和技能。开展防灾减灾6项综合应急演练，圆满完成三大特高压直流输电线路满功率外送、G20峰会、泸州市党代会等19次重大保电任务。

【资产管理】该公司全面导入资产全寿命周期管理“全、融、控”理念，建立覆盖市、县、班组的三级联络网，编制资产管理三级运行手册，搭建微信在线学习考试平台，体系建设实现全员参与。试点运行市检修公司和县级供电公司两级模式。坚持“规划建设与存量资产、设计采购与技术经济性、运检策略与安全服务、退役处置与资产再利用”四个最优，推进资产管理与专业工作相融合。分专业开展现状诊断，识别2236项内控风险，完成21项业务审核、486项合规性评价，主网资产设备对应率100%。总结资产管理深化应用成果18项，其中《基于全寿命周期管理的电网规划方案比选方法研究》作为管理创新报送国家电网公司，代表国网四川省电力公司迎检资产管理体系“领先型”创建，顺利通过国家电网公司专家组现场验收。

2016年7月29日，国网泸州供电公司对泸州市泸县黄金村农网组织升级改造施工，图为电力员工冒着36℃高温，架设低压架空线路　（古春 摄）

【优化体制机制】国网泸州供电公司推进“三集五大”体系再提升，完成国网四川省电力公司下发15类、19个问题整改。深化“五位一体”应用，梳理45项重点任务清单，总结提炼10个典型经验。是四川省第6家完成3个县级公司“子改分”工作的供电公司。国网泸县供电有限责任公司全资上划取得国资委批复。完成集体企业7家子公司压减和7项参股股权清理任务，回购广东金南方公司股权。正式运行集体企业会计核算中心，实现财务集约化管控。与泸州高投、许继电气合资组建“泸州华恒智能电力科技有限公司”，搭建参与增量配电等新业务领域经营平台。促成纳溪区政府成立安富北辰配电公司改革领导小组，加快改制进程。

【从严治企】该公司组织党风廉政建设巡察、内外部审计和“四风”问题整改“回头看”，以及工程建设、废旧物资、资金安全等6项专项监督检查，整改问题89项。修订“三重一大”决策实施细则，规范各级决策行为。落实业务部门监督主体职能，开展分包管理、废旧物资等4项协同监督。完成69项、29.8亿元审计任务，审减投资3457万元。建立物资供应商库，非招标实现全程管控，集中采购13批次、3.4亿元，集体企业工程物资在线采购率以及目录物资集采率达到84%。处置县公司“子改分”历史遗留问题17项。严肃查办信访举报16件，19名干部员工受到责任追究。积极参与《泸州市物业管理条例》等3项地方立法研讨，成功处理法律纠纷案件14起，切实维护公司合法权益。

2016年10月21日，国网泸州供电公司员工到泸州市龙马潭区天立春天花园小区，宣传推广网上购电业务　　（古春　摄）

【市场服务（优质服务）】国网泸州供电公司制订园区服务指导意见和实施方案，成立高新区客户服务分中心，上门服务江阳钢铁等23家重点客户，主动参与酒业园区等10千伏及以上客户资产故障抢修196次，赢得用户高度赞誉。结算31家企业直购电、富余电量16.9亿千瓦时、优惠电费8793万元。“掌上电力”APP注册12.5万户、交费328万元，客户交费更加便捷。智能电表换装达到121万只，覆盖率提升至82%。“多表合一”采集建设实现零突破，签订5家在泸央企“三供一业”分离移交、329个居民小区配电设施意向移交协议。改造老旧居民楼779栋1.4万户配电设施，江阳纳溪交叉供区8个乡镇9.6万人实现同区域同价，完成2万户7.8万人易地扶贫搬迁供电保障，1106个存量低电压台区全部改造完毕。走访812名省市级“两代表一委员”和429名客户代表，落实意见建议147条。主动参与“阳光政务”“网络问政”，行风和优质服务工作获政府及社会各界点赞。

【党的建设和精神文明建设】国网泸州供电公司紧扣全面从严治党要求，扎实推进“两学一做”学习教育。深入开展“清风川电”主题活动，严格落实“两个责任”，多种形式宣贯学习《准则》和《条例》。完成公司“两委”、73个基层党组织以及22个基层工会换届选举。规范党费收缴和管理使用。加强干部培养和梯队储备，提拔、交流中层管理人员48人次。开展全员各级各类培训252期、1.5万人次，264人提升技能等级和技术资格，人才当量密度达到0.9969。组织精准扶贫、迎峰度夏等6个主题传播活动，积极彰显公司品牌形象。积极落实离退休人员“两项待遇”，依法依规化解信访问题，和谐发展氛围日益浓厚。

【存在的主要问题】一是担当意识、工作主动性欠缺，协调解决问题的能力有待提升。二是安全基础薄弱，制度标准在一线落地不到位。三是基础服务有所弱化，服务行为亟需规范，服务手段创新驱动不足，不能满足移动互联时代的多元化要求。四是数据贯通质量依然较差，数据统计口径多、横向不一致、纵向不匹配的问题突出。

【所属县级供电企业】国网泸州供电公司下设1个直供直管县级供电公司（国网泸县供电公司），3个县级供电公司（国网泸州市纳溪供电公司、国网叙永县供电公司、国网古蔺县供电公司），1个全资县供电公司（国网泸县供电公司）。

【国网泸县供电公司】国网泸县供电公司成立于1996年8月，是直属县级供电公司，担负着泸县七个乡镇供电任务，供电范围515平方公里，供电人口37万人、用电客户88120户。下设7个部门（中心）、4个班组（站），5个农村供电所和北辰泸县分公司。截至2016年12月底，全公司有全民职工58人，供电所职工140人。管辖110千伏变电站2座，35千伏变电站4座，主变容量：17.57万千伏安；10千伏配电线路27条，长度664.59公里。2016年，完成售电量1.5亿千瓦时；电费回收率100%；综合线损率12.95%。

该公司严格落实“管业务必须管安全”的要求，精心组织开展“三查三强化”安全专项行动等安全大检查、隐患排查工作，夯实安全基础。深化反违章工作，发现违章 124 起，严格实施违章惩处。组织 85 名关键岗位人员参加安全警示教育活动、212 名员工进行《安规》培训考试，强化员工安全意识。完成资产全寿命周期管理体系“领先型”创建工作，代表省、市公司顺利通过国网公司专家组现场验收。认真落实县政府易地扶贫工作要求，完成易地扶贫通电工程和 D 级危房通电任务。完成 35 千伏云龙输变电工程建设的建管投运，提高了泸县云龙镇电力供应能力。积极解决玄滩新、老供电所土地证办理的历史遗留问题，初步解决玄滩老供电所土地证办理问题。完成喻寺供电所国网五星级、云龙供电所四星级供电所、营业班五星级班组创建工作，达到验收要求。营销和运维通力配合，低压贯通率完成 99.92%。提高台区线损合格率，合格台区线损监控达标的台区已有 316 台。加大客户供用电安全隐患排查工作，出具《用电检查结果通知书》57 份，并报备政府部门。扎实推进“两学一做”学习教育和“清风川电”主题活动。完成党委、纪委、工会和党支部换届选举工作。开展供电所协同监督整改、规范化管理效能监察等廉政风险排查，确保供电所党风廉政建设责任到位。深入推进廉洁文化进企业活动，强化廉洁氛围与廉洁教育。积极开展搭建服务客户“连心桥”工作，全年走访辖区内地方党委、党代表、人大代表和政协委员 88 人次，收集问题或意见建议 24 条。该公司在泸州市第十一届职工创新创业技能大赛农电岗位技能竞赛，获得团体三等奖，2016 年被国网四川省电力公司评为“先进基层党组织”。

【国网泸州市纳溪供电公司】国网泸州市纳溪供电公司成立于 2001 年 1 月 18 日，2014 年 1 月股权划转后成为国网四川省电力公司全资子公司；2016 年 9 月 1 日，正式成为国网四川省电力公司分公司。主要担负着纳溪城区及 12 个乡镇，合江县、江安县、叙永县部分乡镇供电任务，供电面积 1335.6 平方公里，客户 16.7 万户。设 8 个职能部门、2 个业务实施机构、11 个乡镇供电所、1 个水电运检中心，有员工 623 人，劳务派遣专职电工 98 人。拥有 35 千伏及以上变电站 13 座，总容量 78.95 万千伏安；35 千伏及以上线路 23 条，长度 502 公里；水力发电厂 1 座，年发电量约 1600 万千瓦时，固定资产原值 2.53 亿元。2016 年，完成售电量 5.8 亿千瓦时，综合线损率 8.53%。

该公司扎实推进“安全管理提升”，认真开展“安全生产月”“安全生产大检查”“三查三强化”、季节性安全大检查等活动，消除各类缺陷隐患 167 项，清理和整治涉电鱼塘、对地不足、违章建筑 77 处。安全监督 647 个作业现场，查纠违章 179 项。成功应对“1·23”雨雪冰冻、“6·4”“6·17”永宁河特大洪灾和 10 余次暴风雨等极端天气以及迎峰度夏 13.9 万千瓦最高负荷考验。完成 2017 年城市配网、农网项目规划库，将纳溪、江阳 28 个未改造村全部纳入农网改造储备。投运 110 千伏棉花坡变电站，完成城市配网改造和省控大修技改投资 1265 万元，竣工 2015 年两批次 41 个农网项目，2016 年 46 个农网项目完成投资超过 90%，完成纳溪区全部 10 个省级贫困村农网升级改造和 140 个台区低电压整治。全年安装智能电表 6.35 万只，智能电表覆盖率达 100%，采集成功率达 87.11%。深入推进营配贯通，专变贯通率达 94.5%，公变营配贯通率达 99.48%。完成 7 个老旧弃管居民小区和火炬家属区供电业务剥离移交，接收浙江产业园、垃圾发电厂等政府用户自建电力设施。开展高危及重要客户用电检查，配合客户侧整治隐患 17 项。大力推广“掌上川电”手机 APP，注册用户 777 户，交易 1278 笔。开启支付宝和微信代收电费业务，完成 9 台缴费终端的安装，新建各类代收网点 63 个。强化成本和预算刚性管控，“两金”压降结零。持续开展库存压降，存货较上年减少 23 万元。积极协调农维费涉及增值税和附加税费，节约税款 678 万元。规范北辰、三新纳溪分公司机构岗位设置及人员配置，初步建成新型组织架构和管控体系。实行薪酬改革，完成薪点工资测算发放，持续深化改进绩效考核体系。完成“子改分”工作，完成营销、运检、财务等工作模式切割。强化非招标全过程管控，全年开展非招标采购 71 次，签订采购合同 156 份，采购金额 4299 万元。客户工程收入资金回笼率 98%，工程款风险防范取得新进展。扎实推进“两学一做”学习教育。成功召开公司第一次党代会，选举产生第一届党委会和纪委会，完成 5 个基层党组织换届选举。开展“四风”整治“回头看”“三公经费”检查，从严从落实整改问题 45 项。开展调研 30 余次，解决员工、班组存在的困难和问题 18 个。积极筹备与创建“职工书屋”，被中华全国总工会授予模范“职工书屋”示范点。

【国网叙永县供电公司】国网叙永县供电公司成立于 2005 年 12 月 14 日，2014 年股权划转后成为四川省电力公司全资子公司；2016 年 9 月 1 日，正式成为国网四川省电力公司分公司。主要担负叙永县的供电任务，下设 8 个管职能部门和 2 个业务实施机构，12 个乡镇供电所，以及集体企业泸州北辰叙永分公司、北辰发电公司。拥有 35 千伏及以上变电站 16 座，总变电容量 73.93 万千伏安；110 千伏线路 12 条，长度 192.67 公里；35 千伏线路 13 条，长度

154.69 公里。

2016 年，该公司完成固定资产投资 1.9 亿元，其中电网投资 1.85 亿元；完成售电量 4.68 亿千瓦时，同比增长 14.44%；最大日负荷和日电量双双创新高，8 次刷新历史记录，分别达到 10.766 万千瓦、202.3 万千瓦时，同比增长 8.97%和 18.3%；售电均价同比增长 3.36%；电费回收达到 100%；并表口径线损率 20.97%；安全生产、影响和损害企业形象的重大服务事件、影响稳定和党风廉政建设重大事件实现“0”目标，全面完成国网四川省电力公司和国网泸州供电公司下达的各项考核目标。

全面开展电网安全风险专项评估和隐患排查治理，处理缺陷和隐患 867 项。以“百日安全生产活动”为契机，在全县 25 个乡镇 231 个行政村组织砍伐竹树 38 万余棵，畅通电力线路通道。成立了安全巡查大队，全年反违章扣分 942 分。截至 2016 年 12 月 31 日，电网连续安全生产 4036 天。完成 9 个农网低电压改造和 2015 年两批次 29 个农改升项目，2016 年第一批农网项目完成投资超过 85%，第二批、第三批中心村 8 个项目全面开工建设，全年实现农网投资 2.2 亿元。全面完成县调自动化项目建设，新建光缆 75.5 公里，14 座变电站加入集中监控业务。除新接收的水尾变电站外，完成 7 个 35 千伏变电站的调度数据网接入、7 个供电所光纤完善工程。110 千伏震清线、35 千伏西狮线开π，10 千伏丹东线、丹和线双回等工程有效改善叙永电网网络结构。全年新建及改造 10 千伏及以下线路 2776 公里、配变 467 台，变电容量 3.87 万千伏安。32 条城网线路已有 30 条实现互联互供，两条 10 千伏农网线路分别与纳溪、古蔺公司联网，有效提高了北面向林、水尾等乡镇供电可靠性。完成县公司“子改分”体制改革。2016 年，获泸州市“道德讲堂示范单位”“工资集体协商工作示范单位”“厂务公开民主管理示范单位”“保险工作先进单位”“工人先锋号”等一系列荣誉称号。

【国网古蔺县供电公司】国网古蔺县供电公司成立于 2001 年 4 月 18 日。2016 年 9 月 1 日，成为国网四川省电力公司分公司。担负着古蔺县社会与经济发展及人民群众生产生活供电任务，供电面积 3180 平方公里，供电人口 83 万余人。下设 10 个职能部门、1 个水电运检中心、1 个办公室综合服务班、3 个营销服务班组、4 个专业车间班组、11 个供电所和 6 个发电厂。管辖 220 千伏变电站 1 座，220 千伏线路总长 107.48 公里；110 千伏变电站 3 座，110 千伏线路总长 140.99 公里；35 千伏变电站 10 座，35 千伏线路总长 199.11 公里。发电厂总装机 3855 千瓦。已形成以 220 千伏冯冲湾变电站为中心的 110 千伏环网供电格局，最高负荷达 11 万千瓦，日供电量达 183 万千瓦时，年供电量约 4.8 亿千瓦时。截至 2016 年 12 月 31 日连续安全生产 6484 天。

2016 年，该公司坚持改革创新，努力提质增效，齐心协力、奋力拼搏，各项工作取得新成绩。先后被评为国网四川省电力公司先进集体、泸州市“五一劳动奖状”、国网泸州供电公司“工人先峰号”、泸州市农网改造及电力扶贫工作先进单位、“四好班子”“五好基层党组织标兵”“新闻宣传先进单位”“工会标准化一等奖”等荣誉称号。面对发展的新形势、新任务，公司上下将顺势而为、应势而动，深入分析面临的新挑战，认真思考破局前行的硬举措。坚持以深化“两个转变”为主线，努力把电网建成网架坚强、广泛互联、高度智能、开放互动的能源互联网，把公司建成管理卓越、业绩优秀、队伍一流、文化先进的现代企业。坚持以改革创新为驱动，解放思想、转变观念，以改革精神和创新思维破解发展中的各种难题，增强企业发展的持久动力。坚持以经济效益为中心，强化企业意识、市场意识、成本意识，不断提高经营效益和综合实力，推进公司持续健康发展。坚持以队伍建设为根本，用优秀的企业文化增强凝聚力、提升向心力、提高战斗力，充分调动广大员工的积极性和创造力，实现员工和企业共同发展，奋力推动公司和电网实现大变革、大发展、大跨越、大提升。

【国网泸县供电有限责任公司】国网泸县供电有限责任公司成立于 2012 年 12 月 13 日，2016 年 12 月 27 日完成合资上划工作，成为国网四川省电力公司下属全资子公司。主要担负着泸县县城、泸县 15 个镇和龙马潭区 5 个乡镇工农业生产及人民生活用电，供电面积 1532 平方公里，供电总人口达 94.95 万，供电户数 270184 户。设 10 个职能部门，8 个中心，11 个供电所，1 个运检分公司，1 个检修分公司，1 个全资子公司。有在岗员工 554 人，外聘用工 341 人，退休(职)人员 294 人，人才当量密度 0.8179。拥有 110 千伏变电站 2 座，35 千伏变电站 11 座，35 千伏开关站 1 座，10 千伏开关站 1 座，35 千伏主变总容量 17.53 万千伏安；35 千伏线路 28 条，总长 257.376 公里。

2016 年，完成售电量 5.45 亿千瓦时；线损率 11.22%；电费回收率完成 100%。该公司以“抓安全、保稳定、创佳绩、促发展”为主线，以“两个第一、两个融合”为行动指南，树立正确的价值取向，强化执行，规范管理，全面完成全年工作目标任务，推进公司和电网科学发展，保持了公司安全形势总体稳定，截至 2016 年 12 月 31 日，实现连续安全生产 1479 天。狠抓电网建设，确保电网健康发展，完善基础管理，提升营销管理水平，完成 147315 只智能表、582 台集中器的安装、采集、运行及账务结算；完成第一批用电信息采集终端建设、智能表推广应用；深化内部管理，管理水平不断提升，推进公司“三集五大”体系建设，推进薪酬和劳动用工管理，实现物资全流程管控，完善物业基础管理，规范办事程序。注重引导，“三个建设”持续推进，党建基础管理常抓不懈，形势任务教育入脑入心，教育实践活动亮点突出，民主管理工作稳步推进，关爱职工营造温馨家园，职工文体活动丰富多彩。

（赵亮宇）

国网宜宾供电公司

【企业概况】国网宜宾供电公司前身为宜宾供电局，成立于 1978 年，是国网四川省电力公司下属的特二型供电企业，承担着宜宾市两区八县中的两区一县（翠屏区、南溪区、江安县）的供电任务，直供面积 4680 平方公里，总营业户数 75 万余户。趸售长宁县电力公司及四川能投控股的屏山县、兴文县、高县、筠连县、宜宾县、珙县电力公司。下设 11 个职能部室，7 个业务支撑和实施机构，辖 5 家县级供电企业。各类用工总量 2907 人，其中：全民 881 人、地方全民 349，农电用工 814 人，其他用工 863 人。拥有 35 千伏及以上变电站 62 座，总变电容量 536.6 万千伏安，35 千伏及以上输电线路 127 回，线路长度 2328 公里，固定资产原值 43.18 亿元。

2016 年 7 月 5 日，国网四川省电力公司总经理、党委副书记石玉东（前排右二）在国网宜宾供电公司调研指导工作

（王青青　摄）

2016 年，面对复杂严峻的内外部环境和艰巨的改革发展任务，该公司认真落实国家电网公司和国网四川省电力公司决策部署，在攻坚克难中砥砺前行，在应对挑战中聚力发展，实现了“十三五”良好开局：完成固定资产投资 4.26 亿元，其中电网投资 4.22 亿元；完成售电量 50.8 亿千瓦时，完成国网四川省电力公司下达指标的 100.79%；完成电费回收考核指标，同比下降 6.17%；线损率 5.36%，同比上升 0.48 个百分点，公司和电网保持科学健康发展态势，全面实现年度各项生产经营目标。

【人力资源】国网宜宾供电公司推进“三集五大”体系再提升，深化“五位一体”要素比对和典型应用。调整城区营配业务管理模式，配电运检实现实体县公司运作。优化调整农电管理模式，农电专业与三新公司实行合署办公。依托内部人资市场平台，在全省范围率先实施跨地市单位劳务协作。制定完善 8 个干部管理配套办法，交流中层干部 30 名，推选 21 名助理员挂职锻炼。加强员工教育培训，开展各级各类培训 94 期次、1.15 万人次，63 人取得技师资格，64 人专业技术资格得到提升。

【电网建设与发展】该公司对接落实地方发展战略和区域发展重心，完善宜宾电网“十三五”发展规划。协助国网四川省电力公司争取成贵铁路供电工程实施主体，推动“4+2”工程前期工作。与南溪区、江安县签订战略合作协议，推动国网四川省电力公司与宜宾市政府开展战略合作。与能投股份公司就供区划分、交跨施工达成协议。投运 35 千伏及以上输变电工程项目 9 个，变电容量 47.3 万千伏安、线路 29.2 公里。四川省内首座模块化建设试点工程——110 千伏天顺站和公司建管首座 220 千伏智能变电站——云台站顺利投入系统运行，叙府—南溪 220 千伏线路工程、南溪 220

千伏变电站110千伏配套工程分获国网四川省电力公司质量、安全管理“流动红旗”。积极推进绕城高速、新机场等7项区域性、总投资约7.6亿元的电力设施迁改项目，启动公司历史上最大规模的电力迁改工程—220千伏白沙站整体搬迁工程。

【经营管理】国网宜宾供电公司深入开展“效益提升年”活动，千方百计增供扩销，多措并举降本增效。严格落实“一户一策”方案，推广购电装置安装267户，电费回收风险得到有效防控。强化营销稽查和“量价费损”监测监控，追补电量68.6万千瓦时，电费60.5万元。加强数据质量管控，营配调实现全面贯通。积极推进法治企业建设，狠抓责任落实、制度执行、问题整改和监督检查，保障公司健康发展。开展常规、动态审计监督服务，完成经济责任审计2项、集体企业收支审计4项，完成工程结算、决算审计454项，审减资金1007万元，保证资金支出合理，过程管理规范。实行审计问题整改“回头看”督办销号机制，整改突出问题25项。积极推动业财融合，凭证电子化和营财一体化顺利上线。加强物资风险防控机制建设，严格规范非物资非招标采购。开展电网运营效率监测实践，定期发布经营管理和核心资源指标情况，查找异常问题，实时监控运营动态。

2016年10月26日，国网宜宾供电公司建管的首座220千伏智能变电站（云台站）正式投运　　（张博 摄）

【安全生产】该公司落实三大特高压直流输电线路及近区设备的隐患排查、特殊巡视、交叉巡视和蹲点值守，保障了三大直流满负荷安全运行和杭州G20峰会可靠供电。扎实开展“三查三强化”安全专项行动，持续强化本质安全。成功应对迎峰度夏用电负荷3次刷新历史记录的严峻考验，电网运行平稳可靠。全力推进资产全寿命“领先型”创建，代表国网四川省电力公司接受并通过国家电网公司监督评价。实行违章记分制，设立反违章举报平台，全年查处违章232次。加强安全隐患“排查建档-措施制定-整治反馈”闭环管控，治理隐患1196项。10千伏系统纳入电网运行风险管控体系，预警预控全覆盖。清理核查配电网故障切除设备521套，完成不停电倒换负荷102次。多方协调沟通汇报，有效应对处置能投股份公司与南方电网联网风险。整合现有安全监督力量，组建安全巡查大队。修订评审市县33个应急预案体系，参加省级防震救灾演练和四川电网联合反事故演习获好评。获国网四川省电力公司“安全先进单位”和“安全生产特殊贡献单位”。

【农电工作】该公司认真落实宜宾市委市政府“精准扶贫”工作部署，积极开展“精准扶贫 全面小康”扶贫工作。定点帮扶宜宾南溪区大坪乡石松村和江安县怡乐镇青龙村，落实送温暖和助学资金15万余元，开展爱心助学行动，推进助学扶贫，建成“川电留守学生之家”。积极与宜宾市相关部门、当地乡政府和村委会沟通，落实具体举措帮助村民克服当前困难。大力推进与民生工程息息相关的电网改造和建设，高质量完成农网改造升级项目377个，小城镇（中心村）、机井通电项目全面开工，城镇、农村电网供电质量不断提高。

【精益转型】国网宜宾供电公司以价值实现为导向，推动建立“目标定位、指标引领、价值驱动、问题导向、全员参与、持续改善”精益建设格局。成立精益转型组织机构，制定5项配套实施意见。以电网核心价值为基础，绘制核心价值流程图，梳理关键业务24项，明确公司级KPI指标10个、部门级KPI指标25个。推进“精益六件事”实施落地，周计划工作平台、问题池上线运行，员工大讲堂、“小精益·微创新”扎实开展，7人获得绿带资格认证。优化全员绩效管理体系，探索流程评估、内部核算模式，强化绩效对工作业绩支撑。打通专业数据壁垒，整合数据资源，研究设立数据中心，建立大数据分析机制。

【改革创新】国网宜宾供电公司把握历史机遇，扎实推进国网四川省电力公司“一张网”战略部署，成立电力体制改革领导小组，积极配合国网四川省电力公司、市政府开展资料收集、改革方案制定，大力宣传电源侧“一盘棋”、电网侧“一张网”、需求侧“一同价”发展理念，助推“一张网”达成共识。全面完成集体企业改革改制、全资县公司“子改分”和全资设计公司清理退出，组建乐山城电宜宾四维分公司，挂牌成立西星科技咨询公司宜宾代理处。推广实施一线员工工时积分同价计酬机制，完成“子改分”县公司岗位薪点工资制度改革。2项成果获全国电力行业信息化成果二等奖、三等奖，精益项目、管理创新、课题研究项目成果获国网四川省电力公司一等奖1项、二等奖3项、三等奖2项。

【市场服务】该公司贯彻执行业扩新政，积极拓展售电市场，新增接电容量50.3万千伏安。大力推动电能替代，完成替代电量8.28亿千瓦时，居国网四川省电力公司第3位。组合运用优惠电价政策，完成直购电8.41千瓦时，富余电量0.27亿千瓦时。加快推进客户资产产权移交，接收154个小区、21个非小区客户配电设施，增加资产3.5亿元。促请宜宾政府明确改造方案和出资比例，老旧弃管小区改造取得实质进展，稳步推进812厂、五粮液集团等国有企业“三供一业”改造移交。与移动、通服公司签订战略合作协议。“多表合一”信息采集接入3400户，累计安装智能电表67.6万只、覆盖率89.5%。大力推广掌上川电手机APP等线上渠道，实现客户随时随地办电和交费。设立临港、阳春坝工业园区供电服务点，建立园区专属客户经理制度，开辟园区业扩报装及配套电网建设项目“绿色通道”，快速响应园区客户用电需求。圆满完成中共十八届六中全会、中高考等重要保电任务103次。

2016年3月23日，国网宜宾供电公司员工周介荣获第四届宜宾市道德模范，图为周介荣在颁奖现场接受采访

（王青青　摄）

【党的建设和精神文明建设】国网宜宾供电公司落实全面从严治党要求，扎实推进“两学一做”学习教育，深入开展“三亮三比”和“讲规矩、转作风、作表率”主题活动，营造争做“四讲四有”合格党员良好氛围。严格执行党的基层组织选举条例，严明党的政治纪律和政治规矩，尊重和保障党员民主权利，全面完成党组织换届选举工作。严格落实“两个责任”，约谈15个单位、9个部门主要负责人。积极配合国网四川省电力公司完成党风廉政建设巡察，制定问题清单，整改销号46个问题。“四风”问题整治情况“回头看”工作获国家电网公司监察局和宜宾市纪委肯定。深化品牌传播，市级及以上媒体新闻上稿1635条。分别获国网四川省电力公司、四川省国资委“先进基层党组织”，共产党员服务队获四川省岗位“学雷锋先进集体”，培训分中心获四川省“职工教育培训示范点”，杨云荣获四川省五一劳动奖章。公司获国网四川省电力公司“班组建设先进单位”，团委连续三年获宜宾市“五四红旗团委”，国网宜宾市江南供电公司成功通过省级文明单位创建验收。

【存在的主要问题】一是经济下行压力仍在持续，水泥、煤炭等企业停产、减产，公司售电市场持续低迷。电改深入推进，监管日趋严格，服务质量离市场需求还有差距，传统盈利模式即将改变，售电多元化市场主体逐步形成，利益博弈正趋明显。二是随着城市功能拓展和定位转变，配合城市建设的电力设施迁改时间紧、范围广、任务重、压力大，对公司建管能力和服务水平提出了更高要求。三是配网网架薄弱，主网容载比高与配网供电能力不足的矛盾依然存在。“互联网+”技术的广泛应用、分布式电源、新能源的快速发展，对电网智能化水平、资源配置能力，特别是对配电网的安全性、经济性、互动性要求越来越高。四是制度标准执行不是很严谨，惯性思维、侥幸心理等管理薄弱环节依然存在，制约公司和电网发展的管理基础有待夯实，管理转型任重道远。五是部分员工思想上还未有较大转变，传统思维厚重，进取之心、有为之力发挥的不够淋漓尽致，想干事、干成事的决心和意志不够坚定，工作上缺乏叫得响、过得硬、有示范效应的特色亮点。

【国网宜宾市江南供电公司】国网宜宾市江南供电公司成立于2001年8月，位于宜宾市南岸西区外江路，担负着宜宾市翠屏区、长宁县、兴文县、江安县、珙县、高县、宜宾县六县一区部分地区供电任务，有各类用电客户14万余户。设5个部室、7个班组、7个供电所和1个农电检修中心，有员工319人。该公司有开闭所5座、环网柜141台、分支箱166台，城网配电变压器468台、农网变压器1013台，10千伏线路总长103公里。截至2016年12月31日未发生中断安全生产记录的考核事故，实现连续安全生产5401天。2016年完成售电量16.62亿千瓦时；10千伏及以下综合线损率5.53%；城市供电可靠率99.9272%；电费回收实现"双结零"。获四川省国资委"先进基层党组织"，国网四川省电力公司"安全生产先进集体"、县级供电企业"十佳文明单位""基层服务型党组织示范点"，宜宾市"文明单位""青年文明号"，国网宜宾供电公司"四好班子""五好党支部"等荣誉。

【国网宜宾市江北供电公司】国网宜宾市江北供电公司位于宜宾市翠屏区岷江北岸安阜街道广厦西路1号，紧邻五粮液集团，担负着宜宾市江北片区厂矿企业、翠屏区10个乡镇（办事处）、宜宾县1个乡镇以及临港经济开发区、五粮液工业园区、翠屏新区、象鼻工业区的供电任务。设有7个部室、9个生产经营班组、10个农村供电所和1个农电检修中心，有员工395人。拥有10千伏城市配电线路214公里，城市配电变压器186台。2016年完成售电量8.07亿千瓦时；累计综合线损率完成4.30%；电费回收完成达到100%；电压合格率99.9519%；供电可靠率99.9289%。截至2016年12月31日实现连续安全生产4915天。

【国网宜宾市南溪供电公司】国网宜宾市南溪供电公司前身为南溪供电站，成立于1962年，随着电力企业发展变革，1993年成立南溪供电局，2013年7月更名为国网宜宾市南溪供电公司。位于宜宾市南溪区长江大道西段，担负着南溪区、江安县、长宁县及翠屏区部分区域的供电任务，其中直供南溪区16个乡镇（167个行政村）和翠屏区高店镇、沙坪顺南片区，供电面积约692平方公里，客户128821户。设6部室7班组、1个农电检修中心和8个农村供电所，有员工299人。拥有10千伏公用配电线路904.48公里，其中：城市配网54.2公里，农村配网850.28公里。10千伏公用配电变压器1448台，其中：城网配变354台，农网配变1094台，公用配变总容量30.75万千伏安。2016年完成售电量13.37亿千瓦时，同比增长6.73%。截至2016年12月31日实现连续安全生产2992天。该公司获南溪区委区政府"2015年度环境兴区先进单位""电力建设铁军团队"等荣誉称号。

【国网江安县供电公司】国网江安县供电公司于2008年1月由原地方国有电力公司改制为国网四川省电力公司控股公司，2013年1月改制为国网四川电力全资子公司，2016年7月改制为国网四川省电力公司的分公司。担负着江安县18个乡镇和长宁县竹海镇部分村组的315个行政村的供电任务，供电客户16.2万户。设7个职能部室，2个业务支撑机构，16个生产班组，6个区域性乡镇供电所。有员工353人。拥有110千伏变电站1座、35千伏变电站8座，110千伏输电线路1条28公里，35千伏输电线路7条124公里，10千伏配电线路42条1022公里，10千伏配变2041台。2016年完成售电量2.89亿千瓦时；综合线损率12.44%；电费全额回收。截至2016年12月31日实现连续安全生产3275天。获宜宾市"2016年度青年安全生产示范岗"和国网宜宾供电公司"2016年度安全生产特殊贡献奖"等荣誉称号。

【国网宜宾市南屏供电公司】国网宜宾市南屏供电公司前身为南溪县水电局下属企业"南溪县电力公司"，宜宾市南溪区政府于2008年12月与国网四川省电力公司签订代管协议，从2010年10月起实施人、财、物全面代管，并于2012年1月改制上划为国网四川省电力公司的全资子公司，启用"国网宜宾市南溪供电有限责任公司"名称。2016年实施"子改分"，全面调整为分公司运作模式，启用"国网四川省电力公司宜宾市南屏供电分公司"名称。供区主要涉及南溪区、翠屏区共13个乡镇179个行政村，供电客户6.8万余户，供电面积约500平方公里。设6个职能部门，1个业务支撑机构，8个生产班组，7个乡镇供电所。有员工191人。有35千伏变电站6座，主变容量3.95万千伏安，35千伏输电线路5条50.87公里，10千伏配电线路16条676.5公里，10千伏配变1176台，配电容量9.46万千伏安。2016年完成购电量0.75亿千瓦时，比上年同期增长4.83%；完成售电量0.68亿千瓦时，比上年同期增长7.91%；综合线损率为11.2%，比上年同期下降1.49%。截至2016年12月31日实现连续安全生产1249天。

（周泽明）

国网南充供电公司

【企业概况】国网南充供电公司成立于1979年7月1日，最初承担着南充及广安、巴中地区供电任务，经1996年南充—巴中、1998年南充—广安两次分家后，现担负着南充市9个区（市、县）的供电任务，供区面积1.25万平方公里，系国网四川省电力公司特二型供电企业。设有13个职能部门，7个业务支撑和实施机构，辖8个县级分公司（仪陇、阆中、营山、南部、蓬安、高坪、西充、嘉陵），1个四川电网备调中心，1家集体企业平台公司。拥有35千伏及以上变电站128座，其中：220千伏变电站9座，110千伏变电站32座，35千伏变电站87座，变电总容量596.485万千伏安；拥有35千伏及以上输电线路255条，总长度3582.35公里。固定资产原值71.21亿元，

2016年10月20日，中国共产党国网四川省电力公司南充供电公司召开第一次代表大会，会议回顾和总结了“十二五”以来的党委工作，明确了今后一个时期党委的指导思想和工作思路，选举产生了中共国网南充供电公司第一届委员会和纪律检查委员会

（钟桦　摄）

2016年，国网南充供电公司在国网四川省电力公司和南充市委、市政府的坚强领导下，紧扣“全面深化改革创新提升发展质效”总体要求，以进位为目标，奋力拼搏、励志笃行，全力推进各项工作，全面完成了年度目标任务，实现了“十三五”良好开局。全年完成售电量54.95亿千瓦时，同比增长12.42%，增速列国网四川省电力公司系统第6位；综合线损率8.73%（并表口径），同比下降2.24个百分点，较国网四川省电力公司下达年度计划目标10.6%下降1.87个百分点；电费回收与解交率100%。同业对标综合对标列国网四川省电力公司第13名，前进5位，进步幅度居国网四川省电力公司第2位。企业负责人业绩考核列国网四川省电力公司第8名，前进3位。2016年，该公司获国网四川省电力公司安全生产、营销工作、审计工作、纪检监察、品牌建设先进单位，公司党委获四川省国资委和国网四川省电力公司“先进基层党组织”，公司团委获国家电网公司和四川省“五四红旗团委”。蓬安供电公司获国网四川省电力公司“双十佳文明单位”，高分通过省文明办“最佳文明单位”验收，两家县公司顺利通过“四川省文明单位”验收。调控中心调度班荣获国家电网公司“一流班组”，成为该公司首个国网四川省电力公司“标杆班组”，3个基层班组获国家电网公司“先进班组”，6个基层班组获国网四川省电力公司“先进班组”。

【人力资源】截至2016年12月31日，该公司全口径用工总量6190人。全民员工4024人，其中直属单位619人，县供电公司3405人；农电员工1612人，其中直属单位534人、县供电公司1078人；集体企业员工554人，其中直属单位470人，县供电公司84人。加强干部队伍培养，全年3批次提拔及交流中层干部78人。深化人力资源市场建设，优化人力资源配置248人。分类实施全员素质提升计划，849名员工提升了学历、职称和技能等级，人才当量密度同比提高1.8%。加强各类人才培养，选拔推荐管理、技术和技能专家人才8名，组织46名中层干部和65名班组（站）长参加中干和班组长履职能力轮训。实施人才强企发展战略，强化队伍素质提升，引进高校毕业生41人。组织各类培训办班、送培、考试173期次，参培参考12811人次。制订了2016—2018年人才当量密度提升计划，实现技能提升415人、专业技术资格提升159人、学历提升275人。

【电网建设与发展】国网南充供电公司科学规划电

网发展，完成“十三五”农网及中心村、村村通动力电、机井通电三个专项规划，完成高坪区下中坝等9个片区规划编制。全力推进项目前期工作，取得35千伏及以上项目可研批复6个、核准批复11个，配合完成了南部500千伏输变电工程选址工作。开工35千伏及以上输变电工程15项，按期投产35千伏及以上输变电工程9项，提前竣工投运南隆220千伏输变电工程1项，超额完成全年电网建设里程碑任务，北塔110千伏变电站和南隆220千伏变电站工程获得国网四川电力安全管理流动红旗。完成农网改造投资3.85亿元，新建与改造10千伏线路521公里、低压线路3083公里，完成274个村的农网改造任务。加快营销项目实施，完成新推广智能电表配套采集建设投资2.86亿元，完成采集上线57.72万户，南充全市智能电表覆盖率达到85.73%。

【经营管理】国网南充供电公司大力开展“两降两规范、一清一提升”六个专项行动，降线损增加效益 3900 万元，追补电费及违约金 721.62 万元，非供电质量类投诉同比下降 25.6%。积极拓展市场，全年新投业扩变电容量 184.3 万千伏安，集体企业纯客户市场签约额达到 5.14 亿元。强化全面预算管理，实现账面利润增长 23.8%，消费性费用支出同比压降 7.1%，“两金”同比压降83.14%。积极争取电价和税收政策，县供电公司一般工商业电价调整政策带来效益年均增加 142 万元，恒通公司和设计公司享受西部大开发政策税收优惠 1570 万元。推进亏损企业专项治理，全面实现仪陇、嘉陵供电公司扭亏目标。充分盘活库存物资，物资利库金额累计达 2040.5 万元，库存较年初压缩 57%。集中清理和处置废旧物资，收回残值 368.2 万元。

【安全生产】该公司坚持安全工作“抓早、抓小、抓严、抓实”，制定了安全生产责任追究实施意见，安全生产责任全面落实。扎实开展“三查三强化”等专项行动，制定落实本质安全工作方案，实施了农电人员集中上班，完成所有 220 千伏线路和 52 条110 千伏线路标准化建设，安全生产基础管理不断强化。深入开展隐患排查治理，处理隐患 658 项，处理率 100%。完成 120 个大修技改项目，完成县供电公司网络覆盖和带宽提升项目，35 千伏及以上输电线路跳闸率下降 35.71%。制定了电网运行风险预警管控和农配网作业风险管控实施意见，风险管控工作获得国家电网公司高度肯定。狠抓反违章，累计处理违章 344 起。成立应急基干队伍，开展应急演练 30 次，成功应对负荷、电量屡创新高的挑战。截至 2016 年 12 月 31 日实现连续安全生产 5014 天。

【农电工作】该公司稳步推进县供电公司“子改分”工作，按照国网四川电力总体实施方案要求，明确工作进度计划，提前开展风险评估、预判，提出风险控制措施，开展各环节的专题培训及热点解答，积极主动对接各县域党委、政府，争取“子改分”工作支持力度，保证该项工作的平稳推进。除营山、南部供电公司因历史遗留问题暂不能进行子公司清算关闭外，其余各县供电公司均已成为国网四川电力分公司。按照国网四川电力星级供电所建设要求，以核心指标为目标导向，以星级供电所建设为抓手，持续推进供电所管理水平提升，加强专业部门协同配合，组织相关职能部门现场进行指导和评估，出台国网南充供电公司星级供电所建设实施细则，明确各项工作要求，有效促进各县供电分公司、供电所管理水平稳步提升。认真落实2016年度援藏计划，创新帮扶措施，按照“联合作业”的新思路，以实操代培训，现场加课堂的培训方式，加强互动交流和“一对一”的演示，并先后派遣13名技术骨干参与技能、技术援建，有效提升了受援单位员工业务技能水平。

2016 年 8 月 25 日，国网南充供电公司员工在迎峰度夏一线现场，冒着高温抢修变压器　　　（龙爱明　摄）

【科技与信息化工作】2016 年，国网南充供电公司获得国网四川省电力公司科技进步奖 2 项，工人技术创新奖 3 项，授权实用新型专利 6 项，发明专利 3 项，两项典型经验入选国网四川省电力公司同业对标典型经验库，8 项 QC 成果获得国网四川省电力公司优秀 QC 成果奖，5 项精益项目获得国网四川省电力公司优秀精益项目成果奖，1 项管理创新项目荣获国网四川省电力公司管理创新课题奖。大力实施网络覆盖和带宽提升一期工程，按期完成架设光缆879公里、71座变电站、114个供电所（营业厅）通信设备、数据网设备安装调试，实现光纤通信及综合数据网络100%覆盖，为生产、营销和经营管理各大业务深化应用提供了基础和保障。35千伏及以上输电线路跳闸率同比下降35.71%，每月推送主要经济技术指标完成数据，实现数据共享，进一步提升工作效率。加强备调信息通信系统及机房运行维护管理，有力保障系统可靠运行，四川电网主备调年度无脚本演练顺利进行，提高了电网调度的可靠性和抗灾能力。

【市场服务（优质服务）】国网南充供电公司增强主动服务意识，积极对接全市重点项目和重要客户，及时跟踪、快速响应客户用电需求，鑫达新材料、阆中双瑞等重要客户提前通电投产。不断规范服务行为，出台了业扩报装全流程工作规范及考核细则，开展了市县两级业扩业务全回访，明令规定了农网工程表后线改造“零收费”要求，张贴“服务连心卡”、“付费明白卡”、“安全提示卡”118万张，客户满意度显著提升，“电力片警”服务模式成为国家电网公司经验交流案例。广泛开展服务大走访活动，共走访“两代表一委员”、政府部门、城乡居民客户等22万户，及时发现解决客户用电问题968个。持续推进便民电力服务设施建设，新增邮政报刊亭、ATM自助终端、移动POSS代收、支付宝、微信等交费方式，南充全市各类交费网点2342个，交费方式14种，“掌上川电”APP应用，注册用户27.6万户。充分整合配网抢修资源，实行抢修、咨询业务合一，缩短了故障抢修时间，进一步提升了抢修服务工作时效。通过聘请公司第五届行业作风监督员，“阳光政务热线”值守等工作，不断加强行业作风建设社会监督力度。全年完成重要保供电任务258次，获得南充市委市政府三次通报表扬。

【党的建设和精神文明建设】国网南充供电公司坚持依法从严治党，全面推行党委委员“一岗五责”，有力促进党委主体责任落实。深入开展“两学一做”学习教育，各级领导班子成员讲党课80余次，基层党组织书记讲党课和“微宣微讲”均获国网四川省电力公司三等奖。成功召开公司第一次党代会，顺利完成公司党委和基层党组织换届选举。实施党建工作可视化对标管理，开展党的书记抓党建工作述职评议，蓬安供电公司党委成功创建为国网四川省电力公司基层服务型党组织示范点。出台党员行为“十条禁令”，全面推进“三亮三比”主题活动，党员先锋模范作用充分发挥。建立了各级领导干部大走访工作机制，认真落实离退休“两项待遇”，新创建3个健康食堂，努力为职工和离退休老同志创造更好的生产生活条件，保证了企业和谐稳定发展。党风廉政建设基础上台阶，扎实开展“清风川电”教育活动，全员廉洁自律意识明显提升，配合国网四川省电力公司开展党风廉政建设巡察，加大对违纪违规行为、“四风”问题的查处力度。加强精神文明建设，以“幸福南电”为主题，开展“新年送健康·生日送祝福”“爱在南电·幸福瞬间”摄影展、“书香川电·品质生活”读书会“悦读书·越青春”征文赛、职工文艺成果展示、“玫瑰书香·家庭文化建设年”等系列活动，依托文体协会，举办

2016年10月13日，国网南充供电公司举办纪念“红军长征胜利80周年”为主题的经典诵读活动　　（龙爱明　摄）

职工篮球运动会、职工羽毛球比赛、女职工啦啦操比赛等活动，丰富了职工业余文化生活。组织网络文明传播志愿者利用各类新媒体平台广泛开展网络文明传播活动，积极传递正能量，公司网络文明传播志愿者龙爱明在四川文明网与中国文明网“文明中国”微信矩阵成员联合开展的“我的家庭故事”第四季“一张老照片”征文比赛中获二等奖，公司员工贾雨果参加全国青年员工技能大赛，获全国第十七名，全省第三名。

【存在的主要问题】一是电网发展任务依然繁重。随着南充“155发展战略”和扶贫攻坚的全面推进，南充市委提出了加快推动“五大千亿产业集群”发展，今年全社会投资预计将达到1700亿以上，并完成嘉陵、高坪、仪陇3个贫困区县“摘帽”、410

个贫困村退出、8.3 万贫困人口脱贫任务，实现电网发展与地方经济发展保持同步的任务将十分繁重。二是工作机制需进一步完善。县公司“子改分”和集体企业专业化整合，在理顺公司管理体制的同时，给治理模式带来深刻变化，相关配套工作机制亟待进一步完善，相关责权利关系需要更明确界定。县公司“子改分”后，加之输配电价改革深入推进，可控成本预算必将压降，这对县公司计划安排的前瞻性和准确性提出了更高要求，需要县公司正确领会可控成本预算管理的意义和运作规则。在集体企业领域，建管方与施工方彻底分开，管理层面需要重新定责划界，业务层面需要重新定标立规，运作方式也由原来的单独个体运作变为跨单位协作，这对工作上的联动协同和业务上的有序衔接提出了更高要求。三是管理的支撑作用需持续强化。经过多年发展，公司规模和整体工作水平保持了一定增长，但公司管理水平仍需进一步提升，主要是本部和直属单位精益化管理水平不高，县公司规范化管理程度不够，集体企业集团化运作能力不强等问题，始终制约着公司在业绩和对标中取得与公司地位相称的成绩。

【所属县级供电企业】南充市现有 8 个县级分公司，分别为国网南部县供电公司、国网阆中市供电公司、国网仪陇县供电公司、国网蓬安县供电公司、国网营山县供电公司、国网西充县供电公司、国网南充市高坪供电公司和国网南充市嘉陵供电公司。

【国网南部县供电分公司】国网南部县供电公司始建于 1947 年，2016 年 7 月改制成为四川省电力公司分公司。担负着南部县 71 个乡镇、2 个街道办事处、1 个工业集中区、1115 个村，43 万用户的供电任务，供区幅员面积 2229 平方公里。设 8 个职能部室，2 个业务实施机构，3 个集体企业，下辖 16 个供电所，1 座小水电站。拥有 16 座 35 千伏变电站，容量为 29.99 万千伏安；35 千伏线路 36 条 291.81 公里，10 千伏线路 136 条 3537 公里。

2016 年，完成网供电量 8.56 亿千瓦时，同比增长 15.16%；综合线损率 8.60%，同比下降 0.9 个百分点；日最大负荷 21.081 万千瓦，同比增长 30.9 %；日最大电量 412.539 万千瓦时，同比增长 29.56%。2016 年成功创建为“四川省文明单位”和获评“省级卫生先进单位”。

【国网阆中市供电公司】国网阆中市供电公司前身系 1948 年成立官私合营的阆中县光明灯泡厂，2016 年 8 月，被国网四川省电力公司吸收合并，更名为国网阆中市供电分公司。供区面积 1716.5 平方公里（占全市 91.4%），供电辖区 32.46 万户数。拥有 35 千伏变电站 17 座，变电容量 19.39 万千伏安，35 千伏线路 24 条 206.97 公里，10 千伏线路 119 条 2264.6 公里。设 8 个职能部室，3 个实施机构，下辖 16 个生产（服务）班组，12 个供电所，6 座小水电站。

2016 年，该公司实现网供电量 6.03 亿千瓦时(售电量 5.6 亿千瓦时)，完成年度计划的 110.24%，同比增长 13.74%；综合线损率 7.09%，较年度计划的 7.17% 下降 0.08 个百分点；电费回收率 100%。圆满完成党建、纪检、安全生产及信访维稳目标任务。获国家电网公司党组企业文化建设示范点提名奖，国网四川省电力公司财务工作、公安、交通、消防安全先进集体、优秀分工会，阆中市委、市政府综合工作一等奖、精准扶贫先进集体等各级各类奖项 16 项。

【国网仪陇县供电公司】国网仪陇县供电公司始建于 1951 年，2016 年 7 月成为国网四川省电力公司分公司。供电范围包括仪陇县 56 个乡镇和阆中市 2 个乡镇，928 个行政村，供电面积 1830 平方公里，用电客户 35 万户。设 9 部室 1 中心，12 个直属班组，17 个农村供电所。仪陇境内建有 220 千伏变电站 1 座，主变容量 30 万千伏安；110 千伏变电站 3 座，主变容量 20.15 万千伏安。拥有 35 千伏变电站 12 座，变电容量 12.74 万千伏安；35 千伏线路 239.6 公里；配变总容量 32.95 万伏安；10 千伏线路 2582.4 公里，低压线路 15493 公里。小水电站装机容量 1220 千瓦。资产总额 2.9 亿元。

2016 年完成售电量 4.91 亿千瓦时，同比增长 19.05 %；实现综合线损率 7.26%，低于年初计划指标 0.42 个百分点；电费回收率 100%。各项年度考核指标全面完成。获南充市模范劳动关系和谐企业荣誉称号，仪陇县脱贫攻坚先进集体，保持了四川省“精神文明单位”称号。公司在党风廉政建设、供电服务、企业稳定方面，未发生不廉洁问题及违反行业作风规定行为，未发生影响稳定违规违纪事件。安全生产实现 3 个百日安全周期。

【国网蓬安县供电公司】国网蓬安县供电公司成立于 2004 年，系四川马回电力股份有限公司和南充恒通电力有限责任公司共同投资组建的有限责任公司。2016 年 6 月成为国网四川省电力公司的分公司。设有 8 个职能部室，2 个业务支撑机构，1 个集体企业（四川南充恒通电力有限公司蓬安分公司），1 个分公司（南充三新供电服务有限公司蓬安分公司），10 个供电所、10 个专业班共 20 个生产单位。拥有 110 千伏变电站 2 座，主变容量为 13.45 万千伏安；35 千伏变电站 6 座，主变容量为 7.69 万千伏安。110 千伏线路 3 回，总长度 44.38 公里；35 千伏线路 15 回，总长度 124.13

公里；10千伏线路73回，总长度1683.58公里。供区涵盖蓬安县境内及顺庆区渔溪乡全部用户，供区人口约73万，供电客户24万户。

2016年完成售电量3.37亿千瓦时，同比增长11.00%；完成综合线损率6.96%，同比下降0.64个百分点，位列全市所有县公司第一名；实现电费回收率100%。安全生产保持平稳态势。公司被全国总工会挂牌授予“职工书屋”荣誉称号；被四川省文明办评为“省级最佳文明单位”；获四川省“争创岗位学雷锋先进集体”，国网四川省电力工会“先进分工会”“模范职工小家”等荣誉称号；被国网四川省电力公司评为“基层服务型党组织示范点”、2014—2016“双十佳文明单位”；被南充市政府、市妇联评为“巾帼建功‘十二五’先进集体”；被蓬安县总工会评为“模范职工之家”。

【国网营山县供电公司】国网营山县供电公司原系一家发供一体的电力企业，其前身为营山县电厂，成立于1952年10月，2016年9月，成为国网四川省电力公司分公司。设有8部门，3个业务支撑机构，35个班组，其中供电所12个，发电站6座，装机容量1.02万千瓦。有110千伏变电站2座，变电容量15万千伏安；35千伏变电站15座，容量13.54万千伏安。35千伏线路21条，共计206.57公里；10千伏线路89条，共计1761.92公里。辖区内尚有15个村未实施农网改造。已实现抄表到户100%，换装智能电表28万只。

2016年完成发电量1993.684万千瓦时，同比下降31.52%；完成供电量3.85亿千瓦时，同比增加17.84%；完成售电量3.51亿千瓦时，同比增加19.14 %；累计综合线损率8.95 %，同比下降0.99个百分点。2016年获国网四川省电力公司“创建和谐劳动关系”和“财务工作”先进集体，公司党委荣获国网四川省电力公司“先进基层党组织”。

【国网西充县供电公司】国网西充县供电公司始建于1958年，2016年12月，成为国网四川省电力公司分公司。担负着西充44个乡镇，688个行政村的供电任务，供区面积1108平方公里，用电总户数21万余户。设10个部门，2个集体企业，拥有两座110千伏变电站，即杨家桥站和中岭站，变电容量16万千伏安；有8座35千伏无人值班变电站，变电容量12.93万千伏安。35千伏线路11回，长度94.65公里；10千伏线路1875.35公里。智能电表用户21万户。

2016年完成销售电量3.18亿千瓦时，同比增长19.38%；综合线损率7.30%，比国网南充供电公司下达指标低1.52个百分点；电费回收率100%，解交率100%；日最大负荷10.13万千瓦，同比增长38.96%；日最大电量186.32万千瓦时，同比增长36%。截至2016年12月31日实现连续安全生产4872天，完成国网南充供电公司下达的主要业绩指标。成功创建“省级文明单位”；荣获国网南充供电公司“综合管理先进单位”、“安全生产先进单位”，党委获南充供电公司“先进基层党委”；获国网四川省电力公司“财务工作先进集体”；创建国网四川省电力公司“职工书屋示范点”，义兴供电所荣获“四川省安康杯竞赛有声班组”；变电检修班、计量中心通过国网四川省电力公司“五星级”班组验收。

【国网南充市高坪供电公司】国网南充市高坪供电公司是一家集电力生产、销售、电力输送以及电网统一规划、建设、调度和运行管理等业务的全民所有制分支机构（非法人）。前身为南充县电厂，属地方国有企业，于1987年5月成立。2016年7月，成为国网四川省电力公司的分公司。担负着南充高坪、嘉陵、顺庆三区40个乡镇，498个村，19余万用户的供电任务，供区幅员面积1093平方公里。设8个职能部室和2个业务支撑部门，下辖9个供电所、9个35千伏变电站和1个发电站。该公司拥有9个35千伏变电站，变电容量11.72万千伏安，35千伏线路160.31公里，10千伏线路1454.17公里。2016年，完成售电量2.89亿千瓦时，同比增加13.34%；综合线损率9.86%；电费回收与解交率实现100%；全年没有发生重特大电网、设备、火灾事故、负同等责任及以上的重特大交通事故，杜绝了人员责任的一般及以上设备、电网事故，所辖线路与设备运行稳定，继续保持了安全生产的平稳态势。在党风廉政建设、供电服务、企业稳定方面，没有发生影响和损害企业形象的重大事件，实现了0目标。先后获国网四川省电力公司电网先锋党支部、南充市最佳文明单位、南充市总工会模范职工之家、国网南充市供电公司先进基层党组织、南充市高坪区纳税大户等荣誉称号。

【国网南充市嘉陵供电公司】国网南充市嘉陵供电公司是由原南充县西阳寺水力发电站发展起来的一个小型地方电力企业。2016年7月，电力体制改革，成为国网四川省电力公司南充市嘉陵供电分公司，同年11月，原国网南充市龙蟠供电有限责任公司注销。承担着南充市嘉陵区13个乡镇、133个行政村的供电任务，供电面积212平方公里，供电用户3.8万户，供电人口13万。该公司拥有水力发电站1座，总装机容量500千瓦；拥有35千伏变电站2座，总容量为1.95万千伏安，35千伏线路56.38公里，10千伏线路287.34公里。2016年完成售电量0.30亿千瓦时，同比增长29.64%；综合线损率9.38%；电费回收率为100%。截至2016年12月31日实现连续安全生产4674天，实现了安全生产、队伍稳定、党风廉政、优质服务“0”事故目标。获国网南充供电公司“劳动竞赛先进单位”，落实党风廉政建设责任制考评为“优秀”单位。

（王含果、罗小虎）

国网广元供电公司

【企业概况】国网广元供电公司成立于1984年，是国家电网公司下属特大型Ⅱ类供电企业，负责依法运营、管理、规划、建设广元电网。担负着广元市七县区107万户电力客户供电任务，供电面积1.63万平方公里，供电人口315万。被授予“全国文明单位”，先后获“全国五一劳动奖状”、“全国模范职工之家”、国务院国资委党委“抗震救灾先进基层党组织”、四川省“优秀诚信企业”、国家电网公司“抗震救灾先进集体”、“文明单位”、“五四红旗团委”等荣誉。设13个职能部门，7个业务支撑和实施机构，辖青川、朝天、旺苍、剑阁、昭化、苍溪6个全资县供电公司。全口径职工总数3455人，其中：全民748人、全民其他888人、主业农电810人、控股农电398人、集体84人、集体直签295人、社会劳务派遣232人。拥有变电站85座，603.72万千伏安，其中：500千伏1座、220千伏7座、110千伏27座、35千伏50座。35千伏及以上输电线路172条，3358.98公里；10千伏及以下配电线路1.17万公里，10千伏配电变压器1.16万台，141.77万千伏安，光纤长度4193公里。2016年完成售电量47.63亿千瓦时；综合线损率7.45%；完成固定资产投资6.73亿元，固定资产原值71.00亿元。

【人力资源】国网广元供电公司强化干部选拔交流，调整干部4次30人。优化全员激励约束机制，推行全口径岗位绩效工资制度和一线员工工时积分同价计酬机制，加快各类人才培养和储备，积极拓展专业管理广度和深度。完成4家全资县公司“子改分”工作，实施“子改分”公司岗位绩效工资改革。规范营销业务外包和劳动用工管理。鼓励员工提能创效，104人取得中级以上专业技术资格。开展全员履职培训，举办各类培训、考试83期。加强优秀人才选拔，50名员工入选公司优秀人才库；强化员工培养锻炼，积极做好“上挂下派”、藏区支援等工作。深化电力“微课堂”管理，突出重大决策、业绩考核等重要业务交流学习。竞赛调考取得12项国网四川省电力公司及以上奖励，宋希平获得国家电网公司专业调考第一名，廖文辉、钟于获得国网四川省电力公司技能竞赛一等奖。

2016年10月18日，中国共产党国网广元供电公司第一次代表大会召开，产生新一届党委和纪委，并完成69个基层单位党组织的换届

（广元供电公司 提供）

【电网建设与发展】国网广元供电公司主动对接全市发展战略，编制“十三五”新一轮农网改造升级规划和全市旅游景区电力规划。推进输变电工程项目建设，全年新（扩）建变电站4个，新增变电容量4.52万千伏安，新建线路49.8公里。投运兰渝铁路羊木牵引站供电工程，开工建设西成客专广元中子牵引站供电工程和第一批中心村35千伏项目。以打通服务群众“最后一公里”为目标，全面实施弃管小区供配电设施改造，全力做到组织协调、资金管控和宣传保障“三个到位”，惠及9457户、3.7万人。深入推进智能电网建设，全年完成智能电表安装14.3万只，基本实现专公变采集系统安装全覆

盖、全采集。

【经营管理】该公司全面推进创新管理，获省部级管理创新三等奖 1 项，国网四川省电力公司级管理创新、调研课题、QC 成果及精益项目一等奖 4 项、二等奖 4 项、三等奖 13 项，5 名员工获精益绿带资格认证。开展固定资产清理，建设可移动式资产盘点系统。实施基建大修、营销农电等遗留工程项目整治，有效防范业务管理风险。积极推进非生产性大修和小型基建项目建设。全面开展营配数据清理贯通，基本实现高（中）压设备全面贯通，推动营销生产业务无缝衔接。发扬“三千精神”，完成广铝及其他企业电费旧欠电费回收 1.24 亿元。积极开拓电力市场，新装增容 6.13 万户、101.45 万千伏安；完成电能替代 4960 万千瓦时；“多表合一”集采集抄 5176 户。深化“五费”治理，挽回经济损失 33.28 万元。

【安全生产】国网广元供电公司以强化本质安全工作为主线，完善“月计划、周安排、日管控”措施，扎实开展“三查三强化”等专项行动，全年排查治理安全隐患 831 项；出台《安全法规制度考试管理办法实施意见》，分层分级常态化开展安全培训、竞赛调考。持续保持高压态势，查处违章 348 人次，开展安全约谈 8 次；狠抓风险预警管控，发布风险预警 94 项；强化政企、警企合作，加强电力设施保护。切实提升运检能力，规范配网项目管理，配合国网四川省电力公司编制《城市配网建设与改造项目管理办法》；实施带电作业 412 次，不停电作业率同比上升 15 个百分点；一停多用、综合检修，有效降低设备重复停电次数；积极应用无人机巡检、记忆合金智能垫片等新技术、新设备；加强停电检修计划管控，停电计划完成率同比提升 2.6 个百分点。成功应对冬季负荷屡创新高的严峻考验，完成春节、白龙湖沉船事故处置等重要保电任务。

【农电工作】该公司加大配电网改造力度，全力推进农网改造升级和井井通电、中心村工程。建设 10 千伏线路 828 公里，配电变压器 1363 台，配电容量 10.15 万千伏安，低压线路 5514 公里，改造行政村 195 个，惠及农户 3 万户，户均容量达到 1.6 千伏安，有效解决用电“卡脖子”问题，满足农村生产生活用电需求。有序实施农电用工规范管理，完成县级三新公司组织机构搭建、劳动合同转签和人员组聘上岗工作。全力助推项目扶贫，完成 73 个贫困村电力设施改造，圆满完成市上年度脱贫攻坚任务；精准实施对口帮扶，帮扶启动新山村跑山鸡养殖产业，带动当地新农业发展；派驻新山村“第一书记”，推动扶贫工作形成常态，全年完成 11 户脱贫摘帽。

【科技与信息化工作】该公司加强科技管理，开展研究开发和知识产权申报，1项科技项目、2项群创项目顺利通过验收，申报专利7项，获得授权专利7项。开展青年创新创效实践，整合信息资源池，试点办公“云桌面”，启动重点工作任务管控系统APP开发和电子派工单项目建设。信息通信安全运行指数达到100%，排名国网四川省电力公司供电系统并列第一。组织技术攻关，实现思科会议系统—V2软视频的互联互通；研制“户外光缆熔接平台”，解决当前光缆熔接现场环境条件简陋、工作人员劳动强度大等问题，提升了熔接效率。在国网四川省电力公司范围内率先进行企信推广运用，得到国网四川省电力公司高度肯定，全面加强公司信息安全和保密工作的力度。制定TMS系统标准化作业指导书，清理系统站点174座、通信设备531台、通信业务793条，提高通信运维智能化水平。

2016 年 8 月 4 日，国网广元供电公司对 220 千伏袁家坝变电站Ⅰ号主变进行大修，确保迎峰度夏期间电网安全稳定运行

（国网广元供电公司　提供）

【优质服务】国网广元供电公司根植“三电”服务理念，积极服务望江坪风电场等企业电源接入和项目建设，推动清洁能源发展；完成 192 个小区和广旺集团转供电区域无偿移交协议签订。创新供电服务模式，推广“掌上电力”远程购电，深化营配贯通成果应用，开展“营配一体化”供电服务网格化管理。完善中心城区 30 分钟抢修圈建设，抢修时间平均缩短 15 分钟；推行业扩新政，高、低压用户报装时间分别缩短 23 天和 4 天。积极服务重要客户，实现全市 5 个重点园区供电服务网点全覆盖，强化辖区内电力规划、设施迁

改、抢修抢险等服务；开展全市旅游景区电力规划，做好涉电重点项目对接。切实提升群众满意度，坚持纠建并举，查处行风建设及优质服务投诉举报16件，开展明察暗访10次，处理相关责任单位10个，一对一走访两代表一委员163人次。

【党的建设和精神文明建设】国网广元供电公司扎实开展“两学一做”学习教育和“共荣奋进”形势任务教育，成功召开公司第一次党代会，圆满完成69个基层单位党组织换届工作。开展基层党组织书记抓党建工作专项述职评议，建立党员“一卡一表”。深入开展廉政风险排查和治理工作，查摆整改问题258个，制定措施274条。加强品牌传播，新山村精准扶贫登上人民日报《民生周刊》；举办青年论坛等系列活动，不断激发青年员工活力，搭建开发重点工作任务系统等平台，营造浓厚创新奋进、和谐稳定的企业文化氛围。共产党员服务队获广元市2016年度优秀志愿服务组织奖，《坚守救援现场 电亮生命之光》获国网四川省电力公司文明新风奖；公司荣获四川省“敬老文明号”和“全国敬老文明号”。

2016年10月20日，国网广元供电公司举办2016年职工篮球比赛，丰富职工业余文化生活

（国网广元供电公司　提供）

【存在的主要问题】电网建设方面：主配网发展不均衡。主网容载比仍然偏高，配网基础薄弱，部分农网线路供电半径达20公里以上，优质服务压力与日俱增。安全生产方面：习惯性违章屡禁不止，班组基础管理薄弱，工程项目分包管理不到位，人身安全风险依然突出，安全生产压力较大。经营服务方面：启明星铝业电费回收极为困难，企业亏损风险较大；经营管理较为滞后，业绩指标短板明显，与公司发展规模不相适应，管理模式、营销方式和服务理念需要加快转变。人力资源方面：队伍建设还需加强，高素质人才匮乏；青年干部比例偏低，35岁及以下占比6.7%，仍有少量初级职称或大专学历干部；全民支援集体人员比例高，按照国家电网公司规范用工的要求，员工收入下降压力巨大。

（沈志平、李世佳）

【国网广元市昭化供电公司】国网广元市昭化供电公司公司成立于1981年4月，为广元县水电局下属广元县电力公司，事业单位编制。1989年划归元坝区管理，2003年7月四川省电力公司代管，成立“广元电业局元坝供电公司”，实行“两块牌子一套人马”和“自主经营、依法纳税、独立核算、自负盈亏”的管理模式。2012年8月成为国网四川省电力公司全资子公司。2013年9月16日，更名为国网广元市昭化供电有限责任公司。2015年8月，公司本部搬迁至广元市昭化区元坝镇长滩河路中段22号。2016年“子改分”成立“国网四川省电力公司广元市昭化供电分公司”。全口径用工211人，其中主业全民职工78人、全民支援集体16人、农电工116人。现有退休人员27人，其中主业全民20人。员工平均年龄45.8岁，有专业技术职称44人，有技能等级140人，本科文化49人，人才当量密度0.942。承担着广元市昭化区29个乡镇，212个村的供用电管理任务，供电面积1400余平方公里，供电人口23.9万，供电客户数78753户。拥有110千伏变电站1座，变电容量4万千伏安；35千伏变电站7座，变电容量6.04万千伏安。35千伏输电线路8条，126.19公里；10千伏配电线路35条，1467.11公里。配电台区1878个，变电容量15.24万千伏安，低压线路8810.8公里，总资产1.24亿元。2016年，该公司完成售电量5573.194万千瓦时，截至2016年12月31日，实现连续安全生产3453天。

该公司完成35千伏棉花变电站建管工作和2014年农网改造升级9个单项、20个低电压治理项目的竣工决算。完成2015年农村配网改造升级57个项目，总投资3984万元，新建10千伏线路85.55公里，台区110个，变电容量5950千伏安，低压线路330.97公里。投资461.5万元，完成2016年4个营销项目，建成智能互动自助服务渠道1台，安装智能表8050只，改造公变台区终端54台，预付费终端15台。计划投资4303万元，完成2016年31个村农网储备项目的施工设计，新建10千伏线路59.62公里，台区31个，变电容量3350千伏安，低压线路 475.23 公里。结合广元市昭化区政府下达的 63 个贫困村电网改造任务，编制电网“十三五”规划，计划 2016 年至 2018 年完成 87 个村电网改造，总投资 1.3 亿元。完成生产营销综合楼（现办公楼）主体工程结算审计。2016 年在建小型基建项目有虎跳和红岩供电所，总建筑面积为 1080 平方米，总投资 414 万元。

通过走访辖区内“两代表一委员”和大宗客户，解决涉电问题 10 件，行风群众满意度获得好评。解决因土坯房改造而迁改电力线路 50 余处。积极履行社会责任，全年退补 6241 户“两保户”优惠电费 50.84 万元。完成春节、“两会”“大朝旅游节”、“柏林沟钓鱼节”等重要会议、活动和节假日保电任务，在经济发展的基础上较好地承担了社会责任，受到社会各界的一致认同，为地方经济社会发展提供坚强电力保障。（康 玲）

【国网青川县供电公司】 国网青川县供电公司成立于 1993 年 6 月，是国网广元供电公司的直属供电公司。供电区域覆盖 27 个乡镇，供电面积 2100 平方公里，供电人口 181927 人，客户 64232 户。有在册全民职工 38 人，集体职工 15 人，供电所专职电工 150 人，共计 203 人。按照国网四川省电力公司和国网广元供电公司“三集五大”体系建设方案，本部设置综合管理部、安全监察质量部（保卫部）、乡镇供电所管理部、营销部（客户服务中心）、运维检修部（检修（建设）工区）5 个部门，下设输配电运检班、变电运维班、营业班 3 个班组，以及乔庄、黄坪、三锅石、姚渡、沙洲、骑马、乐安、木鱼、板桥、竹园 10 个供电所。青川县境内共有 110 千伏变电站 4 座，变电容量 32.0 万千伏安；35 千伏变电站 3 座，变电容量 1.89 万千伏安。管辖 35 千伏线路 5 条，共计 82.32 公里；10 千伏线路 25 条，共计 988.90 公里，10 千伏配变 1270 台，配变容量 15.38 万千伏安。

国网青川县供电公司坚持以人为本抓安全，进行“春安”“秋安”“迎峰度夏”“百日安全”“迎峰渡冬”等专项安全检查和防灾减灾突发性应急演练，确保安全形势稳定，截至 2016 年 12 月 31 日，连续安全生产 3012 天。在严格经营管理，提升经营效益，正风肃纪，切实转变作风，加强职工队伍建设，确保职工队伍稳定，精心组织，积极稳妥推进规范农电用工，抓项目建设，提升供电服务能力等方面做了大量工作，取得了明显成效。深入开展“两学一做”专题教育，讲政治，全力做好精准扶贫。完成公司办公点搬迁、各类保电、营配贯通、农网升级改造等工作。2016 年完成售电量 1.80 亿千瓦时；电费回收 100%；110 千伏及以下线损率 10.33%，10 千伏及以下线损率 10.19%。

认真践行国家电网公司“你用电、我用心”的服务理念，真情服务于青川社会事业和工农业生产发展用电，建设企业服务文化，进一步提高优质服务水平。认真落实党风廉政建设责任制，重点抓位低权实人员廉洁自律。认真开展好党建工作的各项主题活动，搞好企业文化建设，及时解决和排除各种可能引发不稳定的因素，确保职工队伍稳定。

【国网广元市朝天供电公司】 国网广元市朝天供电公司是国网广元供电公司直属供电企业，地处广元市朝天区，2001 年 1 月成立。主要担负朝天区 6 镇 19 乡及宝成铁路广元至略阳段电力供应任务，供电面积 1620 平方公里，供电人口 21 余万人，用电客户约 6.1 万户。有全民职工 38 人、集体职工 1 人、集体直签 5 人、农村电工 167 人。设综合管理部、运维检修部、安全监察质量部、营销部（客户服务中心）及乡镇供电所管理部 5 个部门，输配电运检班、变电运维班、营业班 3 个班组，中子、羊木、曾家、大滩、麻柳、陈家、沙河 7 个供电所。运维管理 35 千伏变电站 5 座，容量 3.15 万千伏安；35 千伏线路 7 条，长 91.48 公里；10 千伏线路 24 条，长 1480.38 公里；配变 1556 台，容量 16.28 万千伏安。2016 年实现售电量 1.19 亿千瓦时，同比增长 8.41%；电费回率 100%，解交率 100%；综合线损率 12.54%。截至 2016 年 12 月 31 日，实现连续安全生产 4616 天。获广元市朝天区企业贡献奖、2016 年度脱贫攻坚（社会扶贫）突出贡献奖。朝天供电公司全面贯彻落实国网广元供电公司和广元朝天区委、区政府的决策部署，持续强化安全生产，完善“月计划、周安排、日管控”措施，扎实开展“三查三强化”等专项行动，有效遏制各类违章行为，安全生产保持稳定。有序实施电网建设，主动对接地方发展规划，合理优化入库项目方案和时序，确保全区农网改造与精准脱贫工作“两不误”。大力实施低电压治理、新增中央预算投资等网改项目，推进了电网的发展。创新供电服务模式，推广“掌上电力”远程购电。深化营配贯通成果应用，开展“营配一体化”供电服务网格化管理，完善城区 30 分钟抢修圈建设，抢修时间平均缩短 15 分钟，推行业扩新政，高、低压用户报装时间分别缩短 23 天和 4 天，完成各类保电任务。支持石材城、大羊快速通道、马头岩风电等线路迁改，支持区政府脱贫攻坚相关工作，供电服务全面深化。

（唐红霞）

【国网苍溪县供电公司】 国网苍溪供电公司是国网

四川省电力公司分公司，2016 年 9 月 1 日完成“子改分”改制。担负着全县 39 个乡镇约 80 万人的供电任务，供电营业面积 2330 平方公里，供电营业窗口 11 个。有全民员工 443 人，专职电工 77 人，人才当量密度 0.8822，同比增长 6.24%。设职能部室 7 个、业务支撑机构 3 个，辖 9 个供电所、3 座水电站。拥有 220 千伏变电站 1 座，主变 2 台，变电容量 36 万千伏安；110 千伏变电站 2 座，变电容量 15.15 万千伏安；35 千伏变电站 12 座，变电容量 12.6 万千伏安。110 千伏线路 10 条，线路总长 253.59 公里；35 千伏线路 19 条，线路总长 221.97 公里；10 千伏线路 71 条，线路长度 2379.87 公里。10 千伏配变 3365 台容量 40.39 万千伏安，220 伏农村配网线路 11876.15 公里。2016 年完成售电量 5.38 亿千瓦时；综合线损率 9.56%；电费回收率 100%；完成了地方重大活动暨重要节假日保电 50 余次，截至 2016 年 12 月 31 日实现连续安全生产 2952 天。

该公司完成 10 个弃管小区项目、53 个运检低电压项目、两批次农网改造升级工程的建设任务，总投资约 3.18 亿。围绕“效益提升年”活动，强化预算管理，深入开展营财一体化、营配贯通建设。推广掌上电力和执行业扩新政。扎实开展“两学一做”专题教育活动，完善廉洁文化走廊，顺利通过了省级“文明单位”、“卫生单位”的复查，被国网四川省电力公司工会授予“职工书屋示范点”，连续 6 年获省级“重合同守信用企业”称号。

（陈晓玲）

【国网旺苍县供电公司】国网旺苍县供电公司成立于 1997 年 12 月 28 日，2016 年 8 月国网旺苍县供电有限责任公司注销，成立国网旺苍县供电公司，是国网四川省电力公司的分公司。设东河、普济、五权、嘉川、龙凤、张华、三江、东凡、白水等 9 个供电所，下设管理部门 7 个、业务支撑机构 2 个、班组 8 个。主要承担旺苍县 12 镇 15 乡 281 个行政村和广元市苍溪县 1 镇 2 乡 15 个行政村 2 个社区、巴中市南江县 2 个村的供电任务，供电面积 2150 平方公里。受广元利泰电力建设有限公司委托，管理广元利泰电力建设有限公司旺苍分公司、广元浩源水电有限责任公司；受广元市三新供电服务有限公司委托，管理广元市三新供电服务有限公司旺苍分公司、广元市三新供电服务有限公司洪江分公司。拥有变电站 30 座（含开闭所），其中公用变电站 18 座，用户变电站 12 座。公用变电站中 220 千伏变电站 1 座，变电容量 27 万千伏安；110 千伏变电站 3 座，变电容量 24 万千伏安；35 千伏变电站 13 座，主变 16 台，变电容量 10 万千伏安，10 千伏开闭所 1 座。用户变电站中 110 千伏变电站 5 座，35 千伏变电站 7 座。辖区内有 110 千伏输电线路 8 条，线路长度 118.11 公里；35 千伏输电线路 17 条，线路长度 216.6 公里；10 千伏线路 54 条，线路长度 1987.4 公里，低压供电线路长度 10334 公里。2016 年，35 千伏及以下供电量 2.84 亿千瓦时，售电量 2.52 亿千瓦时，同比增长 16.51%；线损率 11.41%；电费回收率 100%。

该公司严抓安全内控管理，每月召开安全分析会，每周进行安全生产周评，每月出安全简报，每季召开安全监督网例会，及时分析总结安全生产管理中存在的问题，制定措施整改。抓好各类人员安全教育培训考试，加强“三种人”履职能力培训，举办培训考试 3 期。针对性开展工作票专项培训活动，认真组织 6.25 安全知识竞赛，组织开展好安全大检查，在“春安”检查中共排查问题 273 项，“三查三强化”活动共查出问题 116 项，“秋安”检查共查出问题 226 项，均全部整改。抓好作业现场风险管控，做好反违章工作。全年出处罚通知书 25 份，罚款 4.55 万元，其中处罚外包队 2.27 万元，召开“说清楚”会议 4 次。加强电网跳闸分析与考核力度，加强质量监督，在安全巡查中将施工质量作为巡查重点内容。加强对工程到货物质验收抽查，全年共发现不合格事件 6 起，均与厂家进行了约谈并退货更换，挽回经济损失 30 余万元。

2016 年规划建设项目 51 个，总投资 4955.76 万，主要完成旺苍县贫困村及提灌站电力配套建设，继续推进 2015 年续建项目建设。完成 35 千伏卢家坝变电站扩容改造工程、10 千伏旺马Ⅱ回新建工程施工任务。完成 2015 年农网改造第一批共 11 个单项、2015 年新增农网改造（第二批）38 个单项、2015 年低电压治理技改专项 36 个单项建设任务。积极做好 2016 年农网项目建设配合工作。2016 年农网改造第一批共 27 个单项，已开工建设 22 个单项，完成 3 个单项。扎实推进黄洋供电所营销服务用房小型基建项目，已完成主体封顶。

加强营销项目管理，完成 2015 年 3 个老旧（弃管）小区供配电设施改造项目，实施 2016 年百丈关社区供配电设施改造工。2016 年国有企业职工家属区“三供一业”供电分离改造涉及国有企业 4 家，改造小区 15 处，改造户数约 2.2 万户，计划投资约 2.4 亿元，完成移交框架协议的签订。用电信息采集系统中正常运行用电客户 127489 户，已全部完成非智能表改造，智能表覆盖率 100%。主动走访大客户、“两代表一委员”，虚心听取意见和建议。全年出动保电车辆 48 台/次，出动保电人员 192 人/次，调用广元供电公司应急发电车 4 台/次，共完成 25 次重大活动以及重要节日保电工作。认真组织掌上电力 APP 推广，逐步实现网上购电。

该公司党委将“两学一做”学习教育落实到工作、业绩上，确保学习教育取得实效。教育引导党员自觉按照党员标准规范言行，进一步坚定理想信念，提高党性觉悟。公司领导及各党支部书记亲自带头撰写党课及讲党课。认真开展“四讲四有”专题学习讨论，进一步增强政治意识、大局意识、核心意识、看齐意识。（廖友诚）

【国网剑阁县供电公司】国网剑阁县供电公司是由原国网四川省电力公司剑阁县供电分公司吸收合并国网四川剑阁县供电有限责任公司而成。承担着剑阁县 59 个乡（镇）的供电任务，供电面积 3200 平方公里，供电人口 70 余万，用电客户 23 万余户。拥有 110 千伏变电站 4 座，容量 30.3 万千伏安；35 千伏变电站 11 座，容量 9.63 万千伏安。110 千伏线路 215.53 公里；35 千伏线路 273.62 公里，10 千伏线路 2816.78 公里，0.4 千伏线路 2382.87 公里，0.22 千伏线路 14884.01 公里。配电变压器 3654 台 40.77 万千伏安，其中公变 2641 台 17.09 万千伏安，专变 1013 台 23.68 万千伏安。设六部一中心，两个业务支撑和实施机构，即：综合管理部、发展建设部、人力资源部、财务资产部、安全监察质量部、乡镇供电所管理部、电力调控分中心、运维检修部（检修（建设）工区）、营销部（客户服务中心）。托管三个二级机构，即：广元市三新供电服务有限公司剑阁县分公司（含四个供电服务所）；广元市三新供电服务有限公司剑阁县普安分公司（含八个供电服务所）以及集体企业广元利泰电力建设有限公司剑阁县分公司。用工总量 545 人，其中全民其他 223 人，农电工 304 人，退休职工 86 人；利泰剑阁分公司 92 人，其中全民支持集体企业 74 人，劳务派遣工 18 人。人才当量密度 0.9129。2016 年，完成销售电量 3.27 亿千瓦时，完成大综合线损 11.9%。截至 2016 年 12 月 31 日实现安全生产 5268 天，被国网四川省电力公司评为 2016 年度安全先进集体。（梁现明）

国网内江供电公司

【公司概况】国网内江供电公司成立于 1978 年，是国网四川省电力公司直属的特二型国有全资供电企业，供电面积 4388.72 平方公里，供电人口 426.84 万，营业户数 124.46 万户。设 11 个职能部门，7 个业务支撑机构，下辖威远、隆昌、东兴、资中 4 个直供直管县级供电企业。2016 年，完成售电量 43.05 亿千瓦时，电费回收率 100%。

该公司拥有 35 千伏及以上变电站 68 座，主变 117 台，变电容量 429.33 万千伏安，其中：220 千伏变电站 7 座，主变 14 台，变电容量 198 万千伏安；110 千伏变电站 24 座，主变 45 台，变电容量 186.05 万千伏安，35 千伏变电站 37 座，主变 58 台，变电容量 45.28 万千伏安。有 35 千伏及以上输电线路 155 条，共计线路长度 2045.85 公里，其中：220 千伏线路 840.51 公里；110 千伏线路 585.84 公里；35 千伏线路 619.51 公里，固定资产原值 49.84 亿元。内江电网日最大负荷 121.25 万千瓦，最大日电量 2267.02 万千瓦时。截至 2016 年 12 月 31 日实现连续安全生产 4420 天。作为区域重要枢纽，内江市境内有 1 座国网四川检修公司管辖的 500 千伏内江变电站，第二座 500 千伏站（内江东）已完成选址。

国网内江供电公司以“固本强基、改革创新、提质增效”为中心，认真贯彻落实国网四川省电力公司各项决策部署和工作要求，紧紧围绕内江市委、市政府作出的实现“两个率先”“三个基本建成”，全面推进幸福美丽内江建设目标，以安全生产为基础，以经济效益为中心，以优质服务为宗旨，深入推进依法治企和管理提升，融入新常态，适应新变革，凝心聚力、求实奋进，全面提升企业素质，确保了企业持续健康稳定发展，为内江经济社会发展和民生改善做出了积极的贡献。

该公司连续三届保持“全国文明单位”称号，连续四年被评为国网四川省电力公司“安全生产先进单位”，荣获“全国五一劳动奖状”“全国精神文明建设工作先进单位”“全国模范职工之家”“四川省五一劳动奖状”“品牌建设先进单位”等数十项荣誉，涌现出“全国工人先锋号”“中华全国总工会职工书屋示范点”“四川省最佳文明单位”“四川省青年文明号”“第七届四川省青年优秀志愿组织”等先进集体，以及全国电力行业技术能手、四川省第七届劳动模范、“四川省十大最美志愿者”“国家电网公司农网营销服务岗位技术能手”等先进个人。

【人力资源】国网内江供电公司加强集体企业规范管理，为集体企业薪酬改革打好基础，完成内江电力勘察设计院清理整合。清理和规范营销系统各类劳动用工管理，规范农电委托业务和工程业务。组织开展员工年度薪档动态调整，开展一线员工积分定额考核，修订《绩效管理实施细则》，建立新员工培养锻炼期绩效考核机制，出台《新员工培养锻炼期绩效考核实施细则》。完善公司干部管理制度体系，修订《国网内江供电公司中层干部管理办法》等6个制度办法，完成干部人事档案专项审核，审核、认定公司103名现职干部的干部人事档案，补充相关材料215份。

【电网建设与发展】该公司主动对接市发改委、市政府办，拟订了国网四川省电力公司与内江市人民政府《关于加快内江电网发展，推进"幸福美丽内江"建设战略合作框架协议》，顺利推进内江市人民政府、国网四川省电力公司"十三五"战略合作协议签订工作，推进双方的深入合作，支持内江市实现"两个率先""三个基本建成"的奋斗目标，也为公司"十三五"期间的发展奠定良好基础。联合编制修订电网规划，修编《内江电网"十三五"发展规划》，编制《内江市农村电网改造升级"十三五"规划》，启动《内江市电力设施落地专项规划》编制工作。通过对外协调，内江市、县（区）各级政府分别成立电网建设领导小组，统筹协调电网规划建设，67项电网建设重点任务、27个电网建设困难问题纳入市政府年度目标考核重点督办，保障项目实施。

完成500千伏内江东站、220千伏蟠龙站的选址，启动500千伏内江东输变电工程等项目前期工作10项，为内江电网发展奠定良好基础。按计划推进内江资铁220千伏输变电工程及其110千伏配套线路工程、越溪110千伏输变电工程、小城镇（中心村）35千伏输变电等重点工程项目建设。该公司营销用房主体结构已完工，国网隆昌县供电公司石碾供电所已竣工，其余小型基建项目按计划推进。2015年计划与新增农网改造升级1295个项目全面完成，小城镇（中心村）电网改造升级和"机井通电"工程建设全面启动，总投资3.64亿元，惠及全市229个小城镇、193口农田灌溉机井项目有效落地。完成内江绕城高速公路沱江大桥建设涉及110千伏永平、永三线迁改，完成了乐贤开发区道路建设涉及的110千伏高马线、永三线、35千伏马万线迁改等一批迁改工程，加快推进绕城高速公路建设、西林大桥南北侧下穿隧道建设等重点市政工程建设涉及线路迁改工作。按计划推进内江市高新西区（白马）、经济开发区（城西）、乐贤工业园区（城南新区）的高压输电线路迁改，消除园区内电力设施安全隐患，促进园区快速健康发展。

国网四川省电力公司总经理、党委副书记石玉东看望国网四川电力（内江）共产党员服务队　　（罗国强　摄）

【经营管理】国网内江供电公司"效益提升年"活动稳步实施，取得明显成效。统筹调配财力资源，严控非生产性支出，保障重点项目投入。促进综合计划与全面预算融合，重点关注项目预算的立项、审批和执行。召开工程建设和后期工作推进会，跟踪各项目实时动态，按月通报项目实际发生值和所处节点，规范决算办理流程和时限，及时形成有效资产。促成内江市政府出台"三供一业"、电动汽车充电服务收费标准等相关政策性文件，在内江经开区和隆昌工业园区新设供电服务网点，深化与工业企业的和谐供用电关系。主动服务政府招商引资，简化新装增容报装手续和流程，提供高效便捷电力供应保障与服务，大力实施页岩气"以电代油"等电能替代工作，公司售电量增加7525万千瓦时，增供扩销成效明显。严格电费回收责任制落实与考核，促成市政府出台客户用电的购电制文件，对专变客户强力推行全费控、全采集；落实电费高风险企业"一户一策"，有效化解电费回收风险。推进同期线损管理系统建设，台区采集覆盖率96.10%，台区线损可自动统计率95.01%，全年线损率6.82%，下降0.34个百分点。强化营销稽查，开展量价费损等重点监测，挽回电量损失30.54万千瓦时。稳步推进老旧小区供配电设施改造与资产接收工作，有效化解合表居民用电矛盾，与129个小区签订供配电设施无偿移交协议，最大限度使用配网资源，电网资源大幅优化。大力推进配抢一体化、营财一体化，深化“五位一体”应用，持续推动“三集五大”体系巩固提升。

【安全生产】 该公司深入开展以“严格制度执行、深化风险管控、夯实基础管理、强化安全保障”为主要内容的安全管理提升活动，保持严抓严管态势，有效防控了各类安全风险，保证了电网安全运行和持续可靠供电，保持了安全生产局面的总体稳定。切实加强电网运行安全管理及缺陷隐患排查治理，适时调整电网运行方式，分析评估电网运行风险点、薄弱点，落实电网补强措施。扎实开展安全大检查、三查三强化、反措排查等活动，全年累计消除设备缺陷 229 项，消除安全隐患 345 项，确保了电网安全稳定。坚持以设备缺陷管理为中心，严格执行“两票三制”，全年执行倒闸操作票 6280 张，安全操作 48329 次。持续开展“清树障，保畅通”百日专项行动，共清理树障 1148 处。健全完善风险预警管控工作机制，各级发布电网、输变电施工、运检作业风险预警共计 188 项，严格实施管控，有效防范了安全事故发生。严格落实“月计划、周安排、日管控”工作规定，坚持将应急抢修以外的所有现场作业纳入管控计划，各级领导干部和管理人员切实到岗履责，持续加强作业现场安全防控及反违章工作力度，全年共管控计划作业 8975 项，保障了现场作业安全有序。着力加强反违章教育培训，全年累计巡查作业现场 5258 个，共查处各类违章 1252 起，规范了作业现场行为。积极协调政府对电力设施外部隐患纳入督办和年度安全目标考核，政企协作成效显著。开展电网联合反事故演习、重大地质灾害应急响应等各类演练 40 余次，持续深化应急管理。严格执行保电方案，圆满完成第七届大千龙舟经贸文化节、四川（内江）第二届川南电商博览会等重大保电工作 37 次，应急保障能力不断提升。成功处置“1·23”冰雪灾害、“7·26”地震雷雨大风、“7·31”雷暴雨等自然灾害，成功应对迎峰度夏期间内江电网罕见的持续高温大负荷和迎峰度冬、春节假期电网运行考验，供电保障能力进一步加强。截至 2016 年 12 月 31 日实现连续安全生产天数突破 4420 天。

2016 年 5 月 24 日，国网内江供电公司全力建设 220 千伏资铁智能变电站　（蒲志平　摄）

【农电工作】 国网内江供电公司持续投入供电所基础设施建设资金，积极推进星级供电所创建，新修供电所 3 个，扩建 1 个，因无房和无法满足工作需求拟需新建 10 个，修缮 2 个。按照星级供电所建设标准逐年申报项目资金，逐步完善供电所基础设施。2016 年，组织专业部门完成 18 个供电所的示范供电所评比，评出综合、安全生产、运维检修、线损、营销服务共 5 类示范供电所 9 个。积极开展企业文化进供电所活动，完成 2016 年企业文化进供电所项目 7 个。对口帮扶的隆昌县渔箭镇石庙子村、东兴区郭北镇亢家村，深入实施精准扶贫“三一法”（一村一方案、一社一台账、一户一对策），创新推广“四维一体”（基础扶贫+产业扶贫+智力扶贫+爱心扶贫）造血式扶贫模式。落实公司本部党员志愿者结对帮扶贫困户 49 户，用特殊党费 7790 余元为其购买棉絮等生活必需品。青年志愿服务队募捐 3000 余元爱心物资情暖空巢老人和留守儿童 100 余人次，募捐爱心基金 1.4 万元作为贫困户小型致富项目启动资金，全面完成 2016 年对口帮扶的 11 户贫困户脱贫任务，得到了社会各界的一致好评。

【科技与信息化工作】 该公司根据国家电网公司“十三五”信息化深化应用的相关要求，开展了即时通信系统的推广应用，完成全体员工账号的注册及应用，在国网四川省电力公司范围内率先完成推广任务，有效提升了公司信息化应用水平。组织开展了信息通信调度运行竞赛，促进了各专业人员对于信息通信知识的学习，取得了良好的成效。对辖区内具备条件的65个变电站安装了无线专网，在国网四川省电力公司7家试点单位中率先完成无线专网建设试点任务。开展了国家电网公司专家组信息系统应用问题调研现场工作会，梳理和提取了在信息系统应用中发现的各类问题及实际需求50余条，为国家电网公司信息化深化应用推进工作做出了积极贡献。公司采用系统推送、手动安装等方式，对所有内网桌面终端安装了统一数据保护客户端，执行率达到100%，提高桌面终端信息安全管控水平，有效提升了企业信息安全水平。

【市场服务（优质服务）】国网内江供电公司在国家级内江经开区、省级隆昌经开区设立了供电服务网点，提供政策咨询、技术支持等专属客户经理服务，实现园区客户不出园区办理用电业务。作为全省远程智能电表费控功能的试点单位，已完成6.5万户的远程智能电表费控功能，建立了远程智能电表实现费控功能的相关制度。多措并举增供扩销，拓展公司售电市场，推广实行“业扩直通车”，开辟业务绿色通道，快速、高效推进页岩气开采、“中石化广西钻井分公司用电项目”等重点项目供电事宜，确保了页岩气东区35千伏变电站成功投运和燃气钻井开采工程顺利用电。积极落实直购电、富余电等优惠政策，减轻企业成本支出，稳定了公司存量售电市场。积极推广“掌上川电”“掌上电力”APP应用注册和功能应用推广，大力推广“掌上购电”，已成功注册“掌上川电”“掌上电力”APP 142372户，实现网上购电远程下发、业扩报装网上申请、业务办理进度跟踪查询、停送电信息精准推送、微信服务应用、支付宝、银联、电e宝接入等服务。在供电营业厅建立了国网四川省电力公司首个供电营业厅“母婴室”，方便了客户哺乳需求，深受社会各届好评。将电脑、打印机、智能电表等设备集中在一台移动车辆上，整合业扩报装人员、安装人员，真正实现了现场勘查、供电方案答复、合同签订、装表接电、开卡“五位一体”的业扩报装服务，建立“电力快车”服务模式，提高了业扩服务效率。

【党的建设和精神文明建设】该公司坚持学做结合、全员覆盖，上下联动推进“两学一做”学习教育，做到学习教育抓在日常、严在经常。组织党员领导干部、党支部书记联系实际讲党课，教育党员干部坚定政治信仰和理想信念，切实增强“四个意识”。公司领导班子坚持带头学习，围绕4个专题研讨发言，开展党委中心组学习14次，带头讲党课8场，推动全体党员将党章党规和系列讲话“走心”“入脑”。开展“党员示范岗”“党员责任区”“三亮三比”等主题活动，将学习教育与中心工作紧密结合，推进“四讲四有”具体化。领导干部分片对口联系244个贫困村，深化电力助推脱贫攻坚，当好践行社会责任的先锋模范，得到了地方党委、政府和社会各界的高度评价。班子成员深入开展交心谈心，相互提出批评建议，认真查摆问题，为专题民主生活会的高质量召开奠定了坚实的基础。通过学习教育，党员干部的“党性之魂”更加牢固，“精神之钙”更加丰富，学习氛围更加浓厚。该公司认真贯彻中共十八届六中全会和全国国有企业党的建设工作会议精神，严格落实国网四川省电力公司《关于全面从严加强基层党的建设的意见》。严明党的政治纪律和政治规矩，圆满完成公司党委和纪委换届选举工作。开展基层党组织书记工作约谈和提醒谈话56人次、党建专项述职评议14人次，“主责”意识不断增强。制定《党建工作专项业绩考核实施细则》，评比表彰先进党支部3个、党员和党务工作者73人。严把入口关，发展新党员8名，组织各类党员教育培训5期123人次，党员队伍整体素质有效提升。深化服务型党组织建设，共产党员服务队服务范围从中心城区延伸到区县，被评为国网四川省电力公司“十佳共产党员服务队”和“基层服务型党组织示范点”。

国网内江供电公司在供电营业厅设立了国网四川省电力公司首个“母婴室”，方便了办理用电业务客户的哺乳需求，深受社会各届好评　　（罗国强　摄）

【所属县级供电企业】国网内江供电公司所属县级供电企业4个，分别是：国网资中县供电公司、国网隆昌县供电公司、国网威远县供电公司、国网内江市东兴供电公司。

【国网资中县供电公司】国网资中县供电公司成立于1974年7月，担负着资中县城区及21个乡镇的工农业生产和人民生活用电的供电任务，供电面积

930平方公里，直供电人口85万人，营业户数24.58万户，趸售客户1户（资中龙源电力公司）。该公司辖35千伏至220千伏变电站12座（其中：220千伏站1座，110千伏站4座，35千伏站7座），变电总容量66.11万千伏安。35千伏至220千伏输电线路32条，共计546.3公里（其中：220千伏线路8条254.6公里，110千伏线路11条167.9公里，35千伏线路13条123.8公里）。2016年，完成售电量8.73亿千瓦时，同比增长3.69%，电费回收率100%。

【国网隆昌县供电公司】国网隆昌县供电公司成立于1978年11月，担负着隆昌全县工农业生产及人民群众的生活用电、成渝电气化铁路供电和向成渝两地及泸州输电的任务。辖35千伏～220千伏变电站13座，其中220千伏站1座，110千伏站5座，35千伏站7座，变电总容量70.91万千伏安。35千伏～220千伏输电线路29条，总长292.29公里；10千伏配电线路73条，全长1793.56公里。公司资产配电变压器2463台，总容量29.85万千伏安。2016年完成售电量7.14亿千瓦时，同比增长10.18%，电费回收率100%。

【国网威远县供电公司】国网威远县供电公司成立于1987年1月，原属国网自贡供电公司管辖，2002年1月，划归国网内江供电公司管辖。主要担负着威远大部分地区和自贡、眉山以及内江市中区部份地区(严陵镇等14个镇全部，高石镇等3个镇的大部分，新店镇6个村，内江市中区朝阳镇1个村，自贡大安区1个村、自贡荣县东兴镇全部和墨林乡1个村，眉山仁寿县汪洋镇1个村)的供电任务，直供用电客户24.15万户，供电人口74.65万人。

拥有35千伏及以上变电站17座，主变31台，主变容量111.24万千伏安。其中：220千伏变电站2座，110千伏站5座，35千伏站10座。220千伏线路5条114.84公里，35千伏～110千伏线路32条315.94公里；10千伏线路69条1720.83公里；低压线路1.3万公里。在10千伏网络中，有城网线路19条77.13公里，配变463台，配变容量19.55万千伏安；农村线路50条，共计1643.7公里，公用配变2112台，配变容量25.91万千伏安；用户专变757台，配变容量16.21万千伏安。2016年完成售电量12.54亿千瓦时，同比上升11.91%，电费回收率100%。

【国网内江市东兴供电公司】国网内江市东兴供电公司成立于1991年12月，2013年5月更名为国网四川省电力公司内江市东兴供电分公司。供电面积1181平方千公里(包括东兴区28个乡镇和资阳安岳县两个村)，供电人口88.6万人，供电户数20.02万户。拥有35千伏至220千伏变电站15座，其中：220千伏站1座，110千伏站5座，35千伏站9座，总变电容量73.43万千伏安。2016年完成售电量6.63亿千瓦时，同比增长24.03%，电费回收率100%。

（刘进、刘彬、张光平）

国网广安供电公司

【企业概况】国网广安供电公司（原名广安电业局）成立于1998年4月，2013年7月1日更名为国网广安供电公司，主要供电区域为广安市及重庆市合川区部分地区，供电面积3887平方公里，供电户数70余万户，是国有特二型企业。有员工2076人，其中长期员工1319人。设13个职能部门、7个业务支撑实施机构及4个县级供电企业。2016年，完成售电量37.97亿千瓦时。管理35千伏及以上变电站50座，变电容量312.88万千伏安；35千伏及以上输电线路1624.37公里。先后获得了全国文明单位、全国模范职工之家、全国职工职业道德建设先进单位、四川省五一劳动奖状、四川省最佳文明单位等荣誉称号。

【人力资源】截至2016年12月底，国网广安供电公司全口径用工总量为2076人，其中全资控股单位用工总量为1882人，集体企业用工总量为194人(含民生公司派遣员工82人)。在全资控股单位中，主业长期职工共计481人，其中主业岗位395人，支援集体74人，交流控股公司8人；业务外委员工即原主业岗位劳务125人，农电工322人；武胜公司481人，邻水公司473人（其中农电工116人）。全资控股单位员工平均年龄为41.65岁；从专业技术等级看，高级职称101人，中级职称176人，初级职称及以下1605人；从职业技能等级看，高级技师34人，技师474人，高级工及以下1374人；从学历水平看，硕士研究生及以上79人，大学本科1031人，大学专科320人，中专及以下452人。全口径人才当量密度1.021，较2015年（1.0072）增长0.0138 。

坚持以制度框架体系建设为基础，严格执行国网四川省电力公司干部管理各项要求，扎实有序开展干部管理日常工作，全面加强干部队伍建设，坚持“德才兼备、以德为先”的选人用人标准，加大干部交流力度，全年共选拔科级后备干部60名，其中，正科级后备干部16名，副科级干部44名，调整中层干部38人，为公司持续健康发展提供了强有力的人才支撑和组织保证。

2016年，修妍等4人获得国网四川省电力公司优秀技能专家人才称号，张文丽获得国网四川省电力公司《全球能源互联网》知识竞赛个人二等奖，公司获得优秀组织奖，物力集约化管理专业调考获得团体第二名。《电力安全工作规程》调考，其中线路、变电和建设专业个人成绩突出，名列前茅，线路和变电专业获得团体第一和第三的好成绩。271人报名参加职业技能鉴定，其中中级工62人、高级工41人、技师104人，高级技师23人。36人通过中级工、20人通过高级工、68人通过技师鉴定，10人将参加高级技师评审。

2016年3月10日，国网四川省电力公司总经理、党委副书记石玉东在国网广安供电公司调研时，体验用手机扫描二维码，安装“掌上川电”APP　　（谢疏涛　摄）

【电网建设与发展】国网广安供电公司贯彻国网四川省电力公司“三个一”电力发展理念，致力推动“一张网”思路在公司落实、在社会形成共识。不断优化电网发展环境，国家电网公司与广安市政府进行电力建设座谈，打造广安“送变电之乡”品牌。国网四川省电力公司与广安市政府签署战略合作协议，推进广安智能电网建设。该公司与各区市县政府签订《共同推进小城镇（中心村）电网改造升级和“机井通电”工程合作协议》，有续推进电网前期工作，岳池南220千伏变电站工程取得核准批复。全年电网建设开工11项，竣工投产6项，新增主变容量15万千伏安，新建35千伏及以上输电线路153公里。完成电网大修技改、城市配网和业扩配套项目建设115项，完成投资1.14亿元。

【经营管理】该公司全力压降各项非生产性支出，差旅费同比下降44.78%，会议费下降25.16%。创新开展提质增效巡回诊断，邻水供电有限公司、武胜供电公司全部完成扭亏目标。线损管理月分析、季考核，闭环管理，综合评估，同期线损管理系统建设成果评估、华蓥供电公司的全电压等级同期试点均排名国网四川电力系统第二。完成2座仓库标准化建设，库存物资集中调拨和利库634条次、601万元，库存周转率提升至5次/年；实施反窃电与查处违约用电专项行动，挽回损失44万余元；以营财一体化为支撑，推进营销实时费控，“一户一策”催收电费，当年电费全部结零；实施直购电、富余电方案，结算电量5.53亿千瓦时；大力实施电能替代，完成沪蓉高速4座快速充电站的建设，协助发电企业关停2台落后煤电机组，实现电能替代1.68亿千瓦时；组建市场拓展部，建立“3+3”客户经理模式，对77个A级市场终端进行巡访联系，有效维护公司“存量”市场；取得“二表合一”政府支撑性文件，超额完成建设任务。

【安全生产】压实本质安全工作责任，该公司安委会定期研究重大事项，制订安全生产“日管控”及施工安全风险管控等工作制度，下发预控措施118条。深刻汲取西安“6·18”和丰城“11·24”事故教训，扎实开展“三查三强化”等专项工作，消除各类问题和隐患965个。强化风险分析，发布风险预警53份，保证电网安全；强力管控作业现场安全，累计巡查施工现场815个，查处违章行为421起、追究连带责任113人，并实施网站曝光、强化警示效果。及时完善各类应急预案，开展应急演练48次，成功应对“1.23”雪灾、极端高温天气，完成44项三级及以上重大活动保电工作。

【农电工作】该公司2016年完成农网改造升级和机井通电工程投资158项、1.77亿元，全面完成供区内30330户低电压治理工作，积极助推电力精准扶贫，确保贫困偏远地区可靠供电。1项农网改造升级工程获国家电网公司2016年度配电网百佳工程。组织开展供电所“三维对标、夺旗争星”，建立供电所“基础评价+业绩评价+管理评价”三维对标模型，引入正向激励和负向激励机制，并纳入评比考核，供电所在电费回收率、配网运行、营销服务规范、业扩报装服务规范指标等关键指标管理得到了有效提升。多措并举推动星级供电所创建，开展《评价规范》宣贯培训，定期组织各级专业人员到所指导，着力推进代市供电所创建国网五星级供电所。

2016年12月28日，国网广安供电公司加快电网建设，确保迎峰度夏期间可靠供电，图为开展220千伏变电站大修

（王伯祺　摄）

【科技与信息化工作】国网广安供电公司优化提升“三集五大”体系建设，加快营配调贯通，实现PMS2.0系统单轨运行，代市供电所通过图数治理五星级验收，资产全寿命周期管理体系建设达到“领先型”标准。持续加大创新力度，上报29个课题研究、管理创新、精益化和QC成果项目，23个项目获奖、其中6个为一等奖，《以提高运营效率为目标的供电企业流动资产精益管理》项目已完成模块在国网四川省电力公司推广，《“六维一体”模式高效助推同期线损系统建设》入选国网四川省电力公司内部对标典型经验，新增精益带级人才79人。

【市场服务】该公司积极宣传服务理念和文化，提高员工服务意识、责任意识和纪律意识；严厉查处每一起投诉事件，加大投诉责任追究和重复投诉事件问责考核力度。开展“3+3”活动贴近客户一线，开展业扩回访后评估，开展“两代表、一委员”走访活动。增加用电业务受理渠道（如营业厅柜台、自助、95598电话、手机APP等），实行用电业务办理“一证受理”、“首问负责制”和“一次性告知”，对低压客户实行“免填单”服务。积极推行“掌上川电”APP应用，及时处理客户的网上购电申请，实时监控网上购电信息下发情况，保证客户正常购电、用电。

【党的建设和精神文明建设】国网广安供电公司落实从严管党治党要求，扎实开展“两学一做”学习教育和“三亮三比”主题活动；成功召开公司第一次党代会，完成基层党组织换届选举，理顺党组织关系，党员日常教育管理更加科学；强化党风廉政建设，教育为先，开展“清风川电”专题活动，预防为主，实现廉政约谈全覆盖；治理为要，发现并整改问题35个，问责干部16人；97名干部定点联系、精准扶贫，215户贫困户全面脱贫。职工文艺展演获得国网四川省电力公司好评，参加“书香三八”读书征文获全国一等奖，健康食堂建设更加优化，职工更加满意。未发生影响公司形象与声誉的信访、维稳、保密、舆情等事件。典型选树成效明显，取得省部级及以上集体（个人）荣誉7个，再添一个劳模创新工作室。该公司首次被评为省级“守信用重合同”企业，入选广安市年度“守信红榜”。

【存在的主要问题】一是内部管理提升艰难。公司正处于发展模式转型期、国企改革攻坚期、管理质效提升期，也是爬坡过坎、创新突破、转型突围的关键阶段，公司底子薄、规模小、“身子弱”的问题依旧突出，技术支撑不足、制度执行不严、标准落实不力等管理薄弱环节依然存在；随着全面从严治党和全面依法治国深入推进，政府监管和社会监督标准更高、要求更严，公司少数干部职工迎接变革的思想准备不足，个别人员规则意识不强、法纪意识淡薄，物资管理、工程建设、招标采购等方面还存在风险点甚至“出血点”，依法治企依然任重道远。二是外部环境形势严峻。电力体制改革的配套实施细则和试点方案出台，在广安，除广安公司以外，还有5家国资企业、2家民营企业拥有售电资质，多家企业谋划成立售电公司，抢占市场、提高占有率 面临着巨大挑战。另一方面，由于大客户直接参与直购电、富余电等市场交易，以及电价下调影响，降低了售电均价及盈利能力。构建“三个一”格局，希望与相关方争取利益的最大公约数，在与政府、其他供电主体、潜在竞争对手的多面博弈中，公司对电力规划、电网发展等方面的主导权受到严峻挑战。

【国网华蓥市供电公司】国网华蓥市供电公司成立于1991年6月14日，原名“四川省电力公司广安华蓥供电局”，2013年7月1日起更名为“国网华蓥市供电分公司”，是国网四川省电力公司直属供电企业。供电范围包括华蓥市、岳池县及重庆市合川区的部分地区。供电面积510平方公里，直供17个乡镇、街道办事处，206个村、1178个社、11.05万余用电户、用电人口36.5万人。村社通电率100%。设综合管理部、发展建设部、安全质量监察部、运维部、营销部和6个供电所，有员工201人，其中主业员工34人、劳务员工10人、农电员工146人、通用工种11人。2016年完成售电量6.9亿千瓦时。拥有9座变电站，其中：220千伏变电站1座、110千伏变电站4座、35千伏变电站4座，主变压器18台，变电总容量为69.12万千伏安。35千伏及以上输电线路225公里，10千伏配电线路779.84公里，配电变压器1669台。

2016年1月23日，在广安遭受“1·23”雪灾后，国网广安供电公司及时组织抗击雪灾，确保百姓用电，图为电力员工在雪中抢修电力设施（唐捷　摄）

【国网邻水县供电公司】国网邻水县供电公司隶属于国家电网公司，是国网四川省电力公司广安供电公司下属供电企业，位于广安市邻水县，地处川东北地区，属深丘地带。供电范围为邻水县城部分区域和高滩、坛同、子中、华云、甘坝等5个乡镇，供电面积800平方公里，覆盖105个村，345个社，5.43万余户（其中专变114户），供电人口20万人，村通电率100%，户通电率100%。设5个部门（综合管理部、发展建设部、安全监察质量部、运维检修部、营销部）、3个班组（配电运检班、营业班、市场拓展与智能用电班），3个供电所（高滩、坛同、鼎屏供电所）。现有职工145人，其中全民职工46人，中专及以上文化程度130人，中级职称10人、技师34人，各类专业技术人员130人。有10千伏公用线路14条，总长338.61公里；配电变压器637台，总容量13.27万千伏安，其中：公变516台，容量10.22万千伏安；专变变压器121台，总容量3.05万千伏安；0.4千伏线路803.13公里。

【国网邻水县供电有限责任公司】国网四川邻水县供电有限责任公司前身为邻水县地方电力公司，成立于1984年12月。2002年改制为四川邻水启明星电力有限公司，2006年再次改制为四川邻水供电有限责任公司，由国网四川省电力公司控股经营，国网四川省电力公司持股90.24%，泸州鑫福矿业集团持股9.76%。2013年6月更名为国网邻水县供电有限责任公司。供电营业面积1691平方公里，辖41个乡镇456个行政村，供电人口93万人，用电户数28.26万户。村、社通电率100%。

该公司设8个职能部门，2个业务支撑机构，21个班组，有主业及农电员工总数483人。邻水电网以35千伏输电网络与110千伏邻水变电站、牛背山变电站、丰禾变电站、幺滩变电站并网运行。网内有变电站12座，其中：110千伏变电站2座，容量14万千伏安（丰禾、幺滩）；35千伏变电站10座，容量13.77万千伏安。110千伏线路2条，线路长度42.54公里；35千伏线路14条，线路长度136.26公里；10千伏主干公用线路68条，线路长度1921公里；0.4千伏线路3798条，线路长度12260公里。配变台区2464台，容量43.7万千伏安（公变1941台，专变523台）。2016年完成售电量4.7亿千瓦时。

【国网武胜县供电公司】国网武胜县供电公司是国网四川省电力公司的分公司，其前身是武胜县电力公司，属武胜县地方国有企业。1995年10月由南充电业局代管，1998年广安电业局成立后由广安电业局代管。2000年12月，改制更名为“四川武胜启明星电力有限公司”。2005年10月，四川启明星电力公司与四川省电力公司签订了《股权转让协议》，成为国网四川省电力公司的控股公司，更名为“四川武胜供电有限责任公司”。2012年11月，广安众托投资有限责任公司与四川省电力公司签订了《股权转让协议》，公司成为国网四川省电力公司的全资子公司。2013年8月，按照国家电网公司统一要求，更名为“国网武胜县供电有限责任公司”。2016年7月，由国网四川省电力公司的全资子公司改为分公司，更名为“国网武胜县供电公司”。承担着武胜县行政区域以及岳池县、合川区、蓬溪县等部分行政区域的供电任务，供电面积960平方公里，包括515

个村，31 个乡镇，5113 个社，24 万余户。村通电率 100%，户通电率 100%。

该公司设有办公室、发展建设部、电力调度控制分中心、财务资产部、人力资源部、党群工作部、安全监察质量部、乡镇供电所管理部等八个职能管理部门及运维检修部、营销部两个业务支撑实施机构，下辖10个供电所。在册员工481人，退休员工212人。拥有110千伏变电站4座，总变电容量24.75万千伏安；35千伏变电站9座，总变电容量12.25万千伏安。有110千伏线路13条，总长185.32公里；35千伏线路13条，总长145公里；10千伏线路76条，总长1785公里，配变容量45.39万千伏安。2016年日最高负荷14万千瓦。（舒莘珂）

国网遂宁供电公司

【企业概况】国网遂宁供电公司成立于 2005 年 8 月，是国网四川省电力公司下属国有特（Ⅱ）型供电企业，承担着遂宁市三县两区供电任务。设有 11 个职能部门：办公室、发展策划部、财务资产部、安全监察质量部（保卫部）、建设部（项目管理中心）、审计部、人力资源部、党群工作部（工会、团委）、监察部（纪委办公室）、运营监测（控）中心、电力调度控制中心，7 个业务支撑及实施机构：运维检修部（检修分公司）、营销部（农电工作部、客户服务中心）、电力经济技术研究所、信息通信分公司、物资供应中心、培训分中心、综合服务中心，下属 1 个集体企业：遂宁江源电力开发总公司，管理国网四川省电力公司下属 2 个县级全资供电公司：国网大英县供电有限责任公司、国网蓬溪县供电有限责任公司和 1 个控股县级供电公司：国网四川明珠集团有限责任公司。

2016年，该公司认真贯彻国网四川省电力公司和遂宁市委、市政府决策部署，面对电力需求增速放缓、产业结构调整加速、改革改制发展任务艰巨的具体实际，积极转变发展理念，正确把握关键决策，全力提升质量效益，全面完成年度目标任务，实现了“十三五”良好开局。完成并表口径售电量36.28亿千瓦时，同比增长4.75%；资产总额18.16亿元，同比增长20.16%；综合线损率4.33%，同比降低0.26个百分点。完成电网投资6.04亿元，同比增长10.26%；新投变电容量22.52万千伏安、线路120.64公里；全年未发生人身重伤及以上事故；未发生重大电网、设备事故；未发生恶性误操作、误调度事故；未发生水电厂垮坝事故；未发生本企业负同等及以上责任的重大交通、火灾事故；未发生有人为责任的一般电网、设备事故；未发生负主要责任且有重大影响的供电不安全事件；未发生损害公司形象的重大事件，全面完成年度党风廉政建设责任目标。

遂宁电网有500千伏变电站1座，变电容量150万千伏安；220千伏变电站5座，变电容量141万千伏安；110千伏变电站32座，变电容量250.55万千伏安。110千伏及以上线路73条，共1200余公里。网内发电装机容量26.32万千瓦，其中：水电装机25.12万千瓦，火电装机1.2万千瓦，严格按照优先调度清洁能源的原则，保证水电充分发电，未发生弃水情况。

【人力资源】国网遂宁供电公司领导班子职数为 7 人，由总经理兼党委副书记何永祥、党委书记兼副总经理苏旭燕、纪委书记兼工会主席曾俊杰、生产副总经理向建兵、副总经理兼总工程师李江、总会计师李忠林、经营副总经理姚晓峰组成。截至 2016 年底，主业用工总量 3823 人，其中在岗员工 2962 人，不在岗 861 人。本部员工 257 人，县公司员工 3566 人；大专及以上人员 2739 人，其中博士生 1 人，研究生 65 人，本科生 1446 人，大专生 1227 人。新取得高级技师 21 人、技师 117 人、高级工 13 人。新取得副高级职称 21 人、中级职称 79 人、初级职称 86 人，选拔优秀人才 33 人，进一步提高公司人才储备。

该公司坚持以科学发展观为指导，树立“服务于公司发展战略、服务于企业生产经营、服务于员工成长”的理念，大力实施人才强企战略，为企业的改革发展提供人才支持和智力保障。不断加强干部队伍建设，完善干部管理机制，通过多种形式挂职锻炼和轮岗交流，让年轻干部在艰苦岗位、复杂环境、重大任务中得到培养锻炼；制定工资制度改革、岗位层级和价值归级方案、套改测算方案、岗位绩效工资制度实施办法等，薪酬分配实现了与岗位价值、绩效贡献、能力素质挂钩，岗位价值体系得到了规范统一，畅通了岗位价值、业绩贡献和专家人才多纬度的员工收入晋升通道，“三集五大”

新模式与薪酬绩效管理体系得到有效对接。

【电网建设与发展】国网遂宁供电公司积极落实地方发展战略和区域发展重心，完善遂宁电网“十三五”发展规划。完成220千伏小于输变电工程、任隆110千伏扩建工程的前期工作。建成投运110千伏输电项目2个、35千伏输变电项目3个、技术改造变电站3座。新开工110千伏输变电工程2个，35千伏输变电工程7个；新开工变电容量15.89万千伏安、线路62公里。全面完成2015年新增农网工程建设任务，2016年农网改造升级工程投资1.47亿元，新（改）建10千伏线路192公里，新（改）建配变台区362个，改造低压线路1059公里。累计安装智能电表44.43万只。农网改造升级和“低电压”专项治理成绩显著，有效的改善1.03万户居民用电质量。“多表合一”试点实现突破。“掌上川电”APP绑定客户数超过8万户，实现网上远程购电5318户。“农网40分钟抢修圈”、服务快速响应中心等“客户用电满意工程”效果明显。

2016年8月3日，国网遂宁供电公司加强电网建设，图为遂西线路组塔施工 （王春芝　摄）

【经营管理】该公司落实遂宁市委、市政府“稳增长”政策措施，主动服务重点项目和招商引资企业。落实国网四川省电力公司“效益提升年”活动要求，制订“降本提质增效”28项措施，通过市场端少停快供，“子改分”中，高水平处置股权，经营管理中，控成本、挖潜力等，累计增加效益8372万元。优化电网运行方式，变电设备故障率降低7.35%，110千伏及以上输电线路雷击跳闸率降低45%，配网设备故障跳闸率降低50%。深化线损分析和问题整改，管理线损状况得到有效改善。强化电费回收责任落实，逐户制定风险预控方案，加大电费回收和资金到账核查力度，专题向地方党委、政府沟通汇报电费回收事宜，连续11年实现电费回收“双结零”。开展营业大普查，追补电费51.45万元。从严从紧控制成本，“三公”费用压减20.15%。规范物资非物资非招标采购，严格执行物资风险防控和履约监督制度。落实富余电量消纳政策，促使企业增加用电量7367.58万千瓦时。努力拓展电能替代范围和领域，完成替代电量5484.90万千瓦时。优化购电结构，强化电费回收管控，狠抓营销稽查，规范营业收费行为，大力拓展缴费渠道，服务水平稳步提升。

【安全生产】国网遂宁供电公司全年预警管控五级及以上电网风险23次，平稳度过极端高温天气。开展电网运行大数据分析和调控子系统在县调的应用，推进运检信息化建设和网络宽带提升，实现PMS2.0配抢、配调等功能全覆盖、供电所、35千伏及以上变电站光纤全覆盖。深刻汲取丰城“11·24”等事故教训，开展“三查三强化”专项行动、安全生产大检查及全员安全警示教育，排查治理各类安全隐患500余处。巡查作业现场7219处，查处各类违章1685起，处罚455人次。编制《安全生产典型违章300条》画册，获国网四川省电力公司肯定并出版推广。开展应急演练，增强突发事件应急处置能力，圆满完成春节、两会、中高考、国际物流发展大会等重要保电任务，连续7年被评为国网四川省电力公司安全生产先进单位。

【科技与信息化工作】该公司强化信息通信保障工作，实现信息通信系统事故“零”目标。开展基础设施、信息、通信专业特巡，力保信息通信系统“零”隐患。编制2016年度遂宁电力通信网运行方式，为全年信息通信运维工作提供有力支撑。推进运检信息化建设，实现PMS2.0配抢、配调等重要功能点全覆盖。推进县公司网络覆盖与带宽提升工作，实现35千伏及以上变电站与供电所光纤全覆盖。综合数据网建成三核心双环网自愈结构，110千伏级以上变电站与供电所实现综合数据网全覆盖。组织编制了信息通信网“十三五”发展规划与传输网优化方案，通信网络结构会更加坚强。开展通信电源专项整治、仁和中继站通信电源满足N-2要求，通信基础设施运行更加可靠。开展通信电源信号上传，220千伏及以上变电站通信电源实现7×24小时实时监控。补充完善信息通信应急预案并开展针对性演练，开展应急通信系统异地月度例行演练，有效提升应急保障能力。落实保密和网络信息安全管理制度，采取有力措施，确保传递、应用、维护全过程信息安全。

【市场服务（优质服务）】该公司 2016 年完成新装增容 38434 户，新增容量 48.09 万千伏安，同比增长 37.4%。多措并举，打赢全网供电负荷和电量八（次）创新高的迎峰度夏攻坚战。高低压营配贯通工作在国网四川省电力公司系统始终保持领先水平。扎实推进营销业务线上集成，线上办理各类业务超过 1.6 万笔，建成沪蓉高速遂宁服务区 2 个充电站并接入车联网平台，完成 232 个居民小区公用配电设施产权移交，累计安装智能电表 44.43 万只，“多表合一”试点实现突破。“掌上川电”APP 绑定客户数超过 8 万户，实现网上远程购电 5318 户，“农网 40 分钟抢修圈”、服务快速响应中心等“客户用电满意工程”效果明显。

【党的建设和精神文明建设】国网遂宁供电公司以全面从严治党为主线，扎实开展“两学一做”学习教育，自觉把党建工作作为企业生存发展“根”和“魂”，努力发挥好国企“六个力量”。落实党建工作责任制，开展党建工作专项述职评议、党支部季度考核，开启党建“项目化管理”模式，实施“党员积分制”，推进服务型党组织建设。成功召开公司第一次党代会，完成各级党委纪委换届选举。严明纪律规矩，修订完善干部培养、管理、监督和班子建设等 10 项制度。完成科级干部档案数据核对、清理和完善。继续深化“上挂下派”等机制，着力市县人才融合培养。深化企业文化示范点、先进典型库、学习型团队等创建活动，志愿服务活动效果明显，全国文明单位创建工作按计划推进。获“全国五一劳动奖状”、四川省志愿服务优秀集体，国网四川省电力公司先进基层党组织、双十佳文明单位、班组建设先进单位等荣誉称号。

【创新实践工作】国网遂宁供电公司密切关注电力体制改革有关动向，主动向遂宁市委、市政府汇报电力发展的成功经验，使国家电网统一的规划建设、统一的调度运行、统一的供电服务、统一的品牌文化得到社会各界广泛认同。完成蓬溪、大英两家县公司“子改分”任务并实现平稳过渡。99 名员工服从大局、不畏艰难，争当先锋，驻扎藏区帮扶，为藏区电网安全、制度建立、专业提升、人才培养做出了贡献。劳务协作典型经验成功入选“国家电网公司人力资源内部市场运营优秀实践案例库”2016 年，获国网四川省电力公司级以上表彰奖励 20 项，《基于快速响应的农村供用电故障抢修服务管理》荣获 23 届全国企业管理创新二等奖，《大型供电企业价值流管理》获中国质量协会质量技术奖，《接地装置收纳架研制》获国网公司 QC 成果三等奖，5 项成果获国网四川省电力公司一等奖。

2016 年 9 月 13 日，关爱留守儿童，国网遂宁供电公司员工与留守孩子一起欢度中秋佳节 （冯成华 摄）

【存在的主要问题】一是售电市场增速下行，新旧增长点接续困难。2016 年，遂宁工业总产值增速虽好于全国，但大工业电量却呈现负增长。在国家宏观环境没有根本变化，市场基本面没有明显改变的情况下，工业经济增长面临众多不稳定、不确定因素。二是生产装备不能适应快速发展的电网维护需要。公司检修、试验、线路、配网等生产装备从 2007 年开始单套购置，随着遂宁电网规模的不断扩大和“大检修”“运维一体化”业务的开展，单套配置已不能满足多班组、多作业点的需要。同时，早期购置的老设备由于使用频率高、年限长，故障率高、准确率低等问题正在暴露。2016 年，国网四川省电力公司大幅消减零购资金，审批通过的项目资金只有 40 万元，生产装备缺乏的矛盾进一步凸显。

【国网四川明珠集团有限责任公司】国网四川明珠集团有限责任公司是国网四川省电力公司控股县级发、供电企业，下有四川明珠水利电力股份有限公司和金华水电有限责任公司两个控股子公司。以水力发电、电网运营为主，兼营水电工程设计、安装、检修以及变压器制造、销售和建筑施工等多种产业。供电客户 38.77 万户。员工总量 2733 人，其中在岗职工 1891 人，离岗退养职工 842 人，退休退 898 人。2016 年完成售电量 14.66 亿千瓦时。

该公司坚持以科学规划引领电网发展，主动对接全县发展战略，完成电网发展诊断分析报告及“十三五”新一轮农网规划工作。深化政企合作，构建长效机制，促成县政府与国网遂宁供电公司签订《小城镇（中心村）电网改造升级和机井通电工程合作协议》。成立了县级电网改造领导小组，共同推进射洪县电网建设。有序推进项目前期工作，小于220千伏输变电工程取得核准并通过国网初设审查，投资计划已经下达。螺电增效扩容改造工程取得国网四川省电力公司可研批复及政府初设审批，35千伏枇杷沟输变电工程通过市级可研评审。加快推进工程建设，35千伏天仙输变电工程成功投运，110千伏桃花山输变电工程、35千伏香山输变电工程顺利开工。2015年第一批次农网改造升级工程、2015年新增农网改造升级工程、2015年营销项目已完成市级验收。2016年第一批农网工程基本完工，2016年、2017年小城镇（中心村）、机井通电项目已经启动。2016年22万只智能电表开始换装，东电、小螺电增效扩容改造完工投运。全年完成电网建设投资近3亿元，创下射洪电网投资新纪录。

2016年1月23日，国网遂宁供电公司开展“电亮乡村”劳动竞赛，图为启动仪式现场　　（王春芝　摄）

按照“效益提升年”工作要求，运维成本实际执行较上年同期减少405.25万元。探索内部模拟市场建设，12个试点单位累计完成模拟利润1619.59万元，比上年同期增加486.39万元。 加强各专业工作协同，营财一体化如期上线，营配贯通全面完成。积极争取有利电价政策，农村电价中代征城市附加费纳入目录电价，全年增加电费收入209万元。规范电价执行，各类电价按国家政策标准执行到位，实现销售均价同比增加0.017元/千瓦时。开展用电检查，规范计量管理。深入开展线损分析，常态建立线损预警机制，实现线损在线全监测。推广费控装置安装，落实高风险客户“一户一策”方案，电费回收率达100%。以客户需求为导向，深入落实业扩新政，全年富余电量消纳优惠电量5941.37万千瓦时，完成电能替代856.7万千瓦时。

落实本质安全要求，夯实安全基础管理，以“安全管理提升”为主线，组织开展“三查三强化”“冲刺安全生产4000天”等安全专项活动20余项。狠抓现场监督管理，针对施工作业点多面广的实际，扎实开展电网检修、工程建设、带电作业、增容改造等现场安全监控，实施集体企业安全专项督查，严查重处各类违章行为1001起，教育处罚165人次，处罚金额9.14万元。深入推进标准化安全监督管理，建立安全风险评估机制，推行现场作业安全看板管理，组建三级安全网微信平台、开展“违章约谈”，安全监察管理手段不断完善。开展电力安全法律法规宣传，完善安全教育在线能力提升系统，先后开展各类安全培训13次，有效提高各级人员安全意识。开展交通、消防、内保综合安全专项整治，加强电力设施保护工作协调，综合治理取得实效。强化应急管理，组织开展形式多样的应急演练，及时高效应对“5.6”暴雨、“5.14”大风等极端天气，完成重要节假日、“两会”等安全保电任务，被国网四川省电力公司评为“安全先进集体”。

实施《农村10千伏线路故障排查精益提升》《小水电站设备精益化管理》精益项目，以弱项指标提升为对象，以价值链改善为路径，做实做精精益项目，实现公司管理创新突破。纵深推进QC项目，2016年明珠公司共开展QC课题5项，分别是《创新水轮机导叶剪断销更换装置》《缩短工程费用审核时间》《提高城区D类（220/380伏）电压合格率》《缩短抢修物资出库时间》《提升外来施工队伍安全作业能力》。其中《创新水轮机导叶剪断销更换装置》《缩短工程费用审核时间》《提高城区D类（220/380伏）电压合格率》三个QC成果，分别获得国网四川电力2016年度QC成果一、二、三等奖。广泛开展小精益、微创新活动，经过筛选共评出了22个优秀项目。

该公司开展“优质服务整顿年”活动，成立优质服务巡查大队，推进业扩报装环境整治，开展供电服务明察暗访，强化窗口服务管理，加大投诉工单处理力度，加强故障报修管理，打造“40分钟抢修圈”，提高故障抢修效率，全年共受理电力故障报修业务21552起。开展电力服务网格化管理，推行“网格化管理，电管家服务”。深入落实大客户经理制，定期对重要大客户进行走访，了解用户需求，掌握用电情况，解决用电问题。建成服务快速响应中心，搭建服务指挥调度和服务快速响应的集约化平台，有力推进“大服务”体系建设，得到国网四川省电力公司领导肯定。多措并举加强“掌上电力”手机 APP 应用宣传推广，率先开通网上购电远程下发业务。完善收费网点建设，开辟新能源用电服务“绿色通道”，积极支持光伏发电项目。推进实施精准扶贫，服务易地扶贫搬迁，开展贫困户结对帮扶，优先完成 28 个贫困村农网改造，自筹资金 2000 万元投入全县低电压整治；落实“两保户”免费电量政策，累计返还电量 736.04 万千瓦时，返还电费 457.44 万元，惠及全县 1.18 万户“两保户”家庭。

国网四川明珠集团有限责任公司开展“三严三实”教育活动，深化“四风”问题整治，取得良好实效。全面启动“双争”“一对一”帮扶活动，被国网四川省电力公司列为“基层服务型党组织示范点”。深入开展形势任务宣讲，增强员工使命责任感。加强干部队伍建设，强化干部管理考核机制，按规定对 7 名中层干部进行了岗位交流，15 名工作表现突出的同志进入后备干部梯队。完善企业文化展示室，筹建员工文化活动室，国网四川省电力公司命名为“企业文化建设示范点”。采取政企共建方式，与金华镇政府共建党员工作室，搭建起基层党支部党员教育学习和为民服务平台。配合县新闻办，成功召开射洪电网迎峰度夏新闻发布会。规范公司官方微博、微信管理，正确引导舆论，优化经营环境。拍摄完成《十年砺剑铸辉煌》等 3 部专题片及守护电力天路纪实片；成功举办“十载国网情同筑明珠梦”文艺汇演和庆祝改制十周年征文演讲比赛。2016 年，被授予“全国文明单位”称号、客户服务中心荣获“全国巾帼文明岗”称号。

【国网大英县供电公司】国网大英县供电公司是国网四川省电力公司的分公司。主要负责大英全县电网规划、输变电设施建设、运行、维护、管理及电力供应，供电面积 703 平方公里，供电客户 16 万户。2016 年售电量 4.07 亿千瓦时。员工总量 258 人，其中在岗员工 254 人，内退员工 4 人。

编制完成“十三五”电网发展规划，完成110千伏赵家坝变电站前期科研编制，完成22个中心村的立项、可研等编制工作。35千伏永乐变电站如期投运，红旗桥35千伏输变电增容改造工程和35千伏莱河线改造工程顺利开工，10千伏青中线、青梨线、青马线、温葫线、温石线、温桥线6条线路改接完工，35千伏玉峰、河边站电容器大修改造工作圆满完成。投资286万元的2016年3个10千伏城网建设项目竣工。完成2015、2016年两个批次62个农网改造项目，2017年农网、生产大修技改、配网、营销等共计3548万元的项目储备顺利落地。

该公司落实国网四川省电力公司“效益提升年”活动要求，紧盯时间节点，“零差错”完成 3 次电价调整。完成营财数据清理核对并顺利上线。加大用电检查和反窃电力度，追补电量 17 万千瓦时，追补电费 13 万余元。完成 176 台费控装置安装，投运 144 台，完成 53 户高供低计改高供高计计量装置改造。

推进本质安全建设，深刻汲取西安“6.18”和丰城“11·24”事故教训，开展“三查三强化”专项排查，全力确保安全生产稳定局面。严格“四不两直”全覆盖，累计巡查作业现场1352处，查处各类违章违规行为73起，处罚81人次，经济处罚71300元。深化风险管控，累计排查整治隐患124条，全年10千伏主线故障跳闸80条次，同比减少89条次，支线跳闸35条次，同比减少71条次。完善各专业《应急预案》，组织迎峰度夏综合应急演习，增强突发事件应急处置能力，完成春节、两会、中高考等重要保电任务。

强化科技创新管理，全面推进精益转型，开展“五位一体”要素比对，完成关联项目阶段工作。持续完善以 KPI 为重点工作任务的绩效管理机制，制定多元化的考核方案，部门和员工日常工作的着力点更加明确。激发员工自创小微创新项目53个、提炼 QC 成果2个，其中《接地装置收纳架研制》获国网公司优秀 QC 成果“三等奖”、《降低回鄢线10千伏及以下综合线损率》获国网四川省电力公司优秀 QC 成果“三等奖”、两项成果分别通过国家实用新型专利和新型发明认证。加强信息化系统建设，完成公司调度网、调度数据网、办公综合数据网、监控网、视频会议网等业务网络线路调整和优化。完成各供电所营业厅视频监控设备的接入使用及配网抢修指挥系统的建设，蓬莱机房、青龙坡站通信直流电源装置的更换。完成公司信息、通信系统设备清理以及 IMS 系统和 T6000系统的录入工作，调度综合数据网调度主站和7个变电站子站的通信规约改造、加密装置安装以及调试，全面实现了地县调一体化延伸，保证了 OPEN3000系统在公司的安全顺利运行。

国网大英县供电公司积极应对经济转型压力，主动服务全县重点项目，加大优惠电量政策宣贯指导，完成新装、增容用户 4279 户，装接容量 93721 千伏安。累计安装智能电表 3000 只，完成“多表合一”试点工作，累计完成“掌上川电”APP 注册数 19776 户，开通网上购电远程下发业务 1092 户。坚持每月开展明查暗访，查找存在的薄弱环节，认真落实整改。完善停电信息发布机制，持续关注近期出现的服务态度、频繁停电等问题，强化对员工的指导和教育，不断提升整体服务能力和水平。9 个营销项目进入 2017 年国网储备库，完成 76 个居民小区公用配电设施产权移交协议签订和现场实物确认，切实提升公司优质服务品牌形象。

严格落实党建工作责任制，开展党建工作专项述职评议、党支部季度考核，推进服务型党组织建设，顺利完成公司党委纪委换届选举。做好“清风川电”主题教育活动落地实践，按要求完成天保镇龙咀子村对口精准扶贫任务，供电所专项帮扶取得实质性进展。强化人才融合培养，安排 4 人担任所长及主任助理培养锻炼，加强员工业务能力培养，共培训各专业员工 420 人次。完成 13 个精益班组的建设，3 个班组获遂宁供电公司先进班组称号，2 个班组成功创建五星级班组。深入开展岗位资格准入、职业技能鉴定工作，“艺梦萌芽”项目获第三届中国青年志愿服务项目大赛铜奖。被评为国网遂宁供电公司 2016 年度先进单位，继续保持了省级最佳文明单位称号。

【国网蓬溪县供电公司】国网蓬溪县供电公司是国网四川省电力公司的分公司，主要负责蓬溪全县电网规划、输变电设施建设、运行、维护、管理及电力供应等，承担着全县 495 个行政村的供电任务，供电面积 1251 平方公里，供电客户 22.35 万户。有在册职工 511 人（含劳务工 17 人、农电工 79 人、退养 14 人），具有高级职称 8 人，中级职称 53 人，初级职称 280 人；高级技师 11 人，技师 159 人，高级工 43 人、中级工 127 人、初级工 22 人。拥有 220 千伏变电站 1 座，变电容量 15 万千伏安；110 千伏变电站 4 座，变电容量 27.15 万千伏安；35 千伏变电站 9 座，变电容量 8.25 万千伏安；水力发电装机 9 台，容量 0.872 万千伏安。2016 年完成售电量 3.0 亿千瓦时。自 2005 年改制以来，公司一直保持连续安全生产的良好安全态势，保持了党风廉政、队伍稳定、优质服务“0”事故目标。

该公司秉承“服务党和国家工作大局，服务电力客户，服务发电企业，服务社会发展”的宗旨，认真践行党的群众路线，切实履行社会责任，不断夯实基础管理，持续推进精益转型，深入开展优质服务，取得了“五个文明”建设的协调发展。获“国家电网公司文明单位”“省级最佳文明单位”“省级模范职工之家”“省级安全文化建设示范企业”、国网四川省电力公司“双十佳文明单位”。所属单位先后获“国家级青年文明号”“全国工人先锋号”“国家级巾帼文明岗”“国家电网公司工人先锋号”等荣誉称号。

开展电网发展诊断分析，编制完善蓬溪电网“十三五”发展规划，统筹推进电网建设和改造，完成 110 千伏上游站主变增容改造投运；完成 35 千伏红江站主变增容、35 千伏天桥站 10 千伏箱变、35 千伏任三线间隔改造、明月发电站机组增容扩效等 20 余个大修技改项目，累计完成投资 1781 万元；实施投资 1543 万元的金桥新区城网改造，2015 年批次 1369 万元、2016 年第一批次 1760 万元的农网升级工程，投资 1240 万元的 35 千伏天福输变电工程已投入运行，推进投资 140 万元的低压业扩项目及 2016 年第三批 1652 万元的农网工程项目。

强化运营监控、财务监管和成本控制，投资 3980 万元，完成 8.32 万只智能电表换装和调试上线。积极推进营配调贯通及 PMS 数据清理，13 座变电站、69 条线路、2710 台配变、222652 只低压表计贯通率均为 100%，开展高线损、零负线损清理，专项整治 35 个零负线损、238 个高线损台区，提升线损合格率 20 个百分点。强化电费电价管理，对全县 135 家专变客户推行智能费控装置，成功投运 71 家。

落实强化本质安全 30 条措施、“管业务必须管安全”的工作要求，开展安全管理提升和安全质量月活动，安全专项活动、强化“三种人”管理。创新安全管控模式，推行安全管理清单制、积分制、红线禁令进现场活动，把施工作业现场最关注的安全措施和要求列成清单，督促对照查缺补漏，推行业主、监理、安监联合督查机制，强化现场安全督导和业务指导，分专业组建了“运检、建设、农网、智能电表换装”多个微信群，分别由专业部门管理，确保监管的及时性和全覆盖，促进了“管业务必须管安全”的理念覆盖全员、全过程和全方位；强化到岗到位管理，严格作业计划管理，强化“月计划、周安排、日管控”和“红马甲”全程监护制度，全年到岗到位 1567 人次。

该公司围绕“规范化、专业化、标准化、信息化”要求，狠抓农电基础管理，强化“乡镇供电所员工作风建设十个不准”的宣贯执行，深入推进供电所管理提升活动。开展反措排查、线路对地距离、跨鱼塘、标示标牌完善、低电压等专项排查，发现并制止输电线路外破隐患 9 件次，排查线路安全隐患 91 件次，清理线路障碍 3698 处，整治对地距离不足 30 余处。强化迎峰度夏（冬）管理，做好测温测负和应急抢修工作，更换配变 65 台、增加容量

5060千伏安。扎实开展春秋检和配网隐患治理，有效降低了线路故障率。推进星级供电所创建，5个供电所被命名为三星级供电所，乡镇供电所图数治理星级创建工作取得2个五星级、6个四星级、2个三星级的优异成绩。

2016年，该公司强化科技创新和精益管理，全面推进精益转型，着力抓好顶层设计、文化引领、理念导入、方案策划和措施落实，激发员工自创小微创新项目100个、提炼QC成果3个，其中“提高农村用电故障抢修响应速度”获国家级管理创新成果二等奖，“电杆多功能检测仪”等3个项目获国家实用新型专利，“提高农村用电故障抢修响应速度”QC项目获国网四川省电力公司优秀QC成果三等奖。

加强通信系统建设，完善光环网网络结构，完成35千伏任大线、110千伏上游站至县调、35千伏天福站至天福收费点、碧山庙、高洞庙5条光纤线路建设，完善公司本部至上级公司通信路由，实现了公司本部至上级公司多路由的通信方式，可靠性得到了很大提高。完成35千伏天福站通信系统建设及调试，自动化及通信系统账、卡、物一致性清理，机房动力环境监测系统的大修。配合信通公司完成供电所、营业厅标准机房的建设，改善了设备的运行环境。加大对信息安全的宣传力度，印发了《信息安全手册》，对不满足安全防护的应用系统进行下线处理。

开展营销业务、服务技能培训，规范服务行为，开通支付通，推广“掌上电力”APP，实现远程购电858户。开展居民小区配电资产移交，签订移交协议37个。推进两保户免基数电量政策的实施，全年兑现减免政策6707户，减免电量113万千瓦时。多渠道发布停电信息，按月编报《电力信息月报》，让蓬溪县委政府、广大客户了解供电信息及相关工作。

该公司强化党的建设，开展“两学一做”学习教育、“三亮三比”和“双争”活动，实施党员积分制、党支部项目化管理，推进服务型党组织建设。完成公司“两委”和6个党支部换届选举，建成标准化党支部活动阵地6个。建立定点联系党支部制度、党群工作例会制度、认真落实“三会一课”和中心组学习制度，提升党建工作水平。加强企业文化建设，强化国家电网公司“五统一”文化传播，开展企业文化进班组、“学习型团队”创建活动。围绕班组管理、电网建设、迎峰度夏等重点工作加大宣传，全年在省级及以上媒体用稿511件。开展电力扶贫攻坚活动，实施党支部结对帮扶困难群众4户，筹集爱心捐款1.5万元。开展志愿者服务、电力“连心岗”、党员服务进社区、“护爱春苗”、“情系敬老院”活动，全面彰显社会责任。

（赵　炯）

国网资阳供电公司

【企业概况】国网资阳供电公司成立于2001年12月26日，是国网四川省电力公司下属特一型供电企业，也是资阳境内唯一的电网运营和电力供应企业，承担着提供安全、经济、清洁、持续电力为资阳经济建设和社会生活服务的任务。供电面积5757平方公里，供电人口350余万人。下辖乐至、安岳、雁江3家县级供电分公司。资产总额29.3亿元。资阳电网处于四川省中部，是连接川南、川北、成都电网的重要枢纽。拥有500千伏变电站1座，变电容量1500万千伏安；220千伏变电站4座，变电容量117万千伏安；110千伏变电站16座，变电容量103.75万千伏安；35千伏变电站26座，变电容量29.74万千伏安。220千伏线路17条，线路长度350.81公里；110千伏线路32条，线路长度386.09公里；35千伏线路40条，线路长度482.41公里。资阳电网已形成以500千伏为支撑、220千伏为骨干、各级电网协调发展，供电可靠性较高的供电网络。

2016年，完成售电量29.28亿千瓦时，同比增长11.59%；并表口径线损率8.77%，同比下降0.18个百分点。全年完成各类电网投资13.33亿元，同业对标综合排名国网四川省电力公司系统第6，持续保持历史最好水平。企业负责人业绩考核取得A段第4名，实现了历史新突破，继续保持良好发展态势。

【人力资源】截至2016年年底，国网资阳供电公司用工总量3005人，有各级党组织13个。全年调整干部32人次，完成岗位交流230人次，规范领导干部、关键岗位轮岗交流制度，有效盘活人力资源。开展中层干部到基层班组蹲点活动，加强领导干部深入基层及一线体验。选派2名中层干部到藏区挂职锻炼，选派16名员工进入藏区电网运维帮扶。搭建青年员工成才平台，创立20个青年管理和技术创新团队。建立大学生培养常态机制，共选派两批46人次大学生挂职班组长岗位。开展自主培训1659人次，选送员工外出培训学习911人次，其中厂处级3人次，中干47人次、内训师89人次、供电所长30人次、生产人员履职147人次、其它综合管理类595人次,人才当量密度提升至1.0176，较2015年提升2.38个百分点，员工队伍的整体学历、技术资格、技能等级得到进一步提升。参加国网四川电力各类竞赛调考12次，“竞赛调考成绩”获得5530分，同业对标指标排名第11位，较2015年进步了9名。8名员工获国网四川省电力公司优秀人才称号。班组建设成效显著，5个班组获国网四川省电力公司先进班组，公司获国网四川省电力公司班组建设先进单位称号，在“全球能源互联网”“装表接电”等劳动竞赛获优异成绩。员工蒋小康获得“四川好人”称号和“见义勇为”嘉奖，被评为2016年度“感动资阳人物”。

2016年10月30日，资阳市政府与国网四川省电力公司签订战略合作协议　（任红英　摄）

【电网建设与发展】国网资阳供电公司完成牌坊沟110千伏输变电工程、岳阳110千伏变电站扩建工程主体建设，强力推进220千伏棉普新建线路工程等遗留工程建设。政企联动落实资金4168.52万元，有效推进老旧合表小区电气设施改造。率先完成资阳市政府下达民生工程，得到市委、市政府高度评价。全力保障川渝第三通道500千伏线路工程，确保项目于10月31日正式启动。有序开展220千伏孙家坝变电站GIS改造工作，完成广惠至文峰220千伏线路工程、安岳110千伏石板变电站扩建工程前期核准工作，启动安岳文化220千伏输变电工程可研工作。完成“安全用电示范镇”和“安全用电示范县”建设的项目规划，配合国网四川省电力公司完成“一张网”建设前期调研，开展简阳供区划转后电网诊断分析和“十三五”电网规划调整工作，优化小型基建项目标准化建设与配置，形成乡镇供电所典型设计方案，电网规划科学开展。

【经营管理】国网资阳供电公司深化新型供电企业公共关系的运用，促成国网四川省电力公司与资阳市签订战略合作协议，该公司先后与安岳县、乐至县、资阳市雁江区政府有关部门召开电力工作专项推进会，固化对口联系和沟通协调机制。扎实开展“效益提升年”活动，累计增加公司效益1182.69万元。完成10条典型高损线路的整治和电网运行方式优化降损研究，实现节约电量620.31万千瓦时。“三公”经费压减2.24%，各类计划预算执行率达100%。加快新技术推广应用，实现替代电量1.38亿千瓦时。集体企业效益稳步提升，累计收回工程欠款1.31亿元，欠款回收率达51.5%，库存物资率下降57.81%，市场占有率提升11%，工程成本率下降12%，完成2016年既定目标。高效完成简阳供区划转工作，实现移交工作平稳有序、业务无缝衔接。快速推进“子改分”工作，三家全资子公司按时导入分公司模式运转。

【安全生产】国网资阳供电公司扎实推进“本质安全提升年”各项工作，创新构建安全生产“五大体系”，建立以安全业绩为核心的员工职业生涯发展激励和考核机制。严格执行“四不两直”全覆盖，累计巡查作业现场970处，查处违章施工现场348处，违章行为563次，共计罚款15.13万元。实现风险预警“全方位覆盖、全过程闭环”管控，组织开展“大面积停电事故应急处置联合演练”，有效提升整体安全管控水平。全年共发布电网风险预警68份、落实防控措施298项，平稳度过8月极端高温天气（最大供电负荷93.4万千瓦），保障了资阳电网的安全稳定。强化警企协作，在四川全省率先建立电力系统立体化治安防控体系，打造雁江迎接、保和供电所等标准化“电力警务工作站”示范点。全年开展不停电作业336次，完成各级保电任务90余次。荣获2016年度国网四川省电力公司安全先进单位，并被资阳市人民政府评为2016年度安全生产目标考核“优秀单位”。

【农电工作】该公司开展农网工程“百日攻坚”专项行动，完成2015年新增农网改造项目和2016年第一、二批农网改造升级工程，治理了 3163 个农村“低电压”台区，整治危及安全的小方杆、手摸杆 1.2 万根。制订了四川全省第一部安全用电村建设及技术标准，完成 10 个安全用电村的建设。完成小城镇（中心村）电网改造升级、“井井通电”工程。开展总路漏保的清理整治，实现辖区内全覆盖。完成三新公司 1071 名农电工导入和规章制度建立，进一步规范农电组织模式、用工方式。

2016 年 10 月 30 日，国网四川省电力公司总经理、党委副书记石玉东（前排右一）在川渝电网 500 千伏第三通道建设开工仪式上，慰问国网资阳供电公司“红细胞”突击队

（戴朋岑 摄）

【科技与信息化工作】国网资阳供电公司深化应用资产全寿命周期管理体系，完成对市县两级资产业务的梳理和贯通。扎实推进营配调数据清理，高压侧贯通率 99.89%，低压侧贯通率 99.03%。快速推进 PMS2.0 系统建设，输电、变电、配电图形审查通过率达 100%。“基于物联网和无源技术的金属氧化物避雷器在线监测系统”项目获国网四川省电力公司 2016 年科学技术进步奖一等奖，电力智能客服机器人获国网四川省电力公司青创赛二等奖。2016 年获国网四川省电力公司管理创新、精益项目、课题研究共 15 个奖项，其中一等奖 6 项，二等奖 4 项，三等奖 5 项。获工人技术创新奖 1 项，申报发明专利 2 项和实用新型专利 5 项。1 个班组获四川省质量信得过班组，1 个 QC 小组获四川省优秀 QC 小组，2 人获四川省质量管理先进个人。

【市场服务（优质服务）】国网资阳供电公司为资阳南骏汽车等 30 余家客户制定降低用电成本措施，大工业用电实现逆势增长 6845.62 万千瓦时，增长率 8.49%。严格落实电费回收“一户一策”风险防控措施，实现全年电费回收 100%，完成售电收入 18.82 亿元目标。实行专属客户经理制，完成各级工业园区战略合作协议签订，与 116 个乡镇、2018 个村社签订供电服务合作协议，全面推行社区经理制便民措施。全面推广“掌上川电”APP，累计绑定用电客户 142870 户，实现网上远程购电 22807 户。完成资阳雁江区城乡居民同网同价工作，为用户节省电费 1504 万元，惠及 23 万户城乡居民。加大内外监督力度，邀请资阳市纠风办、行风监督员走进施工现场，积极走访地方“两代表一委员”，公司行风工作得到资阳市纪委书记高度肯定。开展以客户体验为导向的新型服务模式探索，创新制定智能营业厅建设方案。累计安装运行智能电表 106 万只，全市智能电表覆盖率达 100%。完成 168 个居民小区公用配电设施产权移交协议签订和现场实物确认工作。与资阳市质监局签订战略合作协议，加强与水、气公司协作，实现“多表合一”2614 户，获 2016 年资阳市诚信计量示范单位。

【党的建设和精神文明建设】国网资阳供电公司强化各级党组织管党治党责任的落实，制定了 23 项党风廉政建设工作重点和 100 项任务分工。积极构建大政工网格化管理模式，落实各级领导干部定点联系基层党支部制度。扎实开展“两学一做”专题教育活动，获国网四川省电力公司“两学一做”学习教育微宣微讲竞赛一等奖。举办基层党组织书记讲党课竞赛活动，深化“三型”党组织建设。扎实推进“清风川电”主题教育，获国网四川省电力公司“党纪党规印我心”知识竞赛优秀组织奖。完成国网四川省电力公司第三巡察组党风廉政迎检工作，认真整改所有反馈事项，确保公司风清廉洁氛围。在所有班组（供电所）打造文化墙、“红细胞”角，开设“红细胞”大讲堂 9 期，建成“红细胞”文化长廊，雁江供电公司、客户中心营业班获评国网四川省电力公司首批企业文化建设示范点。精心策划农配网“百日攻坚”等主题宣传活动，获国网四川省电力公司 2016 年度新闻宣传先进单位。持续实现公司无重大红色舆情目标，获国网四川省电力公司新闻应急竞赛团体二等奖。创新性开展“红细胞”进校园 0 公里志愿关爱行动，排查安全隐患 211 处，建立 10 个校园“红细胞”爱心书屋，评选“红细胞”月度明星 22 名，组织召开 2016 年“红细胞”联盟年会，联盟成员单位发展至 22 家，“红细胞”工程入选国家电网公司社会责任根植项目蓝皮书，资阳市委将其纳入未来五年工作规划予以深入推广，红细胞品牌社会影响力和公认度明显提升。

2016 年 3 月 17 日，国网资阳供电公司开展“安全本质提升年”活动，图为资阳市 2016 年“安全用电示范村”建设推进会

【存在的主要问题】一是人力资源结构难题。该公司存在县供电分公司超员，本部职能部门缺员，用工总量分布的人员“又多又少”的问题。由于历史原因，全资子公司普遍存在人员老龄化严重，技能水平不足，缺乏高素质、高技术及技能水平员工，造成人才结构“又多又少”的问题。同时由于直属单位生产技术密集型岗位及相关管理岗位缺员，只能向全资公司借用部分优秀人员充实到相关岗位，再次形成更为严重的人力资源“又多又少”的问题。二是资阳城市配网、农网薄弱。随着广大农村居民生活质量的大幅提高，冰箱、洗衣机、空调等大功率电器进入农村家庭，农村地区用电需求快速增加。通过近几年的农网改造，资阳农村电网整体水平有了较大提高。但由于资阳农村的地域面积占总行政区面积的 98.5%，农网规模较大，彻底改造面仍较低。同时，资阳城市电网还不够坚强，特别是遇到今年夏季持续高温，城区故障停电频发，给城市居民的生活带来诸多不便，资阳电网有电落不下、有电用不上、有电供不好的矛盾仍然突出。三是集体企业经营压力大。集体企业一直承担着为主业分流的压力，人工成本占总收入 60%以上，由于外部环境变化，集体企业市场占有率不断下降，加之政府欠款回收困难，企业经营压力较大。

【国网资阳市雁江供电公司】国网资阳市雁江供电公司于 2016 年 7 月 4 日注册成立，属国网四川省电力公司分公司。原属地方电力企业，从 1948 年的小火电厂发展至 2016 年，已历经近 70 年。2001 年 11 月，原资阳市雁江区电力集团公司由国网四川省电力公司资阳供电公司代管，2006 年 12 月由国网四川省电力公司控股 51%，雁江区人民政府委托出资人参股 49%，改制为国网四川省电力公司控股公司，2013 年 1 月，地方国有股权全部无偿划转国网四川省电力公司，改制为国网四川省电力公司全资子公司后，更名为国网资阳市雁江供电有限责任公司，2016 年由国网四川电力全资子公司改制为分公司。主要承担资阳市雁江区大部分城区和雁江区农村除碑记镇以外村镇的供电任务，供区面积 1563.5 平方公里，占雁江区幅员面积的 95.8%。有在册职工 713 人，其中在岗职工 670 人，不在岗职工 43 人。离退休人员 231 人。雁江电网共有 35 千伏变电站 9 座，主变 15 台，变电容量 11.08 万千伏安。35 千伏线路 13 条，长度 133.83 公里；10 千伏线路 99 条，2241 公里。10 千伏开关站 4 座，10 千伏公用配变 42.7 万千伏安，低压线路 14571 公里。

2016 年该公司完成川渝第三通道、雅安—资阳 500 千伏线路工程的路径协议、稳定性评估、现场勘察设计等工作；完成“十三五”新一轮农网改造升级规划报告及配网自动化改造工程、2017 年扶贫村工程等项目的可研编制工作；完成 2015 年农网改造投资 2.68 亿元。实现雁江城乡居民用电“同网同价”，惠及户数达 23 万余户，每年减轻农村居民电费约 3000 万元。加快智能电表新装（换装）工作，累计在运智能电表 27.6 万只，实现合表小区外的智能电表全覆盖。在四川全省率先建成“电力立体化治安防控体系”，打造出迎接、保和供电所等一批标准化“电力警务工作站”示范点。在四川全省范围第一批次完成“子改分”工作，按时导入分公司模式运转，迎接国务院国资委地方企业上划工作调研检查，获得国资委领导好评。顺利通过省级最佳文明单位验收，被命名为雁江区培育和践行社会主义核心价值观示范点，获四川省五四红旗团支部、资阳市创建学习型党组织示范单位，“红细胞”志愿服务队荣获资阳市“岗位学雷锋先进集体”。

【国网乐至县供电公司】国网乐至县供电公司是乐至县境内唯一的供电经营企业，始建于 1950 年。1998 年由内江电业局代管，2001 年由资阳供电公司代管，2010 年由国网四川省电力公司控股，更名为“四川乐至供电有限责任公司”。2014 年更名为“国网四川乐至县供电有限责任公司”，纳入国网四川省电力公司全资管理，2016年9月，完成“子改分”，更名为国网乐至县供电公司。肩负着乐至县工农业生产和生活用电使命。设办公室、发展建设部、财务资产部、安全监察质量部、人力资源部、党群工作部、乡镇供电所管理部、电力调度控制分中心共8个职能管理部门和运维检修部、营销部2个业务支撑机构，主业班组9个、供电所8个。代管集体企业资源集团乐至分公司和三新公司乐至分公司2家。全口径用工人数455人，平均年龄43.5岁。其中长期职工211人，农电员工243人。

乐至电网是一个典型的受端电网，有220千伏变电站1座，主变2台，变电容量30万千伏安；110千伏变电站4座，主变7台，变电容量24.6万千伏安；35千伏变电站7座，主变8台，变电容量3.57万千伏安，10千伏开关站1座，公变约2200台，总容量30.4万千伏安。220千伏线路4条，长度约51.73公里；110千伏线路7条，长度约95.28公里；35千伏线路10条，长度约110.71公里；10千伏线路62条，长度约1791公里；农村低压线路1.56万公里。电网覆盖率达100%，村、社、户通电率100%。2016年资产总额0.87亿元，完成售电量3.5亿千瓦时。

国网乐至县供电公司进一步深化改革，加快电网建设，不断提升企业经营效益，切实履行社会责任，稳步推进公司发展。一是安全局面基本平稳。深入开展安全隐患“大排查、大整治”活动，全年未发生电网安全事故，管理范围内的各项工程及农村用电均未发生安全事故，实现连续安全生产4632天。充分发挥供电所属地管理的优势，将供电所“同进同出”人员与施工队工作负责人建立微信群。完成十八届六中全会、两会等共计46次保电任务。二是电网建设扎实推进。2016年完成总投资2.4亿元，较上年增长了8倍。2016年智能电能表推广及配套采集项目7.2万只换装任务已全部完成，投资总额3490万元。积极开展乐至县“安全用电示范村”创建工作，与县政府一起启动“安全用电示范县”创建工作；强力推进电网设备的升级，按期推进县城配网、变电站大修技改工程建设，完成了文峰220千伏变电站、宝林110千伏变电站主变增容工程，加强基建现场安全标准化建设。三是供电服务持续提升。完成了22个贫困村的电力扶贫任务，并顺利通过验收。对口扶贫石湍镇朝阳店村的扶贫工作。持续打造“10分钟缴费圈”，积极推进全县合表居民小区户表改造，深化抢修协同服务。走访省、市、县“两代表一委员”、行风监督员，主动跟踪服务毗河工程、联友纺织等重大项目。深入推进“同网同价”工作，结余电费3035万元，主动落实“两保户”退费，对前期民政局提供的全部有效的“两保户”按照规定执行了“两保户”退费，共计13770户（系统档案为4885户，2013年同网同价时核定41254户），11.05万元，积极落实富裕电量和直购电量政策。强化供电窗口服务，切实加强供电所廉政风险，规范供电所管理，1个供电所创立市公司廉洁示范供电所，4个供电所创国网四川省电力公司标准化供电所。四是依法从严治企进一步加强。不断规范经营管理，加强招标采购、企业管理等突出问题治理，深入开展依法治企检查整改工作。开展2013年至2015年三年的涉税事项、2014年至2015年农维费专项审计自查并形成报告。开展供电所“小金库”和员工私揽工程专项治理，剖析关键业务流程，加强对高风险环节的有效监控，实现重点突破。深度推进法律风险管理，狠抓制度宣贯，参加市公司“党纪党规印我心”知识竞赛，获得团体三等奖。五是三个建设取得成效。扎实开展“两学一做”学习教育活动，搭建“O2O+两学一做”学习教育平台。加强干部选拔任用，实施干部素质提升工程。创新新进大学生招聘选拔方式，建立新进大学生跟踪管理机制，大力培育青年骨干，试点开展内部人力资源市场建设。构建了全方位、多层次的员工发展通道。实施班组建设三年提升工程，广泛开展群众性建功立业劳动竞赛、岗位练兵和技术比武活动。大力推进“职工之家”建设，建成公司“妈咪宝贝屋”、职工活动中心。

【国网安岳县供电公司】国网安岳县供电公司是国网四川省电力公司分公司之一，2016年7月4日，更名为国网安岳县供电公司。县域内有220千伏变电站1座，主变2台，变电容量27万千伏安；110千伏变电站5座，主变7台，变电容量27.15万千伏安；35千伏变电站11座，主变17台，变电容量10.47万千伏安。220千伏线路4回，100.66公里；110千伏线路8回，130.01公里；35千伏线路14回，218.54公里；10千伏公用出线82回，3798.41公里。其中：农网线路65回，3656.92公里，城网线路17回，141.48公里。公用配变4570台，52.43万千伏安。低压电网线路22970.8公里。

2016年完成购电量6.70亿千瓦时，同比增长11.81%；完成售电量5.96亿千瓦时，同比增长10.46%；完成综合线损11.05%，同期上升了1.45%；电费回收率100%。截至2016年12月31日，实现连续安全生产4617天。该公司有序实施了2015年一二三批农网建设工程，工程总投资2.76亿元，总项目689个，并于2016年12月31日前全部投运；完成投资3633.65万元的2016年县城电网项目45.56%

的工程量；完成35千伏天林输变电工程建设及投运；完成110千伏岳阳站，35千伏石羊、长河、通贤、驯龙站的增容扩建工程；完成2条35千伏线路新建投运和7条10千伏线路改接及投运。贫困村专项工程、农网升级改造项目和城网项目成功纳入国网四川省电力公司2017年重点项目储备库，储备资金4.5亿元，可全面解决131个村、21个场镇电网问题。完成安岳县清流乡红堰村等28个扶贫村电力线路改造，建成永顺镇燕石村、李家中沟村安全用电示范村。迅速处理“1·23”雪灾“5·6”洪灾，“8·19”高温等突发自然灾害。积极做好员工队伍稳定工作，确保了农电工改签三新分公司和“子改分”相关工作顺利完成。

全面深化依法治企，获安岳县依法治企和普法工作先进单位。持续加强班组建设，提升班组创新活力，配网班获国网四川省电力公司“先进班组”，2名组班长分别获国网四川省电力公司“优秀班组长”称号和国网四川省电力公司2016年度工人技术创新三等奖，3个班组分别获国网资阳供电公司QC小组成果发布一等奖、三等奖。狠抓管理提升，2项管理创新成果，分别获国网四川省电力公司工运理论创新课题成果优秀论文和国网资阳供电公司2016年度企业管理创新成果“二等奖”。获国网资阳供电公司舆情应对体系建设项目2016年度精益化成果三等奖、工会女职工先进集体和先进基层党组织、安全业绩突出单位。团支部荣获国网资阳供电公司团委“五四红旗团支部”称号。

（左一丁）

国网自贡供电公司

【企业概况】国网自贡供电公司属国网四川省电力公司特二型企业，前身为川南供电公司自贡供电所。1978年撤销川南供电公司后，成立自贡供电局，1993年更名为自贡电业局。1980—1996年期间，先后并入川南电业局、川南送变电工程处、自贡电力电容器厂、川南电力调度分局4家处级单位，2013年更名为国网自贡供电公司。2001年和2009年，辖区内威远供电局、500千伏洪沟变电站先后划转至内江电业局及超高压运检中心。担负着自贡市四区两县4000多平方公里和内江市威远县部分区域的电能供应、电网建设和运行管理任务。本部设11个职能部室，辖8个直属二级单位（1个直管县级供电企业，7个业务支撑和实施机构），有全资分公司国网自贡市荣州供电公司，控股国网富顺县供电有限责任公司。国网自贡供电公司拥有35千伏及以上变电站55座，变电容量389.39万千伏安，其中：国网富顺县供电有限责任公司有发电站2座，变电站15座，变电容量25.25万千伏安；35千伏及以上输电线路123条，长度1529.33公里，其中：国网富顺县供电有限责任公司23条，长度218.21公里；城市配网6千伏~20千伏配电线路共145条，长度1016.32公里；县域电网10千伏配电线路共199条，长度5790.24公里（含全资子公司），固定资产净值22.9亿元。

2016年5月16日，自贡沿滩板仓工业园，国网自贡供电公司3名线路检修工，以蓝天为幕，在高约20米的铁塔上进行高空架线作业　（周艳　摄）

【人力资源】国网自贡供电公司全口径用工总量为3773人，其中：直供直管单位国有长期职工1186人，农电工756人；国网自贡市荣州供电公司国有长期职工（其他）90人，农电工179人；国网富顺县供电有限责任公司国有长期职工（其他）581人，农电工325人；集体企业职工251人，集体聘用职工62人，集体企业劳务派遣人员340人，集体企业返聘人员3人。离退休职工2195人，其中：直供直管单位1412人，国网自贡市荣州供电分公司46人，国网富顺县供电有限责任公司240人，集体企业497人，人才当量密度由1.0086上升到1.0262，增长1.74%。

【电网建设与发展】2016年，自贡市召开了2016年全市电力工作会，国网四川省电力公司与自贡市政府签订战略合作协议，双方确定建立战略合作伙伴关系，在战略上相互认同、在发展上相互支持、在工作上携手合作，共同推进和加快自贡电网建设。国网四川电力的电源侧“一盘棋”，电网侧“一张网”，需求侧“一同价”发展理念得到自贡市政府认可，确立在“十三五”期间，投入约23亿元，新增变电容量约116万千伏安，输电线路约1200公里，建成“以500千伏为支撑、220千伏为骨干、110千伏及以下配电网络分布合理”的坚强自贡电网，为满足自贡经济社会发展提供可靠电力保障。该公司完成“十三五”电网规划修编；开展东边湾等4个35千伏及以上输变电工程的前期工作；新开工向华线等3个输变电项目；投产新桥等3个输变电工程；完成110条线路、30座变电站的大修技改；完成80%的220千伏、50%的110千伏线路标准化整治，城网绝缘化率100%，拉手率达92%。220千伏天成变电站、4个110千伏线路单项工程获“国网输变电优质工程”称号。220千伏琵琶变电站在建工程获国网四川省电力公司2016年“安全管理流动红旗”，实现了“十三五”良好开局。

【经营管理】2016年国网自贡供电公司完成售电量29.63亿千瓦时，同比增加9.21%；线损率9.37%；完成投资6亿元；流动资产周转率487.27次。企业负责人业绩排名居国网四川省电力公司第九名，实现大幅提升。对标综合排名跃居国网四川省电力公司第九，创6年来最好成绩。扎实开展“效益提升年”活动，制定目标任务14项、措施65条，可控成本同比下降9.02%，降本增效成效明显。提高项目精益管控水平，资金项目化率提升58%，执行偏差率下降11%。规范项目后期管理，核算、决算项目1291个，竣工决算完成率100%，转增固定资产6.2亿元。提升电网经济运行管理水平，计划检修执行率提升8%，线路停电次数下降10%；带电作业1730次，同比增加15%，减少损失电量310万千瓦时；停运轻载主变46台.次，节约成本30余万元。落实对口帮扶措施82项，富顺县供电公司管理水平不断提升。加大亏损企业治理力度，荣州供电公司减亏572万元。创建全川首个“图数治理五星级供电所”，配电运检精益管理在系统内发挥示范作用。实施精益项目20个，培养带级人才25名，财务、档案、媒体等5个项目获国网四川省电力公司奖项。

【安全生产】国网自贡供电公司持续弘扬“挑刺”文化，扎实推进本质安全建设，各级安全责任有效落实。理顺配网调控职责界面和业务流程，实现配网调控管理全覆盖。优化违章负面清单管理及退出机制，淘汰6家不合格分包商。创新安全分析机制，在违章次数较多的基层单位召开现场会。探索“互联网+安全”模式，建立12个“日管控”微信群。制定“农村意外人身事件处理办法”，农村用电安全管控能力进一步增强。开展“富顺县大面积停电”等演练16场次，提升了应急处置能力。成功应对夏季负荷屡创历史新高的严峻挑战，“白+黑”“5+2”特巡、测温和故障抢修7790次，实施“零点行动”15次，打赢了迎峰度夏攻坚战。完成自贡灯会等115次重大保电任务。该公司被自贡市授予“119消防先进单位”“2016年度国家安全人民防线建设先进单位”，获国网四川省电力公司年度“安全生产先进单位”称号。截至2016年12月31日实现连续安全生产4468天。

2016年7月20日，酷暑难耐，国网自贡供电公司组织带电作业队伍，在不停电、不扰民的同时，有序开展排障工作　　（候键　摄）

【农电工作】国网自贡供电公司大力开展农网工程建设，狠抓农网工程现场安全管理，按期完成了2015年及以前五个批次的农网工程后期工作，全面完成2016年农网工程建设投资1.75亿元，新建及改造10千伏及以下线路196.73公里，新增配变428台/6.31万千伏安，低压线路1201.32公里。成功实现国网富顺县供电有限责任公司资产国有全资化，完成了国网四川省电力公司构建“一张网”的战略布局。深化农电体制改革，三新公司不断完善内控机制建设，农电工作扎实推进，农电队伍呈现新面貌。

【科技与信息化工作】国网自贡供电公司3个管理创新成果分别获国网四川省电力公司一、二、三等奖。科技项目—“电力光缆遥控放线滑车成套装置”获国家电网公司推广。完成富顺地区光缆敷设10.9公里，实现富顺县供电公司本部、黄葛灏站及35千伏怀德站等8个站点光缆覆盖，富顺地区光缆覆盖率达到32%。开展卫星通信月度应急演练12场次，强化了应急响应处置能力。推进基础设施建设，完成国网自贡市荣州供电公司光缆敷设65公里，实现荣县片区通信光缆全覆盖。结合保密工作责任制要求，将信息安全纳入年度全员安规考试，常态化开展信息安全培训。与基层单位签订《信息安全目标责任书》，发出各类“信息安全预警”及“信息通信安全整改通知书”19份，签署网络安全责任书17份，保持了信息安全事件“零发生”。

【市场服务（优质服务）】国网自贡供电公司坚持与客户打造“发展共同体”的理念，推进运营、管理、服务全流程转型，客户多元化需求得到满足。开展“电网+”专项行动，建立园区服务站和固定办公点7个、“定制化”服务580次，大幅提升了园区服务水平。新增代收网点412个，10分钟交费圈建设不断完善。“掌上川电”APP注册13.58万户，客户体验不断改善。安装专变预购电系统875套，防范电费欠费能力不断增强。营配贯通率99.68%，智能电表换装率达96.12%，采集接入率达99.33%，均位于国网四川省电力公司系统前列。完成电能替代7000万千瓦时，建成成自泸高速富顺服务区充电站2座。完成客户产权资产摸底排查，接收客户线路27条、变电站2座。与自贡水务集团、燃气公司试点推进“三表合一”建设。成功承办“四川全省国有企业‘三供一业’分离移交暨老旧小区改造现场推进会”，分离移交项目8个，全面完成三年改造204个老旧小区目标任务。老旧小区改造经验在全省推广，被写入国网四川省电力公司《服务经济社会发展白皮书》和国家电网公司《2015年社会责任报告》。在全市12个公共服务单位的行风社会评价中再次获得第一，实现了“三连冠”。

【党的建设和精神文明建设】该公司全面落实从严治党要求，扎实开展“两学一做”学习教育，“微平台、微党课、微宣传”精准发力，“党员示范岗”先进事迹在《国家电网报》头版刊登。开展“清风川电”等教育活动，持之以恒抓作风建设，干部员工纪律规矩意识切实增强。全面接受国网四川省电力公司巡视检查，对反馈的问题，举一反三，落实整改。新发展党员10名，预备党员转正11名。打造供电所企业文化示范点6个，编制企业文化丛书7册。完成精准扶贫年度目标。编制“十三五”班组建设规则，承办国网四川省电力公司职工创新成果巡展。打造“摄影工作室”等4个职工文化阵地。

2016年4月26日，劳动节前夕，国网自贡供电公司与《自贡晚报》联合举办“小记者与劳模探秘变电站”活动（杨小兵 摄）

新闻宣传策划能力进一步增强，《喜报、喜报再喜报！》成为员工美谈，《520一支玫瑰转怒为笑》作为国网四川省电力公司唯一舆情案例，入选国家电网公司年度品牌修复案例集。团青工作获省部级荣誉4项。离退休“两项待遇”落实有力，获“四川省敬老文明号”荣誉称号，精神文明建设不断深化，连续三届被国网四川省电力公司评为“双十佳文明单位”，获国网四川省电力公司“2014—2016年度文明单位”称号。

【依法治企】国网自贡供电公司坚持依法从严治企，通用制度宣贯有效落地。加大关键领域、重点环节的监督和管控，完成专项审计23项，项目竣工决算审计1069个，提出审计建议228条。全面梳理陈欠电费，起诉36家欠费企业并胜诉，核销22家企业的历史欠费。创新运用法治思维及方式，足额追回“僵尸企业”—自贡鸿化公司陈欠电费5375万元，实现十三年来陈欠、当年电费首次“双结零”。依法催收形成“自贡经验”，国网四川省电力公司通报表扬并全文转发公司的“电费催收情况报告”。理顺集体企业“三会一层”法人治理结构，健全管理制度56项。28名三级人大代表、政协委员积极参政议政，《自贡市〈四川省物业管理条例〉实施办法》纳入立法，法治环境得到不断改善。

【集体企业改革与发展】2016 年，国网自贡供电公司积极应对电力体制改革，稳妥推进组织架构、业务流程和绩效激励“三个再优化”。集体企业平台公司成功增加“电力供应”经营范围。深化“五位一体”协同机制建设，承办国网四川省电力公司绩效管理川南片区工作会，“一线员工工时同价机制”落地实施。推进国网四川省电力公司“一张网”建设，完成富顺县供电公司资产国有全资化改革，成功实现真正意义上完整的自贡电网。成立国网自贡市荣州供电公司，提前 73 天完成县供电公司“子改分”。克服多次改革困难，圆满完成设计院改革改制，成立乐山城电自贡分公司。集体企业处置股权投资 15 项，依法转让盛玉拓能公司股权。集团公司取得电力工程施工总承包资质。翔能公司取得在国家电网公司参与 220 千伏铁塔投标的资格。

【存在的主要问题】整体超员和结构性缺员并存。国网自贡供电公司因历史等原因，人力资源状况复杂，整体超员与结构性缺员现状并存。一是整体超员严重。截至2016年12月，公司直属单位国有长期职工1186人，定员1105人，超员81人，超员率7.33%。二是历史冗员难以消化。公司因历史沿革划入1112人，该部分人员多为非生产专业，因年龄、学历、技术和技能等级等因素限制，难以转岗到生产一线，逐渐形成历史冗员。三是用工矛盾日益突出。自1998年以来，公司减员累计1007人，新进人员371人，仅占减员人数的37%。在企业规模扩大、生产经营增加的同时，人员数量在逐年锐减，用工矛盾日益凸显。四是结构性缺员难以缓解。因超员情况长期存在，新进人员补充不到位，生产一线人员青黄不接，“又多又少”的结构性矛盾加剧，亟待新进人员补充。

输变电设备利用率低。国家电网公司要求，新投产变电站的利用率，3年内要达到40%。据此要求，公司25座110千伏及以上变电站中，有半数利用率不达标。近五年新投的7座变电站利用率不到28%，胜利变电站仅为4%，远低于国家电网公司不低于40%的标准。在建220千伏琵琶、110千伏沙坪等变电站投运后，更加重了供区内输变电设备利用率低的程度。当前，电力负荷增长缓慢，输变电设备大部分轻载，利用率低，经济效益差，电力产能过剩严重。

【所属县级供电企业】国网自贡供电公司所属县级供电企业有 3 家，分别是：国网荣县供电公司、国网自贡市荣州供电公司和国网富顺县供电有限责任公司。

【国网荣县供电公司】国网荣县供电公司担负着荣县、宜宾、威远部分地区 1320.11 平方公里的供电任务，供电人口约 65 万，供区内有大宗工业用户 66 户，普通工业用户 3554 户，城镇照明用户 218788 户（含农村居民照明用约 151716 户），城镇商业用户及其它 24702 户，农业生产 727 户。供区内有 220 千伏变电站 1 座，110 千伏变电站 2 座，35 千伏变电座 7 座，总变电容量 58.13 万千伏安。输电线路 63 条，其中 220 千伏线路 5 条、110 千伏线路 5 条、35 千伏线路 9 条、10 千伏线路 44 条，线路总长 1843.3 公里。完成售电量（含金龙、趸售）5.4 亿千瓦时，同比增长 1.17%。农业生产、非居照、居民、商业等用电分别同比上升 31.92%、13.76%、19.79%、13.48%。成功收回 2014 年及以前欠费 60 余万元，核销呆坏账 80 余万元。110 千伏及以下综合线损率为 6.48%，比去年同期的 5.67%高 0.81 个百分点。

【国网自贡市荣州供电公司】2016 年，按照国网四川省电力公司“子改分”工作要求，四川荣县供电有限责任公司更名为国网四川省电力公司自贡市荣州供电分公司，简称为国网自贡市荣州供电公司。2016 年完成售电量 9382.88 万千瓦时（全年指标：8800 万千瓦时），同比增加 685.29 万千瓦时，增长率 7.8%；电费回收率 100%；完成综合线损率 12.85%（全年计划指标：12.95%），同比降低 0.76%。完成可控成本 525 万元（全年指标 526 万元），同比减少 19 万元。

【国网富顺县供电有限责任公司】国网富顺县供电有限责任公司于 2015 年 12 月底挂牌成立，属国网四川省电力公司控股县级供电企业。供电区域主要位于富顺县境内，辐射周边市县的部分地方，共约 30 余乡镇，总供电面积 1350 平方公里，供电人口 120 余万人，供电户数 32 万余户。国网富顺县供电公司依托 4 个 110 千伏变电站和 16 个 35 千伏变电站（含 1 个开关站）构成主干电网。拥有 110 千伏线路 7.96 公里，35 千伏线路 215.29 公里，10 千伏线路 1856.31 公里，配电变压器 3702 台。该公司在沱江河有径流式水电站两座，总装机容量 3.16 万千瓦（含 1 台机组技改增容），年发电量 2 亿千瓦时左右，黄葛灏水电站增效扩容改造项目完成投资 2170 万元，电站 1 号机改造完成实现单机 4000 千瓦出力。2016 年，国网富顺县供电公司实现国有全资化，实现自发自供电量 21281.4 万千瓦时，销售电量 51,196.9 万千瓦时，综合线损率 13.39%，供电可靠率 99.14%。

（邹　庆）

国网巴中供电公司

【企业概况】国网巴中供电公司是国网四川省电力公司的直属分公司，国有大一型供电企业，全国文明单位、全国五一劳动奖状获奖单位。1995 年 8 月 4 日成立巴中电业局筹备处，1998 年 8 月 26 日正式挂牌成立巴中电业局，承担着为巴中市经济社会发展提供安全、可靠供电的重要使命，供电服务区域覆盖巴中巴州区、恩阳区、通江县、南江县、平昌县五区县（含巴中经开区），供电面积 1.23 万平方公里，供电户数 119.43 万户。

2016 年 11 月 22 日，中国共产党国网巴中供电公司召开第一次党代会，选举产生新的党委和纪委

（国网巴中供电公司　提供）

2016 年，国网巴中供电公司所属国网巴中市巴州供电公司获中华全国总工会 2016 年度“职工书屋”称号。该公司被评为巴中市“2015 年度岗位学雷锋先进集体”“2016 年度创建和谐劳动关系先进单位”“巴中市第四次党代会安全保卫工作先进集体”，“国网四川省电力公司 2016 年度安全生产先进单位”。国网平昌县供电公司被评为国家工商行政管理总局“2014—2015 年度守合同重信用企业”。以舍己救人英勇牺牲员工彭大权为题材创作的微电影《望山》荣获四川省精神文明建设办公室 2015 年度“道德力量·第四届四川省道德模范公益微电影创作活动”三等奖，公司员工作品获中国能源研究会 2016 年度“农村用电安全公益宣传作品创意大赛优秀奖”。

2016 年，该公司顺利完成领导班子交接，广大干部员工齐心协力、拼搏奉献，完成了年度目标任务，“十三五”发展实现良好开局。全年电网最高负荷 60.5 万千瓦，首次突破 60 万千瓦大关，同比增长 20.76%；并表口径售电量 23.52 亿千瓦时，同比增长 12.48%；营业净收入同比增长 8.86%，三项指标均创历史新高。电费回收率 100%，预收电费比例 167.91%。完成并表口径线损率 10.86%，同比降低 0.11 个百分点，较国网四川省电力公司计划低 0.84 个百分点。

国网巴中供电公司设 13 个职能部门、7 个业务支撑和实施机构、4 个县级分公司和 1 个县级供电服务中心。全口径用工总量 4289 人。拥有变电站 87 座，其中 500 千伏变电站 1 座、220 千伏变电站 4 座、110 千伏变电站 17 座，35 千伏变电站 65 座；35 千伏及以上线路共计 2508.87 公里，其中 220 千伏线路 12 条，长度 548.45 公里，110 千伏线路 38 条，长度 859.79 公里，35 千伏线路 89 条，长度 1100.62 公里。

【人力资源】2016 年，国网巴中供电公司坚持以“夯实基础、规范管理、深化改革、队伍稳定”为工作主线，结合上级单位各项工作部署，不断加强内部基础管理，积极参与稳步推进企业改革，强化全口径人力资源管理，规范管理水平不断提升。积极助力维护企业队伍稳定，公司本部和国网平昌县供电公司、国网通江县供电公司共三家单位同时荣获“巴中市创建和谐劳动关系先进单位”，这在巴中市历年评比活动中尚属首次。启动“五位一体”深化应用工作，持续巩固提升“三集五大”体系建设成效，制定了 2016 年“三集五大”体系建设和“五位一体”深化应用工作任务清单并组织实施。结合国网四川省电力公司干部管理制度框架和公司实际，修订完善了领导干部管理等 10 余项管理制度。细致分解年度人工成本预控计划，科学下达了公司系统各级各类用工人工成本计划。积极开展藏区援助帮扶，选派 4 名同志派援藏区。推进一线员工工分同价计酬机制推广，先后开展 3 次现场培训和答疑，稳步做好工分绩效兑现工作，促进基层一线工作质效稳步提升。

【电网建设与发展】国网巴中供电公司结合巴中市

经济社会发展实情，高质量完成了“十三五”配电网改造等系列规划。不断加强汇报沟通，成功争取地方政府小水电供区移交国家电网，顺利接收5家小水电企业供区。完成110千伏及以上电网项目核准4项，城西220千伏、周家坝110千伏输变电工程成功列入2017年投资计划，促请巴中市政府召开城西220千伏输变电工程现场工作会，为重点项目建设扫清障碍。全年完成固定资产投资10.59亿元，新开工35千伏及以上输变电工程4项，建成投运基建项目8个，新增变电容量23.6万千伏安、输电线路50.7公里。张公220千伏变电站等4个工程获国家电网公司优质工程命名，水宁35千伏变电站等3个工程荣获国网四川省电力公司优质工程命名，中心城区新投运的重要电源支撑点江北110千伏变电站工程获国网四川省电力公司“质量管理流动红旗”竞赛优胜项目称号。

【经营管理】该公司深入开展“效益提升年”活动，全年实现增收625.84万元、节支4444.54万元。严控可控成本，全年压降可控成本1000万元，“三公”经费同比下降24.17%。大力推进“两金”压降，余额存量较预算值压降94.8万元。开展物资“清仓利库”协同监督，处置积压物资178万元。营财一体化系统如期上线，实现营财数据在线集成。深入开展“量、价、费、损”专项监控，成功追补电量116.01万千瓦时，成功收取南威、海螺两家水泥公司备用费和可再生能源基金333万元，实现自备电厂收费“零”突破。利用线损降损节约电量290万千瓦时。构建多部门协调、多专业联合实施的扭亏机制，县供电公司全部完成亏损治理目标。全力打好“供区保卫战”，新增报装容量8.75万千伏安。大力推进电能替代，完成油改电、电制茶项目9个，建成2个充电站共8个充电桩，完成替代电量3482万千瓦时。参加国家电网公司、国网四川省电力公司审计项目3个，国网四川省电力公司纪检巡察2次。配合国网四川省电力公司开展专项审计3项，并组织开展自查自纠，整改问题53条。强化资金安全规范管理，开展资金专项检查回头看，整改落实问题9项。

【安全生产】国网巴中供电公司全面深化全员安全培训，安规普考实现全覆盖。深入贯彻“两个规范”要求，预警管控各类风险200余项。开展“三查三强化”、“反措”自查、安全大检查等专项行动，全年查处违章1898起。“五级”隐患排查治理不断深化，累计排查整治隐患787项。深化大检修体系建设，完成了119项变电运维一体化移交。强化输电“六防”整治，220千伏线路跳闸率下降33%。在全川创新开展“主备调一键切换”、二次安全防护系统与主备调切换融合应急演练，促请巴中市政府出台了《巴中市大面积停电事件应急预案》。完成县供电公司、集体企业安全性评价，基层基础安全管理得到加强。强化分包安全管理，建立外来分包队伍、技工黑名单清退机制。全年排查治理外破隐患11处，完成220千伏等重要线路树竹清理，配合召开了巴中全市电力设施保护工作会。强化车辆管理，国网车辆管理平台全面启用。全年未发生被考核的不安全事件，获评国网四川省电力公司“安全生产先进单位”。安全管理力度全面加强、运检水平大幅提升，连续安全生产超过4900天。

2016年5月19日，国网巴中供电公司在变电站组织开展电网迎峰度夏应急演练　　（国网巴中供电公司　提供）

【农电工作】该公司积极推动实施巴中市政府电力扶贫专项规划，为全市脱贫提供强有力的电力保障，打好农网扶贫攻坚战。建立农网工程管理督导帮扶、周例会机制，强力推进农网工程实施。按照时间节点倒排工期，投资5.6亿元的2015年新增农网工程1105个项目、投资5.4亿元的2015年低电压整治工程461个项目和投资2.37亿元的2016年农网改造升级工程126个项目按期全面完工，投资1.27亿元的小城镇（中心村）电网建设、“井井通电”工程等3批次182个项目有序稳步推进。巴中恩阳10千伏恩阳镇松梁村4社台区低电压治理工程等三个工程入围国网四川省电力公司2016年度“农网五十佳工程”。全力做好易地扶贫搬迁、居民聚居点建设等电力保障，完成配套设施建设和迁建项目132个，为全市215个贫困村顺利“摘帽”提供了坚强电力保障，受到巴中市委市政府充分肯定。6个供电所被国网四川省电力公司评为五星级供电所。规范农电用工管理，三新公司实现实质化运作。

【科技与信息化工作】深入推进科技创新，完成发明专利（申请）2项，实用新型（申请）6项。积极争取国网四川省电力公司2017年科技项目储备，“基于互联网+的智能红外检测平台技术研究”项目成功获批2017年科技储备项目。以“推广标准化成果，抓好标准执行和评估”为原则，广泛开展技术标准实施评价并顺利完成技术标准自评价。推进变电站无线专网试点建设，实现81座35千伏及以上变电站无线网络全覆盖，为变电生产现场巡视、检修等移动作业微应用提供了网络技术支撑。在全省率先开展应急卫星通信便捷站创新改造，成功应用于融冰现场通信指挥，取得良好应用效果。持续提升信息通信技术支撑能力，完成基层单位网络覆盖和带宽提升建设，实现公司直属56个营业厅所的光纤全覆盖。成功开展国网企信、即时通讯系统试点应用，顺利构建即时通信交流互动平台，提升了公司系统办公效率。

【市场服务（优质服务）】国网巴中供电公司认真贯彻落实业扩新政，简化业务流程，报装时间平均缩短5.86天。完成智能电表换装12.84万只，巴中全市智能电表覆盖率达91.29%。深化PMS2.0应用与营配调数据清理，高压侧贯通率99.85%，低压侧贯通率99.95%。“三表合一”工作取得突破，签署战略合作协议7份，接入气表1945户、水表133户。清理上报备案“三供一业”分离移交项目18宗，清理需纳入改造的老旧小区56宗，签订客户资产无偿移交协议246宗，评估客户资产价值2.05亿元，实现财务入账18宗2480万元。推广配网带电作业，实施带电作业1479次，减少停电23402户。开展政、企、商大型主题活动6次，与2家电器商家开展战略合作，深度挖掘市场潜力。拓展服务渠道，建立各类交费网点5367个，完成“掌上川电”APP和“掌上电力”APP注册绑定20.41万用户，远程购电金额246万元。做好城乡“两保户”免费用电基数兑现工作，减免电费725万元。倾力服务市政重点工程和民生项目，完成各类保电任务161次，受到地方党委、政府和社会各界高度赞誉。

【党的建设和精神文明建设】2016年，国网巴中供电公司成功召开第一次党代会，完成103个基层党组织换届选举。推动落实“两个责任”，一人获国网四川省电力公司“勤廉兼优”好员工。成功创建省级最佳文明单位、省级文明单位各1个。加强志愿服务队建设管理，公司获巴中市“岗位学雷锋先进集体”，巴中巴州党员服务队被四川省文明办评为“岗位学雷锋先进集体”。夯实班组细胞建设，加强

2016年6月1日，国网巴中供电公司电力志愿者在“6.1”儿童节为特校学生送爱心蛋糕　　（国网巴中供电公司　提供）

班组先进典型选树，涌现出全国“工人先锋号”、省“五化五强”班组、国家电网公司先进班组各1个，市“工人先锋号”4个，国网四川省电力公司先进班组4个、优秀班组长2人。关爱职工，强化“面心实”活动，全年访贫问苦464人次，1个集体获得四川省“创建和谐劳动关系先进集体”、3个单位获得巴中市“和谐劳动关系先进单位”称号。新创全国职工示范书屋1个，多个兴趣小组自主活动水平实现提升。积极构建良好公共关系，加强与地方党委政府主动汇报和密切沟通，积极协调国网四川电力与巴中市政府战略合作协议签订事宜，公司系统5名干部员工当选市人大代表并积极履行参政议政职能，组织四川省、巴中市新闻媒体集中报道工作亮点，社会影响力进一步提升，发展环境进一步优化。

【存在的主要问题】一是安全基础仍不牢固。尽管巴中江北110千伏输变电工程在2016年顺利投运，但巴中220千伏、110千伏变电站布点仍显不足，35千伏变电站单电源、35千伏线路T接供电还较普遍。同时由于主网结构不合理，负荷不均衡且转移能力较弱，部分110千伏变电站负荷高峰期重载运行，配网薄弱及“瓶颈”等问题突出，电网可靠性依然较低、运行风险依然较高。另一方面，安全工作执行力、穿透力不强，工作部署层层衰减，安全规程

等执行不到位的现象仍然存在，特别是安全监护、安全措施不到位，个别现场甚至失去监护，人身安全风险突出。各类施工任务工期紧、任务重，加之劳务分包队伍良莠不齐，现场安全管控执行不到位，习惯性违章屡禁不止。二是管理转型刻不容缓。本部职能部门对基层单位专业化管理深入程度不够、指导力度不强，致使基层单位专业管理水平提升缓慢。同时，随着新技术、新设备和信息系统的快速推广应用，电网和设备的自动化、智能化程度越来越高，传统的管理已逐渐被新技术、新标准、新流程所取代，公司各层级专业人员的技能、技术和管理素质难以适应新形势新要求。随着县公司“子改分”后进入实质一体化运作，市公司要将专业管理向县公司全面覆盖、深度延伸、直接介入，县公司也将接受更集约、更精细的专业管理，改变以前许多固有的思维模式和管理模式，相当一部分员工对下一步工作感到吃力和困惑。三是服务风险与日俱增。巴中是典型的大农村、大山区，农村供区广袤，青壮年绝大多数外出务工，留守老少人员安全用电常识尤其是智能用电设备使用常识缺乏，供电服务工作量和工作难度极大。城区主网支撑和配网延伸存在许多薄弱环节，尤其是负荷高峰时段供电服务压力大。公司部分员工服务意识、服务手段、服务能力方面还停留在传统阶段，对居民用户的供电服务，尤其停电计划的告知、投诉办理的回访、减少非计划性停电等敏感性强、感知度高的方面到位性、合理性仍然不够。2016 年公司的服务投诉量在全川高居前列，这说明无论是在思想意识上，还是在基础管理上，都还有许多值得认真反思和深入改进的地方，服务人员的服务意识和服务水平仍需大力提高和加强。四是队伍建设任务紧迫。干部员工的知识结构、业务技能和管理水平尚不能满足公司发展新要求，部分干部员工政策触觉迟钝，对改革发展不关心不关注，看不清形势，找不到方向，缺乏危机意识。大多数员工还没养成自觉学习习惯，特别是随着平均年龄逐渐增长，学习和接受新事物的积极性下降，岗位胜任力不断减弱，专业技术人员、重要岗位管理人员十分紧缺。“吃大锅饭”现象仍不同程度存在，基层单位尤为突出，不愿意主动担责，进而导致劳动纪律涣散。班组建设和基层管理提升缺乏动力，正向、负向绩效考核机制有待健全。个别干部工作劲头不足，自我要求不高，团队合力不强，责任担当不够，缺乏昂扬向上、突破创新的精气神。

【国网巴中市巴州供电公司】国网巴中市巴州供电公司是国网四川省电力公司下属中型县级供电企业，前身为成立于 1952 年的巴中县电厂，1981 年 8 月成立巴中县电力公司，1998 年 12 月由国网巴中供电公司代管，2006 年 3 月，公司实施增资扩股改制，成为国网四川省电力公司的控股子公司，2014 年 1 月，公司地方国有股权整体上划，成为国网四川省电力公司的全资子公司，2016 年 9 月，公司通过吸收合并方式改制为国网四川省电力公司的分公司。供电区域涵盖巴州区（含巴中经开区）全部行政区域，供电面积 1359 平方公里，供电人口 77 万，营业客户 27.11 万户，其中城区客户 10.38 万户、农村客户 16.73 万户，户通电率 100%。本部设 8 个职能部门，下设业务支撑和实施机构 3 个、供电所 9 个。有在册员工 804 人（不包括恩阳供电服务中心），离退休人员 558 人。全年共有 6 人完成本、专科继续学历教育提升，29 人取得了初、中级职称，人才当量密度突破 0.8919。

供区内有 500 千伏变电站 1 座，220 千伏变电站 1 座，110 千伏变电站 5 座，35 千伏变电站 11 座；35 千伏线路 215 公里，10 千伏线路 2121.37 公里，10 千伏以下线路 1.2864 万公里。同时，公司还承担了恩阳区的电网调控和 35 千伏及以上电网的运行维护工作。供区内有小水电装机容量 1.02 万千瓦。2016 年完成自发上网电量 3280 万千瓦时；完成供电量 5.66 亿千瓦时，同比增长 10.27%；完成售电量 5.15 亿千瓦时，同比增长 10.70%；实现综合线损 9.04%，同比下降 0.45 个百分点；国网四川省电力公司和国网巴中供电公司下达的亏损治理目标全面完成，安全形势总体平稳，内外环境和谐融洽，企业发展态势平稳向好。

该公司结合地方经济社会发展需求，滚动修编了电网“十三五”规划，完成了工业园区电网专项规划。全力配合巴中电网建设，落实属地协调责任，确保了 110 千伏江北变电站成功投运，220 千伏城西输变电项目顺利列入 2017 年投资计划。完成主网建设投资 1843 万元，新建 35 千伏变电站 1 座，改造 35 千伏变电站 1 座，增容 1.63 万千伏安。争取政府出面及时化解阻工逾百起，充分依托城网、农网、智能表三个项目部强化施工组织管理。完成城网建设投资 4627 万元，新投运 10 千伏开闭所 18 座，新建改造高低压线路 65 条 38.85 公里。密切跟进经开区发展，完成投资 390 万元，新建 10 千伏线路 4 条 9.6 公里，有力保障了新区发展用电需求。截至年底，2015 年新增农网改造工程全面完工，2016 年农改工程完成 90%，累计新建改造高低压线路 381.78 公里，新增变压器容量 1.17 万千伏安。换装智能表 1.8 万只。年累计完成电网建设投资近 4 亿元，再创单年历史最高记录。坚持质量与进度并重，严格设计、建设、监理、验收等关键环节管控，水宁输变电项目获评国网四川省电力公司输变电优质工程，1个农网项目获评国网四川省电力公司“五十佳工程”，并被推荐参加国家电网公司农网“百佳工程”评选。

国网巴中市巴州供电公司将“效益提升年”活动贯穿全年，采取非常举措，努力开源节流、深入挖潜增效。积极汇报争取电价政策，工商业电价政策性下调取得了最好效果，实现了巴中全市最小降幅。千方百计开拓电力市场，受理高低压业扩报装容量45.04万千伏安，投运20.74万千伏安。深入开展营业大普查，追补各类电费53.45万元。收取高可靠性电费589万元，同比增加55%。完成180台专变客户高压预付费改造，智能表覆盖率达到78.43%。长期坚持高压态势整治电费回收，对弃管小区欠费采取了停电催收措施，当年电费回收率达到99.98%，全年回收历欠电费350万元。结合营财一体化上线，狠抓营销指标提升，智能表综合采集成功率达到97.8%，台区线损合格达标率达到29.8%。全面清理SG186系统和采集平台基础数据，营配调数据贯通率达到99.8%，PMS2.0系统得到广泛应用。努力少停多供，带电作业完成实操238次，计划检修率达到97.34%，通过163次倒换电网方式大大减少了停电范围，累计增加供电量2000万千瓦时。充分利用来水多发电，成功追回巴河河道整治弃水损失68万元。整合租赁库房，全年减少租金和管理费用60万元。坚持过“紧日子”思想，精心分解下达年度可控成本，进一步严格资金计划使用管理，大力压降了非生产性支出。以“子改分”工作推动为契机，归还了银行贷款本金7000余万元，大大减少了公司的财务费用支出。加强税收清算，争取了退税49.91万元。严格“营改增”政策执行，节约了增值税支出约25万元。大力压降“两金”，全面清理回收备用金和历史欠款179万元。积极争取保险公司赔偿222.7万元，争取将原制氧厂还房由实物补偿改为货币补偿。督促和帮助集体企业通过以资抵债等方式，追回各项欠款700多万元。

以强化员工、民技工“保命教育”和关键岗位人员履职能力提升为核心内容，深化安全教育培训，有效提升了全员安全素质。创新开展了党委“反违章、保安全”活动，率先实施了“三种人”待遇提升措施，各级人员抓安全工作积极性明显增强。始终保持从严治安高压态势，落实各级主体责任，推行“三级安全管控网”全面监控施工现场。逗硬施工作业“日管控”，加大了“四不两直”巡查和违章打击，公司层面巡查现场1185次，发现各类违章815起，处罚现金30余万元，同时各单位自查自纠成绩突出。深入推进资产全寿命体系建设，完成了29条输电线路标准化建设和5座变电站精益化评价。投入“两措”经费700余万元，整治设备缺陷隐患646处，线路跳闸同比减少52次。有序组织应对了多轮罕见持续高温、雷电大风和冰冻雨雪天气，迎峰度冬前调换主变5台增加容量2.2万千伏安。警企联手出重拳打击外破事件，收缴不明电力物资逾2吨。建立健全各类应急预案，组织演练6次，应急实战能力不断增强。及时更换总漏保37台，组织安全用电宣传937场，发放宣传资料7.53万份，用电安全形势持续保持平稳。

全面完成2015年第一批农网改造升级工程，配网低电压技改项目及新增农网工程施工及结算办理。完成了2013—2015年农网改造升级工程审计整改，接受了国网四川省电力公司对农网工程的巡视检查，2014年农网改造升级工程顺利通过法人验收。筹办了全区农网改造升级工程推进会，按期开工建设2016年农网改造升级工程，循序开工井井通电和小城镇（中心村）电网改造升级工程2016年第一、二、三批项目。第三批开工项目的物资正进行ERP系统分配。编制完成了2018年农网改造升级工程项目储备计划，共计储备各电压等级项目25个共计资金0.62亿元。加强工程建设安全质量管理。进一步深化应用“互联网+农网工程安全管理”的农网工程现场安全监控系统，加强农网工程现场安全管控，全年共完成4121条施工计划、71支施工队、396名施工人员归档管理，接入现场安全管控终端142台。严格落实配电网建设有关技术规范和标准化建设要求，全面采用 “三通一标”和典型设计，继续深化农配网“五化”推广应用，提高农网工程建设水平。

结合营财一体化上线，狠抓营销指标提升，智能表综合采集成功率达到 97.8%，台区线路合格达标率达到 29.8%。深化 PMS2.0 应用与营配调数据清理，实用化工作同步开展。完成发电站集控中心建设方案编制，三江电站 2 号机组通过自动化改造后初步具备远程控制条件。完成 1915 户电表、气表同步远程采集试点，“多表合一”推广占全市总量 95.13%。

该公司严格落实业扩新政，逐步延伸客户工程投资界面，全年投入配套资金 497 万元。全面规范和简化业务办理流程，大力整治了业务线下办理和体外循环。加紧做好了经开区供电服务机构组建前期工作，对经开区各类用电全面执行了国网直供区电价标准。大力推进电费离柜交费业务，新增第三方电费代收网点 20 个，“掌上川电”“掌上电力”APP新绑定用户 6.5 万户，成功开通客户远程购电功能

3120户。加强行风建设，走访“两代表一委员”70人次。积极配合政府化解弃管小区遗留问题，九鼎公寓等5个弃管小区配电设施完善取得实质进展。完成国土资源部现场会、“环中赛”等重大保电任务109次，争取政府投资为各高考考点安装了大容量UPS备用电源。做好城乡“两保户”免费用电基数兑现工作。完成了配抢“五个一”体系建设“3+1”“3+3”有效转序，实现接单、派工、恢复和完成四个100%目标。狠抓员工服务意识提升，严查重处服务投诉事件，处理责任人88人次罚款5.94万元，查实投诉呈逐年下降趋势。

国网巴中市巴州供电公司深入开展“两学一做”专题教育活动，如期完成了党委、纪委和各支部换届选举。大力开展“三亮三比”主题活动，主动接受监督，锻炼过硬作风，共产党员服务队获评四川省委宣传部“第一批‘双争’先进集体”荣誉称号。严格劳动纪律管理，全年通报处理63人次。大力宣贯学习《准则》《条例》，组织关键岗位人员进行了廉规考试，邀请了川中监狱高级警司讲廉政课。与巴州区检察院协同签订反腐倡廉预防职务犯罪合作协议，构建了反腐倡廉风险防控新防线。出台了《部门（单位）负责人绩效考核实施细则》，督促干部严格履职尽责。持续强化员工队伍建设，全年送培56期1753人次。改善住宿和食堂环境，三江培训基地正式挂牌运作。开展“双文明”评选，打造“道德讲堂”，创建省级最佳文明单位顺利通过现场验收。成立兴趣小组8个吸收会员156人，以兴趣带动职工群体活动，公司职工书屋被成功授牌中华全国总工会“职工书屋示范点”，公司编排舞蹈《路》参加国网四川省电力公司春节文艺成果展示。关心关爱员工，慰问困难员工116人发放慰问金44.9万元。《国家电网报》、电网头条等重要媒体上稿30余篇，较好维护了品牌形象。

【国网平昌县供电公司】国网平昌县供电公司始建于1953年，2006年3月正式由国网四川省电力公司控股，更名为四川平昌供电有限责任公司，2013年7月更名为国网平昌县供电有限责任公司，2014年1月成为国网四川省电力公司全资子公司，2016年8月，完成“子改分”业务切换，正式成为国网四川省电力公司分公司。承担着平昌县43个乡镇107.1万人口的供电任务，供电面积2229平方公里，供电户数23.74万户，市场占有率、户通电率100%。2016年最高负荷12.54万千瓦，全社会用电量4.3亿千瓦时，同比增长7.96%。有在册员工735人，农电工2人(不含离退休人员)，平均年龄44.9岁。在册员工中，本科及以上文化程度108人，大专文化程度314人。高级职称及以上4人，中级职称60人，初级职称109人。高级技师11人，技师298人，高级工233人，中级工69人，初级工8人，6名员工获评省公司优秀技能人才，人才当量密度0.9112。设8个职能部门，2个业务支撑机构和14个供电所，受托管理和兴平昌分公司和三新平昌分公司两个集体企业。全县有220千伏变电站1座，110千伏变电站4座，35千伏变电站16座。110千伏线路11条，长度235公里，35千伏线路25条，长度287公里，10千伏线路90条，长度3260公里，10千伏以下线路3.21万公里。2016年，完成售电量4.29亿千瓦时，同比增长7.96%；综合线损率9.72%，同比上升1.09个百分点；电费回收率100%。完成国网四川省电力公司下达的目标。

该公司完成“十三五”电网规划、“井井通电”“中心村”“动力电”和电力专项扶贫的规划编制。720个电网项目获得批准，涉及110千伏项目2个，35千伏项目4个，10千伏及以下项目714个，投资额达8.4亿元。全年完成电网投资3.97亿元，35千伏佛楼变电工程开工建设，完成生产大修技改项目4个，2015年配网低电压治理及2015年新增农改项目全面完工，2016年农改第一批29个项目及2015年城网4个项目完成现场施工任务，“井井通电、中心村”项目有序推进。认真落实电力扶贫专项方案，完成14个脱贫摘帽贫困村农网升级改造，同步对建成的12个易地扶贫搬迁点和4处安全饮水工程实施了用电安装。

大力增供促销，建成投运全市首家电动汽车充电站，储备14个专用充电站项目，“三表合一”采集建设率先在白衣成功试点，全年新增报装容量14.53万千伏安，完成电能替代31万千瓦时。重拳整治线损，累计核查零电量用户3.82万户，查处违约用电和窃电行为47起，追补电费10.95万元。加强财务集约化管理，如期完成营财一体化上线，完成28个小区供配电设施资产移交接收工作。财务费用同比减少89.5万元，物资库存额压降30万元，降幅18.7%。

全面深入开展“三查三强化”等安全专项行动。开展安防检查15次，消防检查18次，协调处置6起外破事件。开展“春秋安”检查，治理安全隐患124项。开展安全知识竞赛，安规“三种人”培训考试1200人次。投资25万元，为17个班组新增更换安全生产工器具718件。全员参与现场安全管控，落实安全人员“同进同出”要求，微信现场图像、视频管控等深入应用。以“四不两直”方式查处违章364起，处罚款25.83万元。强化质量监督，如期完成资产全寿命体系建设。加强应急体系建设，修编各类应急预案34项，成功应对“5·6”“6·4”“6·22”等暴风雨灾害，高效安全完成度冬、度夏保电及抢险任务，确保了人身、电网、设备、交通、消防、信息安全“零”事故。

加快营销项目实施，营配调数据如期实现贯通，一致率达99.87%。开工2016年第一批和第二批城镇范围智能电表换装项目，完成笔山、大寨场镇1700只智能表换装。认真贯彻业扩新政，主动上门服务大客户，业扩报装接电平均缩短1.8天。深入开展带电作业，配网带电作业4次，减少停电7688户。深化配网“五个一”网格化管理，故障抢修平均缩短4.2小时。大力推行“掌上川电”APP，注册用户突破3.28万人，实现远程购电3985户。丰富便民服务措施，新建代收电费网点28个、村村通交费点46个。规范供电服务行为，查处服务事件64起，处理责任人35人，处罚金额7.12万元。清理兑现即征即返“两保户”14.39万人次，返还免费用电资金补贴111.48万元。完成重大保电任务32次，多次得到平昌县主要领导的批示肯定。

该公司有序推进机制体制改革，子公司注销、职工民主管理程序、分公司工商注册等工作率先完成，全面进入分公司管理模式。稳步推行薪点工资，2个供电所转型为农电新模式运行，元山供电所生产办公楼投入使用。深入开展全员普法，通用制度进班组活动在14个基层单位有效开展。坚持“法治”“德治”相结合，通过视频会议开展“道德讲堂”活动4次，组织各部门、单位进行集体廉政谈心谈话2次，全员思想道德水平、廉洁从业意识进一步强化。组织开展保密、信息安全专项检查，配合完成巴中供电公司保密专项督查。修订并严格执行“三重一大”决策制度，坚持主要领导末位发言制，全年召开总经理办公会议31次，党委会议26次，企业决策管理进一步规范。统筹应用外聘律师资源，指导法律事项20起，依法维权5起，处理纠纷8起，公司合法权益得到充分保障。扎实开展工程领域、财务等专项审计，配合完成国网四川省电力公司巡视检查，认真整改发现的各类问题。严格合同审核管理，累计办理合同308份，法律把关率100%，获2015年度“全国重合同守信用单位”称号。

国网平昌县供电公司党委中心组开展“两学一做”学习教育四个专题讨论7次，班子成员深入联系点党支部讲授党课13场次，各党支部开展“两学一做”学习教育75场次、专题讨论70场次，党支部书记、普通党员、先进典型讲授党课45场次。严格落实党风廉政建设“两个责任”，建立中层干部廉政档案78份。供电所长重大事项报告实现全覆盖。常态开展明察暗访和作风建设专项督查，发布正风肃纪通报16期。获市公司“党纪党规印我心”知识竞赛一等奖。组织员工为大病职工、贫困学生、精准扶贫户捐款16.9万元。大力引导和帮扶贫困户发展种养业，免费为贫困户送去鸡苗1400只，逐户制定增收措施，促进了贫困户收入稳步提升。

【国网南江县供电公司】国网南江县供电公司成立于1982年，1998年12月被巴中电业局代管，2003年7月进一步理顺代管体制，进入实质性代管。2006年3月经南江县人民政府与国网四川省电力公司共同商定，成为国网四川省电力公司的控股公司。2013年改制成为国网四川省电力公司全资公司。2014年5月“三集五大”体系建成运营。2016年7月20日，完成“子改分”工商注册，2016年12月25日，分公司模式正式运营，更名为国网四川省电力公司南江县供电分公司。承担着35个乡镇、348个村、1644个社的供电任务，供电户数16万余户，供电面积约2251平方公里，供电区域占全县总面积的65%，供电人口46万余人，供电量占全县的85%。该公司已接收6个小水电供区，在南江县境内还有9个独立的小水电供区，与南江供电公司形成趸售关系。有在册员工735人，农电工2人(不含离退休人员)，平均年龄44.9岁；在册员工中，本科及以上文化程度108人，大专文化程度314人；高级职称及以上4人，中级职称60人，初级职称109人；高级技师11人，技师298人，高级工233人，中级工69人，初级工8人。6名员工获评国网四川省电力公司优秀技能人才，人才当量密度0.9112。

拥有220千伏变电站1座，变电容量30万千伏安；110千伏变电站3座，变电容量20.15万千伏安；35千伏变电站16座，变电容量15.49万千伏安。35千伏及以上线路共计555.17公里，其中：220千伏线路52.5公里；110千伏线路7条180.80公里；35千伏线路23条276.77公里；10千伏及以下配电线路8916.14公里。配电变压器2583(含专变617台)台，变电容量43.33万千伏安。水电站1座，装机容量2400千瓦。2016年完成供电量5.85亿千瓦时，占年计划的109.06%，同比增长18.69%；售电量5.48亿千瓦时，占年计划的110.63%，同比增长19.12%；综合线损率6.46%，比年计划下降1.34个百分点，同比下降0.33个百分点。

完成了南江“十三五”新一轮农网改造升级规划和城市配网、“中心村、井井通、动力电”及新接收小水电供区等项目的可研。开展了110千伏东榆，35千伏沙滩、候家、关坝输变电站建设前期工作。加快2015年低电压治理项目、2015年新增农网工程、2016年农网改造升级工程、2016年井井通、中心村项目的实施。积极配合县委政府完成红鱼洞水库110千伏观寨线、35千伏南寨线、清溪沟电力线路迁改及光雾山景区电力建设等工程的实施。全年新增客户2759户，新投运高、低压容量9.97万千伏安。组织实施了2015年配网低电压治理技改项目103个，2015新增农网改造升级工程项目76个的建设。将全县110个贫困村全部纳入2016—2018年农网改造规划，按脱贫时间节点完成摘帽贫困村的电网改造。做好易地扶贫搬迁和居民聚居点电网建设，畅通业扩报装绿色通道，提高办电效率，完成86个聚居点的规划设计，并组织实施了33个聚居点及256户易地搬迁户的电网建设。

该公司以“效益提升年”为主线，积极拓展电力市场，大力培育新增负荷，坚持守存量保增量。全面开展“账卡物一致性”清理提升活动，大力推进资产全寿命体系建设。强化“两金”压降工作，努力压存量增效益。如期完成了营财一体化上线，实现营财数据在线集成。严格“营改增”政策执行，强化增值税抵扣，减少税收支出20万元。加强物资集约化管理，加快物资利用率，严控物资库存量，比去年同期下降了12.34%。成功抢占电动汽车充电市场，两座小型充电站顺利竣工并投运。 规范管理业务费用，强力推进费控装置应用推广，新增高压费控46台，低压费控73台。严格电价政策刚性执行，海螺、南威自备电厂系统备用容量费和自发电量基金征收工作取得突破性进展。

国网南江县供电公司认真贯彻《国家电网公司安全职责规范》，严格执行“党政同责、一岗双责、失职追责”制度。扎实开展“三查三强化”、安全大检查等专项行动，强化作业现场监督管控。全面推行施工人员违章“十二分”制管理，严格落实外来施工队伍“黑名单”和清退机制。严厉打击违章行为，惩治违章抓铁有痕，全年处理违章人员60人，处罚金额近13万元，清退严重违章工作负责人、技工9人。有序推进应急管理工作，修编公司33个专项预案。组织开展了防汛、除冰、消防专项演练，组织实施35千伏线路直流融冰工作。加强输配网隐患、缺陷排查治理，全年完成反事故措施计划资金460万元，确保电网设备安全可靠运行。通过春检、秋检预试、隐患排查等专项计划，安排专项资金全面清理线路通道，严格执行线损绩效考核，综合线损较年计划降低1.34%。

开展“电力服务进社区、进园区”活动，实现236个包片进村的公示，建立376 个连心岗，设置142个电费代收点，发放《便民服务卡》5万余张。完成小水电供区39个行政村电网改造，投资8003万元。其中，完成小水电供区13个脱贫村的电网改造，投资2197万元，并将2016年小水电未改造17个脱贫村纳入改造，计划投资5348.71万元；已接收小水电供区39个行政村，并完成电网改造，投资8003万元；积极争取农网结余资金5348.71万元，将小水电17个脱贫村纳入改造。扎实开展“三跨”整治，对跨越及临近鱼塘、水库209处隐患均设立了警示桩，与鱼塘户主签订安全责任书125份，切实降低农电事故风险。

该公司成功开展全川首次35千伏线路双变交流融冰试验，并获得 2016 年运检专业群众创新实践活动成果奖《基于双变压器串联配网交流融冰模型建立及实现》。研制了“转角杆放线支撑滑轮”，解决了在抢修、施工作业中因受力角度不同造成的卡线、及损坏材料等问题。两项技术创新成果“便捷式接地线架的研制”“10 千伏接地线改进”荣获国网巴中供电公司 2016 年技术创新三等奖和优秀奖。

该公司积极服务地方经济发展，重大项目和重要客户实行领导班子担任客户经理制，有力保障了红鱼洞水库灌区枢纽工程、巴陕高速公路等重点项目和南威水泥、海螺水泥、川交公路等重要客户用电。深入开展“包片进村”活动，大力推进城乡供电“四同”服务。支持全县重大政治经济活动开展，全年完成保电任务 43 次。推进便民工程建设，完成投资 3366 万元的 6.8 万户智能电表换装及配套采集建设。减免全县 2.25 万户城乡“两保户”电费 211.94 万元。拓宽交费渠道，开启工行、恒基伟业、邮政银行代收电费业务。大力推广“掌上川电”手机 APP 应用，注册用户达 1.82 万户。强化对抢修、停电检修时限的规范性和过程考评，实行营业窗口在线监控。坚持供电服务“一岗双责”，推行优质服务保证金制度，供电服务投诉率有效降低。

国网南江县供电公司成立以党政主要负责人为组长的领导小组，制订《开展“学党章党规、学系列讲话、做合格党员”学习教育实施方案》。按照“三会一课”制度，组织 16 个党支部开展“两学一做”学习教育。严格落实国家电网公司《党建工作责任制实施办法》，逐级分解 2016 年党建责任清单，促进责任落实。组织 9 名支部书记参加国网四川省电力公司举办的四期培训。开展入党积极分子、预备党员学习培训，发展新党员 3 名，预备党员转正 1 名。与 16 个党支部签订《党建目标责任书》《学习考核责任书》，建立 279 名党员基本信息一表一卡。开展“我给党组织交答卷”主题活动，积极参加国网四川省电力公司和国网巴中供电公司“电力雏鹰”“电网先锋”选拔工作，公司两名员工分别获得两项荣誉。组织参加国网四川电力在乐山、内江等供电公司开展向“国网劳动模范、四川好人”彭大权同志学习的巡回宣讲和国网巴中供电公司“微宣微讲”竞赛，获得二等奖。张茂春荣获巴中市2016年度第三季“巴中好人”称号。

【国网通江县供电公司】国网通江县供电公司于1998年由国网巴中供电公司代管，2006年3月，公司改制成为国网四川省电力公司控股县级供电公司，2014年完成全资子公司改制，2016年8月改制为国网四川电力分公司。用电客户数24.63万户，智能电表客户22.97万户，占比93.26%，户通电率100%。设8个职能部门、3个业务支撑和实施机构、15个供电所。有职工820人(男职工536人，女职工284人)，平均年龄43岁。大专及以上学历占78.29%，高中（中专）学历占21.09%，初中及以下学历占0.62%。有国网四川省电力公司级优秀技能人才1人，高级职称4人，中级职称38人，初级职称518人，高级技师3人，技师79人，高级工276，中级工348，初级工18人。人才当量密度0.8923。

拥有220千伏变电站1座，变电容量15万千伏安；110千伏变电站3座，变电容量22万千伏安；35千伏变电站15座、变压器24台，变电容量16.65万千伏安。110千伏线路7条195公里；35千伏线路20条332.1公里；10千伏线路82条3153.07公里。配电变压器3112台，容量32.78万千伏安。0.4千伏及以下线路1.68万公里。小水电站1座，装机容量9800千瓦。资产总额2.019亿元。2016年，完成售电量3.3亿千瓦时，同比增长4.48%；完成综合线损率13.31%，同比下降0.08个百分点；电费回收率、解缴率100%。

该公司编制《通江县“十三五”新一轮农网改造升级规划》《电力扶贫专项方案》《通江县工业园区2017-2019年电网规划》，《通江县城市电力基础设施规划》经通江县规委会审查通过。储备2017、2018年农网改造项目资金1.82亿万元。110千伏周家坝输变电工程施工设计已经国网四川省电力公司批复，2017年开工建设。35千伏麻石、沙溪变电站扩建工程竣工投产。35千伏洪口变电站扩建工程稳步推进。完成35千伏铁佛变电站主变扩容、九浴溪电站主变增容改造。2015年配网低电压治理技改、新增农网、县城电网改造升级工程项目全面完工并通过验收。完成2016年第一批农网改造升级工程、井井通电和小城镇（中心村）电网改造升级工程第二批项目施工任务。2016年大修技改工程完工率100%。

围绕“效益提升年”活动，以“增收节支、降本增效”为主线，刚性执行综合计划和全面预算管理，积极开展经济活动分析，及时发现和纠正预算执行偏差，坚决杜绝计划外项目和预算外支出。强化“营改增”政策执行，节约增值税支出5.19万元，成功申请退税71万元。强化往来账清理，收回备用金68.2余万元，“两金”控制在规定范围，清偿原通江县火电厂陈欠贷款债务314万元，节约表外利息289.83万元。开展物资“清仓利库”协同监督，提升库存物资利用效率，强化废旧物资管理，全年利库300余万元。深化电价分析和测算，强化电价执行规范性和准确性检查。制定专变客户“一户一策”风险管控，推广安装远程费控装置和本地费控智能电表，严防欠费风险。

该公司全面推行“电力安全工作日日记”，被四川省总工会、四川省安全监督管理局联合表彰为“安杯康”竞赛优胜单位。实施作业风险精益化管控，构建覆盖电网运行、基建施工、检修抢险作业等安全风险预警管控体系，全年发布电网运行风险预警101期。构建违章防范和惩戒新机制，严格执行农网施工“同进同出”“月计划、周安排、日管控”措施，创新开展农网施工现场管理“3+X”模式和“双报告双核查”机制，累计开展安全巡查1046次，查处违章行为763项，落实整改710起。建立外来分包队伍、技工黑名单清退机制，清退安全管理混乱、违反红线禁令外协施工队伍5支。常态开展隐患排查治理，制定重大隐患“两单一表”闭环管控措施，投入资金246万元，完成32项重大隐患处理。常态化开展安全工器具管理检查，投入资金13.78万元，新配备安全工器具柜21台，更换不合格安全帽639顶，补充绝缘手套、绝缘靴各90双。修订完善应急预案，投入资金4万余元采购修缮发电机等应急装备150余件，成功应对“6·24”“7·16”暴雨洪灾，受到各级党委政府高度评价。

制订供电所农电管理转型实施方案，以民胜供电所为试点，加快推进农电管理转型，整合营配业务，实行集中管理、统一派工、统一考勤、统一考核，推行供电所员工“工分制”管理，充分调动员工工作积极性。配套解决并大力改善基层供电所生产生活条件，投资18.7万元为员工购置个人工具包，投资46.65万元配置员工休息室必备的床、衣柜等物资，投资近30万元为供电所购置办公家具，投资90余万元对部分供电所房屋进行维修，沙溪供电所综合楼按期投入使用。

完成网络覆盖和带宽提升项目实施，新装通信网络设备60台，实现公司各变电站、供电所、营业厅自建光纤全覆盖。完成供电所视频监控系统设计及实施，实现全高清、音频远程监控。

开展“一证受理”和低压客户“免填单”服务，

履行“一次性告知”义务，避免客户重复提交资料，提高报装效率。不断完善“掌上川电”APP 功能，用户查询电费余额、掌握停电信息更加便捷，开通居民客户网上购电远程充值业务，成功实现网上购电远程下发。积极履行社会责任，完成“低保户”“五保户”即征即返 2.7 万户 176.34 万元，确保费用兑现到位。特别是在今年夏秋决胜战高温保供电攻坚战中，全司员工充分发扬“特别能吃苦、特别能战斗、特别能奉献”的精神，不畏高温酷暑、不分昼夜抢险抢修，得到了广大用户的一致赞扬，县长王军对公司工作给予批示肯定。

该公司开展“两学一做”学习教育，深化“三亮三比”主题活动，营造争做“四讲四有”合格党员的良好氛围，党员模范作用进一步凸显。完成党委和 23 个基层党支部换届选举。开展安全生产、优质服务、党风廉政道德讲堂 60 余次，开展“践行核心价值观，争做最美国网人”活动。完善职工创新工作及 QC 活动机制，变电运检班“10 千伏避雷器自动校验台”创新项目被巴中供电公司确定立项并予以实施，网络“战斗机”QC 小组在国网四川省电力公司登记注册，“降低网络延迟”课题被国网四川省电力公司、国网巴中供电公司评为三等奖。获巴中市“创建和谐劳动关系先进单位”，城北营业厅获巴中市“工人先锋号”称号。

【国网巴中供电公司恩阳供电服务中心】恩阳供电服务中心是隶属国网巴中供电公司的内设二级机构，负责恩阳新区所辖区域的电力保障和供电服务工作，已纳入县级供电公司管理和运作。2013年12月13日组建成立，2014年3月10日正式运转。供电区域涵盖恩阳新区全部行政区域，供电面积1156平方公里，辖3个街道办事处、24个乡（镇）、437个村（居）委会、2538个（村）居民小组，供电人口62万，营业客户17.4万户，其中城区客户11870户、农村客户162130户，户通电率100%。设7个职能部门、2个业务支撑机构，7个乡镇供电所，另有集体企业2个。定编355人，实际在岗员工339人，平均年龄44.5岁。

拥有 110 千伏变电站 1 座，变电容量 7.15 万千伏安；35 千伏变电站 6 座，变电容量 6.39 万千伏安。110 千伏线路 2 条，长度 84.06 公里；35 千伏线路 9 条，长度 131 公里；10 千伏线路 40 条，长度 1580.67 公里。10 千伏配变 2078 台容量 22.327 万千伏安，10 千伏以下线路 10353 公里。有小水电站 4 座，装机容量 2090 千瓦。2016 年完成供电量 2.2 亿千瓦时，较去年同比增长 16.19%；完成售电量 2.02 亿千瓦时，较去年同比增长 16.82%；完成综合线损 8.64%，较去年同期下降了 0.5 个百分点。售电收入、主营业务成本、利润等经营指标因恩阳供电服务中心尚不具备单独的法人资格，未进行单独核算，由国网巴中市巴州供电公司统一下达、统一核算。

恩阳供电服务中心根据省市公司“十三五”人力资源发展规划要求，开展劳动定员测算、评价和人员现状分析，加快解决生产一线结构性缺员问题。深化全员绩效管理，构建全员绩效管理体系。开展各类培训685人次，全年技能鉴定合格高级工8人，技师32人，评定合格初级专业技术职称14人、中级专业技术职称6人、高级专业技术职称2人，人才当量密度提升到0.82。

恩阳供电服务中心根据恩阳区工业园区发展的需要，结合园区负荷增长的实际，编制了《恩阳区工业园区电网专项规划》，形成了规划报告、图纸及项目表等成果，储备工业园区配套项目7个，总投资2003.5万元。完成了西龛110千伏、观音35千伏等两个输变电工程立项审批。2016年恩阳区实施农网改造升级工程34个，投资3879万元，改造涉及27个村、2个场镇、6条10千伏线路，共计新建改造10千伏线路98.04公里，新增配变72台，容量1.03万千伏安，新建低压线路238.548公里（其中投资1089.06万元，改造贫困村11个，共计新建改造10千伏线路17.055公里，新增配变26台，容量2600千伏安，新建低压线路102.633公里）。2016年恩阳区实施城网项目2个，投资465.75万元，新建10千伏线路9公里，新增柱上断路器19台。开工建设花丛供电所和中心机关运维检修生产用房。

该中心深入开展“效益提升年”活动，努力开源节流、着力挖潜增效。统一“营改增”政策执行，营财一体化系统如期上线。狠抓智能表运维采集指标提升，低压、专变、公变采集成功率分别为98.68%、100%、99.79%。严控可控成本和非生产性支出，“三公经费”大幅下降，最大化发挥资金使用效益。大力开展10千伏设备预试轮换、登杆检查和高低压线路通道专项治理，线路跳闸率同比降低11.69%。千方百计拓展电力市场，受理高压业务93笔，容量5.67万千伏安，投运新装业扩1352笔，容量5969千伏安。深入开展营销业务质量管控稽查和反窃电查处专项行动，追补电量11.5万千瓦时，挽回经济损失6.15万元。狠抓线损管理，持续坚持线损月度、季度、年度考核制度，及时增添线损下降措施，强力抑制线损波动异常。累计推广高压费控装置100台，电费回收及解缴率100%。大力推进以电代煤、以电代气等电能替代，实现新型业务“三表合一”“零”的突破。

该中心深化全员普法，开展“通用制度进班组”活动，加强制度落地考核和弱项整改。强化资金计划刚性执行，建立常规督办和专项督办“双轨制”，每月通报资金计划与使用情况。严格执行“三重一大”决策制度，开展“三重一大”决策自查整改，迎接综合业务检查。积极配合国网四川省电力公司党风廉政建设巡察，对发现问题进行了逐一规范整改。加强“营改增”税收新政宣贯学习，规范差旅费报销业务。进一步强化了厂（所）务公开工作，配齐了基层单位党风廉政监督员。强化物资规范化管理，做好项目物资的“催、收、发”，保证了物资有序供应。持续规范集体企业管理，加强财务集约化管理。

该中心进一步明确施工安全保证体系和监督体系职责，健全监督网络，完善监督考核，规范监督行为，提高监督质效，推行职能部门、施工项目部、属地供电所三级安全监管联动机制。按周发布风险预警管控措施，应用短信、微信、农网工程管控系统，对到岗到位、安全措施执行、违章行为进行实时掌控，有效提升了现场安全监督管控水平。严格贯彻执行反违章管理相关规定，持续深入开展反违章工作，建立员工安全业绩档案，执行“十二分”考核制度和警示教育，提高违章成本，努力降低安全风险。全年累计查处纠正违章现场106个，处罚违章人员116人，约谈施工队伍5个、30余人次，追究管理人员连带责任10人，清退并列入“黑名单”施工队2个，考核罚款10万余元。组织开展学规程、学制度、学案例活动，充分利用月周例会对规程、典型违章及事故案例进行宣贯培训，组织完成《安规》普考和调考工作，开展“三种人”培训和资格认定，合格率100%，员工安全责任意识得到提高。加强外协队伍管理，不定期开展针对性安全业务培训和警示教育，有效增强外协人员业务技能。认真开展春秋安全检查、“三查三强化”、建设工程检查等专项工作，查找设备设施、安全管理缺陷隐患，积极整改薄弱环节。下达隐患排查治理指标任务，落实专业排查治理责任，执行隐患公示制度，定期对隐患排查治理指标完成情况进行通报。充分利用系统管控平台，加强隐患整改的闭环管理，全年落实治理资金170万元，整改一般隐患110余项，从源头防控好安全风险。结合农村季节性用电的特点，投入25万元编印用电手册、漫画等资料10万余份，积极开展安全用电常识宣教活动。加强农网设备的运行维护，排查整治低压线路存在的隐患，安装完善鱼塘警示标志，开展涉电鱼塘专项清理，实施跨越鱼塘10千伏线路绝缘化改造161处。推进用户侧漏保使用，强化台区总保、支保运维管理，确保可靠动作，不定期开展用电检查，规范用电行为，有效杜绝农电事故的发生。

该中心投资19.7万元，完成柳林钟家坝村和天官螺动山村两个低电压项目的治理，解决了两个村508户群众的用电问题，保证了用电质量。下属七个供电所在2016年6月底完成管理转型工作，将供电所人员集中管理，供电所班组的划分，职能的界定、派工管理、工分制定、绩效考核、民委会管理等方面进行了规范，形成了统一的供电所管理模式，充分调动了员工工作积极性和创造性。按照国网星级供电所建设评分标准的要求，制定中心星级供电所建设实施方案，完善基础设施，规范各类软件资料，加大图数治理星级供电所的创建工作，雪山、渔溪、花丛3个供电所被国网四川省电力公司评为图数治理五星级供电所。

配合政府开展脱贫人口生活用电入户调查，完成2014—2016年恩阳区12582户脱贫人口生活用电调查，对用电质量不合格的用户实施了电网改造和易地扶贫，使脱贫户生活用电质量达到上级能源部门规定的198伏至235伏标准，并通过电压达标认定，切实履行社会责任。

编制《微信管理使用办法》《计算机管理考核实施细则》草案，完善《恩阳供电服务中心计算机及其网络办公应用系统管理办法 》，编制《计算机日常维护手册》等。开展网络办公应用，落实各项安全措施，加强通信网络维护，保障中心信息渠道畅通、信息资源利用和服务。先后在 10 千伏支线上加装支线智能开关 61 台和故障在线监测仪 38 套，农村总保智能远程终端 1053 台，大大提高了设备的在线监控和远程操控水平。引进树木高枝修剪机，自主开发电杆转运车、基坑开挖工具、单相接地线、三级漏保演示装置等科技含量高、实用的工器具，增强了员工“大众创业、万众创新”热忱，极大地提高了工作效率。

该中心服务地方经济建设，完成保电任务 100 余次，高效完成 82 处城市建设、工业园建设、新农村建设、乡镇风貌改造等涉及的线路迁改和新建工程，积极响应恩阳新区建设和新居工程电力线路迁改需求和基建施工用电需要，投入电网迁改资金 390 多万元，迁改和新架高、低压线路 19 条。严格执行惠民政策，全年减免“两保户”电费 200 余万元。积极开展重要客户和大客户的隐患排查治理及安全性评价，协助客户制定整改措施并督促整改，严格落实业扩新政，全面规范和简化业务办理流程，大力整治业务线下办理、体外循环。扎实开展“客户满意工程”，组织明察暗访 10 次，持续加强优质服务和劳动纪律，切实规范服务行为。开辟业扩流程“绿色通道”，主动走访重要客户和大客户，处理其用电难题 29 件，解决供电服务“最后一公里”问题。全年投入低电压整改资金 5987 万元，新增配变 211 台，解决客户用电难题。

推广和安装智能电表158450只，让客户真正实现用上放心电、明白电；加大抢险维护车辆和人员的配置，实现城乡场镇抢险报修到达现场时限平均下降15分钟，抢修效率大幅提高；拓宽停送电信息公开和发布渠道，通过95598服务热线、电视、广播、报纸、小区张贴及电力微博、短信平台等方式，加强停送电信息的发布和告知管理，强化检修时间管理，最大程度方便客户。坚持把脱贫攻坚作为最大责任，全力做好九龙村挂包帮扶工作，责任人员和驻村帮扶“第一书记”摸清贫困户家底，对症下药制定具体帮扶措施，通过乡村旅游、发展产业、土地流转等方式，实现脱真贫、真脱贫。积极为地方政府排忧解难，实施了6个贫困村的整村农网升级改造，极大地满足了贫困村的生产生活用电和产业发展需求。通过实施城网改造和农网改造项目，建设了柳林食品工业园和明阳小微企业创业园区电网，保证了入驻企业的生产用电，助推了产业扶贫发展。全力做好易地扶贫搬迁、居民聚居点建设等电力保障，逐村逐户排查贫困村电力供应保障情况，制定易地扶贫搬迁集中安置点电力配套项目规划，采取挂图作战和倒排工期，完成了总投资2875万元的电力配套设施建设和饮水工程项目89个，得到了区委区政府的高度肯定。采取户户见面方式，对2016年底39个脱贫村脱贫和1.8万人退出贫困的用电电压进行了现场实测，生活用电达标率达到100%，所有贫困户均进行了签字确认。干部员工慷慨解囊为贫困户捐款13400元，彰显了央企的社会责任。

该中心结合智能电表全覆盖和采集深化应用带来的业务模式变化，探索以“人员管理集中化、工作责任网格化、作业管控实时化、绩效管理工分化、小微创新大众化”的“五化”法推动乡镇供电所管理转型，雪山供电所试点成功，其余6个供电所全面实施并在全市推广，供电所员工工作激情得到充分发挥，供电所安全生产、供电服务水平和各项经济指标显著提升。积极对新形势下营销改革进行创新探索，试点营销创新转型工作，以“三全一贯通”为基础支撑，以客户体验为导向，构建智能互动服务创新体系，力争尽早实现传统营销服务向“互联网+电力营销”转型智能化营销目标。积极创建国家电网公司“最美供电所”。密切关注电力体制改革进程，全力配合区公司稳步推进“子改分”工作，主动与地方政府沟通对接，积极争取政策支持，设立分公司工作得到了地方政府的明确支持。做好“子改分”政策的宣传解释，赢得了员工队伍的积极拥护，业务系统在时间节点内实现顺利切换，保证了分公司模式正常运转。利用“子改分”的有利时机，大力向上争取尽早成立分公司，目前各项前期工作正稳步推进。

深入落实中共十八届六中全会精神，扎实开展“两学一做”学习教育，宣贯新《准则》和《条例》，基层党组织凝聚力和战斗力进一步增强。完成基层 9 个党支部换届选举。强化中层干部周管控，持续推行“每周一课”干部视频轮讲。多层次、多形式开展形势任务宣讲，推行上下班“双签到”制，开展作风巡查 12 次，组织廉规考试 300 余人次，发送廉政提醒短信 3000 余条。大力开展技能培训、岗位练兵、营销业务技能竞赛，队伍整体素质不断提升。开展“月度明星”选树，通过基层推荐、全员点赞、评委会投票，8 名员工当选“月度明星”，充分发挥了典型示范引领作用。依托钓鱼、徒步等各类兴趣小组广泛开展职工文体活动，首获国网巴中供电公司篮球比赛团体二等奖。建成 9 个班组文化墙，机关职工书屋成功创建国网四川省电力公司工会“职工书屋示范点”。开展系列慰问活动，全年访贫问苦 74 人次，发放慰问金 21 万元。依法合规开展员工疗休养、健康体检等工作，干部员工共享电力发展成果。后勤管理、团青、女工工作等都取得了较好的成绩。

2016 年，恩阳供电所获得中华全国总工会“工人先锋号”，国网四川省电力公司安全生产先进集体，雪山供电所获得国网四川省电力公司先进班组，张仕利、谭志华、张文、王松柏、黄勇等个人和营销部、运维部、渔溪供电所、兴恩阳分公司等部门单位先后20人次获得国网四川省电力公司和国网巴中供电公司及恩阳区委通报表彰。

（祝中华、符光、黄超）

国网甘孜供电公司
国网甘孜电力有限责任公司

【企业概况】国网甘孜供电公司（简称“分公司”）成立于2006年1月，是隶属于国网四川省电力公司以输电和售电为主的分公司，有长期职工277人。国网甘孜州电力有限责任公司（简称“州公司”）成立于2012年3月20日，下辖全资县级子公司17个（除德格县和海螺沟景区），是国网四川省电力公司控股的市州级供电企业，有各类员工2312人，其中全民（其他）2161人，劳务派遣用工151人。按照一套人马、两块牌子、管理高度融合的原则，分公司人员整体无偿支援州公司。

2016年，公司完成电网投资10.69亿元，投产10千伏及以上线路1405公里；线损率23.35%，较去年同期下降4.3个百分点；售电量13.56亿千瓦时，同比增长38.81%。全面完成国网四川省电力公司下达的各项考核指标，实现扭亏为盈目标，全年未发生受考核的安全生产、优质服务、队伍稳定和党风廉政事件。2016年，获甘孜州“民族团结进步创建活动示范单位”、国网四川省电力公司工会“先进分工会”等称号，多名员工荣获国家电网公司、省部级表彰。

2016年6月13日，国网四川省电力公司总经理、党委副书记石玉东（前排中）调研国网甘孜供电公司220千伏榆林变电站（黄丽　摄）

【人力资源】该公司设10个职能部门、7个业务支撑和实施机构，10个职能部门分别是办公室、发展策划部、人力资源部、财务资产部、建设部（项目管理中心）、安全监察质量部、审计部、监察部（纪委办公室）、党群工作部（工会、团委），电力调度控制中心。7个业务支撑和实施机构分别是经济技术研究所、运维检修部（检修分公司）、营销部（农电工作部、客户服务中心）、信息通信分公司、物资供应中心、培训分中心、综合服务中心。运维检修部与检修分公司合署，营销部（农电工作部）与客户服务中心合署，具有职能管理和实施主体双重职责。2016年，通过党政分设、州县公司间干部交流任职等方式，优化了基层单位领导班子结构。全年共调整干部3批68人，其中新提拔任用干部20人，副提正14人，新提拔副职6人。更新了后备干部库，加强后备干部培养。完成国网四川省电力公司第一批次援藏科级干部援建期满考核工作和第二批次援藏干部需求提报、接收工作。完成州县公司全员组聘上岗工作，县公司全部完成岗位绩效工资制度改革。深入开展劳务协作和对口帮扶，逐步缓解公司结构性缺员问题。加强学习教育培训，本部建立了周学习制，采取集中培训、送教上门、冬季集中培训等方式全面提升干部队伍素质。主办培训35期，参培1056人，公司领导带队送教上门12次，参培129人。不断提升员工队伍素质，211人取得相应专业岗位准入资格、352人取得在职学历、129人实现职称晋级，全面消除剩余64名“三无”人员，人才当量密度迅速提升，增长水平达到国网四川省电力公司平均增长水平的7倍。

【电网建设与发展】该公司重点抓好项目规划管理工作，自主完成新一轮“十三五”农网升级改造规划、村村通动力电、小城镇中心村规划，重点梳理规划库中项目，清除冗余项目，无建设必要项目等。启动甘孜来马110千伏输变电工程，保障格萨尔机场安全可靠供电。积极拓展德格供区，助力电网侧

“一张网”布局。严格按计划开展前期工作，完成丹巴 220 千伏变电站地质灾害评估、泸定桃子坪至沙嘴改接幸福线路新建工程可研工作，启动中心村在内的 5 个 35 千伏项目 30 余项前期专题要件办理工作，助推公司基建项目顺利实施，完成年度计划。

强化过程管控，完成建设投资 10.69 亿元，按期竣工投运 3 项工程，全面完成国网四川省电力公司年度建设目标。完成 281 个贫困村改造，电力扶贫攻坚得到州委州政府的高度评价。泸定田坝 110 千伏变电站新建工程首获国网四川省电力公司项目管理流动红旗，35 千伏洛若变电站成为国网四川省电力公司“模块化建设”试点工程，10 千伏丹巴三木扎村工程、巴塘苏哇龙村工程被评为国网四川省电力公司年度“农网五十佳工程”，电网建设管理水平得到显著提升。

【经营管理】按照“降损、理价、多发、节用、细算”的工作思路，深入开展“提质增效”活动。2016 年，16 家县供电公司线损率同比大幅下降，降幅最大达 26.97 个百分点。保持电费回收高压态势，加大旧欠催收，追回旧欠电费 300 余万元，全年电费回收率 100%，完成公司目标。加强营销基础管理，规范抄核收流程，落实电费电价政策，挽回损失近 200 万元。通过水电站增效扩容项目，提高自有电站发电能力，全年增发电量 5022 万千瓦时，节约购电成本 904 万元。完成 5.8 万只智能电表及配套采集建设，计量关口管理逐渐系统化、规范化。成功处置各县公司长期贷款本息合计 1.08 亿元，增加利润 8536.45 万元。开展县级供电公司关键业绩指标对标工作，用管理推动降损，用降损促进管理。2016 年，公司效益显著提升，州公司首次实现盈利，各县供电公司基本实现收支平衡，15 家县供电公司实现利润增长，其中 5 家供电公司实现盈利，全面解决了多年困扰县供电公司运营资金短缺的发展难题。

【安全生产】高度重视安全生产，全面落实国网四川省电力公司 2016 年安全生产工作实施意见各项部署，通过强化建章立制、夯实安全基础，加强风险管控，加大监督考核等方式，努力提升公司本质安全水平，顺利完成年度安全生产目标，获国网四川省电力公司 2016 年安全生产先进单位和四川省电力公司行业安全生产先进单位。

健全安全管理组织体系，建立三级安全网络，强化安全监督例会平台作用，全面推行“电力安全工作日日记”，组织签署安全责任书，强化安全责任落实。加强作业风险管控，按照“月计划、周安排、日管控”的要求，将生产、基建、农电、营销等各种生产活动纳入公司安全生产例会平台统筹管控，严肃生产作业计划管理，加强电网运行、运检作业和施工作业风险预警管控，细化管控要点和防范措施，确保责任到人，管控到位。加强不安全因素分析管理，定期召开不安全事件分析会，按照“四不放过”原则，针对各类不安全事件，还原过程，查究原因，深刻剖析不安全因素，严肃责任追究，加强警示教育，有效维护公司安全稳定局面。深入开展反违章活动，坚决遏制习惯性违章，重点将“保命”意识贯穿于整个反违章工作，针对各类生产作业，制定巡查计划，加大巡查力度和频次，及时查纠违规违章行为，全年共开展安全巡查 91 次，发现问题 309 项，发出整改通知书 84 份。深入开展安全大检查和隐患排查整治，积极开展“安全管理提升”活动，“三查三强化”活动和电力安全大检查活动，提高各基层单位和一线班组的安全管理基础，分专业逐层级常态开展隐患排查治理，全年共排查治理安全隐患 386 条。加强用电安全宣传及电力设施保护，通过组织《安规》普考、“三种人”资格认定，“安全月”活动、“安全在我心中”演讲比赛、冬季安全培训等工作，提高全员安全意识和安全技能。加强应急管理，全面理顺管理流程，夯实基础，修编各类应急预案，强化应急演练和培训，加强灾害预警信息管理，有效应对新龙温泉、得荣冻谷电厂山洪泥石流，康定“2·21”雪灾、理塘“9·23”地震等自然灾害，确保人员生命安全，得到国家电

2016 年 8 月 11 日，国网甘孜供电公司积极做好保障工作，为甘孜藏族自治州“三节”保电，图为电力员工在保电现场

（黄丽　摄）

网公司和国网四川省电力公司的充分肯定。

【农电工作】2016年，该公司按期完成甘孜州2015年共计5个批次的城、农网项目建设，完成计划投资5.2亿元，涉及甘孜州17个县。新建10千伏线路721.1公里，新增配变525台，容量15.26万千伏安，新建低压线路972.7公里，改造户数8763户。提前完成2016年甘孜州农网改造升级项目，完成计划投资4693万元，新建10千伏线路129.8公里，新增台区61台，新建低压线路129.6公里，改造户表1954户。首次实现甘孜州农网项目未跨年度竣工投运。

结合星级供电所创建，进一步提升供电所管理服务水平，对各县供电公司供电所办公条件、人员配置、管理体系进行了全面摸底排查。各县供电公司开展了供电所全面自查，各供电所对照考评规范进行了自查自纠，提出了改进措施。结合自查情况，对满足条件的供电所开展了星级供电所创建工作，不定期到供电所开展现场检查指导，并邀请帮扶兄弟单位开展短期帮扶。2016年，成功创建“三星级”供电所2个，“二星级”供电所1个，“一星级”供电所8个。

2016年，244名援建单位帮扶人员帮助公司建立管理制度161项；举办各类培训班196期；开展隐患排查470次，发现隐患1194项，整治隐患904项；开展检修、技改工作115次；预试定检变电站10座，水电站8座；开展用电检查236次，查处窃电、漏电及违约用电243起，追补电费144.24万元。

【科技与信息化工作】该公司首次开展项目建成后环评、水保验收工作，全年完成康定新城、乡城等12个110千伏输变电工程环评、水保验收工作，顺利通过省、州相关部门验收批复。科技项目成效显著，1篇论文获全国新技术三等奖、8项技术取得专利。

完成省调对电力调度自动化主站系统实用化验收工作，全面落实电网工控系统整治。完成5座220千伏变电站及本部数据中心机房蓄电池在线监测信号集中监控，核心站点通信电源管控能力进一步提高。完成30座变电站的二次安防加固、110千伏电压等级变电站纵向加密装置改造，进一步提升自动化系统抵御外部网络入侵的能力。完成地区光传输网220千伏甘孜站传输设备新增工作，实现1+1运行方式，甘孜北部片区传输通道可靠性实质性提高。完成国网公司“护网•2016”信息安全攻防演练防御各项工作，信息网络安全防御能力有效提升。按计划开展全州应急通信演练，全年共计开展卫星子站联调联试17次，卫星电话测试20次，全面提升了应急通信系统处置能力和非常规情况下的通信保障能力。年内地区调度支持系统一次性通过国网四川省电力公司专家组验收、并获得公安部信息系统等级保护认证，系统建设取得阶段性成果；与中国移动、中国电信签署“资源置换协议”，为东南片区互联、三个区域互通提供保障条件，同时节约成本开支达50万元，助力公司“降损增效”。

在国网四川省电力公司信息通信专业竞赛中取得第5的佳绩，四名员工全部入选国网四川省电力公司调考集训队，位列全省第3；三名员工一次性通过国家注册信息安全专家认证考试，成功获取国家认证信息安全领域最高执业资格。2016年，各类信息系统运行情况正常，未发生信息安全事件，未发生因系统故障引发的电网事件，未发生违规外联及信息系统泄密事件，信息安全工作整体情况良好。

【市场服务（优质服务）】积极拓展第三方代收业务，与农业银行 、邮储银行甘孜州分行开展第三方代收电费合作，在全州17个县供电公司设置了29台24小时自助缴费机，拓宽用户交费渠道。推广“掌上川电”APP注册，完成注册10741户，方便用户及时查询用电信息，掌握停电公告。完成甘孜州艺术节等重大保电任务290余次。做好停送电信息发布工作，累计发布停电信息439条。

开展明察暗访3次，检查10个县供电公司，重点督查业扩办理“三指定”、业扩工程中“吃、拿、卡、要”的违纪行为。开展营业普查行动，加强对县供电公司业务的管控，保证业务高效、准确。对行风测评提出的问题进行自查自纠，强化对营业厅的管理工作，努力提升营业厅现场管理水平，持续增强员工服务意识，规范服务行为。

【党的建设和精神文明建设】该公司按照国家电网公司党组和国网四川省电力公司党委安排部署，充分结合自身实际，扎实开展了“两学一做”学习教育。认真制定了《“两学一做”学习教育实施方案》，做到了“规定动作”不走样、“自选动作”有特色。学习教育中，配发书籍2000余册，组织讲党课20余场次，开展学习研讨78次，发布掌上微党课18条次，开展“掌上微组织生活”33次，搜集意见建议129条，制定整改措施129项。公司选送的“弘扬长征精神做藏区合格党员”在国网四川省电力公司讲党课比赛中获三等奖，“我的康定情歌”在国网四川省电力公司微宣微讲比赛中获优秀奖，优秀党员王安全先进事迹“一个人的电站”在国网四川省电力公司进行了巡回宣讲。

认真履行党委的主体责任，开展了基层党组织书记述职评议，选好配齐了基层党组织负责人，消除了“党政一肩挑”。加强党员教育管理，2016年共发展党员17名，培养入党积极分子52名。开展了党员组织关系梳理排查，建立了“一卡一表”，完善了各类台账。实施“党建计划工作制”，开展对“三会一课”、发展党员等基础工作的督导，组织各基层党组织书记讲党课，进一步强化了党组织作用发挥。开展了“提质增效快　党员走在前”“三亮三比”等10余项主题活动，在变电站投运攻坚、抗击泥石流等急难险重任务中，党员突击队、先锋队充分发挥了先锋模范作用。

2016年1月13日，国网甘孜供电公司员工王安全（右二）获得“感动甘孜十大最美好人”称号，图为颁奖现场（黄丽　摄）

结合藏区实际，扎实开展了《企业文化手册》宣贯、庆祝甘电成立十周年、文化宣讲等活动，集中选树宣传先进典型，强化了文化传播。开展文化示范点建设，促进文化进基层、进班组、进站所，姑咱供电所成功创建成国网四川省电力公司企业文化建设示范点。打造了微电影《爱》、文学作品集《行走基层情如歌》等文化精品。加强文明单位建设，实现了公司系统“县级文明单位”全覆盖，1家县供电公司被评为国网四川省电力公司“双十佳文明单位”。围绕中心，强化品牌树形，全面完成国网四川省电力公司下达的新闻外宣目标任务，累计在内外部发布稿件3200余篇，多篇报道在央视、《中国电力报》上刊播，获得了国网四川省电力公司新闻应急竞赛“拼搏奖”。

该公司突出人本关怀，群团工作有声有色。组织开展了职工文化成果展示、“为青春点赞 为劳动喝彩”故事分享、“电力杯”男子篮球赛、劳动技能竞赛等20余项活动。1家县供电公司获得“甘孜州五一劳动奖状”、2个班组获得“甘孜州工人先锋号”等荣誉。建成首个“五星班组”、县供电公司首个党群共建多功能活动室。公司团委被评为四川省五四红旗团委，1名员工被评为国网四川省电力公司“杰出青年岗位能手”。公司志愿者服务工作被评为甘孜州共青团系统2016年项目工作贡献奖，1个团支部被评为甘孜州五四红旗团支部，1名员工被评为“国家电网公司劳模”。

【存在的主要问题】一是大规模电网建设结束后，公司管理电网规模迅速扩增，同时面临电网网架薄弱、运行检修队伍力量不足和技术薄弱、自然环境条件恶劣等问题，在确保电网安全稳定运行方面难度加大。二是由于居民用电电价倒挂、线损偏高、运维成本增加、抢险救灾投入大且管理粗放落后等原因，各县公司经济效益差，普遍亏损严重，可持续发展面临诸多困难。

【国网康定市供电有限责任公司】2007年10月，康定电力公司同泸定电力公司联营重组成立甘孜藏族自治州电力有限责任公司，2013年4月成立国网康定县供电有限责任公司，成为由国网四川省电力公司控股管理的县级供电企业，担负着康定市21个乡（镇）、240个村、3.6万户、12.9万多人的生产生活供电任务。拥有110千伏变电站4座，变电容量1.76万千伏安；35千伏变电站6座，变电容量7.12万千伏安。拥有110千伏线路4条，全长123.7公里；35千伏线路18条，268.31公里；10千伏输配电线路47条，957.89公里；配电变压器台区1095个，低压线路1200公里。2016年，完成售电量4.2亿千瓦时，同比增长17.51%；综合线损22.65%。

【国网泸定县供电有限责任公司】国网泸定县供电公司成立于2013年4月，是国网四川省电力公司控股的县级供电企业，担负着泸定县5个乡（镇）、62个行政村，0.9万多户、4万多人的生产生活供电任务。泸定电网于2006年并入省网，有110千伏变电站1座，变电容量5万千伏安；35千伏变电站3座，代管35千伏沙湾变电站一座，变电容量6.57万千伏安。110千伏线路2条，全长59.564公里；35千伏线路9条，全长106公里；10千伏线路20条，全长199.4547公里；配变台区366台，变电容量11.90万千伏安；低压线路1200公里。2016年，完成售电量1.754亿千瓦时，同比增长39.51%；综合线损20.59%。

【国网九龙县供电有限责任公司】国网九龙县供电公司成立于2007年12月，是国网四川省电力公司控股的县级供电企业，有9个供电营业所（其中，4个供电营业所同时兼变电站工作职责），担负着全县2镇

16个乡，65个村，265个村民小组，6.3万人的供电任务，供电总户数16291户。九龙电网有自备小水电站2座，装机容量1400千瓦。35千伏变电站11座（其中35千伏上团、八窝龙变电站尚未投运），变电总容量为5.56万千伏安。35千伏输电线路13条246.02公里，形成了以35千伏石九输电线路为骨干的地方输配电网络，覆盖14乡2镇，10千伏线路29条626.68公里，10千伏配电变压器307台、3.09千伏安、低压线路长度1052.76公里，全县最大用电负荷12350千瓦,2016年，完成售电量6056.75万千瓦时，同比增长40.64%；综合线损25.62%。

【国网丹巴县供电有限责任公司】国网丹巴县供电公司成立于2011年7月8日，是国网四川省电力公司控股的县级供电企业，担负着丹巴县辖1镇14乡、181个村，16745户，6.1万多人的生产生活供电任务。2016年1月丹巴电网临时通过35千伏丹章线在国网四川省电力公司丹巴500千伏变电站并入大网，解决丹巴县冬季用电难问题。网内有水电站13座，总容量8.05万千瓦，其中丹巴供电公司自备电站1座，装机2030千瓦；35千伏变电站4座，变电容量2.23万千伏安；35千伏线路共8回，全长145.1公里；10千伏线路18条，全长560公里；配电台区626台，总变电容量7.69万千伏安。2016年，完成售电量4346.23万千瓦时，同比增长3.09%；综合线损25.88%。

【国网甘孜县供电有限责任公司】国网甘孜县供电公司成立于2012年3月，是国网四川省电力公司控股的县级供电企业，担负着全县5个片区、22个乡（镇）、220个行政村、7633多户的生产生活供电任务。全县共有水电站8座，总装机9695千瓦。拥有35千伏变电站6座，总容量5.27万千伏安；35千伏线路8条，226.18公里；10千伏输配电线路23条，369.68公里；配电变压器台区593个，变电容量7.8万千伏安；低压线路1154条，全长577公里。2016年，完成售电量5347.42万千瓦时，同比增长18.04%；综合线损36.87%。

【国网巴塘县供电有限责任公司】国网巴塘县供电公司成立于2012年7月，是国网四川省电力公司控股的县级供电企业，担负着全县18乡3镇、123个村、12000户、5.3万多人的生产生活供电任务。巴塘电网2014年12月并入省网，有7座小水电站，装机容量10250千瓦；拥有35千伏变电站8座，变电容量3.53万千伏安；35千伏线路21条，全长294.88公里；10千伏线路34条，线路总长867.8公里，配电台区415台，容量4.8万千伏安；低压线路1294.06公里。2016年，完成售电量5887.68万千瓦时，同比增长73.82%；综合线损26.72%。

【国网石渠县供电有限责任公司】国网石渠县供电成立于2012年10月，是国网四川省电力公司控股的县级供电企业，担负着石渠县23个乡（镇、场）、302个行政村、25525户、9.7万多人的生产生活供电任务。石渠电网于2012年10月并入省网，有水电站1座，装机6400千瓦；拥有35千伏变电站9座，变电容量3.26万千伏安；35千伏线路11条，全长390.42公里；10千伏线路34条，支线355条，线路总长2206.297公里；配电台区756台，容量8.72万千伏安；低压线路1935.13公里。2016年，完成售电量3969.09万千瓦时，同比增长58.87%；综合线损32.77%。

【国网炉霍县供电有限责任公司】国网炉霍县供电公司成立于1989年5月，2011年转由国家电网公司代管。2012年5月改制后更名为四川炉霍供电有限责任公司，同年，更名为国网炉霍县供电有限责任公司，是国网四川省电力公司控股的县级供电企业，担负着炉霍县15乡1镇、171个行政村、14721户、4.6万多人的生产生活供电任务。炉霍电网于2014年12月并入省网，有水电站5座，装机容量4610千瓦；35千伏变电站9座，变电容量2.41万千伏安；35千伏线路12条，全长188.641公里；10千伏线路24条，全长487公里；配电台区428台，配电容量5.18万千伏安；低压线路1268.7公里。2016年，完成售电量4254.91万千瓦时，同比增长35.19%；综合线损20.86%。

【国网得荣县供电有限责任公司】国网得荣县供电公司成立于2014年3月，是国网四川省电力公司控股的县级供电企业，担负着得荣县1镇11乡、127个村、5655户、2.65万多人的生产生活供电任务。得荣电网于2015年1月并入省网，有水电站3座，总装机3000千瓦；35千伏变电站5座，变电容量1.57万千伏安；35千伏线路9条，全长144.847公里；10千伏线路16条，全长554.01公里；配电变压器337台，容量4.15万千伏安。2016年，完成售电量4314.63万千瓦时，同比增长20.44%；综合线损20.57%。

【国网理塘县供电有限责任公司】国网理塘县供电公司成立于2014年2月，是国网四川省电力公司控股的县级供电企业，担负着理塘县1镇23乡、208个村、15291户、7.06万人的生产生活供电任务。理塘电网于2014年12月并入省网，有小水电站12座，装机10935千瓦；拥有110千伏变电站1座，变电容量4万千伏安；35千伏变电站6座，总容量2.88万千伏安；拥有35千伏线路7条，229.63公里；10 千伏输配电线路 47 条，831 公里；配电变压器台区 379 个，变电容量 5.56 万千伏安；低压线路 826 公里。2016 年，完成售电量 4940.17 万千瓦时，同比增长 14.5%；综合线损 26.93%。

【国网雅江县供电有限责任公司】国网雅江县供电公司成立于 2013 年 4 月，是国网四川省电力公司控股的县级供电企业，担负着雅江县 17 个乡、113 个村、1 个居委会、128 个村民小组、12393 户、5.3 万多人的生产生活供电任务。雅江电网于 2012 年 1 月并入省网，拥有 35 千伏变电站 11 座，变电容量 3.45 万千伏安；35 千伏线路 6 条，全长 291.18 公里；10 千伏线路 29 条，716 公里；配电台区 267 台，总容量 2.28 万千伏安；低压线路 747.9 公里；小型水电站 6 座，总容量 4765 千瓦；2016 年，完成售电量 4730.75 万千瓦时，同比增长 81.13%；综合线损 26.25%。

【国网乡城县供电有限责任公司】国网乡城县供电公司成立于 2013 年 4 月，是国网四川省电力公司控股的县级供电企业，担负着乡城县 1 镇 11 乡、89 个村民委员会、130 个村民小组、7480 户、3.2 万多人的生产生活供电任务。乡城电网 2014 年 10 月并入省网，下辖 1 座水电站(麻拉水电厂)，装机 4000 千瓦；拥有 35 千伏变电站 5 座，变电容量 2.45 万千伏安；35 千伏线路 6 条，198 公里；10 千伏输配电线路 17 条，406 公里；配电变压器台区 380 个，变电容量 4.35 万千伏安；低压线路 634.2 公里。2016 年，完成自发电量 13870.11 万千瓦时；售电量 2672.28 万千瓦时；综合线损 22.72%。

【国网稻城县供电有限责任公司】国网稻城县供电公司成立于 2011 年 7 月，是国网四川省电力公司控股的县级供电企业，担负着稻城县 14 乡（镇）、124 个行政村、8347 户、3.41 万多人的生产生活供电任务。稻城电网于 2014 年 11 月并入省网，拥有 110 千伏变电站 2 座，总容量 12 万千伏安，线路总长 221 公里；拥有 35 千伏变电站 8 座，总容量 4.275 万千伏安；35 千伏线路 10 条，总长 297.9 公里；10 千伏输配电线路 22 条，627 公里；配电变压器台区 317 个，变电容量 5.07 万千伏安；低压线路 1216 公里。水电站 1 座，装机 2500 千瓦。2016 年，完成售电量 4808.39 万千瓦时，同比增长 23.34%；综合线损 23.94%。

【国网新龙县供电有限责任公司】国网新龙县供电公司成立于 2013 年 3 月，是国网四川省电力公司控股的县级供电企业，担负着新龙县 12 个乡镇、92 个村、7220 户、2.97 万多人的生产生活供电任务。新龙电网于 2014 年 11 月并入省网，有水电站 3 座，装机 5020 千瓦；拥有 35 千伏变电站 5 座，总容量 2.12 万千伏安；拥有 35 千伏线路 5 条，336.5 公里；10 千伏输配电线路 19 条，385.56 公里；配电变压器台区 318 个，变电容量 3.53 万千伏安；低压线路 285.25 公里。2016 年，完成售电量 2316.8 万千瓦时，同比增长 15.7%；综合线损 25.51%。

【国网色达县供电有限责任公司】国网色达县供电公司成立于 2012 年 6 月，是国网四川省电力公司控股的县级供电企业，担负着色达县 2 镇 15 乡、134 个村、15218 户、5.37 万人的生产生活供电任务。色达电网于 2014 年 12 月并入省网，有小水电站 3 座，装机 1.18 万千瓦；拥有 35 千伏变电站 8 座，总容量 4.04 万千伏安；35 千伏线路 10 条，404.6 公里；10 千伏输配电线路 29 条，900.73 公里；配电变压器台区 414 个，变电容量 5.28 万千伏安；低压线路 1298.61 公里。2016 年，完成售电量 5190.4 万千瓦时，同比增长 67.88%；综合线损 27.31%。

【国网白玉县供电有限责任公司】国网白玉县供电公司成立于 2012 年 12 月，是国网四川省电力公司控股的县级供电企业，担负着白玉县 17 个乡（镇）、156 个村、12262 户、5.7 万多人的生产生活供电任务。白玉电网于 2014 年 11 月与主网并网运行，有发电站 2 座，总装机 2720 千瓦；拥有 110 千伏变电站 2 座，变电容量 8 万千伏安；35 千伏变电站 6 座，总容量 3.47 万千伏安。35 千伏线路 9 条，320.18 公里；10 千伏输配电线路 24 条，1328 公里；配电变压器台区 411 个，变电容量 5.35 万千伏安；低压线路 763 公里。2016 年，完成售电量 6184.1 万千瓦时，同比增长 67.88%；发电量 1207 万千瓦时；综合线损 25.83%。

【国网道孚县供电有限责任公司】国网道孚县供电公司成立于 2013 年 5 月，是国网四川省电力公司控股的县级供电企业，担负着道孚县 22 个乡（镇）和 2 个居民委员会、160 个行政村、1.5 万余户、5.58 万多人的生产生活供电任务。道孚电网于 2015 年 8 月并入省网，有水电站 4 座，装机 5260 千瓦；拥有 35 千伏变电站 8 座，总容量 2.51 万千伏安；拥有 35 千伏线路 7 条，195 公里；10 千伏输配电线路 27 条，896 公里；配电变压器台区 486 个，变电容量 4.33 万千伏安。2016 年，完成售电量 3600.66 万千瓦时，同比增长 10.86%；综合线损 23.14%。

（杜小飞）

发电与超（特）高压运检企业

责任编辑：程彦韬　魏秀云

国网四川映秀湾电厂

【企业概况】国网四川映秀湾水力发电总厂（以下简称“映电总厂”），位于四川省西北部阿坝藏族羌族自治州汶川县映秀镇，地处少数民族地区，距成都65公里，距都江堰市16公里。整个生产厂区分布于岷江及其支流数十公里区域内，由映秀湾水电站、渔子溪水电站（一级）和耿达水电站（二级）共同组成，是四川省电力系统大二型骨干水电厂之一。

映秀湾水电站位于岷江上游干流，渔子溪和耿达水电站位于岷江上游右岸支流渔子溪河。3个电站均系低闸隧洞引水径流式发电站，除耿达电站是半地下式厂房外，映秀湾电站和渔子溪电站均为地下式厂房，共有机组11台，主设备29台，总装机容量为45.5万千瓦。

2016年3月29日，映电总厂与映秀镇黄家院村正式结为“亲戚”
（杨驰　摄）

2016年，是映电总厂“十三五”开局之年。面对新形势，全厂上下履职担当、锐意进取，以质量、效率、效益为中心，努力降本提质增效，各项工作取得新成绩、新突破。截止2016年12月31日，安全生产长周期达6704天。成功召开第一届党代会，产生新一届两委班子。荣获国网四川省电力公司“2016年度安全先进单位”，国家电网公司“2016年水电生产人员技能竞赛团体三等奖”，国家能源局四川监管办“2015年度四川电力安全先进集体”，国网四川省电力公司“五四红旗团委”，汶川县“2015年度工业发展贡献特等奖”。

【人力资源】2016年，映电总厂抓好“三集五大”体系巩固提升，加快“五位一体”应用实践，持续提升协同运转效率。完成标准流程的引用梳理、岗位的匹配、岗位职责的整理录入等“五位一体”系统搭建。开展人力资源诊断分析，进行了总厂超缺员情况摸底调查。根据工作需要，与国网四川省电力公司多次沟通，得到支持设立信息通信中心。探索新型绩效考核管理办法，构建新型绩效考核体系，修订完善《全员绩效管理办法》，深入推进全员量化考核，让绩效考核与员工的实际工作相结合，调动员工积极性。结合总厂薪酬管理实际，对不合理偏高的收入进行调整，对各层级员工的收入进行控制，实现“控高、提低”的分配策略，理顺总厂内部工资分配关系。修订完善了《安全生产经营管理专项绩效实施办法》和《中层干部薪酬管理办法》。加强全口径人工成本管控，抓好2016年福利计划的分解落实，严格监督福利计划的执行。出台对紧缺工种的激励政策，使结构性缺员问题得到缓解，全面开展运维人员岗位优化配置，有力支撑总厂运维一体化工作的有效推进。与省公司同步完成人资ERP一级部署系统上线，开展全员关键基础信息确认和检查，实现本地ERP系统到集中ERP的平稳切换。总厂人力资源ERP应用规范性评价名列国网四川省电力公司前茅。在全员培训、学历教育、技术技能等级提升、优秀人才的选拔培养、竞赛调考等方面下大力气，以岗位技术能手、岗位服务能手等优秀人才选拔培养，全方位带动总厂人力资源开发和优化配置，全面取得可喜成绩。2016年，映电总厂内部培训办班88个，培训人员4175人次，安排外送培训 558 人次，全员培训率 98.5%；2016 年职工在职学历取得硕士学位 3 人、本科学历 18 人，至 2016 年底各学历在读人数达 197 人；映电总厂有 8 人通过省公司优秀人才考评，1 人获评国网四川省电力公司“电力雏鹰”，新增总厂岗位能手 28 人；8 人取得高级技师资格，11 人取得技师资格，7 人取得高级工资格；新增国家电网公司高级兼职培训师 1 人，新增国网四川省电力公司级兼职培训师 13 人；竞赛调考取得突破，总厂代表国网四川省电力公司参加国家电网公司 2016 年水电生产人员技能竞赛，荣获团体三等奖（第五名），参加国家电网公司水电（电气、动力专业）《安规》调考，在 40 家水电企业中排名第 6 名；水电实训基地建设按计划实施。

【经济技术指标】 2016 年，映电总厂发电量超额完成省公司下达年度计划。发生综合厂用电量 3325.7888 万千瓦时，综合厂用电率 1.32%；机组等效可用系数 93.34%，机组发电启动成功率 100%，各项经济技术指标均全面完成。

【安全生产】 2016 年，映电总厂建立“月计划、周安排、日管控”安全管控平台，全面推行“电力安全工作日日记”，推动“日管控”班组落地。开展精益 KYT 活动，检修现场管理水平和安全风险防范能力有效提升。顺查、倒查管理人员到岗到位，加强作业过程关键环节控制，开展安全专责集体现场巡查，下发巡查通报 24 期，发现并整改问题 318 个。深刻吸取江西丰城“11·24”施工平台垮塌、西安“6·18”南郊变爆炸等事故教训，扎实开展春安秋安大检查、“三查三强化”“重大反措”专项检查、安全月和安全万里行、建设施工专项检查等安全活动，累计查处违章 4 起，发现并整改各类问题 212 个，张贴安全画报 64 幅，征集发布稿件 22 篇，发放学习资料 740 本、宣传资料 1750 份。制定《危险化学品管理办法》，加强危化品管理。开展三站三漏治理，开展防误闭锁、防洪度汛、消防交通、地质灾害等专项排查，建立完善隐患排查定期通报机制，推进班组安全隐患公示，做到“全覆盖、勤排查、快治理”。累计排查一般隐患 54 项，整改率为 100%。依托安全警示教育室，开展全员安全培训 19 期，培训员工 536 人；在全厂范围举办“一把手讲安全课”5 场，培训员工 550 人。加大奖惩力度，引导员工自主开展安全学习，安规调考获国家电网公司团体第六。修编《安全目标责任书考评办法》，在年度安全目标中对违章指标进行量化。修订《反违章奖励办法》，大力表彰“反违章”先进集体和个人。建立违章监督举报平台和违章曝光栏，开展“反违章”主题宣传活动，征集发布稿件 55 篇。

2016 年 2 月 20 至 4 月 28 日，映电总厂检修人员完成对卡杜里电站 2 号机组投产以来的首次大修　　（童洪　摄）

【发电运行】 2016 年，映电总厂全力打造精益运行管理，试行映站“无人值班”模式，全面贯彻安全、优质、高效的发电方针，提升发电质效。三站和集控执行操作票共计 1443 份，执行操作 38991 项，操作票合格率 100%；办理工作票 1577 份，工作票合格率 100%；集控中心远程启动机组 193 次，启动成功率 100%；完成反冲、冲沙、避峰等累计 36 次。全年累计完成 TPM 工作 1297 项。

【设备维护与检修】 2016 年，映电总厂加强设备缺陷管理的预先计划和过程跟踪，提高缺陷消除及时性，年度消缺率达到 100%，保障设备安全稳定运行。按照国网标准化检修要求，完成映秀湾电站 1G、渔子溪电站 1G、耿达电站 2G 机组 A 修，映秀湾电站 2T 主变 B 修，三站 8 台机组 C 修，规范检修作业管理，实现全过程安全和质量监控，机组均一次性启动成功。完成三站电气设备清扫预试、保护年检，年度技术监督按照计划全部完成。保护、自动化装置正确动作率 100%。

【科技与信息化工作】 2016 年，映电总厂充分发挥创新工作引领作用，制定并印发《国网四川映秀湾电厂关于加强创新工作管理的指导意见》，进一步强调创新工作的重要性，规范创新管理，激发创新活力。共有5项科技成果获得国网四川省电力公司奖励，成果获奖数量及质量均大幅提升。其中，“发电机定子铁芯锈蚀分析及处理技术研究”项目获国网四川省电力公司科技进步三等奖。“渔子溪电站技术供水系统运行方式研究”项目以严谨的研究态度，科学的研究方法，丰硕的研究成果荣获国网四川省电力公司工人技术创新一等奖。“顶盖翻转专用吊具研制”“映、渔、水轮发电机转子、转轮圆度测量装置研制”“耿三站机械检修专用工器具、过渡零部件研制”项目分别获国网四川省电力公司工人技术创新三等奖。新增国家知识产权局授权专利5项，其中实用新型专利3项，发明专利2项，实现发明专利“零”的突破。截止年底，全厂共获得发明专利授权2项，实用新型专利授权22项。映电总厂认真审视信息化、网络化对企业发展带来的深刻影响，积极分析信息通信管理形势，查找管理短板，提出成立信息通信中心的构想，从必要性、紧迫性、可行性等方面全面阐述，获得国网四川省电力公司批准。同时，实施完成信息网络机房建设项目，顺利完成机房设备搬迁，彻底解决了原机房供电不可靠、散热不可靠、网络架构不可靠的安全隐患，进一步夯实信息安全基础，全年未发生信息安全事件。

2016年7月6日上午，国家电网公司总工程师张启平冒雨到映电总厂看望慰问员工并检查防汛工作（童洪　摄）

【企业管理及标准化工作】2016年，映电总厂积极推进全面质量管理活动的开展实施，其中《提高水轮机镜板研磨质量》QC活动成果获得国网四川省电力公司2016年度优秀QC成果一等奖，《映站导叶接力器传动销防上跳装置研制》等7个QC活动成果获得国网四川省电力公司2016年度优秀QC成果三等奖。开展实施精益项目8项，其中《光缆接续项目流程精益优化》获得国网四川省电力公司优秀精益项目三等奖。开展企业管理创新与课题研究工作，管理创新项目《基于精益KYT的水电检修自主交互安全管理体系构建》和《以提升水电站安全效益为目标的“大安全”体系建设管理》获得国网四川省电力公司2016年度企业管理创新成果三等奖；研究课题《水电厂文化环境分类分级管理研究与实践》和《集控模式下水电站运维一体化人力资源、组织结构和运作模式优化研究》获得国网四川省电力公司2016年度优秀课题研究成果三等奖。

【党的建设和精神文明建设】2016年，映电总厂深入学习贯彻中共十八届六中全会精神，通过党课竞赛、“三亮三比”主题活动、微宣微讲、等活动载体，实现“两学一做”学习教育在党员中的全覆盖。成功召开总厂第一届党代会，完成“两委”换届选举工作。开展基层党支部书记抓党建工作专项述职评议，管党治党责任在基层落地。开展党支部工作标准化建设，党建特色工作受到省公司好评。制定印发党风廉政建设“两个责任”清单，完成“三公”费用检查和“四风”问题整治“回头看”。开展党规党纪知识竞赛和“清风川电”主题活动，干部员工纪律规则意识切实增强。开展映秀镇黄家院村文明共建，大力建设“两站一家”，积极开展“捐款爱心接力”活动，责任央企形象进一步彰显。实施“格鲁吉亚的中国标准”品牌策划，在各级媒体刊发报道90余篇。持续开展先进典型库建设，员工王昌林事迹入选国网四川省电力公司先进典型风采录。以“电力格桑花”志愿服务队为载体，组织志愿服务20余次。原创歌曲《我们是川电人》再获成功，登上四川省国资委“五一”演唱会的舞台。大力落实离退休老同志“两项待遇”，切实加强保密和信访稳定工作，企业持续保持和谐稳定。

【存在的主要问题】一、三站闸坝上下游及电站尾水因地震后次生灾害导致的淤积现象未得到根本解决，每年都要产生大量的淤积体，对电站安全发电造成严重威胁。二、边坡飞石等地震次生灾害依然存在，为设备安全和人身安全带来了风险。三、映电总厂目前已经发电 45 年，部分机电设备老化严重，增大了安全生产风险。

国网四川检修公司

【企业概况】2008 年 4 月 18 日，随着四川 500 千伏电网的快速发展，为了优化资源配置，合理整合资源，充分发挥专业化优势，提升专业化管理水平，实现 500 千伏电网安全、可靠、稳定运行，省公司启动了四川超高压电网运检体制改革，四川省电力公司超高压运行检修公司在成都正式成立。按照“总体设计、分步实施、逐步到位”原则，稳步推进，完成了所属 6 个检修中心的组建和业务划转及人员接收工作，改变了四川超高压电网多年来的属地化管理格局，全面推进专业化管理。2010 年 6 月，为深化专业化改革，省公司做出了交直流业务整合的重大决策，组建了超（特）高压运行检修公司，这是专业化改革道路上的又一个里程碑，公司的业务范围涵盖了交流和直流、超高压和特高压所有的省内骨干电网，步入了发展的快车道。2012 年 6 月，为全面推进“三集五大”体系建设，在原超（特）高压运行检修公司基础上，组建成立了省检修公司，作为省公司“三集五大”体系建设的省级层面支撑和实施机构。

国网四川检修公司（以下简称“公司”）是国网四川省电力公司的直属单位之一，主要负责全省 21 个地市（州）超特高压输变电设备的生产运维、检修、大修、抢修、带电作业等工作的组织实施。公司本部现设置办公室、运维检修部、安全监察质量部（保卫部）、财务资产部、人力资源部、党群工作部（工会、团委）、监察审计部（纪委办公室）7 个部门，下辖变电检修中心、输电检修中心，成都、西昌、自贡、南充、绵阳、乐山、雅安 7 个运维分部，以及特高压交直流运检中心和综合服务中心。

2016 年 3 月 17 日，带电更换 500 千伏二石二线整串玻璃绝缘子（荣世权　摄）

截至 2016 年年底，公司运维管理 500 千伏交流变电站 46 座，变电容量 7538 万千伏安，±500 千伏换流站 1 座，容量 300 万千瓦，输电线路 176 条，长度 15406.748 公里（其中 2630.124 公里藏区线路委托四川送变电公司运维）。公司直管和受委托管理的电网资产原值 543.05 亿元（其中代管国网公司资产 105.27 亿元，代管华中分部资产 10.42 亿元），超特高压电网规模居国家电网公司系统前茅。

【人力资源】截至 2016 年年底，全口径用工 2328 人，其中：国有全民员工 1480 人，占 63.57%；业务外委用工 848 人，占 36.43%。国有全民员工 1480 人中，管理人员 199 人，占 13.45%；专业技术人员 77 人，占 5.2%；技能类人员 1172 人，占 79.19%；服务类人员 32 人，占 2.16%。硕士研究生及以上学历（含硕士学位）人员共计 174 人，占 11.76%；大学本科学历人员共计 951 人，占 64.26%；大专学历人员共 266 人，占 17.97%；大专以下学历人员共 89 人，占 6.01%。取得专业技术资格人员共有 1086 人，占公司全民职工总数的 73.38%。其中高级职称 90 人，占 6.08%；中级职称 328 人，占 22.16%。取得技能等级人员共计 959 人，占全民职工总数的 64.8%。其中高级技师 160 人，占 10.81%；

技师494人，占33.38%。

2016年，公司适时调整物资、车辆、小型基建及非生产性大修管理职责界面，优化管理流程；设立物资供应中心和攀枝花运检所，提升管理质效；规范劳动用工管理，完善员工上挂下派及借用管理制度，拓展员工成长通道；持续推进藏区边远变电站对口支援工作，从变电运维专业人员相对富余的分部抽调6名技术骨干前往巴塘、丹巴两站开展对口支援工作，1名技术骨干前往甘孜供电公司支援工作。

2016年4月29日，特高压中心党员督察队在德阳换流站年检现场进行安全督查　（李帅印　摄）

2016年，公司不断深化薪酬和绩效激励，进一步提升激励水平。修订完善公司工资总额管理实施细则，建立检修工作量与薪酬挂钩机制，完善差异化绩效薪酬实施方案，优化工资集中核算模式，下放绩效工资核算权限；强化省公司企业负责人业绩考核结果应用，不断改进工作，提升业绩水平；完善公司全员绩效管理实施细则，优化绩效考核模式和绩效考核指标，梳理公司年度绩效指标390条；开展一线员工工时积分同价计酬工作，员工主动工作积极性进一步提升。

2016年，公司进一步深化干部管理，干部整体履职能力有效提升。修订公司干部管理办法等6项干部管理制度，制度体系更加完善，干部管理更加科学、规范；适时开展干部选拔任用工作，不断充实干部队伍、优化基层班子结构，全年调整干部13名，干部队伍进一步优化；有效开展干部日常考核和年度考核，激励干部履职尽责；严格干部选拔任用流程规定，全面及时完成重大事项请示报告工作，干部监督工作进一步加强；强化干部培训和培养锻炼，推荐到国家电网公司、国网四川省电力公司培养锻炼3人，举办干部及管理人员读书班3期、中层履职能力培训班2期，有效提升了干部队伍能力素质。公司干部“三龄两历一身份”及干部人事档案专项审核清理工作全部完成，选人用人纪实材料规范完整。

2016年，完善福利保障体系，社保管理成效显著。不断完善福利保障管理，按三级项目规范福利费管控，分类下达各单位（部门）福利费计划，建立福利费用计划、审批、使用、统计分析、考核评价的闭环管理流程；严格执行社保政策，完成养老、失业、生育、工伤等相关保险赔付；准确落实四项保险费调减政策，合理减少缴费；组织开展公司2008年4月至2012年12月社保账目清理工作。

2016年，公司创新建立专业技术新星选拔、专家团队建设、跨专业复合型人才培养等新机制，完善优秀专家人才选拔考核等14项人才培养制度；组织实施生产技术、安全监督、人力资源、党政工团等11类242项教育培训项目计划；组织开展2014年度师带徒鉴定考试及2016年72名新进员工师带徒合同签订工作；大力开展员工教育培训，全年投入培训经费370万元，共计培训5817人次，其中自主办班5649人次，外送培训168人次，各项培训计划有序开展，员工素质和技能业务水平大幅提升；主业生产岗位员工持证上岗率100%；有效推进人才评价，提升管理能力，全年公司共有221人取得高级专业技术资格和技能等级、27人被评为公司级及以上优秀人才、1人荣获中电联电力行业技术能手称号；人才当量密度从2015年底1.0681提升到2016年底1.0802。

【运维检修管理】圆满完成重大保电任务。2016年，公司通过精心谋划和周密部署，集中优势人力资源查隐患、控风险、强运维，迎峰度夏期间实现±800千伏锦苏、复奉、宾金三大特高压直流持续满功率安全运行131天，外送功率达2160万千瓦，同时圆满完成G20杭州峰会保电等任务，在确保四川清洁能源大功率外送的基础上充分展示了国网四川省电力公司的企业形象。

应急抢险工作能力得到检验和提升。2016年，面对愈显突出的自然灾害对电网的影响，公司各级应急抢险队伍反应迅速、应对有力，先后成功处置了500

千伏普洪一线等 4 起绝缘子掉串事故及普洪二线 51 号、西锦三线 111 号地质滑坡以及龙王变电站 CT 爆炸起火、丹巴变电站进站公路滑坡等突发事件。

带电作业取得突出成绩。2016 年，首次承接带电作业领先国内的大型科技项目，首次开展±800 千伏特高压线路 V 型绝缘子串带电更换作业，开展了《基于滑轮组功能的吊篮法带电作业进出电场方法改进》、《500 千伏输电线路双串绝缘子连接金具更换工具研制》等技术创新，全年累计完成等电位带电作业 90 次，在国内系统排名前列。在 3100 米海拔±800 千伏锦苏线 68 号塔成功实施了带电作业消缺工作，实现了国网公司系统高海拔地区特高压带电作业领域的新突破，对推动高海拔地区电网带电作业具有重要的示范意义。大力推进带电检测工作普及，将所有主设备都纳入检测范围，积极配合国网 2016 年带电检测提升竞赛工作的开展，石棉站 1 号主变 201 开关 A 相出线套管导体与静触座接触不良等典型带电检测案例得到了国网充分认可。

2016 年 5 月 25 日，线路高空作业现场一角　（袁小文 摄）

拓展无人机应用。积极开展无人机巡检以及进出线档隐患排查，通过无人机成功实现 500 千伏普洪一线、嘉沐一线雷击故障精确查找。运用无人机开展 500 千伏蜀景一线 31 号～33 号地线恢复导引绳展放工作，通过无人机喷火除异物装置对 220 千伏松范西线、500 千伏谭龙二线导线异物进行了清除，并对公司 22 座变电站开展避雷针、避雷线专项无人机巡检，大幅提高了无人机应用的广度及深度。

深入开展变电运维一体化工作。2016 年，实现 121 项运维一体化项目全面落地，强化边远变电站运维管理，相关工作受到国家电网公司副总经理栾军高度肯定。完成 500 千伏泉榄一、二线两侧开关继电保护远方操作试点，在新都桥变电站开展了即插即用小型化保护的安装和试运行工作。组织成都运维分部开展变电“五通”试点工作，在国网公司中期检查中获得高度评价。开展智能机器人电压制热型设备检测分析研究，试点应用“变电运维智能移动作业巡检平台”，变电站巡检管理质效大幅提升。

生产运行指挥管理水平不断提升。编制发布了《500 千伏线路直流融冰操作调度运行规定》，进一步规范优化 500 千伏线路直流融冰调度运行管理。2016 年，开展直流融冰 69 条次，同比增加 35 条次，融冰效率大幅提高，有效确保输电线路在冬季覆冰期间的安全运行。进一步优化山火信息和停用重合闸处置流程，快速反应山火险情，及时采取避险措施 27 条次。通过严格执行指标考核、停电计划多部门协同会商等手段，不断提升停电检修计划管理水平。确保全年 194 项年度停电检修计划均按计划完成，年度计划执行率为 100%。

隐患治理工作成效显著。2016 年，高效完成平高 LW10B-550 型断路器、雷兹 OSKF550 型电流互感器、湖南三电电流互感器、特变康嘉 AGU-550 型电流互感器、SSP-500 型安控装置、站用变低压侧开关脱扣功能、低压电抗器绝缘老化以及丹巴、石板箐、龙王地质灾害等隐患排查治理工作，确保了现场设备安全稳定运行。积极推动通信设备精益化整治工作，以 500 千伏桃乡站为试点，深入开展变电站通信设备精益化整治工作，在德阳换流站迎接国网信通检查中得到高度肯定。

项目全过程管控能力不断提升。2016 年，在公司三大项目部管理模式下，编制了设计施工监理考核细则，建立了定期设计联络机制和每月的项目推进协同机制，制定了“暂定总价”管控模式，提高了项目储备质量、里程碑计划及时率、阶段性资金完成率和项目结算规范性。在国网四川省电力公司下属供电公司中，年终支出入账指标排名第 3 位。通过严格落实公司三大项目部标准化管理手册的要求，圆满完成±800 千伏锦苏线及接地极线路抗冰改造等国家电网公司重点改造项目，为三大直流满负荷运维提供了有力保障。

实物资产管理水平显著提高。2016 年，组织开展 PMS2.0 系统基础数据治理、图形整治、模块应用强化等工作，系统质量和应用覆盖大力提升。作为省公司三家迎检单位之一，以高质量的 PMS 系统数据、图形、台账顺利通过了国网 PMS2.0 系统的单轨验收。针对变电站内设备，精细开展一、二次设备帐卡物一致性清理，建立有效资产卡 4000 多张，向省公司提报固定资产报废 41 项次，办理了五个批次的大修拆除废旧物资的报废批复。

【安全管理】2016 年，公司始终坚持把安全工作放在首位，全力确保人身、电网和设备安全。及时修订了关于交通安全、基层安委会、监察性巡视、安全生产风险金管理等制度，安全管理制度机制进一步健全。将“年统筹、月计划、周安排、日管控”管理穿透到具体的工作和现场，安全工作做到了常抓不懈。通过正负激励，在传递安全压力的同时坚持正面疏导，恢复安全生产工作者的自信心，工作逐步做到了胆大心细，安全工作的内生动力增强。全年共查纠违章 1274 起，违章处罚金额 9.65 万元，安全奖励 249.75 万元。及时处置 500 千伏丹巴变电站进站公路等 5 起严重滑坡隐患，避免酿成大的地质灾害事件。成功处置 500 千伏普洪一线等 4 起瓷瓶故障、龙王站主变 CT 爆炸起火等突发事件。年度安全生产记录达到 2504 天，荣获四川电力行业安全生产先进集体、省公司安全先进单位、省公司安全生产特殊贡献单位等荣誉称号。

强基固本落实责任。在公司安全奖惩实施方案、反违章实施方案等一系列成套安全管理制度基础上，制定了基层单位安委会、班组安全日活动管理实施方案、领导干部和管理人员监察性巡查管理规定等安全管理制度，修订安全生产风险金管理办法，确保安全生产责任逐级落实到位。精心编制事故调查范本，指导并严格监督基层单位按照《安全事故调查处理规程》对出现的异常、未遂及八级不安全事件认真调查分析、严肃处理，切实做到各负其责、“四不放过”。

充分发挥安全奖惩激励作用。2016 年，继续强力开展反违章，年初根据基层单位安全态势及年度工作计划下达部门及基层单位反违章指标，开展违章公示，做到“违章必纠、违章必罚、违章者必受教育”，形成全面、全员、全过程、全方位反违章的工作局面。对发现安全隐患避免发生各类不安全事件的人员及实现安全生产长周期相关人员实施安全奖励，真正做到安全生产奖罚对等、奖惩逗硬、及时兑现。

电网风险和作业风险得到有效管控。针对电网全接线方式，编制发布《2016 年度电网运行安全风险预警》，加强电网运行风险辨识，明确年度风险管控措施，共发布电网风险预警 39 项。针对检修方式，发布检修风险预警 104 项。编制发布《典型运检作业现场风险等级评估方案》，强化作业现场管理。发布现场作业风险预警 34 项。通过协同防控，严格落实运行措施及相关预案，实现风险全过程管控。

创新开展 500 千伏变电站精益化安全性评价。2016 年，制定 500 千伏变电站精益化安全性评价标准，融合 40 余个国家及行业标准，制订 8 大项 64 小项 1400 余条评价内容，建立评价管理办法，对公司 10 座变电站开展自评、专家复评，极大地提高了 500 千伏变电站安全管理质效。

加大安全教育培训力度。深化安全论坛、安全警示教育室应用，结合“三学三比”、“青安岗”等活动，大力开展安全大讨论、主题演讲、知识竞赛等安全系列文化活动，每月扎实开展“三种人”月度调考，切实提升安全教育培训质效，公司三名员工代表省公司参加国家电网公司安规调考成绩优异。

安全高效处置突发事件。切实贯彻落实《国家大面积停电事件应急预案》，逐级修订、逐级评审应急预案并主动联系能监办进行备案，扎实开展防洪防汛、防山火、抗冰等无脚本应急演练，提高应急组织指挥效能和应急队伍的实战能力，及时处置±800 千伏宾金线 224 号塔、500 千伏二普一线 313 号塔、东锦二线 114 号塔、西锦三线 111 号塔、普洪二线 51 号塔等严重地质滑坡应急事件。

【科技与信息化工作】2016 年度，公司全年累计申请发明专利 4 项、实用新型专利 20 项、软件著作权 2 项，获得专利授权 10 项。获得国家电网公司群创三等奖 1 项、省公司电力科技进步二、三等奖各 1 项、省公司工人技术创新一、二等奖各 1 项。首次完成企业管理创新成果推广落地并获省公司一等奖。获得省公司课题研究成果一等奖 1 项，管理创新成果二等奖 3 项、三等奖 2 项，优秀精益项目一等奖 1 项、二等奖 2 项。获得全国电力行业 QC 成果二等奖、国网 QC 成果三等奖各 1 项，省公司 QC 成果一等奖、二等奖各 2 项，1 个 QC 小组被评为四川省优秀质量管理小组。2 篇典型经验成功入选省公司内部对标典型经验库。代表国网参加 ITOMS 国际对标，在国际大会上发表 2 个专题报告，获得“最佳创新奖”。

【党的建设和精神文明建设】2016 年，公司党委在省公司党委的坚强领导下，紧紧围绕公司中心工作，坚持抓班子、带队伍、强作风、树形象，以“两学一做”学习教育为载体，从严执行党内政治纪律，从严强化党组织政治保障，从严管理干部和党员队伍，从严落实党建工作责任制，为公司全面完成年度目标任务提供了坚强保障。公司荣获省公司先进基层党组织、班组建设先进单位、新闻宣传先进单位、新闻应急劳动竞赛二等奖、“五四红旗团委”等多项荣誉。

加强思想建设，发挥政治引领作用“两学一做”学习教育全面覆盖。通过集中研学、领导带学等“七学”方式，扎实推进“两学一做”学习教育，各党支部开展集中学习 181 次、专题讨论 94 次。举办党组织书记讲党课竞赛，组织“精品党课”巡讲，领导干部和各级党组织书记累计讲党课 203 人次，开展“人人上讲台，个个讲党课”主题活动，先后有 349 名党员上讲台、讲党课。完成公司 15 个专业 117 个岗位合格党员标准制定，激励广大党员以“四讲四有”标准学做结合、知行合一，切实推动党内教育从集中性教育向经常性教育延伸，党员教育向深度、广度拓展。

2016 年 7 月 5 日，国网四川省电力公司总经理、党委副书记石玉东检查三大直流输电通道风险管控情况　　　　（谢兴富　摄）

理论学习扎实有效。坚持政治理论学习，组织党委中心组学习 12 次，严格“三会一课”，举办学习型党组织讲坛 8 期，开设党建业务和新党员教育培训班。坚持集中学习与个人自学相结合，深刻领会党的十八届六中全会和全国国有企业党的建设工作会议精神，认真学党章党规，增强广大党员对党的基本理论、路线和纲领的理解。加强对习近平系列重要讲话的学习，深刻理解“四个全面”等治国理政方略，不断增强“四个意识”。

激发党建工作活力。结合“基础管理年”和“管理质效提升年”活动，不断加强党组织建设。坚持与公司机构设置同步优化党的组织，动态调整组织设置。圆满完成公司 7 个二级单位党组织和 12 个基层党支部换届选举工作，成功召开公司第一次党代会，选举产生公司新一届党委和纪委。严把党员发展质量关，共发展党员 10 人，按期转正 13 人。

党建载体更加丰富。紧紧围绕中心工作，结合电网和公司发展的新要求，与时俱进，不断增强党建工作的针对性和吸引力，激励广大党员立足岗位干事创业，搭建党员作用发挥平台。通过“三亮三比”、“重温入党誓词”等活动载体，把学习、服务、创新有机统一于基层党组织建设，加强“三型党组织”的创建和评价，努力打造坚强有力的基层党组织。安全生产党内问责制度入选国家电网公司党建创新实践经典案例。

制度建设持续完善。修订公司《党委议事规则》、《“三重一大”决策实施细则》和《“三重一大”决策主要事项》，进一步完善公司党委决策制度，规范决策行为。严格执行“三重一大”决策程序、党委议事规则和工作规则，认真落实主要负责人最后发表结论性意见的要求。全年召开党委会 26 次，审议议题 76 项；召开总经理办公会 16 次，审议议题 71 项，无违规决策和决策失误的现象。

彰显企业文明形象。开展“卓越文化入心•卓越品质化行•卓越品牌塑形”主题活动。举办“微宣微讲”竞赛，用小视角、小故事，展现国网公司核心价值观。持续开展“树形评星”活动，稳步推进“最美省检员工”评选活动。展示了 149 名明星员工候选人的典型事迹，评选出明星员工 12 名，最美员工 5 名。举办道德讲堂四期，为公司员工提供了精神力量和道德滋养。

品牌建设取得新突破。围绕公司重点工作，开展深度源头策划，精心做好“中国能源互联网四川行动”等主题传播，电视作品《特高压担当川电外送主力军》荣获国网系统电视作品新闻类银奖，《战天斗火供电人》荣获国资委第三届“国企好新闻”二等奖。创新品牌传播方式，建立公司微信公众号“国网川电检修”，丰富传播载体，提升品牌传播影响力。国网系统媒体上稿量在省公司排名第二，《国家电网报》上稿量在“运检管理创新贡献指数”中排名省公司第一。

构建企业和谐氛围。凝聚员工群众合力。认真履行职代会各项职能，抓好公司及基层职代会换届改选，全年共办理职代会提案和建议31条，开展职工代表专项巡视检查，完成集体合同及专项合同签订。坚持常规慰问和精准帮扶相结合，策划“文化进班组•中秋不孤独”等主题鲜明的员工关爱活动。全年未发生越级上访事件，圆满完成省公司领导包案信访事件。落实保密责任，强化保密宣传，全年无失泄密事件发生。创新举办“活力团支部•魅力团支书”活动、开展“青安岗”知识竞赛，开展志愿服务活动14项，重点结对帮扶贫困学生10名，在公司营造了向上向善的良好氛围。

深入推进班组建设。深入开展班组达标创星晋级活动，1个班组荣获国家电网公司首批一流班组，5个班组荣获国网公司先进班组，1个班组荣获省公司标杆班组。依托劳模（职工）创新工作室平台，取得国家专利10项，多项员工创新成果受到各级表彰。

严格党风廉政建设责任落实，组织召开反腐倡廉建设工作会，专题分析党风廉政问题2次，制定年度党风廉政建设工作要点及两个责任任务分工。建立“两个责任”清单式报告机制，约谈12家基层单位党政主要负责人、7个业务部门负责人，组织层层签订党风廉政建设责任书149份，全力促进“两个责任”落到实处。深化廉洁自律教育，扎实推进“清风川电”主题活动，通过旁听法院庭审、邀请专家授课、家庭助廉等方式，抓好全员廉洁警示教育。组织500多人参加党纪党规知识学习和考试，开展公司党纪党规知识竞赛。组队参加省公司“党纪党规印我心”知识竞赛，以笔试第一的成绩进入决赛并获得优秀组织奖。制作《红包红包不能收》等9部作品，获省公司廉洁教育十佳作品2部、优秀作品6部。开展纪委负责人同下级党政主要负责人谈话21人次、任前廉政谈话11人次、节前廉洁提醒300余人次。定期召开协同监督联席会，调整7项工作流程，进一步强化职能部门主体责任落实，专题研究合同履约管理等议题4项，部署车辆使用费管理等专项检查6项，发现问题56项，及时下发风险预警41条。组织开展食堂管理专项效能监察，督促完善市场调研等4大管理机制。开展重要业务领域廉政风险专项排查工作，发现问题风险182个，制定防控措施241条并督促整改。联合业务部门开展青苗赔偿费专项排查，防控青苗赔偿费使用风险。严肃执纪问责，全年排查处理问题线索4件，下发廉政风险防控任务书5份，谈话和追责13人次，其中提醒、约谈6人次，给予政纪处分3人次，组织处理4人次。

【运维分部（中心）建设】国网四川检修公司下辖变电检修中心、输电检修中心，成都、西昌、自贡、南充、绵阳、乐山、雅安7个运维分部和特高压交直流运检中心、综合服务中心。

【变电检修中心】变电检修中心于2013年12月成立，主要负责特高压交直流运检中心所属换流站的A、B、C类检修、公司系统交流500千伏变电站变电一次设备A、B类检修，全公司通信设备的运维及检修，公司电测仪表校验，智能变电站验收、公司应急抢险等工作。2016年，变电检修中心始终按照“人无我有、人有我精”的原则，切实推进提质增效共促管理提升，全年完成停电检修48项、不停电检修38项、应急抢修37次、配合完成一次迁改6次；全年共计开展带电检测93次，圆满完成公司45座变电站带电检测工作，涉及主变236台相、高抗155相、500千伏GIS间隔330个，220千伏GIS间隔352个；全年共完成全公司通信TMS系统检修计划提报126项，通信检修票提报285项，独立承担22座500千伏变电站通信设备精益化提升工作，截止12月底，已独立完成13座、支援兄弟单位完成3座变电站精益化相关工作；克服500千伏主变更换零经验、旧附件安装新主变多处存在安装公差等困难，圆满完成彭祖站500千伏1号主变C相本体更换工作，获得公司及省公司的肯定与好评；圆满完成德阳换流站2016年停电检修工作，首次独立完成6台换流变有载调压开关吊芯工作，直流检修水平快速提升，稳步向自主检修过渡；顺利完成500千伏乡城站5033B相开关带电检测故障定位、解体见证及消缺工作，是省公司首例带电检测技术成功用于GIS设备缺陷发现及处理，标志着设备的状态检修由预防性检修逐渐向预知性状态检修过渡。创新成果丰硕，《变压器、高压电抗器双向遥控补油器研制》QC项目获省公司一等奖、公司一等奖，拟推荐参加国网公司优秀QC成果评选；《缩短监控信息接入OPEN300系统时间》QC项目获省公司二等奖、公司一等奖；《电网检修企业非典专业高效融合管理创新》荣获省公司三等奖、公司一等奖。

【输电检修中心】输电检修中心成立于2012年6月21日，主要负责承担全川境内500千伏及以上的交、直流输电线路的带电作业、无人机巡视，线路A、B、C类停电检修，大修、技改以及迁改项目的监管，公司应急抢险等工作任务。2016年，输电检修中心共完成±800千伏宾金线等34条线路停电检修，消缺450项，完成大修技改项目7项；带电作业90次（含特高压3次），消除严重及以上缺陷33项，多供电量12235万千瓦时；积极参与特高压直流满负荷保电工作，完成特高压直流带电登杆塔检查工作、带电处理±800千伏锦苏线引流板发热严重缺陷和无人机故障查找工作，完成±500千伏德宝线及接地极线路全线隐患排查巡视工作，500千伏泸复三线、蜀景一线抢险工作，500千伏洪山线349号-350号被盗塔材修补工作，派员参与500千伏甘桥一二线技改、南黄一二线迁改建管工作；无人机巡检完成杆塔精细化巡检922基，通道巡检265公里，发现缺陷276项，其中危急缺陷14项；顺利完成100公里线路无人机协同人工巡检试点工作、展放架空地线牵引绳工作、在带电线路上喷火除异物工作、线路通道激光雷达和多维度三维成像工作及机器人绝缘子带电检零工作，稳步推进了无人机及机器人在线路巡检的实用化；组织开展公司2015年、2016年新进输电线路专业共计38名员工分别为期一年的集中培训，帮助新员工业务技能得到快速提高。2016年输电检修中心多个创新成果分获“国网公司2016年度运检业务群众创新实践活动输电类优秀成果三等奖”、“省公司2016年工人技术创新一、二等奖”、“省公司科技进步三等奖”、“省公司2016年运检专业群众创新实践活动优秀成果奖”、“省公司2016年优秀QC成果一等奖”等荣誉，带电作业一班获得“四川省青年文明号”、“省公司先进班组”等荣誉，中心员工发表论文9篇（其中核心期刊论文2篇）、申请发明专利21项（其中已获得专利授权9项）、软件著作权1项。

2016年8月29日，公司上下众志成城，确保三大直流输电线路满功率运维工作万无一失　（王

【成都运维分部】成都运维分部成立于2013年12月26日，主要负责成都、天府新区、德阳、资阳等地区的500千伏输变电设备运维管理工作。截至2016年底，成都分部管辖500千伏变电站10座，变电总容量2040万千伏安；500千伏输电线路29条，线路总长1431.2公里，铁塔2378基。2016年，成都分部认真贯彻省公司”效益提升年”及公司“基础管理年”、“管理质效提升年”活动要求，圆满完成安全生产、党风廉政、经营管理等各项目标任务，累计安全输送电量550.8亿千瓦时；安全完成停电检修任务243项、操作票2815份、操作50258项次，办理一种工作票400份、二种工作票1560份，消缺364项，完成大修技改项目65个、成本项目30个；作为国网四川省电力公司唯一试点国网变电运检五项通用制度单位，五通试点成效及二次精益化工作得到国网公司、省公司高度认可和评价，成都分部管理质效得到全面提升；自主开发“变电运维智能移动作业巡检平台”和“检修全过程管控APP”，实现检修现场11个关键环节的实时、在线管控，大幅提高工作效率和安全管控水平；在迎峰度夏期间成都分部所辖变电站主变负荷超过1100万千瓦，占全省总用电负荷1/3以上，达成都地区总负荷90%，通过开展多个专项整治、精确测温及主变水淋降温等工作，确保成都电网主网的安全可靠运行；成功处置龙王站5011开关CT故障起火、尖山站电抗器起火等紧急事故，班组安全管理水平实现本质提升；首次对变电站开展设备红外连续在线测温，实时监测缺陷发展；对龙王、尖山变电站开展全站绝缘子带电检零，发现零值绝缘子6片，开口销缺失21处；对500千伏线路开展X光耐张管检测，发现并及时消除3处影响安全的隐患，技术监督工作取得突破，设备健康水平有效提升；加大对线路通道及防外破工作的管理力度，与政府部门协同配合，成功处理多处通道树竹“老大难”问题，确保成都分部所辖线路全年零外破事件发生；在公司同价计酬机制推广工作试点期间，成都分部结合专业特点制定差异化同价计酬绩效实施细则，在一线班组得到全面运用，有效激发员工工作热情；队伍建设成效显著，电气试验班被评为国家电网公司一流班组、工人先锋号，获国家电网公司青年创新创意大赛银奖。

【西昌运维分部】西昌运维分部成立于2008年11月5日，截至2016年年底，共管辖500千伏变电站9座，变电容量1500万千伏安；所辖输电线路32条，线路长度约2952公里，其中500千伏交流线路长度2648公里，±800千伏锦苏直流线路长度230公里，锦苏直流接地极线路长度74公里，极址1座。2016年，完成了所辖24条线路304个标准巡视区段防山火的监测工作，未发生因山火原因造成的不安全事件；成功处置了4起500千伏线路绝缘子掉串，完成了500千伏西锦三线和普洪二线地质灾害抢险工作和500千伏城沐一二线56号至69号区段抗冰改造工作，全面提高了所辖设备抵御低温雨雪天气和冰凌灾害的能力；顺利完成了三大直流满功率运维保障工作和G20杭州峰会保电工作。圆满完成了输电线路覆冰监测和直流融冰工作，共开展直流融冰40次；木里站合闸电阻顺利投入系统运行，为川藏联网提供了又一坚强保障，完成500千伏纳日智能站的投运工作，完成了500千伏普提、石棉、月城、木里、石板箐主变系统年检，普提500千伏Ⅰ、Ⅱ母线等8个母线间隔年检，月普一线等13个500千伏线路间隔年检，完成了普提3组高抗刀闸更换，石板箐站主变中性点加装小抗，木里、石棉GIS刀闸加装位置指示器，石棉5021开关CT防爆膜破裂解体，石棉站1号主变201开关套管发热缺陷解体，橄榄站益榄线间隔安装等18项大修、技改工作；完成西昌分部所辖月城、木里、水洛等6个变电站的精益化排查整改工作，全面提高了所辖设备的健康运行水平；开工建设了西锦三线周家坪等3座巡检吊桥和昭觉等4个巡检站，进一步保障了员工工作中的后勤保障。2016年，西昌分部荣获省公司安全生产先进集体。

【自贡运维分部】自贡运维分部成立于2009年10月28日，分部管辖500千伏变电站4座，变电容量650万千伏安。直接运行维护自贡分部在自贡、宜宾、泸州、内江、资阳、遂宁等6个地市的34条500千伏线路，线路总长2071.835公里。直接运维3条特高压直流输电线路，分别为：±800千伏复奉特高压直流线路，线路长度187.275公里（另有79.106公里接地极线路和一座接地极址）、±800千伏锦苏特高压直流线路，线路长度255.209公里和±800千伏宾金特高压直流线路，线路长度183.083公里（另有101.106公里接地极线路和一座接地极址）。2016年，凝心聚力、攻坚克难，圆满完成三大直流满功率运维保障及G20保电任务；专项治理站容站貌，阶段性完成叙府、洪沟等老旧变电站环境综合整治工作；线路通道树竹隐患治理成效显著，所辖输电线路通道风险可控、能控、在控；成立专业团队，研发了保电站管理、车辆管理APP等软件并推广应用，管理创新工作初见成效；落实自贡分部岗位动态管理，实时对部分管理岗位进行了调整，激活了员工活力，进一步增强了自贡分部管理团队的力量。

【南充运维分部】南充运维分部成立于2009年6月30日，主要负责南充、广安、达州、巴中、遂宁等5个地市内的500千伏输变电设备生产运行维护。分部所属500千伏变电站5座，变电容量为750万千伏安；线路16条，长度1099公里。2016年，南充分部安全顺利完成了40个变电间隔的首检及年检预试；配合完成了巴中、黄岩、遂宁三站GIS设备的带电测试，5座变电站避雷器阻性电流带电测试，巴中站地网接地电阻测试等工作，完成南充、达州两站共16组特变康嘉电流互感器的隐患排查工作。检修线路11条次，处理各类缺陷173条，接受操作任务990余项，正确操作14379步，办理工作许可452份，保证了全年安全目标的顺利完成。2016年7月至9月，历时近百天，投入人员870余人次、车辆360台次，顺利完成500千伏南黄一二线迁改工程。分部专业小组制工作模式初步成型，根据专业设置现场作业小组长和项目建管小组长，形成了各专业多点多面并行作业的良好局面。继续强化外部施工现场监督，全年累计发送隐患通知书25份，处置山火7处，有力保证了南充分部的线路安全。南充分部出动230余人次，配合完成±800千伏宾金线及500千伏黄万一二线两轮保电巡视、隐患排查工作，为三大直流满功率运行提供有效保障。针对现场工作面临的问题，顺利完成SF6开关四通阀的研制工作，并获得2项国家级实用新型专利。班组建设取得新成绩，输电运检二班获国家电网公司先进班组称号。

【绵阳运维分部】绵阳运维分部成立于2010年8月31日，主要负责绵阳、广元、阿坝州全境以及德阳、遂宁部分地区500千伏输变电设备运维工作。绵阳分部党总支下设变电、线路两个二级党支部。管辖500千伏变电站6座，变电总容量950万千伏安；输电线路14条（包括德宝直流和直流接地极线路），线路总长1313.097公里。2016年，绵阳运维分部持续强化基础管理工作，针对16个岗位建立了岗位职责清单210条，清理各级规章制度167个，出台相关规定及补充实施细则28个，杜绝了管理多头指挥、推诿扯皮和管理真空；严控安全风险，针对茂谭、平武水电送出通道及德宝直流制定了专项预案和保障措施，全年完成三大通道159.5亿千瓦时电力的输送任务；成功处置谈判长达三年之久的绵阳市安州区花荄镇500千伏谭乐二线71号—72号桉树隐患，成功化解了江油、安县等处电磁辐射和通道砍伐的老大难问题；组织完成江油站和马尔康站初设、施工图纸及技术规范书的审查，共提出意见和建议95项；扎实开展输变电设备反措排查，共计发现问题近4000条，制定了九个方面的整改提升计划；扎实开展输电线路39处"三跨"和9处重冰区耐张串上扬专项隐患排查，发现并整改缺陷隐患48项；自主编制了《PMS2.0记录录入规范》，保障了数据录入的规范性和准确性，提高了系统应用指标。

2016年8月25日，成都及周边地区500千伏电网连续10日保持"千万"负荷高位，成都运维分部坚持高温保电，图为尖山站现场一角（苏绍宾　摄）

【乐山运维分部】乐山运维分部成立于2012年6月20日，主要负责乐山、眉山地区内的500千伏输变电设备生产运行维护。管辖500千伏变电站4座，变电总容量450万千伏安；输电线路19条，总长度1739.665公里。2016年，乐山分部高效完成各项500千伏设备运维、检修、消缺、调试工作，整体检修能力稳步提升。利用变电精益化评价细则指导运维检修工作，有效提升了变电专业精益化管理水平；完成各站设备年检、东坡综自改造收尾及东坡、南天2号主变、嘉州1号、2号主变、沐溪站2号主变、220千伏母线及出线扩建工程验收等大型复杂停送电倒闸操作及验收投运；运维专业按照公司发布的12次电网运行风险预警，切实编制运维管控方案，落实变电运维管控措施，确保了现场作业、设备及电网运行安全；全年共处理变电设备缺陷122条，进一步提升了设备健康水平。完成500千伏枕深线首检等共计10条500千伏线路的年度检修工作，完成公司综合计划大修项目6个，技改项目1个；持续开展500千伏布坡四回、普天线、东天一二线等十二条易覆冰线路防冰重点监控区段现场观冰工作；扎实开展线路通道清障工作，政企联动积极宣贯电力设施保护知识，实现了500千伏布坡一二线353号～355号等区段"砍后不复栽"。

【雅安运维分部】雅安运维分部成立于2008年8月1日。截至2016年年底，分部管辖6座变电站、1座开关站，变电总容量868万千伏安，其中6座站址都位于甘孜藏族自治州；管辖500千伏线路12条，总长为1370公里。2016年，顺利完成500千伏大雅一、二线首检工作，完成自爆绝缘子更换14片等消缺工作，并首次发现许继光差保护两侧补偿电流匹配电阻不一致的重大缺陷；首次独立开展龙石线全面停电检修工作，消除绝缘子自爆等电气缺陷109处，铁塔螺栓紧固及绝缘子清扫62基；安全可靠地完成了新都桥智能变电站4台智能终端、18套合并单元装置的升级工作，并主动承担新都桥智能站小型化国网试点工程的实施，受到了公司、省公司的一致肯定；开创性地开展了新都桥甘桥一、二线按800千伏绝缘设计的融冰刀闸的调试安装，在安装调试期间发现刀闸卡涩的八级质量事件，被国网公司收录为典型八级质量事件；雅安分部加入58人次，最长奋战46天，保质保量地完成了川藏联网配套工程巴塘、乡城站设备的全停工作，并结合停电完成乡城5033开关局放超标及西开开关隐患处理，保证了川藏联网工程的安全可靠运行。截至2016年12月31日，雅安分部安全运行1102天。分部党总支荣获省公司2016年度先进基层党组织。

【特高压交直流运检中心】特高压交直流运检中心于2013年12月9日正式成立，主要负责±500千伏德阳换流站的运维管理、永河接地极运行维护、直流三大核心设备年度检修及全站设备应急处置消缺工作。2016年，扎实开展反措及隐患排查治理工作，通过核查共计发现反措问题及遗留隐患59条，形成"德阳换流站反措落实情况排查问题及隐患统计表"，并逐条落实整改；深入推进精益化评价工作，针对2015年精益化评价遗留的2331项问题逐项核查并整改，除资料类等按国家电网公司要求无需整改的712项问题外，其余1619项全部整改完成，设备健康水平持续提升；圆满完成德阳换流站本年度两阶段年度检修任务，年检期间共完成例行检修项目26项，特殊检修项目16项、专项工作8项、消缺项目63项，隐患治理项目5项、技改项目5项；大力推进新技术应用，通过加装阀厅红外智能巡检系统消除了阀塔红外测温盲区，并在国家电网公司系统内率先研究利用内冷水主泵振动在线监测系统实时监测主泵振动数据，针对数据分析结果，对主泵采取加装限位螺栓、基础找平等措施有效解决了主泵轴封频繁漏水现象，提升了运维工作质效；自主编撰并出版了书籍《德阳换流站》，在公司内外普及高压直流技术大有裨益；牵头编写了国网换流站运维检修题库，为国家电网公司换流站运检专业培训提供了有力保障；承担国家电网公司直流“五通一措”标准化管理细则直流光CT、零磁通CT部分编制，总结直流运检经验，规范现场管理，进一步提升了标准化管理水平。截至2016年12月31日，德阳换流站实现安全生产2561天，累计输送电量726.96亿千瓦时。凭借优异的管理成绩，连续五年荣获国家电网公司“红旗换流站”荣誉称号。中心运行班荣获国网四川省电力公司“先进班组”荣誉称号，中心维护班荣获国网四川省电力公司“安全生产先进集体”荣誉称号。

2016年12月1日，500千伏雅安变电站停电检修现场一角
（司琴　摄）

【综合服务中心】综合服务中心下设后勤服务中心、物资供应中心、综合科，主要负责公司后勤、车辆、小型基建及非生产性大修项目、消防安防以及物资管理等工作。2016年，绵阳运维分部生产检修用房项目可研、初设顺利通过国家电网公司审核，建设用地、规划许可和报建等工作取得明显进展。西昌运维分部昭觉巡检站项目于2016年底竣工；本部和营门口两个园区功能完善项目顺利推进，极大地改善了员工办公环境。公司10个食堂建立“一卡通”系统，实现食堂管理标准化、规范化，《推动食堂管理规范化、精益化、专业化》入选公司级对标典型经验。开展公司重点防火部位及反恐隐患排查，落实整改效果明显。制定车辆管理实施细则，进一步规范派车、维修等管理流程。2016年1月，公司物资管理职责调整至综合服务中心。全年完成公司322个大修技改项目和日常运维物资的供应，保障了大修技改项目的顺利完成。报送物资、非物资需求计划2121条，计划准确率显著提高。组织物资、非物资非招标采购30个批次，评审项目1284个。完成洪安乡仓储点标准化建设，通过省公司验收。参加省公司物资计划调考获得团体第六名。合同签订准确率、及时率、合同结算完成率100%。牵头建立了公司供应商库，进一步规范非招标采购供应商管控，实现充分竞争，节资效果明显。

（杜先明　余小闯）

施工管理单位

责任编辑：魏秀云

国网四川建管中心

【企业概况】国网四川省电力公司建设管理中心前身为四川电力超高压建设管理公司，成立于1988年3月。为加强四川省电力公司电网建设管理，2005年10月，四川省电力公司（以下简称“省公司”）将四川电力建设(集团)公司更名为四川电力建设管理公司；2008年2月，按照省公司超高压建管体制改革要求，更名为四川电力超高压建设管理公司，并明确了四川电力超高压建设管理公司为四川省电力公司的全资子公司，按照与四川省电力公司签定的建设管理委托合同约定，行使500千伏及以上工程项目建设的管理职能。2012年，根据国家电网公司“三集五大”体系建设实施方案，四川电力超高压建设管理公司改制为国网四川省电力公司建设管理中心（以下简称“中心”）。

【组织机构及人力资源】截至2016年年底，中心本部设置项目前期室、项目管理室、安全质量室、工程技经室、综合室等5个职能部室，此外，根据中心负责建管工程建设项目分布情况，设置了成都片区、川北（川南）片区、甘孜（川西）片区、攀西片区、川渝第三通道等5个业主项目部和特高压交流、特高压直流2个建设项目部。

【工程建设项目】2016年共完成基建投资39.96亿元。新开工7个输变电工程，变电容量400万千伏安，线路1054公里；投产4个输变电工程，变电容量240万千伏安，线路347公里。完成可研评审项目5个，初设审查项目5个，取得项目核准7个，环保验收完成5项，水保验收完成9项。完成竣工预结算11个，竣工结算14个。

【安全质量管理】2016年，全力推进本质安全建设，深刻吸取丰城“11·24”事故教训，以“三查三强化”、“安全生产月”为抓手，深入开展“两赛两提升”活动。规范停、复工管理，制定并实施《工程停（复）工安全管理要求》。开展风险防控工作，发布风险预警通知单，全年完成四级风险作业13项、重要三级风险作业7项。组织对重大风险作业进行预判，邀请设计、监理、施工、运行等多方面专家对中心四级风险作业方案联合会审。开展春、秋季安全大检查，冬季安全施工专项检查以及安全生产隐患排查治理专项行动，下发隐患整改通知单、安全问题通知单37份，提出安全管理问题、现场隐患255项，已全部完成整改。强化反违章工作，编制并严格执行《安全生产典型违章及反违章工作要求》。加强分包管理，开展月度分包商及分包项目负责人评价。开展地质灾害、防汛隐患排查以及应急准备，落实工程项目部属地应急备案工作。开展新“安规”宣贯，组织全员安规考试。中心荣获省公司2016年度安全生产先进单位。

川藏联网工程项目档案通过国家电网公司办公厅预验收

【工程管理】编制2016年输变电工程建设节点计划，实施节点计划刚性管控，按季度监督检查执行情况，确保投产任务提前完成。坚持重点工程协调会联系机制，及时组织召开九江、新都、宣汉、大岗山送出、枕头坝电站送出、沙坪二级送出等重要输变电工程协调会。中心领导定期深入工程建设一线调研，及时掌握工程建设最新动态，协调解决处理重大问题。精心组织工程投运工作，提前邀请运维单位介入开展验收准备。加强停电计划管理，提高停电计划的准确性。巩固国家电网公司“三通一标”标准化建设成果，积极推动通用设备“四统一”的应用。全年组织设计单位完成各类工程物资需求计划申报934条，上报预算金额10亿元。全面开展施工图预算管理工作，圆满完成国网公司施工图预算管理督查，江油输变电工程被省公司评为施工图预算管理样板工程。推行设计变更与现场签证“一月一报一审”制度，提高审核环节的效率，降低了审计风险。

前期工作取得创新突破。超常规的完成了川渝第三通道500千伏工程核准任务，可研设计与核准专题交叉推进，仅用时4个月便办理完成各项核准支持性批复文件，比常规项目提前12个月完成。落实项目可研初设预审制度，建立属地化长效合作机制。进一步加强初步设计管理，评审计划得到刚性执行。开展施工组织设计和安全措施专题研究，重大项目邀请施工专家和设计单位现场实地踏勘。严格执行设计技术问题沟通汇报机制，对进站道路设计报告进行了专项评估。加强与政府职能部门沟通汇报，与省级主管部门保持紧密联系。积极配合省国土资源厅对《四川省土地利用总体规划（2006～2020年）》中的电网重点建设项目进行补充完善，预留足够的规划用地指标，确保电网项目用地。提前开展水土保持专项监测、现场检查，获得省级行政主管部门表扬。完成川藏联网工程国家水土保持生态文明工程申报及评审，待水利部完成公示后即可颁发国家水土保持生态文明工程奖牌。资阳站降噪工作取得成效，得到环保部、国网公司的肯定。雅中-江西±800千伏特高压直流输电工程项目前期工作进展顺利。

优质精品工程成果丰硕。川藏联网工程获得国家优质工程金质奖，这是省公司电网工程建设获得的最高奖项，填补了国家优质工程奖最高奖项的空白。宣汉至达州500千伏线路工程获得国网公司安全质量流动红旗，工程业主项目部首次获得“示范业主项目部”称号。积极开展标准工艺应用示范工地建设，全面推广应用“标准工艺”，达到100%全覆盖。深化质量通病防治及控制工作，确保强制性条文执行到位，质量通病防治效果以及强制性条文执行情况纳入工程建设考核评价。总结达标创优经验，严格执行国网公司优质工程标准及“否决项”清单的要求，加强对优质工程的检查关，对责任单位进行书面通报并按合同考核。进一步加强输变电工程各阶段验收及质量监督管理，编制实施了《输变电工程验收及质量监督检查主要程序》。加强工程档案管理的前期策划和前端控制，以盐源500千伏变电站新建工程为试点，制订了《盐源500千伏输变电工程档案管理工作方案》。圆满完成了川藏联网工程国家档案局档案专项验收和九江变电站等4个500千伏输变电工程的档案专项验收，以川藏联网工程档案管理实践为基础，组织实施的优秀QC成果获中电建协三等奖。

【经营管理】2016年，扎实开展“效益提升年”活动，制定了19项工作任务和73条具体工作措施并全部完成。强化预算管控，积极落实降本增效。全面清理长期遗留项目在建工程余额，对省公司直管工程账务中存在的非正常往来款项进行清理，解决事项8个，压降应收款项1476万元。优化人力资源配置，盘活人力资源存量。加强人工成本管控，制定岗位绩效工资制度推广实施工作方案，加强绩效考核管理，提升人力资源效率。加强对通用制度的学习和宣贯，开展制度讲堂活动36期。大力推进全员培训和人才培养，共参加省公司及以上培训班60个，自办培训班8个，送培学员420人次。加大创新成果的培育和申报，《以绿色高效为引领的电网企业工程建设管理》获2016年度四川省级企业管理现代化创新成果一等奖。《高原复杂条件下大型电网工程综合管控体系建设》被评为第五届全国电力行业设备管理创新成果一等奖，并获省公司2016年度企业管理创新推广应用成果一等奖，中心企业管理创新成果、课题研究成果、精益项目成果分别获得省公司三等奖。

依法治企建设扎实推进。全面推进“三全五依”法治企业建设，风险防控能力进一步提升。全力配合省公司巡察工作，对巡察组提出的问题，认真研究方案，落实责任，立行立改，严肃执纪问责。进一步梳理遗留问题和遗留工程，健全内部管理基础制度，用制度约束规范实践。认真贯彻落实民主集中制，坚持“三重一大”集体决策制度，坚持集体审议决策。严格执行非招标采购指南，非招标采购活动进一步规范。上报非物资采购计划283项，计划采购金额16.55亿元。签订各类合同及委托共169个，金额20.2亿元。办理工程款支付310笔，累计付款金额共计16.01亿元。

【党的建设和精神文明建设】2016年，全面加强了领导班子思想政治建设。抓好“两学一做”专题教育，全年召开了12次中心组学习会，重温《党章》《廉洁自律准则》《纪律处分条例》，认真研读《关于新形势下党内政治生活的若干准则》《中国共产党党内监督条例》，积极领会国有企业党的建设工作会议精神，切实提升党员干部的意识形态和世界观、人生观、价值观。加强了党史和革命传统教育，学习先辈先贤、先进典型，牢记党的宗旨，继承发扬党的优良传统。聚焦“忠诚、干净、担当”，教育中心领导干部对党忠诚、廉洁奉公、勇于担当。进一步严肃党内政治生活，规范开展并完成了中心党委换届选举工作。坚决贯彻民主集中制，严格执行“三重一大”集体决策制度，年度召开党委会19次，做到了重大事项集体领导、民主集中、个别酝酿、会议决定。坚持开好民主生活会，对照合格要求进行党性分析，开展批评和自我批评。

有效开展了基层党建工作。落实省公司全面从严加强基层党的建设实施方案，搭建“三个平台”，切实发挥战斗堡垒作用。分层实施“两学一做”学习教育，班子成员深入一线宣讲党课，将党章党规、系列讲话作为经常性学习内容融入党员日常学习，搭建党员教育成长平台。通过党建半年、年终考核、协同监督会、专项检查等方式严格落实党内准则条例和党委工作部署，搭建党员监督考核平台。围绕建设一流专业化建管中心目标，深化“创先争优”和服务型党组织建设，设立6个“党员责任区”，77个“党员示范岗”，针对不同岗位的党员，分别制定了7类不同的合格党员标准，开展“三亮三评三比”、“两赛两提升”等丰富活动，搭建党组织和党员发挥作用平台。中心3个集体、1个党支部、6名个人受到上级单位表彰。落实党内基层组织选举制度，指导所属 8 个党支部完成换届选举工作，并通过选举工作加强支部书记队伍建设。建立了中心领导联系各党支部制度，确保支部工作开展全过程的指导到位、监督到位、考核到位。党委建立了中心党工微信群，成立了川电建管微信公众号。通过微课堂、微视频、微图片等方式，第一时间向所有党支部传递党和国家的新政策、网省公司的新要求；通过微指导、微反馈、微监督的方式了解掌握党支部各项工作的开展落实情况。

扎实抓好干部、人才队伍建设。坚持党管干部、党管人才原则，制订《中层干部交流工作管理办法》等10项人事管理制度。严格干部选拔程序，坚持“德才兼备、以德为先”的用人导向，选拔中层后备干部6名，其中正职后备3名，副职后备3名；调整中层干部28人次。结合岗位绩效工资制度改革，着力打造高素质人才队伍。中心现有各类优秀专家人才40人，占职工总数的47%；中、高级职称68人，占职工总数的79%，职工人才当量密度达到1.1616，连续5年超额完成了省公司下达的指标。

始终筑牢反腐倡廉防线。中心党委积极履行党风廉政建设主体责任，认真研究部署年度党风廉政建设和反腐败工作，细化和明确“两个责任”清单，通过责任分解、强化督导、严肃问责，确保两个责任落地。认真贯彻党风廉政建设工作要求，扎实开展反腐倡廉工作。在日常监督上下功夫，实践监督执纪“四种形态”。对9名提拔任职的中层干部进行了任前廉政谈话；巡察期间，廉政约谈 4 人次，批评教育 1 人次，绩效考核 26 人次，纠正违规金额1.664万元；巡察后，对省公司纪委就巡察问题线索反馈的突出问题集中廉政约谈 6 名部门负责人。加强中层干部和重点岗位的轮岗交流，2016年重点岗位人员交流10人次。召开党委会研究部署党风廉政建设工作 5 次；围绕房屋拆迁和选人用人两个专项议题召开协同监督联席会 2 次，签发整改任务书 2 份；开展党风廉政建设责任制检查2次。

稳步推进品牌工作与和谐企业建设。注重企业文化传播和落地工作。立足藏区电网建设工作，持续 5 年打造“电亮藏娃梦”爱心帮扶项目，对康定木雅祖庆学校开展精准扶贫。策划制作的《藏娃寻梦》在“英大传媒2016年度优秀电视作品展评”活动中荣获故事类金奖。与《中国电业》杂志开办“川电建设管理论坛”署名栏目，与《四川工人日报》开展合作，持续展示中心品牌形象。抓好企业精神文明建设，顺利通过省级最佳文明单位的复查验收。建成了川电建管微信公众号，拓宽了企业文化传播途径。定期开展职工思想动态分析，并将分析结果运用到群团建设工作中。规范高效开展工会工作，举办了系列职工喜闻乐见的主题活动，成功选树了1名省公司劳动模范，及时开展各类慰问活动，认真听取采纳职工合理意见建议，心系职工，服务职工，受到中心职工的支持与认同。

四川电力送变电建设公司

【企业概况】四川电力送变电建设公司创建于 1958 年 5 月，系国网四川省电力公司下属的全资子公司，国家电力工程施工总承包壹级资质及国家一级承装类、一级承修类、一级承试类企业。公司下设 3 个输电施工分公司、2 个变电施工分公司、调试分公司、应急抢修中心（藏区电网运维分公司）、机具设备分公司，主营输变电工程施工（安装、调试）及运检业务。经过多年不懈奋斗，公司已成长为具有坚强的电网建设、运维检修和应急抢修能力，拥有丰富的人才储备、统一的企业文化以及现代管理模式的综合型企业。

近 60 年来，公司参加并完成了“西电东送”“川电外送”、特高压示范工程、青藏联网、新甘石联网、川藏联网等重点工程建设，在 500 千伏、750 千伏、1000 千伏、±800 千伏、±1100 千伏等各电压等级工程中屡创佳绩，多次荣获国家优质工程奖、国家建筑工程鲁班奖。公司先后被评为全国文明单位、全国模范职工之家、国家电网公司先进集体、国家电网抗灾救灾恢复重建功勋集体、四川省先进企业、国网四川省电力公司先进单位、先进基层党组织。

公司积极践行和弘扬社会主义核心价值观、国家电网“诚信、责任、创新、奉献”的企业核心价值观，在电网建设、抗冰保电、抗震救灾及灾后重建等急难险重任务中做出了巨大贡献，全面展示了“特别讲政治、特别能吃苦、特别能战斗、特别能奉献”的形象，被誉为川送铁军。

【人力资源】2016 年，送变电公司承办和外送培训 140 余班次、1700 余人次，全员培训率保持在 95% 以上。不断加强员工队伍素质提升，新增一级建造师 7 名、二级建造师 19 名、中级以上职称 37 人、技师 45 人，人才当量密度提升至 0.998，在全国送变电行业中位列第五位。全面启动员工职业生涯规划试点，为 89 名新员工建立职业生涯档案，分通道签订了师带徒、专业导师等协议，按需求培养施工技术、技经、运检、安监、党群、人资等各专业核心后备人才 64 名。积极为省公司系统内单位输送各级各类人才 20 名。

【工程建设项目】2016 年，送变电公司完成各电压等级输电线路工程 6 项（268.4 公里），变电站新（扩）建工程 15 项（变电容量 3870 兆伏安）。按期完成±800 千伏灵绍线、酒湖线特高压直流线路新建工程，±800 千伏宜宾换流站、天山换流站、灵州换流站大修技改工程，500 千伏普洪线、西锦线抢险技改工程。川渝三通道、宣达线、猴康线、甘会线、沙南线、榆潍线、盐源变、会东变、宣汉变等工程按节点目标有序推进，保障了省公司里程碑计划的顺利实施。大力加强标准工艺应用，扎实开展质量监督检查，工程施工整体水平得到持续提升，由送变电公司承建的川藏联网工程获国家优质工程金奖、国网优质工程等多项荣誉，±800 千伏双龙换流站获中国建设工程鲁班奖，宣达线获国网安全管理流动红旗，达余线、泰安变获省公司质量管理流动红旗。

【藏区电网运维】2016 年，送变电公司承担了藏区电网 500 千伏至 35 千伏 115 条输电线路(6355 公里)的运维检修和 11 座 220 千伏变电站（开关站）的检修维护，运维范围覆盖甘孜、阿坝全境，凉山、雅安、成都部分地界，幅员面积 26 万平方公里；线路平均海拔 3500 米，最高海拔 5000 米。送变电公司紧紧围绕“生产管理、风险管控”两个中心，以查隐患、降跳闸率为抓手，持续强化线路“六防”“三跨”综合治理及变电精益化治理，大力推广高海拔无人机飞巡试点及应用，积极备战藏区电网“冰火”防控，联合地方政府、警方加大藏区电网外破隐患防控力度，同步开展重点线路隐蔽工程和关键环节“随工验收”，做实川藏联网等高风险运行线路的风险管控，力争将设备故障跳闸、停运率降下去，将藏区运检质效提起来，让整个藏区电网始终保持良好的运行工况。严冬前集中开展“拉网式”冰前隐患排查及检修工作，成功消除了重冰区杆塔螺栓松动等 300 多个隐患缺陷。创新性采用更适合二郎山气候环境的注脂型耐张管代替常规型耐张管，有效解决 5 基塔 32 根耐张管鼓包、破裂问题，提升了甘蜀一线抗冰能力。无人机飞巡出动 1026 架次，累计飞行 13511 分钟，完成杆塔精细化巡检 684 基，线路通道巡检 484 公里，覆冰、防汛、地质灾害勘察等特巡 16 次，成功发现了 289 处缺陷。配合央视直播，圆满完成川藏联网停电检修。

【安全生产】2016 年，送变电公司全面贯彻落实各级安全工作要求，坚持“安全第一、预防为主、综合治理”的方针，不断深化和提升安全管理，实现了安全生产目标，连续五年荣获省公司安全生产先进单位，省级送变电同业对标中安全指标取得满分，排位 A 段。强化安全生产“月计划、周安排、日管控”工作机制，足额投入和使用安全生产费用，编制并印发《安全规范化管理指南》《安全文明施工标准化实例图册》，不断开阔安全监管思路，持续增强项目安全管理水平。不断深入开展安全警示教育和“说清楚”，持续创新和丰富安全教育培训手段，编制完善“反违章三百条”“电网建设新安规”图文解读版课件，督导各级安全教育宣贯培训到位。强力推行分包人员“五统一”，着力解决分包人员流动频繁等问题。定期发布周安全预警、违章曝光，及时警示和预控安全风险，全面落实“到岗到位”“同进同出”“现场蹲点”等规定，切实把控现场安全风险。严厉查处各类违章和隐患，查处并督促整改违章 340 项，安全隐患 407 个。全面深化各项应急管理工作，修编应急预案并成功通过省公司、四川能源监管办审查备案，坚持无脚本应急演练，安全有序完成普洪线、西锦线、宜宾换流变等应急抢险任务。

【资产经营】2016 年，送变电公司以“应对税制改革”“加强资金保障”为抓手，紧紧把握提质增效、依法理财、提升服务三大重点，成功实现“营改增”税制改革的平稳过渡，经营质效、风险管控能力进一步提高，资金保障工作规范有序，预算价值引领作用进一步凸显，推动公司经营效益、发展质量和财务监督能力再上新台阶。公司持续挖掘市场潜力，提升市场份额，先后中标宜宾换流站大修、吉泉线、马尔康、江油输变电、川渝三通道等 20 个标段，同比增长 16%。积极响应“一带一路”和国网“走出去”战略，开拓探索巴西美丽山Ⅱ期国际业务。扎实开展“效益提升年”活动，推动开展 28 项“提质增效深化实践”课题研究；按照“分公司管理、子公司运作”思路，做实做强分公司经营实体；深入开展工程前期配合，从源头改善经营环境。

【科技与信息化工作】2016 年，送变电公司依托±1100 千伏吉泉线、±800 千伏酒湖线等重点工程大力推进施工技术创新、群众科技创新、QC 活动等技术创新。获专利 12 项，发明专利 3 项、实用新型专利 9 项。获科技成果奖 4 项，《川藏特殊地质地貌区输变电工程关键技术、装备及工程应用》获国网科技进步一等奖、中电联中国电力创新二等奖，《一种与挖掘机配合使用的土方夯实结构》、《一种适用于送电线路测量的存储数显游标卡尺》获省公司二等奖，《一种变电站现浇墙体组合钢模及其施工方法》获省公司专利奖。4 项 QC 成果荣获省公司优秀成果奖，1 项成果推荐国家电网公司。加强网络信息系统运维及信息安全管理，编制并推演《网络信息系统突发事件应急预案》，对全公司 638 台内、外网计算机终端陆续更换 360 企业级杀毒软件，保障公司计算机在桌面终端信息安全考核上 100%达标。

【党的建设和精神文明建设】2016 年，送变电公司全面落实从严治党要求，“三个建设”全面加强。扎实开展“两学一做”学习教育，推进“四讲四有”具体化。成功召开公司第八次党代会，圆满完成换届选举，产生新一届党委委员和纪委委员。加强基层党组织建设，新成立党总支部 2 个，在 20 个工程项目和 4 个运维分部成立党支部或党小组，实现项目党组织全覆盖。大力开展“三亮三比”活动，将党建工作融入项目管理和日常施工。广泛开展学习型党组织建设，举办政工干部培训班，组织党支部书记讲党课，党课案例入选省公司 12 个优秀案例。职工原创歌曲《我想请个假》获全国微影视大赛金奖，多篇报道登上《国家电网报》头版头条，多个原创图文在“国网英大传媒”“国网故事汇”上发布，公司外部形象、员工职业认同感、内部凝聚力持续提升。工会充分发挥桥梁纽带作用和组织优势，关心关爱职工，维护职工合法权益，促进员工素质不断提升。认真落实离退休老同志“两项待遇”，全心全意为离退休员工做好事、办实事、解难事，信访、维稳、保密、后勤等工作成效显著。

【存在的主要问题】（一）安全压力大。中共中央、国务院发布了《关于推进安全生产领域改革发展的意见》，对安全工作和责任追究提出了更高要求，江西丰城“11·24”事故敲响了警钟，事故查处更加严肃，各级监管更加严格，各级人员安全压力巨大。行业内、系统内规章制度重叠严重，内耗突出，通用制度一贯到底落实不足，本质安全监管有待提升。送变电公司电网基建施工“三跨”现象非常突出，藏区运维多处于高海拔、高寒、高缺氧、地质灾害频发区域，安全风险较大，安全生产必须时刻警钟长鸣、长抓不懈。

（二）经营压力大。省内电网投资持续下滑，2016 年同比减少 18%，2017 年计划同比减少 34%，四川电网建设“黄金期”一去不复返。未来特高压市场仍然存在较大不确定因素，在建特高压工程中将于今明两年陆续投运，而后续特高压项目规划核准滞后，总体电网基建市场逐步进入下滑期。劳动成本急剧上升、地方协调难度加大、概预算不合理等因素，部分项目毫无利润空间、处于亏损状态，送变电公司面临严峻的市场形势和激烈的竞争，经营压力逐年增大。

（三）人才需求大。随着施工生产任务的加重和特高压业务的逐步扩展，施工一线具备相应专业资质、管理能力、技术水平，且能独当一面的项目管理骨干十分缺乏，公司在项目经理、总工等关键岗位人员的配备上往往捉襟见肘，结构性缺员问题突出。近年来，新进大学生的文化程度和综合素质逐年提升，对个人职业生涯成长的关注度也越来越高，但受公司专业机构数量缩减，干部配备职数减少等原因影响，优秀青年员工长时间得不到提拔和晋升，青年管理人才整体成长较缓慢。

（四）作风建设还需加强。当前，公司队伍建设整体是积极向上的，但在思想文化层面还需进一步提升，在忠诚企业、感恩企业方面还需不断加强，部分干部员工工作还不在状态。究其根源，在于工作责任不落实、压力传递不到位，开展工作以完事应付为目标、缺乏进取精神。

四川电力工程建设监理有限责任公司

【企业概况】四川电力工程建设监理有限责任公司成立于1995年，注册资本金580万元，国网四川省电力公司独资企业，拥有四项甲级监理资质和四项乙级监理资质；通过了质量管理、环境管理、职业健康安全管理等3体系认证，先后进入“2013年全国监理十强企业”“全国电力建设优秀监理企业”“四川省优秀监理企业”，中国电力建设企协AAA级信用企业。公司先后有14个监理项目获国家级优质奖（含鲁班奖），综合业绩排名稳居全国监理行业前二十。

【人力资源】公司下设综合管理部、经营管理部、安全质量监察部3个职能管理部门与5个监理业务部门，拥有硕士研究生、大学本科、大学专科及中等职业等各类人员1186人。其中，全国注册监理工程师、造价师、一级建造师、注册安全工程师、设备监理师、咨询师、招标师达191人次，持有行业级职业资格共计676人次。

【安全生产】截至2016年年底，公司在监工程337项，所有项目未发生安全质量事故，工程管理可控、在控、能控。公司持续开展安全质量点评和现场监理工作照片采集检查工作，推行后台检查监控试点，试用无人机航拍开展高空监理工作，落实工程部、安质部对现场管控的“月检查”“季覆盖”，严查现场违反红线禁令和严重违章行为，实现监理工作“清单化”“数据化”“痕迹化”管理，深入开展监理资料劳动竞赛及监理日志评比，严查资料漏项、缺项及创优否决项，出台《农配网工程监理标准化手册》，填补农配网工程监理无标准的空缺。参建的川藏联网、双龙换流站、向上线路工程分别荣获国家优质工程金质奖、鲁班奖、全国质量奖卓越项目奖，获得国家电网公司流动红旗3项。

公司现场检查四级风险作业施工（跨越架搭建）（席运生　摄）

【资产经营】2016年，公司签订合同23574万元，合同储备（含中标未签合同）25400余万元，实现收入30125万元（含税），利润6056万元，在省公司产业单位年度业绩考核排名第二。

【党的建设和精神文明建设】深入开展“两学一做”学习教育、“三亮三比”“四讲四有”及党课展示等活动；修订公司《党风廉政建设保证金考核奖惩实施细则》，将总监和监理站长纳入考核范围；制定《员工职业生涯管理实施细则》，拓展员工成长通道；开辟网上中干及总监论坛，交流先进管理经验，促进员工素质提升；注重宣传，积极传递监理声音，公司内外宣传稿件达1273篇，并深化“讲监理故事、学先进典型”活动，公司总经理孟义还应邀在《中国电力报》撰写《做安全质量的“护卫者”》的理论文章，畅谈监理企业在工程建设中的作用，川电监理品牌形象为业界称道。

教育与医疗单位

责任编辑：魏秀云

国网四川技能培训中心

【单位概况】国网四川技能培训中心与四川电力职业技术学院是国网四川省电力公司分公司性质的二级单位，属国网四川省电力公司层面的教育培训机构，集员工培训、高职教育、职业鉴定、科研咨询等功能于一体。是国网技术学院成都分院，国网公司输配电线路带电作业实训基地、信息运维实训基地、电网设备状态检测培训基地，主要承担省公司系统专业技术人员、技能人员的培训和职业技能鉴定任务，以及国网公司新员工培训、国网公司高技能人才培训等工作。2006 年，培训中心与四川电力职业技术学院合并，实行“一套人马，两块牌子”的运行模式，四川电力职业技术学院是省公司所属的一所专科层次的全日制普通高等学校，业务上属教育厅领导，前身是 1917 年在重庆创办的“四川省立高级工业职业学校”，是全国唯一一所电力类国家示范性高等职业院校，目前全日制在校学生 1850 人，其中藏区职业教育班学生 435 人（四川藏区 325 名，西藏地区 110 名）。中心（学院）占地面积 843 亩，固定资产总值 4.21 亿元。

【人力资源】截至 2016 年年底，中心（学院）全民员工 441 人，专职培训师（教师）126 人，研究生以上学历专职培训师（教师）比例达 66.67%。全民身份职工中有 376 人取得了专业技术职务资格，占中心（学院）职工总人数的 85.26%，其中有高级专业技术职务资格的为 143 人（正高 5 人，副高 138 人），占全民员工总人数的 32.42%；具有中级专业技术职务资格的为 183 人，占 41.5%；取得初级专业技术职务资格的为 50 人，占 11.34%。

【技术装备】拥有先进实用的综合性技能实训基地，是国网技术学院成都分院、国家电网公司信息运维实训基地、电网设备状态检测培训基地等国家电网公司层面的培训基地，是 4 家同时具备国家电网公司级输电和配电培训资质的基地之一。特高压实训线段建设工程项目顺利通过验收，在西南地区率先开展了特高压线路带电作业技能培训。水电运维基地课程开发成果通过验收，填补了省公司生产岗位履职能力培训中水电运维相关专业培训的空白。

【自身业务工作开展情况】2016 年，中心（学院）全口径培训量（培训、职鉴考核、继续教育）达 274466 人天，同比增长 2.8%。培训质量满意率 97.7%，综合服务满意率 95.3%。荣获“四川省五一劳动奖状”，“全国敬老文明号”等荣誉称号。2016 届毕业生合格率 99.62%，就业率 95.62%，62.15%的学生签约国有企事业单位。全国计算机一级考试通过率为 55.69%，大学英语三级考试通过率为 54.51%。完成 8 个“四川省教育厅高等教育人才培养质量和教学改革项目”的结题工作。中心（学院）师生在全国、四川省技能竞赛中荣获 6 个一等奖、7 个二等奖、5 个三等奖。圆满完成 17 项公司竞赛调考的承办工作，其中国网公司 2 项，西南分部 1 项，为省公司在多项竞赛调考中勇夺佳绩提供了强大的智力支撑和后勤服务。率先在国内电力系统培训机构编制完成《培训安全评价标准》被省公司授予“2016 年度安全先进单位”。

【科技成果】2016 年，完成 6 个发明专利申请和 10 个实用新型专利申请。完成 17 项中电联、省公司研究项目，其中 12 项成果分别荣获中电联、省公司科技进步和管理类研究课题一、二、三等奖。

【党的建设和精神文明建设】2016 年，中心（学院）全面、深刻地学习、贯彻中共十八届六中全会精神，立足公司和中心（学院）改革发展实际，扎实开展了“两学一做”学习教育活动。胜利召开了第一届党代会，圆满完成了基层党支部换届选举。严格党员管理教育，完善党员管理系统数据库。夯实党支部建设，充分发挥基层党支部的战斗堡垒作用。结合督查、巡查的问题出实招，切实履行“两个责任”。

【存在的主要问题】培训师、教师数量、素质难以适应新形势。培训规模不断攀升，全部专职培训师已满负荷工作，仍不能完全满足逐年增长的培训需求。各培训室普遍存在专职培训师缺额较大、技能水平较弱、能力提升缓慢、前沿专业覆盖较少等问题。

随着特高压直流输电、新能源接入微网等新知识、新技术的应用，目前中心的实训资源还不能适应电网发展新业务、新技术的培训需求，实训基地与现场需求存在相当的差距，达不到企业对生产一线人员培训的要求。

（章志刚　蒋聪）

国网四川管理培训中心

【单位概况】国网四川管理培训中心（中共国网四川省电力公司党校）是国网四川省电力公司于2010年组建的企业内部非盈利性职业教育培训机构，是省公司党校所在地，属于国网四川省电力公司分公司性质的二级单位。中心以企业管理培训为主，主要针对公司经营类、管理类和部分技术类岗位实施专业培训。党校作为省公司党委的重要部门，主要承担党建理论研究、领导干部、后备干部及党务专业管理人员理论教育培训等工作。作为国网四川省电力公司“智桥大学”建设的培训实施机构，下设领导力、行政、人文、人力资源、物资、规划等6个学院，主要负责培训教学管理、培训后勤保障以及网络学习平台培训数据维护建设等工作。

中心始终立足于省公司发展大局，以构建企业大学为目标，以培养适应“十三五”电网发展战略要求的高素质干部队伍和专业人才队伍为宗旨，大力开展管理人员教育培训工作。结合电网发展实际，建立完整、系统、具有电力特色的培训课程体系，自主开发特色培训课程，中心成立至今，共完成各类培训班及会议1000余个，培训学员及参会代表37余万人天，在培育高素质、复合型管理人才方面做了卓有成效的工作。同时，中心还承担省公司系统内一类会议及部分二类会议的接待及公司廉洁教育、集中评标等相关工作。

中心具备了500余人规模的会议接待能力，客房床位数达576个，餐厅座位数达800个。中心从功能上分为北部培训区和南部会议区。北部培训区设有研修室、电教室、报告厅、阅览室、培训教室等现代化培训教学设施。南部会议区设有会场、公司廉洁教育基地和电子评标室，并配有运动场馆，可同时进行网球、篮球、羽毛球、乒乓球等球类运动。中心不断整合公司系统内部培训资源，创新培训管理方式，建立一支满足不同层次培训需求的优秀内训师队伍，同时，加大网络学习平台建设力度，于2013年建成了数字化校园系统，实现了培训管路、会议接待各类资源的数字化管理。

面向未来，中心将紧紧围绕公司发展大局，以构筑现代企业学习体系为主线，朝着“建设一流企业大学，培养一流电力人才”的目标迈进，为国网四川省电力公司实现“十三五”期间发展目标提供思想支撑、人才支撑和智力支持，为公司教育培训事业做出新的更大贡献。

《换个角度看问题》自主研发课程亮相中干班

【人力资源】2016年年底，管理培训中心职工人数110人，其中领导5人，当年新进大学毕业生6人，退休1人，调入1人，调出1人。

职工队伍现状：经营者5人，管理及技术人员59人，服务类人员46人。硕士研究生10人，大学本科65人，大专18人。高级职称12人，中级职称24人。技师10人，高级工29人。人才当量密度1.0058，人才引进指数1，平均年龄39.9岁。

人员培训情况：全年中心内部组织专项培训38班次，3238人次；各部门外送培训共52班次，1957人次，合计教育经费17.46万元。中层及以上管理人员培训费4.67万元，35人次；中心骨干员工培训费用5.65万元，45人次；中心内训师培训费用2.89

万元，55人次。送省公司组织的专项培训71班次，99人次。全面完成了2016年的教育培训计划。

【技术装备】信息发布系统2套，大屏显示系统2套，扩声系统13套，中控系统3套，信息查询系统1套，会议系统3套，多媒体显示系统3套，会议录播及监控系统1套。数字化校园1套（含教学策划、教学管理、后勤保障功能），同声传译1套，数字网络扩声系统1套，演出音响1套，舞台灯光1套，公广系统1套，音频矩阵系统1套，信息采集与后期制作1套，LED大屏显示系统1套。

【自身业务工作开展情况】2016年是中心认真贯彻落实省公司2016年工作会议精神，紧紧围绕“1350”年度工作目标，凝心聚力、开拓进取的一年。中心承办培训班209个、17447人次、75886人天，管理人员培训任务完成率100%，培训质量满意率98.09%；承接各类会议81个、9769人次、30691人天，综合服务满意率98.11%。全年承接班、会共计298个，27213人次、106577人天。全面完成省公司下达的各项工作任务。中心2016年度企业负责人业绩考核排名位列省公司科研教培和专业公司第4名，实现了冲击第一方阵的既定目标。

一是安全生产基础不断夯实。扎实开展“安全管理基础提升年”活动，制定专项工作方案2个，新增和修编安全管理规范性文件5项，为活动开展提供了制度保障。加强隐患排查综合治理，按照“三清晰”（设备台账清晰，管理权责清晰，运行状况清晰）管理要求，全年共排查治理设施设备缺陷75项，隐患140起。加大反违章力度，发现并整改各类违章行为107起。强化安全教育培训，出台《国网四川省电力公司管理培训中心典型违章100条》，提升员工防范意识和辨识能力。组建基干应急队伍，开展“防洪度汛应急演练”“灭火救援与应急疏散”等专项演练，有效提升了应急处置实战能力。强化内部治安防范，升级消防中控室监测控制系统，完善应急照明设施，加设围墙防盗护栏和监控设备，不断提升人防、技防能力。2016年，中心实现安全生产“零”事故目标。

二是经营管理效益稳步提升。开展“效益提升年”活动，中心质效提升成果突出。严格成本预算管理，全年实现利润8130.89万元，减损1488.69万元，可控成本执行准确率达99.2%，高效完成公司下达的财务指标。有效管控车辆使用费、维修费等可控项目，全年开支车辆使用费48.22万元、车辆维修费43.2万元，较去年同比下降20%和8.72%。实施纳税统筹，减轻赋税负担，流转税较去年同比减少207.44万元。强化能耗管控，加装计量装置，实时价量比对分析，及时采取有效措施，人均消耗水电费较去年同比下降27.12%。开展固定资产清理工作，制订《国网四川省电力公司管理培训中心植

中心与参训学员一道重温入党誓词，传承红色基因

物管理实施细则》，实现资产有效管理全覆盖。开展库存物资有效利用，清理库房22个，建立标准库房2个，再利用库存物资15830件，降低库存物资余额16万元。创新建立业绩指标“三区两线”（双高区、警戒区和双低区）分析模型，直观反映业绩指标进退情况，促进各部门对业绩指标进行精细化管理。2016年中心年度企业负责人业绩考核以总得分105.81的好成绩进入A段，1项管理创新课题荣获省公司二等奖，3项精益化项目分别荣获省公司二等奖1个，三等奖2个。

三是品牌传播能力稳健变强。开展“品牌建设提升年”活动，中心品牌影响力不断增强。注重先进典型选树，营造比学赶帮超氛围，两名职工先进事迹在省公司“寻找最美一线员工”专栏登载。《国网四川省电力公司新入职员工集中培训》相关报道在《国家电网报》上登载。一名职工在全国第四届“书香三八”读书活动中获全国优秀奖。中心“风雨三十年”老照片展的整体策划及宣传，受到员工好评。注重价值引领，强化新媒体传播，中心全年

在“川电家园”“川电青年”等公司层面微信平台发布稿件近20篇，精心策划的《省公司2016年新进高校毕业生集中入职培训班》“迎新季”报道连续三期占据公司“川电青年”微信公众号头条。以“为智慧点灯”为主题，集中反映中心“十二五”培训成果的《四川电业》增刊，“闪亮登场”在公司2017年工作会上，管培品牌形象进一步彰显。优

中心顺利通过“四川省文明单位”复查验收和“省级最佳文明单位”的创建

化完善舆情管控体系，有效防范和处置舆情风险。2016年，中心未发生一件影响公司和中心声誉的舆情事件。

四是培训管理工作推陈出新。完成中心“十三五”规划的编制工作，明确“十三五”期间的发展理念、发展目标和重点工作任务。着力专业课题研究，完成两项国网公司级研究课题，研究成果已在国网系统范围内推广应用。分类进行课程设置，提升培训绩效，处级班突出前沿需求和高端引领；中青班以“专题授课—团队研讨—案例实践”为主线，突出党校培训特色，党课所占课时比例达到62.5%；青干班突出理论学习为主导，全面提升学员“会说、会想、会写、会做、会管理”的能力。发挥智力支撑作用，为公司重要班、会邀请著名学者授课，受到公司好评。首次主动承接公司“管理人才评选”工作，获得公司相关部门充分肯定。高度重视“智力”援藏工作。针对国网阿坝供电公司、国网甘孜供电公司干部队伍的具体情况，开展培训业务输出，中心三次派人进藏开展培训需求调研，与阿坝公司达成干部培训合作协议，促进公司人才强企战略的有效延伸。创新移动学习形式，建成中心“翠月直通车APP”在线评估模块，实现线上学习与线下学习的有机结合。

五是“感动文化”锻造服务品牌。夯实“五心服务”基础，丰富“感动文化”内涵。全力做好公司培训、会议的服务保障工作，顺利完成省公司“三会”、年中工作会、省国资委会议、省政协老同志疗养、国家电网公司招投标服务和国网离退休老同志健康休养等重要服务保障工作，获得国家电网公司级、省级感谢信9封。推广SOP显性管理，积淀优质服务案例15个。强化后勤保障整体功能提升，积极构建“大后勤”格局，严格执行项目管理制，高效完成全年维修和信息项目51个；积极推进“智慧校园”建设，优化中心4G网络，升级改造无线WiFi，实现学员宿舍、教学场所全覆盖。

六是依法治企保障健康发展。开展法律课题研究，为公司完成《地市（县）供电公司岗位制度手册》编制提供支撑。新增和修编中心非国网通用制度11项，确保制度实用、管用、能用。发挥非招标管理源头把关作用，采购方案审查率100%。推广使用国网公司通用合同，合同法律审查率达100%。加大对集体企业的监管力度，规范集体企业与主业的管理关系、人员关系。中心组队参加省公司法治企业建设知识竞赛荣获团体一等奖和优秀组织奖，省公司组队参加国网公司法治企业建设知识竞赛，中心一名职工作为主力队员获得个人二等奖。

【科技成果】按照省公司企协的总体安排，扎实推进管理创新和课题研究工作，2016年完成并向省公司推荐管理创新成果4项、课题研究成果3项，其中管理创新成果《企业内训师培养路径管理》获得省公司2016年度企业管理创新成果二等奖。精益化项目《中层干部履职能力培训项目管理精益提升》获得省公司2016年精益项目成果二等奖，精益项目《员工践行国网核心价值观评价精益管理》和《非招标活动法律保障精益提升》获得省公司2016年精益项目成果三等奖。

【党的建设和精神文明建设】深入落实中共十八届六中全会和全国国有企业党的建设工作会议精神，着力加强党的建设。深入开展“两学一做”学习教育，创新微宣微讲党课展示，开展中层干部讲党课

活动24期，园林公司党支部党课《从毛泽东诗词追溯党的革命史》被推荐至省公司参加党课案例展示活动，受到一致好评。积极筹备“两委”换届工作，顺利完成“两委”换届选举。加强纪检、审计监督，深化审计成果应用，开展由纪检、审计、财务、物资、项目 5 个专业联合的“五位一体挑刺”行动，发现并整改问题 423 个，形成价值材料 3 份。丰富职工文化生活，开展“铭记历史，感恩企业”主题系列活动，举办员工综合服务技能大赛和内训师讲课劳动竞赛，不断提升职工岗位价值。加强道德文化建设，开办“道德讲堂”4 期。强化干部管理，修编干部管理相关制度 8 个，完成新一轮后备干部选拔。注重员工素质提升，倡导员工岗位成才，中心人才当量密度从 0.9962 提升到了 1.0058，实现了“1”的突破。团青工作成效明显，志愿服务活动规范有序，团青动态位居“川电青年”微信平台点击量第四名。2016 年，中心被全国总工会评为“全国职工教育培训示范点”，顺利通过“四川省最佳文明单位”验收，经营保障团支部获国家电网公司“五四红旗团支部”荣誉称号，中心党委首次荣获省公司先进基层党组织荣誉称号。《员工践行国网核心价值观评价精益管理》项目，被列为国家电网公司企业文化评价重点项目。

【存在的主要问题】一是经营管理压力剧增。随着电力体制改革措施进入落地实施阶段，中心成本、收入、投资等都将受到严格监管，这对广大干部员工的思想观念和中心运营模式、管理机制、业务流程等将带来深刻影响，传统思维习惯和工作方式必须因时而变、因势而变。加之中心运营成本未被核算进电价成本，刚性成本增加与效益提升矛盾突出，虽在去年开展了“效益提升年”活动，取得了一定的成效，但仅靠一次活动还无法补齐管理、经营中存在的短板。经营管理压力加大，降本提质增效必将成为中心发展中的新常态。

二是依法治企任务艰巨。习近平在中共十八届中央纪委七次全会上指出，“强化党内监督，重在日常、贵在有恒。”可以看出中央对抓好党风党纪、法治建设工作的决心和信心，国家对央企的监督、监管和考核必将保持高压态势。中心作为企业内设培训机构，处在改革的前沿，是政府监管、社会监督的热点。近年来，中心依法治企建设成效明显，但在各种检查、审计以及中心开展的“挑刺”行动中，仍然发现诸多问题，折射出中心在管理中还存有薄弱环节，依法治企工作始终是中心长期和艰巨的任务。

（丘东懿　徐岚岚）

四川电力医院

【单位概况】四川电力医院 1985 年正式成立，是国网四川省电力公司分公司性质直属单位，非营利性医疗机构，主要承担省公司系统内员工健康管理、高原工程生命保障、职业卫生管理、应急医疗保障、电力社区卫生服务及日常医疗业务等工作任务，2013 年 12 月正式挂牌“国家电网公司高原病防治中心”。2016 年 02 月 05 日，四川省卫计委下发了《四川省卫生和计划生育委员会关于公布 2015 年医院等级评审与复查结果的通知》，四川电力医院被评定为“二级甲等”医院。

四川电力医院是四川省、成都市基本医疗保险定点医院。2013 年 10 月 8 日迁入东风路 17 号新址，新院区占地面积 1.4 公顷，建筑面积 14000 平方米，设临床科室 15 个（含 34 个专业），开放床位 100 张。医院先后成为“华西医大附一院网络协作医院”、卫生部“骨质疏松症诊疗技术协作基地”，四川省骨科医院（成都体育医院）医疗协作单位，成都市第二人民医院医疗技术协作单位，与四川省内多家知名医院及机构建立医疗学术交流平台。初步形成学科门类齐全、具有品牌特色的综合性医院。

2016 年，医院完成门诊业务量 6.62 万人次，病床使用率 31.5%；流动资产余额 427.8 万元，营业总收入 9618 万元，同比增加 6130 万元，增长 175.74%；实现利润-2698 万元，较上年减亏 60.12%。

【人力资源】截至 2016 年年底，医院共有员工 210 人，其中全民员工 92 人，业务委托用工 118 人，其中硕士研究生 14 人，大学本科 107 人，共占用工总数的 57.6%；高级职称 28 人，中级职称 67 人，共占用工总数的 45.2%。

【技术装备】医院配备专用体检车、国内首台移动式高原箱装式加压舱、固定式高压氧舱、双源 CT、3.0 核磁共振、数字化口腔全景机、双能骨密度检测仪等先进医疗设备。

【自身业务开展情况】2016 年是四川电力医院努力奋进、创新突破的一年，也是成果丰硕的一年。医院以科学发展观为指导，围绕省公司中心工作，为医院持续健康发展奠定了坚实基础。藏中联网工程建设中，医院首次以乙方身份承担医疗保障工程，确保了阶段性生命医疗保障“三零”目标的实现。

（一）安全生产保持平稳局面。强化安全管控措施。开展“本质安全”建设工作和“安全管理提升”活动，各级安全责任压紧压实，落实安全工作“问责”机制。按照“三查三强化”安全专项行动的要求，通过医疗、院感、护理质量检查，节日安全检查，行政查房等方式，查处整改安全隐患 29 例，隐患整改率 100%。强化安全风险管控，分析安全管理中的薄弱环节，完善各类专项应急预案，开展专项应急演练 24 次，全院应急演练 3 次。强化医疗核心制度监管执行，发现并整改各类问题 349 个。加强安全知识培训。开展“4·15”国家安全法宣传教育活动，针对重点区域开展消防安全演练，结合藏中联网交通特殊要求开展交通安全培训，医院全年共组织开展 11 次各类安全专题培训。加大安全管理力度。强化危险源规范管理，对精神类、麻醉类、放射性等特殊药品实行专人保管。加强对病案的监控与管理，在病案室新增监控装置及保险柜。强化信息网络安全管理，建设网络与信息安全监测预警控制平台，组织开展信息网络安全专项行动，参加国网公司信息安全攻防演练，梳理网络安全隐患与薄弱事件，全年完善整改 11 项。组织保密安全大检查，完成保密工作整改 16 项。为省公司重点工作提供医疗安全支撑，圆满完成省公司应急演练、“三会”等多项会议、活动的医疗保障任务，全年共派出医疗人员 131 人次外出保障 74 次。2016 年，医院未发生医疗责任事故和各类恶性误操作事故，有 1 名个人、2 个集体获得省公司安全生产先进个人和先进集体荣誉称号。

四川电力医院开展藏中联网工程人身伤害应急演练

（二）医疗护理质量持续提升。强化质量管理。制定了医疗、护理质量管理和持续改进实施方案及配套制度、考核标准、质量指标。全年共修订 79 个专业制度、2 个操作流程。组织完成“三基”竞赛，医院医务人员参与率 100%。开展不同生化仪对比试验及结果分析，开展生化项目批间及批内的精密度评价，医院在卫生部临床检验中心组织的 2016 年全国室间质量评价（能力验证）中，得到同行认可。提升医疗实力。与华西医院、省医院等医疗协作单位开展了医疗协作及进修送培业务，为系统内员工和住院患者建立了双向转诊及会诊绿色通道。承办并圆满完成成都市医疗继续教育培训 7 次，医院的知名度得到提升。2016 年，三名护士取得了专科护士证书，一名医生获得医院首张“国际疾病分类编码资质证书”，内科主任何清华成为成都市内分泌医疗质量控制中心市级专家组成员。科研项目顺利开展。《高原电网建设与运维医疗卫生保障标准》通过国家电网公司技术标准审查，即将发布成为国家电网公司技术标准。完成“电力作业场所职业卫生检测服务”精益化项目及“高原电网运维人员体力劳动强度分级探索”管理创新课题。与华西合作的科研项目（四川省骨质疏松质量控制及考核标准调查研究）顺利完成了第二期科研工作。

（三）藏中联网工程医疗保障全面展开。夯实医疗保障基础。高原临床医学专家长驻林芝全程指导现场医疗保障工作。全线 4 台高压氧舱全部投入使用。前线医院与后方保障通力合作，采购保障药品、耗材 153 种，配置救护车 12 辆，并配备了 DR、心电图、生化仪等一批先进的医疗设备和充足的氧气瓶，确保了医疗保障工作的需要。医疗保障措施完善。工程现场保障医院相继制定并下发《藏中联网工程医疗保障实施方案》《藏中联网工程参建人员健康档案管理办法》，完善了医疗保障“四个责任”“四个到营地”措施。创新构建出“点穴式”、微信平台、面对面培训等“三位一体”业务培训体系，为文明服务、优质服务提供了人才、技能支撑。医疗保障全面覆盖。严把参建人员上线体检关，确保参建人员建档比例 100%；建立覆盖全线的三级医疗保障体系，在工程建设沿线设32个医疗站，实现了50公里、2小时医疗保障覆盖，参建人员救治率达到100%。2016年藏中联网医疗保障共服务参建人员15000余人，救治病人18378人次，确保了阶段性“三零”目标的实现。

（四）降本提质增效工作逐步深入。加强医疗成本管控。加强对仪器设备的管理，降低维护费用，提高仪器、药品利用率，全年清理滞销药品16个品种，退回医药公司药品金额6.3万元。集中报损将过期急救箱（车）配备药品，避免药品的浪费和遗失。加强成本管控。严格预算管控，实行可控成本预算分解，将责任落实到部门科室；加强人力资源管理，严控人工成本，提高劳动生产率；制订《四川电力医院差旅费管理办法》，严格出差管理，规范审批流程，严控食宿、交通工具乘坐标准。2016年共节约可控成本89.67万元。积极拓展效益增长点。做好藏中联网工程医疗保障项目管理，严把费用列支关口，藏中联网工程医疗保障成为医院2016年增效重点工程。积极拓展体检范围，医院成为西藏电力公司员工定点体检单位。按“二甲”要求调整医疗收费标准，规范药品结构，拓展医疗服务范畴，检验、康复、健康体检等项目有了新扩展。医院员工的服务意识，市场意识，竞争意识，效益意识均有提高。2016年较上年度减亏4927万元。

（五）优质服务水平显著提高。健康管理服务不断深化。2016年医院体检服务18366人次。开展高原工作人员专项体检，筛查出不适宜上高原工作的人员600余人。开展重大疾病提示和健康回访，全年共发现潜在重大疾病683人次，回访4000余人次，并实现体检人员在院诊疗的无缝对接。开展健康咨询活动，通过电话、短信平台进行健康咨询、指导，以信息化方式延伸服务内涵，省公司离退休人员396人通过平台接受了健康咨询、评估和指导。开展健康知识普及工作，为省公司本部、应急中心等单位进行各类健康讲座31次。开展藏区健康帮扶工作，院领导两次带队进入藏区为国网甘孜供电公司17家县电力公司员工进行高原病预防、心理健康知识普及，开展的现场诊疗、血压监测、心理咨询等服务受到藏区电力员工的欢迎。医疗护理服务不断优化。在医院住院部开展优质护理服务，从基础护理、专科护理、安全管理、护理人员管理、护士长工作管理等方面进行月度评价；做好入院病人宣教、住院病人健康教育、出院病人康复指导工作，健康教育覆盖率100%；开展病人个性化护理服务，开展病患出院随访工作，患者满意度达到99.02%。职业卫生技术服务逐步完善。2016年共完成13座变电站的现场检测工作，检测工频电磁场及噪声作业点共计500余个，出具检测报告29份，充实了变电站职业卫生检测基础数据。组织省公司系统各基层单位参加职业卫生管理培训，牵头建立省公司职业卫生工作交流平台，完成《国家电网公司职业卫生管理办法》、《国家电网公司职业卫生技术规范》等规章制度的任务分解和技术指导；接受并通过了四川省质量技术监督局的评审，获取了检验检测机构资质认定证书。通过内部管理体系转版运行、外部监督指导等不断提高职业卫生管理水平。坚持履行社会责任。组织医院青年志愿者走进社区，为留守儿童进行健康体检。开展“爱牙日”“爱眼日”“健康中国科普助力”等义诊活动，义诊373人次，发放资料214份；到贫困地区仪陇、阆中县开展“精准扶贫”活动，为323名村民开展健康体检，受到了当地群众的一致好评。

（六）综合管理持续优化。依法治企不断深化。全面推进法治企业建设，大力开展“法律进医院”活动，梳理排查存在的法律风险，开展专项培训，制定、落实风险防范措施。有序推进“七五”普法工作计划，提升全院法治意识。加强通用制度培训，严格执行制度落地“最后一公里”工作要求，落实制度管理全覆盖。聘用专业律师团队服务医院法治建设，优化外聘律师服务内容，建立内外结合、优势互补的普法骨干队伍。开展“四风”问题整治和2011—2015年审计发现问题整改“回头看”工作，确保对账销号、不留死角；组织全院开展风险点排查，梳理分析潜在的薄弱环节96项，逐一制定落实防控措施，有效提升风险防控能力。人力资源管理不断加强。持续推进“三集五大”体系巩固提升和高效运转，开展“五位一体”全员要素比对工作，分专业、分层级摸底医院缺员现状，员工实行动态管理。加强员工技能培训，部门科室内部培训124次、院级培训37次，同比提升9%。全年组织开展7次网络大学学习及考试，540人次参加，考试通过率100%。制定医院绩效管理奖惩标准，树立了“鼓励创新与争优、考核敷衍与懈怠”的导向，营造上下一盘棋、共同争佳绩的良好氛围。干部队伍建设不断强化。全面开展“四好”领导班子创建活动，强化中层干部的全闭环管理流程。组织中层干部专项培训，全面完善现行干部管理制度体系。组织全体干部签订党风廉政建设责任书和党风廉政建设承诺书，完善“一岗双责”机制，重大节日实行廉政警示；深化“红线”制度宣讲、强化领导干部的干事干净理念。基础管理不断夯实。结合省公司2016年度党风廉政专项巡察，提出41条整改措施，新建、修订、完善制度 14 项，促进了医院规范化管理水平的提升；进一步加强医院非招标采购管理，规范合同审核流程，降低采购风险；进一步提升综合业务水平，医院在省公司保密考核评价中名列直属单位前茅，参加省公司办公室业务调考获中团体第七名。集体企业平稳改制。集体企业在规定时限内完成税务注销、工商注销等系列工作，顺利完成清算关闭，确保了改制过程中员工队伍稳定。顺利完成医院外委业务的无缝转接，确保了工作的正常运行。

【科技成果】2016 年，四川电力医院组织编写的《高原电网建设与运维医疗卫生保障标准》通过国家电网公司技术标准审查，即将发布成为国网公司技术标准。完成“电力作业场所职业卫生检测服务”精益化项目及“高原电网运维人员体力劳动强度分级探索”管理创新课题。与华西医院合作的科研项目（四川省骨质疏松质量控制及考核标准调查研究）顺利完成了第二期科研工作。

【党的建设和精神文明建设】党建工作有效加强。2016 年，全面开展“两学一做”学习教育，组织全体党员学党章，开展支部书记讲党课活动，召开了党支部书记抓党建工作专题述职评议和座谈会，全面夯实广大党员思想基础。认真总结党委、纪委 5 年来的工作，圆满完成“两委”换届工作。清理医院党员党组织关系，调整优化党支部党员分布。成立藏中联网工程医疗保障党支部，加强了医疗保障工作的组织领导。廉政建设扎实有效。完善惩防机制，严格监督问责，党风廉政建设取得实效。认真开展“清风川电”系列主题教育活动，积极组织“党纪党规印我心”等竞赛活动，做到人人参与，不留死角。着力提升信访稳定综合治理能力，依法依规化解信访苗头，保持和谐稳定局面。文化建设内容丰富。依托藏中联网医疗保障，开展“四微创作”，在省公司及以上媒体发稿 124 篇，其中《国家电网报》季度上稿 5 篇，位居省公司直属单位前二甲。推动职工文化建设，深化民主管理，开展劳动竞赛，组织志愿者服务、健步走等活动，职工文化活动丰富多彩。开展节日、生日员工慰问活动，传递企业温暖；做好离退休“两项建设”，落实“两项待遇”，顺利开展新春团拜会及春游活动，走访慰问、看望生病住院的离退休老同志共 16 人次。2016 年医院通过了四川省精神文明单位复审。

省公司层面集体企业

责任编辑：魏秀云

四川科锐得实业集团有限公司

【企业概况】四川科锐得实业集团有限公司是国网四川省电力公司层面的集体企业经营平台（即平台企业），由省公司层面集体企业资本平台四川格瑞德资产管理公司（即平台企业出资人）于2010年11月筹资1亿元人民币设立。集团公司成立六年来，通过兼并重组、收购整合，形成了电网建设、通信自动化、咨询及招标代理、文化传播、节能服务、物流、辅助业务、房地产、投资、设计监理、汽车租赁、金融服务等十二大产业板块，发展成为了以产权为纽带，旗下涉及13个全资子公司、4个分公司、4个控股公司、3个参股公司、1个代管公司的集体企业集团。

2016年，集团公司认真贯彻落实省公司集体资产监督管理委员会的统一部署，紧紧围绕省公司发展战略和集团公司“打造四川电网优质服务商”的发展目标，坚持“以人为本，科技支撑，文化致胜”理念、“以电为纲，瘦身健体，做精做优，走内涵式发展道路”战略、“强基础，重管理，提素质，增活力，上水平”的工作思路，以“效益提升年”活动为抓手，对外实施以“五环一链”（以招标、设计、施工、监理、运维为五环，串起集团电网建设产业链）为核心、“两极四翼”（“两极”指两个利润增长极：高端实业、金融创新；“四翼”指四个创新发展重点：科技项目、新兴媒体、新兴产业、资本运营平台建设）为突破的产业结构调整，规范各项管理，强化依法治企，各项工作有序推进，经营业绩稳步提升，不断推动公司健康持续发展。截至2016年年末，集团公司资产总额为44.78亿元（格瑞德公司合并口径+四川电力实业总公司合并口径，下同），年末净资产总额为11.59亿元，全年实现营业收入22亿元，利润总额1.89亿元，全面完成省公司下达的年度经营指标。2016年度业绩考核在省公司系统排名位居前列，连续三年处于A段。

2016年，集团公司先后获得“2015年度国家电网公司集体企业管理工作先进集体”，省公司“2014—2016年度十佳文明单位”“2014—2015年度红旗党委”“创建和谐劳动关系先进单位”“2016年度安全生产先进单位”等多项表彰和荣誉。2016年10月，集团公司顺利通过第四届省级文明单位验收。蜀能公司参与承建的“川藏联网”工程获得2016—2017年度国家优质工程金质奖。

2016年6月23日，国网四川省电力公司总经理、党委副书记石玉东（前排右三）调研科锐得集团公司　　（科锐得集团　提供）

【人力资源】2016年，集团公司依据国家相关法律法规、政策和公司整体发展战略，完成公司《“十三五”人力资源规划》编制工作，明确2016—2020年公司人力资源工作的总体目标、重点任务和主要措施。继续稳妥推行集体企业改革改制人员安置工作，维护员工队伍稳定：完成了通信公司吸收合并自动化公司、医疗投资公司清算关闭的人员安置工作；完成了通能公司242人的成建制转入工作。按照扁平化、集约化要求，完成新设机构的组织设置和人员编制工作，指导各单位规范本部机构设置和人员编制，同时集团本部成立了二级机构人力资源服务中心和招标管理中心，进一步加强了公司集约化管控体系建设。按照“人岗匹配、人事相宜”的总体思路，开展了本部员工组聘工作，并指导蜀能公司、通信公司、西星公司等单位开展岗位、岗级的标准化设置，加强各单位岗位管理。通过加强考勤管理和坚持低端通用类业务外包等措施，强化员工管理和用工规范管理。为进一步加强公司人工成本管控，根据公司各单位经营效益、人员增减、特殊奖励等调整因素，审核并下达各单位年度工资计划；同时逐步完善公司福利相关制度，正式印发《福利管理办法》，进一步统一福利项目，明确福利列支标准，优化福利项目管理流程，实施业务规范。修订绩效考核和表彰奖励相关制度，优化绩效考核机制和指标体系，完善表彰奖励机制，提升绩效管理激励效能。结合公司经营生产实际需求，适时举办各类技术、管理培训，大力开展专业技术资格、职业技能等级鉴定工作，同时做好紧缺人才培养和储备，以确保公司相关资质需要。

截至 2016 年 12 月，集团公司全口径实际从业人员总数为 3955 人，其中，主业借工 569 人，集体 38 人，直签 1706 人，劳务派遣用工 943 人，任务期限用工 517 人，其他用工 182 人。其中，研究生 106 人，本科 1293 人，大专 1204 人，中专 208 人，高中 456 人；高级职称 160 人，中级职称 412 人，初级职称 1473 人；高级技师 14 人，技师 182 人，高级工 286 人，中级工 695 人，初级工 98 人。

2016 年 11 月，通源公司开展新都 500 千伏变电站 220 千伏 GIS 超声波局部放电试验 （科锐得集团　提供）

【安全质量管理】2016 年，集团公司深入贯彻“安全为纲、管理为先“的工作思路，按照“有制可依、落实职责、督导检查、整改闭环”的安全工作步骤，以《2016 年安全生产工作意见》为指南，在总体安全目标框架下逐级签订安全目标责任书，有效落实“一岗双责”，并围绕“安全工作思路”这条主线，有序开展各项安全管理工作。对所属各单位实行差异化管理模式，按照“谁管理、谁负责”“谁受益、谁负责”的原则，落实安全责任和安全管理要求。组织开展在建工程信息月报、作业信息周报、每月安全质量月报、安全风险预警分析、电力事故信息上报、领导干部到岗到位等系列日常安全管理工作，有效提升安全管理质效。在现场安全管理工作中，集团公司根据各二级单位作业类型难以统一的特点，通过安全生产大调研、大讨论、安全管理建言献策等方式，对安全管理及作业现场提出了“四步”安全管理方法，应用成效明显。针对作业点施工进度、安全生产季节性特征等实际工作情况，及时进行安全风险分析、预警和管控，通过“触击灵魂”的安全技术交底，提高员工安全意识。按照省公司《安全生产反违章工作实施细则》相关要求，集团公司安全生产反违章工作由集团公司领导亲自安排部署，全员参与，执行重奖重罚，有效促进了公司的安全文明生产。按省公司的统一安排和部署，组织开展了春季、秋季及各类节假日安全检查、两会期间安全检查、集体企业专项检查、安全工器具调研、“安全生产月”活动、“三查三强化”安全专项行动等系列安全活动和专项行动，安全管理本质水平不断提升。

2016 年，集团公司未发生任何安全事件（故），圆满实现了安全生产目标和经济指标，荣获省公司“安全生产先进单位”称号。

【资产经营】2016 年，集团公司继续深入开展人财物集约化管控，不断强化依法治企和规范管理。扎实推进财务制度体系建设，以完善制度与强化执行为重点，保证制度落实到位。持续强化集团全面预算管理和预算执行的刚性，引导各项业务规范有序发展，提升财务管控整体水平。切实强化应收账款管理与考核，加强催收力度，努力压降应收账款余额，提高资金使用效率，降低资金损失风险，确保集团经营成果积累保障。加强对涉税业务研究与指导，强化税收管理与筹划，促进持续健康发展。会计核算中心开展集中核算深化应用，优化业务流程，建立信息通报制度促进有效沟通。集体企业资金管理中心负责组织实施“省级资金池”运作，实现全省范围内资金的归集和统一运作，为省公司系统集体企业发展提供持续动力和资金保障并取得显著的经济效益和管理效益。稳妥推进电子采购平台的上线运行相关工作。推动全省集体企业资金信息系统建设，为财务资金领域的依法治企提供了科学化、精益化管控手段。

集团公司以“十三五”发展规划编制为引领，谋划公司发展定位及目标，提出了以“五环一链”为核心、以“两极四翼”为突破的产业发展方向。对接国网产融结合战略，开展了科锐得互联网统一运营平台建设（基础及代收电费）专项工作，同时以服务“供应链金融”为主旨，嵌入小额贷款业务，全资设立了小额贷款公司。互联网金融平台建设工作稳步推进，依托小额贷款公司业务，打造面向电力系统和社会公众的互联网金融业务。按照省公司通知精神，积极开展集体企业参股投资项目清理处置工作。开展集团公司资本运营研究，积极拓展集团新业务，开发市场新领域。

集团公司积极参与省公司“新形势下集体企业支持电网主业发展课题”研究，负责的《集体企业资金池管理实践推广项目》获省公司管理创新成果（推广项目）三等奖，参与的《集体企业资金集中管理系统》获中国电力企业联合会“2016年度电力行业信息化优秀成果”三等奖。多级信用评级体系构建和全面风险管控体系建设成效显著，作为典型经验在国家电网公司系统内通报。

【科技与信息化工作】2016年，集团公司高度重视科技创新及信息化工作，积极响应国家电网公司信息化建设总体目标，根据企业自身情况，为企业业务转型需要开展了“科锐得资金系统”和“招投标系统供应链互联网P2B模块”项目建设，并顺利通过国网四川电科院安全测评，在完成第三方软件安全测评后推出上线，正式开展面向社会运营；持续开展“集体企业业务应用平台”系统的完善和深化应用，通过电子化手段实现人资、财务、物资的集约化管理；建设完成集团公司外部门户网站，面向社会、对外宣传集团公司的企业文化和企业形象；加强信息安全管理，全面清理公司所属企业的自建系统建设情况，按照省公司信息安全督察要求组织公司所属企业开展信息安全自查自检，落实公司信息安全管理目标，完成公司信息安全考核任务。

集团公司所属企业多个项目获得科技创新成果。成都城电电力工程设计有限公司获得“一种季节性冻土厚度的测量装置及其测量方法”等13项专利，“面向智能变电站的新型SCD图形化配置与设计工具研发”等获得省公司科技进步三等奖，在技术期刊发表论文12篇；四川蜀能电力有限公司获得“输变电工程施工现场管理系统”“输电导线铝股自动化切割装置”“一种静液传动绞磨”3项发明专利；四川通源电力科技有限公司申报的《川藏高海拔地区输变电设备关键试验技术研究》项目，荣获2016年电力建设科学技术进步三等奖；四川科锐得电力通信技术有限公司“地市网络控制室信息通信集中监控技术支撑系统”获得省公司科技进步三等奖，在技术期刊发表论文4篇；四川腾兴电力科技有限责任公司“一种变电站用接地线”获得实用新型专利，“隔离开关状态测试工具-机构操作力测试系统”项目获得省公司科技进步二等奖，在技术期刊发表论文3篇。

【党的建设和精神文明建设】2016年，集团公司扎实开展“两学一做”学习教育，深入学习中共十八届六中全会精神，切实提升党员干部“四个意识”。深化党员理想信念教育，纪念建党95周年暨红军长征胜利80周年系列活动取得实效。持续加强党的建设，严格党内政治生活制度，开展党员组织关系清查，指导具备条件的基层党组织按规范程序完成了换届选举。惩防并举，深化党风廉政建设，制订《党风廉政建设主体责任清单和监督责任清单》，分解落实党风廉政建设和反腐倡廉具体责任目标92项，推进监督执纪“四种形态”深入运用，组织集中约谈和当面约谈23人次，实现廉政约谈全覆盖，开展廉洁微课堂13期、廉洁提醒7次，有效筑牢反腐倡廉思想防线。加强企业文化建设，秉承“以德育企”理念，把文明单位创建作为加强企业精神文明建设的重要载体，顺利通过了省级文明单位的测评检查。积极传播国家电网品牌正能量，四川科锐得文化传播有限公司全程参与制作的省公司文艺节目《谢谢你，我愿意》晋级央视《直通春晚》，并在“直通春晚颁奖盛典”上获最佳创新奖，有两部作品分获英大传媒2016年度优秀电视作品金奖、银奖。深入开展创先争优，立足岗位选树先进，首次组织评选集团公司劳模，成立“劳模创新工作室”，充分发挥先进典型的示范引领作用。稳步推进和谐企业建设，持续深化民主管理，扎实开展劳动竞赛，切实开展一线慰问，不断丰富员工文化生活，健全扶贫帮困常态机制，积极营造良好的和谐发展氛围。

2016 年 12 月 9 日，科锐得集团公司举行新发展党员入党宣誓仪式
（科锐得集团　提供）

【分公司】

1. 四川科锐得实业集团有限公司营销服务分公司

四川科锐得实业集团有限公司营销服务分公司成立于 2012 年 9 月，下设计量、应急、95598 三个项目部，本部设办公室、营销部两个职能部门，并按照“事业部制”建制管理建设事业部、医疗事业部和职鉴事业部，现有员工 225 人。主要负责从事 95598 呼叫及网路服务辅助业务、省级计量集中检定（检测）辅助业务、应急值班和应急辅助业务、职业鉴定业务、医疗辅助业务及电网建设辅助管理业务，并积极响应电力体制改革拓展新能源以及售电业务。

2. 四川科锐得实业集团有限公司建设分公司

四川科锐得实业集团有限公司建设分公司（以下简称建设分公司）于 2012 年 7 月成立，主要从事电力工程、送变电工程及通信自动化工程管理、设计咨询、施工、安装调试、建立；电力自动化设备、信息系统软硬件产品设计、研发、销售及提供技术服务；机电设备及配件、办公设备销售等业务。

建设分公司本部设办公室、财务部、项目管理部 3 个部门，下设 11 个业务组。拥有中级及以上专业技术职称的工程技术人员 22 人，其中具有建造师、造价师等各类国家执业资格的 16 人。

2016 年，建设分公司依托多年工程建设管理经验，发挥人才优势，以高度的责任心和服务意识，安全、优质、高效完成了省公司建设管理中心各项外委业务，为建设管理中心圆满完成各项业务提供了坚强的支撑。

3. 四川蜀能电力有限公司成都蜀达分公司

四川蜀能电力有限公司成都蜀达分公司（以下简称“蜀达分公司”）于 2012 年 6 月成立，经营范围主要包括电力生产、机电设备安装工程、送变电工程、销售建筑材料、建筑机械及设备租赁、项目投资、国内劳务派遣、停车场服务、物业管理等。2016 年，蜀达分公司续建工程有 110 千伏成都永宁输变电工程、220 千伏昭化—广元牵引站双回Ⅱ标段、单回Ⅱ标段线路工程、500 千伏甘蜀一线 N33 塔改造工程，新建工程有川渝第三通道 500 千伏工程（四川段）施工 2 标。截至 2016 年年底，成都永宁输变电工程温江北—永宁 110 千伏线路工程、甘蜀一线 N33 塔改造工程已竣工投运，昭广线单、双回线路工程已完成竣工验收，成都永宁输变电工程鱼凫—永宁线路工程、川渝第三通道 500 千伏工程（四川段）施工 2 标正在进行施工。在省公司 2016 年输变电工程流动红旗竞赛中，220 千伏昭化-广元牵引站线路工程荣获省公司线路工程安全管理流动红旗。

4. 四川蜀能电力有限公司电网运维分公司

四川蜀能电力有限公司电网运维分公司（以下简称运维分公司）于 2013 年 2 月成立，经营范围包括承接国网四川检修公司非核心业务外委及零星社会化委托业务。业务范围覆盖全川，在成都、绵阳、自贡、西昌、雅安、南充、乐山等地设有班组。

运维分公司设置工程项目部、综合管理部、安全监察质量部。下设 3 个变电检修班、3 个输电检修班、14 个地区变电班和 10 个地区线路班和 1 个综合服务班。截至 2016 年年底，运维分公司共有各类员工 299 人。

2016 年，通过公开招标方式中标 2016 年国网四川检修公司输变电业务外委项目，并按计划进行合同履约，为四川 500 千伏输变电设备的安全稳定运行提供了必要支撑。此外，通过公开招标、竞争性谈判等方式承接国网四川检修公司大修、技改配合施工项目131个，承接变电站用户委托运维220千伏间隔19个，承接变电站用户间隔改扩建施工项目14个。

【所属子公司】

1. 四川科锐得文化传播有限公司

四川科锐得文化传播有限公司是科锐得集团全资子公司，成立于2011年4月，注册资本3000万元。具备装饰装修三级资质，是建筑装饰装修工程质量管理体系、职业健康安全管理体系、环境管理体系认证企业。文传公司主营业务涵盖了省公司自办媒体业务，以及省公司系统新闻宣传策划、采访报道、广告设计、代理及发布、企业形象宣传和VI设计制作，书籍、画册设计制作、印刷，媒体、户外广告发布，多媒体展示厅建设，电视专题片拍摄制作，重要活动策划布展，营业厅装饰装修等。

2016年，全年收到省公司各部门、各单位来稿共2.3万篇，在省公司内外网站累计编发稿件9230篇，编发《国网川电手机报》280期、“国网川电”微信公众号60期，出版《四川电业》杂志6期，制作视频节目《新闻直通车》71期、《网事面对面》8期、《记者观察》6期、各类影视专题片70部、新闻专题报道850余条（部）。及时向《国家电网报》《国网手机报》、国家电网公司网站等国家电网媒体平台推送稿件，在省公司第四季度开始评比的上稿量和外联品牌贡献度中排名第一。围绕“提质增效”等省公司中心工作，文传公司积极开展策划并进行采访报道700余次，“记者走基层”采写新闻80余次，在省公司网站开设“效益提升”“两学一做”“迎接党代会”专栏，对省公司重点工作进行持续报道。围绕“精准扶贫”，在内外重要媒体重要版面刊发重要文章，新闻作品在国家电网公司评比中分别获得新闻类金奖和银奖。特别策划了“四川清洁能源全国优化配置成效卓著”“中国电力作协重走长征路光明行”四川采风活动等重点报道。2016年8月23至24日，中央电视台新闻频道对川藏联网工程投运三年来首次停电检修中的难点工作进行现场直播，此次直播充分展现了川藏联网运维艰辛场面和工程惠民利民的重要作用，助力国家电网品牌公益形象宣传。文传公司拍摄制作的公益形象片《爱的光芒》，在国家电网公司首次针对系统内征集电视形象公益片活动中，受到国家电网公司领导、专家的一致好评。在省公司工会、外联部指导下，文传公司全程参与省公司文艺节目《谢谢您，我愿意》《来电了》等的筹备、排练、制作，并积极推动节目亮相央视，历时三个月，节目成功晋级并在“直通春晚颁奖盛典”上获最佳创新奖。

2016年，文传公司共承接项目276项，完成项目260余项，完成率85%以上，客户满意率为95%，高效、圆满完成了四川省政府、国家电网公司和省公司大型重点活动的现场布展和宣传策划报道。全年累计出车795次，安全行驶13万公里，未发生被上级单位考核的安全事件，连续三年被评为集团公司安全生产先进单位。

2016年8月15日，科锐得集团公司举办“道德讲堂”活动

（科锐得集团　提供）

2. 四川蜀能电力有限公司

四川蜀能电力有限公司成立于1994年，原为四川电力送变电建设公司多经企业，2012年5月由科锐得集团全资收购，注册资本7107万元，资产总额约5.36亿元。蜀能公司具有输变电工程专业承包一级资质、电力工程施工总承包贰级资质和电力设施一级承装（修、试）类许可资格，是工程建设施工组织质量管理、职业健康安全管理、环境管理三体系认证企业。业务涵盖输变电工程、电力工程、建筑机械及设备租赁等。

蜀能公司本部设综合管理部、人力资源部、安全监察质量部、工程管理部、市场经营部、财务资产部等6个部门。下设成都蜀达分公司、电网运维分公司、送电和建安工程各项目部及调试作业班、机械作业班。公司现有员工262人（不包括蜀达、运维），有一级建造师22人、二级建造师56人、注册安全工程师5人。

二十多年来，蜀能公司已在省内、外建成35千伏～500千伏输电线路4600余公里（500千伏线路1100公里），110千伏～500千伏变电站130余座（500千伏变电站20余座），500千伏川藏联网、新都桥—甘谷地线路等37项工程获得国家电网公司“优质工程”奖，500千伏新都桥变电站获得电力行业优质工程奖、安装之星奖、国家优质工程奖。500千伏新甘线路工程、220千伏雪峰—广元线路等7项工程获得国家电网公司、华中公司、网省公司项目管理流动红旗。通过成功参与重要工程建设和圆满完成急难险重任务，全面提升了公司的电网建设施工管理能力，在业内树立了良好的企业品牌形象。

2016年，蜀能公司电力工程施工总承包三级资质成功升二级资质。在市场开拓极其困难形势下，公司及时调整市场拓展思路，坚守省内市场的同时，寻找省外市场，拓展低电压等级市场，中标500千伏马尔康变电站、110千伏西藏八宿、察雅等6个标段。

2016年，蜀能公司全年承担工程建设14个，其中线路工程8个，变电工程6个。安全建成江西500千伏潭洪线路、220千伏南溪变电站等9个新建（改扩建）工程，投运500千伏线路140余公里、220千伏线路40余公里、变电容量120.6万千伏安。有序推进藏中联网、500千伏左贡开关站等重点工程，获得了上级及有关单位的高度肯定。蜀能公司获评省公司安全生产先进集体。3项施工工艺创新成果获2016年度省公司优秀QC成果奖，同时取得电力行业QC成果奖2项、工法成果奖1项。江西潭洪线夺得国家电网公司项目管理流动红旗；川藏联网工程先后获得中国电力优质工程奖、国家优质工程金质奖，李雪红获得优质工程突出贡献者荣誉称号。

3.四川科锐得电力通信技术有限公司

四川科锐得电力通信技术有限公司为科锐得集团全资子公司，成立于2011年1月。2016年5月，按照《国网四川省电力公司关于四川格瑞德资产管理公司集体企业改革改制实施方案的批复》的文件要求，完成与四川科锐得电力信息自动化技术有限责任公司的吸收合并。吸收合并后，延用“四川科锐得电力通信技术有限公司”名称，并承接两公司全部业务，注册资本4000万元，具备电子与智能化工程专业承包二级资质和通信工程施工总承包三级资质，是中质协IS09000、IS09001质量管理体系认证企业。

通信公司主营业务范围涵盖通信系统工程、电力自动化系统工程、计算机网络系统工程、视频监控及安防系统工程、继电保护系统工程、信息系统工程。具备产品开发、加工制造、工程施工、咨询服务等完善的生产经营体系，拥有电能量采集主站管理系统、电能量采集终端、继电保护终端管理系统、节能调度综合数据采集终端、电力系统时钟同步等多项产品，具有10项软件著作权和5项实用新型专利。

通信公司设综合部、安质部、财务部、党群部、工程部、市场部6个职能部门以及通信系统工程中心、信息自动化工程中心、研发中心、生产中心等11个中心，下设四川科锐得电力通信技术有限公司运行维护分公司，现有员工362人。

2016年，通信公司坚持立足电力信息通信自动化市场，服务电网发展的理念，积极进行市场开拓，切实做好支撑服务保障工作。全年累计完成省调调度数据网接入项目40个，省网二次安防项目44个，地网二次安防项目55个、地区数据网项目51个，接入系统通信工程项目28个、电站通信维护项目22个。完成四川电力交易中心大屏支撑系统工程、国网四川省电力公司管培中心大屏系统改造等多项重点工程。

2016年，通信公司荣获国网四川省电力公司先进集体，四川科锐得实业集团有限公司先进单位、安全生产先进单位、先进基层党组织等荣誉称号。

4.四川环网物资有限责任公司

四川环网物资有限责任公司成立于2004年1月，由原四川电力物资公司出资组建。2012年11月由科锐得集团全资收购，注册资本800万元，现有职工139人，资产总额4326万元。环网公司围绕省公司电网建设发展承担与物资供应保障相关的货物二次运输、装卸、配送，仓储中转等业务，主要完成省公司220千伏及以上新（扩）建电力工程项目普通电力物资的综合配送服务。具有交通运输管理部门颁发的道路运输经营许可证，质量监督管理部门颁发的设备监造（乙级）资质，四川省安监局颁发的国家安全生产企业二级资质，同时也是国际质量管理、职业健康安全管理、环境健康三大体系认证企业。

环网公司自成立以来，除了参加电网常规建设各项工程物资运输、装卸业务外，近年来先后参与了“新甘石”联网工程、“电亮藏区”工程、川藏联网工程、“电力天路”工程、川渝电网第三通道工程、藏中联网工程等重大项目的重要物资综合配送服务。先后获得多项表彰和荣誉，受到相关单位及各级领导的充分肯定和高度评价。

2016年12月，蜀能公司参与承建的川藏联网工程获得2016-2017年度国家优质工程金质奖　（蜀能公司　提供）

5. 四川通源电力科技有限公司

四川通源电力科技有限公司成立于2010年12月，2012年10月由科锐得集团全资收购，目前注册资本2700万元。主要经营送变电类电力工程调试、电力设施承试、水利水电工程、工程管理服务、软件和信息技术服务、专业技术服务、科技推广和应用服务业、商务服务业等。具有“承装（修试）电力设施二级承试类”资质、“电力工程调试单位能力资格甲级”资质，可承担750千伏及以下电网工程调试业务。具备独立开展500千伏及以下智能变电站新建、改建、扩建二次调试、500千伏及以下主变、GIS、接地网、互感器等特殊试验的能力，基本具备开展光伏电站电能质量、功率控制等并网检测能力。获得中国质量认证中心颁发的质量管理、环境管理、职业健康安全管理体系认证证书，并具备物业管理三级资质。

截至2016年年底，通源公司设置有综合部、财务部、市场经营部、电网技术工程部、后勤服务部、物业服务部、车辆管理部、信息运维部、设备物资质量检测部、产品开发及推广技术部10个部门，用工总量214人。

2016年，通源公司安全保质完成500千伏新都站、丹景站、龙王站以及220千伏南溪站等16座变电站新建、改扩建的调试、改造及投运工作，全面参与省内首座220千伏新一代智能站资铁站出厂联调；及时发现220千伏仙市站GIS设备安装不到位、威钢220千伏主变局放超标等设备缺陷，为电网安全稳定运行保驾护航；加快步伐拓展专业新领域，圆满完成白乌、树堡、万家山等7座光伏、风电站并网检测，以及映秀湾水电调度自动化系统建设、关州水电站水调自动化系统技术服务；全面介入四川首座电动汽车充电站沪蓉高速淮口服务区的充电系统性能检测，主动参与四川电网谐波监测平台改造项目，充分挖掘技术潜能，拓宽专业技术新领域。推进工程实践向科技成果转化，结合近年来开展的川藏联网、“电力天路”工程建设，围绕高寒冻土区接地参数测试、高海拔变压器局放故障定位等现场工作，研究出符合高海拔地区的输变电设备关键试验技术和故障诊断方法，总结申报的《川藏高海拔地区输变电设备关键试验技术研究》项目，荣获2016年电力建设科学技术进步三等奖，实现公司在高水平科技创新领域“零的突破”。

6. 四川腾兴电力科技有限责任公司

四川腾兴电力科技有限责任公司是2007年7月成立的民营股份制公司，注册资本244.2万元。2012年6月由科锐得集团全资收购，作为承接国网四川省电力公司技能培训中心外委业务的服务商。腾兴公司现拥有物业管理三级、建筑装饰装修二级、食品流通许可证、安全生产许可证等资质。公司经营范围包括商务服务业、国内劳务派遣、职业技能培训、物业管理、商品批发零售、租赁业、工程咨询、建筑装修装饰工程、园林绿化工程、工程设计、计算机服务业等。

腾兴公司承接的外委业务主要包括后勤综合服务项目、培训辅助服务项目、培训定点采购项目等。对外培训业务目前主要包括焊接培训以及职业技能考前培训等。2015年开始，腾兴公司积极开展集体企业培训业务，并依托技培中心打造培训软硬件设施，着力建成集体企业培训平台。

7.四川翠月湖园林工程有限责任公司

四川翠月湖园林工程有限责任公司前身为都江堰翠月湖园林工程有限责任公司，成立于2003年3月，为原四川电力疗养院下属多经企业。2012年6月由科锐得集团全资收购，注册资本200万元。园林公司具备城市园林绿化企业叁级资质、国家物业管理三级资质。经营范围覆盖园林、景观、绿化工程的设计、施工及管理；酒店管理；物业管理；室内外装饰装修；种植、销售、租赁花卉及盆景；计算机系统集成；计算机网络工程设计及安装维护；销售建辅建材（不含危险化学品）零售预包装食品等多种经营业务。

园林公司下设综合管理部、酒店管理部和工程部，现有员工366人，其中主业借工人员15人，直签人员7人，劳务派遣员工344人。

2016年，园林公司全年承接工程项目11项，养护项目5项，租摆2项，服务类项目298项，综合服务满意率98.11%。完成国网四川管培中心后勤综合服务外委业务、省公司生产运营综合楼绿化养护、遂宁宾馆花园套房园林绿化工程、计量园区二期应急检定室外通道铺装及绿化完善施工工程等项目，工程质量获得各单位广泛好评。

2016年，园林公司荣获科锐得集团公司2016年度先进集体、安全生产先进集体、先进基层党组织、工会工作先进集体；国网四川管培中心2016年度先进党支部等多项荣誉。园林公司党支部自主研发的党课参加省公司基层党支部书记讲党课活动获得优异成绩。

8.成都科锐得节能服务有限公司

成都科锐得节能服务有限公司是科锐得集团全资子公司，成立于2012年12月，注册资本6000万元。经营范围包括节能技术推广服务、节能技术咨询；合同能源管理；销售、租赁机械设备；充电设施建设、维护、运营；火力发电、水力发电、风力发电、太阳能发电、生物质能发电；电力供应；建材、五金交电、电气设备批发；网上贸易代理。于2013年通过国家发改委、财政部节能服务公司第五批备案。主要涉及的业务领域包括节能服务及电能替代、新能源产业、售电业务及电动汽车产业。已经掌握的节能技术包括能效诊断、LED绿色照明技术、余热余压发电技术、矿热炉无功补偿技术、配电网综合节能降损技术以及冰（水）蓄冷空调技术。

节能服务公司设置市场策划部、技术工程部、财务资产部与综合管理部4个部门，用工人数9人，其中主业借工4人，集体企业聘用职工2人，劳务派遣用工3人。

节能服务公司成立以来主要开展了两项重点业务：一项是合同能源管理项目投资，2012年12月，节能服务公司以合同能源管理方式同成渝钒钛科技有限公司合作建设成渝钒钛资源综合利用5万千瓦余热发电项目，该项目总投资1.94亿元，年发电量为36544万千瓦小时，年节能量折合120595吨标准煤。另一项是长期股权投资，2014年6月，节能服务公司、攀枝花网源电力建工程公司、林洋电子股份公司共同出资组建了四川睿能新能源有限责任公司（以下简称睿能公司）。睿能公司注册资本金5000万元，节能服务公司占 41%股份。睿能公司主要从事攀西分步式光伏建设，截至2016年年末，实现光伏发电装机1825kWp（其中1075kWp于2016年1月并网）。

9、四川金沙阳光房地产开发有限责任公司

四川金沙阳光房地产开发有限责任公司成立于2005年3月，于2012年12月由科锐得集团全资收购，注册资本5000万元，为三级资质房地产开发企业，可承担15万平方米以下的住宅小区，以及与以其投资能力相当的工业、商业、公共建筑、基础设施项目的开发建设，并可在全省范围内承担房地产开发业务。

金沙阳光公司本部由办公室、财务部、计划发展部三个部门组成。下属有成都西部金沙鹭岛房地产开发有限责任公司、成都惠能房地产开发有限公司、都江堰金沙阳光房地产开发有限公司3个全资子公司。拥有从业人员总数47人，其中主业借工9人，直签20人，劳务派遣用工18人；具备专业技术职称的员工27人，其中高级职称5人，占比19%；中级职称14人，占比52%；初级职称8人，占比30%。

2016年，金沙阳光公司实施了“泓坊河畔”园区风貌整改、开展了“泓坊河畔商业项目”租售、完成了“金沙·鹭岛”一期二批次工程前期方案设计优化、继续开展了“金沙·鹭岛”项目车位销售及产权办理等工作。

2016年，金沙阳光公司荣获集团公司“2016年度工会工作先进集体”“2016年度党纪党规映我心知识竞赛优秀组织奖”“2016年度人力资源专业知识竞赛优秀组织奖”“2016年度物资采购专业知识竞赛优秀团体奖”等荣誉。

10.四川鸿海工程建设咨询有限公司

四川鸿海工程建设咨询有限公司为科锐得集团全资子公司，成立于2003年6月。经营范围主要包括工程监理、招标代理，以及造价咨询、信息咨询、工程技术咨询服务，工程项目管理。持有电力工程监理乙级、房屋建筑工程监理乙级企业资质，通过了 ISO9001、ISO14001、OHSAS18001 三体系认证。在四川省内、云南、西藏、贵州、新疆均有监理项目开展。

鸿海公司本部设置有综合管理部、安全监察质量部、工程部、市场部 4 个部门。鸿海公司坚持“严格监理、公正执业、持续改进”理念，切实加强现场管控，通过与业主负责人的定期或不定期的沟通交流，了解业主对监理工作的满意程度和意见，及时要求相关监理项目部改进工作。加大对监理项目部的巡视检查，发现问题及时整改，实现了对所有监理工程的安全、质量、进度的可控、能控、再控，现场未发生安全质量事故及廉政事件，得到了业主的一致好评。

2016 年，鸿海公司积极开展监理市场拓展，分别在巴中、眉山、达州、遂宁、西昌等地区新辟市场，同时积极跟踪系统外的客户项目，参与了发电集团的水电送出项目建设。

11. 四川科锐得天府置业有限公司

四川科锐得天府置业有限公司为科锐得集团全资子公司，成立于 2015 年 8 月，注册资本 5000 万元。经营范围包括：房地产经纪；建筑装饰装修工程设计、施工；计算机硬件研发、销售、租赁、技术服务；机电设备及配件、办公设备销售、租赁；企业管理咨询服务；广告设计、制作、代理发布（不含气球广告及固定形式印刷品广告）；新能源技术研发、技术推广等。天府置业公司主要负责“成都天府智能电网及能源互联网研发中心”项目的建设管理工作。

12. 四川通能电力科技有限公司

四川通能电力科技有限公司成立于 2005 年 5 月，注册资本 300 万元。2016 年 3 月由科锐得集团全资收购，是一家电力高新技术公司，是集电力科技开发、火电技术培训及承运、产品制造、基建调试、电力技术服务为一体的高新技术企业。公司具有火电工程甲级调试资质、化学清洗“A”级资质、金属喷涂一级资质、咨询业甲级等多项资质，通过了 QEH（ISO9001、14001、28001）质量体系认证。通能公司经营范围包括技术推广服务；发电机组、仪器仪表、计量设备的检测、安装、调试、研制及维修；环境检测；水、煤、油的化验分析；物业管理；销售；机械设备、五金交电及电子产品，化工产品（不含危险品）、建材，金属材料（不含稀贵金属）；基础软件服务；机械加工；餐饮企业管理服务等。

通能公司下设开发部、市场物资部、人力资源部、财务部、工程技术服务部（调试和运行）、总经理工作部 6 个部门以及锅炉室、汽机室、电气室、水机室、热工室、化环室、金属室 7 个专业室。截止 2016 年底共有员工 235 人。

通能公司依托自身的技术力量和四川省电力工业调整试验所的技术沉淀和支持，服务电力领域，在海内外积极开拓电力技术市场，先后承接了印尼龙湾、越南海防、越南沿海 3 期等 7 台 300 兆瓦级机组承运及人员培训，印度提隆达等 5 台 660 兆瓦级超临界机组调试，以及国内数百项水、火发电机组的调试、试验、技改等技术服务项目，获得了海内外用户的好评。公司在循环流化床机组调试，DCS 改造，机组节能降耗测评等前沿技术方面拥有雄厚实力，并逐渐成长为国内外具有相当市场竞争力的一支运行、维护队伍。

13. 四川科锐得小额贷款有限公司

四川科锐得小额贷款有限公司（以下简称“小贷公司”）为科锐得集团全资子公司，于 2016 年 3 月获得监管审批，2016 年 8 月注册成立，注册资本

2016 年 8 月 16 日，四川省政府金融办公室副主任程永革（右）、国网四川省电力公司总会计师杨桂荣（左）为科锐得小额贷款公司成立运营揭牌

（小贷公司　提供）

3 亿元。主要从事贷款发放（不含委托贷款）及相关咨询活动，经营范围覆盖全川。

小贷公司设立信贷业务部、风险管理部、审计稽核部、综合管理部四个部门，现有员工 9 名，其中主业借工 3 人，直签 4 人，劳务派遣 1 人，其他借工 1 人。

小贷公司切实把握当前国家鼓励金融市场发展的机遇，积极契合省公司“产融结合”及“全球能源互联网”战略，按照集团公司以“资本运营、高端实业”为重点的“十三五”规划和“互联网+能源+金融”战略，坚持“业务发展与内控管理并举，提质增效与外部协同并举，传统业务与科技创新并举”的经营策略，充分发挥在位优势，高度重视依法治企，强化各项内控管理，着力打造供应链金融服务平台。

2016 年，小贷公司完成对全川各地市供电公司和集体企业平台公司的上门拜访营销，梳理摸排各企业目前的经营状况、融资架构及后续融资需求，与 26 家独立法人公司初步达成了业务合作意向。截止 2016 年 12 月 31 日，小贷公司完成对外授信总额度 2.03 亿元，成功投放贷款三笔，共计 1500 万元，贷款余额 1300 万元，待放款客户 12 户，待放款金额 1.73 亿元，均为系统内单位融资；与兴业银行成都分行就个人贷款业务开展合作，中介业务初见成效，供应链融资项目正在积极酝酿中。

【控股公司】

1. 四川西星电力科技咨询有限公司

四川西星电力科技咨询有限公司前身为西南电力科技咨询开发公司，成立于 1986 年 1 月，于 2007 年 1 月改制并更名为四川西星电力科技咨询有限公司。2011 年 3 月，由科锐得集团控股 60%成为科锐得集团的控股公司。2014 年增资扩股后，注册资本为 1500 万元，科锐得集团持有 70%股份。

西星公司主要从事电力工程规划设计、项目后评价、技术咨询、造价咨询服务及招标代理业务。具有工程招标代理甲级资质、工程咨询甲级资质、工程造价企业咨询乙级资质、电力行业工程造价咨询单位甲级资质、中央投资项目招标代理机构乙级资质。公司自成立以来，完成了大量输变电工程招标代理、造价咨询、电网规划、城市配电网规划、电厂接入系统、用户供电方案、电力项目专题调研、管理咨询项目，有多项成果分别获得四川省优秀咨询成果一、二、三等奖。

西星公司下设综合部、财务部、招标一部、招标二部、工程咨询部，另设有德阳、绵阳、自贡、内江、广元、南充、西昌、宜宾、甘孜等 9 个招标代理处，2016 年年末用工总量 79 人。2016 年，招标一、二部共完成招标代理项目 1693 个；各代理处共完成项目 1705 个；完成各类工程咨询项目 61 个。

2. 成都城电电力工程设计有限公司

成都城电电力工程设计有限公司前身为成都电业局电力勘察设计院，组建于 1954 年。随着体制改革的不断深入，于 2002 年 8 月挂牌成立成都城电电力工程设计有限公司。2013 年 11 月，由科锐得集团全资收购。2016 年，按照省公司对区域设计公司的整合要求，城电设计公司对川西北片区德阳、绵阳、资阳、雅安、阿坝、甘孜等地设计业务进行整合，并以四川科锐得实业集团有限公司、德阳明源电力（集团）有限公司等 7 家集体企业平台公司为股东进行增资扩股和股权结构调整，调整后注册资本 8000 万元，科锐得集团持有 60%股份。

城电设计公司是国家甲级电力工程勘察设计单位，专业从事电力工程勘察设计、工程咨询、工程施工、送变电工程项目总承包及建管服务业务。具有 60 余年从事送变电工程勘察、工程设计、工程咨询及工程总承包经验。执有中华人民共和国住房和城乡建设部颁发的电力行业（送电工程、变电工程）专业甲级设计资质、工程勘察专业类（工程测量）甲级资质；国家发改委颁发的工程咨询（火电专业）甲级资质；四川省建设厅颁发的工程勘察专业类（岩土工程、水文地质）乙级资质、电力行业（新能源发电）乙级资质；四川省住建厅颁发的工程造价咨询乙级资质；获得中国质量认评中心颁发的 ISO9001：2000 质量管理体系认证证书；上海质量体系审核中心颁发的 GB/T24001-2004/ISO14001：2004 环境管理体系认证证书和 GB/T28001-2001 职业健康安全管理体系认证证书。

城电设计公司下设质量档案部、市场营销部、财务部和综合服务部 4 个职能部门和规划系统部、工程总承包部、技术经济部、技术咨询部、变电设计部、输电设计部、工程勘察部、配网部 8 个专业部门，并在川西北属地成立有分公司，现有员工 151 人，在册专业技术人员 101 人，其中国家注册造价工程师 12 人，全国建设工程造价员 7 人，注册咨询师（投资）20 人、注册电气工程师 13 人，一级注册结构工程师 3 人，注册岩土工程师 1 人，一级注册建造师 4 人，二级注册建造师 12 人，二级注册结构工程师 1 人，二级注册建筑师 2 人。高级职称 20 人，中级职称 46 人，初级职称 72 人。

城电设计公司成立以来完成的主要项目有：1. 技术咨询项目：电网规划、电力送出系统规划、接入系统规划、接入系统安全稳定分析等 30 余项；编制 110 千伏～500 千伏可行性研究报告 230 余项。2. 工程勘察设计项目：500 千伏变电站改造、线路迁改等 6 项；220 千伏变电站新建、改扩建工程 180 余项；110 千伏变电站新建、改扩建工程 300 余项；35 千伏变电站新建、改扩建工程 320 余项；新建、改建 220 千伏线路 1090 余公里；新建 110 千伏送电工程 5500 余公里；35 千伏送电工程 1200 多公里及 10 千伏配电工程 800 多项。

2016 年 7 月 7 日，国网四川省电力公司总工程师石俊杰调研科锐得集团公司承接的成贵铁路 220 千伏州佛一线迁改工程施工现场

（科锐得集团　提供）

城电设计公司在工程勘察设计工作中积极采用新技术、新工艺。四川省首座智能化变电站、地下变电站、电动汽车充电站以及电力隧道多状态监控系统等新技术的探索和运用，受到省公司和各方业主的高度评价。组织编制的省公司、成都电业局的多部典型设计方案及和十一五”“十二五”城网及农网规划，取得了较好的经济效益和社会效益。十多年来，先后荣获中国电力规划设计协会、四川省工程咨询协会、国家电网公司、四川省住房和城乡建设厅及省公司大小奖项百余次。

3. 四川启明星投资发展有限责任公司

四川启明星投资发展有限责任公司于 2004 年 7 月成立，注册资本 2 亿元。2013 年 8 月，由科锐得集团出资收购其 43.72%股权实现相对控股。该公司经营范围为：项目投资、销售铝及制品、进出口业务、送变电工程施工、变电站（所）土建施工、城乡电网改造及建设、电力工程安装调试、检修、运行维护、输变电工程咨询服务。启明星投资公司内设办公室、财务部、市场部 3 个职能部门，现有员工 6 人。

启明星投资公司目前持有四川启明星铝业有限责任公司股权 20090 万元，股权比例为 30.65%，为该公司第二大股东。持有眉山启明星铝业有限责任公司股权 7020 万元，股权比例为 30%。下设四川启明星投资发展（老挝）有限责任公司，负责老挝铝土矿投资开发业务。

4. 四川蜀科汽车租赁有限公司

四川蜀科汽车租赁有限公司是在国家电网公司规范和加强集体企业用车管理，提高车辆管理集约化、标准化水平，提高车辆利用效率，降低企业经营成本的背景下，于 2013 年 8 月经省公司批准成立。蜀科公司是一家以工程领域“皮卡车、越野车”为主，企事业商务用车为辅，主要开展车辆租赁及相关业务的股份制企业，注册资本为 3578.61 万元，由四川科锐得实业集团有限公司、四川蜀电集团有限公司、攀枝花网源电力建设工程公司、自贡电力建设集团有限公司、宜宾远能电业集团有限责任公司、绵阳启明星集团有限公司六家股东单位联合出资设立，由四川科锐得实业集团有限公司持股 26.52%相对控股。

截至 2016 年年底，蜀科公司共有各类专业人员 13 名，可经营车辆达 670 台，全年实现营业收入 3200 万元。2016 年荣获集团公司“先进单位”称号。蜀科公司在国网四川省电力公司系统及社会租赁的业务范围进一步扩大，在工程领域用车已具备一定实力，且有较强的抗风险能力。

【参股公司】

1. 成都鲁能压缩天然气有限责任公司

成都鲁能压缩天然气有限责任公司成立于 2001 年 1 月，注册资本 3000 万元，科锐得集团占股 30%。经营范围为：主营压缩天然气经营；五金交电化工（不含化学危险品）销售；农牧产品销售；商业贸易；信息咨询；起重机械和电站附属机械销售。经营期限为 45 年，取得了所有主营业务所需的证书。该公司在成都市二环路周边先后建成投产经营 5 座 CNG 加气站。

2. 自贡翔能电力设备制造有限公司

自贡翔能电力设备制造有限公司其前身为自贡翔能铁塔设备制造厂，于 2013 年 5 月改制后，由自贡电力建设集团有限公司、自贡裕鑫投资管理公司、四川科锐得实业集团有限公司共同出资设立，注册资本 6006 万元，科锐得集团占股 16.65%。主营业务为：220 千伏及以下输电铁塔、铁附件、定型金具、钢结构件和塔型建筑物、对外承接金加工、热浸镀锌以及相关检测业务、高低压开关柜、电能计量柜、计量箱以及各种动力配电屏、配电箱的制造；建材、化工原料、化工产品（不含危化品及易制毒品）、电气设备安装、维修、劳务服务、机电产品的维修、代购代销、静电喷型业务。现有生产资质：220 千伏及以下输电线路及铁塔附件的生产许可证，高、低压开关柜设备等 6 个单元的生产证书。

3. 黑水冰川水电开发有限责任公司

黑水冰川水电开发有限责任公司成立于 2004 年，注册资本 8000 万元，科锐得集团占股 3.06%。该公司主要进行水电开发、生产、销售，现主要运营竹格多水电站，其装机容量 2×4 万千瓦，设计多年平均年发电量 3.79 亿千瓦小时。该电站于 2006 年 5 月投产发电。

【代管公司】

四川电力实业总公司于 1984 年 7 月成立，注册资本 2400 万元。成立之初系经西南电业管理局批准成立的西南电力实业股份有限公司，后更名为西南电力实业总公司，1992 年 11 月经四川省电力工业局批准更名为四川电力实业总公司。主营业务范围为机电设备安装工程、送变电工程、电力工程、水利水电工程等。现拥有四川省安全技术防范工程设计、安装、维修、营运壹级；电力承装（修、试）贰级；机电安装总承包贰级；送变电专业承包贰级；机电设备安装专业承包贰级；建筑智能化专业承包贰级；水利水电施工总承包叁级；市政公用工程总承包叁级；电力工程总承包叁级；环保工程专业承包叁级；电子工程专业承包叁级；城市及道路照明工程专业承包叁级等资质，系通过“三体系”认证和符合 GB/T50430-2007《工程建设施工企业质量管理规范》的企业。

电力实业公司设有 8 个职能部（室），在川内设有多个项目管理部，现有员工 100 余人，其中，一级建造师 5 名。

电力实业公司承建的社会影响较大的工程项目包括：成都地铁 3 号线一期工程 110 千伏主变电所系统集成与施工总承包项目 110 千伏送电线路工程、成都地铁 3 号线一期工程 110 千伏红牌楼南主变电所房屋建筑及电气安装工程、成都地铁 3 号线一期工程 110 千伏主变电所系统集成与施工总承包 110 千伏对侧间隔改扩建及通信系统、控制中心与数据中心改造工程、攀枝花银石 220 千伏线路工程、宜宾叙府—南溪 220 千伏线路工程 I 标、阿坝镇江关 220 千伏变电站 110 千伏配套工程、甘孜巴塘 110 千伏输变电工程、凉山冕宁 220 千伏变电站 110 千伏配套送出工程、雅安雨城、资阳乐至、安岳、雁江、甘孜泸定、丹巴、乡城、广元旺苍、南充仪陇、南部、凉山德昌智能电表和农网改造工程等。

电力实业公司自成立以来，历年均实现了资产的保值增值目标，实现了安全生产“零”事故目标，承建项目优质率 100%，用户满意率 100%，受到了各级管理部门及业主方的一致好评。公司先后荣获中国 AAA 级信用企业，四川省“先进安装企业”，成都市、区“纳税先进企业”“社会治安综合治理先进单位”“安全生产工作模范单位”等多项荣誉。

附 录

责任编辑:程彦韬

一

新颁规章制度

国网四川省电力公司职员职级管理办法

第一章　总　则

第一条　为进一步拓展国网四川省电力公司（以下简称公司）优秀员工的成长空间，规范公司职员职级序列管理，根据国家电网公司《关于规范职员职级序列管理的指导意见（试行）》，结合公司实际，制定本办法。

第二条　职员职级管理应遵循的原则：

（一）整体设计、分步实施；

（二）择优选聘、注重实绩；

（三）民主公开、群众公认；

（四）从严从紧、统一调配。

第三条　职员职级序列既是领导职务序列的有效补充，也是管理、技术和技能人员的职业发展通道之一。

第四条　本办法适用于公司本部及所属地市级单位管理、技术和技能岗位类别的长期员工。

地市公司级单位包括地市供电企业本部及业务支撑与实施机构、省公司层面业务支撑与实施机构和国网四川省电力公司映秀湾水力发电总厂、国网四川省电力公司电力应急中心、四川启明星物业管理公司、四川电力医院等省公司层面其他机构。

县公司级单位暂不建立职员职级制度，待国家电网公司统一组织推广后建立、实施。

第五条　省公司直接管理的上市、控股公司可参照制定职员职级管理办法，经相关议事程序后实施。

第二章　职级与职数

第六条　公司管理、技术类岗位职员设置二至五级；技能类岗位职员设置四至五级职员。

第七条　二级职员参照正处级干部、三级职员参照副处级干部、四级职员参照正科级干部、五级职员参照副科级干部进行管理。

第八条　各职级的职数由公司统一管理。公司依据各单位机构设置和人员编制核定各职级的职数。

各单位在本单位职级职数范围内，高职级职数如有空缺，可用于聘任低职级职员。

第三章　职责与分工

第九条　公司人力资源部负责职员职级管理办法的制定；负责根据人员编制和配置情况编制下达各单位四级至五级职员职数；负责公司各单位四至五级职员聘任的备案。

第十条　公司人事董事部负责公司二至三级职员、本部四级至五级职员的考察聘任及日常管理工作；负责公司各单位四至五级职员聘任的备案审核。

第十一条　地市公司级单位人力资源管理部门负责本单位四至五级职员的备案申报工作；负责本单位四至五级职员的考察聘任和日常管理工作。

第四章　聘任条件

第十二条　思想素质。

贯彻落实党的路线方针政策和公司制度规定，具有良好的思想政治素质，事业心和责任感强，勤奋敬业，廉洁奉公，服从大局，群众公认。

第十三条　绩效结果。

近三个年度绩效积分不少于5分。

第十四条　学历。

大学本科及以上学历。

第十五条　专业技术资格。

聘任二至五级管理技术类岗位职员应具有高级及以上专业技术资格，三州地区（甘孜、阿坝、凉山）员工可适当放宽至中级及以上专业技术资格。

第十六条　技能等级。

聘任四至五级技能类岗位职员应具有技师及以上技能等级。

第十七条　首次聘任的最低工作年限。

聘任二级职员的，应担任副处级职务满6年；

聘任三级职员的，应担任正科级职务满 5 年；

聘任四级职员的，应担任副科级职务满 4 年；

聘任管理技术类五级职员的，应从事管理技术类岗位工作满 6 年；聘任技能类五级职员的，应从事技能类岗位工作满 12 年。

第十八条　职员职级晋升的最低年限。

晋升二级职员的，应担任三级职员满 6 年；

晋升三级职员的，应担任四级职员满 6 年；

晋升四级职员的，应担任五级职员满 5 年。

第十九条　在同等条件下，四级四类人才等人员可优先聘任或晋升。

第五章　职级变动

第二十条　职员聘任为上一级对应领导职务，即：五级职员聘任副科级、四级职员聘任正科级、三级职员聘任副处级、二级职员聘任正处级，不再兼任原所聘职员职级。

第二十一条　符合条件的领导职务人员可兼任上一级对应职级职员，即副处级可兼任二级；正、副科级可分别兼任三级、四级。

第二十二条　领导职务序列的人员转任下一级职员，即：正处级转任二级职员、副处级转任三级职员、正科级转任四级职员、副科级转任五级职员，不受上述聘任资格和条件的限制。

第二十三条　职员职级聘任时，应按照聘任条件和职数设置，根据工作需要，拟定职员职级聘任方案，并经组织考察、集体研究、公示等聘任程序后聘任。除领导职务序列人员转任下一级职员以外，均应实行一年的试聘期。

第二十四条　二至五级职员的交流与回避、考核评价、奖惩、日常监督、教育培训、试聘期管理与转正，参照干部管理相关规定执行。

第二十五条　职员职级选聘不改变员工的岗位类别，各单位应以岗位或职务为基础，明确各职级职员的工作职责，加强岗位履职管理。

第二十六条　出现下列情况之一的，应降低职级：

（一）年度绩效考核评级为 D 级；

（二）受到记过、记大过、降级（降职）处分或者党内严重警告处分的。

第二十七条　出现下列情况之一的，应解聘职级：

（一）连续两个年度绩效考核等级为 D 级；

（二）受到撤职、留用察看或者被撤销党内职务、留党察看、开除党籍处分的；

（三）已经为本层级单位最低职级且出现应降低职级的。

解聘职级后，不能重新上岗或不具备上岗条件的，按待岗处理。

第二十八条　职员职级制度实施后，公司统一核定各单位科级干部职数、职员数量，实行各单位干部及职员总量管控。科级干部超过核定职数的，不得新提拔干部。对超职数配备科级干部的情况，通过转任职员等方式逐步予以解决。

第六章　薪酬待遇

第二十九条　各职级职员薪酬待遇水平与其职级挂钩。通过调整绩效奖励工资实施。原则上，二级职员介于正处级与副处级之间，三级职员介于副处级与正科级之间，四级职员介于正科级与副科级之间，五级职员介于副科级与一般管理技术人员或班组长之间。

二级职员待遇水平≤本单位副处级平均待遇+（正处级平均待遇－副处级平均待遇）/2

三级职员待遇水平≤本单位正科级平均待遇+（副处级平均待遇－正科级平均待遇）/2

四级职员待遇水平≤本单位副科级平均待遇+（正科级平均待遇－副科级平均待遇）/2

五级职员待遇水平≤本单位一般管理技术人员或班组长平均待遇+（副科级平均待遇－一般管理技术人员或班组长平均待遇）/2

第三十条　领导职务序列的人员转任下一级职员，即：正处级转任二级职员、副处级转任三级职员、正科级转任四级职员、副科级转任五级职员，执行原干部薪酬标准。

第三十一条　聘任为相应职级后，仍可按个人累计升薪分数进行薪级晋升。

第三十二条　员工解聘相应职级后，按照岗位绩效工资制度相关规定执行。

第七章　附　则

第三十三条　本办法由公司人力资源部会同人事董事部负责解释并监督执行。

第三十四条　本办法自印发之日施行。

第三十五条　原《国网四川省电力公司全员职业生涯管理办法（试行）》关于职业生涯发展大师的规定，以及《公司本部管理及专业技术岗位职员职级管理试行办法》《地市供电企业本部机构编制和职级序列管理意见》同时废止。

国网四川省电力公司
供电服务曝光运行理办法（试行）

第一章　总　则

第一条　为规范国网四川省电力公司（以下简称“公司”）供电服务曝光台（以下简称“曝光台”）常态运行管理，明确工作内容、工作流程、工作要求和职责分工，充分发挥曝光台管理效用，切实整改公司供电服务存在的问题，有效提升供电服务水平，特制定本办法。

第二条　曝光台常态运行管理工作遵循“统一管理、专业负责、及时发布、督促整改”的原则。

第三条　曝光台发布的内容主要依据国网公司95598投诉举报、能监办12398投诉举报，国网公司、能监办及省公司供电服务明查暗访，各专业专项检查等反映出的问题拟定，由公司优质服务领导小组办公室（以下简称“优服办”）统一发布。

第四条　本办法适用于公司本部相关部门及所属各单位。

第二章 职责分工

第五条　公司优服办是曝光台的归口管理机构，主要负责：制定公司曝光台运行管理的相关制度、业务流程和标准规范；定期汇总、整理、分析和发布曝光内容；对存在的问题按专业梳理，并根据职责范围分发至相关专业部门；牵头跟踪所曝光问题的整改情况，汇总相关部门的反馈信息，及时向公司优质服务领导小组汇报；对曝光信息的报送质量和整改情况提出考核建议等。

第六条　营销部、运维检修部、农电工作部、电力调度控制中心、经济法律部、监察部、对外联络部、发展策划部、建设部、安全监察质量部等优质服务领导小组成员部门是曝光台的主要对口业务管理部门，主要负责：按时向公司优服办报送曝光信息；按照职责范围，对曝光的问题进行督促整改和考核，并按时向公司优服办反馈相关情况；根据工作需要，对曝光台运行成果进行深化应用。

第七条　省客户服务中心是曝光台的信息支撑机构，主要负责：通过95598各项业务情况和12398投诉情况，为公司相关部门及所属各单位提供基础数据和专业分析；定期报送供电服务分析报告，编制典型案例；按照公司相关部门的要求，结合自身业务状况，开展热点专题分析、曝光问题督办、曝光信息查证、服务专项检查等工作。

第八条　公司所属各单位是曝光信息的整改落实机构，负责对曝光信息或预警信息进行深入研究，针对弱项指标和薄弱环节，制定整改措施；对曝光的问题进行归纳总结，举一反三，建立长效机制，杜绝问题反复；就查实的问题对相关责任人进行严格考核。

第三章　工作内容

第九条　曝光台设置检查通报、分析报告、典型案例三个栏目。根据工作需要，可以增加或调整栏目设置。

（一）检查通报，主要包括国网公司总部、省公司以及能监办等组织开展的供电服务综合检查或者专项检查的情况通报。

（二）分析报告，主要包括供电服务分析报告和专题分析报告。供电服务分析报告主要对公司系统供电服务状况进行分析通报，分为月报、季报和年报；专题分析报告主要对相关专业专项工作进行分析。

（三）典型案例，主要包括国网典型案例和省公司典型案例。国网典型案例由国网公司本部选定；省公司典型案例由省客户服务中心根据‘95598’相关业务情况，初步选定并加以解析，报公司优服办审核后定期发布。有以下情形之一的，可入选省公司典型案例：

1. 在某一时间段、某一地域或某一群体中普遍存在的供电服务突出问题，具有较强的规律性和普遍性；

2. 事件性质较为恶劣，对公司形象造成负面影响；

3. 事件涉及国家电网公司“95598 投诉十个必查”（详见附件一）。

第十条　曝光台信息发布：

（一）供电服务分析月报、季报、年报于次月（季、年）5个工作日内发布，报告中相关统计数据以自然月的26日凌晨0点为截止时间点。

（二）典型案例于次月5个工作日内发布。

（三）其他曝光信息由相关部门适时发布。

第四章 工作要求

第十一条　公司相关部门对本部门发布的曝光信息负责，并按照工作流程（附件二）完成审批和发布工作。

第十二条　公司所属各单位对曝光信息进行切实整改，并对检查通报和典型案例中涉及本单位的问题进行调查、分析和整改，形成调查整改报告（模板见附件三），于曝光信息发布当月 26 日前上报公司对口业务管理部门。

第五章　附则

第十三条　本办法由公司优质服务领导小组办公室负责解释。

第十四条　本办法自发文之日起施行。

国网四川省电力公司办理人大代表建议和政协提案管理办法（试行）

第一章　总　则

第一条　【目的和依据】为切实做好人大代表建议、批评和意见(以下简称“建议”)以及政协委员提案(以下简称“提案”)的办理工作，密切公司与人民群众的联系，多渠道反应公司经营现状，营造有利于电网发展的政策环境，助推电网加快发展。根据《中国人民政治协商会议全国委员会提案工作条例》、省人大《关于办理省人大代表建议、批评和意见的有关要求》以及有关文件规定精神，结合公司工作实际，制定本办法。

第二条　【基本原则】公司系统办理人大代表建议和政协委员提案应当遵循以下原则。

（一）坚持分级办理。各县级公司负责辖区内县乡人大代表建议和县政协提案、上级交办建议和提案的办理；市级单位负责辖区内市级人大建议和政协提案、不设县公司的县级建议和提案、上级交办建议和提案的办理，指导下属单位建议和提案的办理；公司负责辖区内省级建议和提案、上级交办建议和提案的办理，指导下属单位建议和提案的办理。

（二）坚持依法治企。在办理工作中，严格依照法律、法规、规章等规范性文件办事，绝不违规违纪、擅自处理。

（三）坚持实事求是。凡属应该解决而又有条件解决的问题，认真研究，及时解决；确属需要解决，但因财力、物力等条件限制一时解决不了的问题，列入今后的工作计划或规划，创造条件，逐步解决；超越公司职责范围，解决不了的问题，要向人大和政协机关、提出建议的代表(以下简称建议人)或者提出提案的委员或单位(以下简称提案人)，说明情由，做好解释工作。

第三条　【办理范围】本办法所称的建议是指全国、四川省及各市（州）、县、乡人大代表向本级人民代表大会或者人民代表大会常务委员会提出的，交由公司办理的建议、批评和意见。

本办法所称的提案是指全国、四川省、各市（州）、县政协委员和参加政协的党派、人民团体和政协专门委员会向本级政协全体会议或者常务委员会提出并经审查立案的、交由公司办理的提案。

本办法所称的承办单位是指有办理建议、提案任务的公司各部门及所属各单位。

第四条　【适用范围】本办法适用于公司本部及所属各单位办理人大建议、政协提案有关工作。

第五条　【授权制定】公司所属各单位应当根据本单位实际，细化办理建议和提案工作，制定细则。

各单位制定办理建议和提案管理细则不得与本办法冲突，不得违反本办法确立的原则。

第二章　职　责

第六条　【归口管理】公司经济法律部是公司建议、提案办理管的归口管理部门，承担以下职责：

（一）负责协助省人大常委会、省政协做好建议、提案办理相关工作；

（二）审核省级建议和提案办理回复，并牵头行文回复建议人或者提案人；

（三）指导、督促、检查和协调各承办单位办理建议和提案工作；

（四）做好各承办单位交流经验和学习培训工作；

（五）对承办单位的办理工作进行考核。

第七条　【承办机构的职责】公司各部门及所属各单位是承办机构，是办理建议、提案工作的责任主体，承担以下职责。

（一）负责承办交公司办理的建议和提案；

（二）负责核实建议和提案所指情况；

（三）负责研究问题解决办法，提出回复建议和提案方案；

（四）负责牵头履行方案，对暂时无法解决的，列入工作计划或规划；

（五）做好代表和委员的定期回访。

第三章　办理程序

第八条　【接办】国家电网公司交由公司办理

的全国人大代表建议和全国政协提案，公司经济法律部接办后于 7 日内分送相关单位承办。

本级人民代表大会和本级政协交由公司系统办理，或者通过建议或者提案网上办理系统，向各单位交办的建议和提案，由本级经济法律归口管理部门负责接办。乡镇人大代表建议由县级供电企业办理。

第九条 【分办流程】经济法律管理部门对接办的建议、提案应清点，逐件登记，提出拟办意见和办结时限，报主管领导审批后，15 日内分送相关承办单位办理。

第十条 【承办方式】承办建议、提案的分为以下三类：

独办只需一个单位办理；

分办两个以上单位根据各自职责分别办理；

会办一个单位牵头其他单位会同办理，牵头办理单位为主办单位，会同办理单位为会办单位，需会同办理的建议、提案，应明确主办单位和会办单位。

第十一条 【会办争议解决】建议、提案属于会办的，主办单位应当主动牵头办理，会办单位应当积极配合主办单位的工作。主办单位与会办单位意见不一致的，由主办单位领导组织协调；经协调仍不能解决的，由主办单位向上级单位请示。

第十二条 【承办流程】承办单位接到建议、提案后，应当及时清点、核对和登记，并向交办单位确认。

第十三条 【单位内转办】对接到的建议、提案，不属于本部门、单位职责范围的，承办单位应及时书面说明情况，与相关单位协商后，提出拟办单位建议，经本部门或单位负责人审核后，交经济法律管理部门转办。

第十四条 【单位外转办】对接到的建议、提案，不属于公司职责范围的，承办单位应在交办后 3 个工作日内向交办单位的经济法律管理部门书面说明情况，经交办单位同意后调整。越期的，将不再进行调整，不属于公司系统职责的，越期的，将追究责任。承办单位之间不得自行调整。

第十五条 【承办方式调整】承办单位对接到的建议、提案，需调整承办方式或者增减会办单位的，应当自收到之日起 7 日内，将建议调整的单位、调整的承办方式及调整理由，以书面形式送原交办单位。经交办单位批准后，调整承办方式。

第十六条 【办理】承办单位对承办的建议、提案应当逐件进行研究。

办理前，承办单位应当与建议人或提案人沟通，理解建议或提案的真实意图，找准问题的症结。

办理中，承办单位应当邀请建议人或者提案人，通过调研、实地考察、座谈、现场办理等多种方式，参与办理工作。

办理后，承办单位应当跟踪回访，将办理结果及时向建议人或者提案人反馈，并对办理情况进行跟踪回访。

第十七条 【汇报机制】承办单位主要领导要在完成建议、提案的办理工作后，主动邀请建议人、提案人集中见面座谈，全面通报本单位办理建议、提案的工作情况。

第十八条 【办理目标】各承办单位要建立建议、提案办理工作质量保障体系，做到规定期限内办结率 100%，与建议人、提案人沟通率 100%，力求建议人或者提案人对答复满意率达 100%。

第十九条 【办理结果的处理】对建议、提案提出的问题，承办单位应当深入调查研究，以实事求是的态度，依照国家法律、法规、规章等规范性文件和公司制度规定办理。

(一) 应当解决而且具备解决条件的，应抓紧解决；

(二) 应当解决但因条件限制不能马上解决的，应当纳入计划，创造条件逐步解决；

(三) 涉及上级单位职权范围的事项，应积极反映情况，争取上级单位支持解决；

(四) 因各种原因难以解决或者缺乏可行性的，应明确答复并实事求是向建议人、提案人解释清楚，并将建议、提案留作参考。

第二十条 【答复流程】承办单位办理完毕后，形成答复意见，由经济法律管理部门审核并行文答复建议人或提案人。

承办人办理各级建议、委员会提案，一般应在 1 个月内、至迟不超过 2 个月，形成答复意见。

第二十一条 【答复要求】答复代表建议、委员提案，事实要准确，内容要符合法律、法规及政策规定，文字精炼，并按公司正式行文后发出，在向代表或委员寄送答复意见时，要逐件附《反馈意见表》。代表或委员对答复不满意，需重新办理，并答复代表和委员。

第二十二条 【公司答复流程】全国人大代表建议、全国政协委员提案，省人大代表建议、政协委员提案，由经济法律部按承办部门和市、州公司的书面答复意见行文答复代表和委员，并分别按规定的份数，抄送全国人大常委会办公厅、全国政协办公厅及有关部、委，国网公司经法部，省人大常委会办公厅、省政协办公厅及有关部门。

第二十三条 【市级答复流程】市、州人大代表建议、政协委员提案，由各市州公司行文答复代表和委员，并按规定，抄送市、州人大常委会办公厅（室）、政协办公厅（室）、省公司和有关部门。

第二十四条 【县级答复流程】县（市、区）人大代表建议、政协委员提案，由县级供电公司行文答复代表和委员，并按规定，抄送县（市、区）人大常委会办公室、政协办公室和有关部门。乡镇人大代表的建议由乡镇人大主席团交乡镇政府答复代表，并按规定的份数抄送乡镇人大主席团。

第二十五条 【答复函标注】各承办单位要在答复函件右上角按以下要求标明办理情况：

（1）所提问题已经解决或基本解决的，标注“A”；

（2）所提问题正在解决或列入规划逐步解决的，标注“B”；

（3）所提问题因客观条件限制或其它原因需以后解决的，标注“C”；

（4）所提问题留作工作参考的，标注“D”。

第二十六条 【催办】经济法律管理部门要与承办部门保持密切联系，积极进行催办。各承办部门内部也要健全催办制度，按时完成办理和回复任务。

第二十七条 【审查】各承办部门的工作人员要逐件认真核查代表建议、委员提案原件内容，对办理的内容、文字进行审核和修改，完善答复意见；企业法律顾问要严格把好法规、政策关，单位负责人最后审定签发。

第四章 重点建议、提案的办理

第二十八条 【重点建议提案】本办法所称的重点建议是指省人大代表在人民代表大会期间或闭会期间提出的、经省人大常委会主任会议讨论确定交公司重点办理并由省人大常委会有关工作委员会重点督办的建议。

本办法所称的重点提案是指经省政协主席会议研究选定重点督办并交由公司重点办理的提案。

第二十九条 【重点建议提案催办】重点建议、重点提案办理工作实行公司主要领导牵头督办制度。

公司经济法律部收到办理通知后，提出牵头督办的主、会办单位，并呈报公司领导审定后转主、会办单位研究办理。

第三十条 【重点建议提案办理要求】重点建议、提案办理过程中，主办单位要加强协调，会办单位要积极配合，按照办理工作方案的安排，采取现场视察调研、深入走访沟通等切实有效措施抓好落实，并邀请建议人、提案人以及人大常委会、政协有关督办部门共同参与办理过程，听取他们的意见和建议，切实提高重点建议、提案的办理实效。

第三十一条 【重点建议提案的答复】省人大重点建议和省政协重点提案的答复，由主办单位牵头代拟办理答复意见，送公司经济法律部审核，报公司主要领导审定后，由经济法律部答复建议人或提案人。

第三十二条 【重点建议提案报告制度】市级重点建议和提案的办理实行报告制度，收到建议和提案时既向公司经济法律部报备。

第五章 总结检查

第三十三条 【办理情况“回头看”】承办单位对办理答复的建议、提案要实行“回头看”，及时跟踪检查所办理答复建议、提案的落实情况。对于答复中承诺解决但尚未解决的问题，要分析原因，尽快落实；对于纳入计划逐步落实的，要制订跟踪落实方案，明确办理时限，实行建档跟踪。落实后，再次向建议人、提案人进行反馈。

第三十四条 【沟通协调】承办单位应当加强对建议、提案办理工作的总结检查，及时发现、认真改进薄弱环节，不断提高办理工作的质量和水平；加强与人大和政协的联系沟通，保证办理工作的顺利进行。

第三十五条 【综合报告办理情况】承办单位完成本年度办理建议、提案的工作任务之后，应当认真总结办理工作，于当年 8 月 10 日前向公司报送办理工作总结报告。报告应包括本年度的办理情况、上年度列入跟踪落实计划的建议提案办理结果、本年度跟踪落实计划等内容。

第六章 考核与责任追究

第三十六条 【考核与责任追究】在办理建议、提案工作中有下列情形之一的，有关承办单位要限期改正；整改不符合要求或限期未整改的，纳入年度全面依法治企考核事项：

(一)没有明确分管领导，不落实具体承办部门和经办人员的；

(二)办理答复文件质量差，退回重办仍达不到要求，草率应付、马虎了事的；

(三)接办建议、提案后对交办单位确定的承办单位有异议，但又不按规定期限提出调整意见，自行转送其他部门或积压拖延，贻误工作的；

(四)接办建议、提案后无充分理由退回，经协调后仍推诿不办的；

(五)遗失建议、提案交办件的；

(六)不按规定期限办理答复又不及时说明理由的。

第七章　附　则

第三十七条　【解释权】本办法由国网四川省电力公司经济法律部负责解释。

第三十八条　【生效】本办法自印发之日起施行。

国网四川省电力公司
城市配网建设与改造项目管理办法

第一章　总　则

第一条　为加强国网四川省电力公司（以下简称“公司”）城市配网建设与改造项目（以下简称“配网项目”）的管理，明确职责划分，规范管理内容，强化检查考核，提高项目管理水平，依据“三集五大”体系建设和国家、行业有关基本建设程序及工程建设管理制度的规定，结合公司配网项目实际情况，特制定本办法。

第二条　本办法所称的配网项目，是指纳入省公司综合计划管理的从变电站10千伏开关柜至站外配电设施的新建或改造项目。

第三条　本办法适用于公司系统城市配网项目纳入综合计划管理的所有单位，其他单位参照执行。

第二章　职责与分工

第四条　省公司管理职责

1.发展策划部：负责配网项目规划及可研评审、批复；负责配网年度项目计划编制、下达和调整；负责ERP系统配网项目创建。

2.运维检修部：负责组织实施配网项目，并对项目实施过程进行监督、检查和考核；参与发展策划部组织的配网项目规划、可研方案审查和年度项目计划编制；负责督促协调配网项目工程结算和物资清算工作；负责按权限审批工程结算。

3.财务资产部：负责配网项目财务管理制度、标准、流程的制定；负责项目资金筹措；负债项目投资财务预算及现金流预算审核汇总和系统发布；负责督导项目会计核算和财务管理、协调竣工决算和转增资产、指导竣工决算报告编制工作；负责审批竣工决算和转增资产工作，并对决算转资的及时性、准确性、完整性进行考评；配合项目管理部门审批工程结算和物资清算。

4.物资部：负责配网项目物资的归口管理；负责配网项目物资、工程和服务类的采购管理；负责督促协调项目物资清算工作，配合项目管理部门审批工程结算和物资清算。

5.审计部：负责配网项目审计管理工作。

6.办公室：按照上级及公司档案管理的相关规定，负责对配网项目档案管理工作进行监督、检查、指导和考核；参与工程项目整体验收。

7.省公司经研院：负责对配网项目规划及可研的复核；负责对无评审能力的地市公司配网项目规划及可研的评审。

第五条　市公司管理职责

1.发展策划部：负责组织开展配网项目规划、可研编制和审查；参与配网项目初设方案及概算审查；负责配网项目年度计划及调整建议的编制上报；负责取得政府规划部门批复的线路通道路径协议，协调线路通道建设。

2.运维检修部：负责组织实施配网项目，对项目进度、安全、质量、技术、造价等全过程进行管理；负责配网项目工程结算和物资清算工作，负责按权限申报工程结算报告；对所属各单位配网项目实施情况进行监督、检查和考核；参与配网规划及可研审查；组织配网项目初设审查；参与编制配网项目年度建议计划；组织申报配网项目物资和非物资采购需求，参与非招标采购活动，根据招标结果组织签订非物资合同，并按照合同条款执行；负责配网项目实施过程中的属地协调工作。

3.财务资产部：负责本单位配网项目会计核算和财务管理工作；负责配网项目投资财务预算和月度现金流预算上报工作；负责审核支付依据是否充分、手续是否完整、审批流程是否合规；负责配网项目资金支付工作；负责配网项目暂估转资、竣工决算和转资等工作；参与配网项目可研、招投标及经济合同审查等相关工作；配合项目管理部门开展项目概算、预算、结算的审查。

4.物资供应中心：负责配网项目需求计划的收集审核，负责负责配网项目物资、工程和服务类供应服务工作，配合省公司做好废旧物资处置管理等工作；负责提报项目甲供物资采购和交付安装清册，配合项目管理部门与安装单位核实实际耗用量和剩余物资进行清算。

5. 审计部：负责本单位配网项目审计管理工作。

6. 办公室：负责贯彻执行上级及公司档案管理的相关规定，制定本单位配网项目档案工作方案、计划，督促所属各单位实施，并对实施情况进行监督、检查、指导和考核。

7. 市公司经研所：负责配网项目规划编制，可研、初设审查，承担配网项目相关技经工作。

第六条 县公司（检修分公司）管理职责

1. 参与配网项目规划、可研、初设审查；组织配网项目施工图及预算审查。

2. 根据配网项目建设计划，编制里程碑计划；负责配网项目进度、安全、质量、技术、造价管理。

3. 负责配网项目的开工报审资料审批，建设过程管理，组织项目验收，编制上报全口径结算报告，配合资产转固、项目审计。

4. 负责所辖区域配网项目的属地协调工作。

5. 负责本单位配网项目档案的接收保管及利用工作。

第三章 项日建设全过程管理

第七条 配网项目建设全过程管理分为项目前期、项目施工准备、项目施工与项目后期管理四个阶段。

1. 项目前期阶段：主要工作内容包括配网项目可研编制、审查、批复，配网项目计划编制及下达。

2. 项目施工准备阶段：主要工作内容包括配网项目管理策划，设计、物资、监理、施工招标采购，合同签订，初步设计，施工图设计，办理施工许可相关手续等。

3. 项目施工阶段：主要工作内容包括项目开工、土建（基础、电缆沟、埋管等）、安装（组塔及架线、设备安装、电缆敷设、电缆头制作安装等）、调试、验收、投运、工程移交等。

4. 项目后期管理阶段：主要工作内容包括项目结算、档案移交、竣工决算、资产转固、审计等。

第八条 配网项目必须贯彻落实国家法律法规，按照项目“五制”（项目法人责任制、资本金制、招投标制、工程监理制和合同管理制）要求，组织开展项目建设。

第四章 项目前期管理

第一节 项目可研管理

第九条 3 月—6 月，地市公司发展策划部负责组织开展本单位配电网项目的可研报告编制和审查工作，结合生产经营实际，论证配网项目建设必要性和实施方案。可研报告必须落实项目线路建设通道，确保项目可研内容完整、结论明确。将经济性与合规性评价纳入可研审查重要内容和重点工作，未通过评价的不予批复。

第十条 6 月 30 日前，地市公司发展策划部将复核确定的评审意见上报省公司发展策划部；8 月 30 日前，省公司发展策划部负责完成配电网项目的可研批复，作为下一年度综合计划编制的基础。

第十一条 配网项目在可研阶段，由地市公司发展策划部和县公司发展建设部分别完成市辖区和相应区县线路通道落实工作：

1. 新建或改造配电线路取得政府规划部门批复的纸质路径协议。

2. 根据公司与政府签订的战略合作协议，政府承诺投资建设的相关电缆通道（电缆隧道、电缆沟、排管等）需建设完成，并通过政府部门和地市（县）公司的共同验收。

第十二条 经省公司发展策划部批复的配网项目可研有效期限为 2 年，若 2 年内项目未纳入实施计划，需重新履行可研审批程序。

第二节 项目计划管理

第十三条 11 月 30 日前，省公司发展策划部完成预控配网项目计划下达及 ERP 系统项目创建，省公司财务资产部完成预算发布。

第十四条 次年 3 月 30 日前，省公司发展策划部完成年度配网项目综合计划下达及 ERP 系统项目创建，省公司财务资产部完成预算发布。

第十五条 各地市公司项目管理部门在项目计划下达后，及时开展施工准备，并按照综合计划执行。

第三节 项目计划调整管理

第十六条 配网项目年度计划和投资下达后，原则上不允许调整与变更，不得在项目建设过程中擅自调整可研批复配网项目建设规模及投资。

第十七条 发生以下情形，可对相应项目计划进行调整：

（一）因电网运行、环境条件等原因造成项目难以按计划实施。

（二）国家、地方、公司有关政策发生重大调整，需要实施或停止相关项目的实施。

（三）能够继续实施，但因客观原因需报公司进行项目调整、履行手续的，按以下条款执行：

1. 单项配网工程实际线路路径方案及长度与可研批复变化超过 10%，且变化量超过 1 公里。

2. 单项配网工程线路杆塔型号发生重大变化，变化数量占总数 20%及以上。

3. 导线型号发生重大变化（如裸线变绝缘线），变化长度占总长度 20%及以上。

4. 项目概算金额超过下达投资。

第十八条 项目计划调整程序

1. 年度计划调整由省公司统一组织，各市（县）公司按照综合计划调整工作要求和程序，提出调整建议报告逐级上报。经省公司审核批准的配网项目计划调整建议，通过综合计划调整一并下达，并重新批复可研。

2. 年度计划调整拟增加的项目，必须按照项目管理权限完成项目规划、可研审批流程，待省公司综合计划和预算调整时一并履行调整程序。

第五章 项目施工准备管理

第一节 项目初步设计（概算）管理

第十九条 配网项目初步设计文件应由有相应资质的设计单位编制，概算应由有相应资质的设计、咨询单位编制，编制人员加盖执证章。

第二十条 配网项目综合计划下达后，建设管理单位根据设计年度合同委托设计单位开展项目设计工作。项目设计一般按初步设计（含概算）和施工图设计（含预算）两个阶段进行，经过初步设计审查后，方能开展施工图设计工作。对投资规模较小，采用典型设计的不涉及基础、台架变化的单纯设备更换改造项目，可以直接进行施工图设计。

第二十一条 配网项目初步设计应符合可研批复的建设规模和技术标准，并严格执行《国家电网公司配电网工程典型设计》《国家电网公司 380/220 伏配电网工程典型设计》和相关技术导则的要求。

第二十二条 配网项目概算应以初步设计文件为基础，内容深度及格式应符合国家、行业和公司相关规定，并满足业主和有关管理部门要求，在做好现场调查、市场调研的基础上，合理确定工程造价。

第二十三条 配网项目初步设计应选用国网公司标准物料，以满足物资采购要求。

第二十四条 初步设计（概算）编制完成后 7 日内，地市公司经研所审核项目初步设计（概算），设计单位根据审核意见，在 3 日内完成初步设计文件（含概算）的修编，地市公司经研所根据修编后的设计文件，出具正式评审意见，并作好项目后续实施衔接及造价控制工作。

第二十五条 初步设计审查会议结束后 7 日内，地市公司运维检修部根据经研所提供的评审意见，出具批复文件。项目初设批复意见中建设规模及概算不得超过可研批复的项目建设规模和估算。

第二十六条 初步设计审查的基本内容：

1. 确定线路工程路径方案、气象条件、导地线型号、设备型号、绝缘配置、杆塔和基础等。

2. 确定项目主要工程量。

3. 审核项目概算投资。

4. 按照初步设计深度相关规定需完成的其他内容。

第二十七条 投资概算经审定后，作为考核控制工程造价的依据，原则上不予调整。

第二节 项目施工图设计（预算）管理

第二十八条 工程初步设计批复文件下达后 30 日内，设计单位完成施工图设计和预算编制，由项目建设管理单位组织审查，形成审查纪要。

第二十九条 配网项目施工图设计应规范设计内容，确保设计质量，深度应达到以下要求：

1. 架空配电线路设计施工图纸应包含设计总说明书、平面路径图、电气接线图、杆型装配图、金具组装图、特殊杆塔基础图、接地装置图、特殊工艺图和杆塔明细表、设备清单等。

2. 电缆配电线路设计施工图纸应包含设计总说明书、土建路径图（包含电缆标志设置点、电缆沟、管、井位置、电缆中间接头位置及编号）、电缆沟（管、井）的平断面图、设备基础图、接地装置图、电气接线图、特殊工艺图和电缆清册、设备清单等。电缆终端、中间头附件以及施工方式等有特殊要求的，应在设计说明书中加以描述。

3. 对涉及拆旧的工程，应在设计说明书中明确拆旧的范围，列出拆旧物资的清册，并将拆旧物资的拆除费用和运输到指定地点的费用列入工程预算。

第三十条 施工图设计必须严格执行初步设计确定的建设规模和建设标准。在建设工程实施阶段不得任意变更建设规模，提高建设标准，确需调整的，需报原审批单位同意后方可实施。

第三十一条 配网项目的预算编制应条理清楚，取费准确，计算完整，数据详实，工程预算执行《20 千伏及以下配网项目建设预算编制与计算标准》，预算不得超过批复概算投资。

第三节 项目物资管理

第三十二条 配网项目物资和非物资管理工作应严格执行《国家电网公司物资管理通用制度》，加强物资采购、储备和领用各环节的管理工作。

第三十三条 配网项目按照“协议库存采购、按需适时提报”的方式开展物资采购供应工作。

第三十四条 配网项目物资协议库存采购原则上每年安排两次。各地市公司要根据配网项目投资情况和历史数据，合理预测物资需求，申报协议库存物资预估需求计划。

第三十五条 在项目投资计划下达后2个月内，各单位应在ERP系统中完成项目物资需求计划提报，执行协议库存。各单位要严格选用协议库存范围物料，充分发挥协议库存效率，有效缩短采购周期。

第三十六条 地市公司物资供应中心负责物资催交催运工作、入出库手续办理、资金支付和物资结算等工作，及时做好物资采购供货单签订，合理安排物资供应计划，及时完成物资收货入库，保证项目建设需要。

第三十七条 配网项目物资的结算量应与施工图纸、ERP系统、现场实际使用情况相符，确保配网项目物资款按实际发生支付。所有剩余工程物资应在工程结算前先退库，用于其他工程项目利库使用。

第四节 项目非物资管理

第三十八条 非物资采购分为集中招标采购、框架和定点采购两种。

第三十九条 非物资框架和定点采购原则上每年安排一个采购批次。10月底前，各建设管理单位应根据公司要求，报送预下达及年度非物资框架和定点采购需求计划，公司物资部年底前完成年度非物资框架和定点采购工作。

第四十条 在项目投资计划下达后 2 个月内，各单位应在 ERP 系统中完成项目设计、施工、监理需求计划提报，执行框架及定点采购协议。框架和定点采购协议的工作流程按《国家电网公司零星工程与服务采购管理细则》执行。

第四十一条 根据《工程建设项目招标范围和规模标准规定》达到以下标准之一的资本性项目必须公开招标：

1. 施工单项合同估算价在200万元以上。
2. 勘察、设计、监理等服务的采购，单项合同估算价在50万元以上。

第四十二条 依法必须公开招标范围的设计、施工、监理等相关服务，由公司物资部统一组织招标活动，建设管理单位根据下达的中标结果在规定时间内完成合同签订。

第五节 项目合同管理

第四十三条 配网项目应实行合同管理制，严格执行《中华人民共和国合同法》《国家电网公司合同管理办法》《国家电网公司统一合同文本》的规定，有关技术条款应符合国家或行业的相关规定。

第四十四条 项目实施前，各建设管理单位应与相关单位签订设计、监理、施工等工程服务合同和设备材料采购供应合同。合同公平互利、条款清晰全面、权利与义务对等、任务与费用对应，甲供材料的领用、保管、安装、余料退库、清理结算、设备出库保管安装在合同中明确。

第四十五条 各建设管理单位应按照“统一归口、统一职责、统一流程、统一分类、统一文本、统一平台”的原则，加强对合同的签订审批和跟踪管理，合同签订前需完成经法系统流转，严禁签订线下合同。

第六章 项目施工管理

第一节 项目监理

第四十六条 配网项目执行工程监理制，建设监理实行施工监理，涵盖监理合同签订起至保修期结束止。

第四十七条 监理合同签订后 1 个月内，监理单位按要求编制监理规划，明确安全监理目标、措施、计划；编制安全监理工作方案，明确文件审查、安全检查签证、旁站和巡视等安全监理的工作范围、内容、程序和相关监理人员职责以及安全控制措施、要点和目标，并报项目建管单位审查。

第四十八条 监理的主要工作包括监理范围内的工程安全监理、质量控制、进度控制、造价控制、合同管理、信息管理、工程协调等。

第四十九条 因监理责任，没有全面履行监理合同，给工程造成损失时，建设管理单位可依据合同扣减监理费。对严重失职，造成重大质量安全事故，或由于监理把关不严造成投资流失时，追究监理单位及其负责人、责任人的相应责任。

第二节　项目进度管理

第五十条　进度管理应科学编制工程建设进度计划，开展进度计划全过程管理，采取有效的管理措施，实现工程依法开工、有序推进、均衡投产的总体控制目标。

第五十一条　配网项目开工前需满足以下要求：

1. 已完成项目的规划许可、可研批准等相关手续。

2. 线路通道协议已取得政府批复，政府投资的电缆通道已建设完成并验收合格。

3. 项目已列入公司年度综合计划。

4. 已完成设计、施工、监理招标，并与中标单位签订合同。

5. 已取得初步设计批复。

6. 施工图已完成审查，并完成现场复测。

7. 监理规划、安全监理工作方案、施工组织设计、进度计划、施工安全管理方案等开工资料已完成审批。

8. 取得相关政府部门的施工许可手续。

9. 施工人力和机械设备已进场，物资、材料供应满足连续施工的需要。

第五十二条　开工条件满足后，施工人员进场前，施工单位提交工程开工报审表，经监理项目部审查同意后，由项目建管单位审批。

第五十三条　工程开工前，监理、项目建管单位应根据合同签订的工期，结合工程规模、性质、气候条件、工艺要求、外部环境、设备供应等因素，审批施工单位的施工进度计划。

第五十四条　配网项目进度管理应充分考虑停电计划安排、工程组织实施、竣工验收消缺等各阶段所需的合理周期，满足电网安全运行的实际需要，确保项目计划工期可行、符合建设周期。配网项目合理建议工期：

1. 年度预下达的配网项目要配合第二年春检工作，在 6 月份前竣工并完成结算。

2. 年度综合计划下达的配网项目要配合当年秋检工作，在 12 月份前竣工并完成结算。

第五十五条　项目建设阶段关键路径的实际进度与目标计划发生偏离时，项目建管单位应组织参建单位分析原因，制定并落实纠偏措施。对于超过计划工期的建设项目，建设管理单位应加强警示督办。

第五十六条　项目建管单位应建立配网项目月度例会制度，通报配网项目实施情况，协调配网项目建设进度，切实解决项目建设中存在的问题，推动工程进度计划实施。

第三节　项目安全文明施工管理

第五十七条　配网项目应全面执行《中华人民共和国安全生产法》、国家电网公司《安全生产工作规定》，实行项目法人（建设单位）、设计、监理、施工共同管理施工现场安全健康与环境工作的原则，并各自承担由此规定所明确的安全责任制和相应工作范围内的安全健康与环境工作责任。

第五十八条　配网项目安全管理目标：

1. 不发生六级及以上人身事件。

2. 不发生因工程建设引起的六级及以上电网及设备事件。

3. 不发生六级及以上施工机械设备事件。

4. 不发生火灾事故。

5. 不发生环境污染事件。

6. 不发生负主要责任的一般交通事故。

7. 不发生基建信息安全事件。

8. 不发生对公司造成影响的安全稳定事件。

第五十九条　配网项目应努力创建“标准化、无违章、节约型、环保型”的安全文明施工工地，做到安全管理制度化、安全设施标准化、现场布置条理化、机料摆放定值化、作业行为规范化、环境影响最小化，营造安全文明施工良好氛围。

第四节　项目工程质量管理

第六十条　建设管理单位应严格执行《国家电网公司工程建设质量责任考核办法》，落实质量问责制。配网项目施工应严格执行《国家电网公司配电网检修施工工艺规范》，争创国家电网公司优质工程。

第六十一条　编制开工报告报审资料前，项目建管单位组织参建各方完成现场设计技术交底。

第六十二条　项目开工前，施工单位落实机械、物资材料、计量器具、特殊工种作业人员、施工方案等准备工作，将相关资质、检测报告等证明文件报监理单位审查，监理单位对开工应具备的条件审查合格后，签署开工报审意见，报项目建管单位批准。

第六十三条　项目开工前，项目建管单位对施工单位编制的施工方案和监理单位编制的监理规划中的质量保证措施的有效性和可行性进行审查，确保措施符合工程实际并具有可操作性。

第六十四条 项目施工阶段，施工单位必须严格按施工图纸、施工组织设计、作业指导书组织施工，全面实施标准作业程序，控制工序质量，监理做好现场监督检查工作，项目建管单位进行抽查。

第六十五条 项目施工阶段，各参建单位及时采集、整理现场数码照片，加强施工质量过程控制。

第六十六条 项目施工阶段，监理单位运用见证、旁站、巡视等质量控制手段，对工程施工质量进行检查、控制。

第六十七条 项目施工阶段，勘察设计单位应及时研究解决勘察设计问题，发生变更的应及时提交设计变更文件，履行设计变更审批手续，明确造成设计变更的原因和责任，在现场发现与设计不符合的质量问题应及时向监理和项目建管单位报告。

第六十八条 工程完工后，项目建管单位督促施工单位三级自检和监理初检，并组织竣工验收，验收发现的缺陷要求完成闭环整改，验收结果要形成验收报告。

第六十九条 设计、施工、监理等单位应按合同规定进行工程投产后的质量回访及保修工作。

第五节 项目设计变更和现场签证管理

第七十条 设计变更是指工程初步设计审查确定后至工程竣工投产期间内，因设计或非设计原因引起的对设计文件（包括初步设计文件和施工图设计文件）的改变。

1.设计原因是指设计单位的勘察设计深度、设计文件内容等设计质量的原因。

2.非设计原因是指工程建设环境、政策法规和标准规范发生变化，或施工、建设管理等单位要求改变的原因。

第七十一条 设计变更按照变更内容或金额大小分为重大设计变更和一般设计变更。

1.重大设计变更是指改变了初步设计批复的设计方案、主要设备选型、工程规模、建设标准等原则意见，或单项设计变更投资增减额超过 10 万元的设计变更。

2.一般设计变更是指除重大设计变更以外的设计变更。

第七十二条 现场签证是在施工过程中除设计变更外，其他涉及工程量增减、合同内容变更以及合同约定发承包双方需确认事项的签认证明。

第七十三条 现场签证按金额大小分为重大签证和一般签证。

1.重大签证是指单项签证投资增减额超过 5 万元的签证。

2.一般签证是指除重大签证以外的签证。

第七十四条 设计变更管理流程包括设计变更的提出、审核、批准、形成工程变更文件、实施和文件归档。

第七十五条 设计原因引起的设计变更由设计单位出具设计变更审批单。

第七十六条 非设计原因引起的设计变更由施工、监理或项目建管单位出具设计变更联系单，交设计单位出具设计变更审批单后进入审批流程。

第七十七条 现场签证由施工项目部提出并出具现场签证审批单。

第七十八条 设计变更与现场签证审批流程：

1.一般设计变更（签证）发生后，提出单位应及时通知相关单位，项目建管单位组织各参建单位 7 天内完成审批。

2.重大设计变更（签证）发生后，提出单位应及时通知相关单位，经项目建管单位审核上报省公司项目管理部门，由省公司项目管理部门组织相关单位 14 天内完成审批。

3.设计变更（签证）批准后，由监理项目部下发现场执行。

第七十九条 设计变更与现场签证应由设计、监理、施工、项目建管单位或项目法人依次签署确认。如果发生紧急情况，监理项目部认为将造成人员伤亡或危及项目法人权益时，监理项目部可直接发布处理指令，由此引起的设计变更与现场签证应按规定补办签署意见。

第八十条 设计变更文件应准确说明工程名称、变更原因、变更提出方、变更内容、变更量及变化金额，并附变更图纸和变更费用计算书等。

第八十一条 现场签证应详细说明工程名称、签证事项，并附相关施工措施方案、纪要或协议、支付凭证、照片、工程量及签证费用计算书等支撑性材料。

第八十二条 设计变更费用应根据变更内容对应概算或预算的计价原则编制，现场签证费用应按合同确定的原则编制。设计变更与现场签证费用应由设计单位技经人员签署意见并加盖造价专业资格执业章。

第八十三条 设计单位编制的竣工图应准确、完整地体现所有已实施的设计变更，符合归档要求。

第八十四条 项目建管单位应及时归档设计变更文件；引起费用变化的设计变更，经项目建管单位审批通过后作为工程结算的依据。

第八十五条 设计变更未按规定履行审批手续，不得实施，且其增加的费用不得纳入工程结算。

第八十六条 经批准的设计变更一般不得再次变更。

第六节 项目验收管理

第八十七条 配网项目应实行验收制度，验收分为阶段验收和竣工验收，根据工程实际情况，可以将阶段验收和竣工验收合并进行。

第八十八条 配网项目阶段验收是指工程项目在工程某一阶段结束后，下一阶段施工开始前进行的工程验收。

第八十九条 配网项目竣工验收是指工程全部竣工并经施工单位自检合格后进行的工程验收，包括功能、质量、实物资产验收。

第九十条 竣工验收需要具备的条件：

1.工程实体已按照合同约定完工，施工单位三级自检和消缺工作完成，监理初检完成。

2.施工资料齐全，含图纸资料、开工报审资料、施工技术记录（含隐蔽工程）、施工全过程数码照片、检测单位和供应商资质、产品出厂试验报告和合格证、检验（试验）报告、变更签证资料、专检报告等。

3.监理资料齐全，含开工报审资料、旁站记录、监理日志、初检报告等。

第九十一条 竣工验收由项目建管单位、资产运维单位和建设管理单位有关部门代表组成验收组，参照国家电网公司《配电网技改大修项目交接验收技术规范》进行，验收流程如下：

1.配网项目现场完工 3 日内，由施工单位完成三级自检，出具自检报告，向监理单位申请监理初检。

2.监理单位接到初检申请 2 日内，复核初检条件，合格后组织初检，对初检中发现的施工质量问题，指令施工单位整改消缺，设计、设备质量问题和缺陷由项目建管单位协调责任单位整改消缺，整改消缺完毕后监理单位应及时复查并签认，出具监理初检报告，并向项目建管单位申请竣工验收。

3.项目建管单位收到竣工验收申请 2 日内，复核验收条件，组织竣工验收工作，验收发现的缺陷由项目建管单位汇总，督促相关单位限期完成整改，复验合格后出具验收报告。

第九十二条 工程缺陷整改完毕并复验合格后，由资产运维单位负责办理新设备投运手续，并组织完成投运工作，项目管理部门完善竣工验收签证手续并出具竣工验收签证书。。

第七节 项目拆旧物资管理

第九十三条 经各地市公司实物资产管理部门组织技术鉴定，对拆除设备清单中的可再利用设备，转为生产备品备件。经鉴定报废设备应按照公司废旧物资处置管理有关规定统一处置。

第九十四条 工程竣工移交后，各地市公司应及时更新设备台账信息，与现场保持一致。

第七章 项目后期管理

第一节 项目结算管理

第九十五条 项目结算包括合同结算、无合同费用认证、甲供物资清理及结算等工作。合同结算包括合同金额和设计变更、现场签证费用，无合同费用是服务于本工程建设管理发生的报销或摊销费用，甲供物资清算是项目管理部门和物资管理部门对甲供材料的核对清理，并出具采购物资或出库领用物资清册、经监理签证的施工安装物资清册、量差和价差核对表。

第九十六条 工程竣工验收后 10 日内，施工单位完成结算资料编制并提交项目管理部门，施工结算文件中应包含申请结算的全部费用及相关依据，结算文件应加盖造价执业专用章和单位公章，变更和签证必须手续齐全，未经审批的费用不得纳入项目结算。

第九十七条 工程竣工验收后 10 日内，物资管理部门向项目管理部门提供设备材料台账、采购合同等物资采购费用结算基础资料。

第九十八条 工程竣工验收后 30 日内，项目建管单位负责完成工程全口径结算资料的办理，包括甲供物资清算表。

第九十九条 配网项目竣工投产后不宜留有未完工程。确有未完工程时，应附相关依据文件，并经建设管理单位审查同意。未完工程概算不宜超过总概算的 5%。未完工程应在竣工决算报告完成后 3 个月内建设实施完毕。

第一百条 工程结算应控制在批准概预算相关费用投资内，确有特殊原因工程结算突破批准概算的，由原初设审批单位审查后批复调整概算，并报省公司项目管理部门备案。

第一百零一条 结算资料移交财务部门，在发票提交项目尾款付清后由财务部门负责在 3 日内完成ERP项目技术性关闭。

第二节 项目竣工决算管理

第一百零二条 工程竣工决算执行《国家电网公司工程竣工决算报告编制办法》。

第一百零三条 工程暂估转资执行《国家电网公司工程全过程财务管理办法》。

第一百零四条 各建设管理单位应在项目竣工后及时转增资产，竣工决算报告编制完成后按分级审核审批规定报批。

第一百零五条 根据竣工决算资产移交明细表，按《国家电网公司固定资产目录》和全寿命周期管理要求建立固定资产ERP系统卡片。

第三节 项目档案管理

第一百零六条 严格按照国家电网公司“谁主管、谁负责，谁形成、谁归档”的基本要求，切实做好项目文件材料的形成、积累、整理、归档工作，确保项目档案的完整、准确、系统。

第一百零七条 各配网项目建设单位的主管部门，负责配网项目文件材料归档的牵头管理和组织协调；负责将项目文件材料归档管理纳入配网项目管理体系并在工程管理过程中抓好落实；负责督导工程建设各阶段管理文件材料的收集、整理、归档工作。

第一百零八条 配网项目档案的归档范围：

1.配网项目的综合性文件，包括计划、报告、请示、批复、会议纪要、合同、协议、招投标文件、工程整体验收报告、审计报告等。

2.工程建设过程文件资料，包括工程设计文件，开、竣工报告，施工合同、预算及旧料回收清册，安装及试验记录，竣工图纸，设备材料合格证及试验报告，工程结算与决算等。

第一百零九条 各配网项目建设单位的发展、财务、基建、物资、审计等相关部门负责职责范围内相关文件材料的收集、整理和移交工作。

第一百一十条 勘察、设计单位负责各阶段设计文件、竣工图的移交归档工作。

第一百一十一条 施工单位负责完成职责范围或合同规定的工程文件和设备开箱文件的收集、整理、移交、归档工作，负责向设计单位提供变更设计文件作为设计单位编制竣工图的依据。

第一百一十二条 监理单位负责完成职责范围或合同规定的监理文件材料的移交归档工作。

第一百一十三条 项目建管单位的主管部门负责完成竣工验收资料的移交归档工作。

第一百一十四条 配网项目竣工验收后，项目文件材料应在30日内完成向档案部门的检查移交。

第一百一十五条 各参建单位在移交纸质档案的同时，还应移交全套电子文件。

第四节 项目审计管理

第一百一十六条 配网项目审计实行归口管理，分级负责。公司负责单项工程投资1000万元及以上项目审计，各地市供电公司负责本单位范围内单项工程投资1000万元以下项目的审计。

第一百一十七条 各项目建管单位应及时将本单位配网项目年度计划、初设概算、施工图预算、实际投资完成情况等相关资料抄送本单位审计部门。

第一百一十八条 在审计实施中，配网项目建设管理、设计、施工、监理、物资采购等单位应按规定及时提供配网项目审计所必须的资料，并对所提供资料的真实性和完整性负责。

第一百一十九条 对配网项目审计中发现的问题，按照《国家电网公司工程项目审计办法》规定的处理原则执行。

第八章 项目检查与考核

第一百二十条 按照《招标投标法》《工程质量管理条例》《国家电网公司招标活动监督管理办法》，重点对以下几个方面进行检查及考核：

1. 是否严格遵守工程管理制度，实行项目法人责任制、招投标制、工程监理制、合同管理制。

2.设计、施工、监理及主要设备材料是否按规定进行招标，招投标程序及其结果是否合规。

3.概预算是否严格执行审批制度，有无截留、挪用、挤占和骗取建设与改造资金的行为。

4. 工程承发包是否合规、有效，是否存在转包和违规分包行为。

5.项目安全管理责任是否明确，人员、措施是否到位。是否严格执行建设程序，把好建设质量关。

6、是否严格执行物资领用计划，对工程剩余物资是否如数及时入库，是否及时进行物资结算，是否实行物资领用责任追究制。

7. 是否按规定将所有项目纳入审计范围进行审计监督，对审计决定是否进行了认真整改。

8.项目建设资料是否按规定进行归档，做到齐全、完整、准确、系统。

第一百二十一条 对配网项目的安全、进度、质量进行不定期的检查和通报，并将项目完成情况纳入同业对标或企业负责人业绩考核。

第一百二十二条 项目审批后，无论因何原因致使项目取消或致使项目投资超计划资金的，对建管单位进行考核。

第一百二十三条 一年内发生 2 次以上重大设计变更（签证）的，按照原因对建管单位和设计单位进行考核。

第九章 附 则

第一百二十四条 本办法自发布之日起实行，原《四川省电力公司配网建设与改造项目管理办法（试行）》废止。

第一百二十五条 本办法由国网四川省电力公司运维检修部负责解释。

国网四川省电力公司
对标管理考核办法

第一章 总 则

第一条 为充分发挥对标管理的抓手作用、导向作用和激励作用，建立有效的对标激励、约束和过程管控机制，促进公司对标指标不断改善，推动公司管理水平持续提升，结合公司实际情况，制定本考核办法。

第二条 本办法适用于公司本部部门、地市供电公司以及直属单位。

第二章 职责分工

第二条 公司成立对标领导小组，承担以下职责：

（一）审定《国网四川省电力公司对标管理考核办法》。

（二）审定公司对标目标规划和年度对标目标。

（三）审定公司年度对标指标体系。

（四）审定公司专业部门和基层单位对标考核结果。

第三条 国家电网公司企业管理协会四川公司分会是公司对标管理归口部门，承担以下职责：

（一）贯彻落实公司对标工作的决策和部署，组织制修订对标管理考核办法，编制公司对标目标规划和年度对标目标。

（二）组织专业部门和基层单位开展对标工作，编制公司对标指标体系，开展指标评价，统一发布评价结果。

（三）组织专业部门和基层单位统计报送对标指标，开展对标分析诊断，实施管理提升。

（四）组织开展对标考核，提出对标考核结果。

（五）组织开展内部典型经验的总结提炼和推广应用。

第四条 公司相关专业部门是对标工作的牵头部门，承担以下职责：

（一）负责本专业对标指标统计和审核，开展指标分析诊断，负责本专业指标提升和管理提升相关工作的落实。

（二）负责研究提出地市供电公司本专业对标指标，设定年度目标值，负责设定专业机构对标指标年度目标值。

（三）负责本专业内部对标典型经验的总结提炼和推广应用。

第五条 人事董事部负责本部部门对标考核结果的兑现；人力资源部负责地市供电公司、直属单位对标考核结果的兑现。

第三章 本部部门考核

第六条 季度预警指标发布

按照国网公司内部对标数据发布周期，公司每季度公布处于国网公司 C 段、D 段、E 段的指标及其牵头部门，其中，对处于 E 段的指标发布一级（红色）预警；对处于 D 段的指标发布二级（橙色）预警；对处于 C 段的指标发布三级（黄色）预警。

对红色预警指标，由部门主要负责人向公司主要领导说明情况；对橙色预警指标，由部门主要负责人向公司分管对标工作的领导说明情况。

第七条 部门考核

每半年对本部部门对标情况进行考核，实行上半年预考核、年度总考核的方式，考核结果与本部全员绩效考核挂钩。考核内容包括发布的对标指标表现情况、管理工作事项完成情况，计算公式如下：

部门半年度考核得分=指标表现得分+管理工作事项得分

（一）指标表现得分

满分为 12 分，包括部门牵头指标在国网总体排名得分、指标段位表现得分。计算公式如下：

指标表现得分=部门排名得分+指标段位得分

1.部门排名得分

依据每半年牵头部门在国网排名进行评分，满分为7分。按指标权重将部门分为三类，在1000分中占100分及以上的为第一类，50分及以上的为第二类，50分以下的为第三类。计分规则为：以专业排名目标为考核基础，第一类部门每前进一名加0.2分，每退后一名减0.2分，名次低于省公司排名目标，则每退后一名减0.5分；第二类部门每前进一名加0.15分，每退后一名减0.15分，名次低于省公司排名目标，则每退后一名减0.5分；第三类部门每前进一名加0.1分，每退后一名减0.1分，名次低于省公司排名目标，则每退后一名减0.5分。将分值标幺到7～4分区间。专业排名进入国网公司前5名，只加分不减分。

2.指标段位得分

依据部门牵头指标在国网所处段位进行评分，满分为5分，计算公式如下：

指标段位得分=Σ（发布的指标权重×指标段位得分系数）×5/Σ发布指标权重

其中，指标段位得分系数按照以下标准确定：

指标段位	A	B	C	D	E
得分系数	1	3/4	1/2	1/4	0

对于因受公司发展需要等重大因素影响的指标，由指标牵头部门说明原因并经对标分析会裁定后，该指标不纳入考核。

对未发布指标的牵头部门，其指标表现得分取其他牵头部门得分的平均值。

非牵头部门得分=Σ牵头部门指标表现得分/牵头部门数量。

（二）管理工作事项得分

满分为3分。对标管理归口部门从“组织保障”、“过程管理”、“典型经验申报与评审”三个维度，对专业部门进行考核。对未完成事项进行累进式扣分，扣完为止。本部部门对标管理工作事项考核评分细则见附件。

第八条 年度奖励加分

根据公司年度对标表现对以下情况给予部门奖励加分：

公司获得国网公司综合标杆，对排名前7名的指标牵头部门加2分；获得业绩标杆、管理标杆，对排名前7名的指标牵头部门加1分；获得专业标杆，所涉及指标牵头部门加0.8分。

公司获得区域综合标杆，对区域排名前3名的指标牵头部门加1分；获得区域业绩标杆、区域管理标杆，对区域排名前3名的指标牵头部门加0.8分；获得区域专业标杆，所涉及指标牵头部门加0.5分。

公司获得综合进步单位，对排名进步3名及以上的指标牵头部门加1分；获得业绩进步单位、管理进步单位，对排名进步3名及以上的指标牵头部门加0.8分。

牵头部门年底综合排名进入国网前5名，加0.8分，获得区域第1名，加0.5分。

以上各项加分累计不超过2分。

第九条 典型经验获选奖励

省公司部门编写提炼的典型经验被评选为国家电网公司典型经验成果，每项奖励6万元；获得国家电网公司专业推荐，每项奖励3万元。

地市供电公司、直属单位编写的典型经验被评选为国家电网公司典型经验成果，每项奖励省公司对口专业部门2万元；获得国家电网公司专业推荐，每项奖励省公司对口专业部门1万元。

第四章 地市供电公司考核

第十条 将地市公司对标表现纳入企业负责人业绩考核指标体系，在业绩考核中的分值为5分，采取年度评价考核的方式。地市供电公司综合对标排名作为公司年度综合类表彰奖励的重要依据。

第十一条 考核内容及计分办法

对地市供电公司的考核内容包括指标目标值完成情况、排名情况、标杆以及典型经验获选等情况。成都公司还包括在国网系统大型供电企业的对标表现。

（一）指标目标值完成情况得分

将各地市供电公司对标指标数据，逐一与省公司专业部门设置的年度指标目标值进行对比，得到各指标基分：当指标实际值达到目标值时，基分为1分；当实际值低于目标值时，基分为0分。各地市供电公司目标值完成情况得分=2×（Σ（指标基分×指标权重）/Σ指标权重）。

（二）排名得分

各地市供电公司排名得分由综合基础排名得分、业绩基础排名得分、以及管理基础排名得分三项加总。

1.综合基础排名得分

以地市供电公司最近三年的综合排名、按0.5、0.3和0.2的权重，测算出综合基础排名，出现排名相同的情况，以上年度排名为准，以此类推。该项得分是采用地市供电公司当年综合排名情况与综合基础排名进行对比，每前进 1 名加 0.1 分，每退后 1 名减 0.1 分。将分值标幺到 1～0 分区间。

2.业绩基础排名得分

以地市供电公司最近三年的业绩排名、按 0.5、0.3 和 0.2 的权重，测算出业绩基础排名，出现排名相同的情况，以上年度排名为准，以此类推。该项得分是采用地市供电公司当年业绩排名情况与业绩基础排名进行对比，每前进 1 名加 0.05 分，每退后 1 名减 0.05 分。将分值标幺到 0.25～0 分区间。

3.管理基础排名得分

以地市供电公司最近三年的管理排名、按 0.5、0.3 和 0.2 的权重，测算出管理基础排名，出现排名相同的情况，以上年度排名为准，以此类推。该项得分是采用地市供电公司当年管理排名情况与管理基础排名进行对比，每前进 1 名加 0.05 分，每退后 1 名减 0.05 分。将分值标幺到 0.25～0 分区间。

（三）标杆得分

获得综合标杆第一名加 0.5 分，第二名加 0.4 分，第三名至第五名依次递减 0.05 分；业绩标杆和管理标杆的第一名加 0.3 分，第二名加 0.24 分，第三名至第五名依次递减 0.03 分；专业标杆第一名加 0.05 分，第二名加 0.04 分，第三名至五名依次递减 0.005 分。

（四）典型经验得分

入选国网公司典型经验，每项 0.05 分；获得国网公司典型经验专业推荐，每项 0.02 分；入选省公司典型经验，每项 0.005 分。

标杆得分与典型经验得分合计不超过 1.5 分。

（五）成都公司参与国网大型供电企业对标表现得分

获得业绩标杆加 1 分；获得业绩进步单位加 0.5 分。

以设置的年度排名目标为基础，每前进 1 名加 0.1 分，每退后 1 名减 0.1 分，累计加减不超过 1 分。

成都公司参与大型供电企业对标表现得分累计加分不超过 1 分。

第十二条 考核评价方法

根据省公司对标指标体系，对地市供电公司年度对标数据采取统计学方法进行数据分析描述，按照数据分布特点，分别采用正态分布和四分位数等方法，确定各单位单项指标评价得分，并按指标权重汇总后得到各单位专业指标评价和综合指标评价得分及排名结果。

地市供电公司标杆单位评选分为“专业标杆”，“业绩标杆”，“管理标杆”，“综合标杆”。

“专业标杆”是“管理对标”板块各专业评价结果得分前五名的单位。其评选范围是《地市供电公司内部对标指标体系》中“安全管理”“人力管理”“财力管理”“物力管理”“规划管理”“建设管理”“运行管理”“检修管理”“营销管理”和“配套保障管理”等十个板块。专业标杆不设并列单位，出现得分相同的情况，由专业部门进行排序。

“业绩标杆”和“管理标杆”分别是“业绩对标”和“管理对标”板块综合得分前五名的单位。

“综合标杆”是按权重汇总“业绩对标”和“管理对标”评价得分前五名的单位。

在标杆单位的确定中，对于发生“省公司级单位”安全目标规定的事故（事件）、公司认定的造成重大影响的安全问题和供电服务事件的单位，取消其评选综合标杆、业绩标杆、管理标杆及相应专业标杆的资格。对于发生党风廉政建设重大事件，党风廉政建设责任制考核不合格的单位，取消其评选综合标杆、管理标杆的资格。

第五章 直属单位考核

第十三条 将直属单位的对标表现纳入企业负责人业绩考核指标体系，在业绩考核中的分值为 5 分，采取年度评价考核的方式。专业机构综合对标排名作为公司年度综合类表彰奖励的重要依据。

第十四条 考核内容及计分方法

专业机构年度考核内容包括指标目标值完成情况、综合排名情况、标杆奖励以及典型经验获选情况。

（一）指标目标值完成情况

将专业机构对标指标数据，逐一与省公司专业部门设置的年度指标目标值进行对比，得到各指标基分：当指标实际值达到目标值时，基分为 1 分；当实际值低于目标值时，基分为 0 分。各专业机构目标值完成情况得分=2×（Σ（指标基分×指标权重）/Σ指标权重）。

对于 D 段和 E 段指标，指标牵头单位可对配合单位提出考核意见，若配合单位有疑议，经对标分析会裁定，配合单位承担考核责任后，减轻对指标牵头单位的考核。

（二）综合排名得分

该项基分为 1 分，将专业机构年度排名与年度目标排名进行对比，每前进 1 名加 0.2 分，每退后 1 名减 0.2 分，累计加减不超过 1 分。综合排名进入国网公司前 5 名的单位只加分不减分。

（三）标杆得分

获得国网公司专业机构标杆单位加 1 分，区域标杆单位加 0.5 分，以上累计加分不超过 1 分。对于发生“省公司级单位”安全目标规定的事故（事件），公司认定的造成重大影响的安全问题、供电服务事件，以及发生党风廉政建设重大事件、党风廉政建设责任制考核不合格的单位，该项不得分。

（四）典型经验得分

直属单位入选国网公司典型经验，每项 0.05 分；获得国网公司典型经验专业推荐，每项 0.02 分；入选省公司典型经验，每项 0.005 分。

标杆得分与典型经验得分合计不超过 1 分。

未参与国网公司专业机构对标的其他直属单位得分取专业机构指标目标值完成情况及综合排名得分之和的平均值。

第六章 附 则

第十五条 为强化责任落实，提高管理水平，各单位可根据本办法制定相应实施细则。

第十六条 本办法由国网企协四川分会负责解释。

本办法从发文之日起实施，《国网四川省电力公司对标管理考核办法》同时废止。

国网四川省电力公司
集体企业重大决策管理办法

第一章 总 则

第一条 为进一步加强和规范四川省电力公司（以下简称“公司”）集体企业管理，规范决策行为，提高决策水平，防范决策风险、促进集体企业科学发展，特制定本办法。

第二条 本办法适用于公司集体所有制企业及其投资的全资公司（以下简称“集体企业”）。

第三条 重大决策应坚持集体决策、科学决策、民主决策、依法决策的原则。

第二章 重大决策事项的范围

第四条 集体企业重大决策事项，是指依照《中华人民共和国公司法》等有关法律法规和公司相关规定，涉及企业经营发展重大措施、重要人事任免、重大项目安排和大额度资金运作等事项。

第五条 按照现代公司制企业法人治理要求，健全集体企业经营平台（以下简称“平台企业”）的股东会、董事会、监事会和高级管理层，按管理职权对集体企业重大决策事项进行决策。

第六条 平台企业股东会由全体股东组成，一人股东平台企业不设股东会。股东会决议经主办单位总经理办公会或党委（党组）会决策审批后，以股东会名义下发。

第七条 股东会是平台企业的权力机构，职权范围内的事项由董事会或监事会提请股东会决议。股东会主要负责：

1. 选聘和更换非职工代表担任的董事、监事，决定董事、监事的报酬事项；
2. 按程序委派和更换董事长、副董事长，提名监事会主席候选人；
3. 审议批准董事会、监事会报告；
4. 审议批准平台企业年度财务预算方案、决算方案；
5. 决定平台企业的经营方针和投资计划；
6. 审议批准平台企业利润分配方案和弥补亏损方案；
7. 对平台企业增加或减少注册资本作出决议；
8. 对平台企业合并、分立、变更公司形式、解散和清算等事项作出决议；
9. 批复、修改平台企业章程；
10. 平台企业章程规定的其他职权。

第八条 平台企业董事会由内外部董事、独立董事和职工董事组成，人数 5～11 人，设董事长 1 人，可根据管理需要设副董事长。职工董事由职工代表大会或其他形式民主选举产生，其他董事由股东会选聘产生。董事会下设战略委员会、审计委员会、薪酬与考核委员会等专业委员会。各专业委员会成员由董事会成员根据其专业背景与特长分别担任，通过董事会选举产生。专业委员会职责与议事规则在平台企业章程中予以明确。

第九条 董事会是平台企业的经营决策机构，对股东会负责，职权范围内的事项由总经理组织提出议案并报请董事会审议决策。需专业委员会审议的应先提请专业委员会研究审议，形成意见后报请董事会审议决策。董事会主要负责：

1. 召集股东会会议，并提出股东会议题；
2. 向股东会报告工作；执行股东会决议；
3. 决定经营计划与投资方案；
4. 制订平台企业年度财务预算方案、决算方案；

5. 制订平台企业利润分配和弥补亏损方案；

6. 制订平台企业增加或减少注册资本的方案；

7. 制订平台企业合并、分立、变更公司形式、解散的方案；

8. 决定平台企业内部管理机构设置；

9. 决定聘任或解聘总经理及其报酬事项，并根据总经理提名决定聘任或解聘副总经理和其他高级管理人员及其报酬事项；

10. 签发平台企业内部管理制度；

11. 股东会授予和平台企业章程规定的其他职权。

第十条　平台企业监事会成员应包括股东代表和职工代表，股东代表由股东会选聘产生，职工代表由职工代表大会或其他形式民主选举产生；人数不少于 3 人，其中职工代表比例不低于三分之一。监事会设主席 1 人，由全体监事过半数选举产生。

第十一条　监事会是平台企业的经营监督机构，对股东会负责，监督董事会和高级管理层的经营活动。监事会主要负责：

1. 检查平台企业财务；

2. 对违反法律、平台企业章程或股东会决议的董事、高级管理人员提出罢免建议；

3. 当董事、高级管理人员的行为损害企业利益时，要求予以纠正；

4. 向股东会提出提案；

5. 股东会授予和平台企业章程规定的其他职权；

6. 接受主办单位及其上级单位指导，代表主办单位及其上级单位对平台企业以下事项进行监督：对上级单位工作要求的贯彻落实情况；平台资产的保值增值情况；“三重一大”事项决策程序执行情况；平台企业与主业之间业务往来的依法合规情况等。

第十二条　平台企业高级管理层由总经理、副总经理、财务负责人及其他高级管理人员组成。高级管理层成员原则上为专职人员，董事长与总经理不能由一人兼任。

第十三条　高级管理层是平台企业日常经营的组织实施机构，对董事会负责，由总经理主持开展工作。总经理主要负责：

1. 主持日常生产经营管理工作，组织实施董事会决议；

2. 组织实施平台企业年度经营计划和投资方案；

3. 拟订平台企业内部管理机构设置方案和基本管理制度；

4. 向董事会提请聘任或解聘副总经理和其他高级管理人员，决定聘任或解聘除应由董事会决定聘任或解聘以外的管理人员；

5. 董事会授予和平台企业章程规定的其他职权。

第十四条　平台企业应按照有关规定，健全党、纪检监察、工会等组织。将党建工作总体要求纳入企业章程，确保在平台企业改革发展中党的建设同步谋划、党的组织及工作机构同步设置、党组织负责人及党务工作人员同步配备、党的工作同步开展，实现体制对接、机制对接、制度对接和工作对接。建立健全职代会或职工大会制度，将关系企业改革发展稳定、关系职工切身利益的重大事项，全部纳入职代会审议范围，切实维护职工合法权益。

第十五条　党组织负责人、纪检负责人和工会负责人享受平台企业高级管理层相应级别成员的政治和经济待遇。党组织负责人由上级党组织推荐、党员大会选举产生，书记、副书记报上级党组织批准，书记可由董事长兼任。对于“三重一大”等需党委（党组）会议研究决定的事项，按规定程序召开党委（党组）会议决策。

第三章　重大决策事项的决策程序

第十六条　决策准备

1. 重大决策事项提交股东会、董事会、监事会决策前应当认真调查研究，经过必要的研究论证程序，充分吸收各方面意见。相关事项按照本公司相关规章制度执行。

2. 重大决策事项应当由办公室或有关职能部门提前告知所有参与决策人员，并为所有参与决策人员提供相关材料。必要时可事先听取反馈意见。

3. 重大投资和工程建设项目应当事先由职能部门组织有关专家讨论，充分听取各方意见。

4. 重要人事任免要认真调查考核，并事先征求纪检监察部门的意见。

5. 大额度资金运作事项应事先由财务部门进行论证和风险评估，严格按照集体企业资金管理办法执行。

6. 研究决定企业改制以及经营管理方面的重大问题、涉及职工切身利益的重大事项、制定重要的规章制度，应当通过多种形式认真听取职工代表或职工的意见、建议。

7. 按规定需经法律论证的决策事项应当经过法律部门论证。

第十七条　决策形成

1. 集体企业股东会、董事会、监事会决策应当以集中召开会议、全体决策成员分别会签确认和符合法律规定的其他形式，对职责权限内的重大决策事项作出集体决策。不得以个别征求意见等方式作出决策。

2.决策会议符合应到会人数的三分之二及以上方可召开。与会人员要充分讨论并分别发表意见，主要负责人应当最后发表结论性意见。会议决定多个事项时，应逐项研究决定。若存在严重分歧，一般应当推迟作出决定。

3.会议决定的事项、过程、参与人及其意见、结论等内容，应当完整、准确、详细记录。特别应对决策时发表不同意见的予以真实记录。对会议材料、记录、纪要等应妥善保存，形成完整的决策档案资料，并于下一年度的三月底前归档并永久保存。

4.需上报的决策结果，应上报有权单位审批，获批后方可组织实施。

5.紧急情况下由个人或少数人临时决定的，应及时知会股东会（或董事会、或监事会）其他成员。临时决定人应当对决策情况负责，并在事后按程序予以追认。

第十八条　决策执行

1. 股东会决议取得经主办单位总经理办公会或党委（党组）会的重大决策事项批复后，以股东会名义下发。集体企业应按照文件要求组织实施或重新决策并上报审议批准。

2.若决策获批，集体企业高级管理层按照分工组织实施。

各单位办公室为决策事项督办责任部门。单一部门承办工作的，按照业务分工确定承办部门；多个部门承办的，明确一个牵头承办部门，其他部门配合。

3.参与决策的个人对集体决策有不同意见，可以保留或者向上级反映，但在没有作出新的决策前，不得擅自变更或者拒绝执行。如遇特殊情况需对决策内容作重大调整，应当重新按规定履行决策程序。

4.重大决策应严格执行公司保密工作规定，加强保密管理，确保不发生失泄密事件。

第四章　监督审查和责任追究

第十九条　监事会不定期对集体企业重大决策情况进行监督检查。监督检查的重点是企业重大决策范围是否全面科学、决策程序是否严密、责任追究措施是否有效等。

第二十条　干部人事部门要将重大决策制度的执行情况作为集体企业“三会一层”成员的考察、考核重要内容以及任免的重要依据；审计部门将重大决策制度的执行情况作为经济责任审计的重要内容和经济责任履行情况审计评价的重要依据；纪检监察部门将重大决策制度的执行情况作为党风廉政建设责任制年度考核的重要内容。

第二十一条　重大决策制度执行情况，应当作为民主生活会、领导干部述职述廉、厂务公开的重要内容。

第二十二条　集体企业应逐步建立健全重大决策配套机制。决策过程中，与决策事项存在重大利益相关者应直接回避；决策作出后，应对决策内容及执行情况进行考核评价和评估；如遇特殊情况发现决策失误，应及时按照程序纠错改正。

第二十三条　对违反集体企业重大决策制度，凡属下列情形之一的，给国家、本公司造成重大经济损失或其他严重后果的要追究责任：

1.不执行或不正确执行党和国家政策法规进行决策的；

2.未经集体讨论决定而个人独断决策的；

3.不履行或不正确履行重大决策程序，不执行或擅自改变集体决定的；

4.未向领导集体提供真实情况而造成决策失误的；

5.决策后，发现可能造成损失，能够挽回而不采取措施纠正的。

第二十四条　责任追究要依据集体和个人的职责范围，确定集体责任或个人责任；明确直接责任、主要领导责任或重要领导责任。属于集体决策行为，造成企业资产损失的，追究在集体决策中起决定作用的领导责任。

第二十五条　对给国家、企业造成重大经济损失或其他严重后果的责任主体视情况给予经济处罚、组织处理或纪律处分。对于违反决策制度获取的不正当经济利益或给企业造成经济损失的，应当责令清退或承担经济赔偿责任，涉嫌犯罪的，移送司法机关追究刑事责任。

第五章　附　则

第二十六条　本办法适用于公司各集体企业。

第二十七条　集体所有制企业投资的控股公司重大决策事项参照本办法执行，并依照《公司法》履行决策程序。

第二十八条　本办法由公司经济法律部（体改办）负责解释。

第二十九条 本办法自发布之日起实施。公司原相关规定与本办法不一致的，以本办法为准。

国网四川省电力公司
领导干部任前公示制实施办法

第一章 总 则

第一条 为进一步规范、完善国网四川省电力公司（以下简称“公司”）领导干部任前公示制，不断提高选人用人公信度，根据《党政领导干部选拔任用工作条例》、中共国家电网公司党组《关于完善干部任前公示制的意见》《国网四川省电力公司领导干部管理办法》等规定，结合公司实际，制定本办法。

第二条 本办法适用于拟提拔担任公司管理的正、副处级职务的领导干部。

第三条 领导干部任前公示，应坚持党管干部原则、民主公开原则、实事求是原则、客观公正原则。

第二章 公示对象、内容、时间、范围和方式

第四条 经公司党委研究确定，提拔担任公司系统正、副处级领导职务的拟任人选，应列为公示对象。其他管理岗位的拟任人选，可结合实际进行公示。

第五条 公示内容一般包括公示对象的姓名、性别、民族、籍贯、出生年月、学历学位、政治面貌、职称、现任职务等情况。涉及破格提拔的，应公示破格的具体情形和理由。

第六条 为有利于群众反映意见，同时有利于提高工作效率，公示时间不少于5个工作日。

第七条 公示原则上在公司系统内进行。

第八条 公示一般采取在公司内部网站发布公示信息或张榜公告等方式进行。

第三章 公示程序

第九条 干部任前公示程序为：

（一）公司党委研究确定拟提任人选后，由人事董事部组织进行公示；

（二）以公司人事董事部为主受理群众的反映和意见；

（三）调查核实群众反映的问题；

（四）人事董事部根据调查核实情况提出处理意见，公司党委研究决定是否实施对干部的任用。

第四章 公示的调查核实

第十条 涉及公示对象的来信、来电、来访工作，由公司人事董事部负责受理。公示期间，人事董事部设立专门电话和信箱，指定专人负责接待群众来访。人事董事部办公地点、联系电话及传真等联系方式在公示内容中公布。

第十一条 对单位举报并加盖单位公章或个人举报签署真实姓名或当面反映情况的，必须认真调查核实。对匿名反映内容具体、线索清楚的，要列入调查范围，认真核实。

第十二条 公司人事董事部会同监察部等有关部门，对群众反映的问题进行调查核实。

第十三条 调查核实工作要深入细致，讲究方法，在保证查清问题的前提下，既要注意保护反映情况的群众，又要注意保护干部。

第十四条 调查核实工作要严格遵守组织纪律，对调查工作不负责任、走过场或造成泄密事件的，要追究相关人员的直接责任。

第十五条 公示对象要以有则改之、无则加勉的态度正确对待群众意见，自觉接受群众监督。对反映问题和情况的群众进行打击报复的，应视情节轻重，对有关责任人严肃处理。

第十六条 干部群众要以认真负责、实事求是的态度对待公示对象，正确行使监督权。反对诬告和无理纠缠，对故意诬告陷害公示对象的，应视情节轻重，对有关责任人严肃处理。

第十七条 要坚持实事求是、客观公正的原则，对调查核实结果按不同情况进行处理：

（一）调查核实反映问题不存在或不影响提拔任用的，予以任用；

（二）反映问题性质比较严重，一时难以查实但又不能轻易否定的，暂缓任用；

（三）存在严重问题的，经公司党委复议后，不予任用，其中属于违纪违法的，按照有关规定处理。

第五章 附 则

第十八条 领导干部任前公示制度要与贯彻干部选拔任用四项监督制度结合起来，使各项制度衔接配套，产生整体效应。

第十九条 各单位应参照本办法，按照干部管理权限，结合自身实际，制定本单位的干部任前公

示制度。

第二十条　本办法由公司人事董事部负责解释。

第二十一条　本办法自发布之日起施行，原《中共四川省电力公司委员会关于领导干部任前公示制的实施办法》同时废止。

国网四川省电力公司企业负责人年度业绩考核管理办法

第一章　总　则

第一条　为进一步健全国网四川省电力公司（以下简称“公司”）科学高效的激励约束机制，充分调动企业负责人的积极性，全面深化“两个转变”，努力创建“两个一流”，建设“一强三优”现代公司，根据《国家电网公司企业负责人年度业绩考核管理办法》有关规定和要求，结合公司实际，制定本办法。

第二条　企业负责人年度业绩考核是公司依据国家有关法律、法规和政策规定，以及国家电网公司有关要求，对所属企业负责人进行管理，并强化其责任意识、约束其经营行为、评价其经营成果的管理方式。

第三条　企业负责人年度业绩考核工作应遵循以下原则：

（一）战略引领、明确导向。以公司发展战略为引领，以公司年度重点工作和各单位核心业务为考核重点，引导各单位围绕公司中心工作，确保各单位工作目标与公司发展战略协调一致。

（二）科学量化、分类考核。根据公司所属企业类型、业务范围和经营特点等因素，将各单位划分为供电企业、成本性直属单位（科研教培、专业公司）、非成本性直属单位（产业公司）、控股及集体企业四大类，实施分类考核，科学设置和量化业绩考核指标，提高业绩考核工作的导向性、针对性和实效性。

（三）过程管控、深化应用。健全业绩考核的过程管控机制，做好指标动态监控、跟踪分析及过程考核工作。对企业负责人年度业绩考核结果进行排序，并将排序结果与企业年度工资总额及企业负责人年薪挂钩，不断完善科学合理的激励约束机制。

第四条　企业负责人年度业绩考核采取公司主要负责人与各单位主要负责人签订《企业负责人年度业绩考核责任书》，并采取月度看板跟踪、季度分析考核、年度考核结算的方式进行。

第五条　本办法适用于公司所属各分公司、全资子公司、控股公司和省公司层面集体企业。上市公司参照执行。

第六条　本办法所指企业负责人是指公司所属单位领导班子成员。

第二章　职责分工

第七条　公司绩效管理委员会负责审核考核办法、考核指标、考核目标值、考核结果，指导开展考核工作。业绩考核有关事项经公司绩效管理委员会审核后，提交公司总经理办公会审议批准。

第八条　公司绩效管理委员会办公室负责业绩考核的日常管理工作，拟订业绩考核管理办法，组织签订年度业绩考核责任书，协调考核责任部门开展考核工作，监督考核执行情况，汇总审核考核指标、考核目标值和考核意见，提出考核兑现建议方案，指导各单位开展业绩考核工作。

第九条　公司本部考核责任部门按照职责分工开展考核工作，主要负责研究确定本专业的业绩考核指标，制定考核评价标准，提出考核目标建议值，分析监控指标完成情况，会同相关考核配合部门提出考核意见，报公司绩效管理委员会办公室。

（一）财务资产部是经济效益指标考核的责任部门，主要负责对应经济效益指标的目标分解、日常管理和考核工作。

（二）发展策划部、财务资产部、运维检修部、安全监察质量部（保卫部）、营销部、建设部、农电工作部、四川电力调度控制中心、经济法律部（产业部）、人力资源部（社保中心）、物资部（招投标管理中心）和科技信通部（智能电网办公室）等部门是内部运营指标考核的责任部门，主要负责对应内部运营指标的目标分解、日常管理和考核工作。

（三）安全监察质量部（保卫部）、营销部是客户服务指标考核的责任部门，主要负责对应客户服务指标的目标分解、日常管理和考核工作。

（四）人力资源部（社保中心）、科技信通部（智能电网办公室）是创新成长指标考核的责任部门，主要负责对应创新成长指标的目标分解、日常管理和考核工作。

（五）安全监察质量部（保卫部）、办公室、监察部（纪委办公室）、审计部、财务资产部、经济法律部（产业部）、企协、营销部、思想政治工作部（直属党委办公室）、工会、对外联络部（新闻中心）、科技信通部（智能电网办公室）、后勤工作部等部门是减项指标考核的责任部门，主要负责减项指标的目标分解、日常管理和考核工作。

（六）企协是对标评价的责任部门，主要负责组织开展对标评价工作，提出对标评价结果。

（七）公司本部各部门负责对各单位对口专业的工作开展进行专业指导，对工作质效进行专业评价。

（八）关键业绩指标和减项指标的配合考核部门见附件 1、2。

第三章　考核内容

第十条　企业负责人业绩考核重点：

（一）供电企业重点考核价值创造能力、电网发展能力、安全供电水平、供电服务质量等；

（二）科研教培重点考核为公司和电网发展提供可持续的科研支撑、技术服务和智力支持，以及人才队伍建设和教育培训服务能力等；

（三）专业公司重点考核为电网核心业务提供服务、保障和支撑的能力等；

（四）产业公司重点考核价值创造能力、企业盈利能力、市场竞争能力以及风险防范能力等；

（五）控股公司重点考核价值创造能力、资金运行效率、内部运作规范等；

（六）集体企业重点考核价值创造能力、资金运行效率、运营监管体系建设及增强可持续发展能力等。

第十一条　企业负责人年度业绩考核内容包括关键业绩指标（其中：供电企业标准分 100 分，最高加至 120 分；科研教培和专业公司满分 100 分；产业公司、控股和集体企业标准分 100 分，最高加至 110 分）、减项指标（最高减 30 分）和综合评价（±20 分，其中：专业评价±10 分、领导评价±5 分、对标评价±5 分）三部分。

第十二条　关键业绩指标是对公司发展战略、年度重点工作和国家电网公司考核公司指标的细化和分解，重点反映企业年度综合经营业绩成果。关键业绩指标分为经营效益指标、内部运营指标、客户服务指标和创新成长指标四类。具体指标见附件 1。

关键业绩指标实行百分制考核，完成目标值得 100 分，未完成按照考核评价标准进行减分。对于供电企业，超额完成目标值按照考核评价标准进行加分，最高加至 120 分。对于产业公司、控股和集体企业，超额完成经营效益指标目标值按照考核评价标准进行加分，最高加至 110 分。关键业绩指标评价标准见附件 3。

其中，对供电企业建立“三元比较、分层激励”的机制。“三元比较”即“与目标比、与历史比、与标杆比”，全面体现效益增长、短板提升和主观努力的激励导向。“分层激励”即综合考虑各单位所处的经济社会环境和企业发展阶段差异，主要选取利润总额和售电量两个指标，将各供电企业划分方阵，对历史、标杆比较维度的权重配比进行差异化设置，相对发达企业重在“追求卓越”，加大“与标杆比”的权重，欠发达企业重在“努力超越”，加大“与历史比”的权重，通过实施分层激励，体现业绩考核的机会公平。

第十三条　减项指标是对各单位安全生产、反腐倡廉、队伍稳定、依法治企、优质服务、党建工作与民主管理、品牌建设、科技创新与信息通信等方面，以减分方式进行考核。每发生一件（起），按相应减分标准减分，减分累计计算，原则上减分累计不超过 30 分。减项指标及评价标准见附件 2。

第十四条　综合评价包括专业评价（±10 分）、领导评价（±5 分）和对标评价（±5 分）三部分。

专业评价是由公司本部各部门对各单位对口专业工作开展、基础管理规范、重点任务推进、业务支撑成效进行评价。评价标准见附件 4。

领导评价是由公司领导班子综合考虑各单位在电网建设、价值创造、社会责任、其他方面的业绩情况进行评价。评价标准见附件 5。

对标评价是由公司对各单位对标指标完成情况和对标管理工作水平进行评价，评价标准见《国网四川省电力公司对标管理考核办法》。

第十五条　对取得重大科技创新成果的单位，年度考核给予加分奖励，加分细则见附件 6。

第十六条　企业负责人年度业绩考核指标和目标值，以业绩考核责任书为准。其间目标值有调整的，以公司批准文件为准。

第四章　考核程序

第十七条　考核目标值的确定和调整。

（一）目标值确定原则。企业负责人年度业绩考核目标值根据各单位管理基础水平、功能定位和规划目标，结合内外部环境等因素综合确定。原则上不得低于基准值（上年实际完成值或前三年平均值的较低值）。目标值低于基准值时，供电企业超额完成目标值，最高加指标分值的 15%。

（二）工作程序。每年 12 月 10 日前，各单位按照公司要求，提出下一年度关键业绩指标目标建议值和说明材料，报公司相关考核责任部门。12 月 20 日前，各考核责任部门审核提出下一年度考核目标建议值，绩效管理委员会办公室汇总后，提交公司总经理办公会审议批准。

（三）目标值的调整。考核期内目标值原则上不调整，确需调整的，由相关考核责任部门会同绩效管理委员会办公室拟定目标值调整方案，报公司审定。经公司批准后，绩效管理委员会办公室下发目标值调整通知。

第十八条 签订业绩考核责任书。每年年度工作会上，公司主要负责人与各单位主要负责人签订年度业绩考核责任书。

第十九条 过程监控与考核。

（一）月度看板跟踪。公司在运营监控中心、绩效管理信息平台和门户网站设置“企业负责人业绩看板”。

每月 3 日前，各单位将本单位上月关键业绩指标执行情况报公司相关考核责任部门。

每月 4 日前，各考核责任部门将本部门负责的上月关键业绩指标和减项指标执行情况提交公司绩效管理委员会办公室。

每月 5 日前，公司绩效管理委员会办公室汇总分析各部门提供的业绩指标执行情况，将公司业绩指标执行情况上报国网公司，将各单位业绩指标执行情况在“企业负责人业绩看板”上发布。

（二）季度分析考核。公司业绩考核实行“季度预考核、年末总结算”。

每季度结束后 7 个工作日内，各考核责任部门将本部门负责的上季度关键业绩指标和减项指标执行情况、分析报告和考核建议，以及专业评价结果，提交公司绩效管理委员会办公室，经绩效管理委员会和总经理办公会审议通过后，进行季度考核并通报考核结果。同时各考核责任部门就指标执行情况和存在的问题与相关单位进行沟通辅导，提出改进意见。

第二十条 年度考核。

（一）每年 12 月 10 日前，各单位将本年度业绩指标预计完成值和情况说明报公司相关责任部门。

12 月 20 日前，各考核责任部门将本部门负责的业绩指标完成情况和考核意见提交公司绩效管理委员会办公室。

（二）公司绩效管理委员会办公室审核汇总考核意见，提出年度考核建议方案，经绩效管理委员会和总经理办公会审议批准后，由公司绩效管理委员会办公室将年度业绩考核结果通报各单位。

第二十一条 各单位应根据年度业绩考核结果，对领导班子副职进行年度业绩考核和年度等级排序，并将结果报公司，作为企业负责人年度薪酬兑现参考依据。领导班子副职年度业绩考核评价细则见附件 7。

第五章 计算规则

第二十二条 季度考核计算规则

季度考核内容包括考核周期为季度的关键业绩指标、减项指标、专业评价。

各部门专业评价分数按等比回归法进行折算，折算区间统一为±0.5 分。各单位专业评价得分为各部门折算分数之和。

第二十三条 年度考核计算规则

年度考核内容包括关键业绩指标、减项指标、专业评价、领导评价和对标评价。

关键业绩指标年度考核得分为前三季度考核得分（30%）与年末考核得分（70%）之和，减项指标年度考核得分为四个季度考核得分之和，专业评价年度考核得分为四个季度考核得分的平均分，领导评价和对标评价年度考核得分直接计入总分。

第六章 考核结果

第二十四条 公司根据各单位企业负责人年度业绩考核结果，分别按单位类别和得分顺序划分为 A、B、C、D、E 五个等级。原则上，A 级单位个数占比 25%，B 级单位个数占比 40%，C 级单位个数占比 30%-35%，D、E 级单位个数占比 5%以内。

考核总得分低于 70 分或减项指标累计减分超过 15 分的，定为 D 级；考核总得分低于 60 分或减项指标累计减分超过 20 分的，定为 E 级。

各单位主要负责人年度业绩考核等级与本单位年度业绩考核等级相同。

各单位年度业绩考核结果，在公司年度工作会上进行通报。

第七章 考核兑现

第二十五条 企业负责人年度业绩考核结果与被考核单位年度工资总额挂钩，具体按照公司工资总额计划管理办法执行。

第二十六条 企业负责人年度业绩考核结果与被考核单位领导班子成员薪酬收入挂钩。按照公司各类企业负责人年薪制管理办法，根据上年度业绩考核结果计算和核定企业负责人年薪。各单位领导班子正职的绩效薪金按本办法核定，副职绩效薪金按正职绩效薪金标准的 80%～90%确定。

企业负责人违反党纪国法和企业规章制度，发生违规、违纪、违法问题，除对单位按规定减分外，对其个人酌情降低绩效等级并扣减年薪。受到纪律（政纪）处分的，按照《国家电网公司员工奖惩规定》“纪律处分对应的经济处罚标准”执行；受到党纪处分的，参照政纪处分标准执行；受到组织处理的，酌情扣减；受到法律处罚的，按规定追究内部责任后，并予以经济处罚。同一事件不重复考核。

第二十七条 绩效薪金实行延期支付制度。年度考核结束后，绩效薪金的80%在次年一季度兑现，其余20%延期至公司年度财务决算批复后一个月内兑现。企业负责人年度业绩考核数据与年度决算相符的，兑现全部延期支付部分；有差异的，相应调整考核得分、级别和绩效薪金。

第二十八条 实行企业负责人业绩考核谈话制度。对于年度业绩考核等级为D级和E级的企业，由公司绩效管理委员会与企业主要负责人进行谈话，督导企业分析、改进工作。

第八章 专项业绩考核

第二十九条 公司设立专项业绩考核，作为现阶段公司业绩考核体系的补充，体现公司对各单位在各专业领域完成关键指标、承担重点工作、作出特殊贡献的补充激励。

第三十条 专项业绩考核在公司绩效管理委员会的统筹管理下，实行归口管理和专业负责相结合的考核机制。公司绩效管理委员会负责公司专项业绩考核管理办法、年度专项业绩考核项目计划及绩效薪金兑现方案的审核批准。公司人力资源部是公司专项业绩考核的归口管理部门，负责汇总年度专项业绩考核项目计划、制定绩效薪金兑现方案并在公司年度工资总额计划中集中兑现，配合相关专业部门制定考核办法、发布考核结果。公司相关专业部门负责制订相关专项业绩考核管理办法，申报年度专项业绩考核项目计划，对各单位进行专项业绩考核，提出考核结果。

第三十一条 公司专项业绩考核包括安全生产、科技进步、党建工作和总经理特别考核四个项目，各项目对应绩效薪金总额及考核办法详见附件8。

第三十二条 公司专项业绩考核严格实行总额控制、集中兑现。公司相关专业管理部门制定年度专项业绩考核项目计划，随年度表彰项目计划一并申报公司人力资源部，并严格按计划执行。公司人力资源部根据公司相关专业管理部门提出的考核结果，制定绩效薪金兑现方案并在公司年度工资总额计划中集中兑现。各单位应参照国家电网公司表彰项目奖励标准，控制专项业绩考核绩效薪金人均兑现标准，不得超标准发放。

第九章 附 则

第三十三条 由公司委托管理县级供电企业的地市供电企业，参照本办法和企业负责人薪酬管理办法制定实施细则，报公司备案后组织实施，并应于每年公司公布企业负责人年度业绩考核等级后的次月内，将公司委托管理的县级供电企业年度业绩考核得分及等级报公司备案。

第三十四条 本办法由公司人力资源部负责解释。

第三十五条 本办法自2016年1月1日起执行，原《国网四川省电力公司企业负责人年度业绩考核管理办法》同时废止。

二

统 计 资 料

四川省发电设备装机容量分年度统计表

表12

(1949—2016年)

年份	发电设备容量(万千瓦)					水、火电比重(%)	
	合计	年增长率(%)	占全国比重(%)	水 电	火 电	水 电	火 电
1949	4.57		2.47	0.18	4.39	3.90	96.10
1950	4.66	1.97	2.50	0.24	4.42	5.20	94.80
1951	5.36	15.20	2.85	0.39	4.97	7.30	92.70
1952	6.60	23.13	3.36	0.57	6.03	8.60	91.40
1953	7.80	18.18	3.32	0.57	7.23	7.30	92.70
1954	10.00	28.21	3.85	0.57	9.43	5.70	94.30
1955	10.80	8.08	3.60	0.76	10.04	7.00	93.00
1956	13.60	25.93	3.50	3.30	10.30	24.30	75.70
1957	18.60	36.76	4.01	7.11	11.49	38.20	61.80
1958	32.29	73.60	5.14	11.88	20.41	36.80	63.20
1959	42.76	32.42	4.48	13.21	29.55	30.90	69.10
1960	66.44	55.38	5.57	15.88	50.56	23.90	76.10
1961	72.07	8.47	5.61	15.90	56.17	22.06	77.94
1962	73.71	2.28	5.65	17.09	56.62	23.19	76.81
1963	75.35	2.22	5.65	17.89	57.46	23.74	76.26
1964	76.66	1.74	5.45	19.52	57.14	25.46	74.54
1965	83.47	8.88	5.54	22.39	61.08	26.80	73.20
1966	98.47	17.97	5.79	23.33	75.14	23.70	76.30
1967	104.67	6.30	5.82	23.33	81.34	22.29	77.71
1968	117.17	11.94	6.11	23.33	93.84	19.91	80.09
1969	128.77	9.90	6.12	24.33	104.44	18.90	81.10
1970	152.40	18.35	6.41	26.40	126.00	17.30	82.70
1971	185.70	21.85	7.56	60.40	125.30	32.50	67.50
1972	218.60	17.72	7.64	81.50	137.10	37.30	62.70
1973	246.90	12.95	7.50	102.00	144.90	41.30	58.70
1974	265.60	7.57	7.16	107.20	158.40	40.40	59.60
1975	289.02	5.87	6.66	127.20	161.82	44.01	55.99
1976	303.96	5.17	6.45	141.03	162.93	46.40	53.60
1977	333.99	9.88	6.49	159.96	174.03	47.89	52.11
1978	361.41	8.21	6.33	177.08	184.33	49.00	51.00

续表 12

年份	发电设备容量(万千瓦)					水、火电比重（%）	
	合计	年增长率(%)	占全国比重（%）	水　电	火　电	水　电	火　电
1979	379.32	4.96	6.02	188.84	190.48	49.78	50.22
1980	396.81	4.61	6.02	200.16	196.65	50.44	49.56
1981	406.20	2.37	5.88	208.30	197.90	51.28	48.72
1982	415.85	2.38	5.75	215.03	200.82	51.71	48.29
1983	444.29	6.84	5.81	231.95	212.34	52.21	47.79
1984	451.00	1.51	5.63	238.45	212.55	52.87	47.13
1985	462.63	2.58	5.31	244.90	217.73	52.94	47.06
1986	504.86	9.13	5.38	264.31	240.55	52.35	47.65
1987	560.59	11.04	5.45	289.81	270.78	51.70	48.30
1988	604.81	7.89	5.24	305.42	299.39	50.50	49.50
1989	657.56	8.72	5.19	320.18	337.38	48.70	51.30
1990	748.97	13.90	5.43	342.74	406.23	45.76	54.24
1991	869.08	16.04	5.74	370.99	498.09	42.69	57.31
1992	956.53	10.06	5.74	408.88	574.65	42.75	57.25
1993	1052.71	10.06	5.76	455.89	596.82	43.31	56.69
1994	1137.59	8.06	5.69	505.43	632.16	44.43	55.57
1995	1215.16	6.82	5.59	559.04	656.12	46.01	53.99
1996	1356.94	11.67	5.74	642.42	714.52	47.34	52.66
1997	1110.74	-18.14	4.37	608.24	502.50	54.76	45.24
1998	1284.09	15.60	4.62	770.59	513.50	60.01	39.99
1999	1600.89	24.67	5.35	1034.37	566.52	64.61	35.39
2000	1709.84	6.81	5.05	1100.83	609.01	64.38	35.62
2001	1790.85	4.74	5.29	1153.15	637.70	64.40	35.60
2002	1799.66	0.50	5.09	1185.46	614.20	65.87	34.13
2003	1841.44	2.32	4.79	1231.10	610.40	66.86	33.14
2004	2028.32	10.15	4.60	1338.29	690.03	65.98	34.02
2005	2245.55	10.71	4.42	1495.96	749.60	66.62	33.38
2006	2717.74	21.03	4.37	1765.27	952.46	64.95	35.05
2007	3185.80	17.22	4.47	1985.67	1188.98	62.32	37.32
2008	3560.17	9.87	4.49	2223.67	1274.10	63.53	36.47
2009	3912.59	11.78	4.48	2676.09	1234.10	68.40	31.60
2010	4327.25	10.46	4.48	3069.64	1257.61	70.49	29.06
2011	4787.47	10.63	4.51	3342.29	1439.62	69.81	30.15
2012	5458.84	14.02		3964.21	1493.02	72.62	27.35
2013	6862.35	25.71	5.51	5266.23	1581.85	76.74	23.05
2014	7874.68	14.76	5.79	6292.91	1547.23	79.91	19.65
2015	8672.88	10.14	5.75	6939.3	1623.87	80.01	18.72
2016	9108.35	5.02	5.53	7245.53	1642.13	79.55	18.03

四川省电力工业主管机构变更情况表
(1950—2016 年)

表 13

时　间	机　构　名　称	管辖范围
1950年3月到8月	先后建立重庆区电业管理局、川西水电公司、川南人民行政公署工业厅电业管理局、西康省水利电力厅	各行政区内的电力企业
1951年2月	西南军政委员会工业部电业管理局（重庆）	云南、贵州、四川三省电力企业
1952年11月	燃料工业部工西南电业管理局	云南、贵州、四川三省电力企业
1955年7月	电力工业部西南电业管理局	云南、贵州、四川三省电力企业
1956年	电力工业部重庆电业管理局	云南、贵州、四川三省电力企业
1957年9月	电力工业部成都电业管理局（由重庆迁成都更名）	云南、贵州、四川三省电力企业
1958年3月	水利电力部四川省电业管理局	四川全省电力企业
1958年8月	四川省水利电力厅	四川全省电力企业
1964年	四川省水利电力厅电业管理局	四川全省电力企业
1965年9月	水利电力部四川省电业管理局	四川全省电力企业
	水利电力部西南电力建设局	西南地区电力建设企业
	水利电力部西南电力修造总厂	西南地区电力修造企业
1971年9月	水利电力部四川省电力局（撤销建设局、修造总厂）	四川全省电力企业
1978年	实行四川电网以省电力局为主的管理体制	四川全省电力企业
1979年2月	电力工业部四川省电力工业局	四川全省电力企业
1981年5月	电力工业部西南电业管理局（保留四川省电力工业局名称）	云南、贵州、四川三省电力企业
1982年3月	水利电力部西南电力管理局	云南、贵州、四川三省电力企业
1983年7月	停止使用四川省电力工业局名称	云南、贵州、四川三省电力企业
1988年4月	能源部四川省电力工业局	四川全省电力企业
1993年3月	能源部四川省电力公司成立，与四川省电力工业局一套班子，两块牌子	四川全省电力企业
1998年3月	国家电力公司四川省电力工业局（与国家电力公司四川省电力公司两块牌子，一套班子）	四川全省电力企业
2000年2月	国家电力公司四川省电力公司（撤销四川省电力工业局）	四川全省电力企业
2002年12月	国家电网公司四川省电力公司	四川全省国有供电企业和映秀湾水力发电总厂
2003年12月	国家电网公司四川省电力公司	四川全省国有供电企业和映秀湾水力发电总厂
2004年12月	国家电网公司四川省电力公司	四川全省国有供电企业和映秀湾水力发电总厂
2005年12月	国家电网公司四川省电力公司	四川全省国有供电企业和映秀湾水力发电总厂
2006年12月	国家电网公司四川省电力公司	四川全省国有供电企业和映秀湾水力发电总厂
2007年12月	国家电网公司四川省电力公司	四川全省国有供电企业和映秀湾水力发电总厂
2008年12月	国家电网公司四川省电力公司	四川全省国有供电企业和映秀湾水力发电总厂

续表13

2009年12月	国家电网公司四川省电力公司	四川全省国有供电企业和映秀湾水力发电总厂
2010年12月	国家电网公司四川省电力公司	四川全省国有供电企业和映秀湾水力发电总厂
2011年12月	国家电网公司四川省电力公司	四川全省国有供电企业和映秀湾水力发电总厂
2012年12月	国家电网公司四川省电力公司	四川全省国有供电企业和映秀湾水力发电总厂
2013 年 12 月	国家电网公司四川省电力公司	四川全省国有供电企业和映秀湾电厂
2014 年 12 月	国家电网公司四川省电力公司	四川全省国有供电企业和映秀湾电厂
2015年12月	国家电网公司四川省电力公司	四川全省国有供电企业和映秀湾电厂
2016年12月	国家电网公司四川省电力公司	四川全省国有供电企业和映秀湾电厂

四川省年发电量分年度统计表
（1949—2016 年）

表 14

年份	总发电量（亿千瓦时）	年增长率（%）	占全国比重（%）	水　电（亿千瓦时）	火　电（亿千瓦时）
1949	1.47		3.41	0.19	1.28
1950	1.25	-14.97	2.75	0.09	1.16
1951	1.47		3.41	0.19	1.28
1952	1.25	-14.97	2.75	0.09	1.16
1953	2.05	64.00	3.57	0.23	1.82
1954	2.49	21.46	3.43	0.28	2.21
1955	3.16	26.91	3.44	0.38	2.78
1956	3.87	22.47	3.52	0.54	3.33
1957	4.50	16.28	3.67	0.55	3.95
1958	6.09	35.33	3.67	0.70	5.39
1959	6.78	11.33	3.51	1.88	4.90
1960	10.73	58.26	3.90	3.22	7.51
1961	24.20	-9.84	5.04	3.57	20.63
1962	20.08	-17.07	4.38	5.07	15.01
1963	19.28	-3.98	3.94	6.61	12.67
1964	22.98	18.72	4.09	7.74	15.15
1965	28.94	26.43	4.28	8.26	20.68
1966	39.05	34.93	4.73	8.28	30.77
1967	39.09	0.10	5.05	9.80	29.29
1968	26.81	-31.41	3.75	9.99	16.82
1969	37.19	38.72	3.96	12.85	24.34
1970	54.09	45.44	4.67	13.14	40.95

续表 14

年份	总发电量（亿千瓦时）	年增长率（%）	占全国比重（%）	水　　电（亿千瓦时）	火　　电（亿千瓦时）
1971	77.39	43.08	5.59	16.57	60.82
1972	84.02	8.57	5.51	25.42	58.60
1973	88.39	5.20	5.30	36.52	51.87
1974	86.32	−2.34	5.51	44.25	42.07
1975	107.94	25.05	5.51	51.55	56.39
1976	102.76	−4.08	5.06	45.68	57.08
1977	118.84	15.65	5.32	53.85	65.02
1978	139.30	17.22	5.43	54.78	84.52
1979	156.39	12.27	5.55	64.17	92.22
1980	163.72	4.69	5.45	73.53	90.14
1981	164.08	0.22	5.31	76.61	87.47
1982	171.96	4.80	5.25	82.37	89.59
1983	187.81	9.22	5.34	90.79	97.02
1984	199.86	6.42	5.30	98.10	101.76
1985	221.42	10.79	5.39	109.45	111.97
1986	236.99	7.03	5.27	111.99	125.00
1987	262.87	10.92	5.29	116.04	146.83
1988	294.02	11.85	5.39	131.52	162.50
1989	326.95	11.20	5.59	146.84	180.11
1990	345.65	5.72	5.56	148.54	197.11
1991	379.58	9.82	5.6	155.06	224.52
1992	419.4	10.49	5.56	168.3	251.1
1993	470.87	12.27	5.63	195.86	275.01
1994	525.18	11.53	5.66	209.54	315.64
1995	575.94	9.97	5.72	245.34	330.6
1996	618	7.3	5.78	268	349.2
1997	491.96	-20.39	4.38	245.12	246.84
1998	475.75	−3.29	4.11	252.88	222.87
1999	492.16	3.45	3.99	303.52	188.64
2000	556.38	13.05	3.75	369.05	187.33
2001	636.47	14.39	4.28	428.38	208.08
2002	735.1	15.17	4.48	456.31	278.79
2003	827.83	12.61	4.33	500	327.82
2004	935.29	12.98	4.28	589.02	346.27
2005	1018.76	10.89	4.12	653.64	365.42
2006	1120.38	9.97	4.07	684.45	435.93
2007	1226.31	9.45	3.76	755.39	450.92
2008	1235.88	7.80	3.66	835.51	400.37

续表 14

年份	总发电量（亿千瓦时）	年增长率(%)	占全国比重(%)	水电（亿千瓦时）	火电（亿千瓦时）
2009	1487.47	20.36	4.14	981.37	505.26
2010	1704.37	14.58	4.03	1139.82	564.55
2011	1857.05	8.98	3.93	1260.68	596.20
2012	2129.49	14.67		1545.20	583.89
2013	2616.99	22.89	4.9	2023.41	592.76
2014	3129.57	19.59	5.64	2578.28	547.19
2015	3208.54	2.52	5.72	2767.44	429.3
2016	3369.84	5.03	5.63	2988.71	349.27

四川省电力公司售电量分年度统计表
（1949—2016 年）

表 15

年 份	售电量(亿千瓦时)	年增长率(%)	备 注
1949	0.67	-	
1950	0.58	-13.43	
1951	1.04	79.31	
1952	1.30	25.00	
1953	1.71	31.54	
1954	2.51	46.78	
1955	3.01	19.92	
1956	4.07	35.22	
1957	4.74	16.46	
1958	7.60	60.34	
1959	11.72	54.21	
1960	18.02	53.75	
1961	16.13	-10.49	
1962	13.76	-14.69	
1963	13.43	-2.40	
1964	16.03	19.36	
1965	20.38	27.14	
1966	26.62	30.62	
1967	23.63	-11.23	
1968	16.79	-28.95	
1969	26.88	60.10	
1970	37.24	28.54	
1971	56.97	52.98	
1972	61.48	7.92	
1973	65.06	5.82	
1974	63.32	-2.67	
1975	79.61	25.73	
1976	78.89	-0.90	

续表 15

年 份	售电量(亿千瓦时)	年增长率(%)	备　　注
1977	93.16	18.09	
1978	108.90	16.90	
1979	122.65	12.63	
1980	127.57	4.01	
1981	127.11	-0.36	
1982	136.73	7.57	
1983	147.14	7.61	
1984	157.69	7.17	
1985	169.76	7.65	
1986	176.20	3.79	
1987	184.75	4.85	
1988	201.11	8.86	
1989	219.85	9.32	
1990	231.54	5.32	
1991	248.23	7.21	
1992	266.58	7.39	
1993	299.20	12.24	
1994	331.65	10.85	
1995	361.88	9.12	
1996	387.76	7.15	
1997	324.00	-16.44	
1998	310.00	-4.32	
1999	289.20	-6.71	
2000	337.66	16.75	
2001	378.69	14.26	
2002	476.34	21.03	
2003	539.33	13.22	
2004	616.36	14.27	
2005	708.00	11.49	
2006	795.22	12.32	
2007	912.80	14.78	
2008	871.55	4.65	
2009	969.80	11.27	
2010	1206.16	24.37	
2011	1526.28	16.38	
2012	1543.85	1.15	
2013	1633.12	5.78	
2014	1585.63	3.81	
2015	1578.36	-0.46	
2016	1673.75	6.04	

注：本表为并表口径统计数据。

四川省电力公司（原四川省电力工业局）所属发电厂发电装机容量统计表（1949—2016年）

表 16

年份	发电设备容量(万千瓦)					水、火电比重（%）	
	合计	年增长率(%)	占全国比重(%)	水　电	火　电	水　电	火　电
1949	2.76		62.56	0.06	2.7	2.17	97.83
1950	2.82	2.17	60.52	0.12	2.7	4.26	95.74
1951	3.47	23.05	64.74	0.27	3.2	7.78	92.22
1952	4.03	16.14	61.06	0.43	3.6	10.67	89.33
1953	4.03	0	51.67	0.43	3.6	10.7	89.33
1954	6.73	67	67.3	0.73	6	10.85	89.15
1955	7.28	8.17	67.41	0.73	6.55	10.03	89.97
1956	9.43	29.53	69.34	2.68	6.75	28.42	71.58
1957	14.34	52.07	77.1	6.5	7.84	45.33	54.67
1958	24.77	72.73	76.71	10.03	14.74	40.49	59.51
1959	32.04	29.35	74.93	11.45	20.59	35.74	64.26
1960	50.93	58.96	76.66	13.49	37.44	26.49	73.51
1961	55.08	8.15	76.43	13.49	41.59	24.5	75.5
1962	55.95	1.58	75.91	14.36	41.59	25.67	74.33
1963	56.25	0.54	74.65	14.36	41.89	25.53	74.47
1964	56.98	1.3	74.33	15.24	41.74	26.75	73.25
1965	61.73	8.33	73.95	15.24	46.49	24.69	75.07
1966	73.14	18.48	74.28	15.85	57.29	21.67	78.33
1967	79.06	8.1	75.53	15.97	63.09	20.2	79.8
1968	80.87	2.29	69	15.97	64.9	19.75	80.25
1969	95.47	18.05	74.15	15.97	79.5	16.73	83.27
1970	117.97	23.57	77.41	15.97	102	13.54	86.46
1971	143.27	21.46	72.07	35.22	108.05	24.59	75.41
1972	178.52	24.6	79.17	65.47	113.05	36.68	63.32
1973	194.02	8.68	76.29	80.97	113.05	41.73	58.27
1974	219.77	13.27	80.5	86.22	133.55	39.23	60.77
1975	228.17	3.82	78.95	89.97	138.2	39.43	60.57
1976	227.42	-0.33	74.82	89.97	137.45	39.56	60.44
1977	259.92	14.29	77.84	109.97	149.95	42.31	57.69
1978	278.04	6.97	76.92	119.24	158.8	42.89	57.11
1979	283.33	1.92	74.47	119.23	164.1	42.08	57.92
1980	288.2	1.72	72.63	119.1	169.1	41.33	58.67
1981	288.15	-0.02	70.94	119.1	169.05	41.33	58.67
1982	287.4	-0.26	69.11	118.35	169.05	41.18	58.82

续表 16

年份	发电设备容量(万千瓦)					水、火电比重(%)	
	合计	年增长率(%)	占全国比重(%)	水　电	火　电	水　电	火　电
1983	309.4	7.65	69.64	130.35	179.05	42.13	57.87
1984	309.4	0	68.6	130.35	179.05	42.13	57.87
1985	312.9	1.13	67.64	130.35	182.55	41.66	58.34
1986	340.6	8.85	67.47	138.35	202.25	40.62	59.38
1987	373.3	9.6	66.59	146.35	226.95	39.2	60.8
1988	393.3	5.36	65.03	146.35	246.95	37.21	62.79
1989	411.45	4.61	62.57	146.35	265.1	35.57	64.43
1990	464.49	12.89	62.02	146.39	318.1	31.52	68.48
1991	502.4	8.16	57.81	146.3	356.1	29.12	70.88
1992	498.2	-0.84	52.08	161.3	336.9	32.38	67.62
1993	557.05	11.81	52.92	190.35	366.7	34.17	65.82
1994	611.86	9.84	53.79	219.51	392.35	35.88	64.12
1995	647.15	5.77	53.26	234.65	412.5	32.26	63.74
1996	702.65	8.58	51.78	259.2	443.45	36.89	63.11
1997	635.26	_9.59	57.19	281.51	353.75	44.31	55.69
1998	654.81	3.08	51	301.08	353.75	45.98	54.02
1999	696.67	6.39	49.32	299.17	397.5	42.49	57.06
2000	687.98	-1.73	40.24	264.58	432.4	38.46	61.54
2001	725.28	5.42	40.5	295.78	429.5	40.78	59.22
2002	705.18	-2.77	39.18	286.78	418.4	40.66	59.34
2003	45.5	-93.55	2.47	45.5	0	100	0
2004	45.5	0	2.24	45.5	0	100	0
2005	45.5	0	2.02	45.5	0	100	0
2006	45.5	0	1.67	45.5	0	100	0
2007	45.5	0	1.42	45.5	0	100	0
2008	45.5	0	1.30	45.5	0	100	0
2009	45.5	0	1.19	45.5	0	100	0
2010	45.5	0	0.05	45.5	0	100	0
2011	45.5	0	0.04	45.5	0	100	0
2012	45.5	0		45.5	0	100	0
2013	45.5	0		45.5	0	100	0
2014	45.5	0		45.5	0	100	0
2015	45.5			45.5		100	
2016	45.5			45.5		100	0

四川省电力公司（原四川省电力工业局）所属电厂年发电量统计表
（1949—2016年）

表17

年　份	总发电量（亿千瓦时）	年增长率（%）	占全省比重(%)	水　电（亿千瓦时）	火　电（亿千瓦时）
1949		1.15	78.23	0.14	10.1
1950	0.85	-26.09	68	0.05	0.8
1951	1.3	52.94	63.41	0.19	1.11
1952	1.59	22.31	63.86	0.22	1.37
1953	2	25.79	63.29	0.31	1.69
1954	2.81	40.5	72.61	0.44	2.37
1955	3.55	26.33	78.89	0.35	3.2
1956	4.73	33.24	77.69	0.5	4.23
1957	5.43	14.8	80.09	1.64	3.79
1958	8.81	62.25	82.11	3.04	5.77
1959	14.25	61.75	80.74	3.49	10.76
1960	22.05	54.74	82.15	3.66	18.39
1961	20.11	-8.8	83.1	2.87	17.24
1962	16.66	-17.16	82.97	4.35	12.31
1963	16.08	-3.48	83.4	5.81	10.27
1964	19.06	18.53	82.94	6.73	12.33
1965	24.23	27.12	83.72	6.78	17.45
1966	32.01	32.11	81.97	5.72	26.29
1967	29.56	-7.65	75.62	6.79	22.77
1968	19.69	-33.4	73.44	6.84	12.85
1969	30.56	55.21	82.17	5.39	25.17
1970	44.89	46.89	82.99	8.11	36.78
1971	64.24	43.11	83.01	9.15	55.09
1972	69.27	7.83	82.44	17.17	52.1
1973	71.87	3.75	81.31	27.38	44.49
1974	69.48	-3.33	80.49	34.71	34.77
1975	89.08	28.21	82.53	40.49	48.59
1976	82.34	-7.57	80.13	33.67	48.67
1977	98.05	19.08	82.51	40.45	57.6
1978	115.41	17.71	82.85	40.29	75.12
1979	128.87	11.66	82.4	47.28	81.59
1980	133.48	3.58	81.53	52.2	81.28
1981	133.05	-0.32	81.09	53.34	79.71

续表 17

年　份	总发电量（亿千瓦时）	年增长率（%）	占全省比重(%)	水　电（亿千瓦时）	火　电（亿千瓦时）
1982	136.95	2.93	79.64	53.95	83
1983	147.69	7.84	78.64	57.69	90
1984	155.36	5.19	77.73	61.48	93.88
1985	169.48	9.09	76.54	67.17	102.31
1987	196.96	10.61	74.93	65.45	131.51
1986	178.06	5.06	75.13	65.6	112.46
1989	232.84	6.59	70.91	73.54	159.3
1988	217.51	10.43	73.98	70.6	146.91
1990	240.17	3.59	69.48	71.34	168.83
1991	252.08	4.99	66.41	69.2	182.88
1992	247.08	1.98	58.91	68.81	178.26
1993	271.45	9.87	57.65	81.04	109.41
1994	293.46	8.17	55.91	87.83	205.63
1995	326.7	11.26	56.72	107.99	218.71
1997	295.22	-14.52	60.01	108.55	186.67
1996	343.36	5.1	55.56	110.27	233.09
1998	272.2	-7.80	57.21	109.44	162.76
1999	237.8	-12.64	48.32	107.48	130.32
2000	224.03	-5.79	40.27	97.35	126.68
2001	237.6	6.06	37.33	95.24	142.36
2002	294.16	23.8	40.02	93.28	200.68
2003	21.7	-92.62	2.6	21.7	0
2004	22.84	5.25	2.44	22.84	0
2005	23.72	3.85	2.33	23.72	0
2006	21.66	-9.69	1.93	21.66	0
2007	20.08	-7.29	1.64	20.08	0
2008	4.27	-78.74	0.35	4.27	0
2009	6.71	57.14	0.46	6.71	0
2010	5.78	—13.86	0.34	5.78	0
2011	4.73	—18.17	0.25	4.73	0
2012	20.79	339.53		20.79	0
2013	23.52	13.15	0.899	23.52	
2014	24.84	5.62	0.8	24.84	0
2015	23.75	-4.42	0.74	23.75	0
2016	25.13	5.84	0.75	25.13	0

2016年四川电网发电能力统计表（全口径）

表18　　　　单位：千瓦

指标名称	期初	本月止累计新增	本月止累计减少	期　末
甲	1	4	5	6
总计	86728803	4799041	444306	91083537
其中：清洁能源	70490099	4497751	325616	74662233
可再生能源	70709099	4574251	325616	74957733
新能源	1316077	1186368	27	2502418
其中：生物质发电	219000	76500	0	295500
分布式电源	124435	30231	27	154639
水电	69393022	3387883	325589	72455315
其中：抽水蓄能				
火电	16238704	301290	118690	16421304
燃煤	13984350	108500	99000	13993850
其中：煤矸石发电	333000	9000	0	342000
燃油				
燃气	1222354	18290	19690	1220954
其中：煤层气	47944	2000	1000	48944
沼气发电				
其他	1032000	174500	0	1206500
其中：余热、余压、余气发电	813000	98000	0	911000
垃圾发电	194000	76500	0	270500
农林生物质发电	25000	0	0	25000
核电				
风电	733500	513500	0	1247000
太阳能发电	363577	596368	27	959918
其中：光伏发电	363577	596368	27	959918
光热发电				
其他	0	0	0	0
地热能				
海洋能				
储能				
其他				
一、6000千瓦及以上	82380965	4523347	294205	86610107
水电	65385495	3150170	194915	68340750
其中：抽水蓄能				
火电	15906840	271790	99290	16079340

续表 18

指标名称	期初	本月止累计新增	本月止累计减少	期　末
燃煤	13793350	108500	83000	13818850
其中：煤矸石	327000	9000	0	336000
燃油				
燃气	1181990	16290	16290	1181990
其中：煤层气	15000	0	0	15000
沼气发电				
其他	931500	147000	0	1078500
其中：余热、余压、余气发电	714500	72000	0	786500
垃圾发电	192000	75000	0	267000
农林生物质发电	25000	0	0	25000
核电				
风电	733500	513500	0	1247000
太阳能发电	355130	587887	0	943017
其中：光伏发电	355130	587887	0	943017
光热发电				
其他	0	0	0	0
地热能				
海洋能				
储能				
其他				
A、按调度关系分	82380965	4523347	294205	86610107
1.统一调度	75027532	3950737	111000	78867269
水电	60729700	2769900	111000	63388600
其中：抽水蓄能				
火电	13235200	100000	0	13335200
燃煤	12105000	25000	0	12130000
其中：煤矸石发电	270000	0	0	270000
燃油				
燃气	913200	0	0	913200
其中：煤层气	15000	0	0	15000
沼气发电				
其他	217000	75000	0	292000
其中：余热、余压、余气发电				
垃圾发电	192000	75000	0	267000
农林生物质发电	25000	0	0	25000

续表 18

指标名称	期初	本月止累计新增	本月止累计减少	期　末
核电				
风电	733500	513500	0	1247000
太阳能发电	329132	567337	0	896469
其中：光伏发电	329132	567337	0	896469
光热发电				
其他	0	0	0	0
地热能				
海洋能				
储能				
其他				
（1）国家电网公司统一调度	23100000	0	0	23100000
水电	23100000	0	0	23100000
火电				
核电				
风电				
太阳能				
其他				
（2）分部统一调度	3300000	0	0	3300000
水电	3300000	0	0	3300000
火电				
核电				
风电				
太阳能				
其他				
（3）省电力公司统一调度	48627532	3950737	111000	52467269
水电	34329700	2769900	111000	36988600
火电	13235200	100000	0	13335200
核电				
风电	733500	513500	0	1247000
太阳能	329132	567337	0	896469
其他				
2. 非统一调度	7353433	572610	183205	7742838
水电	4655795	380270	83915	4952150
其中：抽水蓄能				
火电	2671640	171790	99290	2744140

续表 18

指标名称	期初	本月止累计新增	本月止累计减少	期　末
燃煤	1688350	83500	83000	1688850
其中：煤矸石发电	57000	9000	0	66000
燃油				
燃气	268790	16290	16290	268790
其中：煤层气				
沼气发电				
其他	714500	72000	0	786500
其中：余热、余压、余气发电	714500	72000	0	786500
垃圾发电				
农林生物质发电				
核电				
风电				
太阳能	25998	20550	0	46548
其中：光伏发电	25998	20550	0	46548
光热发电				
其他	0	0	0	0
地热能				
海洋能				
储能				
其他				
B、按性质分	82380965	4523347	294205	86610107
1.公用电厂	79781327	4356007	194915	83942419
水电	65385495	3150170	194915	68340750
其中：抽水蓄能				
火电	13333200	105000	0	13438200
燃煤	12203000	30000	0	12233000
其中：煤矸石发电	270000	0	0	270000
燃油				
燃气	913200	0	0	913200
其中：煤层气	15000	0	0	15000
沼气发电				
其他	217000	75000	0	292000
其中：余热、余压、余气发电				
垃圾发电	192000	75000	0	267000
农林生物质发电	25000	0	0	25000

续表 18

指标名称	期初	本月止累计新增	本月止累计减少	期　末
核电				
风电	733500	513500	0	1247000
太阳能发电	329132	587337	0	916469
其中：光伏发电	329132	587337	0	916469
光热发电				
其他	0	0	0	0
地热能				
海洋能				
储能				
其他				
2.企业自备电厂	2599638	167340	99290	2667688
水电				
其中：抽水蓄能				
火电	2573640	166790	99290	2641140
燃煤	1590350	78500	83000	1585850
其中：煤矸石发电	57000	9000	0	66000
燃油				
燃气	268790	16290	16290	268790
其中：煤层气				
沼气发电				
其他	714500	72000	0	786500
其中：余热、余压、余气发电	714500	72000	0	786500
垃圾发电				
农林生物质发电				
核电				
风电				
太阳能发电	25998	550	0	26548
其中：光伏发电	25998	550	0	26548
光热发电				
其他	0	0	0	0
地热能				
海洋能				
储能				
其他				
C、按管理关系分	82380965	4523347	294205	86610107

续表 18

指标名称	期初	本月止累计新增	本月止累计减少	期　末
国家电网公司	455000	0	0	455000
华能集团公司	2712500	151000	0	2863500
大唐集团公司	2854000	910000	0	3764000
华电集团公司	8326000	567400	0	8893400
国电集团公司	12164500	525000	0	12689500
中国电力投资集团公司	1319000	99000	0	1418000
其它	54549965	2270947	294205	56526707
二、6000千瓦以下	4347838	275694	150101	4473430
水电	4007527	237713	130674	4114565
其中：抽水蓄能				
火电	331864	29500	19400	341964
燃煤	191000	0	16000	175000
其中：煤矸石发电	6000	0	0	6000
燃油				
燃气	40364	2000	3400	38964
其中：煤层气	32944	2000	1000	33944
沼气发电				
其他	100500	27500	0	128000
其中：余热、余压、余气发电	98500	26000	0	124500
垃圾发电	2000	1500	0	3500
农林生物质发电				
核电				
风电				
太阳能发电	8447	8481	27	16901
其中：光伏发电	8447	8481	27	16901
光热发电				
其他	0	0	0	0
地热能				
海洋能				
储能				
其他				

2016年四川电网全社会用电分类统计表

表19

指标名称	用户个数	用户用电装接容量	用电量（万千瓦时）	
	（个）	（千瓦）	累计	上年累计
全社会用电总计	31367783	335659045	20249616	19291943
A、全行业用电合计	2523361	145239006	16489483	15999067
第一产业	207886	2837922	130192	117382
第二产业	580777	92335629	13253640	13146167
第三产业	1734698	50065455	3105651	2735518
B、城乡居民生活用电合计	28844422	190420039	3760133	3292876
城镇居民	10631053	83405272	2248546	1958885
乡村居民	18213369	107014767	1511587	1333991
全行业用电分类	2523361	145239006	16489483	15999067
一、农、林、牧、渔业	207886	2837922	130192	117382
1.农业	75181	1042506	44135	40839
2.林业	2014	71450	3455	2924
3.畜牧业	15344	317276	26488	21114
4.渔业	13739	141456	8302	6077
5.农、林、牧、渔服务业	101608	1265234	47812	46428
其中：排灌	75266	946271	32203	31826
二、工业	497544	80354915	12870020	12762341
轻工业	329630	12176469	1574301	1452657
重工业	167914	68178446	11295719	11309684
（一）采矿业	32614	12009481	863867	889306
1.煤炭开采和洗选业	4686	1452331	145399	158817
2.石油和天然气开采业	1896	4818795	84099	78379
3.黑色金属矿采选业	737	1611958	282147	300395
4.有色金属矿采选业	11334	723885	108134	120903
5.非金属矿采选业	8146	2031101	139518	131037
6.其他采矿业	5815	1371411	104570	99777
（二） 制造业	430101	56827687	9388273	9246703
1.食品、饮料和烟草制造业	270417	5389415	369788	351141
其中：农副食品加工业	81275	1197443	60098	60190
2.纺织业	4925	738231	144536	155625
3.服装鞋帽、皮革羽绒及其制品业	3717	345692	52418	51130
4.木材加工及制品和家具制品业	23583	1693185	178146	163920
其中:轻工业	3953	287906	24072	24601
5.造纸及纸制品业	3526	879313	243604	227133
6.印刷业和记录媒介的复制	4533	260473	29237	27140
7.文体用品制造业	1099	78621	2462	2344
8.石油加工、炼焦及核燃料加工业	3197	1199705	272344	252689
9.化学原料及化学制品制造业	3717	7761396	1632112	1563973

续表19

指标名称	用户个数	用户用电装接容量	用电量（万千瓦时）	
	（个）	（千瓦）	累计	上年累计
其中:轻工业	310	80430	16350	12995
其中:氯碱	104	939489	200013	195451
电石	16	448388	196765	192915
黄磷	24	516230	141213	107735
其中:肥料制造	454	2008876	170334	203357
10.医药制造业	1974	698996	85439	67293
11.化学纤维制造业	409	302496	88186	74378
12.橡胶和塑料制品业	5231	1290135	202402	188531
其中:轻工业	964	170806	27665	27617
13.非金属矿物制品业	23842	8828031	1601872	1517323
其中:轻工业	5228	482486	105080	72708
其中:水泥制造	575	1336896	630368	608087
14.黑色金属冶炼及压延加工业	13774	8376849	2091300	2118966
其中：铁合金冶炼	190	1600046	321957	360549
15.有色金属冶炼及压延加工业	4013	7565081	1101756	1272084
其中：铝冶炼	42	1027775	495476	643090
16.金属制品业	18519	2746438	335788	325329
其中:轻工业	593	228443	58689	64067
17.通用及专用设备制造业	10664	2344212	187442	172404
其中：轻工业	1554	73455	10699	7996
18.交通运输、电气、电子设备制造业	5821	4383512	610112	555156
其中：轻工业	420	256901	161175	131403
其中：交通运输设备制造业	1111	1399737	55897	46808
19.工艺品及其他制造业	24890	1768348	142647	143581
20.废弃资源和废旧材料回收加工业	2250	177558	16681	16561
（三）电力、燃气及水的生产和供应业	34829	11517747	2617880	2626332
1.电力、热力的生产和供应业	24613	10077712	2422185	2441991
其中:电厂生产全部耗用电量	1007	2184651	614618	687675
线路损失电量	19712	756748	1748267	1696864
抽水蓄能抽水耗用电量	41	382041	54	24
2.燃气生产和供应业	2675	339636	60388	58550
3.水的生产和供应业	7541	1100399	135306	125791
其中:轻工业	1118	134457	12253	11503
三、建筑业	83233	11980714	383620	383827
四、交通运输、仓储和邮政业	15966	5678384	414402	356086
1.交通运输业	8171	4733540	378353	325273
其中:城市公共交通	322	360473	39907	36125
管道运输业	106	102645	1869	1950
电气化铁路	185	1490711	83571	96325
2.仓储业	5812	829061	27008	22446

续表19

指标名称	用户个数	用户用电装接容量	用电量（万千瓦时）	
	（个）	（千瓦）	累计	上年累计
3.邮政业	1983	115783	9041	8366
五、信息传输、计算机服务和软件业	118117	1780801	243769	206146
1.电信和其他信息传输服务业	114300	1606795	207870	175242
2.计算机服务和软件业	3817	174006	35899	30904
六、商业、住宿和餐饮业	1198951	17429177	1057632	952109
1.批发和零售业	990723	12161571	821619	729653
2.住宿和餐饮业	208228	5267606	236013	222457
七、金融、房地产、商务及居民服务业	188925	9005222	594276	522080
1.金融业	11204	999357	53815	44869
2.房地产业	21969	4284351	410581	366691
3.租赁和商务服务业、居民服务和其它服务业	155752	3721514	129881	110519
八、公共事业及管理组织	212739	16171871	795571	699097
1.科学研究、技术服务和地质勘查业	12561	3418766	78292	74191
其中:地质勘查业	138	35258	1246	1371
2.水利、环境和公共设施管理业	60107	3035093	193393	172234
其中：水利管理业	2067	195548	13112	11947
其中：公共照明业	18202	798184	42227	43224
3.教育、文化、体育和娱乐业	50622	5332392	224202	192445
其中：教育	9849	1184598	105799	92670
4.卫生、社会保障和社会福利业	14865	1792917	147490	127329
5.公共管理和社会组织、国际组织	74584	2592703	152194	132897

2016年四川电网负荷特性一览表

表20

指标名称	计算单位	2016年	2015年	2016年发生日期	备注
最高发电负荷	万千瓦	3536.00	3404.00	2016-08-25	
最高用电负荷	万千瓦	3264.00	2805.00	2016-08-25	
平均用电负荷率	%	82.81	83.44		
日最大峰谷差率	%	50.22	42.15	2016-02-13	
峰谷差率最大日的最大用电负荷	万千瓦	1748.00	1738.00	2016-02-13	
最大日用电量	万千瓦时	64623.00	54864.00	2016-08-24	
日均用电量	万千瓦时	41886.00	40383.00		
累计最大负荷利用小时数	小时	4697.00	5255.00		
拉电条次	条次	0.00	0.00		
其中：110千伏及以上	条次	0.00	0.00		
拉、限电损失电量	万千瓦时	0.00	0.00		
其中：拉电损失电量	万千瓦时	0.00	0.00		
移峰损失电量	万千瓦时	0.00	0.00		

四川省及国网四川省电力公司公用输电线路分年度统计表
（1949—2016年）

表 21　　计算单位：公里（回路长度）

年份	合计		500千伏		220千伏		110千伏		35千伏	
	全省	电力	全省	电力	全省	电力	全省	电力	全省	电力
1949	259.66	-	-	-	-	-	-	-	202.09	-
1950	264.17	-	-	-	-	-	-	-	212.4	-
1951	276.36	-	-	-	-	-	-	-	219.51	-
1952	325.4	-	-	-	-	-	-	-	267.7	-
1953	442.6	-	-	-	-	-	-	-	385.1	-
1954	481.9	-	-	-	-	-	-	-	448.4	-
1955	690	-	-	-	-	-	88.6	-	566.3	-
1956	784.54	-	-	-	-	-	88.6	-	695.54	-
1957	862.32	-	-	-	-	-	89.24	-	773.12	-
1958	1204.2	-	-	-	-	-	303.03	-	1001.2	-
1959	1897.06	-	-	-	-	-	564.2	-	1332.86	-
1960	2208.04	-	-	-	-	-	771.37	-	1436.67	-
1961	2254.21	-	-	-	-	-	771.67	-	1477.54	-
1962	2290.01	-	-	-	-	-	803.97	-	1486.04	-
1963	-	1506.9	-	-	-	-	-	659.77	-	847.13
1964	-	1630.01	-	-	-	-	-	671.07	-	958.94
1965	-	1986.05	-	-	-	-	-	758.77	-	1227.28
1966	-	2972.08	-	-	-	-	-	1377.36	-	1594.72
1967	-	3468.42	-	-	-	-	-	1696.71	-	1771.71
1968	-	3919.46	-	-	-	-	-	1984.5	-	1934.96
1969	-	4398.53	-	-	-	126	-	2189.64	-	2052.89
1970	-	5168.88	-	-	-	184.5	-	2791.02	-	2193.36
1971	-	5639.38	-	-	-	184.5	-	2977.46	-	2477.42
1972	-	6395.81	-	-	-	618.42	-	3220.31	-	2557.08
1973	-	6918.29	-	-	-	790.42	-	3426.45	-	2701.42
1974	-	7522.05	-	-	-	1010.72	-	3564.54	-	2946.79
1975	-	8007.7	-	-	-	1097.77	-	3813.02	-	3096.91
1976	-	8344	-	-	-	1318	-	3723	-	3303
1977	-	8792	-	-	-	1320	-	3892	-	3580
1978	-	9275.9	-	-	-	1525.5	-	4067.7	-	3682.7
1979	-	9539.25	-	-	-	1516.47	-	4220.34	-	3802.44
1980	-	10100	-	-	-	1874	-	4330	-	3896
1981	-	10724	-	-	-	2096	-	4619	-	4009
1982	-	10999	-	-	-	2196	-	4669	-	4134

续表 21

年份	合计		500 千伏		220 千伏		110 千伏		35 千伏	
	全省	电力	全省	电力	全省	电力	全省	电力	全省	电力
1983	–	11328	–	–	–	2199	–	4913	–	4216
1984	–	12404	–	–	–	2804	–	5360	–	4240
1985	–	12989	–	–	–	3207	–	5407	–	4375
1986	–	13391	–	–	–	3468	–	5458	–	4465
1987	–	13827	–	–	–	3610	–	5691	–	4526
1988	–	14231	–	–	–	3695	–	5909	–	4627
1989	–	14579.8	–	–	–	3791	–	6125.8	–	4663
1990	–	15159.97	–	–	–	4043	–	6389.8	–	4727.17
1991	–	15851	–	–	–	4458	–	6603	–	4790
1992	–	16325.8	–	–	–	4810	–	664950	–	4866.3
1993	34790.2	17027.3	–	–	5064.1	4795	9287	7362.8	20439.1	4869.5
1994	37504.4	17585.5	–	–	5252.5	4983.4	10157.1	7611.6	22094.9	4990.5
1995	40250.7	18776.8	70.1	70.1	5619.1	5341	11239.8	8215.3	23321.1	5150.4
1996	42586.5	19183.2	147.7	147.7	5812.9	5530.8	12144.4	8264.9	24481.6	5239.9
1997	34418	15379.5	71	71	4687	4586	9658	6586	20002	4137
1998	38438	18305	924	924	5920	5819	10588	7198	20898	4346
1999	41563	20792	1389	1389	6348	6248	12410	8324	21416	4549
2000	45812	23034	1956	1956	6805	6495	13535	9152	23522	5130
2001	47817	23666	1787	1787	7023	6923	14164	9360	24843	5427
2002	49081	24926	1862	1862	7547	7538	14500.6	10108	25171.3	5716.9
2003	53525.5	26139	2287	2287	8343	7626	15842.9	10349	27052.2	5877
2004	56101.9	26678	2604.5	2604	8231.8	7704	17416.8	10422.76	27848.8	5947
2005	58781.1	27671	2986	2986	8938.5	8119	18227.9	10542	28629.2	6025
2006	54540.11	29073.67	3508.53	3508.53	9899.91	8580.91	16949.09	10833.72	24182.57	6150.51
2007	63327	34332.26	5538.84	5545.51	11920.4	10176.21	18895.82	12151.56	26965.35	6465.66
2008	65243.67	33947.27	5514.17	4045.81	12404.95	10392.38	21040.67	12583.14	26283.88	6925.95
2009	61781.88	36065.6	6880.196	5283.7	12495.32	10915.6	19459.211	13159.01	22947.14	6707.29
2010	66674	39785	8016	8016	13607	11404	20891	13554	23895	6546
2011	72711	44675	9190	9123	15196	12962	24388	15107	23673	7218
2012	77733.54	65176.06	9967.61	9702.32	17271.89	15186.23	24958.21	21938.50	24712.57	18349.0
2013	84620.98	73610.98	12193.91	12193.9	18672.79	16142.70	25791.26	22572.26	27051.69	22702.1
2014	89120.60	78469.90	13058.30	13058.3	19599.86	18273.76	27554.55	24445.24	27813.47	22692.6
2015	92994.04	83084.22	13539.3	13539.3	20465.06	19131.27	29177.89	26006.29	28717.36	23312.94
2016	93888.49	83650.03	13555.41	13555.41	20645.42	19224.18	29618.7	26296.82	28974.54	23479.21

四川省及国网四川省电力公司公用变电容量分年度统计表
（1949—2016 年）

表 22 计算单位：万千伏安

年份	合计		500 千伏		220 千伏		110 千伏		35 千伏	
	全省	电力公司	全省	电力公司	全省	电力公司	全省	电力公司	全省	电力公司
1949	2.02	–	–	–	–	–	–	–	1.9	–
1950	2.55	–	–	–	–	–	–	–	2.43	
1951	2.55	–	–	–	–	–	–	–	2.43	–
1952	3.43	–	–	–	–	–	–	–	2.99	–
1953	4.03	–	–	–	–	–	–	–	3.51	–
1954	9.87	–	–	–	–	–	–	–	9.32	–
1955	20.06	–	–	–	–	–	9.45	–	11.15	–
1956	29.01	–	–	–	–	–	9.45	–	10.56	–
1957	38.87	–	–	–	–	–	12.6	–	26.27	–
1958	60.33	–	–	–	–	–	17.75	–	42.58	–
1959	89	–	–	–	–	–	36.25	–	52.75	–
1960	167.5	–	–	–	–	–	77.85	–	89.65	–
1961	180.86	–	–	–	–	–	84.25	–	96.61	
1962	173.57	–	–	–	–	–	87.8	–	85.77	–
1963	–	74.05	–	–	–	–	–	46.5	–	27.55
1964	–	78.42	–	–	–	–	–	49.66	–	28.77
1965	–	90.98	–	–	–	–	–	58.3	–	32.68
1966	–	109.74	–	–	–	–	–	68.92	–	40.82
1967	–	126.34	–	–	–	–	–	80.67	–	45.67
1968	–	131.12	–	–	–	–	–	85.17	–	48.95
1969	–	143.52	–	–	–	–	–	90.82	–	52.7
1970	–	181.2	–	–	–	–	–	119.12	–	62.08
1971	–	210.54	–	–	–	–	–	140.92	–	69.62
1972	–	246.35	–	–	–	24	–	148.07	–	74.28
1973	–	270.26	–	–	–	33	–	160.12	–	77.14
1974	–	306.98	–	–	–	54	–	173.42	–	79.56
1975	–	352.5	–	–	–	75	–	190.41	–	87.09
1976	–	360.63	–	–	–	75	–	195.01	–	90.62
1997	–	388	–	–	–	84	–	206.66	–	97.34
1978	–	467.63	–	–	–	129	–	229.51	–	109.12
1979	–	509.39	–	–	–	144	–	246.36	–	119.03
1980	–	587.04	–	–	–	186	–	277.82	–	123.22
1981	–	631.62	–	–	–	201	–	306.02	–	124.6

续表 22

年份	合计		500 千伏		220 千伏		110 千伏		35 千伏	
	全省	电力公司	全省	电力公司	全省	电力公司	全省	电力公司	全省	电力公司
1982	–	656.67	–	–	–	219	–	309.42	–	128.25
1983	–	677.44	–	–	–	219	–	322.2	–	136.24
1984	–	737.54	–	–	–	243	–	355.3	–	139.24
1985	–	768.86	–	–	–	264	–	362.8	–	141.77
1986	–	830.77	–	–	–	294	–	368.95	–	149.82
1987	–	941.31	–	–	–	354	–	426.17	–	161.14
1988	–	1019.34	–	–	–	378	–	467.6	–	173.74
1989	–	1123.25	–	–	–	402	–	544.8	–	176.45
1990	–	1248.67	–	–	–	492	–	577.6	–	179.07
1991	–	1350.69	–	–	–	552	–	614.14	–	184.55
1992	–	–	–	–	–	–	–	–	–	–
1993	–	–	–	–	–	–	–	–	–	–
1994	–	–	–	–	–	–	–	–	–	–
1995	2296.92	1884.4	–	–	731.6	731.6	1058.56	925.18	506.76	227.61
1996	2535.28	2084.22	–	–	821.6	821.6	1170.31	1025.78	543.37	236.84
1997	2002.73	1630.01	–	–	627	615	933.86	818.24	441.87	196.73
1998	2355.8	1943.85	150	150	714	702	1016.82	881.48	474.99	210.37
1999	2839.82	2227.56	225	225	814.5	795	1265.5	990.68	534.82	216.68
2000	3147.99	2448.38	225	225	904.5	904.5	1406.4	1079.71	650	239.17
2001	3658.13	2847.18	225	225	1048.5	1029	1653	1291.03	731.63	302.15
2002	4071.52	3238.57	300	300	1168.5	1168.5	1867.33	1503.36	735.69	286.61
2003	4282.61	3418.17	300	300	1240.5	1240.5	1969.51	1588.63	772.64	289.54
2004	4828.06	3606.24	375	375	1278	1278	2259.32	1652	915.74	301.24
2005	5497.14	4013.84	600	600	1398	1398	2495.33	1733.5	1003.82	282.34
2006	5949.29	4463.81	675	675	1599	1599	2657.98	1898.6	1017.31	291.21
2007	7588.15	6392.63	1925	1925	2007	1998	2806.02	2163.55	850.13	306.08
2008	8746.9	7357.83	2350	2275	2340	2316	3147.65	2454.25	909.25	312.58
2009	9820.76	8615.56	2750	2750	2916	2868	3308.63	2673.2	846.13	324.36
2010	12705	11157	3575	3575	3701	3449	3764	3024	895	338
2011	13809.38	12432.28	4525	4525	4225.75	4144.75	4168.91	3414.33	889.72	348.20
2012	16125.30	15767.97	5250	5250	5045.75	5035.75	4863.13	4665.62	966.42	816.60
2013	18737.59	18479.12	6400	6400	5733	5733	5506.08	5349.28	1098.51	996.84
2014	20472.91	20144.24	6850	6850	6414	6399	6015.79	5824.19	1193.12	1071.05
2015	22061.99	21723.38	7390	7390	6981	6981	6422.04	6211.69	1268.95	1140.69
2016	22901.24	22507.9	7490	7490	7260.45	7227.45	6839.89	6597.54	1310.9	1192.91

2016 年四川电网 35 千伏及以上线路情况表

表 23

指标名称	输电线路				架空线路部分						电缆 部分	
	条数（条）		长度（公里）		条数	杆路长度	回路长度(公里)		其中：紧凑型（公里）	其中：大截面（公里）	条数	长度
	小计	其中：直流线路	小计	其中：直流线路	（条）	（公里）	小计	其中：同塔双（多）回			（条）	（公里）
电网总计	5709	4	92994.039	1094.422	5567	81374.856	91661.493	20226.258	156.658	1157.854	754	1332.546
±800千伏	3	3	854.392	854.392	3	854.392	854.392	0.000	0.000	854.392	0	
500千伏	164	0	13539.304		164	9594.865	13539.304	7882.563	156.658	66.180	0	
±500千伏	1	1	240.030	240.030	1	240.030	240.030	0.000	0.000	237.282	0	
110千伏	2151	0	29177.888		2039	26345.084	28325.400	3891.634	0.000		308	852.488
35千伏	2652	0	28717.362		2634	28151.652	28438.263	474.292	0.000		389	279.099
一、国家电网公司	4635	4	83084.220	1094.422	4505	71687.059	81876.879	20037.052	156.658	1157.854	682	1207.341
±800千伏	3	3	854.392	854.392	3	854.392	854.392	0.000	0.000	854.392	0	
500千伏	164	0	13539.304		164	9594.865	13539.304	7882.563	156.658	66.180	0	
±500千伏	1	1	240.030	240.030	1	240.030	240.030	0.000	0.000	237.282	0	
220千伏	674	0	19131.267		662	14893.811	18930.573	7900.744	0.000		55	200.694
110千伏	1823	0	26006.285		1715	23293.176	25234.813	3818.513	0.000		288	771.472
35千伏	1970	0	23312.942		1960	22810.785	23077.767	435.232	0.000		339	235.175
（一）总部	3	3	911.339	911.339	3	911.339	911.339	0.000	0.000	908.591	0	
±800千伏	2	2	671.309	671.309	2	671.309	671.309	0.000	0.000	671.309	0	
±500千伏	1	1	240.030	240.030	1	240.030	240.030	0.000	0.000	237.282		
（二）省电力公司	4631	0	81989.798		4501	70592.637	80782.457	20037.052	156.658	66.180	682	1207.341

续表 23

指标名称	输电线路				架空线路部分						电缆 部分	
	条数（条）		长度（公里）		条数	杆路长度	回路长度(公里)		其中：紧凑型	其中：大截面	条数	长度
	小计	其中：直流线路	小计	其中：直流线路	（条）	（公里）	小计	其中：同塔双（多）回	（公里）	（公里）	（条）	（公里）
500千伏	164	0	13539.304		164	9594.865	13539.304	7882.563	156.658	66.180	0	
220千伏	674	0	19131.267		662	14893.811	18930.573	7900.744	0.000		55	200.694
110千伏	1823	0	26006.285		1715	23293.176	25234.813	3818.513	0.000		288	771.472
35千伏	1970	0	23312.942		1960	22810.785	23077.767	435.232	0.000		339	235.175
（三）外省电力公司	1	1	183.083	183.083	1	183.083	183.083	0.000	0.000	183.083	0	
±800千伏	1	1	183.083	183.083	1	183.083	183.083	0.000	0.000	183.083	0	
二、其他	1074	0	9909.819		1062	9687.797	9784.614	189.206	0.000		72	125.205
220千伏	64	0	1333.796		64	1295.022	1333.531	77.025	0.000		2	0.265
110千伏	328	0	3171.603		324	3051.908	3090.587	73.121	0.000		20	81.016
35千伏	682	0	5404.420		674	5340.867	5360.496	39.060	0.000		50	43.924

2016 年四川电网 35 千伏及以上变电站情况统计表

表 24

指标名称	公用变电站							企业自备变电站			开关站
	普通变电站			换流站							
	变电站	在运变压器	容量	换流站	在运变压器	换流变压器容量	换流容量	变电站	在运变压器	容量	变电站
	（座）	（台/组）	（千伏安）	（座）	（台/组）	（千伏安）	（千瓦）	（座）	（台/组）	（千伏安）	（座）
电网总计	2397	4045	229012440	4	84	29743200	24600000	389	782	17466460	11
±800千伏				3	0	0	21600000				
500千伏	45	87	74900000	0	84	29743200	0				1
±500千伏				1	0	0	3000000				
220千伏	224	441	72604500					27	80	7034160	2
110千伏	846	1577	68398900					161	288	7836700	
35千伏	1282	1940	13109040					201	414	2595600	8
一、国家电网公司	2202	3743	225078960	4	84	29743200	24600000				11
±800千伏				3	0	0	21600000				
500千伏	45	87	74900000	0	84	29743200	0				1
±500千伏				1	0	0	3000000				
220千伏	224	439	72274500								2
110千伏	801	1504	65975400								
35千伏	1132	1713	11929060								8
（一）总部	0	1	750000	4	84	29743200	24600000				
±800千伏				3	0	0	21600000				

续表 24

指标名称	公用变电站							企业自备变电站			开关站
	普通变电站			换流站							
	变电站	在运变压器	容量	换流站	在运变压器	换流变压器容量	换流容量	变电站	在运变压器	容量	变电站
	（座）	（台/组）	（千伏安）	（座）	（台/组）	（千伏安）	（千瓦）	（座）	（台/组）	（千伏安）	（座）
500千伏	0	1	750000	0	84	29743200	0				
±500千伏				1	0	0	3000000				
（二）省电力公司	2202	3742	224328960								11
500千伏	45	86	74150000								1
220千伏	224	439	72274500								2
110千伏	801	1504	65975400								
35千伏	1132	1713	11929060								8
二、其他	195	302	3933480					389	782	17466460	
500千伏											
220千伏	0	2	330000					27	80	7034160	
110千伏	45	73	2423500					161	288	7836700	
35千伏	150	227	1179980					201	414	2595600	

2016 年四川省供电综合情况统计表（全口径）

单位：万千瓦时，%

表 25

指标名称	全部供电			其中：电力企业部分			
	供电量	净用电量	供电最高负荷	供电量	售电量	线损电量	线损率
总　计	20548915.79	18774483.28		19900785.75	18126353.24	1774432.51	8.92
一、跨省（区）电网	0	0		0	0	0	
跨区网损						0	
二、电网合计	20548916	18774483		19900786	18126353	1774433	8.92
1、主网（省内）	517273			517273		517273	2.60
2、国网地区合计	20031643	18774483	3264.00	19383513	18126353	1257160	6.49
达州市	556185	528656	146.93	556185	528656	27529	4.95
南充市	602485	549891	164.30	602070	549476	52594	8.74
成都市	4512365	4248993	865.50	4449718	4186346	263372	5.92
绵阳市	836378	773022	182.50	816806	753450	63356	7.76
德阳市	1099130	1039223	184.53	1067433	1007526	59906	5.61
广元市	546477	508123	86.68	521962	483614	38349	7.35
乐山市	1891360	1792403	199.13	1682448	1583491	98957	5.88
自贡市	353311	314759	95.38	350967	312415	38552	10.98
宜宾市	427384	398595	129.74	418919	390130	28789	6.87
内江市	657842	626350	121.20	559915	528423	31492	5.62
泸州市	667180	611967	139.04	655079	599866	55213	8.43

续表25

指标名称	全部供电			其中：电力企业部分			
	供电量	净用电量	供电最高负荷	供电量	售电量	线损电量	线损率
攀枝花市	1141696	1109276	125.24	1022441	990021	32421	3.17
凉山州	1113279	1033679	95.48	1113279	1033679	79600	7.15
巴中市	273945	245294	60.51	273945	245294	28651	10.46
广安市	369483	351491	94.55	326451	308458	17993	5.51
眉山市	837058	785879	150.72	825088	773909	51179	6.20
资阳市	323312	294866	93.44	323312	294866	28446	8.80
遂宁市	436548	406486	106.23	434755	404693	30062	6.91
阿坝州	1033399	988278	109.93	1033399	988278	45121	4.37
甘孜州	172782	121537	37.10	172782	121537	51245	29.66
雅安市	977280	922147	134.40	977280	922147	55133	5.64
天府新区	936975	883939	216.47	933491	880455	53036	5.68